Fiskalische Immunität internationaler Organisationen und ihres Personals in der Bundesrepublik Deutschland

FINANZ- UND STEUERRECHT IN DEUTSCHLAND UND EUROPA

Herausgegeben von Klaus-Dieter Drüen, Hanno Kube und Rainer Wernsmann

Band 37

Zur Qualitätssicherung und Peer Review der vorliegenden Publikation

Die Qualität der in dieser Reihe erscheinenden Arbeiten wird vor der Publikation durch Herausgeber der Reihe geprüft.

Notes on the quality assurance and peer review of this publication

Prior to publication, the quality of the work published in this series is reviewed by editors of the series.

Nadine Schader

Fiskalische Immunität internationaler Organisationen und ihres Personals in der Bundesrepublik Deutschland

PETER LANG

Bibliografische Information der Deutschen Nationalbibliothek
Die Deutsche Nationalbibliothek verzeichnet diese Publikation in der Deutschen Nationalbibliografie; detaillierte bibliografische Daten sind im Internet über http://dnb.d-nb.de abrufbar.

Zugl.: Universität Passau, 2017

D 739
ISSN 1863-141X
ISBN 978-3-631-74104-7 (Print)
E-ISBN 978-3-631-74196-2 (E-PDF)
E-ISBN 978-3-631-74197-9 (EPUB)
E-ISBN 978-3-631-74198-6 (MOBI)
DOI 10.3726/b13031

Peter Lang – Berlin · Bern · Bruxelles · New York · Oxford · Warszawa · Wien

Diese Publikation wurde begutachtet.

www.peterlang.com

Meinen Eltern

Vorwort

Die vorliegende Arbeit wurde im Sommersemester 2017 von der Juristischen Fakultät der Universität Passau als Dissertation angenommen. Die Arbeit berücksichtigt Rechtslage, Rechtsprechung und Literatur bis Januar 2017, dem Zeitpunkt ihrer Einreichung im Rahmen des Promotionsverfahrens.

Mein besonderer Dank gilt zunächst meinem Doktorvater Herrn Prof. Dr. Rainer Wernsmann, der das Interesse am Steuerrecht in mir weckte und der mir die berufsbegleitende Abfassung dieser Arbeit u. a. durch seine unkomplizierte Betreuung meines Promotionsvorhabens ermöglichte. Herrn Prof. Dr. Hans-Georg Dederer danke ich für die zügige Erstellung des Zweitgutachtens.

Denjenigen, die auf vielfältige Art und Weise zum Gelingen dieser Arbeit beigetragen haben, danke ich ebenfalls sehr. Namentlich hervorzuheben ist insbesondere Frau Friderike Stiehr, der ich für die sorgfältige Durchsicht des Manuskripts danke. Für ihren stetigen Zuspruch und ihre Geduld während der Promotionszeit danke ich von Herzen Frau Jana Schneider, Frau Ann-Katrin Praus, LL.M. sowie Herrn Dr. Johannes Vogel.

Mein ganz besonders herzlicher Dank gebührt meinen Eltern. Sie haben mich im Laufe meiner Ausbildung und während der Promotionszeit stets vorbehaltlos gefördert. Ihre umfassende und liebevolle Unterstützung hat die Anfertigung meiner Doktorarbeit überhaupt erst ermöglicht.

Frankfurt am Main im September 2017 — Nadine Schader

Inhaltsverzeichnis

Abkürzungsverzeichnis

a.A.	andere Ansicht
a.F.	alte Fassung
Abl. EG	Amtsblatt der Europäischen Gemeinschaften
Abl. EU	Amtsblatt der Europäischen Union
Abs.	Absatz
ADB	Asian Development Bank
AdV	Archiv des Völkerrechts
AEUV	Vertrag über die Arbeitsweise der Europäischen Union
AG	Amtsgericht
AJIL	American Journal of International Law
AO	Abgabenordnung
AP	Arbeitsrechtliche Praxis
Aufl.	Auflage
BAG	Bundesarbeitsgericht
BayVerfGH	Bayerischer Verfassungsgerichtshof
BayVGH	Bayerischer Verwaltungsgerichtshof
BB	Betriebs-Berater
BBG	Bundesbesoldungsgesetz
BEEG	Bundeselterngeld- und Elternzeitgesetz
Begr.	Begründer
BfF	Bundesamt für Finanzen
BFH	Bundesfinanzhof
BFH/NV	Sammlung amtlich nicht veröffentlichter Entscheidungen des Bundesfinanzhofs
BFHE	Sammlung der Entscheidungen des Bundesfinanzhofs
BGBl.	Bundesgesetzblatt
BGHZ	Entscheidungssammlung des Bundesgerichtshofes in Zivilsachen
BMF	Bundesministerium der Finanzen
BR-Drs.	Bundesratsdrucksache
BStBl.	Bundessteuerblatt
BT-Drs.	Bundestagsdrucksache
BVerfG	Bundesverfassungsgericht
BVerfGE	Sammlung der Entscheidungen des Bundesverfassungsgerichts
BYIL	British Yearbook of International Law
BZSt	Bundeszentralamt für Steuern
bzw.	beziehungsweise
ca.	circa
CCJ	European Committee on Legal Co-operation
CERN	European Organization for Nuclear Research (Europäische Organisation für Kernforschung)

Chinese JIL	Chinese Journal of International Law
DBA	Doppelbesteuerungskommen
DE-VG	Die deutsche Verhandlungsgrundlage für Doppelbesteuerungsabkommen
DM	Deutsche Mark
Doc.	engl.: document (Dokument)
DStR	Deutsches Steuerrecht
DStRE	Deutsches Steuerrecht – Entscheidungsdienst
DVBl	Deutsches Verwaltungsblatt
EAC	European Astronaut Centre
EASA	European Aviation Safety Agency
ECHR	European Court of Human Rights – Reports of Judgments and Decisions
EFG	Entscheidungen der Finanzgerichte
EGMR	Europäischer Gerichtshof für Menschenrechte
EIOPA	European Insurance and Occupational Pensions Authority
EMBL	European Molecular Biology Laboratory
EnergieStG	Energiesteuergesetz
engl.	englisch
EPA	Europäisches Patentamt
EPO	European Patent Organization
EPÜ	Europäisches Patentübereinkommen
ErbStG	Erbschaftsteuergesetz
Erg.-Lfg	Ergänzungslieferung
ESA	European Space Agency
ESO	European Organisation for Astronomical Research in the Southern Hemisphere
ESOC	European Space Operations Centre
EStB	Der Ertrag-Steuer-Berater
EStG	Einkommensteuergesetz
EStH	Einkommensteuer-Hinweise
ETS	European Treaty Series
EU	Europäische Union
EuGH	Gerichtshof der Europäischen Union
EU-Kommission	Europäische Kommission
EUMETSAT	European Organisation for the Exploitation of Meteorological Satellites
EUR	Euro
EuR	Europarecht
EUV	Vertrag über die Europäische Union
EWO	Europäische Weltraumorganisation
EZB	Europäische Zentralbank
f., ff.	folgend, fortfolgend
FG	Finanzgericht

FGO	Finanzgerichtsordnung
FMIOA	Foreign Missions and International Organization Act
FSen	Senatsverwaltung für Finanzen
FVG	Finanzverwaltungsgesetz
GCDT	Global Crop Diversity Trust
GewStG	Gewerbesteuergesetz
GG	Grundgesetz
ggf.	gegebenenfalls
GGO	Gemeinsame Geschäftsordnung der Bundesministerien
GrEStG	Grunderwerbsteuergesetz
GrStG	Grundsteuergesetz
GSG	Gaststaatgesetz
GstG	Gaststaatgesetz (Deutscher Entwurf)
GYIL	German Yearbook of International Law (Jahrbuch für Internationales Recht)
HessGVBl.	Gesetz- und Verordnungsblatt für das Land Hessen
HGebV	Heilmittel-Gebührenverordnung
HQA	engl.: Headquarter Agreement (Sitzstaatabkommen)
Hrsg.	Herausgeber
Hs.	Halbsatz
i.d.F.	in der Fassung
i.S.d.	im Sinne des/der
i.V.m.	in Verbindung mit
ICJ (IGH)	International Court of Justice (Internationaler Gerichtshof)
IFG	Informationsfreiheitsgesetz
ILC	International Law Committee
ILO	International Labour Organization (Internationale Arbeitsorganisation)
ILOAT	ILO Administrative Tribunal
ILR	International Law Review
InfrAG	Infrastrukturabgabengesetz
IntStVO	Verordnung über die interne Steuer zugunsten der EPO
IOA	International Organisations Act
IOIA	International Organizations Immunities Act
IOLR	International Organizations Law Review
IOM	International Organization of Migration
IRENA-IITC	Innovation and Technology Centre of the International Renewable Energy Agency
IStR	Internationales Steuerrecht
IWB	Internationale Wirtschaftsbriefe
IWF	Internationaler Währungsfonds
JStG	Jahressteuergesetz
JuS	Juristische Schulung
JZ	JuristenZeitung

k.A.	keine Angabe
Kap.	Kapitel
KraftStG	Kraftfahrzeugsteuergesetz
KStG	Körperschaftsteuergesetz
lat.	lateinisch
lit.	lat.: littera (Buchstabe)
LJIL	Leiden Journal of International Law
m.w.N.	mit weitere Nachweisen
MDR	Monatsschrift für Deutsches Recht
MPEPIL	Max Planck Encyclopedia of Public International Law
MwStVO	Durchführungsverordnung (EU) Nr. 282/2011 zur Festlegung von Durchführungsvorschriften zur Richtlinie 2006/112/EG über das gemeinsame Mehrwertsteuersystem
NATO	North Atlantic Treaty Organization
NETMA	NATO Eurofighter 2000 and Tornado Management Agency
NJW	Neue Juristische Wochenschrift
No.	Numero, engl.: number (Nummer)
Nr.	Nummer
NVwZ	Neue Zeitschrift für Verwaltungsrecht
NZS	Neue Zeitschrift für Sozialrecht
OCCAR	Organisation Conjointe de Cooperation en matiere d'ARmement
OECD	Organisation for Economic Co-operation and Development
OFD	Oberfinanzdirektion
PCA	Permanent Court of Arbitration
pdf	engl.: Portable Document Format
RBStV	Rundfunkbeitragsstaatsvertrag
RGBl.	Reichsgesetzblatt
RhPfVerfGH	Verfassungsgerichtshof Rheinland-Pfalz
RIAA	Reports of International Arbitral Awards
RIW	Recht der Internationalen Wirtschaft
Rn	Randnummer
Rs.	Rechtssache
Rz	Randziffer
S.	Seite
SchiedsVZ	Zeitschrift für Schiedsverfahren
Slg	Sammlung der Rechtsprechung des Gerichtshofs der Europäischen Union und des Gerichts erster Instanz
sog.	sogenannt
SolZG	Solidaritätszuschlaggesetz
StuW	Steuer und Wirtschaft
Tz	Textziffer
u. a.	unter anderem
UN	United Nations
UNJSPF	United Nations Joint Staff Pension Fund

UNJY	United Nations Juridical Yearbook
UNTS	United Nations Treaty Series
USA	United States of America
UStAE	Umsatzsteuer-Anwendungserlass
UStB	Der Umsatz-Steuerberater
UStErstV	Umsatzsteuererstattungsverordnung
UStG	Umsatzsteuergesetz
v.	lat.: versus (gegen)
v.Chr.	vor Christus
VBlBW	Verwaltungsblätter für Baden-Württemberg
VersStG	Versicherungsteuergesetz
VGHE	Sammlung von Entscheidungen des Verwaltungsgerichtshofs
vgl.	vergleiche
Vol.	engl.: volume (Band)
WRV	Weimarer Reichsverfassung
WÜD	Wiener Übereinkommen über diplomatische Beziehungen
WÜK	Wiener Übereinkommen über konsularische Beziehungen
WVK	Wiener Übereinkommen über das Recht der Verträge
WVKIO	Wiener Konvention über das Recht der Verträge zwischen internationalen Organisationen und Staaten und zwischen internationalen Organisationen
z.B.	zum Beispiel
ZaöRV	Zeitschrift für ausländisches öffentliches Recht und Völkerrecht
ZG	Zeitschrift für Gesetzgebung
ZHR	Zeitschrift für das Gesamte Handels- und Wirtschaftsrecht
ZUM	Zeitschrift für Urheber- und Medienrecht
ZUR	Zeitschrift für Umweltrecht

Übersicht der untersuchten internationalen Organisationen

ADB	Asian Development Bank (Asiatische Entwicklungsbank)
./.	Arabische Liga bzw. Liga der Arabischen Staaten
./.	Deutsch-Französisches Jugendwerk
./.	Deutsch-Polnisches Jugendwerk
EASA	European Aviation Safety Agency (Europäische Agentur für Flugsicherheit)
EIOPA	European Insurance and Occupational Pensions Authority (Europäische Aufsichtsbehörde für das Versicherungswesen und die betriebliche Altersvorsorge)
EMBL	European Molecular Biology Laboratory (Europäisches Laboratorium für Molekularbiologie)
EPO/EPA	European Patent Organisation (Europäische Patentorganisation)/ Europäisches Patentamt
ESA (EWO)	European Space Agency (Europäische Weltraumorganisation)
ESA/EAC	European Astronaut Centre (Europäisches Astronautenzentrum)
ESA/ESOC	European Space Operations Centre (Europäisches Operationszentrum für Weltraumforschung)
ESO	European Organisation for Astronomical Research in the Southern Hemisphere (Europäische Organisation für astronomische Forschung in der südlichen Hemisphäre)
EU-Kommission	Deutsche Vertretung der Europäischen Kommission
EUMETSAT	European Organisation for the Exploitation of Meteorological Satellites (Europäische Organisation für die Nutzung meteorologischer Satelliten)
EZB	Europäische Zentralbank
GCDT	Global Crop Diversity Trust (Welttreuhandfonds für Kulturpflanzenvielfalt)
IOM	International Organization for Migration (Internationale Organisation für Migration)
IRENA-IITC	Innovation and Technology Centre of the International Renewable Energy Agency (Innovations- und Technologiezentrum der Internationalen Organisation für erneuerbare Energien)
NETMA-NATO	NATO Eurofighter 2000 and Tornado Management Agency (Agentur für Entwicklung, Produktion und logistische Betreuung der Waffensysteme Eurofighter 2000 und Tornado)
OCCAR	Organisation Conjointe de Cooperation en matiere d'ARmement (Gemeinsame Organisation für Rüstungskooperation)

OECD-Berlin Centre	Organisation for Economic Co-operation and Development (Organisation für wirtschaftliche Zusammenarbeit und Entwicklung-Berlin Centre)

A. Einleitung und Begriffsbestimmungen

I. Einleitung

„Legal doctrine has, in general, held that all the various immunities constitute, in substance, no more than a derivation from fiscal immunity, which would thus appear to be the origin in relation to all other immunities."[1]

Die wissenschaftliche Literatur setzt sich im deutlich geringeren Umfang mit den fiskalischen Immunitäten der internationalen Organisationen und der Mitglieder ihres Personals auseinander als mit den übrigen Immunitäten, wozu z. B. die Gewährung der Befreiung von staatlicher Gerichtsbarkeit zählt. Dies verwundert mit Blick auf das eingangs erwähnte Zitat.

Regelmäßig umfassen die fiskalischen Immunitäten der internationalen Organisationen die Befreiung von direkten Steuern. Teilweise gewährt der jeweilige Mitgliedstaat der im Inland ansässigen internationalen Organisation auch die Entlastung von indirekten Steuern. Die Mitglieder des Personals der internationalen Organisationen sind regelmäßig von der Entrichtung der nationalen Einkommensteuer auf die von der jeweiligen internationalen Organisation gezahlten Gehälter und Bezüge befreit. Im Detail besteht sowohl in Bezug auf den genauen Umfang der einzelnen Steuerbefreiungen als auch hinsichtlich der Voraussetzungen für die Gewährung der fiskalischen Immunitäten eine Vielzahl von sich unterscheidenden Regelungen.

Aufgrund der eher stiefmütterlichen Behandlung der Steuerbefreiung der internationalen Organisationen und der Mitglieder ihres Personals im wissenschaftlichen Diskurs fehlt es an einer systematischen Darstellung der Regelungen zu den Steuerbefreiungen auf Ebene der internationalen Organisation und auf Ebene der Mitglieder ihres Personals. Zur Schließung eben dieser Lücke will die vorliegende Arbeit einen Beitrag leisten. Die Bearbeitung hat mithin zum Ziel, einen Weg durch das „Labyrinth von Regelungen"[2] über die Steuerbefreiungen von internationalen Organisationen und den Mitgliedern ihres Personals, die in völkerrechtlichen Vereinbarungen und ggf. in nationalen Rechtsquellen enthalten sind, zu weisen.

Konkret ist die steuerliche Behandlung von insgesamt 20 internationalen Organisationen, die ihren Sitz in der Bundesrepublik Deutschland begründet haben,

---

1 Sixth report on relations between States and international organizations (second part of the topic), Special Rapporteur Leonardo Díaz González (A/CN.4/439), Yearbook of the International Law Commission Vol. II (1) 1991 Rn 7. Ähnlich formuliert diese Idee auch *Ahluwalia*, The legal status of the UN, S. 89: *„The foremost among such immunities is the immunity from taxation."*.

2 *Klabbers*, An Introduction to International Institutional Law, S. 139 (eigene Übersetzung).

Gegenstand der vorliegenden Untersuchung.[3] Da in den einzelnen Mitgliedstaaten der internationalen Organisationen unterschiedliche Steuersysteme bestehen, beschäftigt sich die vorliegende Arbeit mit der steuerlichen Behandlung von internationalen Organisationen und den Mitgliedern ihres Personals in der Bundesrepublik Deutschland.

In den wissenschaftlichen Beiträgen und in den Rechtsprechungsbeispielen, die sich mit den Grundlagen der Immunitäten der internationalen Organisationen und der Mitglieder ihres Personals befassen, mangelt es häufig an einer ausdrücklichen Differenzierung zwischen den einzelnen Immunitäten. Hauptsächlich befasst sich die Literatur und Rechtsprechung – wohl wegen der Vielzahl der Fälle und der damit einhergehenden praktischen Relevanz – mit der Befreiung von nationaler Gerichtsbarkeit als maßgebliche Immunität. Die vorliegende Untersuchung umfasst deshalb hingegen explizit lediglich diejenigen Fragestellungen, die im Hinblick auf die fiskalische Immunität der internationalen Organisationen und der Mitglieder ihres Personals entstehen, und grenzt, soweit möglich, vor allem im Rahmen der Darstellung der Grundlagen (Rechtsgrundlagen, Rechtfertigung sowie historischer Ursprung) die fiskalischen von den übrigen Immunitäten ab.[4]

---

3 Vgl. die Liste der internationale Organisationen in Deutschland, die nicht den Vereinten Nationen angehören; Stand: 9.3.2016; http://www.auswaertiges-amt.de/sid_E63921AF57AAB728A0126D47A9A6622B/DE/Aussenpolitik/Friedenspolitik/VereinteNationen/03_VN_in_DEU/Hintergrund_Nicht-UN-Organisationen.html?nn=658340 (zuletzt abgerufen am 13.12.2016). Hierunter fallen die folgenden internationalen Organisationen: Arabische Liga bzw. Liga der Arabischen Staaten, Asiatische Entwicklungsbank (ADB), Deutsch-Französisches Jugendwerk, Deutsch-Polnisches Jugendwerk, Europäische Agentur für Flugsicherheit (EASA), Europäische Aufsichtsbehörde für das Versicherungswesen und die betriebliche Altersvorsorge (EIOPA), Europäisches Laboratorium für Molekularbiologie (EMBL), Europäisches Patentamt (EPA), Europäisches Astronautenzentrum (ESA/EAC), Europäisches Operationszentrum für Weltraumforschung (ESA/ESOC), Europäische Organisation für astronomische Forschung in der südlichen Hemisphäre (ESO), Vertretung der Europäischen Kommission in der Bundesrepublik Deutschland (EU-Kommission), Europäische Organisation für die Nutzung meteorologischer Satelliten (EUMETSAT), Europäische Zentralbank (EZB), Welttreuhandfonds für Kulturpflanzenvielfalt (GCDT), Internationale Organisation für Migration (IOM), Innovations- und Technologiezentrum der Internationalen Organisation für erneuerbare Energien (IRENA-IITC), Agentur für Entwicklung, Produktion und logistische Betreuung der Waffensysteme EF 2000 und Tornado (NETMA-NATO) Gemeinsame Organisation für Rüstungskooperation (OCCAR) und OECD-Berlin Centre (OECD).

4 Im Fall von allgemeinen Aussagen über Immunitäten sieht die vorliegende Arbeit mangels Erkenntnismehrwert von einer Abgrenzung ab. Ausführliche Darstellungen zu der Historie der Immunitäten von internationalen Organisationen im Allgemeinen finden sich bei *Kunz*, AJIL 1947, 828 ff.; *Menzel*, in: FS Laforet, S. 325 (326 ff.); *Sato*, Immunität internationaler Organisationen, S. 52 ff. sowie *Kramer*, Besteuerung der Bediensteten, S. 18 ff.

Bewusst fehlt in der vorliegenden Untersuchung eine Einzelbetrachtung der fiskalischen Immunitäten, die den Vereinten Nationen und den ihr untergeordneten Organisationen sowie den Mitgliedern ihres Personals gewährt werden. Dies liegt zum einen darin begründet, dass bereits eine Vielzahl von Publikationen existiert, die sich ausschließlich mit den Immunitäten der Vereinten Nationen auseinandersetzen.[5] Zum anderen verweisen einige der in dieser Arbeit untersuchten völkerrechtlichen Vereinbarungen bzw. nationalen Verordnungen auf das Abkommen über die Vorrechte und Befreiungen der Sonderorganisationen der Vereinten Nationen, welches sich selbst wiederum auf das Übereinkommen über die Vorrechte und Immunitäten der Vereinten Nationen bezieht. Aufgrund dieser Verweisungskette erfolgt im weiteren Verlauf zwangsläufig eine Darstellung der Steuerbefreiungen, die auch den Vereinten Nationen und den Mitgliedern ihres Personals gewährt werden, sodass es keiner gesonderten Darstellung hierzu bedarf.[6]

Nach einer Darstellung der Grundlagen der fiskalischen Immunität ohne konkreten Bezug auf einzelne internationale Organisationen oder Mitgliedstaaten enthält die vorliegende Arbeit eine systematische Zusammenfassung und Erläuterung der einzelnen Steuerbefreiungen, die die 20 untersuchten internationalen Organisationen sowie die Mitglieder ihres Personals genießen. Darüber hinaus hat die vorliegende Bearbeitung zum Ziel, die nationalen Besonderheiten in Bezug auf die fiskalischen Immunitäten der untersuchten internationalen Organisationen aufzuzeigen und im Fall bestehender Unklarheiten in Bezug auf die steuerliche Behandlung der internationalen Organisationen bzw. der Mitglieder ihres Personals in der Bundesrepublik Deutschland einen Vorschlag zur Auslegung der völkerrechtlichen Vereinbarungen anzubieten.

Abschließend enthält die vorliegende Arbeit Vorschläge zu Modellregelungen, die sich mit der Gewährung von fiskalischen Immunitäten der internationalen Organisationen und der Mitglieder ihres Personals befassen. Diese Regelungen könnten z. B. als Verhandlungsgrundlage (sog. Mustersitzstaatabkommen) für zukünftig abzuschließende oder ggf. zu ändernde völkerrechtliche Abkommen zwischen der Bundesrepublik Deutschland und den jeweiligen im Inland ansässigen internationalen Organisationen dienen.

---

5 *Miller*, IOLR 2009, 7 ff.; *Rieck*, Privilegien und Immunitäten von im Auftrag der Vereinten Nationen oder einer ihrer Sonderorganisationen tätigen Sachverständigen.

6 Vorab ist bereits festzustellen, dass ein Vergleich zwischen den unterschiedlichen Abkommen der Vereinten Nationen [Übereinkommen über die Vorrechte und Immunitäten der Vereinten Nationen, BGBl. II 1980, 943 ff.; Abkommen über die Vorrechte und Befreiungen der Sonderorganisationen der Vereinten Nationen (Abkommen über die UN-Sonderorganisationen), BGBl. II 1954, 640 ff. sowie Abkommen zwischen der Bundesrepublik Deutschland und den Vereinten Nationen über den Sitz des Freiwilligenprogramms der Vereinten Nationen, BGBl. II 1996, 905 ff.] keinen Erkenntnismehrwert bringt, da diese nur geringfügig unterschiedliche Regelungen hinsichtlich des persönlichen und materiellen Umfangs der Steuerbefreiungen aufweisen.

II. Begriffsbestimmungen

1. Fiskalische Immunität bzw. Steuerbefreiung

In den vorliegend untersuchten völkerrechtlichen Vertragstexten samt ihrer Protokolle und Anlagen sowie in der völkerrechtlichen und steuerrechtlichen Literatur finden sich viele unterschiedliche Begriffe zur Umschreibung der Gewährung von Steuerbefreiungen durch den steuerberechtigten Staat an internationale Organisationen und die Mitglieder ihres Personals.[7] So werden regelmäßig die beiden Begriffspaare „Vorrechte und Befreiungen" sowie „Privilegien und Immunitäten" synonym verwendet, ohne dass jedoch eine einheitliche Verwendung des einen oder anderen Begriffspaars oder gar einzelner Begriffe innerhalb der Begriffspaare erkennbar ist.[8]

Einige Autoren unterscheiden zwischen Privilegien und Immunitäten. Unter Privilegien fassen sie die Freistellung der begünstigten Rechtssubjekte von oder die modifizierte Anwendung der staatlichen Rechtsordnung zugunsten dieser.[9] Der Begriff „Immunität" umfasse hingegen lediglich die Befreiung der begünstigten Rechtssubjekte von nationaler Gerichtsbarkeit, mithin von staatlicher Zwangsgewalt bzgl. von Vollstreckungsakten.[10] Andere Autoren verwenden zwar beide Begriffe synonym, konkretisieren jedoch lediglich den Begriff „Privilegien", indem sie zwischen unterschiedlichen Privilegien unterscheiden. Einige Privilegien ergäben sich "unmittelbar aus den dienstlichen Obliegenheiten"[11] des jeweils begünstigten Rechtssubjekts wie v. a. die Befreiung von der Gerichtsbarkeit. Andere Privilegien dienten zuvörderst dem Schutz des Fremdenstatus. Unter die letztgenannte Kategorie falle gemäß dieser Unterscheidung die Steuerbefreiung. Andere wiederum benutzen den Begriff „Vorrechte" als Oberbegriff für Privilegien und Immunitäten, ohne aber auf eine weitere Differenzierung einzugehen.[12] *Menzel* spricht sogar von

---

7 Gegenstand der vorliegenden Bearbeitung ist die deutsche Fassung der völkerrechtlichen Verträge, Gesetze und weiteren Rechtsakte, die die Regelungen zu den Steuerbefreiungen enthalten. Wenn jedoch der deutsche Vertragstext keine authentische Sprachfassung des völkerrechtlichen Vertrags darstellt, bezieht die vorliegende Arbeit die deutsche Übersetzung des Vertrags, die im Bundesgesetzblatt veröffentlicht wurde, in die Untersuchung ein. In den letztgenannten Fällen findet eine etwaig notwendige Auslegung anhand der authentischen Sprachfassungen statt.

8 *Ullrich*, Das Dienstrecht der Internationalen Organisationen, S. 50.

9 *Möldner*, International Organizations or Institutions, Privileges and Immunities, MPEPIL 2012, 47; *Wenckstern*, Immunität internationaler Organisationen, Kap. I, Rn 33 ¸ *Ullrich*, Das Dienstrecht der Internationalen Organisationen, S. 187.

10 *Wenckstern*, Immunität internationaler Organisationen, Kap. I, Rn 34, *Heintzen*, AdV 2007, 455 (468); *Herdegen*, Völkerrecht, § 10 Rn 21; *Ullrich*, Das Dienstrecht der Internationalen Organisationen, S. 187.

11 *Henrichs*, EuR 1987, 75.

12 *Zeileissen*, Abgabenrechtliche Privilegien, S. 1.

dem Gesamtbegriff Privilegien und Immunitäten.[13] Die Literatur, die sich speziell mit den Steuerbefreiungen beschäftigt, benutzt häufig den Begriff „fiskalische Immunität".[14] Die Verwendung des Begriffs „Immunität" für die Bezeichnung von Steuerbefreiungen rechtfertigt sich auch aus dem lateinischen Ursprung dieses Wortes.[15]

Mangels erhöhtem Erkenntnisgewinn bei der Vornahme einer Differenzierung zwischen den einzelnen Begriffen und wegen des überaus uneinheitlichen Gebrauchs der einzelnen Begrifflichkeiten in Literatur und Vertragspraxis verwendet die vorliegende Bearbeitung den Begriff „fiskalische Immunität" oder auch die deutsche Wendung „Steuerbefreiung" als Synonyme. Diese Begriffe beschreiben den Umstand, dass die internationalen Organisationen und die Mitglieder ihres Personals in dem jeweils völkervertraglich gewährten Umfang von nationalen Abgaben einschließlich der anfallenden Zölle in der Bundesrepublik Deutschland befreit sind.[16]

2. Internationale Organisation

Da sich die vorliegende Arbeit auf die Analyse der oben genannten vom Auswärtigen Amt aufgezählten internationalen Organisationen, die in der Bundesrepublik Deutschland ansässig sind, beschränkt[17], verzichtet die vorliegende Bearbeitung darauf, eine eigene Definition der internationalen Organisation vorzunehmen sowie die konstitutiven oder deklaratorischen Merkmale einer solchen darzustellen oder gar zu diskutieren.[18] Wenn im Rahmen dieser Arbeit von „internationalen Organisationen" die Rede ist, umfasst dieser Begriff diejenigen Organisationen, die auf der oben genannten Liste aufgeführt sind, sowie deren Rechtsvorgänger und die einzelnen (Sonder-)Organisationen der Vereinten Nationen.

---

13 *Menzel*, in: FS Laforet, S. 325 (326). Siehe zu der Verwendung der unterschiedlichen Begriffe in der Völkerrechtsliteratur auch *Bekker*, The Legal Position of Intergovernmental Organizations, S. 97.

14 Die Begrifflichkeit „fiskalische Immunität" verwenden u. a. *Bergkemper*, in: H/H/R, § 3 Nr. 29 EStG Rn 1; *Rauch*, in: Blümich, EStG, § 1 Rn 180; *Ismer/Endres/Piotrowski*, IStR 2014, 716 (717) sowie *Endres/Ismer*, Tax Rules in Non-Tax Agreements, S. 359 ff., dort: *fiscal immunity*.

15 *Immunitas* bedeutet in seiner deutschen Übersetzung: Freisein von Leistungen, Abgabenfreiheit bzw. Steuerfreiheit. Der Begriff ist zusammengesetzt aus *munus*, das u. a. mit Last, Abgabe oder Leistung übersetzt werden kann und dem vor dem „m" von *munus* zu *„im"* assimilierten Präfix *„in"*. Dieses Präfix ist ein Zeichen für die Negation des folgenden Begriffs. Immunität bedeutet mithin „ohne Abgaben".

16 Die Regelungen über die Befreiung von Zöllen sind nicht Gegenstand der vorliegenden Untersuchung.

17 Siehe Fn 3.

18 Eine aktuelle Definition der internationalen Organisation sowie die Zusammenstellung der allgemein anerkannten Kriterien für das Vorliegen einer internationalen Organisation findet sich u. a. bei *Klein/Schmahl*, in: Vitzthum/Proelß, Völkerrecht, 4. Abschnitt, Rn 12 und 32 ff. sowie bei *Kolb*, Human Rights and Humanitarian Law, MPEPIL 2012, 1040 (1041) m.w.N.

3. Mitglied des Personals, Ortskraft und Sachverständiger

Die Bezeichnung der bei einer internationalen Organisation beschäftigten Person variiert von Organisation zu Organisation. So finden sich in den jeweiligen zumeist völkerrechtlichen Vereinbarungen sowie in den Personal- bzw. Beamtenstatuten Bezeichnungen wie Amtsträger, Beamter, Beschäftigter, Bediensteter oder Personal.[19] Die vorliegende Arbeit verwendet zur Vereinheitlichung im Folgenden den Oberbegriff „Mitglieder des Personals" internationaler Organisationen. Ausgenommen von dieser Bezeichnung sind die örtlich rekrutierten Hilfskräfte, die unter der Bezeichnung „Ortskräfte" geführt werden. Ortskräfte werden auf dem lokalen Arbeitsmarkt angeworben und auf der Grundlage der nationalen arbeitsrechtlichen Bestimmungen von der internationalen Organisation beschäftigt.[20] Sie müssen sich bereits vor dem Beginn ihrer Tätigkeit bei einer internationalen Organisation in demjenigen Staat, in dem die internationale Organisation tätig ist, aufgehalten haben. Es ist nicht erforderlich, dass sie Staatsangehörige dieses Staates sind. Sie müssen aber eine dort gültige Aufenthaltserlaubnis und Arbeitsberechtigung vorweisen können.[21] Der Tätigkeit einer Ortskraft bei der internationalen Organisation liegt ein Individualarbeitsverhältnis zu Grunde[22] und umfasst regelmäßig Hilfstätigkeiten oder manuelle Betätigungen, die keinen inhaltlichen Bezug zu der hoheitlichen Aufgabenwahrnehmung internationaler Organisationen aufweisen.[23] So sind Ortskräfte z. B. als Fahrer, Schreibkräfte, Aufzugsmonteure oder Reinigungskräfte tätig. Teilweise sind sie auch lediglich auf Stundenbasis für die internationale Organisation tätig. Sie können auch für die Sicherheit der Gebäude der internationalen Organisation zuständig sein.[24]

---

19 In der englischen Sprachfassungen finden sich die Begriffe „*staff members*", „*officials*", „*employees*" oder auch „*staff*". Im Bereich der Europäischen Union und beim EPO/EPA sind sowohl „Beamte" als auch „Bedienstete", deren Anstellung eine vertragliche Grundlage zu Grunde liegt, tätig.

20 *Ullrich*, Das Dienstrecht der Internationalen Organisationen, S. 224; *Kitschenberg*, Handbuch Verwaltungssprache, S. 36. Die Bezeichnung als Ortskraft wird besonders in dem englischen Begriff dieser Beschäftigten als „*locally recruited staff*" bzw. „*local staff*" deutlich.

21 Niedersächsisches FG, EFG 2003, 868 Tz 25; *Wagner/Raasch/Pröpstl*, WÜD, Artikel 38, S. 335; *Richtsteig*, WÜD, Artikel 38 Rn 4.

22 *Kreuzer/Wagner/Reder*, in: Dauses, Handbuch des EU-Wirtschaftsrechts. R. Europäisches Internationales Privatrecht, Rn 223; *Kramer*, Besteuerung der Bediensteten, S. 82 m.w.N.

23 *Ullrich*, Das Dienstrecht der Internationalen Organisationen, S. 224; *Athen/Dörr*, in: Grabitz/Hilf/Nettesheim, Das Recht der Europäischen Union, Artikel 343 AEUV Rn 99; *Kitschenberg*, Handbuch Verwaltungssprache, S. 36.

24 *Seidl-Hohenveldern*, in: FS Suy, S. 363; *Kreuzer/Wagner/Reder*, in: Dauses, Handbuch des EU-Wirtschaftsrechts. R. Europäisches Internationales Privatrecht, Rn 223.

Ausgenommen von der Bezeichnung „Mitglieder des Personals" sind auch die Sachverständigen bzw. Berater.[25] Einige der vorliegend untersuchten völkerrechtlichen Abkommen über Immunitäten enthalten für die zuletzt genannten drei Gruppen von Beschäftigten besondere Regelungen.[26]

4. Führungskraft

Die Personen, die leitende Funktionen innerhalb der internationalen Organisationen übernehmen, werden ebenfalls wie die übrigen Mitglieder des Personals je nach internationaler Organisation unterschiedlich bezeichnet. So finden sich in den einzelnen völkerrechtlichen Abkommen die Bezeichnungen (General-)Direktor, (Exekutiv-)Sekretär oder Gouverneur. Im Rahmen der vorliegenden Ausarbeitung wird ein Angehöriger dieser Personengruppe einheitlich als „Führungskraft" bezeichnet. Die Führungskräfte bilden eine Untergruppe der „Mitglieder des Personals". Eine Differenzierung zwischen den Führungskräften und den übrigen Mitgliedern des Personals ist in all jenen Fällen notwendig, in denen den Führungskräften zusätzlich zu den Steuerbefreiungen, die die übrigen Mitglieder des Personals genießen, weitere fiskalische Immunitäten zugestanden werden.[27]

5. Sitzstaat/Sitzstaatabkommen

Mit dem Begriff „Sitzstaat" oder „*host state*" wird derjenige Staat bezeichnet, in dem die jeweilige internationale Organisation ihren Hauptsitz hat. Da die vorliegende Arbeit sich hauptsächlich mit internationalen Organisationen auseinandersetzt, die in der Bundesrepublik Deutschland ansässig sind, ist regelmäßig die Bundesrepublik Deutschland Sitzstaat der jeweiligen in der vorliegenden Arbeit behandelten internationalen Organisation.

Teilweise findet in diesem Zusammenhang auch der Begriff Empfangsstaat Verwendung. Für vorliegende Zwecke ist der Begriff Empfangsstaat jedoch irreführend, da er die Existenz eines Heimatstaates voraussetzt. Das Begriffspaar „Heimatstaat" und „Empfangsstaat" stammt aus dem Bereich des Rechts der Diplomaten. Eine internationale Organisation besitzt jedoch keinen Heimatstaat, da sie von mehreren Völkerrechtssubjekten, zumeist Staaten, ohne Anknüpfung an das nationale Recht eines Mitgliedstaates aufgrund eines völkerrechtlichen Vertrags gegründet wird und somit eine internationale juristische Person bzw. ein Völkerrechtssubjekt darstellt.[28] Das gleiche gilt ebenfalls für die Mitglieder des Personals der internationalen

---

25 Im Englischen als „*expert*" oder „*consultant*" bezeichnet.

26 Diese Personengruppen (Ortskräfte, Sachverständige und Berater) werden lediglich am Rande behandelt, da die Analyse ihrer Rechtsstellung nicht den Schwerpunkt dieser Arbeit bildet.

27 Zu den Einzelheiten der zusätzlichen Immunitäten siehe: F.III.1.b)aa).

28 Zu der näheren Erläuterung der Rechtssubjektivität von internationalen Organisationen siehe: F.II.1.a).

Organisationen, die keinen Heimatstaat i.S.d. Rechts der Diplomaten besitzen. Sie werden gerade nicht wie Diplomaten von einem Staat – ihrem Heimatstaat – in einen anderen Staat für Tätigkeiten im Interesse des Heimatstaates entsandt, sondern begründen vielmehr ein eigenständiges Beschäftigungsverhältnis mit der jeweiligen internationalen Organisation. In den meisten Fällen ist weder die Staatsangehörigkeit noch die Herkunft der Mitglieder des Personals ein maßgebliches Kriterium für die Bestimmung des Umfangs der Gewährung von fiskalischen Immunitäten.

Sog. Sitzstaatabkommen sind völkerrechtliche Verträge, die zwischen der internationalen Organisation und demjenigen Staat, in dem die internationale Organisation ihren (Haupt-)Sitz begründet hat, abgeschlossen werden. Für diese Abkommen findet sich teilweise auch der Begriff „*Headquarter Agreement*“ (HQA).

tionale Organisationen anwendbar ist, in denen die USA Mitglied sind, enthält das Gesetz zusätzliche Bestimmungen, in denen die Ermächtigung des Präsidenten auf gesondert aufgeführte internationale Organisationen erweitert wird.[35]

Auch in Großbritannien und in Kanada existieren nationale Gesetze über die Immunitäten von internationalen Organisationen, die der amerikanischen Vorschrift ähneln.[36]

Eine andere Regelungstechnik findet sich in dem von der Bundesversammlung der Schweizerischen Eidgenossenschaft 2007 verabschiedeten Gaststaatgesetz (GSG). Dieses Gesetz enthält Regelungen über die von der Schweizerischen Eidgenossenschaft als Gaststaat zu gewährenden Immunitäten an internationale Organisationen und die Mitglieder ihres Personals. Die internationalen Organisationen erhalten jedoch keinen unmittelbaren Anspruch gegen den Fiskus der Schweizerischen Eidgenossenschaft auf Steuerbefreiung, vielmehr dient das Gaststaatgesetz dazu, die Regelungen, die in ein Sitzstaatabkommen aufgenommen werden sollen bzw. können, für bestimmte Kategorien von Organisationen zu systematisieren.[37]

In der deutschen Steuerrechtsordnung findet sich kein Steuergesetz, das sich explizit mit der Gewährung von Immunitäten an internationale Organisationen und die Mitglieder ihres Personals befasst.[38] Es existieren aber Regelungen, die diejenigen Immunitäten, die in völkerrechtlichen Verträgen festgelegt wurden, ergänzen. Grundsätzlich wäre es möglich, den internationalen Organisationen oder den Mitgliedern ihres Personals durch nationale Regelungen Befreiungen zu gewähren, die inhaltlich den Rechten, die sich aus den völkerrechtlichen Vereinbarungen ergeben, entsprechen oder sogar über sie hinausgehen. Eine derartige Regelung findet sich z.B. im Bereich des Rechts der Diplomaten. § 3 Nr. 29 EStG bestimmt, dass die Gehälter und Bezüge von Diplomaten und Konsuln in der Bundesrepublik Deutschland steuerfrei sind. Auch § 50 Abs. 4 EStG enthält eine Vorschrift, die die obersten Finanzbehörden der Länder oder die von ihnen beauftragten Finanzbehörden ermächtigt, die Einkommensteuer beschränkt Steuerpflichtiger ganz oder zum Teil zu erlassen bzw. mit einem Pauschbetrag festzusetzen. Voraussetzung hierfür ist, dass die Tätigkeit des beschränkt Steuerpflichtigen in der Bundesrepublik Deutschland in einem besonderen öffentlichen Interesse liegt. Ein besonderes öffentliches Interesse kann gemäß § 50 Abs. 4 EStG bejaht werden, wenn in der Bundesrepublik Deutschland ein international bedeutsamer internationaler Wettbewerb auf kultureller oder

---

35 Auch Organisationen, die nicht als internationale Organisationen qualifizieren, sind teilweise in 22 U.S.C. § 288f-3 aufgeführt. So nimmt dieses Gesetz auch Bezug auf das Rote Kreuz.

36 International Organisations Act (IOA), 1968 Chapter 48 in Großbritannien und Section 5 des kanadischen Foreign Missions and International Organization Act (FMIOA), Statutes of Canada 1991, Chapter 41 (S.C. 1991, c. 41).

37 Eine Darstellung der unterschiedlichen nationalen Regelungen findet sich unter: D.II.1.b)dd).

38 Ausgenommen von dieser Feststellung sind die Zustimmungsrechtsakte zu den völkerrechtlichen Abkommen.

sportlicher Ebene stattfindet oder eine ausländische kulturelle Einrichtung einen inländischen Auftritt hat, der wesentlich aus nationalen Mitteln gefördert wird.

Nationale Gesetze haben aber nicht nur materiell-rechtliche Bestimmungen über Steuerbefreiungen zum Gegenstand. So sind auch Verfahrens- und Veranlagungsfragen im Rahmen von nationalen Steuergesetzen geregelt. Für vorliegende Zwecke ist v.a. auf § 2 AO sowie auf die Regelung zu dem Progressionsvorbehalt in § 32b EStG hinzuweisen. § 2 Abs. 1 AO bestimmt als allgemeine Vorschrift der Abgabenordnung, dass völkerrechtliche Verträge über die Besteuerung i.S.d. Artikels 59 Abs. 2 Satz 1 GG, soweit sie unmittelbar anwendbares innerstaatliches Recht geworden sind, den nationalen Steuergesetzen vorgehen. Da es sich bei § 2 AO um eine einfachgesetzliche Regelung handelt, kann sie den von ihrem Anwendungsbereich umfassten völkerrechtlichen Verträgen in der innerstaatlichen Normenhierarchie keinen höheren Rang als den eines einfachen Gesetzes vermitteln, sondern höchstens die Subsidiarität der nationalen Steuergesetze gegenüber Doppelbesteuerungsabkommen und anderen völkerrechtlichen Verträgen im Steuerrecht anordnen.[39]§ 32b EStG enthält im Rahmen der Veranlagung eine Regelung zur steuerlichen Behandlung der in völkerrechtlichen Abkommen steuerfrei gestellten Einkünfte in der Bundesrepublik Deutschland.

3. Verwaltungsvorschriften und Rechtsprechung

Zweifelsfragen hinsichtlich des persönlichen und materiell-rechtlichen Umfangs der Steuerbefreiungen sind teilweise auch Gegenstand von Verwaltungsvorschriften der Finanzverwaltung. In der Bundesrepublik Deutschland fallen hierunter Rundverfügungen oder BMF-Schreiben. Lediglich als Rechtserkenntnisquelle qualifiziert die nationale und internationale (Finanz-)Gerichtsbarkeit. Diese fungiert als Auslegungshilfe für völkerrechtliche Verträge im Hinblick auf den Umfang der fiskalischen Immunität. Zusätzlich können die Urteile von internationalen Gerichten zur Thematik der fiskalischen Immunität eine generelle Präzedenzwirkung in Bezug auf den Umfang der Steuerbefreiungen entfalten[40].

4. Gewohnheitsrecht

Schließlich wird in der Literatur auch diskutiert, ob den internationalen Organisationen selbst bzw. den Mitgliedern ihres Personals aufgrund eines Gewohnheitsrechtssatzes fiskalische Immunitäten zustehen.[41] Ob ein solcher Gewohnheitsrechtssatz

39 BVerfGE 141, 1 = NJW 2016, 1295 (1297) Tz 48.

40 *Michaels*, International Privileges and Immunities, S. 31.

41 Im Rahmen der diplomatischen Immunitäten besteht eine Befreiung von nationaler Gerichtsbarkeit aufgrund von Gewohnheitsrecht, siehe für viele: *Schlüter*, Innerstaatliche Rechtsstellung, S. 151, *Seidenberger*, Die diplomatischen und konsularischen Immunitäten und Privilegien, S. 17. Die Gewährung von fiskalischen Immunitäten an Diplomaten und konsularischen Vertretern beruht nach einer Meinung nicht

besteht, der die Pflicht der Mitgliedstaaten einer internationalen Organisation begründet, diese und bzw. auch die Mitglieder ihres Personals von direkter Besteuerung zu befreien, ist in Rechtsprechung, Völkerrechtspraxis und Literatur jedoch stark umstritten.[42]

5. Verhältnis der Rechts(erkenntnis)quellen

a) Verhältnis der völkerrechtlichen Vereinbarungen untereinander

Völkerrechtliche Vereinbarungen über Immunitäten wie die Gründungsverträge der internationalen Organisationen, die multilateralen Abkommen zu den Immunitäten oder die Sitzstaatabkommen bilden in ihrer Zusammenschau die Rechtsgrundlagen für die Gewährung von Immunitäten an internationale Organisationen und die Mitglieder ihres Personals. Grundsätzlich enthalten die Gründungsübereinkommen lediglich generelle Regelungen und mithin ein Mindestmaß an Immunitäten, sodass innerhalb der multilateralen Abkommen bzw. in einem Sitzstaatabkommen weiterreichende Regelungen zu finden sind. Die gewährten Immunitäten bewegen sich in demjenigen Rahmen, den das Gründungsdokument für die einzelne internationale Organisation vorgibt. Die Festlegung der gewährten Immunitäten orientiert sich mithin an dem Umfang der durch die internationale Organisation übernommenen Aufgaben, die in den jeweiligen Gründungsübereinkommen festgelegt sind (sog. Grundsatz der Funktionalität).[43] Die Verfasser des Berichts des European Committee on Legal Co-operation des Europarates (CCJ) von 1969[44] empfehlen, dass im Verhältnis der Sitzstaatabkommen zu den multilateralen Übereinkommen die Regelungen innerhalb der Sitzstaatabkommen inhaltlich nicht über die Befreiungen hinausgehen, die in den multilateralen Abkommen gewährt werden.[45] Hierdurch soll

---

auf Völkergewohnheitsrecht, sondern ist eine Folge der internationalen Höflichkeit (*courtoisie*), *Croxatto*, StuW 1964, 879 (884); *Lyons*, BYIL Vol. 30 1953, 299 (338); anders aber *Hardy*, Modern Diplomatic Law, S. 69, der auch bezüglich der Steuerbefreiung von Gewohnheitsrecht ausgeht. *Verdross*, ZaöRV 1969, 635 (645) vertritt die Ansicht, dass sich aus der Gewährung von fiskalischen Immunitäten aufgrund von *courtoisie* ein Gewohnheitsrechtssatz entwickelt habe, da den Staaten die Gebotenheit der Steuerbefreiung ins Bewusstsein gerückt sei. *Lee/Quigley*, Consular Law and Practice, S. 498 ff., zeigen auf, dass es diesbezüglich keine einheitliche Haltung innerhalb nationaler Rechtsprechung gebe. Teilweise wird innerhalb der Urteile hinsichtlich der Rechtsgrundlage der Steuerbefreiung kein Unterschied zwischen *courtoisie*, Reziprozität und Gewohnheitsrecht gemacht.

42 Siehe zu einer detaillierten Auseinandersetzung: Abschnitt D.

43 *Muller*, International Organizations and their Host States, S. 64 f.

44 Council of Europe, Committee of Ministers, Addendum to the Report of the Sub-Committee on Privileges and Immunities of International Organization, revised and approved by the European Committee on Legal Co-operation (CCJ) at its 11th meeting of the 2–6 June 1969 (Addendum to CM (69) 92) unter 18 ff.

45 Siehe hierzu auch *Hundt*, IWB Fach 10 Gruppe 2, 307 (314).

eine einheitliche Behandlung derselben internationalen Organisation in ihren Beziehungen zu den einzelnen Sitzstaaten und Mitgliedstaaten sichergestellt werden.[46] Diese Empfehlung gilt auch für Sitzstaaten, die keine Mitglieder der internationalen Organisation sind. In der Vertragspraxis finden sich in den Sitzstaatabkommen regelmäßig somit lediglich solche Regelungen, die die Immunitäten aus den multilateralen Verträgen oder Protokollen für sitzstaatspezifische Zwecke ergänzen[47] bzw. Regelungen, die deren Durchsetzung in verfahrensrechtlicher Hinsicht in den Sitzstaaten sicherstellen.[48] Sitzstaatabkommen und Gründungsvertrag enthalten regelmäßig keine kollidierenden Normen, sodass beide Abkommen gleichberechtigt nebeneinander Anwendung finden können und einander nicht einschränken. Das Gründungsdokument der internationalen Organisation mit seinen generellen Regelungen zu den Immunitäten bildet somit jeweils die Grundlage für die Auslegung der übrigen Vereinbarungen, die sich mit der Gewährung von Immunitäten befassen.[49]

Sofern diese Regelungstechnik eingehalten wird, besteht mangels kollidierender Regelungen kein Bedürfnis nach einer Klärung der Vertrags- und Normenhierarchie. Es gibt jedoch – wenn auch nur sehr wenige – Beispiele für abweichende Regelungen in Sitzstaatabkommen im Vergleich zu den Regelungen in den jeweiligen Gründungsrechtsakten einer internationalen Organisation. So enthält das Sitzstaatabkommen, das die Schweizerische Eidgenossenschaft als Drittstaat mit den Vereinten Nationen abgeschlossen hat, eine Bestimmung, die von den Rechten, die in dem Abkommen über die Vorrechte und Immunitäten der Vereinten Nationen festgelegt wurden, abweicht. In Artikel II Sec. 5 lit. a sieht das Abkommen im Gegensatz zu der Regelung in den Abkommen über die Vorrechte und Immunitäten der Vereinten Nationen und ihrer untergeordneten Organisationen nicht nur die

---

46 *Bekker*, The Legal Position of Intergovernmental Organizations, S. 138, befürwortet diese strenge Ansicht des Berichts des CCJ unter dem Vorbehalt, dass individuelle Besonderheiten und Situationen im Sitzstaat berücksichtigt werden.

47 U.a. durch Aufzählung der in dem Sitzstaat vorhandenen direkten Steuern, die Gegenstand der Befreiung sind.

48 *Martha*, Tax Treatment of International Civil Servants, S. 202; siehe hierzu auch: BR-Drs. 877/02, S. 10: Denkschrift zu der Verordnung zum Sitzstaatabkommen zwischen der Regierung der Bundesrepublik Deutschland und der EUMETSAT. Eine Denkschrift ist Bestandteil der Regierungsvorlage des Zustimmungsgesetzes zu völkerrechtlichen Verträgen. Anhang 1.5 zu Rn 42, Richtlinien für die Fassung von Vertragsgesetzen und vertragsbezogenen Verordnungen (Richtlinien nach § 73 Abs. 3 Satz 1 GGO) lautet: *„(...) im Anschluss an die Begründung des Vertragsgesetzes und die Wiedergabe des Vertragstextes (ist) der Vertrag in der „Denkschrift" zu erläutern. In einem mit „Allgemeines" überschriebenen Teil sind Bedeutung, Zweck und Geschichte des Vertrages, die Gründe für den Vertragsschluss sowie Änderungen des innerstaatlichen Rechts, die damit verbunden sind, darzulegen. In einem Teil „Besonderes" sind die einzelnen Vertragsbestimmungen nach ihrem Inhalt, ihrem Zusammenhang mit anderen Regelungen und in ihren Auswirkungen darzustellen.“*.

49 *Muller*, International Organizations and their Host States, S. 64.

Befreiung von direkten, sondern auch von indirekten Steuern in Bezug auf das Guthaben, Einkommen und Vermögen der Vereinten Nationen vor.[50] Hinsichtlich der Steuerbefreiung der von der Vereinten Nationen an ihre Mitglieder des Personals gezahlten Gehälter weist das Abkommen keine besonderen Regelungen oder Erweiterungen auf. Da in dem Sitzstaatabkommen der Schweizerischen Eidgenossenschaft neben der direkten zusätzlich auch die indirekte Besteuerung der internationalen Organisation ausgeschlossen wird, entspricht das Sitzstaatabkommen nicht dem Regelungsumfang des Abkommens über die Vorrechte und Immunitäten der Vereinten Nationen, sondern erweitert den Anwendungsbereich der Immunitäten in materieller Hinsicht. Diese Abweichung hat aber keine beschränkende Wirkung auf die in dem multilateralen Abkommen gewährten Immunitäten, sodass im Ergebnis keine Kollisionskonstellation vorliegt.

Anders liegt die Sachlage in denjenigen Sitzstaatabkommen, in denen den Mitgliedern des Personals, die Staatsangehörige des Sitzstaates sind, die Steuerbefreiung auf die von der internationalen Organisation gezahlten Gehälter versagt wird, ohne dass diese Möglichkeit in den anderen bestehenden Vereinbarungen vorgesehen ist.[51] Diese persönliche Beschränkung stellt eine erhebliche Abweichung von der regelmäßig uneingeschränkten Steuerbefreiung der von der internationalen Organisation bezogenen Gehälter und Bezüge dar.[52] Im Falle einer solchen Kollision existierten zwei sich widersprechende, den jeweiligen Mitgliedstaat als Sitzstaat bindende, völkerrechtliche Verträge.[53]

---

50 Interim Arrangement on Privileges and Immunities of the United Nations concluded with the Swiss Federal Council, gebilligt von der Generalversammlung der Vereinten Nationen am 14.12.1946. Artikel II Sec. 5 lit. a lautet: „*The United Nations, ist assets, income and other property shall be: (a) exemt from all direct and indirect taxes whether federal, cantonal or communal.(…)*"; abgedruckt in: *Hill*, Immunities and privileges of international officials, S. 258.

51 Die in dieser Arbeit untersuchten Sitzstaatabkommen enthalten eine solche Diskriminierung der deutschen Staatsangehörigen nicht. Beispiele hierfür finden sich in Artikel XIII Sec. 1 (b) i.V.m. Sec. 3 (b) des Sitzstaatabkommens zwischen der *Organization of American States* (OAS) und der Regierung der USA, abzurufen unter: http://www.oas.org/legal/english/docs/BilateralAgree/us/sedeusa.html (zuletzt abgerufen am 13.12.2016). Beachte jedoch, dass die Verordnung über die Gewährung von Vorrechten und Befreiungen an das Zwischenstaatliche Komitee für Europäische Auswanderung (jetzt: IOM) (IOM-Verordnung), BGBl. II 1962, 13 f. eine inländerdiskriminierende Regelung enthält. Vgl. die Erläuterung zu der Inländerdiskriminierung am Beispiel von IOM: F.III.6.b)cc).

52 Es gibt vereinzelt auch noch Gründungsabkommen, die Mitglieder des Personals, die Staatsangehörige des jeweiligen Sitzstaates sind, von der Befreiung der Steuern auf die von der internationalen Organisation erhaltenen Gehälter ausnehmen. Siehe als Beispiel hierfür: Artikel IX Abschnitt 9 lit. b Abkommen über den Internationalen Währungsfonds (IWF), BGBl. II 1952, 638 ff.

53 Das Wiener Übereinkommen über das Recht der Verträge (WVK), BGBl. II 1985, 927 ff. enthält keine Kollisionsregel. Der jeweilige Staat kann somit von sei-

Sofern das Sitzstaatabkommen keine Kollisionsregelung über das Verhältnis zu den anderen völkerrechtlichen Verträgen enthält, stellt sich die Frage, wie eine solche Kollision aufgelöst werden kann. Eine vertragliche Kollisionsregel enthält z. B. das Abkommen zwischen den Vereinten Nationen und den USA über die Sitzstaatabkommen mit den Vereinten Nationen. Dessen § 26 lautet:

„*The provisions of this agreement shall be complementary to the provisions of the General Convention. In so far as any provision of this agreement and any provisions of the General Convention relate to the same subject matter, the two provisions shall, wherever possible, be treated as complementary, so that both provisions shall be applicable and neither shall narrow the effect of the other; but in any case of absolute conflict, the provisions of this agreement shall prevail.*“[54]

Bei fehlender vertraglicher Kollisionsregelung ist die Anwendung der *lex posterior* Regel in Bezug auf die Zustimmungsgesetze zu den völkerrechtlichen Verträgen auf nationaler Ebene ein gangbarer Weg zur Auflösung der Kollision.[55] Regelmäßig dürfte diese Regelung zu einem Vorrang des Sitzstaatabkommens führen, da dieses meist zeitlich nach dem Gründungsübereinkommen geschlossen wird und mithin das Zustimmungsgesetz zu dem Sitzstaatabkommen zeitlich nach dem Zustimmungsgesetz zu dem Gründungsdokument der jeweiligen internationalen Organisation in Kraft tritt wird.

Die Anwendbarkeit der *lex posterior* Regel auf die vorliegende Konstellation verwundert zunächst, da die Vertragsparteien der multilateralen Abkommen über Immunitäten bzw. der Gründungsabkommen nicht mit den Vertragsparteien des Sitzstaatabkommens identisch sind. So ist die internationale Organisation lediglich Partei des Sitzstaatabkommens, wohingegen die multilateralen Abkommen über Immunitäten allein zwischen den Mitgliedstaaten abgeschlossen werden. Da die *lex posterior* Regel jedoch nicht auf der Ebene der völkerrechtlichen Verträge angewendet wird, sondern auf die zeitliche Abfolge der nationalen Zustimmungsakte abstellt, greifen die Bedenken bezüglich der Anwendbarkeit der *lex posterior* Regel im Ergebnis nicht durch.

Neben dem Vorschlag der Anwendung der *lex posterior* Regel vertritt *Muller*, dass in einem Kollisionsfall grundsätzlich dem Sitzstaatabkommen ein Vorrang einzuräumen sei.[56] Diese Ansicht verdient den Vorzug vor anderen Lösungsansätzen wie z. B. der Anwendung der *lex posterior* Regel, da die Vorrangstellung des Sitzabkommens unabhängig vom Zeitpunkt des Inkrafttretens der nationalen Zustimmungsakte feststeht. Als zusätzliches Argument für die letztgenannte Lösung ist anzuführen,

---

nen Vertragspartnern in Haftung genommen werden, *Doehring*, Völkerrecht, § 13 Rn 751.

54 Agreement between the United Nations and the United States of America regarding the Headquarters of the United Nations, General Assembly Resolution 169 (II) vom 31.10.1947, S. 92 ff., abzurufen unter: http://www.un.org/en/ga/search/view_doc.asp?symbol=A/RES/169(II) (zuletzt abgerufen am 13.12.2016).

55 *Doehring*, Völkerrecht, § 13 Rn 751.

56 *Muller*, International Organizations and their Host States, S. 64.

dass die Entscheidung, welches Abkommen vorrangige Geltung erhält, nicht allein in der Hand der Legislative des Sitzstaates verbleiben sollte, die die Zustimmung zu den völkerrechtlichen Abkommen gibt.

b) Verhältnis der völkerrechtlichen Vereinbarungen über Immunitäten zu Doppelbesteuerungsabkommen

Artikel 28 des OECD-Musterabkommens findet seine Entsprechung in Artikel 29 der deutschen Verhandlungsgrundlage für Doppelbesteuerungsabkommen im Bereich der Steuern vom Einkommen und Vermögen (DE-VG).[57] Die Bestimmung lautet:

> *„Dieses Abkommen berührt nicht die steuerlichen Vorrechte, die den Mitgliedern diplomatischer Missionen und konsularischer Vertretungen nach den allgemeinen Regeln des Völkerrechts oder auf Grund besonderer Übereinkünfte zustehen."*

Diese Vorschrift regelt mithin nicht ausdrücklich die steuerliche Behandlung der Mitglieder des Personals internationaler Organisationen, sodass lediglich eine analoge Anwendung in Frage kommt, um das Verhältnis zwischen den vorliegend untersuchten Abkommen einerseits und den Doppelbesteuerungsabkommen andererseits zu klären. Da Artikel 28 des OECD-Musterabkommens bzw. Artikel 29 DE-VG jedoch lediglich die allgemeingültige Regel umschreibt, die besagt, dass ein Doppelbesteuerungsabkommen die Steuerpflichten des Einzelnen nicht erweitern, sondern lediglich begrenzen kann, bedarf es keiner analogen Anwendung dieser Vorschrift auf die Mitglieder des Personals internationaler Organisationen.[58] Die Regelungen aus dem Doppelbesteuerungsabkommen werden mithin immer dann von den Vorschriften des jeweils einschlägigen völkerrechtlichen Abkommens über die Immunitäten verdrängt, wenn die Doppelbesteuerungsregeln die Rechte aus den Abkommen über Immunitäten einschränken würden.[59] Einer vertraglich festgelegten Vorrangregelung bedarf es zudem auch deshalb nicht, da die Abkommen über die fiskalischen Befreiungen als *leges specialis* vorrangig vor den übrigen völkerrechtlichen Abkommen Anwendung finden.[60]

Die Anwendbarkeit der einschlägigen Doppelbesteuerungsabkommen neben den völkervertraglichen Regelungen über die fiskalischen Immunitäten birgt die

---

57 BMF vom 22.8.2013, IV B 2 – S 1301/ 13/10009. Die Verhandlungsgrundlage ist als pdf abrufbar unter: http://www.bundesfinanzministerium.de/Content/DE/Standardartikel/Themen/Steuern/Internationales_Steuerrecht/Allgemeine_Informationen/2013-08-22-Verhandlungsgrundlage-DBA-deutsch.pdf?__blob=publicationFile&v=9 (zuletzt abgerufen am 13.12.2016).

58 *Engelschalk*, in: Vogel/Lehner, DBA, Artikel 28 Rn 3a und 23; *Meinert*, in: Schönfeld/Ditz, DBA, Artikel 28 Rn 1.

59 Ebenda.

60 *Meinert*, in: Schönfeld/Ditz, DBA, Artikel 28 Rn 8; *Endres/Ismer*, Tax Rules in Non-Tax Agreements, S. 359 (365, 371) sprechen von der „back up"- Funktion der Regelungen aus Doppelbesteuerungsabkommen.

Gefahr einer doppelten Nichtbesteuerung einzelner Steuerpflichtiger. Eine Keinmalbesteuerung kommt immer dann in Betracht, wenn ein Steuerpflichtiger in einem Vertragsstaat aufgrund eines völkerrechtlichen Abkommens über die Immunität internationaler Organisationen und der Mitglieder ihres Personals von der Steuer befreit ist und dem anderen Vertragsstaat aufgrund der Vorschrift des Doppelbesteuerungsabkommens kein Besteuerungsrecht zusteht.[61]

c) Verhältnis der völkervertraglich eingeräumten Immunitäten zu den nationalen Gesetzen über Steuerbefreiungen

Im Verhältnis zu den völkerrechtlichen Vereinbarungen können auch nationale Gesetze eigenständige Regelungen zu den Steuerbefreiungen der internationalen Organisationen sowie zu den Befreiungen der Mitglieder ihres Personals enthalten. In diesen Fällen ergänzen sie entweder bereits bestehende völkerrechtliche Vereinbarungen oder dienen als Ersatz für fehlende oder mangels Ratifizierung im Inland noch nicht anwendbare völkervertragliche Regeln.[62]

Zum anderen dienen nationale Gesetze auch der innerstaatlichen Umsetzung der Verpflichtungen der Mitgliedstaaten aus den völkerrechtlichen Vereinbarungen.[63] Der Rang und die unmittelbare Anwendbarkeit der völkervertraglichen Verpflichtungen in der nationalen Rechtsordnung bestimmen sich nach dem jeweils anwendbaren nationalen (Verfassungs)Recht.[64] Im Fall einer Kollision zwischen den nationalen Regeln und der Verpflichtung des jeweiligen Mitgliedstaats aus den völkerrechtlichen Abkommen ist der jeweilige Mitgliedstaat einer internationalen Organisation grundsätzlich verpflichtet, die völkervertragliche Verpflichtung zu erfüllen.[65]

d) Geltung, Anwendung und Rang der fiskalischen Immunitäten in der Bundesrepublik Deutschland

In der Bundesrepublik Deutschland sind die Rechte und Pflichten aus einem völkerrechtlichen Vertrag nicht unmittelbar als geltendes Recht anwendbar.[66] Geltung erhalten die Vorschriften aus den völkerrechtlichen Verträgen im innerstaatlichen Recht durch Transformation des völkerrechtlichen Vertrags bzw. durch einen Rechts-

---

61 *Meinert*, in: Schönfeld/Ditz, DBA, Artikel 28 Rn 33. Zu dem Problemkreis der Keinmalbesteuerung, siehe unter Abschnitt: F.V.

62 *Crawford*, Brownlie's principles of public international law, S. 172; *Möldner*, International Organizations or Institutions, Privileges and Immunities, MPEPIL 2012, 47 (49).

63 *Muller*, International Organizations and their Host States, S. 59.

64 *Lachmayer/von Förster*, in: von der Groeben/Schwarze/Hatje, Europäisches Unionsrecht, Artikel 216 Rn 25.

65 Sog. *conflict of obligations*: *Crawford*, Brownlie's principles of public international law, S. 50; *Muller*, International Organizations and their Host States, S. 59 m.w.N.

66 BVerfGE 111, 307 = NJW 2004, 3407 Tz 34.

anwendungsbefehl. In Übereinstimmung mit dem Bundesverfassungsgericht[67] folgt die vorliegende Arbeit hinsichtlich der Frage der Geltung von völkerrechtlichen Verträgen in der Rechtsordnung der Bundesrepublik Deutschland im weiteren Fortgang der Vollzugstheorie.[68]

aa) Innerstaatliche Geltung und Anwendbarkeit aufgrund des Zustimmungsgesetzes gemäß Artikel 59 Abs. 2 Satz 1 Var. 2 GG

Die in dieser Arbeit untersuchten völkerrechtlichen Vereinbarungen über die Immunitäten der internationalen Organisationen und der Mitglieder ihres Personals sind als völkerrechtliche Verträge, die eines Zustimmungsgesetzes gemäß Artikel 59 Abs. 2 Satz 1 Var. 2 GG bedürfen, zu qualifizieren. Grund hierfür ist der Umstand, dass sich die vorliegend untersuchten völkerrechtlichen Vereinbarungen auf Gegenstände der Bundesgesetzgebung beziehen. Ein Vertragsinhalt ist dann Gegenstand der Bundesgesetzgebung, wenn der Bund durch den völkerrechtlichen Vertrag Verpflichtungen übernimmt, deren Erfüllung allein durch Erlass eines Bundesgesetzes möglich ist.[69] Die völkerrechtlichen Vereinbarungen über die Gewährung von Immunitäten an internationale Organisationen und die Mitglieder ihres Personals enthalten die Verpflichtung des steuerberechtigten Mitgliedstaates, den begünstigten Personen und der internationalen Organisation Steuerbefreiungen zu gewähren. Auch ist regelmäßig u. a. die zumindest teilweise Befreiung von nationaler Gerichtsbarkeit Gegenstand dieser völkerrechtlichen Vereinbarungen. Die Vereinbarungen schränken mithin aufgrund der in ihnen vereinbarten Verpflichtungen die fiskalische Hoheit sowie die Gerichtshoheit des jeweiligen Mitgliedstaates ein.[70] Das jeweilige Zustimmungsgesetz zu den völkerrechtlichen Verträgen über die Immunitäten der internationalen Organisationen und der Mitglieder ihres Personals stellt den nach allen drei Theorien (Transformationstheorie, Vollzugstheorie und

---

67 BVerfGE 77, 170 = NJW 1988, 1651; BVerfGE 90, 286 = NJW 1994, 2207 (2213); BVerfGE 104, 151 = NJW 2002, 1559 ff. Tz B. I. 2) lit. a; BVerfG, NJW 2011, 591 (592) Tz III. 2) lit. a, bb).

68 Siehe zur Frage der aktuell in der Bundesrepublik Deutschland vorherrschenden Theorie *Niedobitek*, Das Recht der grenzüberschreitenden Verträge, S. 159 f. Innerhalb der aktuellen Rechtsprechung des BFH besteht noch keine Einigkeit über die vorherrschende Theorie. So verwendet der BFH teilweise in seinen aktuellen Urteilen den Begriff „transformiert", siehe z. B. BFHE 250, 110 = DStR 2015, 2222 (2224); BFH/NV 2016, 180 ff. Tz 18 ff. In anderen Urteile spricht er mit Verweis auf das BVerfG im Zusammenhang mit dem Zustimmungsgesetz gemäß Artikel 59 Abs. 2 Satz 1 GG vom Rechtsanwendungsbefehl, BFHE 226, 276 = BStBl. II 2010, 387 = IStR 2009, 814 (816). In diesem Urteil finden sich neben dem Begriff „Rechtsanwendungsbefehl" auch der Begriff „transformiert", BFHE 226, 276 = BStBl. II 2010, 387 = IStR 2009, 814 (815) – (transformiert); IStR 2009, 814 (816) – (Rechtsanwendungsbefehl), sodass unklar bleibt, welcher Theorie der BFH folgt.

69 BVerfGE 1, 372 = NJW 1952, 970 (971).

70 *Wenckstern*, NJW 1987, 1113 (1114).

Adoptionstheorie[71]) erforderlichen staatlichen Hoheitsakt dar, der den Rechten und Pflichten aus den völkerrechtlichen Verträgen in der Rechtsordnung der Bundesrepublik Deutschland Geltung verschafft.[72]

bb) Innerstaatliche Geltung und Anwendbarkeit aufgrund einer Rechtsverordnung

Nicht zu allen in dieser Arbeit untersuchten völkerrechtlichen Abkommen sind förmliche Zustimmungsgesetze i.S.d. Artikels 59 Abs. 2 Satz 1 GG ergangen. Solche Gesetze bestehen lediglich in Bezug auf die multilateralen Abkommen über Immunitäten von EIOPA, EMBL[73], EPO/EPA[74], ESA (EAC bzw. ESOC), EZB, GCDT, IRENA, OCCAR und OECD.

Die übrigen völkerrechtlichen Verträge über die Immunitäten der internationalen Organisationen und der Mitglieder ihres Personals wurden durch eine Rechtsverordnung der Bundesregierung der Bundesrepublik Deutschland in Kraft gesetzt und erhalten durch den in der Rechtsverordnung enthaltenen Rechtsanwendungsbefehl innerstaatliche Geltung.[75] Die Delegation der Kompetenz des Gesetzgebers zur Umsetzung völkerrechtlicher Verträge an die Exekutive ist grundsätzlich zulässig und erfährt bereits eine jahrelange Übung in der Bundesrepublik Deutschland.[76] Bei be-

---

71 Die drei Theorien sind dargestellt bei *Geiger*, Grundgesetz und Völkerrecht, S. 150.

72 *Musil*, in: H/H/S, AO, § 2 Rn 152. Nur im Fall der Transformationslehre bedarf es einer Änderung der Rechtsnatur der einzelnen Vorschriften aus dem völkerrechtlichen Vertrag.

73 Es existiert ein Zustimmungsgesetz zu der Sitzstaatvereinbarung zwischen der Regierung der Bundesrepublik Deutschland und EMBL, BGBl. II 1975, 933.

74 Es existiert ein Zustimmungsgesetz zum Europäische Patentübereinkommen, BGBl. II 1976, 649 ff.

75 Dies gilt für die völkerrechtlichen Abkommen über die Immunitäten der ADB, des Deutsch-Französischen Jugendwerks, des Deutsch-Polnischen Jugendwerks, des EMBL (Gründungsabkommen), der ESO, der EUMETSAT, der IOM, der Liga der Arabischen Staaten sowie der NETMA-NATO.

76 BVerfGE 90, 286 = NJW 1994, 2207 (2213) Tz III 3) lit. a, ee); *Treviranus*, NJW 1982, 1948 (1949); *Wenckstern*, NJW 1987, 1114 (1115); *Schlüter*, Innerstaatliche Rechtsstellung, S. 54 m.w.N. Siehe hierzu auch die Begründung der Rechtsverordnung über die Gewährung von Vorrechten und Befreiungen an die ADB in der Denkschrift zum Sitzstaatabkommen mit ADB, BR-Drs. 532/97, S. 2. *Nettesheim*, in: Maunz/Dürig, GG, Artikel 59 Rn 144, schränkt die verfassungsrechtliche Zulässigkeit einer generellen Delegation an die Exekutive für die sog. antizipierte Zustimmung jedoch ein. Eine antizipierte Zustimmung liegt immer dann vor, wenn das Ermächtigungsgesetz durch die Legislative bereits vor Kenntnis des endgültigen Vertragstextes verabschiedet wurde. *Nettesheim* fordert in diesen Fällen für die Zulässigkeit einer vorgezogenen Zustimmung weitere Gründe. Einen zusätzlichen Grund stellt z.B. die Eilbedürftigkeit des Vertragsschlusses dar. Siehe zur jahrelangen Übung: Punkt 3 der Richtlinien für die Fassung von Vertragsgesetzen und vertragsbezogenen Verordnungen (Richtlinien nach § 73 Abs. 3 Satz 1 GGO) in der Neufassung von 2007;

stimmten Kategorien von völkerrechtlichen Verträgen wird die Bundesregierung der Bundesrepublik Deutschland regelmäßig durch ein Zustimmungsgesetz ermächtigt, die Verträge abzuschließen und innerstaatlich durch Rechtsverordnungen in Kraft zu setzen. Hierzu gehören die in dieser Arbeit untersuchten Verträge, die den internationalen Organisationen und den Mitgliedern ihres Personals Immunitäten einräumen.[77]

Die Rechtsgrundlage für den Erlass einer Rechtsverordnung über die Gewährung von Immunitäten an internationale Organisationen und die Mitglieder ihres Personals findet sich in Artikel 80 Abs. 1 GG i.V.m. Artikel 3 des Gesetzes vom 22. Juni 1954 über den Beitritt der Bundesrepublik Deutschland zum Abkommen über die UN-Sonderorganisationen und über die Gewährung von Vorrechten und Befreiungen an andere zwischenstaatliche Organisationen[78] in der Fassung des Artikels 4 des Gesetzes zu dem Übereinkommen vom 13. Februar 1946 über die Vorrechte und Immunitäten der Vereinten Nationen vom 16. August 1980.[79] Dieses Ermächtigungsgesetz genügt insbesondere auch den Voraussetzungen des Artikels 80 Abs. 1 Satz 2 GG und weist Auslandsbezogenheit auf. Es nennt den Zweck der Gewährung von Immunitäten, der im Interesse der Pflege internationaler Beziehungen liegt. Auch beschreibt das Gesetz detailliert den potentiellen Kreis der Begünstigten von Immunitäten und benennt ebenfalls den materiellen Umfang der Immunitäten hinreichend genau.[80] So bestimmt das Ermächtigungsgesetz in Ar-

---

Treviranus, NJW 1982, 1948 (1949). Gegen die Zulässigkeit spricht sich in einem *obiter dictum* das BVerfG aus, BVerfGE 1, 372 = NJW 1952, 970 (972). Das BVerfG war der Überzeugung, dass „*(d)ie Zustimmung oder Mitwirkung der gesetzgebenden Körperschaften in der Form eines Bundesgesetzes (...) ein zwingender und nicht verzichtbarer Sondervorbehalt der Legislative (sei). Diese dem Bundestag vorbehaltene Kompetenz könnte nur im Wege der Verfassungsänderung auf die Bundesregierung übertragen werden. Nach Artikel 80 GG kann die Bundesregierung nur ermächtigt werden, in der Form von Rechtsverordnungen Recht zu setzen, nicht aber Regierungsakte vorzunehmen, für die das GG Gesetzesform vorschreibt. (...) Das in Artikel 59 Abs. 2 GG geforderte förmliche Gesetz kann daher nicht durch eine Rechtsverordnung ersetzt werden.*“ Das BVerfG bezog sich in dieser Entscheidung auf ein Ermächtigungsgesetz zu einem Handelsabkommen. Gewöhnlicherweise existieren eine Vielzahl dieser völkerrechtlichen Verträge mit der Bundesrepublik Deutschland. Jenes im BFH-Urteil angesprochene Ermächtigungsgesetz wurde schließlich nicht verabschiedet, vgl. *Treviranus*, NJW 1982, 1948 (1951, Fn 8).

77 Als weitere Kategorien kommen Verträge über diplomatische Immunitäten, das Passwesen, Grenzreglungen, den internationalen Verkehr, die Schifffahrt, die Fischerei, die Außenwirtschaft sowie über Rechtshilfe und Sozialwesen in Frage, vgl. Punkt 3.1.2. lit. a der Richtlinien für die Fassung von Vertragsgesetzen und vertragsbezogenen Verordnungen (Richtlinien nach § 73 Abs. 3 Satz 1 GGO) in der Neufassung von 2007.

78 BGBl. II 1954, 639 f.

79 BGBl. II 1980, 941 f.

80 *Wenckstern*, NJW 1987, 1114 (1115).

tikel 3 Nr. 2 lit. a und b, dass die Bundesregierung ermächtigt wird, mit Zustimmung des Bundesrates, soweit dies im Interesse der Pflege internationaler Beziehungen erforderlich ist, Rechtsverordnungen über die Gewährung diplomatischer Vorrechte und Immunitäten an die in Nummer 1[81] genannten Organisationen und Einrichtungen und an die Bediensteten dieser Organisationen und Einrichtungen sowie die zum Haushalt der Bediensteten gehörenden Familienmitglieder und privaten Hausangestellten zu erlassen.[82]

Das Gesetz vom 22. Juni 1954 über den Beitritt der Bundesrepublik Deutschland zum Abkommen über die UN-Sonderorganisationen in der Fassung des Artikels 4 des Gesetzes vom 16. August 1980 ist als antizipiertes Zustimmungsgesetz zu qualifizieren, da es die in Artikel 59 Abs. 2 Satz 1 GG erforderliche Zustimmung der Legislative zum Abschluss eines völkerrechtlichen Vertrags erteilt, bevor der konkrete Inhalt des völkerrechtlichen Vertrags über die Immunitäten einer internationalen Organisation und der Mitglieder ihres Personals feststeht.[83] Da das antizipierte Zustimmungsgesetz die Zustimmung des Bundesrates erfordert, musste dieser auch den vorliegend untersuchten einzelnen Rechtsverordnungen durch einen einfachen Beschluss zustimmen.[84] In den jeweiligen Rechtsverordnungen wiederum gewährt die Bundesregierung mit Zustimmung des Bundesrates den jeweiligen internationalen Organisation sowie ggf. den Mitgliedern ihres Personals Immunitäten nach Maßgabe eines völkerrechtlichen Abkommens, das regelmäßig im Bundesgesetzblatt – jeweils der Verordnung nachfolgend – veröffentlicht wird. Die Verordnung enthält jeweils auch die Bestimmung, dass sie an demselben Tag, an dem das Abkommen nach seinem jeweiligen Artikel in Kraft treten soll, Geltung erlangt.[85]

Die Vorschriften aus dem jeweiligen völkerrechtlichen Vertrag über die Immunitäten der internationalen Organisationen und der Mitglieder ihres Personals erhalten mithin durch den Rechtsanwendungsbefehl, der sowohl durch das Zustimmungsgesetz als auch durch die Rechtsverordnung dokumentiert ist, innerstaatliche Geltung in der Rechtsordnung der Bundesrepublik Deutschland.[86]

---

81 Hierunter fallen die in dieser Arbeit untersuchten internationalen Organisationen, da sie jeweils, wie oben gesehen, eine durch einen völkerrechtlichen Vertrag geschaffene Organisationen darstellen.

82 Die Angaben sind auf die für diese Arbeit relevanten Informationen und Ermächtigungen reduziert.

83 Zur verfassungsrechtlichen Zulässigkeit eines solchen Gesetzes, von der in dieser Arbeit ausgegangen wird, siehe vertiefend: *Dregger*, Antizipierte Zustimmung, S. 71 ff.; *Schlüter*, Innerstaatliche Rechtsstellung, S. 53 ff.

84 Vgl. *Schlüter*, Innerstaatliche Rechtsstellung, S. 55 m.w.N.

85 Siehe hierzu beispielhaft Artikel 2 der Verordnung über die Gewährung von Vorrechten und Befreiungen an die ADB, BGBl. II 1997, 2024.

86 *Nettesheim*, in: Maunz/Dürig, GG, Artikel 59 Rn 179.

cc) Rang der innerstaatlich geltenden Immunitäten

Der Rang innerstaatlich geltender Rechte und Verpflichtungen aus völkerrechtlichen Vereinbarungen bestimmt sich gemäß der herrschenden Auffassung nach dem Rang des jeweiligen Umsetzungsaktes.[87] Einige der völkervertraglich festgelegten Vorschriften über den Umfang der Steuerbefreiungen der internationalen Organisationen und der Mitglieder ihres Personals haben dementsprechend den Rang eines einfachen Bundesgesetzes inne, sofern der zugrundeliegende völkerrechtliche Vertrag durch ein Zustimmungsgesetz vollzogen wurde. Für die Vorschriften aus den völkerrechtlichen Verträgen, die mittels einer Rechtsverordnung im innerstaatlichen Recht der Bundesrepublik Deutschland Geltung erlangt haben, würde die Anwendung dieser Regel zu einer anderen Rangbestimmung innerhalb der innerstaatlichen Normenhierarchie führen. Die durch eine Rechtsverordnung in Kraft gesetzten völkervertraglich festgelegten Steuerbefreiungen an internationale Organisationen und die Mitglieder ihres Personals würden mithin lediglich den Rang einer Rechtsverordnung beanspruchen können. Dieses Ergebnis verwundert, da die Immunitäten der internationalen Organisationen und der Mitglieder ihres Personals in materiell-rechtlicher Hinsicht unabhängig von der Rechtsnatur des Umsetzungsaktes der jeweiligen völkerrechtlichen Abkommen einen vergleichbaren oder teilweise sogar identischen Inhalt aufweisen. Mithin ist es nur folgerichtig bei der Bestimmung des innerstaatlichen Rangs der völkervertraglich gewährten fiskalischen Immunitäten die Rechtsverordnung stets in Verbindung mit dem antizipierten Zustimmungsgesetz zu sehen, sodass unabhängig von der Art des Umsetzungsaktes die völkervertraglich gewährten Immunitäten im Rang eines einfachen Bundesgesetzes stehen.[88]

---

87 BVerfGE 111, 307, 316 = NJW 2004, 3407 (3408); *Drüen*, in: Tipke/Kruse, AO/FGO, § 2 Rn 5; *Koenig*, in: Koenig, AO, § 2 Rn 14; *Schmahl*, JuS 2013, 961 (965); a.A. *Nettesheim*, in: Maunz/Dürig, GG, Artikel 59 Rn 184, der diesen Grundsatz nicht strikt anwenden will, da Artikel 59 Abs. 2 Satz 1 GG keine eindeutige Aussage über die Rangbestimmung des völkerrechtlichen Vertrages treffe. Er weist jedoch darauf hin, dass der Gesetzgeber einem völkerrechtlichen Vertrag zumindest keinen höheren Rang zuweisen könne, als ihm der Vollzugsakt selbst zuschreibe. An diesem Ergebnis ändert auch die Bestimmung des § 2 AO nichts, wonach völkerrechtliche Verträge über die Besteuerung, die innerstaatlich unmittelbar anwendbar geworden sind, den Steuergesetzen vorgehen. Wie das BVerfG jüngst in seinem Beschluss vom 15.12.2015 über die Verfassungsgemäßheit eines *treaty overrides* bestätigte, kann § 2 AO als einfachgesetzliche Regelung kann den von ihm geregelten völkerrechtlichen Verträgen keinen höheren Rang in der Normenhierarchie vermitteln, BVerfGE 141, 1 = NJW 2016, 1295 (1297) Tz 48.

88 Die durch Rechtsverordnung unmittelbar geltenden völkervertraglich gewährten Immunitäten erhalten nach Auffassung einiger Stimmen im Schrifttum nur den innerstaatlichen Rang einer Rechtsverordnung: *Wenckstern*, NJW 1987, 1113 (1115) trifft diese Aussage allerdings lediglich in Bezug auf die Immunität von staatlicher Gerichtsbarkeit.

dd) Verhältnis der innerstaatlich geltenden Immunitäten zu den nationalen Steuergesetzen

Das Verhältnis zwischen den völkervertraglich gewährten fiskalischen Immunitäten und den nationalen Steuergesetzen untereinander regelt für deutsche Besteuerungszwecke § 2 Abs. 1 AO. Diese Norm bestimmt, dass völkerrechtliche Verträge über die Besteuerung, die innerstaatlich unmittelbar anwendbar geworden sind, den Steuergesetzen vorgehen. Unter den Begriff „Verträge über die Besteuerung" werden solche völkerrechtlichen Verträge gefasst, die eine unmittelbare Auswirkung auf die nationale Steuerrechtsordnung haben.[89] Solche Verträge regeln Fragen der Besteuerung oder wirtschaftliche Sachverhalte, an die steuerliche Tatbestände anknüpfen können.[90] Verträge über die Besteuerung sind somit zum einen solche Verträge, deren Gegenstand darauf gerichtet ist, die wirtschaftliche Gestaltungsfreiheit des Gesetzgebers derart zu beschränken, dass darin auch Beschränkungen der Besteuerungsgewalt der Bundesrepublik Deutschland zu sehen sind.[91] Zum anderen fallen auch diejenigen Verträge unter diese Definition, die Regelungen enthalten, die von der innerstaatlichen Steuerrechtsordnung abweichen.

Die einzelnen in dieser Arbeit untersuchten völkerrechtlichen Vereinbarungen modifizieren die Bestimmungen des nationalen Steuerrechts, indem sie Regelungen über die steuerliche Behandlung der internationalen Organisationen und der Mitglieder ihres Personals enthalten. Mithin ist der Anwendungsbereich von § 2 Abs. 1 AO für die vorliegend untersuchten Abkommen eröffnet. Dies gilt unabhängig davon, ob die innerstaatliche Geltung der fiskalischen Immunitäten durch Erlass eines formellen Zustimmungsgesetzes oder durch Erlass einer Rechtsverordnung herbeigeführt wird. Die von § 2 AO vorausgesetzte unmittelbare Anwendbarkeit der einzelnen fiskalischen Immunitäten im nationalen Recht erfordert darüber hinaus, dass die einzelne völkervertragliche Norm unmittelbar anwendbar ist. Unmittelbar anwendbar ist eine völkervertragliche Norm, wenn ihre Anwendung keiner weiteren Durchführungsvorschrift mehr bedarf und die Norm von sich heraus konkrete Rechte und Pflichten im innerstaatlichen Rechtsverkehr erzeugt, mithin *self-executing* ist.[92] Die vorliegend einschlägigen völkerrechtlichen Bestimmungen enthalten Regelungen wie z. B. Steuerbefreiungen zugunsten der internationalen Organisationen und der Mitglieder ihres Personals, die keine weitere Konkretisierung durch den nationalen Gesetzgeber mehr erfordern, weshalb die völkerrechtlichen Normen nach innerstaatlicher Wirksamkeit auch unmittelbar anwendbar sind.

Allein aufgrund des Wortlauts der Norm findet somit die Vorrangregelung des § 2 Abs. 1 AO auf beide Gruppen von völkerrechtlichen Verträgen unabhängig

---

89 *Musil*, in: H/H/S, AO, § 2 Rn 37.
90 *Oellerich*, in: Beerman/Gosch, AO, § 2 Rn 22.
91 *Musil*, in: H/H/S, AO, § 2 Rn 37.
92 *Schweitzer/Dederer*, Staatsrecht III, § 4 Rn 805 f.; *Geiger*, Grundgesetz und Völkerrecht, S. 151; *Musil*, in: H/H/S, AO, § 2 Rn 156.

von der Rechtsnatur ihrer Umsetzungsakte Anwendung, da die Voraussetzung der innerstaatlichen Geltung in beiden Fällen erfüllt ist.[93]

§ 2 Abs. 1 AO enthält die Rechtsfolge, dass die Regelungen der völkerrechtlichen Verträge den nationalen Steuergesetzen vorgehen. Die Kollisionsregel kann nicht dergestalt ausgelegt werden, dass sie den völkerrechtlichen Vorschriften einen höheren normhierarchischen Rang als den übrigen Steuergesetzen i.S.d Regel *lex superior derogat legi inferiori* einräumt.[94] Vielmehr bestimmt § 2 Abs. 1 AO, dass die im Anwendungsbereich der Norm liegenden völkerrechtlichen Vorschriften sowohl einer spezielleren[95] als auch einer späteren[96] nationalen Steuernorm vorgehen. Die Kollisionsregel des § 2 Abs. 1 AO suspendiert somit die *lex posterior derogat legi priori* Regel. Dies gilt jedoch nur vorbehaltlich eines in einem späteren Gesetz anders dokumentierten Willens der Legislative.[97] Somit kann im Einklang mit dem neuesten Beschluss des BVerfG über die Verfassungsmäßigkeit eines *treaty overrides* § 2 Abs. 1 AO als einfachgesetzliche Regelung allenfalls die Subsidiarität der nationalen Steuergesetze gegenüber Doppelbesteuerungsabkommen und anderen völkerrechtlichen Verträgen anordnen, jedoch den von § 2 Abs. 1 AO geregelten völkerrechtlichen Verträgen keinen höheren Rang in der Normenhierarchie vermitteln.[98]

Wenn den völkervertraglich gewährten Immunitäten durch eine Rechtsverordnung statt durch ein Zustimmungsgesetz innerstaatliche Geltung verschafft wird, stellt § 2 Abs. 1 AO das jeweils betroffene nationale Steuergesetz unter den Vorbehalt der Modifikation durch eine Rechtsverordnung.[99]

---

93 Zu demselben Ergebnis erlangt man, wenn bei der Rangbestimmung der völkervertraglich gewährten Immunitäten die Rechtsverordnung stets i.V.m dem antizipierten Zustimmungsgesetz berücksichtigt wird.

94 *Drüen*, in: Tipke/Kruse, AO, § 2 Rn 5; *Musil*, in: H/H/S, AO, § 2 Rn 160; *Oellerich*, in: Beerman/Gosch, AO, § 2 Rn 73.

95 Vgl. die Regel *lex specialis derogat legi generali.*

96 Dies gilt nur für Kollisionen, die nach Erlass der AO entstanden sind. Bestand die Kollision bereits vor Inkrafttreten des § 2 AO, hat der Gesetzgeber die Anwendung der *lex posterior* Regel für Sachverhalte vor Erlass der AO ausgeschlossen, sodass auch in diesen Fällen die völkervertraglichen Regeln vorrangig vor späteren Steuergesetzen gelten, *Musil*, in: H/H/S, AO, § 2 Rn 171.

97 *Oellerich*, in: Beerman/Gosch, AO, § 2 Rn 74 f; *Musil*, in: H/H/S, AO, § 2 Rn 173 f. So ist es durchaus möglich, dass die völkerrechtlichen Regelungen durch spätere innerstaatliche Gesetze abgeändert werden können.

98 BVerfGE 141, 1 = NJW 2016, 1295 (1297) Tz 48.

99 *Dregger*, Antizipierte Zustimmung, S. 90; in diese Richtung denkt auch *Wenckstern*, NJW 1987, 1113 (1116). Beide äußern sich nicht zu § 2 Abs. 1 AO, sondern beschäftigen sich jeweils allgemein mit dem Verhältnis der durch Rechtsverordnung in Kraft gesetzten völkervertraglichen Vorschriften und einfachem Bundesrecht.

6. Zusammenfassung

Regelmäßig enthalten völkerrechtliche Vereinbarungen wie z.B. der Gründungsvertrag einer internationalen Organisation, bilaterale oder multilaterale völkerrechtliche Verträge bzw. Sitzstaatabkommen zwischen dem Sitzstaat und der internationalen Organisation Bestimmungen über die fiskalischen Immunitäten der internationalen Organisationen und der Mitglieder ihres Personals. Daneben können auch nationale Gesetze Bestimmungen über Steuerbefreiungen treffen oder das verwaltungsrechtliche Verfahren festlegen, mit dem der internationalen Organisation bzw. dem jeweiligen Mitglied ihres Personals Steuerbefreiungen gewährt werden. Verwaltungsvorschriften der Finanzverwaltung dienen der Konkretisierung, Urteile der (Finanz-)Gerichtsbarkeit – jedoch lediglich als Rechtserkenntnisquelle – der Auslegung des Umfangs der Steuerbefreiungen in der Bundesrepublik Deutschland.

Schließlich wird zumindest in Literatur und Rechtsprechung diskutiert, ob ebenfalls das Völkergewohnheitsrecht eine Rechtsquelle für die Gewährung von fiskalischen Immunitäten darstellt.

Grundsätzlich stehen die völkerrechtlichen Vereinbarungen über die Steuerbefreiungen der internationalen Organisationen und der Mitglieder ihres Personals gleichberechtigt nebeneinander. Sie ergänzen sich, ohne einander zu beschränken. Im Fall einer Kollision der völkervertraglich gewährten Immunitäten bestehen gute Argumente, den Regelungen des Sitzstaatabkommens eine Vorrangstellung einzuräumen. Den Vorschriften aus den grundsätzlich anwendbaren Doppelbesteuerungsabkommen gehen die völkervertraglich gewährten fiskalischen Immunitäten aufgrund ihrer Spezialität vor. Im Kollisionsfall zwischen den nationalen Steuergesetzen und den völkervertraglich gewährten fiskalischen Immunitäten besteht grundsätzlich die Pflicht der jeweiligen Mitgliedstaaten, die völkerrechtlichen Verpflichtungen auf Gewährung der Immunitäten einzuhalten. Die deutsche Steuerrechtsordnung enthält mit § 2 AO eine Kollisionsregelung.[100] Unabhängig von dem jeweiligen Umsetzungsakt der völkervertraglich gewährten fiskalischen Immunitäten gehen diese den Bestimmungen der nationalen Steuergesetze vor.

II. Rechtfertigung für die Gewährung von fiskalischen Immunitäten

In der völkerrechtlichen und steuerrechtlichen Literatur findet sich keine eigenständige Begründung für die Gewährung von Steuerbefreiungen an internationale Organisationen und die Mitglieder ihres Personals. Der von der Mehrheit der Autoren befürwortete Grundsatz der Funktionalität dient als Begründung für die Gewährung von Immunitäten an internationale Organisationen und die Mitglieder

100 Zum Umfang und Wirkung dieser Kollisionsregel, die nur ein einfaches Gesetz darstellt, siehe Fn 87.

ihres Personals im Allgemeinen. Dieser Grundsatz dient mithin als Ausgangspunkt zur Ermittlung der speziellen Rechtfertigungsgründe für die Gewährung von fiskalischen Immunitäten an internationale Organisationen und die Mitglieder ihres Personals im Besonderen.

1. Einführung in den Grundsatz der Funktionalität

Im Gegensatz zu der Vielzahl von Begründungsansätzen, die für die Gewährung von Staatenimmunität[101] existieren, etablierte sich sowohl in der Literatur[102] als

---

101 Auf diese Theorien und Begründungen soll in dieser Arbeit mangels Anknüpfungspunkt und Erkenntnismehrwert für die Erforschung der Gewährung von fiskalischer Immunität an internationale Organisationen und die Mitglieder ihres Personals nur kurz eingegangen werden. Folgende Begründungen zur Gewährung von Staatenimmunität werden diskutiert: Achtung vor der Souveränität und Gleichheit der Staaten (*par in parem non habet imperium*), Prinzip der Gegenseitigkeit (Reziprozität) sowie (*courtoisie*).
Zusätzlich zu den eben aufgeführten Theorien dienen die Repräsentationstheorie und die Exterritorialitätstheorie als Erklärung des besonderen (nicht nur steuerrechtlichen) Status eines Diplomaten.
Eine ausführliche Darstellung der Vor- und Nachteile der einzelnen Theorien zur Staatenimmunität findet sich u. a. bei *Pfuhl*, Privilegien und Immunitäten Internationaler Funktionäre, S. 51 ff.
Zur Übertragbarkeit der Theorien auf internationale Organisationen siehe *Petersen*, Staatsangehörigkeit, S. 76 ff. *Sato*, Immunität internationaler Organisationen, S. 54 ff., legt die unterschiedlichen Theorien, die für die Gewährung von Immunitäten an internationalen Organisationen entwickelt wurden, dar. Er konzentriert sich vor allem auf die Befreiung der internationalen Organisationen und der Mitglieder ihres Personals von nationaler Gerichtsbarkeit.

102 *Schermers/Blokker*, International Institutional Law, § 1608; *Klabbers*, International Law, S. 105; *Wilson*, Diplomatic Privileges and Immunities, S. 21; *Sbarounis*, Revue Hellénique de Droit International 1954, 1 (18); *Hardy*, Modern Diplomatic Law, S. 109; *Pfuhl*, Privilegien und Immunitäten Internationaler Funktionäre, S. 58; *Seidl-Hohenveldern/Loibl*, Das Recht der Internationalen Organisationen, Rn 1050; *Fedder*, American University Law Review 1960, 60 (69); *Ruffert/Walter*, Institutionalisiertes Völkerrecht, § 5 Rn 182 f., zeigen alle auf, dass die Funktionalitätstheorie zur Begründung des Umfangs der Immunitäten internationaler Organisationen und der Mitglieder ihres Personals Schwächen aufweise, da sie eine Einzelfallbetrachtung erfordere.
Menzel, in: FS Laforet, S. 325 (332), stellt eine enge Auslegung der Funktionalitätstheorie vor, nach der die Immunitäten nur in demjenigen Umfang gewährt werden, der für die Durchführung der Verwaltungsaufgaben der internationalen Organisation dringend erforderlich erscheint. Nach *Michaels*, International Privileges and Immunities, S. 49, ist die Funktionalitätstheorie keine eigenständige Theorie, sondern setzt sich aus Aspekten der Repräsentationstheorie und Exterritorialitätstheorie zusammen.

auch in der Rechtsprechung[103] und in der völkerrechtlichen Vertragspraxis[104] die Sicherstellung der Funktionalität der internationalen Organisationen als Rechtfertigung für die Gewährung von Immunitäten an internationale Organisationen und die Mitglieder ihres Personals im Allgemeinen (sog. Funktionalitätstheorie oder Grundsatz der Funktionalität).[105] Gemäß dieser Theorie sind den internationalen Organisationen diejenigen Immunitäten zu gewähren, „die zur Verwirklichung ihrer Ziele erforderlich sind."[106] Die Immunitäten dienen mithin dem Ziel, die Effektivität der Aufgabenwahrnehmung durch die jeweilige internationale Organisation sicherzustellen.[107] Dieses Ziel soll dadurch erreicht werden, dass den internationalen Organisationen sowie den Mitgliedern ihres Personals eine Rechtsstellung verschafft wird, die ein Funktionieren der internationalen Organisation unbeeinträchtigt von äußeren Einflüssen gewährleistet.[108] Als äußere Einflussfaktoren kommen legislative, verwaltungsrechtliche oder justizielle Akte des Sitzstaates in Betracht.

In den völkerrechtlichen Vereinbarungen, die Regelungen zu den Immunitäten der internationalen Organisationen enthalten, findet sich regelmäßig auch eine Vorschrift, die den Sinn und Zweck der Gewährung der Immunitäten an die Mitglieder des Personals beschreibt. Laut dieser Bestimmung erhalten die Mitglieder des Personals der jeweiligen internationalen Organisation die Immunitäten nicht zu ihrem persönlichen Vorteil. Die Befreiungen dienen vielmehr dem Zweck, unter allen Umständen die ungehinderte Tätigkeit der internationalen Organisation und die volle Unabhängigkeit der Mitglieder ihres Personals zu sichern.[109]

---

103 Siehe zur Anwendung der Funktionalitätstheorie: IGH, Advisory Opinion, ICJ Reports 1989, 177 ff. vom 15.12.1989 (*Mazilu*) Tz 52:
„To sum up, the Court takes the view that Section 22 of the General Convention is applicable to persons (...) who are therefore entitled to enjoy the privileges and immunities provided for in this Section with a view to the independent exercise of their functions; that during the whole period of such missions, experts enjoy these functional privileges and immunities whether or not they travel (...)." Die Hervorhebung erfolgte durch die Verfasserin der vorliegenden Arbeit.

104 Vgl. Artikel 105 UN-Charta.

105 *Henderson*, North Carolina Journal of International Law & Commercial Regulation 1985, 487 (491) fügt dieser Rechtfertigung noch eine weitere Begründung hinzu. Er geht davon aus, dass die Gewährung von Immunitäten an internationale Organisationen auch in der Achtung der Souveränität der Mitgliedstaaten einer internationalen Organisation begründet liege.

106 Artikel 105 Abs. 1 der UN-Charta.

107 *Schröer*, GYIL 1965, 207 (217); *Miller*, IOLR 2009, 7 (62); *Hardy*, Modern Diplomatic Law, S. 109.

108 *Akande*, in: Evans (Hrsg.), International Law, S. 252 (271); *Fischer/Köck*, Das Recht der Internationalen Organisationen, S. 574.

109 Siehe für viele vertragliche Bestimmungen, Artikel 20 Abs. 1 der Anlage I zum Übereinkommen zwischen der Regierung der Bundesrepublik Deutschland, der Regierung der Französischen Republik, der Regierung der Italienischen Republik und der Regierung des Vereinigten Königreichs Großbritannien und Nordirland

Der Grundsatz der Funktionalität weist neben der Rechtfertigungsfunktion für die Gewährung von Immunitäten auch eine Begrenzungsfunktion im Hinblick auf den Umfang der Immunitäten auf.[110] Immunitäten sollen lediglich insoweit gewährt werden, wie die internationalen Organisationen und die Mitglieder ihres Personals diese zur effektiven Aufgabenwahrnehmung benötigen. Gemäß der Idee des Grundsatzes der Funktionalität sollen weiterreichende Befreiungen weder den internationalen Organisationen noch den Mitgliedern ihres Personals zuerkannt werden. Auf der Konferenz der Vereinten Nationen über internationale Organisationen in San Francisco im Jahr 1945 fasste die Kommission, die dort einen Entwurfstext der UN-Charta vorlegte, den Grundsatz der Funktionalität im Rahmen der Kommentierung zu dem Vorschlag des späteren Artikel 105 Abs. 1 der UN-Charta treffend wie folgt zusammen:

> *„The terms privileges and immunities indicate in a general way all that could be considered necessary to the realization of the purposes of the Organization, to the free functioning of its organs and to the independent exercise of the functions and duties of their officials: exemption from tax (…). (I)f there is one certain principle it is that no member state may hinder in any way the working of the Organization or take any measures the effect of which might be to increase its burdens, financial or other."*[111]

Die eben zitierte Kommentierung zeigt auch, dass sich der allgemeine Grundsatz der Funktionalität aus einzelnen Teilaspekten zusammensetzt. So soll durch die Gewährung der Immunitäten die Unabhängigkeit und die Unparteilichkeit der internationalen Organisation und der Mitglieder ihres Personals sowie die Gleichbehandlung der Mitglieder des Personals und die Gleichbehandlung der Mitgliedstaaten der jeweiligen internationalen Organisation sichergestellt werden. Diese Teilaspekte des allgemeinen Grundsatzes der Funktionalität bilden mithin in der Zusammenschau ein umfassendes Bild der Rechtfertigung für die Gewährung der unterschiedlichen Immunitäten an die internationalen Organisationen und die Mitglieder ihres Personals.[112]

Der eben skizzierte Grundsatz der Funktionalität stellt nunmehr nicht nur die Begründung für die Gewährung von Immunitäten im Allgemeinen dar, sondern bildet auch die Grundlage für die Rechtfertigung der Gewährung von fiskalischen

---

zur Gründung der Gemeinsamen Organisation für Rüstungskooperation (*Organisation Conjointe de Coopération en Matière d'Armement*) OCCAR (OCCAR-Übereinkommen), BGBl. II 2000, 427 ff. sowie Artikel 19 Abs. 1 des Protokolls über die Vorrechte und Immunitäten der europäischen Patentorganisation (EPO-Protokoll), BGBl. II 1976, 985 ff.

110 *Möldner*, International Organizations or Institutions, Privileges and Immunities, MPEPIL 2012, 47 (49 f.).

111 Report of the Rapporteur of Committee IV/2, As Approved By The Committee, Doc. 933, IV/2/42 (2) vom 12.6.1945, Documents of the United Nations Conference on International Organization (U.N.C.I.O.) Vol. 13, 705.

112 *Bekker*, The Legal Position of Intergovernmental Organizations, S. 99 ff.

Immunitäten.[113] Ergänzend zu den in der Kommentierung zum Entwurf des Artikels 105 der UN-Charta angedeuteten Gründen lassen sich auch weitere, spezielle Rechtfertigungsaspekte für die Befreiung von Steuern benennen. Neben diesen neuen Aspekten untersucht der folgende Abschnitt dieser Arbeit auch die allgemeinen Rechtfertigungsgründe auf ihre Verwendbarkeit im Hinblick auf die Begründung für die Gewährung von fiskalischen Immunitäten.

Hierfür sind drei Verhältnisse differenziert zu betrachten: So existieren Rechtfertigungsgründe für die Gewährung von Steuerbefreiungen in dem Verhältnis zwischen Mitgliedstaat bzw. Sitzstaat und der internationalen Organisation selbst (a). Ein zweites Verhältnis besteht zwischen den Mitgliedstaaten und den Mitgliedern des Personals der jeweiligen internationalen Organisation (b).[114] Schließlich finden sich auch Begründungsaspekte für die Gewährung von Steuerbefreiungen, die ihren Ursprung in dem Verhältnis der Mitgliedstaaten untereinander haben (c).

2. Rechtfertigung für die Gewährung fiskalischer Immunitäten an internationale Organisationen

a) Unabhängigkeit und politische Unparteilichkeit der internationalen Organisation

Internationale Organisationen werden regelmäßig aus dem Bedürfnis heraus gegründet, eine Organisationseinheit zu schaffen, die fähig ist, diejenigen internationalen Aufgaben zu erfüllen, die aus rechtlichen, organisatorischen oder wirtschaftlichen Gründen durch die einzelnen Mitgliedstaaten nicht oder nicht gleichsam effektiv erbracht werden können.[115] Um die wirksame und effektive Ausführung der auf die zwischenstaatliche Ebene gehobenen amtlichen Aufgaben sicherzustellen, muss gewährleistet sein, dass die einzelne internationale Organisation selbstständig, un-

---

113 Neben der allgemein anerkannten Funktionalitätstheorie gibt es noch weitere Begründungsansätze. Diese können jedoch entweder nicht im ausreichenden Maße die Gesamtheit der Befreiungen erklären oder sind veraltet. So überzeugt die Ansicht, dass Steuerbefreiungen aufgrund von *courtoisie* gewährt werden, vor dem Hintergrund weitaus konkreterer Begründungen nicht mehr. Auch greift die Erklärung, dass den Mitgliedern des Personals der internationalen Organisationen wegen des Wunsches der Mitgliedstaaten, diesen materielle Vorteile zukommen zu lassen, als Begründung für die Gewährung von Steuerbefreiung der gezahlten Gehälter und Bezüge zu kurz. Siehe hierzu auch: *Kramer*, Besteuerung der Bediensteten, S. 36 ff.

114 *Kramer* spricht in diesem Zusammenhang von der doppelten Stoßrichtung der Steuerbefreiungen, *Kramer*, Besteuerung der Bediensteten, S. 38. Abweichend zu seiner Einteilung findet sich in der vorliegenden Arbeit ein drittes Verhältnis, in dem Gründe für die Gewährung von Steuerbefreiungen an die internationale Organisation und die Mitglieder ihres Personals zu finden sind.

115 *Wenckstern*, Immunität internationaler Organisationen, Kap. I, Rn 29; *Kunz-Hallstein*, NJW 1992, 3069; *Hailbronner*, GYIL 1979, 313.

abhängig und ohne die Einflussnahme einzelner Mitgliedsstaaten unparteilich tätig werden kann.[116] Indem der Sitzstaat internationalen Organisationen Steuerbefreiungen gewährt, erhalten diese eine vergleichbare steuerliche Behandlung wie souveräne Staaten, die im Sitzstaat z. B. im Rahmen von Missionen oder diplomatischen Vertretungen tätig werden. Die steuerliche Gleichbehandlung einer internationalen Organisation mit einem souveränen Staat weist auf das Ansehen[117], mithin die Bedeutung der internationalen Organisationen hin und stärkt deshalb die Außenwahrnehmung der Organisation. Somit dient die Gleichbehandlung auch dazu, die Stellung der Organisation in der Staatengemeinschaft als gleichberechtigter Akteur zu verdeutlichen und bestenfalls zu stärken.

Die Unabhängigkeit einer internationalen Organisation setzt eine freie Willensbildung innerhalb der Entscheidungsorgane der jeweiligen internationalen Organisation voraus. Hierfür muss das Abstimmungsverhalten der betroffenen Mitglieder der Entscheidungsorgane einer internationalen Organisation vor nationaler Einflussnahme geschützt werden. Die Gewährung von Steuerbefreiungen kann mithin auch eine Schutzdimension aufweisen. Es ist nämlich durchaus denkbar, dass durch die Erhebung von Steuern oder auch durch das Inaussichtstellen von steuerlichen Vergünstigungen oder Befreiungen zugunsten der jeweiligen internationalen Organisation die in den Entscheidungsorganen tätigen Mitglieder des Personals dazu verleitet werden, i.S.d. die steuerlichen Vergünstigungen gewährenden Sitzstaates abzustimmen oder gemäß dessen Interessen zu handeln.

Es besteht mithin die potentielle Gefahr, dass durch die Steuergesetzgebung des Sitzstaates einer internationalen Organisation dieser indirekt (aa) oder gar direkt (bb) Einfluss auf das Tätigwerden einer internationalen Organisation nimmt.[118]

Folgende denkbare Konstellationen sind vorstellbar:

aa) Indirekte Einflussnahme

Eine durch die Steuergesetze des Sitzstaates bewusst hoch gewählte Steuerbelastung des Vermögens der internationalen Organisation könnte dazu führen, dass nicht mehr ausreichend Liquidität auf Ebene der internationalen Organisation

---

116 *Schermers/Blokker*, International Institutional Law, § 1606; *Ahluwalia*, The legal status of the UN, S. 89; *Sbarounis*, Revue Hellénique de Droit International 1954, 1 (18); *Michaels*, International Privileges and Immunities , S. 25; *Muixer*, LJIL 1993, 47 (49); *Muller*, International Organizations and their Host States, S. 233; *Schröer*, GYIL 1965, (207) 217; *Kramer*, Besteuerung der Bediensteten, S. 38 (m.w.N.); *Wenckstern*, Immunität internationaler Organisationen, Kap. I, Rn 29; *Miller*, IOLR 2009, 7 (62); anders: *Schlüter*, Innerstaatliche Rechtsstellung, S. 151.

117 *Bekker*, The Legal Position of Intergovernmental Organizations, S. 106 f. Einige verwenden sogar den Begriff „*dignity*" also „Würde", vgl. *Jenks*, International Immunities, S. 168.

118 Zu den weiteren Schutzrichtungen des Grundsatzes der Unabhängigkeit internationaler Organisationen als Grundsatz des internationalen öffentlichen Dienstes, vgl. *Ullrich*, Das Dienstrecht der Internationalen Organisationen, S. 187 ff.

vorhanden ist, um die originären Aufgaben der internationalen Organisation, die in dem Gründungsabkommen festgelegt sind, zu erfüllen.[119] *Crosswell* beschreibt diese Gefahr prägnant mit dem Satz: „*the power to tax is the power to destroy*".[120] Es ist mithin denkbar, dass als Konsequenz der fehlenden Liquidität die Pflichtbeiträge der Mitgliedstaaten[121] zum Haushalt der internationalen Organisation erhöht werden müssen, um eine effektive Aufgabenwahrnehmung durch die internationale Organisation zu gewährleisten. Dies könnte zur Folge haben, dass einige Mitgliedstaaten der internationalen Organisation nicht mehr in der Lage sind, die erhöhten Mitgliedsbeiträge zu leisten. Schließlich müssten entweder die übrigen Mitgliedstaaten – sofern sie dies leisten können – noch höhere Beiträge zahlen und werden noch stärker belastet oder der internationalen Organisation stünde fortan nicht mehr ausreichend Liquidität zur Wahrnehmung ihrer Aufgaben zur Verfügung. Es besteht somit die Gefahr, dass die Besteuerung der internationalen Organisation durch den Sitzstaat möglicherweise die (teilweise) Einstellung der Tätigkeit der internationalen Organisation zur Folge hat. Der steuerberechtigte Sitzstaat könnte somit indirekt durch eine belastende Besteuerungsregelung eine erdrosselnde Wirkung auf das Tätigwerden der internationalen Organisation ausüben.[122]

Auch ist es denkbar, dass ein Sitzstaat die Drohung mit einer „erdrosselnden" Besteuerungsregelung als politisches Druckmittel gegenüber anderen Mitgliedstaaten der internationalen Organisation einsetzt, um z. B. das Abstimmungsverhalten innerhalb der internationalen Organisation nach seinen Wünschen zu lenken.[123] Ein besonders wirtschaftsstarker Sitzstaat könnte so möglicherweise

---

119 Nach *Schlüter*, Innerstaatliche Rechtsstellung, S. 151, soll sichergestellt werden, dass das Vermögen der internationalen Organisation allein zur effektiven Aufgabenwahrnehmung eingesetzt wird.

120 *Crosswell*, Protection of International Personnel Abroad, S. 29.

121 Internationale Organisationen finanzieren sich in der Regel durch Beitragsleistungen ihrer Mitglieder, deren Höhe sich entweder an deren Leistungsfähigkeit (häufige Regelung) oder an den Nutzen und Kosten einzelner Mitglieder orientiert (eher selten). Auch kommen eigene Einnahmen der internationalen Organisation als Finanzierungsmittel in Betracht. Einzelne internationale Organisationen finanzieren sich größtenteils autonom, indem sie Steuern auf Gemeinschaftsprodukte (z. B. Europäische Gemeinschaft für Kohle und Stahl, deren Gründungsvertrag am 3.7.2002 auslief) oder Gebühren auf ihre Dienstleistungen (z. B. EPO) erheben. Siehe zum Finanzrecht internationaler Organisationen und deren Finanzierung: *Peffekoven*, in: FS Kolms, S. 315 (316 f.); *Häde*, Finanzausgleich, S. 419 f.; *Reimer*, in: Isensee/Kirchhof, Internationale Bezüge, § 250 Rn 61 ff.

122 Dieser Aspekt trifft nur auf die internationalen Organisationen zu, die sich aus Beiträgen der Mitgliedstaaten finanzieren.

123 *Bekker*, The Legal Position of Intergovernmental Organizations, S. 106, deutet die Gefahr einer indirekten Kontrolle des Sitzstaates über die Tätigkeiten der Organisation an, ohne aber genaue Beispiele der Einflussnahme auf die internationale Organisation und Beispiele für eine entsprechende Wirkung zu nennen;

seine Stellung missbrauchen, um die Tätigkeiten bzw. Einkünfte der internationalen Organisation besonders hoch zu besteuern. Die Kritik an der Ausgestaltung seiner Steuergesetze könnte dieser mit der Drohung seines Austritts aus der internationalen Organisation verstummen lassen. Ein Austritt eines wirtschaftlich besonders starken Sitzstaates kann durch den Wegfall eines erheblichen Teils des Beitrags zum Haushalt der jeweiligen internationalen Organisation die Funktionsfähigkeit dieser einschränken, sofern die übrigen Mitgliedstaaten die Kosten der internationalen Organisation durch Leistung höherer Mitgliedsbeiträge nicht auffangen können.[124]

bb) Direkte Einflussnahme

Der Sitzstaat könnte auch ebenso durch seine Steuergesetzgebung bzw. durch einzelne Verwaltungsentscheidungen direkten Einfluss auf die Tätigkeiten einer internationalen Organisation nehmen. So ist es vorstellbar, dass ein Sitzstaat der internationalen Organisation besondere Steuererleichterungen in Aussicht stellt, diese aber an Bedingungen hinsichtlich des Abstimmungsverhaltens innerhalb der Entscheidungsorgane der jeweiligen internationalen Organisation knüpft.[125]

cc) Ergebnis

Die Befreiung der internationalen Organisation von jeglicher direkten Besteuerung dient somit dem Ziel, bereits dem Entstehen der eben beschriebenen Gefahrenquellen bzw. dem potentiellen Einsatz von Druckmitteln vorzubeugen.

Seidl-Hohenveldern/Loibl, Das Recht der Internationalen Organisationen, Rn 1802a weist auf eine vergleichbare Situation hin: Die Drohung eines Mitgliedstaates, das hohe Beiträge zahlt, aus der Organisation auszuscheiden, kann durch dieses als politisches Druckmittel verwendet werden. *Peffekoven*, in: FS Kolms, S. 315 (318) benennt die Gefahr eines politischen Druckmittels als Grund für die mehrheitliche Eigenfinanzierung internationaler Organisationen durch Einnahmen von Beitragszahlungen der Mitglieder.

124 Vgl. hierzu die Studie des ifo Instituts im Auftrag der Bertelsmann Stiftung über die Folgen eines möglichen „Brexits" auf die Höhe der Mitgliedsbeiträge zur EU: dort S. 36 ff. Der Endbericht der Studie „Kosten und Nutzen eines Austritts des Vereinigten Königreichs aus der Europäischen Union" von April 2015 ist abzurufen unter: https://www.bertelsmann-stiftung.de/fileadmin/files/BSt/Publikationen/GrauePublikationen/BREXIT_DE.pdf (zuletzt abgerufen am 13.12.2016).

125 Hinzuweisen ist wiederum auf die übliche Vorgehensweise durch Gewährung weitreichender Steuerbefreiungen an die internationale Organisation und/oder an die Mitglieder ihres Personals, eine positive Entscheidung im Rahmen der Diskussion über den Sitz der einzelnen internationalen Organisation zu erreichen. Siehe hierzu das Beispiel in Fn 144.

b) *Keine finanziellen Belastungen des Haushalts der internationalen Organisation*

Im Rahmen der Rechtfertigung der Gewährung von Steuerbefreiungen an internationale Organisationen stellt die Schonung des Haushalts der einzelnen internationalen Organisation einen weiteren Teilaspekt dar. Wenn der Sitzstaat die Tätigkeiten der internationalen Organisation besteuerte, würde er das gemeinsam durch die Beiträge aller Mitgliedstaaten erwirtschaftete Vermögen der internationalen Organisation reduzieren, ohne dass die abfließenden finanziellen Mittel bestimmungsgemäß für die in dem Gründungsabkommen festgelegten originären Aufgaben der internationalen Organisation genutzt würden.[126] Die Belastung des Haushalts der internationalen Organisation mit Steuerverpflichtungen des Sitzstaates steht somit der effektiven Aufgabenerfüllung der internationalen Organisation entgegen.

Da die Besteuerung der internationalen Organisation mithin unmittelbar die effektive Aufgabenwahrnehmung der internationalen Organisation gefährdet, kann eine Besteuerung durch den Sitzstaat nicht im Interesse der Mitgliedstaaten liegen. Vor dem Hintergrund des Funktionalitätsgrundsatzes stellt somit auch die Schonung des Haushalts einen Rechtfertigungsgrund für die Gewährung von fiskalischen Immunitäten an internationale Organisationen dar.

c) *Erfüllung eines gesamtmitgliedschaftlichen Interesses*

Die Begründung für die Gewährung von Steuerbefreiungen an internationale Organisationen im Sitzstaat stützt sich des weiteren auf den Gedanken, dass der Sitzstaat einer internationalen Organisation deshalb Steuerbefreiungen gewährt, da die Organisation im Interesse aller Mitgliedstaaten handelt und mithin ein gesamtmitgliedschaftliches Interesse verfolgt.[127] Dieser Rechtfertigungsansatz ist im Gegensatz zu den anderen Begründungsaspekten durch weiche Faktoren geprägt. Mithin tritt er deshalb lediglich ergänzend zu den vorangehend genannten „harten“ Begründungsaspekten hinzu.[128]

---

126 *Ahluwalia*, The legal status of the UN, S. 90; *Hailbronner*, GYIL 1979, 313 (321).

127 *Miller*, IOLR 2009, 7 (62) mit Verweis auf den Sixth report on relations between States and international organizations (second part of the topic), Special Rapporteur Leonardo Díaz González (A/CN.4/439), Yearbook of the International Law Commission Vol. II (1) 1991 Rn 12.
Der Fourth report on relations between States and international organizations (second part of the topic), Special Rapporteur Leonardo Díaz González, (A/CN.4/424 and Corr.1), Yearbook of the International Law Commission Vol. II (1) 1989 Rn 33, erweitert diese Begründung auf alle Immunitäten, die internationalen Organisationen gewährt werden.

128 Siehe auch: *Kremer*, Immunität für Europol-Bedienstete?, S. 74, mit einer weiteren Aufzählung von Rechtfertigungsgründen in Bezug auf die Immunitäten im Allgemeinen.

3. Rechtfertigung für die Gewährung fiskalischer Immunitäten an die Mitglieder des Personals internationaler Organisationen

a) Gleichbehandlung der Mitglieder des Personals

aa) Steuerbefreiung als Mittel zur Sicherung des Äquivalenzverhältnisses von Lohn und geleisteter Arbeit

Die völkerrechtlichen Vereinbarungen über die Gewährung von fiskalischen Immunitäten an die Mitglieder des Personals von internationalen Organisationen enthalten regelmäßig die Regelung, dass die Mitglieder des Personals von der Steuer auf die von der internationalen Organisation gezahlten Gehälter und Bezüge befreit werden. Einige völkerrechtliche Vereinbarungen regeln darüber hinaus, dass diese Steuerbefreiung erst ab dem Zeitpunkt gewährt werden soll, ab dem die Gehälter und Bezüge mit einer organisationsinternen Steuer belastet werden.[129]

Diese Steuerfreistellungsklausel dient hauptsächlich der Sicherstellung der Gleichbehandlung der Mitglieder des Personals internationaler Organisationen.[130] Es soll vermieden werden, dass die Höhe des Nettobetrags der Vergütung von dem steuerberechtigten Staat und dem dortigen Einkommensteuersystem abhängt. Die Mitglieder des Personals einer internationalen Organisation sollen auch nicht aufgrund ihres Beschäftigungsortes besser oder schlechter gestellt werden als andere Beschäftigte derselben internationalen Organisation. Eine Besteuerung der Gehälter und Bezüge durch den jeweils steuerberechtigten Staat hätte zur Folge, dass ein unterschiedliches Nettolohnniveau auf Ebene der Mitglieder des Personals entstünde.[131] Dieses Ergebnis ist jedoch weder mit dem Prinzip der Gleichbehandlung aller Mitglieder des Personals noch dem Prinzip des Äquivalenzverhältnisses von Lohn und geleisteter Arbeit (*right to equal pay for equal work*) vereinbar.[132]

---

129 Siehe zur Höhe der internen Steuer: E.IV.5.

130 *Jenks*, International Immunities, S. 123; *Sbarounis*, Revue Hellénique de Droit International 1954, 1 (18); *Muixer*, LJIL 1993, 47 (49); *Seidl-Hohenveldern/Loibl*, Das Recht der Internationalen Organisationen, Rn 1927; *Sands/Klein*, International Institutions, 15–076; Denkschrift zum Sitzstaatabkommen mit ADB, BR-Drs. 532/97, S. 12.

131 *Getz/Jüttner*, Personal in internationalen Organisationen, S. 105; *Ranshofen-Wertheimer*, The International Secretariat, S. 267; *Seidl-Hohenveldern/Loibl*, Das Recht der Internationalen Organisationen, Rn 1927.

132 *Seidl-Hohenveldern/Loibl*, Das Recht der Internationalen Organisationen, Rn 1927; *Martha, Tax Treatment of International Civil Servants, S.* 78; *Kramer*, Besteuerung der Bediensteten, S. 52 ff. Das Äquivalenzprinzip bezieht sich für vorliegende Zwecke nicht auf die Sicherstellung des Erhalts eines gerechten Lohns für die geleistete Arbeit, sondern hat die Gewährleistung der Gleichbehandlung der Mitglieder des Personals innerhalb einer internationalen Organisation im Rahmen der Vergütung zum Gegenstand.

bb) Weitere Verfahren zur Sicherstellung der Gleichbehandlung

Um eine Ungleichbehandlung in Bezug auf das Nettolohnniveau der Mitglieder des Personals internationaler Organisationen zu vermeiden, kommt neben der Steuerbefreiung auf Ebene der steuerberechtigten Mitgliedstaaten die interne Besteuerung der Mitglieder des Personals sowie die Erstattung der an die Mitgliedstaaten gezahlten Einkommensteuer in Frage.[133] Einige internationale Organisationen haben bereits ein internes Besteuerungssystem eingeführt.[134] Auch die Erstattung nationaler Einkommensteuer durch die internationalen Organisationen ist im internationalen öffentlichen Dienst üblich.[135]

Die beiden zuletzt angeführten Verfahren führen zu einer Erhöhung des Verwaltungsaufwands auf Ebene der einzelnen internationalen Organisation. Folge dieses Anstiegs an Verwaltungsaufwand ist die Erhöhung der Verwaltungskosten für die jeweilige internationale Organisation. Da jedoch das Budget der internationalen Organisation allein zur Erfüllung ihrer originären Aufgaben eingesetzt werden sollte, erschweren beiden zuletzt angeführten Verfahren zur Vermeidung der Ungleichbehandlung der Mitglieder des Personals mithin die effektive Aufgabenerfüllung der einzelnen internationalen Organisation. Die Befreiung der Mitglieder des Personals von Steuern auf die Gehälter und Bezüge der internationalen Organisation ist somit das mildeste und effektivste Mittel zur Gewährleistung der Funktionalität der einzelnen internationalen Organisation.

cc) Folgen der Gleichbehandlung

Die Gleichbehandlung der Mitglieder des Personals internationaler Organisationen ist auch unmittelbar für die Moral, für den sozialen Frieden und für den inneren Zusammenhalt der Mitglieder des Personals von großer Bedeutung.[136] Da diese Gruppe

---

133 Siehe hierzu ausführlich: *Martha, Tax Treatment of International Civil Servants, S.* 91 ff. *Martha* führt vier verschiedene Methoden auf, die von unterschiedlichen internationalen Organisationen im Verhältnis zu den Mitgliedern ihres Personals angewandt werden. Alle Methoden haben zum Ziel, die Gehälter der Mitglieder des Personals internationaler Organisationen im Ergebnis von nationaler Einkommensbesteuerung zu befreien: *exemption method* (Steuerbefreiung im Mitgliedstaat); *tax equalization method* (internes Besteuerungssystem); *reimbursement method* (Erstattung der von dem Mitglied des Personals an den einzelnen Mitgliedstaat gezahlten Einkommensteuer durch die internationale Organisation); *tax adjustment method* (Auszahlung des Bruttogehalts).

134 *Ullrich*, Das Dienstrecht der Internationalen Organisationen, S. 57.

135 Dieser Grundsatz dient nicht nur der Gewährleistung der Gleichbehandlung der Mitglieder des Personals, sondern sichert auch ihre Unabhängigkeit. Auch gewährleistet er die Gleichbehandlung der Mitgliedstaaten einer internationalen Organisation, *Ullrich*, Das Dienstrecht der Internationalen Organisationen, S. 59.

136 BFHE 186, 410 = DStRE 1998, 870 (872); ILO, XXVII Official Bulletin No. 2 vom 10.12.1945, S. 216; *Jenks*, International Immunities, S. 123; *Seidl-Hohenveldern*, Die Immunität internationaler Organisationen in Dienstrechtsfällen, S. 42 f. (in Be-

(ohne Führungskräfte und Ortskräfte) einen Großteil des gesamten Personals einer internationalen Organisation darstellt, gewährleistet die Gleichbehandlung dieser Personen mittelbar ein reibungsloses Funktionieren der Aufgabenwahrnehmung einer internationalen Organisation. Zufriedene Mitglieder des Personals einer internationalen Organisation ist regelmäßig Voraussetzung für einen störungsfreien Ablauf der Organisationsarbeit.[137]

dd) Bedeutung des Prinzips des Äquivalenzverhältnisses

Einige Stimmen im Schrifttum, die sich mit der Besteuerung der Mitglieder des Personals von internationalen Organisationen beschäftigen, räumen dem Prinzip des Äquivalenzverhältnisses von Lohn und geleisteter Arbeit vereinzelt eine eigenständige Bedeutung im Rahmen der Rechtfertigungsgründe für die Gewährung der Steuerbefreiung der Mitglieder des Personals außerhalb des Grundsatzes der Funktionalität ein.[138] Diesen Äußerungen kann nicht undifferenziert zugestimmt werden. Die Einhaltung des Prinzips des Äquivalenzverhältnisses von Lohn und geleisteter Arbeit stellt lediglich einen von vielen Aspekten für die Begründung der Gewährung von fiskalischen Immunitäten an die Mitglieder des Personals von internationalen Organisationen dar.[139] Die steuerberechtigten Mitgliedstaaten gewähren dem einzelnen Mitglied des Personals allein zur Vermeidung von Störungen im Rahmen der Aufgabenwahrnehmung der internationalen Organisation Steuerbefreiungen im Hinblick auf die Gehälter und Bezüge. Weitere Beweggründe oder Anreize zur Gewährung von Steuererleichterungen gegenüber den Mitgliedern des Personals von internationalen Organisationen bestehen seitens der steuerberechtigten Mitgliedstaaten jedoch nicht.

Das Äquivalenzverhältnis von Lohn und Arbeit stellt ein fundamentales Prinzip eines jeden Dienstverhältnisses dar.[140] Die Einhaltung des Äquivalenzprinzips ermöglicht allen potentiellen Bewerbern die gleichen Möglichkeiten auf Zugang zu dem Dienst und bietet gleichsam einen effektiven Schutz vor Diskriminierung der einzelnen Mitglieder des Personals.[141] Wegen der allein innerdienstlichen Dimension der herausragenden Bedeutung des Äquivalenzprinzips vermag für vorliegende Zwecke der Untersuchung dieses Prinzip jedoch keine eigenständige Bedeutung im Rahmen der Rechtfertigungsgründe für die Gewährung von fiskalischen Immunitäten neben der Funktionalitätstheorie erlangen.

---

zug auf die gewohnheitsrechtlich anzuerkennende Befreiung der internationalen Organisationen von staatlicher Gerichtsbarkeit in dienstrechtlichen Fällen).

137 *Michaels*, International Privileges and Immunities, S. 161.

138 *Kramer*, Besteuerung der Bediensteten, S. 52 ff.

139 Vgl. *Frey/Frey*, The History of Diplomatic Immunity, S. 566.

140 „*Everyone, without any discrimination, has the right to equal pay for equal work.*", Article 23 (2) Universal Declaration of Human Rights, General Assembly Resolution 217 A (III), 10.12.1948. Für die Rechtsprechung siehe für viele: ILOAT Judgment No. 3020, Tz 10.

141 *Martha, Tax Treatment of International Civil Servants, S.* 78.

ee) Ergebnis

Die Gleichbehandlung der Mitlieder des Personals internationaler Organisationen durch die Befreiung der Gehälter und Bezüge von nationaler Einkommensteuer dient dem Ziel, eine effektive Aufgabenwahrnehmung durch die internationale Organisation zu gewährleisten. Sie stellt einen wichtigen Unteraspekt im Rahmen des Grundsatzes der Funktionalität dar.

b) Unabhängigkeit der Mitglieder des Personals

Die Einschränkung des Besteuerungsrechts eines Mitgliedstaates einer internationalen Organisation hinsichtlich der Gehälter und Bezüge des einzelnen Mitglieds des Personals soll auch die Unabhängigkeit dieses Mitglieds bei der Erfüllung seiner Aufgaben gewährleisten.[142] Ziel ist es, zu verhindern, dass der jeweilige steuerberechtigte Mitgliedstaat ein „Druckmittel" gegen die Mitglieder des Personals erhält und so Einfluss auf die Willensbildung innerhalb der internationalen Organisation nehmen könnte.[143] Denkbar ist z.B., dass sich die Mitglieder des Personals durch eine besonders günstige Einkommensteuerregelung in dem steuerberechtigten Staat dazu veranlasst sehen, innerhalb des Willensbildungsprozesses in der internationalen Organisation im Interesse des jeweils steuerberechtigten Mitgliedstaats zu handeln und nicht mehr allein im Interesse der internationalen Organisation tätig werden. So könnte z.B. die Einräumung fiskalischer Vorteile dazu genutzt werden, indirekt Einfluss auf den Entscheidungsprozess über die Begründung oder Verlegung des Sitzes einer internationalen Organisation zu nehmen. In der Denkschrift zu dem Entwurf des Übereinkommens über die Vorrechte und Immunitäten der IRENA-IITC findet sich ein Beispiel für die häufig zu beobachtende Praxis der Mitgliedstaaten, die Einräumung zusätzlicher fiskalischer Immunitäten als Anreiz für die positive Entscheidung über die Ansiedlung einer internationalen Organisation in dem die steuerlichen Vorteile gewährenden Mitgliedstaat zu nutzen.[144]

---

142 *Michaels*, International Privileges and Immunities, S. 21, 25; *Muixer*, LJIL 1993, 47 (49); *Hladík*, in: de Cooker (Hrsg.), International Administration 2005, V. 12/2.

143 BFHE 216, 124 = DStRE 2007, 820 (825); BFHE 186, 410 = DStRE 1998, 870 (872); *Seidl-Hohenveldern/Loibl*, Das Recht der Internationalen Organisationen, Rn 1927; *Ullrich*, Das Dienstrecht der Internationalen Organisationen, S. 188. Anders aber *Kramer*, Besteuerung der Bediensteten, S. 38 f. Dieser zweifelt an dem Bestehen eines solchen Druckmittels und fragt, welche Art von Druckmittel hierfür in Frage kommt. Zu Beispiele für eine mögliche Einflussnahme siehe: B.II.2.a).

144 *Muller*, International Organizations and their Host States, S. 237; *Ullrich*, Das Dienstrecht der Internationalen Organisationen, S. 51 f. mit weiteren Beispielen. In der Denkschrift zu dem Entwurf des Übereinkommens über die Vorrechte und Immunitäten der IRENA-IITC, BT-Drs. 17/13416, S. 25, findet sich ein Beispiel dafür, inwieweit die Gewährung von fiskalischen Immunitäten an die Mitglieder des Personals internationaler Organisation als Mittel genutzt wird, um Entscheidungen innerhalb der internationalen Organisation zugunsten eines Mitgliedstaates zu erreichen.

Mit *Jaenicke* ist mithin zusammenfassend festzustellen, dass durch die Gewährung von Immunitäten an die Mitglieder des Personals von internationalen Organisationen diesen

---

Die Regierung der Bundesrepublik Deutschland stellte bei der Bewerbung um die Ansiedlung der IRENA-IITC in Aussicht, dass die steuerbefreiten Gehälter und Bezüge der Mitglieder des Personals der IRENA-IITC in der Bundesrepublik Deutschland nicht im Rahmen der Anwendung des Progressionsvorbehalts berücksichtigt werden.
Der Bundesrat bemerkte in dem Entwurf des Übereinkommens über die Vorrechte und Immunitäten der IRENA-IITC eine Ungleichbehandlung der Mitglieder des Personals der IRENA-IITC im Vergleich zu den Mitgliedern des Personals der anderen in der Bundesrepublik Deutschland ansässigen internationalen Organisationen. Die Ungleichbehandlung würde zu einer steuerlich günstigeren Behandlung der Mitglieder des Personals der IRENA-IITC im Gegensatz zu den übrigen Mitgliedern des Personals bei einer in der Bundesrepublik Deutschland ansässigen internationalen Organisation führen. Die steuerbefreiten Gehälter und Bezüge der Mitglieder des Personals der IRENA-IITC, die keiner internen Besteuerung unterliegen, sollten in der Bundesrepublik Deutschland auch nicht im Rahmen der Anwendung des Progressionsvorbehalts berücksichtigt werden. Mithin wären die Gehälter und Bezüge dieser Personen steuerlich unbelastet. Diese steuerliche Behandlung entspricht der Regelung in Artikel 18 lit. b des Übereinkommens über die Vorrechte und Befreiungen der Vereinten Nationen. Nach Angabe der Bundesregierung der Bundesrepublik Deutschland sollten die Mitglieder des Personals der IRENA-IITC dieselben Immunitäten genießen.
Die Bundesregierung begründete die bevorzugte Behandlung der Mitglieder des Personals der IRENA-IITC im Vergleich zu den Mitgliedern des Personals anderer internationalen Organisationen mit dem Ergebnis einer Abwägungsentscheidung, die von der Bundesregierung mit Blick auf eine erfolgreiche Bewerbung um den Sitz der internationalen Organisation in der Bundesrepublik Deutschland getroffen wurde. Siehe hierzu die Stellungnahme und Prüfbitte des Bundesrates zum Entwurf des Übereinkommens über die Vorrechte und Immunitäten der IRENA-IITC, BT-Drs. 17/13416, S. 24 sowie die Gegenäußerung der Bundesregierung in der Denkschrift zu dem Entwurf des Übereinkommens über die Vorrechte und Immunitäten der IRENA-IITC, BT-Drs. 17/13416, S. 25.
Hinzuweisen ist auch auf einen Unterschied in der tatsächlichen steuerlichen Behandlung der Mitglieder des Personals der Vereinten Nationen, auf die sich die Bundesregierung in ihrer Begründung bezieht, und den Mitgliedern des Personals der IRENA-IITC. Im Gegensatz zu diesen unterliegen die Gehälter und Bezüge der Mitglieder des Personals der Vereinten Nationen einer internen Besteuerung. Mithin ist im Fall der Mitglieder des Personals der Vereinten Nationen die Einmalbesteuerung der steuerbefreiten Gehälter und Bezüge im Gegensatz zu der vorliegenden Konstellation sichergestellt. Die Kritik und der Änderungswunsch des Bundesrates sind durchaus angebracht, da keine Rechtfertigung erkennbar ist, den Mitgliedern des Personals der IRENA-IITC eine besonders günstige steuerliche Behandlung zukommen zu lassen.

„praktisch und psychologisch die für eine solche Stellung notwendige äußere und innere Unabhängigkeit“

verschafft wird.[145]

Diese Aussage, die sich auf keine spezielle Immunität bezog, lässt sich, wie eben erläutert, auf die Begründung zur Gewährung von fiskalischer Immunität übertragen.

c) Keine finanziellen Belastungen des Haushalts der internationalen Organisation

Der Haushalt der jeweiligen internationalen Organisation wird durch die Befreiung der Gehälter der Mitglieder des Personals von nationaler Einkommensteuer entlastet.[146] Zum einen weist der Haushalt durch die Auszahlung eines Nettolohns weniger Ausgaben auf.[147] Zum anderen besteht nicht die Gefahr, dass etwaige Erstattungsansprüche der Mitglieder des Personals, die im Rahmen der Gewährung des Äquivalenzverhältnisses von Lohn und geleisteter Arbeit gezahlt werden müssten, die Liquidität der internationalen Organisation beeinträchtigen.[148] Die Sicherstellung einer ausreichenden Liquidität der einzelnen internationalen Organisation fördert wiederum deren effektive Aufgabenwahrnehmung und dient mithin der Funktionalität der Arbeit der internationalen Organisation.

d) Vermeidung einer Doppelbesteuerung

Die Vermeidung einer Doppelbesteuerung wird vereinzelt ebenfalls außerhalb des Grundsatzes der Funktionalität als eigenständige Begründung für die Gewährung von Steuerbefreiungen an die Mitglieder des Personals von internationalen Orga-

---

145 *Jaenicke*, ZaöRV 1951/1952, 46 (96).

146 *Frey/Frey*, The History of Diplomatic Immunity, S. 566.

147 ILO, XXVII Official Bulletin No. 2 vom 10.12.1945, 215; *Ranshofen-Wertheimer*, The International Secretariat, S. 267 f. – in der Fn bzgl. der Situation des Völkerbundes nach vor dem Zweiten Weltkrieg; *Michaels*, International Privileges and Immunities, S. 25, 27; *Frey/Frey*, The History of Diplomatic Immunity, S. 541, führen an, dass die Steuerbefreiung die internationalen Organisation ermögliche, höhere Löhne zu zahlen, ohne mehr Ausgaben zu haben; anders aber der BFHE 186, 410 = DStRE 1998, 870 (872). Nach Auffassung des BFH ist es nicht Sinn und Zweck der Steuerbefreiung der Gehälter der Mitglieder des Personals internationaler Organisationen niedrigere Bruttovergütungen der internationalen Organisationen zu ermöglichen.

148 *Frey/Frey*, The History of Diplomatic Immunity, S. 568. In der Antwort der Bundesregierung auf die Kleine Anfrage der Abgeordneten der Fraktion DIE LINKE vom 4.3.2014, BT-Drs. 18/693 führt die Bundesregierung den Grundsatz der Gegenseitigkeit zwischen den Mitgliedstaaten an, den Haushalt der internationalen Organisation nicht zu belasten. Die vorgenannte Begründung für die Gewährung von Steuerbefreiungen überzeugt jedoch auch ohne Hinweis auf den Grundsatz der Reziprozität, der in diesem Zusammenhang weder nötig noch zielführend war.

nisationen angeführt. Ohne die Befreiung der Gehälter und Bezüge von nationaler Einkommensteuer und abgesehen von dem Eingreifen von Doppelbesteuerungsabkommen könnte das einzelne Mitglied des Personals sowohl mit einer etwaigen durch die internationale Organisation erhobenen internen Steuer als auch durch die nationale Einkommensteuer desjenigen Staates, in dem das jeweilige Mitglied des Personals aufgrund seiner unbeschränkten Steuerpflicht der Besteuerung nach dem Welteinkommensprinzip unterliegt, belastet sein.[149] Laut der Kommentierung zu dem Verfassungsentwurf der Internationalen Arbeitsorganisation (ILO) sei in einer etwaigen Doppelbesteuerung bzw. in deren Vermeidung keine überzeugende Rechtfertigung zur Gewährung von fiskalischen Immunitäten zu erkennen, da eine Vielzahl von Doppelbesteuerungsabkommen existiere, die im Fall einer Doppelbesteuerung durch die jeweils steuerberechtigten Staaten eingreifen würden.[150] Diese Auffassung wird dadurch bekräftigt, dass es ein Grundsatz des internationalen öffentlichen Dienstes ist, dass die internationale Organisation, die selbst nicht Vertragspartner eines Doppelbesteuerungsabkommens sein kann, den betroffenen Mitgliedern des Personals die nationale Steuer, die auf die Einkünfte aus dem Dienstverhältnis mit der internationalen Organisation erhoben wird, erstattet.[151]

Zusammenfassend ist es mithin vertretbar, den diskutierten Begründungsansatz – Vermeidung der Doppelbesteuerung – nicht als Rechtfertigungsgrund für die Gewährung von Steuerbefreiung anzusehen. Vielmehr liegt es näher, die fehlende Doppelbesteuerung als einen willkommenen Reflex der Steuerbefreiung der internationalen Gehälter und Bezüge zu qualifizieren.

e) Kompetenz der Europäischen Union zur Festlegung der Beschäftigungsbedingungen der Mitglieder des Personals

Gemäß Artikel 336 AEUV steht dem Europäischen Parlament und dem Rat die Kompetenz zu, durch eine Verordnung die Höhe der Gehälter der Mitglieder des Personals in dem Statut der Beamten der EU und in den Beschäftigungsbedingungen für die sonstigen Bediensteten der Union festzusetzen. Wenn nun die Mitgliedstaaten die Gehälter der betroffenen Mitglieder des Personals, die für internationale Organisationen tätig sind, auf die das EU-Protokoll Anwendung findet, besteuern würden, konterkarierte dies die vorliegend thematisierte Kompetenz.[152] Die Einräumung der fiskalischen Immunität durch die Mitgliedstaaten könnte somit auch mit dem Wunsch, die Einhaltung des Kompetenzgefüges der EU zu wahren, erklärt und gerechtfertigt werden.[153]

---

149 *Muixer,* LJIL 1993, 47 (50).
150 ILO, XXVII Official Bulletin No. 2 vom 10.12.1945, S. 215.
151 *Ullrich,* Das Dienstrecht der Internationalen Organisationen, S. 59.
152 *Muixer,* LJIL 1993, 47 (50).
153 Die beiden zuletzt genannten Aspekte (Vermeidung der Doppelbesteuerung und Kompetenz der EU) dienen allein der Vollständigkeit der Darstellung von möglichen Begründungsansätzen zur Gewährung von fiskalischer Immunität an die Mit-

4. Rechtfertigung für die Gewährung fiskalischer Immunitäten aufgrund des Verhältnisses der Mitgliedstaaten untereinander

a) Gleichheit der Mitgliedstaaten – Vermeidung eines finanziellen Vorteils durch die Besteuerung der Gehälter der Mitglieder des Personals

Indem die von der jeweiligen internationalen Organisation gezahlten Gehälter und Bezüge nicht der nationalen Einkommensteuer des steuerberechtigten Staates unterliegen, wird vermieden, dass einige Mitgliedstaaten im erhöhten Maße von dem Vermögen der internationalen Organisation zu Lasten der anderen Mitgliedstaaten profitieren.[154]

Die meisten internationalen Organisationen finanzieren sich durch jährliche Beitragszahlungen ihrer Mitglieder.[155] Es gibt mehrere Ansätze, die Höhe der Beträge festzusetzen bzw. zu ermitteln. So kann innerhalb des Gründungsübereinkommens einer internationalen Organisation vereinbart werden, dass sich der jeweilige

---

glieder des Personals von internationalen Organisationen. Sie weisen jedoch nur eine untergeordnete Bedeutung im Rahmen der verschiedenen Rechtfertigungsaspekte auf.

154 *Sands/Klein*, International Institutions, 15–076; *Muixer*, LJIL 1993, 47 (49); *Jenks*, International Immunities, S. 60; *Ahluwalia*, The legal status of the UN, S. 122; *Frey/Frey*, The History of Diplomatic Immunity, S. 566.

155 *Häde*, Finanzausgleich, S. 419; *Seidl-Hohenveldern/Loibl*, Das Recht der Internationalen Organisationen, Rn 1801; *Peffekoven*, in: FS Kolms, S. 315 (316). Beispiele: Artikel 17 Abs. 2 der UN-Charta: *„Die Ausgaben der Organisation werden von den Mitgliedern nach einem von der Generalversammlung festzusetzenden Verteilungsschlüssel getragen."*; Artikel 13 des Übereinkommens zur Gründung einer Europäischen Weltraumorganisation (jetzt: ESA) samt Anlagen (EWO-Übereinkommen), BGBl. II 1976, 1862 ff.; Artikel 11 Abs. 1 und 2 des Abkommens zwischen der Regierung der Bundesrepublik Deutschland und der Regierung der Republik Polen über das Deutsch-Polnische Jugendwerk (Abkommen über das Deutsch-Polnische Jugendwerk), BGBl. II 1992, 632 ff.; sowie Artikel 4 Abs. 1 und 2 des Abkommens über das Deutsch-Französische Jugendwerk (Abkommen über das Deutsch-Französische Jugendwerk), BGBl. II 2005, 773 ff.: *„(1) Das Jugendwerk verfügt über (... einen) gemeinsamen deutsch-französischen Fonds. (2) Die für die Tätigkeit des Jugendwerks bestimmten Mittel werden jährlich zu gleichen Teilen von beiden Regierungen zur Verfügung gestellt."* Für internationale Organisationen wie EIOPA, die als europäische Behörde eine Einrichtung der EU darstellt, gelten besondere Vorschriften. Nach Artikel 62 der Verordnung EU Nr. 1094/2010 des Europäischen Parlaments und des Rates, AB. EU L 331/48 ff. (EIOPA-Verordnung), setzt sich der Haushalt von EIOPA u. a. aus Pflichtbeiträgen von nationalen Behörden, die für die Aufsicht über das Versicherungswesen und die betriebliche Altersvorsorge zuständig sind, und einem Zuschuss der EU zusammen. Anders aber im Fall von EPO/EPA und der EU, die finanziell nicht von Beiträgen ihrer Mitgliedstaaten abhängen. Siehe hierzu: *Martha*, Tax Treatment of International Civil Servants, *S.* 39.

Beitrag eines Mitglieds nach dessen Leistungsfähigkeit richtet.[156] Es sind aber auch andere Verteilungsschlüssel zwischen den Mitgliedern denkbar.[157]

Aus dem zur Verfügung stehenden Budget im Haushalt der internationalen Organisationen werden die Gehaltszahlungen an die Mitglieder des Personals bestritten. Ohne die Gewährung von Steuerbefreiungen auf die Gehälter und Bezüge der Mitglieder des Personals einer internationalen Organisation bereicherten sich diejenigen Mitgliedstaaten, die keine Steuerbefreiung gewähren, auf Kosten der anderen Mitgliedstaaten, da die Besteuerung der Gehälter und Bezüge im Ergebnis zu einer Verkürzung des jeweils geleisteten Mitgliedsbeitrags des besteuernden Mitgliedstaates führt.[158] Diese Folge wird innerhalb der Vereinten Nationen durch ein Ausgleichsverfahren neutralisiert, sodass diejenigen Mitgliedstaaten, die keine Besteuerung der Gehälter und Bezüge der Mitglieder des Personals vornehmen, keinen Nachteil erleiden. Die Erstattung der nationalen Einkommensteuer an die jeweiligen Mitglieder des Personals wird durch den sog. *tax equalization fund* der Vereinten Nationen bestritten. Dieser *fund* setzt sich aus den intern erhobenen Steuern auf die von den Vereinten Nationen gezahlten Gehälter zusammen. Jeder Mitgliedstaat, der die von den Vereinten Nationen gezahlten Gehälter und Bezüge seiner Staatsangehörigen nicht mit nationaler Einkommensteuer belastet, erhält anteilig zu seinem regulären Beitrag zum Haushalt der Vereinten Nationen einen Betrag aus dem *tax equalization fund* zugewiesen.[159] Ein grundsätzlich steuerberechtigter

156 *Häde*, Finanzausgleich, S. 419; *Seidl-Hohenveldern/Loibl*, Das Recht der Internationalen Organisationen, Rn 1801; *Peffekoven*, in: FS Kolms, S. 315 (317). Die Höhe der Pflichtbeiträge zu dem ordentlichen Haushalt der Vereinten Nationen bestimmt sich nach einem Beitragsschlüssel. Dieser wird alle drei Jahre auf Empfehlung des Beitragsausschusses von den Mitgliedsstaaten verabschiedet. Grundlage des Beitragsschlüssels sind die jeweiligen Anteile der Mitgliedsstaaten am Welt-Bruttosozialprodukt (gemessen an den vergangenen sechs Jahren) und die Zahlungsfähigkeit des Landes, vgl.: http://www.bpb.de/internationales/weltweit/vereinte-nationen/48604/finanzierung (zuletzt abgerufen am 13.12.2016). Eine vergleichbare Regelung wird auch in Artikel XIII des EWO-Übereinkommens getroffen.

157 Gemäß Artikel 11 Abs. 1 und 2 des Abkommens über das Deutsch-Polnische Jugendwerk sowie gemäß Artikel 4 Abs. 1 und 2 des Abkommens über das Deutsch-Französische Jugendwerk werden die Ausgaben der Organisation für z. B. die Personal- und Verwaltungskosten aus einem Fonds bestritten. Die für die Tätigkeit des Jugendwerks bestimmten Mittel werden jährlich zu gleichen Teilen von beiden Regierungen dem Fonds zur Verfügung gestellt. *Peffekoven*, in: FS Kolms, S. 315 (316) nennt auch die Möglichkeit, eine quotale Verteilung abhängig von den durch den jeweiligen Mitgliedstaat der internationalen Organisation gezogenen Nutzen und verursachten Kosten aus der Mitgliedschaft zu vereinbaren.

158 *Ahluwalia*, The legal status of the UN, S. 121 f; *Frey/Frey*, The History of Diplomatic Immunity, S. 567.

159 Information Circular des Sekretariats der Vereinten Nationen vom 24.1.2015, ST/IC/2015/6, S. 5.

Mitgliedstaat, der die Gehälter der Mitglieder des Personals nicht zusätzlich mit nationaler Einkommensteuer belastet, kann somit seinen Beitrag zum Haushalt der Vereinten Nationen durch Anrechnung seines Anteils am *tax equalization fund* reduzieren.[160] Ein solches Verfahren besteht mangels universeller Praxis der Erhebung einer organisationsinternen Steuer nicht bei allen internationalen Organisationen, sodass in diesen Fällen ohne die Steuerbefreiung der Gehälter und Bezüge der Mitglieder des Personals eine Gleichbehandlung der Mitgliedstaaten nicht gewährleistet wäre. Ohne die Steuerbefreiung der Gehälter und Bezüge der Mitglieder des Personals würde, wie eben gesehen, die Gleichmäßigkeit der Lastenverteilung innerhalb der Mitgliedstaaten der internationalen Organisation ins Wanken gebracht[161] und das Prinzip der wirtschaftlichen und juristischen Gleichheit dieser Mitgliedstaaten gestört werden.[162]

b) Gleichheit der Mitgliedstaaten – Vermeidung eines finanziellen Vorteils auf Ebene des Sitzstaates durch die Besteuerung der internationalen Organisation

Der Sitzstaat einer internationalen Organisation erhält eine Vielzahl von nicht ausschließlich wirtschaftlichen Vorteilen aus dem Umstand seiner Sitzstaateigenschaft, die anderen Mitgliedstaaten nicht zukommen.

Durch die Tätigkeit der internationalen Organisation im Sitzstaat wird dessen Wirtschaft aufgrund der Kaufkraft der Mitglieder des Personals der internationalen Organisation sowie durch die im Sitzstaat durchgeführten Tätigkeiten und Transaktionen der internationalen Organisation besonders belebt.[163] Daneben führt die Existenz einer internationalen Organisation zu einem Anstieg der Zahl der Arbeits-

160 *Frey/Frey*, The History of Diplomatic Immunity, S. 567; *Martha*, Tax Treatment of International Civil Servants, S. 120 f.

161 *Hailbronner*, GYIL 1979, 313 (314).

162 *Muller*, International Organizations and their Host States, S. 233; *Muixer*, LJIL 1993, 47 (49); *Schröer*, GYIL 1965, (207) 219; *Miller*, IOLR 2009, 7 (62); *Sbarounis*, Revue Hellénique de Droit International 1954, 1 (18); Sei*dl-Hohenveldern/Loibl*, Das Recht der Internationalen Organisationen, Rn 1927. Auf diese Begründung verweist auch: Council of Europe, Committee of Ministers, Addendum to the Report of the Sub-Committee on Privileges and Immunities of International Organization, revised and approved by the European Committee on Legal Co-operation (CCJ) at its 11th meeting of the 2.-6.6.1969 (Addendum to CM (69) 92), dort unter Rn 58 sowie Sixth report on relations between States and international organizations (second part of the topic), Special Rapporteur Leonardo Díaz González (A/CN.4/439), Yearbook of the International Law Commission Vol. II (1) 1991 Rn 10.

163 *Schröer*, GYIL 1965, (207) 217. Anders aber *Schermers/Blokker*, International Institutional Law, § 1606, die in der durch den Sitz der internationalen Organisation verursachte erhöhten Wirtschaftstätigkeit bereits einen unangemessenen Vorteil für den Sitzstaat erkennen.

plätze in dem jeweiligen Sitzstaat. Auch gewinnt der Sitzstaat durch die Ansässigkeit einer internationalen Organisation an Prestige innerhalb der Staatengemeinschaft. So steigt z. B. durch die Ansiedlung einer internationalen Organisation der Umfang der Presseberichterstattung aus dem Sitzstaat.[164] Wenn der Sitzstaat die internationale Organisation nicht von direkten Steuern befreien würde, addierte sich zu dieser großen Anzahl von Vorteilen noch ein erhöhtes Steueraufkommen im Sitzstaat.[165]

Neben den bereits genannten Vorteilen birgt die Ansässigkeit einer internationalen Organisation jedoch auch Nachteile für den Sitzstaat. So führt die Ansiedlung einer internationalen Organisation zu einer Erhöhung des Kostenaufwands im Sitzstaat.[166] Neben einer intakten und gut ausgebauten Infrastruktur müssen die Bürogebäude der internationalen Organisation unterhalten werden.[167] Schließlich muss der Sitzstaat Personal und Ressourcen zur Gewährleistung der Sicherheit für die internationale Organisation, deren Gäste und Mitglieder ihres Personals vorhalten. Besonders bei größeren Veranstaltungen wie Konferenzen oder Sitzungen der internationalen Organisationen, an denen eine Vielzahl internationaler Politiker teilnehmen, sind große Sicherheitsvorkehrungen notwendig.[168] Die eben genannten Nachteile überwiegen im Ergebnis jedoch die Vorteile nicht. Laut einer Studie, die für das österreichische Bundesministerium für Europa, Integration und Äußeres angefertigt wurde, ergab sich für das Jahr 2012 durch die Ansiedlung internationaler Organisationen auf dem Staatsgebiet Österreichs ein positiver Nettoeffekt in Höhe von EUR 331,2 Mio.[169]

---

164 *Muller*, International Organizations and their Host States, S. 234.

165 *Endres/Ismer*, Tax Rules in Non-Tax Agreements, S. 359 (391); *Kunz-Hallstein*, in: FS Hailbronner, S. 597 (602); *Muller*, International Organizations and their Host States, S. 234, 243; *Schermers/Blokker*, International Institutional Law, § 1606; *Schröer*, GYIL 1965, (207) 217; *Miller*, IOLR 2009, 7 (62); *Frey/Frey*, The History of Diplomatic Immunity, S. 566 mit Hinweis auf eine Studie des Europarates von 1980, die aufzeigt, dass jährlich von den in Genf ansässigen internationalen Organisationen und ihrem Personal 1,6 Milliarden Schweizer Franken in die inländische Wirtschaft eingebracht werden; *Peterke*, Sonderstatus, S. 55.

166 *EMBL v. Germany*, Schiedsspruch vom 29. Juni 1990, ILR Vol. 105, 1 (38).

167 *Muixer*, LJIL 1993, 47 (50); *Muller*, International Organizations and their Host States, S. 234, 243.

168 Die in zeitlicher und räumlicher Hinsicht umfangreichen Straßensperrungen anlässlich der Vollversammlung der Vereinten Nationen in New York City dient als repräsentatives Beispiel für große Sicherheitsvorkehrungen und einen erhöhten Personal- und Verwaltungsaufwand. Siehe hierzu die Pressemitteilung des New York Police Departments = http://www.nyc.gov/html/nypd/html/pr/pr_2014_09_19_ugna_traffic_advisory.shtml (zuletzt abgerufen am 13.12.2016).

169 Zusammenfassung der Studie „Die Umwegrentabilität internationaler Organisationen in Österreich." Aktualisierung zur Studie vom August 2009, Stand März 2014. Die Studie wurde von Ernst & Young im Auftrag des österreichischen Bundesministeriums für Europa, Integration und Äußeres erstellt. Die Studie ist als pdf einzusehen unter: http://www.bmeia.gv.at/fileadmin/user_upload/bmeia/media/1-

In einigen internationalen Organisationen gleicht der Sitzstaat durch die Leistung höherer Mitgliedsbeiträge oder durch die freiwillige Leistung von Sonderabgaben die eben erläuterten direkten und indirekten wirtschaftlichen Vorteile aus.[170] Ein Beispiel für einen normierten finanziellen Sonderbeitrag des Sitzstaates findet sich in Abschnitt I Abs. 3 lit. d des Protokolls über die Zentralisierung des europäischen Patentsystems und seine Einführung.[171] Dort verpflichtet sich die Bundesrepublik Deutschland die zusätzlichen Kosten, die der EPO aus der Errichtung und dem Betrieb der Dienststelle Berlin entstehen, zu tragen. Hierzu gehören u. a. die Miet-, Betriebs- (soweit im Mietzins enthalten) und Heizkosten für die von der Dienststelle Berlin des Europäischen Patentamts angemieteten Räumlichkeiten.[172]

Solche Ausgleichszahlungen oder anderweitigen Beiträge stellen aber nicht die Regel dar. Im Ergebnis überwiegen mithin die Vorteile für den Sitzstaat, sodass dieser von der Ansiedlung der internationalen Organisation auf seinem Staatsgebiet profitiert, ohne aber hierfür den anderen beitragszahlenden Mitgliedstaaten einen Ausgleich zu leisten. Wenn nun der Sitzstaat das Vermögen und das Einkommen der internationalen Organisation darüber hinaus auch einer direkten Besteuerung unterwerfen würde, besteuerte der Sitzstaat indirekt die anderen beitragszahlenden Mitgliedstaaten der jeweiligen internationalen Organisation, da er auf das gemeinsam (erwirtschaftete) Vermögen der internationalen Organisation zugreifen würde. Die Besteuerung eines Staates durch einen anderen Staat widerspricht aber dem Grundsatz der Souveränität der Staaten.[173]

Ohne die Gewährung der Steuerbefreiung zugunsten der internationalen Organisation (und der Mitglieder ihres Personals) würde der Sitzstaat somit neben den wirtschaftlichen Vorteilen, die mit der Ansiedlung der internationalen Organisation im Sitzstaatgebiet einhergehen, überproportional von der Ansiedlung der internationalen Organisation profitieren und sich auf Kosten der übrigen beitragszahlenden Mitgliedstaaten der internationalen Organisation bereichern.[174] Dieses Ergebnis widerspricht jedoch dem Prinzip der Gleichheit der Mitgliedstaaten.

Home_Zentrale/Publikationen/Studie_Ernst_Young_2014_de.pdf (zuletzt abgerufen am 13.12.2016).

170 *Reimer*, in: Isensee/Kirchhof, Internationale Bezüge, § 250 Rn 63.

171 Protokoll über die Zentralisierung des europäischen Patentsystems und seine Einführung (Zentralisierungsprotokoll) in der Fassung der Akte zur Revision des Europäischen Patentübereinkommens, BGBl. II 2004, 1082 (1193 ff.).

172 Artikel 1 Nr. 1 der Vereinbarung zur Änderung des Abkommens zwischen der Regierung der Bundesrepublik Deutschland und der Europäischen Patentorganisation über die Errichtung der Dienststelle Berlin des Europäischen Patentamts, BGBl. II 2004, 547.

173 *Ahluwalia*, The legal status of the UN, S. 89 f.; *Muller*, International Organizations and their Host States, S. 234.

174 ILO, XXVII Official Bulletin No. 2 vom 10.12.1945, S. 206; *Ahluwalia*, The legal status of the UN, S. 90; *Bekker*, The Legal Position of Intergovernmental Organizations, S. 106; *Schlüter*, Innerstaatliche Rechtsstellung, S. 151; *Muller*, International

5. Ergebnis

Wenn der Sitzstaat oder wenige Mitgliedstaaten einseitig von dem Bestehen und Tätigwerden einer internationalen Organisation finanziell profitieren, besteht die Gefahr der Störung des Vertrauensverhältnisses zwischen den Mitgliedstaaten.[175] Gegenseitiges Vertrauen ist jedoch Voraussetzung für die Gewährleistung einer effektiven Aufgabenwahrnehmung durch die internationale Organisation. Nur wenn alle Mitgliedstaaten von der Integrität der anderen Mitgliedstaaten einer internationalen Organisation ausgehen, ist sichergestellt, dass der einzelne Mitgliedstaat jeweils auch die für ihn vermeintlich schädlichen oder negativen Entscheidungen der internationalen Organisation, die gegen ihn als Mitgliedstaat oder Sitzstaat gerichtet sind, anerkennt.[176] Die Akzeptanz der durch die internationale Organisation getroffenen Entscheidungen in allen Mitgliedstaaten stellt eine bedeutsame Voraussetzung für eine effektive Arbeit der internationalen Organisation dar. Somit fördert die Achtung des Grundsatzes der Gleichbehandlung der Mitglieder einer internationalen Organisation die Funktionalität der internationalen Organisation.[177]

III. Zusammenfassung der Ergebnisse

Die Sicherstellung der effektiven Arbeitsweise der internationalen Organisationen dient neben der Rechtfertigung der Immunitäten im Allgemeinen auch der Begründung der fiskalischen Immunität von internationalen Organisationen und den Mitgliedern ihres Personals im Speziellen.

Eine umfassende Rechtfertigung der Steuerbefreiungen ergibt sich jedoch erst aus der Zusammenschau der einzelnen zuvor aufgeführten Teilaspekte, die alle ihren Ursprung in der Funktionalitätstheorie haben. Teilweise gehen sie auch über die in der Kommentierung zu Artikel 105 der UN-Charta genannten Aspekte hinaus.

Organizations and their Host States, S. 261; *Frey/Frey*, The History of Diplomatic Immunity, S. 541; *EMBL v. Germany*, Schiedsspruch vom 29. Juni 1990, ILR Vol. 105, 1 (39); *Huschens*, in: Schwarz/Widmann/Radeisen, UStG, § 4 Nr. 7 Rz 109; *Hailbronner*, GYIL 1979, 313 (314), sieht die Bereicherung u. a. darin, dass die anderen Mitgliedstaaten an dem Verwaltungsaufwand des Sitzstaates beteiligt werden, ohne aber die Vorteile eines Sitzstaates genießen zu können. Insgesamt überzeugt ihn das Bereicherungsargument jedoch nicht vollends, ebenda *Hailbronner*, GYIL 1979, 313 (321).

175 *Peterke*, Sonderstatus, S. 55.

176 *Seidl-Hohenveldern/Loibl*, Das Recht der Internationalen Organisationen, Rn 1901.

177 *Schröer*, GYIL 1965, (207) 218. *Pfuhl*, Privilegien und Immunitäten Internationaler Funktionäre, S. 59, spricht von dem die Funktionalitätstheorie ergänzenden Prinzip der Gleichheit der Mitgliedstaaten hinsichtlich der Begründung der fiskalischen Immunitäten. Anders aber *Kramer*, Besteuerung der Bediensteten, S. 43 ff., der zwischen der Begründung der Gleichheit der Staaten und der Funktionalitätstheorie unterscheiden will. Eine Unterscheidung zwischen beiden Grundsätzen ist aber, wie eben dargelegt, nicht nötig oder zielführend.

Ziel der Gewährung von Steuerbefreiungen ist die Sicherstellung der Unabhängigkeit der internationalen Organisation und der Mitglieder ihres Personals. Daneben soll auch weder der Sitzstaat finanziell bevorzugt noch die internationale Organisation über die Maßen wirtschaftlich belastet werden. Neben den Rechtfertigungsgründen, die sich aus dem Verhältnis der internationalen Organisation bzw. den Mitgliedern ihres Personals zu den Mitgliedstaaten bzw. dem Sitzstaat ergeben, dient die Gewährung von fiskalischen Immunitäten auch der Sicherstellung der Gleichheit der Mitgliedstaaten der jeweiligen internationalen Organisation. All diese Elemente zusammen schaffen erst die Voraussetzung, die effektive Aufgabenwahrnehmung durch die einzelne internationale Organisation sicherzustellen.[178]

Die Anzahl der oben aufgeführten Einzelaspekte zeigt bereits, dass sich die Steuerbefreiung sowohl der internationalen Organisation als auch die Befreiung der Mitglieder ihres Personals von nationaler Besteuerung nicht allein auf einen einzelnen Rechtfertigungsaspekt stützen lässt. Dieser Umstand liegt u. a. auch darin begründet, dass sich die einzelnen internationalen Organisationen in Aufbau und Aufgaben unterscheiden. Als Konsequenz dieser Diversität ist es somit auch denkbar, dass im Falle von einzelnen internationalen Organisationen einer der oben genannten Rechtfertigungsteilaspekte nicht oder lediglich eingeschränkt Anwendung findet. Ungeachtet dessen ist es entgegen einiger kritischer Stimmen notwendig, alle Teilaspekte im Rahmen der Zusammenstellung der Rechtfertigungsgründe für die Gewährung von internationalen Organisationen zu benennen, auch wenn einige Teilaspekte lediglich selten tatsächlich als Begründung eingreifen.[179] Es ist nämlich denkbar, dass ein Teilaspekt, der bei einigen internationalen Organisationen keinen Anknüpfungspunkt hat, bei anderen internationalen Organisationen hauptsächlich zur Begründung der Gewährung von Steuerbefreiungen dient.[180]

Ergänzend zu den Rechtfertigungsaspekten, die auf den Grundsatz der Funktionalität fußen, bestehen teilweise noch wirtschaftliche, politische oder soziale Gründe für die Gewährung von Steuerbefreiung. Diese treten aber in ihrer Bedeutung hinter dem Grundsatz der Funktionalität als maßgebliche Rechtfertigung für die Gewährung von fiskalischen Immunitäten an die internationalen Organisationen und die Mitglieder ihres Personals zurück.

---

178 *Sbarounis*, Revue Hellénique de Droit International 1954, 1 (18).

179 Siehe z.B. zur Kritik an dem Rechtfertigungsgrund der Gleichheit der Mitgliedstaaten, *Martha*, Tax Treatment of International Civil Servants, S. 37 m.w.N.

180 Als Beispiel kann die Gleichheit der Mitgliedstaaten als Rechtfertigungsaspekt angeführt werden. Diese Rechtfertigung zur Gewährung von fiskalischen Immunitäten an internationale Organisationen und die Mitglieder ihres Personals trifft im Schwerpunkt auf die Situation von internationalen Organisationen, die auf Beiträge ihrer Mitglieder angewiesen sind, zu. Bei autonom finanzierten internationalen Organisationen besteht die Gefahr der Bereicherung des Sitzstaates auf Kosten der anderen Mitgliedstaaten in geringerem Umfang.

IV. Rechtfertigung für Beschränkungen im Rahmen der Gewährung von fiskalischen Immunitäten

Weder in materieller noch in persönlicher Hinsicht bestehen unbeschränkte fiskalische Immunitäten. Für die Ausnahmen von der Gewährung von Steuerbefreiungen bestehen wie auch für die Einräumung von fiskalischen Immunitäten Rechtfertigungsgründe.

1. Beschränkungen im materiellen Umfang der Steuerbefreiungen der internationalen Organisationen

a) Gegenleistung für Leistungen öffentlicher Versorgungsbetriebe

Regelmäßig enthalten die völkerrechtlichen Vereinbarungen die Bestimmung, dass die internationalen Organisationen von den direkten Steuern befreit sind. Gemäß den Bestimmungen in den unterschiedlichen Abkommen erfolgt seitens des Sitzstaates jedoch keine Befreiung von direkten Steuern bzw. Abgaben, die lediglich eine Vergütung für Leistungen öffentlicher Versorgungsbetriebe an die internationalen Organisationen darstellen. Diese sog. Bereichsausnahme gibt es ebenfalls im Rahmen der Gewährung von Immunitäten im Recht der Diplomaten.[181] Die Beschränkung der allgemein geltenden Befreiung der internationalen Organisationen von direkter Besteuerung findet seine Rechtfertigung hauptsächlich in dem Grundsatz der Gleichheit der Mitgliedstaaten. Eine internationale Organisation benötigt für die effektive Wahrnehmung ihrer Aufgaben finanzielle Mittel. Dieses Budget setzt sich mehrheitlich aus den Beiträgen der Mitgliedstaaten zusammen. Die Mitgliedstaaten leisten ihre Beiträge an die internationale Organisation, damit dieser Liquidität für die Erfüllung ihrer völkervertraglich festgelegten Aufgaben zur Verfügung steht. Die finanziellen Mittel sollen nach dem Willen der Mitgliedstaaten nicht für anderweitige Zwecke eingesetzt werden.[182] Wenn der Sitzstaat nunmehr auch von der internationalen Organisation direkte Steuern erhöbe, um die eigene Infrastruktur in Stand zu halten, zu modernisieren und ggf. größere Projekte wie den Bau eines Flughafens zu ermöglichen, finanzierten die übrigen Mitgliedstaaten die Infrastrukturprojekte des Sitzstaates. Dieses Ergebnis widerspricht dem Gedanken der Gleichheit der Mitgliedstaaten.[183] Zwar profitieren auch die internationale Organisation und gleichsam die beteiligten Mitgliedstaaten von einer intakten Infrastruktur im Sitzstaat, jedoch rechtfertigt dieser Vorteil nicht die Besteuerung der internationalen Organisation durch den Sitzstaat. Die Mitgliedstaaten der internationalen Organisation haben sich bei Abschluss des Gründungsabkommens darauf geeinigt, dass die finanziellen Beiträge allein der Aufgabenwahrnehmung der internationalen Organisation verwendet werden sol-

181 *Jenks*, International Immunities, S. 59.
182 *Hailbronner*, GYIL 1979, 313 (321).
183 *Muller*, International Organizations and their Host States, S. 243.

len. Dem Sitzstaat war mithin bei Ansiedlung der internationalen Organisation bewusst, dass er eine intakte Infrastruktur vorhalten und diverse andere Vorkehrungen, die notwendige Vorbedingungen für die Tätigkeit der internationalen Organisation darstellen, auf eigene Kosten treffen muss, ohne aber die internationale Organisation oder die anderen Mitgliedstaaten mit der Finanzierung dieser Aufgaben zu belasten.[184]

Wenn jedoch der jeweilige Mitgliedstaat konkrete Leistungen öffentlicher Versorgungsbetriebe gegenüber der internationalen Organisation erbringt, die allein ihr zu Gute kommt, greifen die vorstehend skizzierten Gründe für die Gewährung der Steuerbefreiung nicht ein.[185] Die vorliegende Ausnahme von der Befreiung der direkten Besteuerung basiert auf dem Gedanken, dass der Sitzstaat sich weder auf Kosten der anderen Mitgliedstaaten bereichern darf, umgekehrt aber auch nicht über die Maßen durch die Ansiedlung der internationalen Organisation belastet werden soll. Die Gefahr einer ungerechtfertigten Belastung des Sitzstaates entsteht jedoch, wenn der Sitzstaat die internationale Organisation auch von der Entrichtung von Entgelt für konkret erhaltene Leistungen öffentlicher Versorgungsbetriebe befreien würde. Der Grundsatz der Funktionalität dient mithin auch, wie der vorliegende Fall zeigt, nicht nur der Rechtfertigung der Gewährung von fiskalischer Immunität, sondern auch der Begründung für die Beschränkung eben dieser und somit der *Besteuerung* der internationalen Organisationen.[186]

b) Umsatzsteuer bzw. Verbrauchsteuer und Verkaufsabgaben

Die völkerrechtlichen Abkommen, die Bestimmungen über die Steuerbefreiungen internationaler Organisationen enthalten, sehen regelmäßig keine Befreiung von indirekten Steuern wie z. B. von der Umsatzsteuer, weiteren Verbrauchsteuern wie der Energiesteuer oder Verkaufsabgaben vor. Gründe für diese Ausnahme sind in dem hohen abrechnungstechnischen und somit großen Verwaltungsaufwand im Verhältnis zu den eher geringen Steuerbelastungen der internationalen Organisationen durch indirekte Steuern zu erblicken.[187] Obwohl es an einer ausdrücklichen Befreiung von indirekten Steuern regelmäßig fehlt, verpflichten sich die Mitgliedstaaten häufig sinngemäß in allen Fällen, in denen es ihnen möglich ist, auf nationaler Ebene geeignete Maßnahmen für die Entlastung von indirekten Steuern und Verkaufsabgaben zu treffen. Die Entlastung ist jedoch regelmäßig an bestimmte Voraussetzungen geknüpft. So setzt sie voraus, dass die internationale Organisation einen größeren Einkauf für ihren Dienstbedarf getätigt oder Dienstleistungen für den

---

184 *Hailbronner*, GYIL 1979, 313 (321).

185 Zu der Ermittlung der konkreten Leistungen öffentlicher Versorgungsbetriebe siehe: F.I.1.c).

186 Die Hervorhebung erfolgte durch die Verfasserin der vorliegenden Arbeit.

187 *Wagner/Raasch/Pröpstl*, WÜD, Artikel 34, S. 294; *Athen/Dörr*, in: Grabitz/Hilf/Nettesheim, Das Recht der Europäischen Union, Artikel 343 AEUV Rn 58; *Richtsteig*, WÜD, Artikel 34 Rn 2a.

amtlichen Gebrauch erhalten hat. Auch muss die korrespondierende Rechnung eine Steuer bzw. Abgabe aufweisen, die die internationale Organisation auch tatsächlich gezahlt hat.[188] Eine Begründung für die Entlastung von indirekten Steuern findet sich weder in der einschlägigen Literatur noch in den Denkschriften oder vergleichbaren Dokumenten, die im Rahmen der Verhandlung der Verträge bzw. der Verabschiedung der Zustimmungsgesetze bzw. Verordnungen zu den völkerrechtlichen Abkommen über die Immunitäten der internationalen Organisationen entstanden sind. Auch aus dem Grundsatz der Funktionalität samt all seiner Einzelaspekte ist schwerlich eine Begründung für die Entlastung von indirekten Steuern und Verkaufsabgaben abzuleiten, da die indirekte Steuer wegen ihrer charakteristischen gesetzeskonzeptionellen Trennung zwischen Steuerschuldner und Steuerträger und ggf. einem Dritten (Verbraucher), der die Steuerlast schlussendlich tatsächlich trägt, nicht als Druckmittel eines Sitzstaates in geeigneter Weise gegenüber einem Sitzstaat eingesetzt werden könnte.[189] Mithin fehlt es an der Schutzbedürftigkeit der internationalen Organisationen.

Somit ist zu vermuten, dass vor allem die Absicht, die Ansiedlung internationaler Organisationen zu fördern, maßgeblicher Antrieb für die Einräumung einer Entlastungsmöglichkeit darstellt. Diese Praxis ist, wie bereits dargestellt, innerhalb der Staatengemeinschaft weit verbreitet.[190]

2. Beschränkungen im persönlichen Umfang der Steuerbefreiungen der Mitglieder des Personals

Nicht alle Personen, die für internationale Organisationen tätig sind, erhalten Steuerbefreiungen. Regelmäßig genießen lediglich die Mitglieder des Personals fiskalische Immunitäten.[191] Ortskräfte sind meist von fiskalischen Immunitäten aus-

---

188 Vgl. für viele Abkommen: Artikel 3 Abs. 2 Satz 1 des Protokolls Nr. 7 über die Vorrechte und Befreiungen der Europäischen Union, ABl. EU C 115/266 ff. (EU-Protokoll). Dieser lautet: „*Die Regierungen der Mitgliedstaaten treffen in allen Fällen, in denen es ihnen möglich ist, geeignete Maßnahmen für den Erlass oder die Erstattung des Betrages der indirekten Steuern und Verkaufsabgaben, die in den Preisen für bewegliche oder unbewegliche Güter inbegriffen sind, wenn die Union für ihren Dienstbedarf größere Einkäufe tätigt, bei denen derartige Steuern und Abgaben im Preis enthalten sind. (...).*“ Beachte, dass der Wortlaut in einigen Abkommen von dieser beispielhaft angeführten Bestimmung abweichen kann. Siehe zu den Unterschieden im Wortlaut: E.IV.3.d)bb)(2). Siehe zum Verfahren hinsichtlich der Entlastung von indirekten Steuern und Verkaufsabgaben in der Bundesrepublik Deutschland: E.IV.3.c) ff.

189 Die indirekte Steuer greift vielmehr in die Anonymität des Marktes zu und ist nicht auf die Leistungsfähigkeit des Einzelnen ausgerichtet, vgl. *Kirchhof*, in: Isensee/Kirchhof, Rechtsquellen. Organisation. Finanzen, § 118 Rn 241.

190 *Muller*, International Organizations and their Host States, S. 237. Vgl. auch Fn 144.

191 Das Recht auf zollfreie Einfuhr von Umzugsgütern bei dem ersten Amtsantritt der Mitglieder des Personals ist nicht Gegenstand der vorliegenden Arbeit. Siehe

geschlossen. Dies ergibt sich aus dem Umstand, dass das Personalstatut auf Ortskräfte nicht anwendbar ist[192] und die Anwendbarkeit des Personalstatuts gemäß einigen Definitionen der begünstigten Mitglieder des Personals Voraussetzung für den Erhalt der Steuerbefreiung ist.[193] In anderen Fällen werden die Ortskräfte sogar explizit von fiskalischen Immunitäten ausgenommen.[194]

Der Ausschluss der Ortskräfte liegt vor allem in dem Aufgabenkreis ihrer Tätigkeiten begründet. Ortskräfte verrichten sog. Hilfstätigkeiten und übernehmen mithin keine Tätigkeiten im Kernbereich der jeweiligen internationalen Organisation. Da sie deshalb weder Einfluss auf Entscheidungsprozesse innerhalb der jeweiligen internationalen Organisation haben noch ihre Tätigkeit als wesentliche Voraussetzung für das Erreichen der längerfristigen Ziele der jeweiligen internationalen Organisation angesehen wird, fehlt es vor dem Hintergrund des Grundsatzes der Funktionalität an einem Rechtfertigungsgrund für die Gewährung von fiskalischen Immunitäten an Ortskräfte.[195] Zudem sind die Ortskräfte auch nicht der Gefahr einer Doppelbesteuerung ausgesetzt, die – wenn auch nicht ausschließlich

---

hierzu für viele vergleichbare Regelungen: Artikel III § 8 lit. b und c sowie Artikel VI § 18 lit. d und f Übereinkommen über die Vorrechte und Immunitäten der Internationalen Organisation für erneuerbare Energien (IRENA-Abkommen), BGBl. II 2013, 1203 ff. bzw. Artikel 9 Abs. 3, Artikel 13 Abs. 1 lit. b, Abs. 2 lit. e Abkommen zwischen der Bundesrepublik Deutschland und der Internationalen Organisation für erneuerbare Energien über den Sitz des IRENA-Innovations- und Technologiezentrums, (Sitzstaatabkommen mit IRENA-IITC), BGBl. II 2011, 1012 ff.

192 Siehe beispielhaft: Artikel A.2 der Präambel des Personalstatuts von OCCAR (OCCAR-Personalstatut) mi Stand 8.6.2016, als pdf abzurufen unter: http://www.occar.int/media/raw/OMP8_Personnel_Regulations_Issue6.2_Internet_20160608.pdf (zuletzt abgerufen am 13.12.2016). Vgl. auch Fn 583.

193 Artikel 1 lit. f Protokoll über die Vorrechte und Immunitäten der EUMETSAT (EUMETSAT-Protokoll), BGBl. II 2004, 696 ff., Artikel XV des EWO-Übereinkommens i.V.m. Artikel XIX der Anlage I Vorrechte und Immunitäten dieses Abkommens (EWO-Anlage I), BGBl. II 1976, 1882 ff.; Artikel 18 der Anlage I zum OCCAR-Übereinkommen.

194 Artikel 1 lit. i des Abkommens zwischen der Bundesrepublik Deutschland und dem GCDT; Artikel 1 lit. n und o des Sitzstaatabkommens mit IRENA-IITC.

195 Vgl. die Definition des „Regular Staff Member“ in dem Personalstatut des GCDT, S. 12. Das Statut (GCDT-Personalstatut) mit Stand 1.1.2015 ist abzurufen unter: https://www.croptrust.org/wp-content/uploads/2015/02/2015-PPPM-New-Style-v.1Jan2015_FINAL.pdf (zuletzt abgerufen am 13.12.2016). Dort heißt es auszugsweise: „*These Staff Members hold positions that have been identified by Organization's management as an essential requirement to attain the longer-term objectives of the Organization.*“. Siehe zu der Behandlung der Ortskräfte in den vorliegend untersuchten internationalen Organisationen: E.IV.6.a).

und wenn auch nur sekundär – als Begründung für die Gewährung von Steuerbefreiungen dient.

3. Ergebnis

Steuerbefreiungen sind nicht einzuräumen, wenn und soweit keine Gefahr für die Effektivität der Arbeit der jeweiligen internationalen Organisation besteht. Zusammenfassend ist mithin festzustellen, dass die einzelnen Ausnahmen von der Gewährung von fiskalischen Immunitäten ebenso wie die Gewährung der Steuerbefreiungen in dem Grundsatz der Funktionalität begründet liegen. Diese ist Grund und Grenze der fiskalischen Immunitäten.

C. Historische Phänomene der fiskalischen Immunitäten

Im Vergleich zur Geschichte der Staatenimmunität stellt die Gewährung von Immunitäten an internationale Organisationen bzw. an die Mitglieder ihres Personals eine neuere Erscheinung im Völkerrecht dar.[196] Befreiungen im Allgemeinen – und somit nicht beschränkt auf fiskalische Immunitäten – erhielten internationale Organisationen und die Mitglieder ihres Personals bereits in der Zeit vor dem Zweiten Weltkrieg. Durch die Gründung einer Vielzahl von internationalen Organisationen nach dem Zweiten Weltkrieg rückte das Recht der internationalen Organisationen und somit auch die Frage nach der Gewährung von Immunitäten immer mehr in den Fokus von Gesetzgebung, Rechtsprechung und Literatur. Dennoch wird die Frage nach dem historischen Ursprung der fiskalischen Immunität im Vergleich zu der wissenschaftlichen Befassung mit der Rechtfertigung der Gewährung von Steuerbefreiungen an internationale Organisationen und an die Mitglieder ihres Personals in der Literatur äußerst selten ausführlich thematisiert.

Im Regelfall erfolgt die historische Verortung der Immunitäten ohne eine weitergehende Differenzierung innerhalb der verschiedenen Arten der Befreiungen und weist keinen konkreten Bezug auf die Gewährung von Immunitäten an internationale Organisationen bzw. an die Mitglieder ihres Personals auf. Die Mehrheit der Abhandlungen beschränkt sich mithin auf die Erörterung des historischen Ursprungs der Befreiung von staatlicher Gerichtsbarkeit. Wenn nun aber die fiskalische Immunität eine der grundlegenden Immunitäten ist, lohnt es sich, die Frage nach dem historischen Ursprung der Gewährung von Steuerbefreiungen zu stellen, um ggf. zusätzliche Erkenntnisse zu erlangen, die gewinnbringend für die Festlegung einheitlicher Standards für die Gewährung von fiskalischen Immunitäten an internationale Organisationen und die Mitglieder ihres Personals genutzt werden können.

I. Ursprung der fiskalischen Immunitäten in der Antike?

Ausgangspunkt der vorliegenden Untersuchung über den historischen Ursprung der fiskalischen Immunität internationaler Organisationen und der Mitglieder ihres Personals ist die Zeit des Beginns der Entwicklung von internationalen Organisationen. Große Teile der Literatur datieren den Ursprung von internationalen Organisationen in das 19. Jahrhundert.[197] Mehrheitlich vertreten die Autoren die Auffassung, dass antike Gebilde wie die z.B. die altgriechische Amphiktyonie, die an die heutigen

196 *Tesfagabir*, Chinese JIL 2011, 97 (99).
197 *Sands/Klein*, International Institutions, 1.011–1.017; *Wood*, IOLR 2013, 287 (290); *Ruffert/Walter*, Institutionalisiertes Völkerrecht, § 2 Rn 37; *Meng*, Das Recht der

internationalen Organisationen erinnern, sich grundlegend von der heutigen Organisationsform unterschieden.[198] Auch hätten sich die heutigen internationalen Organisationen an der antiken Form von Staatenbünden kein maßgebliches Beispiel genommen.[199] Deshalb besäßen Rückgriffe auf antike Organisationsformen von Bündnissen keinen Erklärungsmehrwert hinsichtlich der Erforschung über den Entstehungszeitpunkt internationaler Organisationen.[200]

Dieser Einschätzung kann nach der Analyse der altgriechischen Amphiktyonie nicht uneingeschränkt zugestimmt werden. Obschon die Analyse der Arbeitsweise und Organisation der altgriechischen Amphiktyonie keinen unmittelbaren Erkenntnisgewinn für die Ermittlung der historischen Grundlage der fiskalischen Immunität der Mitglieder des Personals von internationalen Organisationen hervorbrachte, dient die nähere Befassung mit der altgriechischen Amphiktyonie dazu, die Bedeutung des Grundsatzes der Funktionalität für die Gewährung von (fiskalischen) Immunitäten zu erfassen.

1. Die pylaiisch-delphische Amphiktyonie als Beispiel einer internationalen Organisation?

a) Merkmale einer internationalen Organisation

Eine einheitliche Definition des Begriffs der internationalen Organisation findet sich weder in der Literatur noch in der Praxis.[201] Überwiegende Einigkeit herrscht über einige konstituierende Elemente, die eine internationale Organisation aufweisen müsse.[202] Zunächst sei zur Entstehung einer internationalen Organisation

---

Internationalen Organisationen, S. 41; *Akande*, in: Evans (Hrsg.), International Law, S. 252.

198 *Ruffert/Walter*, Institutionalisiertes Völkerrecht, § 2 Rn 37; *Boak*, AJIL 1921, 375 (382) findet es schwer in der Amphiktyonie einen Vorläufer des Völkerbundes zu erkennen, da die allein auf religiöse Zwecke ausgerichtete Amphiktyonie eine völlig andere Basis und Zielsetzung als der Völkerbund aufweise, der auf Friedensicherung gezielt habe.

199 *Seidl-Hohenveldern/Loibl*, Das Recht der Internationalen Organisationen, Rn 0201.

200 *Klein*, in: Vitzthum, Völkerrecht, 4. Aufl., 2007, S. 272 dort in Fn 5; *Seidl-Hohenveldern/Loibl*, Das Recht der Internationalen Organisationen, Rn 0201; *Ruffert/Walter*, Institutionalisiertes Völkerrecht, § 2 Rn 37. Eine a.A. vertritt *Kolb*, Human Rights and Humanitarian Law, MPEPIL 2012, 1040 (1042), der die altgriechische Amphiktyonie als den ersten Vorläufer der internationalen Organisationen bezeichnet.

201 Die Kommissionsmitglieder konnten sich in der 52. Sitzung der ILC der Vereinten Nationen am 22.6.1950 (U.N. Doc.A/CN. 4/S. R. 52 [franz.], S. 9–11) nicht auf eine Definition der internationalen Organisation einigen.

202 Diese Elemente finden sich in der Definition des Entwurfs der ILC von 2009, ILC Reports 2009, S. 42, wieder und sind auch in der älteren Literatur anerkannt. Vgl. *Akande*, in: Evans (Hrsg.), International Law, S. 252 (254); *Seidl-Hohenveldern/Loibl*, Das Recht der Internationalen Organisationen, Rn 0105; *Schlüter*, Innerstaatliche

ein Akt des Völkerrechts wie – aber nicht notwendigerweise[203] – ein völkerrechtlicher Vertrag oder eine Konvention erforderlich. Für einen solchen Akt bedürfe es mindestens zweier Staaten (oder andere Völkerrechtssubjekte). Zudem müsse eine internationale Organisation über eigene, unabhängige Organe verfügen, die fähig seien, einen selbstständigen Willen zu bilden und nach außen umzusetzen. Die Willensbildung könne auch gegen den Willen eines oder einiger der beteiligten Mitglieder erfolgen.[204] Eine Vielzahl von Definitionen enthält zusätzlich noch ein viertes Merkmal, nach dem internationale Organisationen einen gemeinsamen Zweck verfolgen müssen, der auf den übereinstimmenden Interessen der Mitglieder beruht.[205]

b) Aufbau, Organisation und Funktionsweise der Amphiktyonie

Viele der eben aufgezeigten Merkmale einer internationalen Organisation finden sich in geringerer oder umfassenderen Ausprägung in der altgriechischen Amphiktyonie wieder. Dieses Gebilde, das im 8. oder 7. Jahrhundert v.Chr. erstmals in Erscheinung trat[206], ist ein überstaatlicher[207] bzw. kollektiver Verband[208] von grie-

---

Rechtsstellung, S. 7; *Seyersted*, Common Law of International Organizations, S. 44; *Zemanek*, Vertragsrecht, S. 9 ff. und *Schermers/Blokker*, International Institutional Law, §§ 33–45.

203 Vgl. *Seyerstedt*, Common Law of International Organizations, S. 46 ff., der auf die tatsächliche Ausübung völkerrechtsfähiger Handlungen durch Organe der internationalen Organisation abstellt.

204 Vgl. hierzu ausführlich: *Jaenicke*, ZaöRV 1951/1952, 46 (53).

205 *Seidl-Hohenveldern/Loibl*, Das Recht der Internationalen Organisationen, Rn 0105; *Sato*, Immunität internationaler Organisationen, S. 7; *Schlüter*, Innerstaatliche Rechtsstellung, S. 11; *Zemanek*, Vertragsrecht, S. 17; *Fischer/Köck*, Das Recht der Internationalen Organisationen, S. 61; *Hobe*, Einführung in das Völkerrecht, S. 125; *Schermers/Blokker*, International Institutional Law, § 16 sehen die gemeinsame Zweckverfolgung als Auslöser für die Bildung von internationalen Organisationen; so auch *Ullrich*, Das Dienstrecht der Internationalen Organisationen, S. 32; *Klabbers* unterscheidet zwischen zwei Modellen von Organisationen. Historisch seien internationale Organisationen aus dem Wunsch der Mitgliedstaaten entstanden, dass die Organisation anstelle der Mitgliedstaaten Aufgaben übernahmen, die nicht allein von einem Mitgliedstaat übernommen werden konnten oder wollten, aber für alle Mitgliedstaaten von Interesse sind, vgl. *Klabbers*, IOLR 2005, 277 (278 ff.). Im Gegensatz dazu beschreibt *Klabbers* auch ein zweites Modell der internationalen Organisation. In diesem Modell bezeichnet er eine internationale Organisation als *agora*, also als Marktplatz des Gedankenaustauschs, zwischen ihren Mitgliedern, vgl. *Klabbers*, IOLR 2005, 277 (282 f.).

206 *Mannzmann*, Der kleine Pauly 1979, Band 1, S. 312; *Sánchez*, L'Amphictionie, S. 57.

207 *Wüst*, Historia: Zeitschrift für Alte Geschichte 1954, 129 (133). Entgegen der Ansicht von *Ruffert/Walter*, Institutionalisiertes Völkerrecht, § 2 Rn 37 ist die Zwischenstaatlichkeit dieser Gebilde gegeben, da mehrere autonome Stämme Mitglieder der Amphiktyonie waren.

208 *Wüst*, Historia: Zeitschrift für Alte Geschichte 1954, 129 (142).

chischen Stämmen.[209] Es stellt ein sakrales Bündnis zum Schutz eines Heiligtums[210] und zur Wahrung von Frieden für die Zeit des Abhaltens von kultischen Spielen dar.[211] Die Bekannteste der lediglich insgesamt drei bezeugten Amphiktyonien ist das pylaiisch-delphische Bündnis um das Heiligtum des Apollon im Apollontempel in Delphi. Insgesamt bestand die sog. pylaiisch-delphische Amphiktyonie aus 12 Mitgliedstämmen[212], die sich eine gemeinsame Organisationsstruktur und Finanzverwaltung gaben.[213] So entsandten alle Mitglieder je zwei Vertreter (*hieromnémones*) im Frühjahr und im Herbst nach Delphi in den Rat der Amphiktyonie.[214] Dort hatten diese Vertreter je eine Stimme.[215] Über die Auswahl der *hieromnémones* ist nur wenig bekannt. Sie fand in den unterschiedlichen Stämmen jedoch wohl nicht einheitlich statt. So losten die Athener ihre Vertreter.[216] Andere Stämme wie die Thessaler, Perrhaiber, Doloper wählten die *hieromnémones*.[217] Auch variierte die Amtsdauer des einzelnen *hieromnémon* von Stamm zu Stamm.[218] Die 24 entsandten „Beamten" fassten für die Mitglieder bindende rechtskräftige Beschlüsse über die Verwaltungsangelegenheiten des Tempels.[219] Auch waren sie für die Ausrichtung der pythischen Festspiele zuständig.[220] Religiöse Praktiken wie

---

209 Es gibt zwei Versionen der etymologischen Herkunft des Begriffs „Amphiktyonie". Nach einer Deutung hat die Amphiktyonie ihren Namen von ihrem Gründer, Amphiktyon, dem Sohn des Deukalions. Nach einer anderen Deutung wird das Bündnis Amphiktyonie genannt, da die „Umwohnenden" von Delphi (von altgriechisch: *amphi-ktion* = derjenige, der um etwas wohnt) Gründungstämme der Vereinigung waren, so *Busolt*, Griechische Staatskunde, Zweite Hälfte, S. 1280. Eine Darstellung beider Versionen findet sich in *Mannzmann*, Der kleine Pauly 1979, Band 1, S. 311. sowie bei *de Araújo Caldas*, Bedeutung des delphischen Orakels, S. 73 ff: m.w.N. auf Pausanias sowie bei *Sánchez*, L'Amphictionie, S. 33.

210 *Kahrstedt*, Griechisches Staatsrecht, S. 409.

211 *Boak*, AJIL 1921, 375 (377); *Fischer/Köck*, Das Recht der Internationalen Organisationen, S. 70.

212 *Busolt*, Griechische Staatskunde, Zweite Hälfte, S. 1304; *Bürgel*, Die Pylaeisch-Delphische Amphiktyonie, S. 109; *Wüst*, Historia: Zeitschrift für Alte Geschichte 1954, 129, 135; *Mannzmann*, Der kleine Pauly 1979, Band 1, S. 312.

213 *Davies*, Bulletin of the Institute of Classical Studies 1998, Supplement 71, 1 (11).

214 *Mannzmann*, Der kleine Pauly 1979, Band 1, S. 312.

215 *Busolt*, Griechische Staatskunde, Zweite Hälfte, S. 1303; *Bürgel*, Die Pylaeisch-Delphische Amphiktyonie, S. 109; *Boak*, AJIL 1921, 375 (377); *Marek*, S. 195.

216 *Kahrstedt*, Griechisches Staatsrecht, S. 395, 399; *Bürgel*, Die Pylaeisch-Delphische Amphiktyonie, S. 114; *de Araújo Caldas*, Bedeutung des delphischen Orakels, S. 74.

217 *Kahrstedt*, Griechisches Staatsrecht, S. 401; *Busolt*, Griechische Staatskunde, Zweite Hälfte, S. 1304 f.

218 *Davies*, Bulletin of the Institute of Classical Studies 1998, Supplement 71, 1 (3); *Kahrstedt*, Griechisches Staatsrecht, S. 401.

219 *Busolt*, Griechische Staatskunde, Zweite Hälfte, S. 1305; *Mannzmann*, Der kleine Pauly 1979, Band 1, S. 312; *Kahrstedt*, Griechisches Staatsrecht, S. 402.

220 *Baltrusch*, Außenpolitik, Bünde und Reichsbildung in der Antike, S. 38 f.; *Marek*, S. 195.

die Bereitung von Opfern vor den Sitzungen[221] sowie die Leitung der fortlaufenden Geschäfte oder die Entgegennahme von Abgaben gehörten ebenfalls zu ihren Aufgaben.[222] Gemeinsam mit dem Stadtstaat Delphi nahm die pylaiisch-delphische Amphiktyonie die Finanzverwaltung des Heiligtums bzw. des Tempels wahr.[223] Die *hieromnémones* fungierten auch als Richter bei Streitfragen zwischen den Mitgliedern des Bündnisses[224] und entschieden über die Sanktionen bei etwaigen Verstößen der Mitgliedstämme gegen das Eigentum des Heiligtums oder gegen den Eid der Amphiktyonie.[225]

Der Eid der Amphiktyonie hat die Bekräftigung der 12 Mitgliedstämme zum Inhalt. Gemäß dem Eid verpflichteten sich die Mitgliedstämme zu gewährleisten, dass

> *„keine amphiktyonische Stadt (...) zerstört, keiner das Wasser abgeschnitten werden, Zuwiderhandelnde (...) bekriegt, ihre Städte vernichtet, das Eigentum des delphischen Gottes geschützt werden"*.[226]

Durch diesen Eid sollte sichergestellt werden, dass die Mitgliedstämme im Konfliktfall bestimmte Regeln verfolgen, um den Bestand der Amphiktyonie und das Abhalten der kultischen Feste zu gewährleisten. Teilweise wird der Eid jedoch auch dahingehend übersetzt, dass kein Mitgliedstamm der pylaiisch-delphischen Amphiktyonie zerstört werden soll.[227] Vor allem mit Blick auf die zweite Übersetzungsvariante zeigt sich, dass die Amphiktyonie eine friedensichernde und stabilisierende Funktion innehatte.[228]

Den eben erläuterten Eid der Amphiktyonie gaben nicht die Vertreter der Mitgliedstämme z.B. bei Beitritt zur Amphiktyonie ab, sondern jeder einzelne *hieromnémones* leistete ihn zu Beginn seiner Amtszeit.[229]

Innerhalb der pylaiisch-delphischen Amphiktyonie gab es noch weitere Personengruppen, die als Personal oder Abgeordnete (*pylagoroi* später *agoratroi* genannt)

---

221 *Bürgel*, Die Pylaeisch-Delphische Amphiktyonie, S. 110; *Marek*, S. 195.

222 *Busolt*, Griechische Staatskunde, Zweite Hälfte, S. 1305; *Wüst*, Historia: Zeitschrift für Alte Geschichte 1954, 129 (135); *Sánchez*, L'Amphictionie, S. 54.

223 Da sowohl Delphi als auch die Amphiktyonie gleichermaßen für die Einnahmen der Tempelkasse verantwortlich waren, bestimmten auch beide über die Ausgaben, *Kahrstedt*, Griechisches Staatsrecht, S. 409, 411.

224 *Mannzmann*, Der kleine Pauly 1979, Band 1, S. 313; *Marek*, S. 195; *Bonner/Smith*, Classical Philology 1943, 1 (11); *Kahrstedt*, Griechisches Staatsrecht, S. 401.

225 *Mannzmann*, Der kleine Pauly 1979, Band 1, S. 312; *Bonner/Smith*, Classical Philology 1943, 1 (2, 5, 7).

226 *Mannzmann*, Der kleine Pauly 1979, Band 1, S. 312, mit Verweis auf Aischines, S. 2, 115.

227 *Baltrusch*, Außenpolitik, Bünde und Reichsbildung in der Antike, S. 39; *Boak*, AJIL 1921, 375 (377).

228 *Funke*, in: Gehrke/Schneider, Geschichte der Antike, S. 200.

229 *Wüst*, Historia: Zeitschrift für Alte Geschichte 1954, S. 129 (142).

bezeichnet wurden.[230] Das Verhältnis zu den *hieromnémones* ist jedoch unklar.[231] Die *pylagoroi* wurden im Gegensatz zu den *hieromnémones* gewählt und nicht gelost.[232] Insgesamt entsandten die Mitglieder der pylaiisch-delphischen Amphiktyonie eine größere Anzahl von *pylagoroi* als von *hieromnémones* in den Rat der Amphiktyonie. Einige Autoren schließen aus diesem Umstand, dass die *pylagoroi* eine größere politische Bedeutung innehatten als die *hieromnémones.*[233] Die *hieromnémones* galten mithin als die Repräsentanten der Stämme, die *pylagoroi* als weitere Staatsabgeordnete.[234] Beide „Beamten" blieben aber Angestellte und Vertreter des jeweiligen Mitgliedstammes der pylaiisch-delphischen Amphiktyonie und waren nicht etwa für diese tätig. Sie wurden von ihnen entsandt und unterlagen ihren Weisungen.[235]

c) Zwischenergebnis

Die eben dargestellte pylaiisch-delphischen Amphiktyonie setzte sich aus politisch autonomen Einheiten[236] (Mitgliedstämmen) zusammen. Sie schlossen sich zur Verfolgung eines Ziels – der Verwaltung und dem Schutz des Apollonheiligtums – zusammen, da sie dahingehend übereinstimmten, dass ein Mitgliedstamm den Bestand und die Funktionsfähigkeit des Heiligtums bzw. des Tempels nicht allein erfüllen konnte. Wenn man die einzelnen Stämme nach unserem heutigen Verständnis als Völkerrechtssubjekte qualifizierte, erfüllt die pylaiisch-delphische Amphiktyonie bereits zwei Strukturmerkmale einer internationalen Organisation. So beteiligten sich mehrere Völkerrechtssubjekte an der pylaiisch-delphischen Amphiktyonie. Zudem verfolgten sie ein gemeinsames Ziel. In dem zwei Mal jährlich tagenden Rat besaß die pylaiisch-delphische Amphiktyonie auch ein eigenes Organ, das legislative und judikative Funktionen übernahm. Über den Grad der Unabhängigkeit dieses Organs von den einzelnen Mitgliedstämmen gibt es kein gesichertes Zeugnis. Aufgrund der Einhaltung des Grundsatzes der Stimmengleichheit bei der Besetzung des Rates Amphiktyonie ist zumindest das Bestreben der Mitgliedstämme erkennen, ein unabhängiges Organ schaffen zu wollen.[237]

---

230 *Kahrstedt*, Griechisches Staatsrecht, S. 400; *Bürgel*, Die Pylaeisch-Delphische Amphiktyonie, S. 113.

231 *Wankel*, Zeitschrift für Papyrologie und Epigraphik 1981, 153 (154); *Kahrstedt*, Griechisches Staatsrecht, S. 398; *Baltrusch*, Außenpolitik, Bünde und Reichsbildung in der Antike, S. 39.

232 *Kahrstedt*, Griechisches Staatsrecht, S. 399, 401; *Beck*, Polis, S. 195 m.w.N.

233 *Wüst*, Historia: Zeitschrift für Alte Geschichte 1954, 129 (135); *Wankel*, Zeitschrift für Papyrologie und Epigraphik 1981, 153 (155), spricht davon, dass die *pylagoroi* eher „politische" als religiöse Aufgaben hatten. So auch *Sánchez*, L'Amphictionie, S. 496.

234 *Bürgel*, Die Pylaeisch-Delphische Amphiktyonie, S. 113.

235 *Kahrstedt*, Griechisches Staatsrecht, S. 402.

236 *Baltrusch*, Außenpolitik, Bünde und Reichsbildung in der Antike, S. 38.

237 Der Grundsatz der Stimmengleichheit findet sich auch im heutigen Völkerrecht wieder. Er beruht auf dem Grundsatz der Gleichheit der Staaten, vgl. *Hobe*, Einführung in das Völkerrecht, S. 125.

Da der Eid der Amphiktyonie nicht als Voraussetzung für die Mitgliedschaft bei der pylaiisch-delphischen Amphiktyonie durch Vertreter der Mitgliedstämme geleistet werden musste, kann der Eid der Amphiktyonie nicht mit einem völkerrechtlichen Übereinkommen zur Gründung bzw. zum Beitritt zu einer internationalen Organisation verglichen werden. Zwar enthält der Eid auch Verpflichtungen der Mitgliedstämme, jedoch fehlt es an dem Willen der Mitglieder durch den Eid die pylaiisch-delphische Amphiktyonie gründen zu wollen. Vielmehr enthält der Eid Grundsätze zur inhaltlichen Ausgestaltung der Mitgliedschaft bei der Amphiktyonie.

Mithin fehlt der pylaiisch-delphischen Amphiktyonie der völkerrechtliche Gründungsakt, um die von der Literatur aufgestellten Merkmale einer internationalen Organisation zu erfüllen. *Seidl-Hohenveldern* bezeichnet die Amphiktyonie folglich zu Recht

„*(a)ls älteste(n) Vorläufer der Idee internationaler organisatorischer Zusammenschlüsse*"[238],

da die Amphiktyonie nach dem bisherigen Stand der Forschung, wie eben dargestellt, einige derjenigen Merkmale erfüllt, die die heutige Völkerrechtsliteratur als Voraussetzung für eine internationale Organisation benennt.

2. Fiskalische Immunitäten der hieromnémones?

a) Einordnung der hieromnémones

Da die pylaiisch-delphische Amphiktyonie zumindest in Teilen dem neuzeitlichen Verständnis einer internationalen Organisation entspricht, stellt sich die Frage, ob die Amphiktyonie selbst bzw. diejenigen Personen, die für sie tätig sind und in der vorliegenden Arbeit als „Mitglieder des Personals" bezeichnet werden, fiskalische Immunitäten genießen. Wollte man den neuzeitlichen Begriff „Sitzstaat" auf die Antike übertragen, wäre vorliegend der Stadtstaat (*polis*) Delphi als solcher zu qualifizieren, da sich auf dem Gebiet Delphis die pylaiisch-delphische Amphiktyonie befand. Als „Mitglieder des Personals" der pylaiisch-delphischen Amphiktyonie könnten die *hieromnémones* und ggf. die *pylagoroi* eingeordnet werden, wobei beide Gruppen wohl weniger mit den Mitgliedern des Personals internationaler Organisationen, sondern eher mit den Vertretern der Mitglieder einer internationalen Organisation vergleichbar sind. Eigene „Beamte" bzw. „Mitglieder des Personals" der pylaiisch-delphischen Amphiktyonie sind, soweit ersichtlich, aus den Quellen nicht bekannt. Die Stellung der *hieromnémones* ist somit wohl eher mit der Stellung der heutigen Diplomaten als mit der Stellung der Mitglieder des Personals von internationalen Organisationen vergleichbar.

---

238 *Seidl-Hohenveldern/Loibl*, Das Recht der Internationalen Organisationen, Rn 0202. will jedoch aus der Analyse des Gebildes keine Rückschlüsse auf moderne internationale Organisationen ziehen, vgl. ebenda Rn 0201.

b) Existenz von Steuerbefreiungen

Im Verhältnis zwischen Bürger und Gemeinwesen fand in der griechischen Antike üblicherweise keine direkte Besteuerung der Bürger statt.[239] Da es auch keine amphiktyonischen Steuern oder Zölle gab, konnten die Vertreter der Stämme oder die Amphiktyonie selbst nicht durch Delphi als Sitzstaat von Abgaben befreit werden.[240] Mithin findet sich mangels Steuerbelastung keine Notwendigkeit für die Gewährung von fiskalischen Immunitäten gegenüber der Amphiktyonie oder den Vertretern der Mitgliedstämme.

Grundsätzlich waren jedoch Fremde, wenn sie sich in einer *polis* aufhielten, die nicht ihrer Heimatpolis entsprach, zu Steuerzahlungen verpflichtet.[241] Über die Erhebung von Steuern gegenüber den *hieromnémones* oder den *pylagoroi* der einzelnen Mitgliedstämme, die nach Delphi entsandt wurden, gibt es keine Hinweise in den Quellen. Einzelne Quellen zeigen aber auf, dass Besucher des Orakels von Delphi, die als Fremde grundsätzlich der Pflicht unterlagen (Steuer-)Abgaben zu zahlen, von der Besteuerung durch die *polis* Delphi befreit wurden (sog. *atelie*). Als Beispiel kann die Gewährung der *atelie* durch die Delpher an Kroisos und die Lyder angeführt werden.[242] *Gawantka* nimmt an, dass die Verleihung der *atelie*, die ohne nähere Begründung erfolgte, den Regelfall für Besucher des Tempels bzw. des Heiligtums des Apollon in Delphi darstellte.[243] Es war ständige Praxis in einer *polis*, einzelnen Fremden Steuerfreiheit und Zollfreiheit als Ehrerbietung für besondere Dienste oder auch als geldwerte Gegenleistung für Tätigkeiten

---

239 *Rostovtzeff*, Gesellschafts- und Wirtschaftsgeschichte der hellenistischen Welt, S. 186, *Funke*, in: Gehrke/Schneider, Geschichte der Antike, S. 184. Es gab jedoch eine Vielzahl von Gebühren wie Markt- und Gerichtsgebühren, die die Bürger entrichten mussten. Neben dieser indirekten Besteuerung mussten die Bürger auch Wehrdienst leisten. Die Bürger waren darüber hinaus auch zur Übernahme von öffentlichen Aufgaben verpflichtet. Die Kosten für die Erfüllung der zentralen staatlichen Aufgaben wurden im Übrigen dadurch gedeckt, dass v.a. die wohlhabenden Bürger sog. Leiturgien (Dienstleistungen für das Volk) an die *polis* leisteten, *Mannzmann*, Der kleine Pauly 1979, Band 1, S. 675. Leiturgien umfassten ursprünglich freiwillige Zahlungen. Auch die Übernahmen von originär staatlichen Leistungen durch wohlhabende Bürger wie z.B. die Finanzierung einer Theateraufführung qualifizierten als Leiturgien. Die Leiturgien entwickelten sich von einer freiwilligen Abgabe an das Gemeinwesen zu einer Zwangsabgabe wohlhabender Bürger einer *polis*, *Rostovtzeff*, Gesellschafts- und Wirtschaftsgeschichte der hellenistischen Welt, S. 491.

240 *Kahrstedt*, Griechisches Staatsrecht, S. 394.

241 *Funke*, in: Gehrke/Schneider, Geschichte der Antike, S. 184; *Rostovtzeff*, Gesellschafts- und Wirtschaftsgeschichte der hellenistischen Welt, S. 187. Fremde (*Metöken*) mussten Steuern auf Hausmieten zahlen (Beispiele aus Delos und Kos).

242 *Gawantka*, Isopolitie, S. 62, L1.

243 *Gawantka*, Isopolitie, S. 64.

zugunsten der *polis* zu gewähren.[244] Die Amphiktyonie selbst konnte ebenfalls *atelie* verleihen.[245]

Häufig, aber nicht regelmäßig, ging mit dem Ende der Amtszeit als *hieromnémon* die Stellung als Staatsgastfreund (*proxenos*), einher, indem dem *hieromnémon* durch Delphi die Proxenie verliehen wurde. Ein *proxenos* hatte zur Aufgabe in der fremden *polis* (hier: Delphi) die Interessen der eigenen *polis* und ihrer Bürger, die sich in der Fremde aufhielten, ehrenamtlich wahrzunehmen.[246] Die Proxenie war gleichzeitig auch eine Ehrerweisung, die einem Fremden zum Dank für besondere Dienste an der *polis* erwiesen wurde.[247] Die Ehrung umfasste neben anderen nicht nur wirtschaftlichen Erleichterungen auch die Befreiung von (Steuer-)Abgaben. Zur Gewährung der Befreiungen bedurfte es jedoch immer einer konkreten Leistung durch den *hieromnémon* zugunsten der jeweiligen Amphiktyonie.[248]

c) Stellungnahme

aa) Rechtfertigung für die Gewährung von atelie

Die Gewährung von *atelie* im Rahmen der Proxenie für eine Vielzahl, wenn auch nicht für alle *hieromnémnes,* durch Delphi als „Sitzstaat" der pylaiisch-delphischen Amphiktyonie fand nicht aufgrund des Amtes, sondern nach Beendigung der Amtszeit als *hieromnémon* statt.[249] Unabhängig von der Qualifikation der *hieromnémones* oder *pylagoroi* lässt sich schon wegen des zeitlichen Aspekts der Gewährung der *atelie* durch Delphi zugunsten der Vertreter der Mitgliedstämme die *atelie* nicht ebenso wie die Gewährung von fiskalischen Immunitäten mit dem Grundsatz der Funktionalität begründen.

Die Abgabenerleichterungen zugunsten der *hieromnémones* dienten mithin weniger der Gewährleistung einer von äußeren Einflüssen ungestörten Ausführung ihrer Tätigkeiten in der pylaiisch-delphischen Amphiktyonie, sondern stellten eher eine nachträgliche Ehrung dar.

(1) Wirtschaftlicher Faktor

Die Gewährung der *atelie* an die Besucher des Heiligtums von Delphi hat ergänzend zu den bereits dargestellten Gründen noch einen weiteren Hintergrund. Die Gewährung von Steuerbefreiungen zeigt die wesentliche Bedeutung der pylaiisch-

244 *Günther*, Griechische Antike, S. 63 f. Geldwerte Gegenleistungen wurden im Fall der Ehrung eigener Bürger, die selbst keiner direkten Besteuerung in ihrer *polis* unterlagen, gewährt.

245 *Sánchez*, L'Amphictionie, S. 54.

246 *Berneker*, Der kleine Pauly 1979, Band 4, S. 1201.

247 *Busolt*, Griechische Staatskunde, Erste Hälfte, § 37 Rn 229.

248 *Marek*, S. 195, 215.

249 Es ist aber anzunehmen, dass die *hieromnémnes* von den üblichen Abgabenverpflichtungen, die Fremde gewöhnlich trafen, auch während ihrer Amtszeit befreit wurden.

delphischen Amphiktyonie für Delphi[250] und könnte mithin als Versuch seitens Delphi identifiziert werden, die Steigerung der Attraktivität des Besuchs des Heiligtums zu erreichen. Da das Heiligtum einerseits im Eigentum Delphis und andererseits auch im Eigentum der pylaiisch-delphischen Amphiktyonie stand und beide dieses zwar durch getrennte Finanzverwaltungen, aber kooperativ verwalteten[251], profitierte Delphi wirtschaftlich von einer hohen Besucherfrequenz.

Vergleichbare Verhaltensweisen zeigen sich auch in der heutigen Zeit im Rahmen des Wettbewerbs der einzelnen Mitgliedstaaten um die Ansiedlung einer internationalen Organisation. So wird die Gewährung von weitreichenden Immunitäten auch heute noch als Mittel eingesetzt, eine positive Entscheidung hinsichtlich der Wahl des Sitzstaates einer internationalen Organisation zu erreichen.[252]

(2) Grundsatz der Gleichheit der Stämme

Neben dem wirtschaftlichen Ziel liegt die Vermutung nahe, dass die Delpher *atelie* gewährten, um die Vorteile, die die Stellung als „Sitzstaat" des Heiligtums mit sich brachte, zugunsten der anderen Mitgliedstämme auszugleichen.[253] Dies geschah durch die finanzielle Entlastung derjenigen Bürger der Mitgliedstämme, die das Heiligtum besuchten. Hier könnten sich bereits erste Ansätze der Idee zeigen, die Gleichbehandlung der Mitglieder einer internationalen Organisation anzustreben und sicherzustellen.

bb) Gründe für die Leistung des Eids der Amphiktyonie

Der Grundgedanke der Funktionalität findet sich in der Verpflichtung der Mitgliedstämme wieder, die Amphiktyonie bzw. die Mitgliedstämme zu schützen. Wie oben dargestellt dient der Grundsatz der Funktionalität der Rechtfertigung für die Gewährung von Steuerbefreiungen an internationale Organisationen und die Mitglieder ihres Personals. Die fiskalischen Immunitäten werden mithin vor dem Hintergrund gewährt, einen Schutz vor etwaigen Störungen oder Behinderungen im Rahmen der effektiven Aufgabenwahrnehmung einer internationalen Organisation zu bieten.

Zu den Zeiten der pylaiisch-delphischen Amphiktyonie bestand die größte Gefahr in einer Störung des reibungslosen Ablaufs der Tempelfunktion, die das zentrale Element der pylaiisch-delphischen Amphiktyonie darstellte, in Form eines äußeren Angriffs durch Feinde Delphis oder der pylaiisch-delphischen Amphiktyonie. Somit war es wesentlich, dass der Standort der pylaiisch-delphischen Amphiktyonie von allen Mitgliedstämmen geschützt wurde. Dieser Schutz konnte durch die gegen-

250 *Marek*, S. 195.
251 Ebenda.
252 Siehe hierzu: B.II.3.b) mit Fn 144.
253 Beachte hierzu, dass *atelie* wohl allen Besuchern des Orakels ohne Rücksicht auf die Mitgliedschaft ihrer Heimatpolis in der pylaiisch-delphischen Amphiktyonie gewährt wurde.

seitige Versicherung der Mitgliedstämme sichergestellt werden, im Fall eines äußeren Angriffs auf die pylaiisch-delphischen Amphiktyonie, gemeinsam den Feind zu bekämpfen und die Amphiktyonie vor Zerstörung zu beschützen. Da der Schutz der pylaiisch-delphischen Amphiktyonie vor äußeren Angriffen aber lediglich durch kampfbereite und militärisch starke Mitgliedstämme erfolgen konnte, mussten nicht nur die Amphiktyonie selbst, sondern auch die einzelnen Mitgliedstämme vor äußeren Angriffen geschützt werden. Dieser Schutz konnte durch die gegenseitige Versicherung der Mitgliedstämme, einander im Fall eines Angriffs durch äußere Feinde zu unterstützen, am besten sichergestellt werden.

Somit war ein effektiver Schutz der pylaiisch-delphischen Amphiktyonie nur zu gewährleisten, indem zum einen diese vor äußeren Feinden geschützt wurde. Zum anderen musste aber auch die Funktionsfähigkeit der einzelnen Mitgliedstämme vor äußeren Angriffen sichergestellt werden.

Diese beiden wesentlichen Schutzrichtungen finden sich in dem Eid der Amphiktyonie wieder. Gemäß der ersten Übersetzung verpflichteten sich die Mitgliedstämme gegenseitig die pylaiisch-delphische Amphiktyonie zu schützen. Gemäß der zweiten möglichen Übersetzung versicherten sich die Mitgliedstämme gegenseitiger Hilfe für den Fall eines Angriffs auf einen Mitgliedstamm durch Dritte. Zwischen beiden Interpretationen muss im vorliegenden Fall nicht entscheiden werden, da, wie eben dargestellt, ein vollständiger Schutz der pylaiisch-delphischen Amphiktyonie lediglich dann gewährleistet werden kann, wenn beide Dimensionen der Verpflichtung Gegenstand des Eidspruchs sind. Der unmittelbare Schutz der pylaiisch-delphischen Amphiktyonie steht gleichwertig neben dem mittelbaren Schutz dieser durch die Sicherstellung der Funktionsfähigkeit der Mitgliedsstämme der pylaiisch-delphischen Amphiktyonie. Beide Lesarten des Eidspruchs zeigen mithin auf, dass die Intention des Eides auf die Gewährleistung der Sicherheit und Funktionsfähigkeit der pylaiisch-delphischen Amphiktyonie durch die militärische Hilfe der Mitgliedstämme gerichtet war.

In der Neuzeit hingegen geht die Gefahr einer Störung der Funktionalität einer internationalen Organisation weniger von dem Angriff eines Drittstaates aus. Vielmehr lässt sich die Gefahr in der Einflussnahme des jeweiligen Sitzstaats in die Entscheidungsprozesse innerhalb der internationalen Organisationen verorten. Somit müssen sich die internationalen Organisationen zum gegenwärtigen Zeitpunkt weniger vor den Gefahren von außen als vielmehr vor der Gefahr von innen schützen. Dieser Schutz wird durch die Gewährung von fiskalischen Immunitäten gewährt, sodass weder die internationale Organisation noch die Mitglieder ihres Personals durch exekutive oder legislative Akte des Sitzstaates oder Mitgliedstaates in ihrem Wirken für die internationale Organisation eingeschränkt, unter Druck gesetzt oder beeinflusst werden können.

cc) Zwischenergebnis

Sowohl die Rechtfertigung für die Ableistung des Eides der pylaiisch-delphischen Amphiktyonie als auch die Rechtfertigung für die Gewährung fiskalischer Immunitäten an neuzeitliche internationale Organisationen und die Mitglieder ihres

Personals beruhen mithin auf dem Gedanken der Sicherung der Funktionalität der jeweils zu schützenden Organisationseinheit.

3. Zusammenfassung der Ergebnisse

Die Analyse der Gewährung von Steuerbefreiungen im Rahmen der pylaiisch-delphischen Amphiktyonie kann zwar nicht dazu beitragen, den historischen Ursprung der fiskalischen Immunität internationaler Organisationen und der Mitglieder ihres Personals zu bestimmen. Jedoch zeigt sie auf, dass bereits in der Antike der Grundsatz der Funktionalität maßgebliche Relevanz im Rahmen der Organisation und Funktionsweise von „zwischenstaatlichen Zusammenschlüssen" besaß. Darüber hinaus verdeutlicht das vorliegende Ergebnis, dass im Vergleich zur aktuell vorherrschenden Auffassung in der Literatur der Amphiktyonie eine größere Bedeutung im Rahmen der Erörterung und Ermittlung der historischen Entstehung der internationalen Organisationen zukommen sollte.

II. Internationale Organisationen der Neuzeit: Beginn im 19. Jahrhundert (Erste Phase)

Die Gewährung von Immunitäten an internationale Organisationen sowie an die Mitglieder ihres Personals erfuhr eine stete Entwicklung.[254] Diese wird gemeinhin in drei Abschnitte eingeteilt.[255] Auf die erste Phase, die im 19. Jahrhundert zu verorten ist, folgt die Phase zwischen beiden Weltkriegen sowie die Phase der Großorganisationen nach dem Zweiten Weltkrieg.

Zu Beginn gründeten sich sog. Verwaltungsunionen wie z. B. die Schifffahrtkommissionen von Rhein (1815), Donau (1856) und Kongo (1885).[256] Diese Vereinigungen zeichneten sich dadurch aus, dass sie zentral eine eng umgrenzte, nicht politische Aufgabe für ihre Mitglieder wahrnahmen[257] und v. a. Regelungen zu den Rechtsfragen trafen, die mit dem technischen Fortschritt einhergingen.[258] Die einzelnen Unionen wiesen feste institutionalisierte Formen auf und beschäftigten dauerhaft technische Angestellte und Verwaltungspersonal, die für die Erledigung der anfallenden Aufgaben zuständig waren.[259] Neben den Verwaltungsunionen fanden im

254 *Lang*, ZaöRV 1977, 43 (44).
255 *Menzel*, in: FS Laforet, S. 325 (326 ff.); auch *Kramer*, Besteuerung der Bediensteten, S. 18 ff.
256 Zu den Verwaltungsunionen zählen auch die Internationale Fernmeldeunion (1865), der Weltpostverein (1874) und Pariser Verband zum Schutz des gewerblichen Eigentums (1883).
257 *Akande*, in: Evans (Hrsg.), International Law, S. 252 (253); *Meng*, Das Recht der Internationalen Organisationen, S. 42.
258 *Ruffert/Walter*, Institutionalisiertes Völkerrecht, § 2 Rn 38.
259 *Michaels*, International Privileges and Immunities, S. 12; *Ruffert/Walter*, Institutionalisiertes Völkerrecht, § 2 Rn 45.

19. Jahrhundert auch Kongresse und Konferenzen statt, so z.B. der Wiener Kongress (1815), der Panama Kongress (1826) und die Haager Friedenskonferenzen (1899 und 1907). Letztere Veranstaltungen waren weniger institutionalisiert als die Verwaltungsunionen und wurden in unregelmäßigen Abständen abgehalten, um politische Fragen zu diskutieren[260] Sie dienten als Plattform für Verhandlungen über die Friedenssicherung. Die Verträge, die zwischen den einzelnen Mitgliedern der Verwaltungsunionen geschlossen wurden, bzw. die jeweiligen Konventionen und Abschlussakte der Konferenzen enthalten Bestimmungen über Immunitäten. Die einzelnen Formulierungen der Befreiungen unterscheiden sich stark sowohl in ihrem persönlichen als auch in ihrem materiellen Umfang:

1. Konvention des Panama Kongresses

Die Konvention des Panama Kongresses vom 15. Juli 1826 enthält in Artikel 15 die Bestimmung, dass den Mitgliedern des Verwaltungsrates (*board of Directors*[261]) diejenigen Immunitäten zustehen sollen, die auch Diplomaten (*diplomatic agents*) gewährt werden. Zusätzlich gewährt die Konvention den Mitgliedern des Verwaltungsrates Unabhängigkeit und Freiheit (*independence and liberty*), um die sachgerechte Erfüllung ihrer jeweiligen Pflichten zu gewährleisten.[262] Der Verweis auf diplomatische Immunitäten stellt in zeitlich nachfolgenden Regelwerken über die Immunitäten von internationalen Organisationen und den Mitgliedern ihres Personals eine übliche Methode dar, den Umfang der Immunitäten festzulegen.[263] Aus dem Konventionstext geht nicht eindeutig hervor, wie die einzelnen Mitglieder der Konvention des Panama Kongresses ihre eigenen Vertreter im Verwaltungsrat, die regelmäßig Staatsangehörige des jeweiligen Mitgliedstaates waren, hinsichtlich der Immunitäten behandelten. Denkbar ist eine unbeschränkte Gewährung

260 *Ruffert/Walter*, Institutionalisiertes Völkerrecht, § 2 Rn 40.

261 Das in Artikel 15 genannte „*board of Directors*" wurde durch Artikel 13 und Artikel 14 der Konvention installiert und bestand aus je einem Vertreter der folgenden drei Mitgliedstaaten: Republik von Kolumbien, Republik von Zentralamerika und Mexiko. Siehe: International American Conference. Reports of Committees and Discussion Thereon, Volume IV, 1890, S. 195.

262 „*To the end that the said board of Directors shall have all the independence and liberty necessary to the fullest discharge of their duties, it has been agreed, and is hereby expressly agreed, that each of its members shall enjoy all the privileges and immunities of a diplomatic agent, wherever he may be located.*" International American Conference. Reports of Committees and Discussion Thereon, Volume IV, 1890, 195.

263 *Sbarounis*, Revue Hellénique de Droit International 1954, 1 (4). Entgegen der Analyse von *Pfuhl*, Privilegien und Immunitäten Internationaler Funktionäre, S. 46, findet sich der Verweis auf diplomatische Immunitäten nicht erstmals in Artikel 2 des Gesetzes vom 10.3.1898 über die Errichtung der internationalen Kommission zur Kontrolle der Griechischen Finanzen. Bereits die Konvention des Panama Kongresses von 1826 enthält eine vergleichbare Regelung.

von Immunitäten oder lediglich die Befreiung von der nationalen Gerichtsbarkeit im Rahmen der amtlichen Tätigkeiten der Mitglieder des Verwaltungsrates. Wie Artikel 38 Abs. 1 des Wiener Übereinkommens über diplomatische Beziehungen (WÜD)[264] nunmehr normiert, ist es seit langem bereits gewohnheitsrechtlich anerkannt, dass Diplomaten im Heimatstaat lediglich Immunität von der Gerichtsbarkeit im Rahmen ihrer amtlichen Tätigkeiten genießen. Es ist anzunehmen, dass die Verfasser der vorliegenden Konvention keine weitergehenden Immunitäten einräumen wollten. Neben der Gewährung von Immunitäten an die Mitglieder des Verwaltungsrates enthält der Konventionstext keine weiteren Regelungen über den persönlichen Anwendungsbereich der Immunitäten.

Im Hinblick auf den materiellen Umfang der gewährten Immunitäten bleibt der Konventionstext weitgehend unpräzise. Da eine vertragliche Festlegung von fiskalischen Immunitäten der Diplomaten keine Tradition hat und Steuerbefreiungen regelmäßig nur aufgrund völkerrechtlicher *courtoisie* gewährt wurde, ist anzunehmen, dass der Verweis in Artikel 15 der Konvention des Panama Kongresses auf die diplomatischen Immunitäten auch die aufgrund von *courtoisie* gewährte fiskalischen Immunitäten umfasste.[265] Eine Aussage über die Gewährung von Immunitäten an die Organisation als etwaiges Völkerrechtssubjekt enthält der Konventionstext nicht.

2. Abkommen zu den Haager Friedenskonferenzen von 1899 und 1907

Neben dem Panama Kongress fanden in der ersten Periode der Entwicklung auch die Haager Friedenskonferenzen statt. Aufgrund der jeweiligen völkerrechtlichen Vereinbarungen zu den Haager Friedenskonferenzen wurden Schiedsgerichte eingerichtet. Gemäß Artikel 24 des Abkommens zur friedlichen Erledigung internationaler Streitfälle vom 29. Juli 1899 der Haager Friedenskonferenz erhielten die Richter dieser Schiedsgerichte

> "*während der Ausübung ihres Amtes und außerhalb ihres Heimathlandes die diplomatischen Vorrechte und Befreiungen*".[266]

Diese Rechte fanden ihre Bestätigung durch Aufnahme des gleichlautenden Textes in Artikel 46 des Abkommens zur friedlichen Erledigung internationaler Streitfälle vom 18. Oktober 1907.[267]

Wie bereits in der Zusammenfassung der Regelungen in der Konvention zu dem Panama Kongress dargestellt, weist auch das Abkommen zur friedlichen Erledigung internationaler Streitfälle auf die diplomatischen Immunitäten hin und normiert die

---

264 Wiener Übereinkommen über diplomatische Beziehungen, BGBl. II 1964, 958 ff.

265 *Wilson*, Diplomatic Privileges and Immunities, S. 101 mit Verweis auf *international courtesy* als Grundlage für die Befreiung von Besteuerung.

266 RGBl. 1901, 393 ff.

267 RGBl. 1910, 5 ff.

Erweiterung der Anwendung dieser Rechte auf die Richter des Schiedsgerichts. Im Gegensatz zur Fassung dieser Regelung in der Konvention zu dem Panama Kongress ist der persönliche und materielle Umfang der Immunitäten in jenen völkerrechtlichen Vereinbarungen hinreichend bestimmt. Die Verweisung auf die Anwendung der diplomatischen Immunitäten ist im Fall von Staatsangehörigen des Heimatstaates auf amtliche Tätigkeiten in eben diesem Staat beschränkt. Außerhalb des jeweiligen Heimatstaates der Richter genießen sie die diplomatischen Immunitäten unbeschränkt.

3. Rheinschifffahrtskommission

Der Deutsch-Französische Vertrag vom 15. August 1804 schaffte die unterschiedlichen auf dem Rhein erhobenen Durchgangszölle zugunsten einer einzelnen Abgabe, dem Rhein-Octroi, ab. Im Rahmen dieses Vertrags wurde auch eine Organisation gegründet, deren Aufgabe einerseits darin bestand, die Abgaben von den Schiffern zu kassieren, andererseits die Einhaltung der Vorschriften des völkerrechtlichen Vertrages zu überwachen und bei Verstoß gegen dessen Regeln die zuvor definierten Strafzahlungen einzubehalten. Ein Generaldirektor mit Sitz in Mainz leitete gemeinsam mit vier Direktoren die so genannte Generaldirektion. Dieser unterstanden wiederum 12 Octroibüros.[268] Artikel 131 des Vertrages bestimmte hinsichtlich der Immunitäten der Mitglieder des Personals der Kommission:

> *„Les embarcations et personnes employées au service de l'octroi jouiront de tous les privilèges de la neutralité (...).“*[269]

Den gleichen Wortlaut findet man in Artikel 26 der Anlage 16 B zur Wiener-Kongressakte vom 24. März 1815.[270] Diese Kongressakte legte in den Artikeln 108–117 die gemeinsamen Richtlinien für die Schifffahrt auf Flüssen, die mehrere Staaten trennen oder durchströmen, fest.[271] Durch Artikel 26 des Anhangs wurde die Zen-

268 *Thiemeyer/Tölle*, Supranationalität im 19. Jahrhundert? Die Beispiele der Zentralkommission für die Rheinschifffahrt und des Octroivertrages 1804–1851, Journal of European Integration History 2011, 177 (181).

269 *Martens*, Recueil des principaux traités d'alliance, de paix, de trêve, de neutralité, de commerce, de limites, d'échange etc.: conclus par les puissances de l'Europe tant entre elles qu'avec les puissances et Etats dans d'autres parties du monde depuis 1761 jusqu'à présent, Vol. 8 1835, 261 (292); *Jaenicke*, ZaöRV 1951/1952, 46 (55), *Kunz*, AJIL 1947, 828 dort in Fn 4.

270 *Pochhammer*, Handbuch zur vollständigen Kenntniß der Zoll-Verfassung und Verwaltung in den Königlich-Preußischen Staaten nach dem Gesetze vom 26ten Mai 1818, Erster Theil, § 413, 431. Dort findet sich folgende Übersetzung: *„(...) Die Ladungen, so wie die Personen, welche im Dienste der Rheinschiffahrts-Verwaltung stehen, solle alle Vortheile der Neutralität genießen (...).“*.

271 Wiener-Kongressakte vom 8.6.1815, Der Deutsche Bund: eine Zeitschrift für das öffentliche Recht Deutschlands und der gesamten deutschen Länder, Erster Band, III. Heft 1815, S. 192 ff.

tralkommission für die Rheinschifffahrt eingerichtet, die sich aus Vertretern der Uferstaaten zusammensetzt und ihren Sitz in Mainz hat. Sie sollte ein Übereinkommen erarbeiten. Die Arbeit dieser Kommission mündete in der Mainzer Akte vom 31. März 1831, die in Artikel 108 ebenfalls die gleichlautende Bestimmung über die Neutralität der im Verwaltungsdienst angestellten Personen enthält.[272] In den verschiedenen Bestimmungen über die Rheinschifffahrtskommissionen findet sich stets der Begriff der „Neutralität". Mit diesem Begriff werden die Immunitäten des Verwaltungspersonals (*personnes employée*) der Kommission umschrieben.

Der Begriff „Neutralität" ist sehr weit und somit hinsichtlich seines materiellen Umfangs ebenso wie der Verweis auf die Rechte der Diplomaten unbestimmt. Gesonderte Bestimmungen zu etwaigen Steuerbefreiungen fehlen. Im Gegensatz zu der Konvention zum Panama Kongress genießen nicht nur die Mitglieder des Verwaltungsrates, mithin die Führungskräfte, sondern die gesamten Mitglieder des Personals „Neutralität". Wie in der Konvention des Panama Kongresses erhält die Organisation selbst keine Befreiungen.[273] Dies gilt mit Ausnahme der Schiffe der Rheinschifffahrtskommission, denen „Neutralität" zugewiesen wird. Dem Neutralitätsgebot unterfallen neben den Schiffen jedoch keine weiteren Gegenstände oder Grundstücke wie z. B. die oben erwähnten Octroibüros, die ebenfalls im Eigentum der Kommission stehen.

4. Europäische Donaukommission

Artikel 15 des Pariser Friedensvertrages vom 1856 dehnt die Anwendung der Prinzipien über die freie Schifffahrt aus der Wiener-Kongressakte[274] auf die Donauschifffahrt aus.[275]

Artikel 16 des Pariser Vertrags sieht die Gründung einer Europäischen Donaukommission vor.[276] Artikel 21 des *Acte public, relatif à la navigation des embouchures du Danube* vom 2. November 1865[277] enthält die für die Kommission relevanten Immunitäten. Artikel 21 der Donauschifffahrtsakte bestimmt, dass einzelnen Personen-

272 *Martens*, Nouveau recueil de traités d'alliance, de paix, de trêve, de neutralité, de commerce, de limites, d'échange etc.: et de plusieurs autres actes servant à la connoissance des relations étrangères des puissances et Etats de l'Europe depuis 1808 jusqu'à présent, Vol. 9 1833, 252 (299). Beachte, dass die Mannheimer Akte vom 17.10.1868 keine vergleichbare Bestimmung mehr enthielt.

273 *Kunz*, AJIL 1947, 828.

274 Siehe dort Artikel 108–117, Wiener-Kongressakte vom 8.6.1815, Der Deutsche Bund: eine Zeitschrift für das öffentliche Recht Deutschlands und der gesamten deutschen Länder, Erster Band, III. Heft 1815, S. 192 ff.

275 Pariser Vertrag vom 30.3.1856, Gesetzsammlung für die Königlichen Preussischen Staaten 1856, Nr. 36, S. 557 (567).

276 Gesetzsammlung für die Königlichen Preussischen Staaten 1856, Nr. 36, S. 557 ff.

277 *Schwantes*, Die Supranationalität, S. 47, gibt fälschlicherweise den 2.10.1965 als Unterzeichnungsdatum der Akte an. Er bezieht sich in seinen Ausführungen jedoch ebenfalls auf die hier erläuterte Donauschifffahrtsakte.

gruppen innerhalb der Verwaltungsangestellten und des technischen Personals Immunitäten gewährt werden.[278] Artikel 7 des Londoner Vertrages vom 13. März 1871 über die Europäische Donaukommission bestätigt die in Artikel 21 gewährten Immunitäten und erweitert den persönlichen Anwendungsbereich auf das gesamte Verwaltungspersonal und die technischen Angestellten der Kommission.

Artikel 21 bestimmt:

> *„Alle durch die Europäische Kommission in Ausführung des Pariser Vertrages von 1856 oder des gegenwärtigen Vertrages errichteten Werke und Etablissements werden fortfahren, sich derselben Neutralität zu erfreuen, welche sie bisher geschützt hat, und welche für die Zukunft unter allen Umständen von den Hohen Kontrahenten in gleicher Weise respektirt werden wird. Die Wohlthat der daraus entspringenden Privilegien wird sich auf das gesamte Verwaltungs- und technische Personal der Kommission erstrecken.“*[279]

Artikel 53 der Berliner-Kongressakte vom 13. Juli 1878 über die Europäische Donaukommission bestätigt den Umfang der bereits oben dargelegten Immunitäten für die Kommission.[280]

Zusammenfassend kann mithin festgestellt werden, dass wiederum wie bei der Rheinschifffahrtskommission der Begriff „Neutralität“ zur Umschreibung der Immunitäten verwendet wird. Sowohl das gesamte Verwaltungspersonal als auch

---

278 *„Les ouvrages et établissements de toute nature créés par la Commission européenne, ou par l'autorité qui lui succédera, en exécution de l'article 16 du Traité de Paris, notamment la caisse de navigation de Soulina, et ceux qu'elle pourra créer à l'avenir, jouiront de la neutralité stipulée dans l'article î 1 dudit Traité, et seront, en cas de guerre, également respectés par tous les belligérants. Le bénéfice de cette neutralité s'étendra, avec les obligations qui en dérivent, à 'inspection générale de la navigation, à l'administration du port de Soulina, au personnel de la caisse de navigation et de l'hôpital de a marine, enfin au* personnel technique chargé de la surveillance des travaux“, *Samwer/Hopf* (Hrsg.), Nouveau Recueil Général de Traités, Band 18, 1873, S. 144 ff. Die Hervorhebung erfolgte durch die Verfasserin der vorliegenden Arbeit.

279 RGBl. 1871 Nr. 22, 104 ff.: *„Tous les ouvrages et établissements de toute nature, créés par la Commission Européenne en exécution du Traité de Paris de 1856 ou du présent Traité, continueront à jouir de la même neutralité qui les a protégés jusqu'ici, et qui sera également respectée â l'avenir dans toutes les circonstances par les Hautes Parties Contractantes. Le bénéfice des immunités qui en dérivent, s'étendra à* tout le personnel administratif et technique *de la Commission. Il est cependant bien entendu que les dispositions de cet Article n'affecteront en rien le droit de la Sublime Porte de faire entrer, comme de tout temps, ses bâtiments de guerre dans le Danube en sa qualité de Puissance territoriale.“* Die Hervorhebung erfolgte durch die Verfasserin der vorliegenden Arbeit.

280 RGBl. 1878 Nr. 31, 307 ff. *„Die europäische Donau-Kommission, in welcher Rumänien vertreten sein soll, bleibt in ihrer Thätigkeit bestehen und wird solche von jetzt ab bis nach Galatz hinauf in vollständiger Unabhängigkeit von der Landesgewalt ausüben. Alle Verträge, Abkommen, Verfügungen und Entscheidungen bezüglich ihrer Rechte, Privilegien, Prärogative und Verpflichtungen werden bestätigt.“*.

die technischen Angestellten der Kommission erhalten Immunitäten. Es fehlt aber weiterhin an speziellen Bestimmungen zu dem genauen Inhalt der Immunitäten und mithin zu etwaigen Steuerbefreiungen. Hervorzuheben ist, dass erstmals auch das gesamte Eigentum („Werke") der Organisation – und nicht lediglich explizit die Schiffe – von dem Schutzbereich der Immunitäten umfasst sind. Bemerkenswert ist darüber hinaus, dass Artikel 53 der Berliner-Kongressakte auf mehrere Rechtsakte hinweist, die Immunitäten enthalten können.

Mithin zeigt sich bereits in diesem frühen Stadium der Entwicklung der Immunitäten internationaler Organisationen, dass es eine übliche Praxis darstellte, die Gewährung von Immunitäten in mehreren Rechtsakten, wie z. B. in bilateralen oder multilateralen Verträgen, festzulegen.

5. Kongoschifffahrtskommission

Auch in dem Gesetz über die Kongoschifffahrtskommission (International Congo Commission) vom 26. Februar 1885 findet sich eine Bestimmung über die Gewährung von Immunitäten an die Vertreter der Mitgliedstaaten der Kommission und an die Verwaltungsangestellten der sog. „International Commission".[281] Artikel 18 bestimmt:

> „*The members of the International Commission as well as the agents named by it,* are invested with the privilege of inviolability in the exercise of their functions. The same guarantee shall extend to the offices, bureaus and archives of the Commission."[282]

Artikel 20 enthält auch eine Bestimmung über die Immunität der International Commission selbst. Dort heißt es am Ende:

> „*In the exercise of these attributions as they are above defined and limited, the International Commission shall* not depend upon the territorial authority."[283]

Dieses Gesetz verwendet zur Umschreibung der Immunitäten nicht den Begriff „Neutralität", sondern den Begriff Unverletzlichkeit (*inviolability*). Neben der Unverletzlichkeit wird dem Verwaltungspersonal (*agents*), den Vertretern der Mitglieder (*members*), als auch den Büros und Archiven der Organisation auch Unabhängigkeit („*shall not depend*") gewährt.

Der Begriff „*inviolability*" war im 19. Jahrhundert ein üblicher Begriff des Völkergewohnheitsrechts und umschrieb die Immunitäten der diplomatischen Missionen und der in der Mission tätigen Personen.[284] Aus dem Gesetzestext über die Kon-

281 Congo Navigation Act, AJIL 1909, Supplement: Official Documents, 7 ff. Diese Kommission wurde durch Artikel 17 errichtet.

282 Congo Navigation Act, AJIL 1909, Supplement: Official Documents, 7 (17). Die Hervorhebung erfolgte durch die Verfasserin der vorliegenden Arbeit.

283 Die Hervorhebung erfolgte durch die Verfasserin der vorliegenden Arbeit.

284 *Tarassenko/Zacklin*, in: de Cooker (Hrsg.), International Administration, 1990, III.1/2.

goschifffahrtskommission geht nicht eindeutig hervor, ob ein Unterschied zwischen den Begriffen „Unverletzlichkeit“ und „Neutralität“ hinsichtlich ihres materiellen Gehalts besteht. *Michaels* verneint einen Unterschied, da beide Begriffe inhaltlich einheitlich darauf abzielten, die Unabhängigkeit der begünstigten Rechtssubjekte von staatlicher Einflussnahme zu erreichen.[285] Neben den Personen, die für die Kommission tätig sind, erhält wiederum auch die Kommission selbst in Bezug auf ihr Eigentum die Gewährung von Unverletzlichkeit. Der Gesetzestext zählt die zu schützenden Räume und Gegenstände auf. So werden z.B. explizit die Büros und Archive genannt.

Insgesamt ist zu erkennen, dass sich in dem Gesetz zur Kongoschifffahrt im Gegensatz zu den vorherigen Rechtsakten eine weitaus detailliertere Regelungstechnik findet. An einer Differenzierung zwischen den einzelnen Immunitäten fehlt es jedoch weiterhin, sodass auch das Gesetz über die Kongoschifffahrt keine gesonderte Bestimmung zu Steuerbefreiungen aufweist.

6. Zwischenergebnis

Es ist zu erkennen, dass im Laufe des 19. Jahrhunderts die Regelungen von Immunitäten der internationalen Organisationen in Bezug auf ihren Umfang und ihre Detailgenauigkeit zunahmen.[286] Auch lässt sich feststellen, dass die unterschiedlichen Verfasser der völkerrechtlichen Vereinbarungen keine einheitlichen Begriffe zur Umschreibung der zu gewährenden Immunitäten wählten. In den meisten Fällen ist der materielle Umfang der Immunitäten nicht hinreichend bestimmt ausgestaltet.[287] Hinsichtlich des persönlichen Umfangs der Immunitäten finden sich in den jeweiligen Regelwerken etwas präzisere Bestimmungen. Obschon der geschützte Personenkreis von Organisation zu Organisation variiert, zeigt sich ein Trend dahingehend, dass sich die Zahl der Begünstigten im Verlauf des 19. Jahrhunderts

---

285 *Michaels*, International Privileges and Immunities, S. 37, verweist auf das Begriffsverständnis von „Neutralität“ in der Haager Friedenskonvention von 1907.

286 Ergänzend ist noch auf die Elbschifffahrtsakte vom 23.6.1821 und die Additionsakte vom 13.4.1844 zu verweisen. Im Gegensatz zu den anderen Schifffahrtskommissionen errichteten die Elbuferstaaten keine gemeinsame Verwaltungskommission. Es existieren, wie die Präambel der Additionsakte vom 13.4.1844 zeigt, nur temporär gebildete sog. Elbschifffahrts-Revisions-Kommissionen, die „*zur Berathung von Maßregeln, welche nach neueren Erfahrungen zur Beförderung des Handels und der Schifffahrt auf der Elbe geeignet sind, und zur Vereinbarung über die zu solchem Zwecke gemeinschaftlich zu fassenden Beschlüsse*“, zusammentraten und z.B. die Additionsakte ausarbeiteten, vgl. Gesetzessammlung für das Herzogthum Anhalt-Bernburg, Band 7, S. 324. Mangels der Einrichtung einer ständigen Kommission dient die Elbschifffahrtsakte mithin nicht der hier verfolgten Untersuchung zu den Immunitäten der Kommissionen und der zugehörigen Mitglieder des Personals. Die Internationalen Elbekommission wird unter C.III.4 dargestellt.

287 *Pfuhl*, Privilegien und Immunitäten Internationaler Funktionäre, S. 47.

vergrößerte und nicht mehr lediglich den Führungskräften der internationalen Organisationen Immunitäten gewährt wurden.

Die einzelnen Gesetze, Konventionen sowie sonstige völkerrechtliche Vereinbarungen differenzieren nicht zwischen den unterschiedlichen Kategorien von Immunitäten, sodass in den Regelungen in der ersten Phase explizite Bestimmungen zu den fiskalischen Immunitäten fehlen.[288] Es kann jedoch davon ausgegangen werden, dass der Verweis auf diplomatische Immunitäten, der in den völkerrechtlichen Rechtsakten zu den Kongressen enthalten war, auch die Befreiung von der Besteuerung der begünstigten Personen einer internationalen Organisation umfasste, da Steuerbefreiungen als Akt der *courtoisie* regelmäßig den Diplomaten gewährt wurden. Schließlich ist innerhalb der unterschiedlichen Regelwerke auch dahingehend eine Entwicklung erkennbar, dass nicht nur den für die jeweilige Organisation tätigen Personen Immunitäten gewährt wurden, sondern auch das Eigentum, also die internationale Organisation als Rechtssubjekt selbst, durch die Einräumung von Immunitäten einen Schutz erhielt.[289]

III. Die Periode zwischen den beiden Weltkriegen (Zweite Phase)

Der nach dem Ersten Weltkrieg im Jahr 1919 gegründete Völkerbund beschäftigte sich als erste internationale Organisation auch mit allgemeinen politischen Fragen in Bezug auf die Beziehungen zwischen dessen Mitgliedsstaaten.[290] Ziel der Gründung des Völkerbundes war es, eine große Anzahl von Mitgliedern zu erhalten.[291]

Im Jahr 1921 begann die Internationale Donaukommission; im Jahr 1923 die Internationale Elbekommission mit ihrer jeweiligen Arbeit. Um im Rahmen der

288 *Sato*, Immunität internationaler Organisationen, S. 52.

289 *Fedder* übersieht diese schon früher einsetzende Entwicklung und stellt fälschlicherweise fest, dass erst in der Phase nach dem Zweiten Weltkrieg auch die internationale Organisation selbst Immunitäten genoss, *Fedder*, American University Law Review 1960, 60 (62).

290 Bis zum Zweiten Weltkrieg war die Bezeichnung „internationale Verwaltungsunion" oder „internationale Verwaltungsgemeinschaft" für die Benennung der heutigen internationalen Organisationen gebräuchlich: *Meng*, Das Recht der Internationalen Organisationen, S. 43 m.w.N. Da die Europäische Donaukommission mit umfassenden Kompetenzen ausgestattet war – so war sie verantwortlich für die Erhebung von Schifffahrtsabgaben und die Durchführung von technischen Maßnahmen; auch hatte sie eigene Sanktionsgewalt – wird sie teilweise als der eigentliche Vorläufer der internationalen Organisationen angesehen, vgl. *Tietje*, Internationalisiertes Verwaltungshandeln, S. 125 m.w.N.

291 *Klabbers*, An Introduction to International Institutional Law, S. 17; *Akande*, in: Evans (Hrsg.), International Law, S. 252 (253); *Ruffert/Walter*, Institutionalisiertes Völkerrecht, § 2 Rn 48 (universelle Mitgliedschaft).

vorliegenden Darstellung auf Besonderheiten im Rahmen der historischen Entwicklung der fiskalischen Immunität von internationalen Organisationen sowie von den Mitgliedern ihres Personals hinzuweisen, ist auch das Statut des Ständigen Gerichtshofs Gegenstand dieser Untersuchung.[292]

1. Völkerbund

Artikel 7 Abs. 4 der Satzung des Völkerbundes gewährt den Vertretern der Mitglieder des Völkerbundes im Rahmen ihrer amtlichen Tätigkeiten diplomatische Immunitäten. Die Bestimmung lautet:

> „*Die Vertreter der Bundesmitglieder und die Beauftragten des Bundes genießen in der Ausübung ihres Amtes die Vorrechte und die Unverletzlichkeit der Diplomaten.*“[293]

Die Methode des Verweisens auf die Gewährung diplomatischer Immunitäten findet auch noch in der vorliegenden völkerrechtlichen Vertragspraxis Anwendung. Die Satzung des Völkerbundes enthält wiederum auch den Begriff „Unverletzlichkeit“. Es fehlt auch weiterhin an einer Differenzierung zwischen den einzelnen Immunitäten, sodass sich keine gesonderte Bestimmung über Steuerbefreiungen in der Satzung findet. Artikel 7 Abs. 5 der Satzung bestimmt weiter:

> „*Die dem Bund, seiner Verwaltung oder seinen Tagungen dienenden Gebäude und Grundstücke sind unverletzlich.*“[294]

Wie aus dieser Regelung ersichtlich ist, erhalten nicht nur die für den Völkerbund tätigen Personen Immunitäten. Auch die Gebäude und Grundstücke, also das Eigentum der Organisation, werden geschützt.

2. Ständiger Gerichtshof

Dieselben Immunitäten, die die begünstigten Personen des Völkerbunds erhalten, erhielten auch die Richter des Ständigen Gerichtshofs gemäß Artikel 19 des Statuts des Ständigen Gerichtshofs vom 16. Dezember 1920. Diese Norm bestimmt:

> „*The members*[295] *of the Court, when engaged on the business of the Court, shall enjoy diplomatic privileges and immunities.*“[296]

---

292 Der Ständige Gerichtshof wurde aufgrund des Artikel 14 der Satzung des Völkerbundes gegründet, Versailler Friedensvertrag, RGBl. 1919, 723.

293 Versailler Friedensvertrag, RGBl. 1919, 723.

294 Ebenda.

295 Mitglieder des Gerichtshofs sind gemäß Artikel 3 des Statuts die Richter und die stellvertretenden Richter (insgesamt 15). Das Verwaltungspersonal ist somit von der Regelung über die Gewährung der Immunitäten nicht mit umfasst.

296 *Hudson* (Hrsg.), International Legislation, Numbers 1–64, Statut des Ständigen Gerichtshofs vom 16.12.1920, No. 37a , S. 530 ff.

Die Erweiterung der diplomatischen Rechte auf die Mitglieder des Personals von internationalen Organisationen stellt, wie bereits dargestellt, eine übliche Regelung in Bezug auf die Gewährung von Immunitäten dar. Eine Neuerung im Rahmen der vertraglichen Festlegung von Immunitäten findet sich in Artikel 32 des Statuts des Ständigen Gerichtshofs vom 14. September 1929. Diese Bestimmung regelt die Gehaltszahlungen des Gerichtshofs an die begünstigten Personen und bestimmt die Steuerbefreiung der Richter und der Verwaltungsangestellten sowie des Präsidenten und des Vizepräsidenten im Umfang der von dem Gerichtshof bezahlten Gehälter.

Artikel 32 lautet:

> „*The members of the Court shall receive an annual salary. The President shall receive a special annual allowance. The Vice-President shall receive a special allowance for every day on which he acts as President. The judges appointed under Article 31, other than members of the Court, shall receive an indemnity for each day on which they sit. (...). The above salaries, indemnities and allowances shall be free of all taxation.*"[297]

3. Internationale Donaukommission

Wie in Artikel 347 des Versailler Friedensvertrags[298] bestimmt, übernahm die Internationale Donaukommission die Verwaltung der Flussdonau. Die daraufhin vereinbarte Donaukonvention vom 23. Juli 1921 enthielt ebenfalls wie die Satzung des Völkerbundes nähere Regelungen zu der Gewährung von Immunitäten sowohl an die Führungskräfte der Exekutive der Kommission, den sog. *Commissioners*, als auch an die Organisation selbst.[299] Artikel 37 der Donaukonvention normierte die Anwendung diplomatischer Immunitäten auf die ausführenden Organe des Verwaltungsrates und auf das Eigentum der Kommission.[300] Bestimmungen über Befreiungen der ebenfalls im Sekretariat der Kommission beschäftigten weiteren Personen existierten nicht.[301]

---

297 *Hudson* (Hrsg.), International Legislation, Numbers 1–64, Annex zu dem Protokoll vom 14.9.1929; Veränderungen zu dem Statut des Ständigen Gerichtshofs, No. 37e, S. 584 ff.

298 Versailler Friedensvertrag, RGBl. 1919, 1231 f.

299 Siehe zum Begriff des *Commissioners*: Artikel 35, *Hudson* (Hrsg.), International Legislation, Numbers 1–64, Donaukonvention vom 23.7.1921 No. 47, S. 681 ff.

300 „*The property of the International Commission and the person of the Commissioners are entitled to the privileges and immunities which are accorded in peace and war to accredited diplomatic agents. (...)*", *Hudson* (Hrsg.), International Legislation, Numbers 1–64, Donaukonvention vom 23.7.1921 No. 47, S. 681 ff.; *Jaenicke*, ZaöRV 1951/1952, 46 (57).

301 Artikel 27 spricht von dem Personal für „*administrative, technical, sanitary and financial services*", das von der Kommission selbst eingestellt und besoldet wird.

4. Internationale Elbekommission

Gemäß Artikel 2 der Elbschifffahrtsakte vom 22. März 1923[302] wurde die Internationale Elbekommission aufgrund Artikel 340 des Versailler Friedensvertrags eingesetzt.[303] Die Kommission unterhielt nach Artikel 7 ein Sekretariat, dem der Generalsekretär sowie ein Generalsekretär-Stellvertreter vorstanden. Ihnen wurden Hilfskräfte beigegeben. Die Mitglieder des Sekretariats erhielten ihre Gehälter und Bezüge von der Kommission. Artikel 8 der Elbschifffahrtsakte bestimmte hinsichtlich der Immunitäten, dass die Delegierten der Elbuferstaaten, der Generalsekretär sowie sein Generalsekretär-Stellvertreter die üblichen diplomatischen Vorrechte genießen.[304] Zudem bestimmte dieser Artikel, dass die Uferstaaten der Elbe alle Erleichterungen gewährten, die die eben genannten Personen zur Erfüllung ihrer Obliegenheiten bedürften. Der materielle Umfang der Immunitäten war nicht explizit in der Akte festgelegt. Es fehlte mithin auch an einer gesonderten Bestimmung zu den Steuerbefreiungen. Regelungen zu den Immunitäten der Kommission bzw. des Sekretariats fanden sich in dem Regelwerk ebenfalls nicht.

5. Modus vivendi von 1921/1926

Auch im Rahmen der zweiten Phase der Entwicklung internationaler Organisationen und der ihnen gewährten Immunitäten schritt die Praxis, eine ausdrückliche Regelung über die Gewährung fiskalischer Immunität in die Rechtsakte aufzunehmen, lediglich sehr langsam voran. Artikel 32 des Statuts des Ständigen Gerichtshofs stellte vorerst eine Ausnahme im Rahmen der völkerrechtlichen Vereinbarungen dar. Die Auseinandersetzung zwischen dem Völkerbund und der Regierung der Schweizerischen Eidgenossenschaft über den persönlichen und materiellen Umfang von Steuerbefreiungen in der Schweizerischen Eidgenossenschaft gemäß den Vorschriften der Satzung des Völkerbundes zeigt jedoch, dass bereits zur damaligen Zeit ein Bedürfnis bestand, die fiskalischen Immunitäten ausdrücklich zu normieren. Die eben genannten Parteien verständigten sich in einem Briefwechsel vom 19. Juli 1921/24. Oktober 1921[305] auf eine vorläufige und noch unvollständige Regelung über die Immunitäten des Völkerbundes und der Personen, die für ihn in der Schweizerischen Eidgenossenschaft tätig waren.[306] Erneute Verhandlungen zwischen den Parteien führten im Jahr 1926 zu der Verständigung auf einen neuen *modus vivendi*, der in einer Note des Generalsekretärs des Völkerbundes dem Bundesrat der Schweizerischen Eidgenossenschaft am 18. September 1926 übersandt

302 Elbschifffahrtsakte vom 22.3.1922, RGBl. II 1923, 183 ff. und das Zusatzübereinkommen zur Elbschifffahrtsakte vom 27.1.1923, RGBl. II 1923, 485 ff.; II 1924, 37.

303 Versailler Friedensvertrag, RGBl. 1919, 1227.

304 So auch bereits Artikel 37 der Donaukonvention vom 23. Juli 1921.

305 Der Briefwechsel ist abgedruckt in: *Hill*, Immunities and privileges of international officials, S. 121 ff. und S. 127 ff.

306 *Hill*, Immunities and privileges of international officials, S. 16.

wurde.[307] Die Regelungen des *modus vivendi* von 1926 deuteten bereits in ihrem persönlichen und materiellen Umfang diejenigen Steuerbefreiungen an, die fortan in der Mehrzahl der in dieser Arbeit untersuchten völkerrechtlichen Abkommen geregelt wurden.

Artikel VIII des *modus vivendi* von 1926 bestimmte eine Zweiteilung der Personengruppen hinsichtlich der Steuerbefreiungen der für den Völkerbund tätigen Personen. So ist das sog. „Personal der ersten Kategorie" von allen direkten Steuern außer der Grundsteuer befreit.[308] Die Steuerpflicht für indirekte Steuern war deklaratorisch festgehalten. Auch enthielt der *modus vivendi* von 1926 eine Definition des Begriffs der direkten Steuer. Das sog. „Personal der zweiten Kategorie" erhielt lediglich Befreiung von einzelnen Steuern bzw. war nur in Bezug auf einzelne Steuerobjekte befreit. So unterfiel das Gehalt des Personals der zweiten Kategorie keiner Steuer. Auch waren die Mitglieder dieser Personalkategorie von der Kapitalertragsteuer und der *emergency federal war tax* befreit. Unabhängig von ihrer Zuordnung zu einer der zwei Kategorien erhielten die Mitglieder des Personals, die Staatsangehörige der Schweizerischen Eidgenossenschaft waren, lediglich eine Befreiung von den direkten kantonalen und kommunalen Steuern auf ihre von dem Völkerbund gezahlten Gehälter.[309]

---

307 Der *modus vivendi* von 1921/1926 stellt eine der wenigen ausdrücklichen Vereinbarungen und Auseinandersetzungen mit den Immunitäten des Völkerbundes und der für ihn tätigen Personen dar, *Jaenicke*, ZaöRV 1951/1952, 46 (56); *Kramer*, Besteuerung der Bediensteten, S. 22. Der Bundesrat der Schweizerischen Eidgenossenschaft hat von dieser Vereinbarung am 20.9.1926 Kenntnis genommen.

308 In dem *modus vivendi* von 1926 wird zwischen zwei Personalkategorien unterschieden. In der ersten Kategorie befinden sich diejenigen Personen, die in der höheren Verwaltung tätig sind, und die wissenschaftlichen Mitarbeiter. In die zweite Kategorie fallen die Personen, die in der unteren Verwaltung tätig sind, Büroangestellte und Sekretäre sowie höheres Servicepersonal. Eine besondere Stellung erhalten die Führungskräfte wie der Generalsekretär, die Untergeneralsekretäre und deren jeweilige Stellvertreter, *Hill*, Immunities and privileges of international officials, S. 16.

309 Artikel VIII des *modus vivendi* von 1926 lautet: "*Officials of the Organisations of the League of Nations who are members of the Staff of the first category enjoy fiscal immunity. Consequently they are exempted, in accordance with international practice, from all direct taxes, with the exception of the charges attaching to immovable property (the land tax). They are liable for the payment of indirect taxes and charges. The expression "Direct taxes" shall be understood to mean taxes which are levied directly upon the taxpayer. „Charges" – whatever the expression employed in the regulations governing the matter may be shall only be understood to mean payments in return for the rendering of a special and definite service by the administration to the person who pays them, together with those which are paid in order to cover special expenditure necessitated by an act of the taxpayer. Members of the Staff of the second category are exempted: (1) from the tax (taxe) on salary (revenu professionel); (2)*

Im Rahmen der fiskalischen Immunitäten des Völkerbundes als internationale Organisation selbst bestimmte Artikel V des *modus vivendi* von 1926 Zollfreiheit für alle Gegenstände, die entweder Teil eines Gebäudes sind oder ausschließlich dienstlich genutzt wurden. Zudem enthielt der *modus vivendi* von 1926 in Artikel VI die Regelung über fiskalische Immunitäten in Bezug auf Sparkontoguthaben und Kontokorrentgutgaben. Auch enthielt er Regelungen über die Behandlung der Sicherheiten des Völkerbundes. Schließlich normierte Artikel VI auch die Befreiung des Völkerbundes von Stempelgebühren in der Schweizerischen Eidgenossenschaft. Die Befreiung sollte gemäß dieser Vorschrift im Wege der Erstattung der erhobenen Abgaben erfolgen.

Der *modus vivendi* von 1921/1926 stellte mithin die einzige völkerrechtliche Vereinbarung dar, die der Völkerbund mit einem seiner Mitglieder abgeschlossen hat. Nach *Ranshofen-Wertheimer* beruht dieses Alleinstellungsmerkmal darauf, dass keine Notwendigkeit bestand, sich über die die Besteuerung von ausländischen Einkünften im jeweiligen Heimatstaat zu verständigen, da es zumindest bis zum Ende des Zweiten Weltkrieges üblich war, ausländische Einkünfte von Mitgliedern des Personals des Völkerbundes keiner Besteuerung zu unterwerfen.[310]

6. Zwischenergebnis

In der zweiten Stufe der Entwicklung der Gewährung von fiskalischen Immunitäten zeigt sich erstmalig eine Differenzierung zwischen den einzelnen Kategorien von Immunitäten.[311] So enthielten vereinzelte völkerrechtliche Vereinbarungen ausdrücklich Steuerbefreiungen. Diese wurden allerdings lediglich Personen gewährt, die für internationale Organisationen tätig sind. Die Organisationen selbst genossen noch keine vertraglich festgelegten Steuerbefreiungen.

Es verfestigte sich jedoch die Praxis, nicht nur den für die internationalen Organisationen tätigen Personen, sondern auch der internationalen Organisation selbst

---

from the tax "taxe" on capital (fortune) or income (revenu); (3) from the emergency federal war tax."
Artikel 9 bestimmt: "*In the case of Members of the Staff of Swiss nationality the following exceptions are instituted: (...) (2) The salaries paid to them by the League of Nations are exempted from cantonal and municipal direct taxes.*" Der gesamte Text des *modus vivendi* von 1926 ist abgedruckt in *Hill*, Immunities and privileges of international officials, S. 138 ff.

310 *Ranshofen-Wertheimer*, The International Secretariat, S. 267. *Hill*, Immunities and privileges of international officials, S. 77, bestätigt diese Erkenntnis. Er führt an, dass 1921 während der Verhandlungen über den *modus vivendi* festgestellt wurde, dass nur die USA die vom Völkerbund an die Mitglieder seines Personals gezahlten Gehälter der nationalen Einkommensteuer unterwarfen. Alle anderen Staaten sahen auch ohne völkervertragliche Verpflichtung von einer Besteuerung dieser Einkünfte ab.

311 Teilweise werden, wie der *modus vivendi* von 1926 zeigt, auch die Mitglieder des Personals internationaler Organisationen in einzelne Kategorien eingeteilt.

Immunitäten bzw. Schutz zu gewähren. Die Einräumung von Immunitäten an die internationale Organisation als Rechtssubjekt stellte jedoch die Ausnahme dar.[312] Es lässt sich erkennen, dass im Gegensatz zu den Schifffahrtskommissionen (Erste Phase) vermehrt nicht mehr die gesamten Mitglieder des verwaltenden und technischen Personals, sondern teilweise nur noch die Führungskräfte Immunitäten erhielten.

Auch bezüglich der Begrifflichkeiten im Zusammenhang mit der Beschreibung von Immunitäten ist eine Besonderheit zu vermerken: Im Rahmen der Gewährung der Immunitäten an internationale Organisationen fand regelmäßig der Begriff „Unverletzlichkeit“ Verwendung, wenn denjenigen Einrichtungen internationaler Organisationen wie Tagungsräume, Büros und Archive, die im Eigentum der internationalen Organisation standen und die zur Ausübung ihrer Aufgaben benötigt wurden, vertraglich ein besonderer Schutz eingeräumt wurde.

IV. Moderne Großorganisationen nach dem Zweiten Weltkrieg (Dritte Phase)

Nach dem Zweiten Weltkrieg stieg die Anzahl der internationalen Organisationen stark an.[313] Es entstanden global wirkende internationale Organisationen wie die Vereinten Nationen, der Internationale Währungsfonds, die Weltbank, die Welthandelsorganisation sowie regionale Organisationen wie die Europäische Wirtschaftsgemeinschaft, später die Europäische Gemeinschaft bzw. danach die EU sowie die Organisation des Nordatlantikvertrags (NATO). Einhergehend mit der Gründung von globalen internationalen Organisationen entstanden neben den Gründungsabkommen, die meist lediglich einen allgemeinen Hinweis auf die Gewährung von Immunitäten an die internationale Organisation und die Mitglieder ihres Personals enthielten, zunehmend Regelwerke bzw. völkerrechtliche

---

312 *Kunz*, AJIL 1947, 828 (829 f.), stellte fest, dass die Gewährung von Immunitäten an die Organisation selbst durch Verträge oder Gesetze vor dem Jahr 1920 eine Ausnahme darstellte und bis zum Ende des Zweiten Weltkriegs langsam zunahm.

313 *Ruffert/Walter*, Institutionalisiertes Völkerrecht, § 2 Rn 54. Nach den Angaben des Yearbook of International Organization 2015–2016, Vol. 5, S. 25 existieren weltweit basierend auf den Zahlen von 2014 derzeit 273 internationale Organisationen. Die Statistik unterscheidet zwischen vielen unterschiedlichen Kategorien von Organisationen. Für die Zwecke dieser Arbeit werden die statistischen Angaben zu den *intergovernmental organizations* der Kategorien A bis D herangezogen. Diese Gruppe umfasst inhaltlich diejenigen Organisationen, die in dieser Arbeit als internationale Organisationen bezeichnet werden. Hierzu gehören *federations of international organizations, universal membership organizations, intercontinental membership organizations* und *regionally oriented membership organizations.* Die Bundesrepublik Deutschland ist nach den Angaben des Yearbook of International Organization bei 94 solcher internationaler Organisationen als Mitgliedstaat geführt, Yearbook of International Organization 2015–2016, Vol. 5, S. 57.

Vereinbarungen, die allein die Festlegung des Umfangs von Immunitäten zum Gegenstand hatten. Beispiel einer solchen völkerrechtlichen Vereinbarung über Immunitäten ist das Übereinkommen über die Vorrechte und Immunitäten der Vereinten Nationen.

Eine Gesamtkodifikation der Immunitäten internationaler Organisationen vergleichbar mit dem WÜD existiert bisher nicht. Auf der Grundlage des Entwurfs der ILC wurde bisher in Bezug auf das Verhältnis der Vertretung von Staaten in ihren Beziehungen zu internationalen Organisationen der Versuch unternommen, eine Kodifikation in Kraft treten zu lassen. Da sich jedoch keine ausreichende Anzahl von Staaten fand, die das sog. Wiener Übereinkommen über die Vertretung von Staaten in ihren Beziehungen zu internationalen Organisationen universellen Charakters von 1975 ratifizierten, ist es bisher nicht in Kraft getreten.[314] Auch die Bundesrepublik Deutschland hat die Ratifizierung dieses Abkommens bis heute nicht vorgenommen. Nach einem Wechsel des *Special Rapporteur* im Jahr 1979 arbeitete die ILC fortlaufend an einem Entwurf zu einem Vertrag über die Beziehungen zwischen Staaten und internationalen Organisationen, der unter anderem auch Bestimmungen zu den Immunitäten der internationalen Organisationen und den Mitgliedern ihres Personals enthalten soll.[315] Im Jahr 1992 hatte die ILC beschlossen, die Idee einer Gesamtkodifikation der Immunitäten von internationalen Organisationen nicht weiter zu verfolgen, bis die Generalversammlung der Vereinten Nationen sich zu einem Vorgehen bezüglicher dieses Projekts abschließend geäußert haben würde.[316] Zuletzt empfahl *Gaja* als Mitglied der ILC im Rahmen des jährlichen Berichts im Jahr 2006 erneut, eine Gesamtkodifikation der Immunitäten der internationalen Organisationen zu erarbeiten.[317] Er ist der Ansicht, dass eine Gesamtkodifikation zu Rechtssicherheit hinsichtlich des Inhalts und Umfangs der Immunitäten führen würde und deshalb im allgemeinen Interesse sei.[318] Derzeit gibt es keine aktuellen Bestrebungen, die Arbeit an dem Entwurf einer Kodifikation voranzutreiben. Betrachtet man die Vielzahl an bilateralen oder multilateralen Abkommen zwischen

---

314 Vienna Convention on the Representation of States in their Relations with International Organizations of a universal character, UN Doc. A/CONF.67/16. Artikel 89 Abs. 1 der Konvention bestimmt, dass sie erst nach Ratifizierung durch oder Beitritt von 35 Staaten in Kraft tritt. Mit Stand Ende November 2016 ist die Konvention bisher nicht in Kraft getreten. Siehe zum Stand der Ratifikation: https://treaties.un.org/Pages/ViewDetails.aspx?src=TREATY&mtdsg_no=XXIII-3&chapter=23&clang=_en (zuletzt abgerufen am 13.12.2016). Siehe hierzu auch: *Lammers*, IOLR 2014, 276 (284).

315 *Lammers*, IOLR 2014, 276 (278 f.).

316 Report of the ILC on the work of its forty-fourth session, 4 May-24 July 1992, UN Doc. A/47/10, 52 Tz 355.

317 Seit 2012 ist Giorgio Gaja Richter am IGH.

318 ILC, Annual Report 2006, UN Doc. A/61/10, 458 Tz 11. *Gaja* beschränkt sich in seinen Anmerkungen auf die Befreiung von nationaler Gerichtsbarkeit. Siehe auch: *Blokker*, IOLR 2013, 259 (275).

internationalen Organisationen und ihren Mitgliedstaaten, verwundert der fehlende Fortschritt in Bezug auf den Entwurf einer Gesamtkodifikation nicht.[319]

Wie im weiteren Verlauf der vorliegenden Arbeit detailliert aufgezeigt werden wird, enthalten die meisten völkerrechtlichen Vereinbarungen über Immunitäten Regelungen zu Steuerbefreiungen, wobei hinsichtlich des persönlichen und materiellen Umfangs der fiskalischen Immunitäten noch keine einheitliche Vertragspraxis zu ermitteln ist. So enthalten einige völkerrechtliche Abkommen die früher noch übliche Regelung, den eigenen Staatsangehörigen lediglich einen eingeschränkten Umfang an Immunitäten zu gewähren.[320] Steuerbefreiungen waren stets Gegenstand von Beschränkungen und wurden eigenen Staatsangehörigen mithin nicht gewährt. In den vorliegend untersuchten völkerrechtlichen Vereinbarungen über die Immunitäten von internationalen Organisationen und den Mitgliedern ihres Personals finden sich mit einer Ausnahme keine vergleichbaren Einschränkungen seitens der Bundesrepublik Deutschland mehr.[321] Von dem im Rahmen der Hinterlegung der Ratifikationsurkunde zu dem Übereinkommen zur Errichtung der Asiatischen Entwicklungsbank[322] im Jahr 1967 abgegebenen Vorbehalt hat die Bundesrepublik Deutschland im Rahmen des Sitzstaatabkommens mit ADB zugunsten einer steuerlichen Gleichbehandlung der Gesamtheit der Mitglieder des Personals einer internationalen Organisation in Anlehnung an die Bestimmung in Artikel VI § 19 lit. b des Abkommens über die UN-Sonderorganisationen keinen Gebrauch gemacht.[323] Die Entwicklung geht nunmehr dahin, dass die fiskalischen Immunitäten der internationalen Organisationen sowie die Steuerbefreiung der Mitglieder ihres Personals ein festes Element des internationalen öffentlichen Dienstes darstellen.[324]

V. Zusammenfassung der Ergebnisse

Erstmals finden sich in den völkerrechtlichen Vereinbarungen aus der Zeit zwischen den beiden Weltkriegen ausdrückliche Bestimmungen über die fiskalischen Immunitäten. Vorher enthielten die völkerrechtlichen Vereinbarungen lediglich allgemeine Regelungen zu Immunitäten. Einige dieser Regelungswerke unterscheiden

---

319 *Lammers*, IOLR 2014, 276 (285).

320 Beispiele: USA (UN), Neuseeland, Laos, Türkei, Kanada, Deutschland.

321 Eine Ausnahme bildet § 1 Abs. 5 der IOM-Verordnung. Diese Vorschrift bestimmt, dass deutsche Staatsangehörige i.S.d. Artikels 116 GG von den meisten Immunitäten, die gewöhnlicherweise an die Mitglieder des Personals internationaler Organisationen gewährt werden, in der Bundesrepublik Deutschland ausgeschlossen sind. Hierunter fällt auch die Steuerbefreiung der Mitglieder des Personals der IOM, die Deutsche i.S.d. Artikels 116 GG sind.

322 Übereinkommen zur Errichtung der Asiatischen Entwicklungsbank (ADB-Gründungsabkommen), BGBl. II 1966, 618 ff.

323 Siehe hierzu die Denkschrift zum Sitzstaatabkommen mit ADB, BR-Drs. 532/97, S. 12.

324 *Kramer*, Besteuerung der Bediensteten, S. 23.

bereits zwischen den Immunitäten der internationalen Organisation einerseits und den Befreiungen der für sie tätigen Personen andererseits. Teilweise umfassen die Regelungen ausdrücklich – allerdings lediglich in Bezug auf die Mitglieder des Personals der internationalen Organisationen – sogar fiskalische Immunitäten. Eine derart detaillierte Regelung von Steuerbefreiungen, wie sie in dem *modus vivendi* von 1926 normiert ist, ist in den völkerrechtlichen Vereinbarungen, die in der zweiten Phase der Entwicklung entstanden, regelmäßig noch nicht vorzufinden. Mithin fehlte es vor dem 20. Jahrhundert an einer ausdrücklichen Unterscheidung zwischen den verschiedenen Immunitäten.

Gesichert kann somit erst ab den 20er Jahren des 20. Jahrhunderts festgestellt werden, dass die Parteien völkerrechtlicher Vereinbarungen über Immunitäten von internationalen Organisationen und den Mitgliedern ihres Personals dahingehend sensibilisiert waren, ausdrückliche Regelungen über Steuerbefreiungen in die jeweiligen Vertragstexte aufzunehmen.[325]

325 Inwieweit bereits der Verweis auf die diplomatischen Immunitäten in Artikel 15 der Konvention des Panama Kongresses von 1826 die Steuerbefreiung der internationalen Organisation und der Mitglieder ihres Personals zum Gegenstand hatte, geht aus dem damaligen Konventionstext nicht ausdrücklich hervor.

D. Gewohnheitsrechtliche Pflicht zur Gewährung von fiskalischen Immunitäten

I. Existenz eines Gewohnheitsrechtssatzes?

1. Relevanz der Fragstellung

Die Frage nach einer gewohnheitsrechtlichen Verpflichtung der (Mitglied-)Staaten, den internationalen Organisationen und den Mitgliedern ihres Personals Immunitäten zu gewähren, findet in Literatur und Rechtsprechung keine einheitliche Beantwortung. Häufig wird diese Thematik im Zusammenhang mit der Befreiung einer internationalen Organisation oder eines Mitglieds ihres Personals von nationaler Gerichtsbarkeit diskutiert. Nur wenige Aussagen finden sich zu einer etwaigen gewohnheitsrechtlichen Verpflichtung, Steuerbefreiungen zu gewähren.

Die Beantwortung der Frage nach der Existenz eines Gewohnheitsrechtssatzes hinsichtlich der Gewährung von fiskalischen Immunitäten ist für Zwecke der vorliegenden Untersuchung in mehreren Konstellationen relevant:

So könnte bei fehlenden oder lückenhaften völkerrechtlichen Vereinbarungen über Immunitäten eine gewohnheitsrechtliche Pflicht des Sitzstaates bzw. der Mitgliedstaaten der jeweiligen internationalen Organisation bestehen, dieser und den Mitgliedern des Personals Befreiungen auch ohne vertragliche Grundlage zu gewähren. Die Antwort auf die Frage nach der Existenz eines Gewohnheitsrechtssatzes ist auch dann hilfreich, wenn die Verpflichtung von Drittstaaten zur Gewährung von Immunitäten zur Diskussion steht oder wenn Gewohnheitsrecht als Auslegungshilfe entweder für nationale Gesetze oder für einzelne völkervertragliche Regelungen dienen könnte. Auch ist es denkbar, dass aufgrund einer gewohnheitsrechtlichen Verpflichtung die Anpassung bereits bestehender völkerrechtlicher Vereinbarungen in Frage kommt.[326]

2. Streitstände

a) Streitstand: Gewohnheitsrechtliche Verpflichtung der Mitgliedstaaten

Der Großteil der Autoren stellt mit Verweis auf die umstrittene Rechtslage hinsichtlich der Existenz eines Gewohnheitsrechtssatzes lediglich die bestehenden unterschiedlichen Positionen dar und zieht sich regelmäßig abschließend auf die Aussage zurück, dass das Gewohnheitsrecht als Rechtsquelle für Immunitäten von internationalen Organisationen möglicherweise in Frage komme.[327]

---

326 *Wood*, IOLR 2013, 287 (290); *Higgins*, International Law, S. 92.

327 Siehe z. B.: Literatur: *Möldner*, International Organizations or Institutions, Privileges and Immunities, MPEPIL 2012, 47 (49); *Bekker*, The Legal Position of Intergovern-

Diejenigen Stimmen im Schrifttum, die Stellung zu der vorliegenden Frage beziehen, verneinen mehrheitlich die Existenz einer auf Gewohnheitsrecht basierende Pflicht der Mitgliedstaaten, Immunitäten an die internationale Organisation und die Mitglieder ihres Personals zu gewähren. Sie verweisen in ihrer Argumentation auf die überwiegend einheitliche Praxis der Staatengemeinschaft, völkervertraglich – nach individueller Prüfung der satzungsgemäßen Aufgaben der jeweiligen internationalen Organisation – festzulegen, ob und in welchem Umfang diesen und den Mitgliedern ihres Personals Immunitäten zu gewähren sind. Sie verstehen die völkerrechtlichen Vereinbarungen über die Immunitäten der internationalen Organisationen und der Mitglieder ihres Personals als konstitutive und nicht als deklaratorische Regelungen der Immunitäten.[328]

Vereinzelte Stimmen in der Literatur vertreten hingegen auch die entgegengesetzte Ansicht und sind überzeugt, dass internationale Organisationen und die Mitglieder ihres Personals auch ohne entsprechende Regelungen in völkerrechtlichen Verträgen Immunitäten gegenüber dem Sitzstaat und den Mitgliedstaaten allein aufgrund von Gewohnheitsrecht genießen.[329] Einige Vertreter dieser Ansicht

---

mental Organizations, S. 150 f.; *Schröer*, GYIL 1965, (207) 218; *Morgenstern*, Legal Problems of International Organizations, S. 5 ff.; *Martha*, Tax Treatment of International Civil Servants, S. 196 f.; *Amerasinghe*, Principles, S. 315, 346 f. legt sich ebenfalls nicht fest. Er ist aber der Überzeugung, dass das Recht der internationalen Organisationen noch zu jung sei, um Völkergewohnheitsecht auszubilden zu können;
Völkerrechtspraxis: Fourth report on relations between States and international organizations (second part of the topic), Special Rapporteur Leonardo Díaz González, (A/CN.4/424 and Corr.1), Yearbook of the International Law Commission Vol. II (1) 1989 Rn 32. Der vierte Bericht beschäftigt sich hauptsächlich mit der Immunität vor nationaler Gerichtsbarkeit. Der vorliegende Abschnitt dieser Arbeit beschäftigt sich allerdings mit dem Immunitätsbegriff im Allgemeinen.

328 Für die Literatur: *Doehring*, Völkerrecht, § 12 Rn 686; *Wood*, IOLR 2013, 287 (317); *Michaels*, International Privileges and Immunities, S. 25, 31; *Crosswell*, Protection of International Personnel Abroad, v–vi; *van der Hout*, Rechtsstellung der Internationalen Organisationen, S. 164; *Fennessy*, AJIL 1976, 62 (71); *Jaenicke*, ZaöRV 1951/1952, 46 (58); *Henderson*, North Carolina Journal of International Law & Commercial Regulation 1985, 487 (494).
Äußerungen aus der völkerrechtlichen Praxis: Resolution 22 (I) D der Generalversammlung der Vereinten Nationen vom 13.2.1946, U.N. Doc. A/64, S. 33; Council of Europe, Committee of Ministers, Addendum to the Report of the Sub-Committee on Privileges and Immunities of International Organization, revised and approved by the European Committee on Legal Co-operation (CCJ) at its 11th meeting of the 2–6 June 1969 (Addendum to CM (69) 92). Dort heißt es unter Rn 11: „*The Sub-Committee was of the opinion that, although some Organisations have a need for privileges and immunities for the exercise of their functions and the fulfilment of their purposes, an Organisation was not entitled to any given privileges and immunities in the absence of any agreement.*".

329 Explizit zur absoluten gewohnheitsrechtlich gewährten Immunität: *Ahluwalia*, The legal status of the UN, S. 207 f.; *Martha*, Tax Treatment of International Civil

merken jedoch einschränkend an, dass der Umfang und die Art der Immunitäten wegen der großen Unterschiede der internationalen Organisationen im Hinblick auf ihre Größe, ihre Tätigkeiten, Ziele und Aufgaben völkervertraglich festgelegt werden[330] und sich streng an den Bedürfnissen der jeweiligen internationalen Organisation orientieren müssen.[331] Einigkeit herrscht zumindest darüber, dass der Grundsatz der Funktionalität als Rechtfertigung für die Gewährung von (fiskalischen) Immunitäten und gleichsam als begrenzendes Kriterium hinsichtlich des Umfangs der Immunitäten dient.[332]

Auch die nationale Rechtsprechung löst die Frage nach der Existenz eines Gewohnheitsrechtssatzes hinsichtlich der Gewährung von Immunitäten an internationale Organisationen und die Mitglieder ihres Personals nicht einheitlich. Die jeweiligen Urteile lassen in der Zusammenschau weder eine historische Entwicklung der Meinungsbildung zur Frage nach der Existenz eines Gewohnheitsrechtssatzes noch einen Trend für eine künftige Beantwortung diese Frage erkennen. Darüber hinaus fehlt auch häufig eine Begründung für die jeweils vertretene Position.[333] *Wood* mahnt sogar davor, Rückschlüsse aus nationalen Gerichtsurteilen auf

---

Servants, S. 79. Letzterer beschäftigt sich nur mit der Frage der Immunität der Mitglieder des Personals internationaler Organisationen. Eine völkergewohnheitsrechtliche Pflicht in Bezug auf die Befreiung von nationaler Gerichtsbarkeit vertreten: *Bekker*, The Legal Position of Intergovernmental Organizations, S. 151.; *Damian*, Staatenimmunität und Gerichtszwang, S. 86; *Muller*, International Organizations and their Host States, S. 47; *Seidl-Hohenveldern/Loibl*, Das Recht der Internationalen Organisationen, Rn 1907; *Seidl-Hohenveldern*, Die Immunität internationaler Organisationen in Dienstrechtsfällen, S. 41 f.; *Rensmann*, AdV 1998, 305 (320); *Akande*, in: Evans (Hrsg.), International Law, S. 252 (272); *Fox/Webb*, The Law of State Immunity, S. 572 und *Wenckstern*, Immunität internationaler Organisationen, Kap. I, Rn 399. Nach *Gaja* (Beitrag im Report of the International Law Commission, Supplement No. 10 A/61/10, Rn 10) entwickelt sich eine starke Literaturmeinung, die eine gewohnheitsrechtliche Verpflichtung der Mitgliedstaaten einer internationalen Organisation Immunitäten zu gewähren, bejahe.

330 *Delbrück/Wolfrum*, Völkerrecht, S. 221; *Petersen*, Europäisierung der Diplomatie, S. 117 f., spricht sich auch für eine Einzelfallbetrachtung aus, tendiert aber eher dazu, nicht generell eine gewohnheitsrechtliche Verpflichtung zu bejahen.

331 *Petersen*, Europäisierung der Diplomatie, S. 82.

332 *Bekker*, The Legal Position of Intergovernmental Organizations, S. 151; *Fox/Webb*, The Law of State Immunity, S. 575. *Fedder*, American University Law Review 1960, 60 (69) spricht sich dafür aus, eine allgemeingültige Kodifikation der Immunitäten zu verabschieden. Unklar bleibt aber auch bei ihm, ob er von der Existenz eines Gewohnheitsrechtssatzes ausgeht. Er spricht hinsichtlich der von ihm befürworteten Kodifikation der Immunitäten von *general international law*.

333 Die Urteile bezogen sich nicht auf die gewohnheitsrechtliche Gewährung von fiskalischer Immunität, sondern auf die Frage nach der Befreiung von nationaler Gerichtsbarkeit. Für die Existenz von auf Gewohnheitsrecht basierten Immunitäten: BayVGH, 7 B 92.2689, 7 B 92.2690, 7 B 92.2692, 7 B 92.2693, 7 B 92.2743, VGHE BY 49, 35; *Iran-United States Claims Tribunal v. Ary Spaans*, ILR Vol. 94, 321

eine internationale Praxis der Bewertung der Existenz eines Gewohnheitsrechtssatzes zu ziehen, da es möglich sei, dass nationale Gerichte bei ihren Entscheidungen von nationalen Erwägungen beeinflusst sind.[334]

b) Streitstand: Gewohnheitsrechtliche Verpflichtung der Drittstaaten

Innerhalb der Völkerrechtspraxis und der Literatur herrscht ebenfalls keine Einigkeit über die Beantwortung der Frage, ob im Fall der Existenz eines Gewohnheitsrechtssatzes auch Drittstaaten, also Staaten, die weder Mitglied einer internationalen Organisation, noch selbst Sitzstaat einer solchen sind, gewohnheitsrechtlich verpflichtet sind, den internationalen Organisationen sowie den Mitgliedern ihres Personals Immunitäten einzuräumen. Mit Hinweis auf die fundamentale Bedeutung des Grundsatzes der Funktionalität bejahen einige Autoren eine Verpflichtung der Drittstaaten.[335] Es existieren aber auch viele Stimmen in Literatur und Rechtsprechung, die sich gegen eine Verpflichtung von Drittstaaten aussprechen.[336] Letztere führen zur Begründung ihrer Auffassung die Souveränität

---

(329); *Eckhardt v. European Organization for the Safety of Air Navigation (*EUROCONTROL*) No. 2,* ILR Vol. 94, 331 (337 f.); AG Bonn, MDR 1962, 315. Das Gericht bezeichnete im Rahmen einer Zwangsvollstreckungssache die Befreiung von deutscher Gerichtsbarkeit als ein Wesensmerkmal der Westeuropäischen Union. Es ist aber zu bemerken, dass diese Aussage nicht der tragende Entscheidungsgrund des Urteils darstellte, da bereits völkervertraglich eine Befreiung von nationaler Gerichtsbarkeit vorgesehen war; siehe hierzu: *Tomuschat,* ZaöRV 1968, 48 (81). Gegen das Bestehen von gewohnheitsrechtlich anerkannten Immunitäten siehe: *Amaratunga v. Northwest Atlantic Fisheries Organization,* 2013 SCC 66, [2013] 3 S.C.R. 866, Rn 29; *European University v. Piette,* The Italian Yearbook of International Law, 1999, 155 f.; BayVGH, EuR 1989, 359 ff. Siehe für eine ausführliche Analyse der nationalen Rechtsprechung auch: *Wood,* IOLR 2013, 287 ff.

334 *Wood,* IOLR 2013, 287 (299).

335 *Crawford,* Brownlie's principles of public international law, S. 174; *Delbrück/Wolfrum,* Völkerrecht, S. 227. Restatement of the Law Third. The Foreign Relations Law of the United States, Vol. 1 1987, 493 (494), § 467, Comment a), erkennt eine Verpflichtung von Drittstaaten nur im Verhältnis zu großen, universellen Organisationen an. Hierzu tendiert auch *Wenckstern,* Immunität internationaler Organisationen, Kap. I, Rn 402 f., der auch einer Erweiterung des Anwendungsbereichs des Gewohnheitsrechtssatzes auf internationale Organisationen mittleren und kleineren Umfangs befürwortet. *Petersen,* Europäisierung der Diplomatie, S. 116 f., 132, bejaht eine völkergewohnheitsrechtliche Verpflichtung der Drittstaaten gegenüber der EU. Im Rahmen seiner Darstellung beschäftigt er sich allein mit der gewohnheitsrechtlichen Verpflichtung von Drittstaaten, nachdem er die vertragliche Verpflichtung der Mitgliedstaaten internationaler Organisationen festgestellt hat.

336 *Bekker,* The Legal Position of Intergovernmental Organizations, S. 150; *Sands/Klein,* International Institutions, 15–040, *Jaenicke,* ZaöRV 1951/1952, 46 (59); *Klein/Schmahl,* in: Vitzthum/Proelß, Völkerrecht, 4. Abschnitt Rn 109; *Seidl-*

der Drittstaaten an. Nach Ansicht der Gegner der gewohnheitsrechtlichen Verpflichtung von Drittstaaten seien die bilateralen oder multilateralen völkerrechtlichen Abkommen, die Regelungen über die Immunitäten der internationalen Organisationen und der Mitglieder ihres Personals enthalten, als unzulässige Verträge zu Lasten Dritter zu qualifizieren. Solche Verträge seien mit der Privatautonomie grundsätzlichen nicht vereinbar und, wie Artikel 34 WVK zeige, dem Völkervertragsrecht fremd.[337]

3. Begrenzung des Untersuchungsgegenstandes

Wie vorstehend dargestellt, gibt es keine einheitliche Auffassung zur Beantwortung der Frage nach der Existenz eines Gewohnheitsrechtssatzes, Immunitäten an internationale Organisationen und/oder an die Mitglieder ihres Personals zu gewähren. Diese Feststellung gilt für alle Immunitäten, die durch die Mitgliedstaaten den einzelnen Rechtssubjekten eingeräumt werden können, und ist nicht begrenzt auf die Frage nach der gewohnheitsrechtlichen Verpflichtung von Mitgliedstaaten einer internationalen Organisation und möglicherweise sogar von Drittstaaten, Steuerbefreiungen zu gewähren. Letztere Fragestellung bildet nunmehr den Untersuchungsgegenstand des vorliegenden Abschnitts.

4. Grundsätze zur Entstehung und Ermittlung eines Gewohnheitsrechtssatzes

Mit dem Bundesverfassungsgericht geht die vorliegende Arbeit davon aus, dass das Völkergewohnheitsrecht einerseits von dem Völkervertragsrecht und andererseits von den an Artikel 38 Abs. 1 lit. c des Statuts des Internationalen Gerichtshofs (IGH)[338] angelehnten anerkannten allgemeinen Rechtsgrundsätzen zu unterscheiden ist.[339] Aus nationaler Sicht stellen Völkergewohnheitsrechtssätze allgemeine Regeln des Völkerrechts i.S.d Artikel 25 GG dar und bilden mithin den Hauptanwendungsfall dieser Norm.[340]

Hohenveldern/Loibl, Das Recht der Internationalen Organisationen, Rn 1907; *Rensmann*, AdV 1998, 305 (321); *van der Hout*, Rechtsstellung der Internationalen Organisationen, S. 164; *Plantey*, in: de Cooker (Hrsg.), International Administration 1990, II.7/10; *Fox/Webb*, The Law of State Immunity, S. 573 m.w.N.; siehe auch *International Tin Council v. Amalgamet Inc.*, ILR Vol. 80, 31. In diesem Urteil verneinten die Richter mangels völkervertraglicher Regelung die Pflicht, einer internationalen Organisation Befreiung von nationaler Gerichtsbarkeit zu gewähren und verneinten somit die Zulässigkeit der Klage.

337 BGHZ 61, 359 (361) = NJW 1974, 96; BGH, NJW 1995, 3183 (3184); OLG Hamburg, Entscheidung vom 28.11.2012–3-1/12 (Az. 2 StE 5/12–6).

338 Statut des Internationalen Gerichtshofs vom 26.6.1945, BGBl. II 1973, 505 ff.

339 BVerfGE 15, 25 = NJW 1963, 435 (437) Tz II 1 a).

340 *Herdegen*, in: Maunz/Dürig, GG, Artikel 25 Rn 36.

Zur Entstehung von Völkergewohnheitsrecht bedarf es grundsätzlich zweier Voraussetzungen.[341] Neben dem objektiven Element einer wiederholten, gefestigten oder regelmäßigen, einheitlichen Übung von Verhaltensweisen durch einer Mehrheit von Völkerrechtssubjekten (*constant and uniform usage*)[342] müssen subjektiv zwei Merkmale vorliegen:[343] Neben einer gemeinsame Rechtsüberzeugung (*opinio iuris sive necessitatis*) der Beteiligten ist es nötig, dass die Völkerrechtssubjekte in dem Bewusstsein handeln, zu eben diesem Verhalten völkerrechtlich verpflichtet zu sein.[344]

Eine klare Grenzziehung zwischen der Ermittlung der Staatenpraxis und der Rechtsüberzeugung fällt grundsätzlich schwer.[345] In der Rechtsprechung des Bundesverfassungsgerichts findet die Trennung der beiden Aspekte nicht eindeutig statt. Die Aussage des Bundesverfassungsgerichts, dass

> *„das Element der Rechtsüberzeugung (...) nur dazu diene (...), zwischen (der) Staatenpraxis, die lediglich auf courtoisie beruht, und einer Rechtsregel zu unterscheiden"*,[346]

verdeutlicht, dass die Ermittlung der Staatenpraxis den Ausgangspunkt bei der Frage nach der Suche eines Völkergewohnheitsrechtssatz darstellen muss. Die Ermittlung einer gemeinsamen Rechtsüberzeugung baut mithin auf dem Ergebnis der Analyse der Staatenpraxis auf. Als Quelle zur Ermittlung der bestehenden Staatenpraxis ist zuvörderst

> *„das völkerrechtlich erhebliche Verhalten derjenigen Staatsorgane (heranzuziehen), die kraft Völkerrechts oder kraft innerstaatlichen Rechts dazu berufen sind, den Staat im völkerrechtlichen Verkehr zu repräsentieren"*.[347]

Die völkerrechtliche Vertragspraxis stellt ein solches völkerrechtlich erhebliches Verhalten dar. Jedoch darf bei der Ermittlung eines etwaigen Gewohnheitsrechtssatzes nicht nur der Abschluss der völkerrechtlichen Verträge und der materielle Inhalt des Vertragstextes berücksichtigt werden. Vielmehr muss zur Bejahung der Staatenpraxis nachgewiesen werden, dass die vertraglichen Verpflichtungen von den Staaten auch tatsächlich erfüllt wurden. Ohne diesen Nachweis beinhaltet ein etwaiger Gewohn-

---

341 Siehe für viele: *Vitzthum*, in: Vitzthum/Proelß, Völkerrecht, 1. Abschnitt Rn 131; *Verdross*, ZaöRV 1969, 635 ff. stellt die unterschiedlichen Theorien zur Entstehung von Gewohnheitsrecht dar.

342 *Colombian-Peruvian Asylum Case*, ICJ Reports 1958, 266 (276); *Petersen*, Europäisierung der Diplomatie, S. 107, benennt die folgenden drei Elemente der Staatenpraxis wie folgt: Dauerhaftigkeit, Einheitlichkeit und Verbreitung.

343 Dieses erste Element wird als Staatenpraxis bezeichnet.

344 *North Sea Continental Shelf Cases*, ICJ Reports 1969, 3 (28 f.), para 37; BVerfG, NJW 1998, 50 (53) m.w.N., BVerfGE 15, 25 = NJW 1963, 435 (437); *Verdross/Simma*, Universelles Völkerrecht, S. 353 f.; *Heintschel von Heinegg*, Casebook Völkerrecht, S. 233, sieht in dem Bewusstsein der Staaten, an ein bestimmtes Handeln gebunden zu sein, ein den objektiven und subjektiven Aspekt verknüpfendes Kriterium.

345 *Heintschel von Heinegg*, Casebook Völkerrecht, S. 237.

346 BVerfGE 117, 141 = NJW 2007, 2605 (2606).

347 Ebenda.

heitsrechtssatz weniger die Verpflichtung der Staaten, eine vertragliche Pflicht zu erfüllen, als vielmehr allenfalls eine Vertragsabschlussverpflichtung, mithin die Verpflichtung, völkerrechtliche Verträge mit einem vergleichbaren Inhalt abzuschließen.[348] Neben den völkerrechtlichen Verträgen und deren Umsetzung können nationale Gerichtsentscheidungen, Akte anderer Staatsorgane sowie völkerrechtliche Lehrmeinungen als Hilfsmittel zur Ermittlung der Staatenpraxis herangezogen werden.[349]

Zur Ermittlung der *opinio iuris* finden sich Überlegungen hauptsächlich in der Völkerrechtsliteratur. Einige Autoren geben zu bedenken, dass der Nachweis der Rechtsüberzeugung nicht allein durch die Analyse der Rechtsprechung und des Verhaltens von Staaten geführt werden könne.[350] Auch deute der wiederholte Abschluss gleichförmiger Verträge nicht auf eine gewohnheitsrechtliche Verpflichtung hin. Es bedürfe zusätzlich „eines Gebarens" des einzelnen Staates nach außen, das als Rechtsüberzeugung dahingehend auszulegen sei, sich verpflichtet zu fühlen.[351] Wie eine solche Äußerung bzw. ein solches Verhalten ausgestaltet sein und wie ein entsprechender Nachweis geführt werden könnte, wird in den einschlägigen Literaturquellen nicht erläutert.

Die Schwierigkeit, den Nachweis über das Bestehen der *opinio iuris* zu führen, zeigt sich bereits an dem folgenden einfachen Beispiel allzu deutlich: Wenn sich die Ermittlung eines Völkergewohnheitsrechtssatzes vor allem auf die Analyse des vorhandenen Völkervertragsrechts stützt, kann eine Rechtsüberzeugung denklogisch nur durch eine zusätzliche Kundgabe der Beteiligten nachgewiesen werden. Die Vertragsparteien müssten somit deutlich machen, dass Motiv und Zweck ihres Handelns nicht etwa die Vertragserfüllung ist, sondern sie die vertraglich geschuldete Pflicht aufgrund ihrer eigenständigen Rechtsüberzeugung auch ohne eine vertragliche Grundlage erfüllen würden.[352] Es liegt fern, dass eine solche Äußerung veröffentlicht wird, da weder eine Notwendigkeit noch ein Anreiz für die Vertragsparteien besteht, eine solche Erklärung abzugeben. Mithin ist es äußerst schwierig, den Nachweis über das Bestehen einer *opinio iuris* zu führen. Die vorliegende Arbeit stützt sich deshalb bei der nunmehr folgenden Untersuchung der Existenz eines Gewohnheitsrechtssatzes primär auf die vorhandenen schriftlichen Quellen, die der Ermittlung der Staatenpraxis dienen.

5. Quellen und Methode zur Ermittlung der konkreten Gewohnheitsrechtssätze

Aufgrund der bereits erläuterten Schwierigkeiten, einen Gewohnheitsrechtssatz zu ermitteln, sowie wegen der unterschiedlichen Steuersubjekte, denen Steuerbefreiungen gewährt werden könnten, ist es zunächst notwendig, die Quellen zur Ermitt-

348 *Günther*, Zur Entstehung von Völkergewohnheitsrecht, S. 117 ff.
349 BVerfG, NJW 1998, 50 (53); BVerfGE 117, 141 = NJW 2007, 2605 (2606) Tz 31.
350 *Heintschel von Heinegg*, Casebook Völkerrecht, S. 237.
351 *Günther*, Zur Entstehung von Völkergewohnheitsrecht, S. 118.
352 Ebenda, S. 119.

lung eines etwaigen Gewohnheitsrechtsatzes für vorliegende Zwecke festzulegen. Es bedarf hierfür einer Modifikation der Vorschläge, die das Bundesverfassungsgericht zur Ermittlung eines Gewohnheitsrechtssatzes anführte.[353] Ausgangspunkt der Ermittlung eines Gewohnheitsrechtssatzes stellt die Untersuchung der Staatenpraxis dar, da erst die Deutung dieser Erscheinungsformen dazu verhelfen kann, eine die Staatenpraxis begleitende Rechtsüberzeugung zu ermitteln.[354]

Neben Entwürfen zu Kodifikationsversuchen, die die einheitliche Gewährung von fiskalischen Immunitäten behandelten, und den bestehenden völkerrechtlichen Verträgen müssen ebenso auch die zu den Abkommen verfassten Kommentierungen bei der Ermittlung der Staatenpraxis analysiert werden. Genauso sind – soweit verfügbar – ergänzende Korrespondenzen zu den einschlägigen völkerrechtlichen Vereinbarungen sowie Rechtsgutachten und Äußerungen von internationalen Kommissionen wie z.B. ILC, ILO auszuwerten.[355]

Da die praktische Umsetzung von Steuerbefreiungen unmittelbar mit den unterschiedlichen nationalen Steuersystemen im Zusammenhang steht und die Steuerbefreiungen im jeweiligen Mitgliedstaat unterschiedlich durchgeführt werden, sind auch die nationale Finanzgerichtsrechtsprechung und die nationale Gesetzgebung zur Frage der fiskalischen Immunitäten zu berücksichtigen. Schließlich ist es notwendig, auch die Äußerungen der Finanzverwaltung der jeweiligen Mitgliedstaaten in den Blick zu nehmen. Letztlich dient auch die Meinungsbildung im völkerrechtlichen Schrifttum dazu, einen Eindruck über die Beantwortung der Frage nach dem Bestehen eines Gewohnheitsrechtsatzes zu gewinnen.[356]

6. Vertragstradition als Hinderungsgrund für die Ausbildung einer *opinio iuris*?

Dem eben erläuterten Ansatz zur Ermittlung des Gewohnheitsrechtssatzes könnte entgegengehalten werden, dass es für die Entstehung von Gewohnheitsrecht auf dem Gebiet der fiskalischen Immunitäten bereits an einer gemeinsamen Rechtsüberzeugung fehle, da eine lange Vertragstradition hinsichtlich der Gewährung von Steuerbefreiungen an internationale Organisationen und die Mitglieder ihres

353 Vgl. Fn 350. Die Anregungen für die Zusammenstellung der Quellenauswahl wurden entnommen aus: *Villiger*, Customary International Law and Treaties, S. 17, der u.a. auf eine Auflistung der Völkerrechtskommission von 1950 verweist.

354 *Verdross/Simma*, Universelles Völkerrecht, S. 355.

355 Eine Aufzählung hilfreicher Erscheinungsformen findet sich bei *Verdross/Simma*, Universelles Völkerrecht, S. 355.

356 Nach überwiegender Ansicht stellen die Meinungen der Völkerrechtsgelehrten keine eigene Rechtsquelle des Völkerrechts dar, *Tomuschat*, ZaöRV 1968, 48 (58), mit Verweis auf die wenig eindeutige Formulierung in Artikel 38 Abs. 1 lit. d des IGH-Statuts. Auffassungen, die in der Völkerrechtsliteratur vertreten werden, können mithin als Grundlage zur Herausbildung eines Gewohnheitsrechtssatzes herangezogen werden.

Personals existiere.[357] Eine solche Vertragstradition könnte einerseits darauf hindeuten, dass die Mehrheit der Staaten überzeugt ist, dass sie lediglich aufgrund einer vertraglichen Regelung zur Gewährung von Steuerbefreiungen verpflichtet sind. Andererseits muss allein die Existenz von vertraglichen Regelungen dem Entstehen von Gewohnheitsrecht nicht zwangsweise entgegenstehen. So ist gemäß dem IGH ein Nebeneinander von Völkervertragsrecht und Gewohnheitsrecht gleichen Inhalts möglich. Im Urteil zum Nicaragua-Fall heißt es z. B.:

> *„(...) even if the customary Norm and the treaty Norm were to have exactly the same content, this would not be a reason for the Court to hold that the incorporation of the customary Norm into treaty-law must deprive the customary Norm of its applicability as distinct from that of the treaty Norm. (...) More generally, there are no grounds for holding that when customary international law is comprised of rules identical to those of treaty law, the latter "supervenes" the former, so that the customary international law has no further existence of its own.*"[358]

Mit *Schwarzenberger*, der Gewohnheitsrecht als „*product of centuries of treaty experiments*"[359] beschreibt, kann im Einklang mit anderen Autoren ergänzend argumentiert werden, dass lediglich die Existenz von völkervertraglichen Regelungen der Ausbildung von inhaltsgleichem Gewohnheitsrecht nicht entgegensteht. Im Gegenteil kann sogar im Laufe der Zeit eine Vertragspraxis zur Ausbildung von Gewohnheitsrecht führen, sofern die vertragliche Regelung einen grundsätzlich normsetzenden Charakter aufweist und die Beteiligung von Völkerrechtssubjekten an den völkerrechtlichen Verträgen als repräsentativ für die Staatengemeinschaft bezeichnet werden kann.[360] Dies ist der Fall, wenn sowohl mehrere Staaten Parteien der völkerrechtlichen Verträge sind und sich unter den Vertragspartner zudem auch Staaten befinden, die ein besonderes Interesse an der einschlägigen Regelung haben.[361]

Als mögliche weitere Erklärung für die Ausbildung einer breiten völkerrechtlichen Vertragstradition auf dem Gebiet der fiskalischen Immunitäten von internationalen Organisationen und den Mitgliedern ihres Personals bietet sich das Bedürfnis der Staaten an einer Klarstellung oder auch hinreichend bestimmten Festlegung des persönlichen und materiellen Umfangs der Steuerbefreiungen an.[362]

---

357 *Wood*, IOLR 2013, 287 (288).

358 *Nicaragua v. United States of America*, Merits, ICJ Reports 1986, 94 ff. Rn 177 ff.

359 *Schwarzenberger*, The Yearbook of World Affairs 1972, 346 (353).

360 Im Urteil des IGH, *North Sea Continental Shelf Cases*, ICJ Reports 1969, 3, 42 Rn 73, findet sich die Formulierung: „*very widespread and representative participation*"; siehe auch *Verdross/Simma*, Universelles Völkerrecht, S. 351; *Doehring*, ZaöRV 1976, 77 (78 ff.); *Kramer*, Besteuerung der Bediensteten, S. 66 f.

361 *North Sea Continental Shelf Cases*, ICJ Reports 1969, 3, 43 Rn 73; *Doehring*, ZaöRV 1976, 77 (92 f.).

362 *Heintschel von Heinegg*, Casebook Völkerrecht, S. 261.

Mithin greifen die Bedenken gegen die Ausbildung von Gewohnheitsrecht trotz des Bestehens einer Vielzahl von völkerrechtlichen Vereinbarungen über fiskalische Immunitäten nicht durch.

II. Ermittlung der einzelnen Gewohnheitsrechtssätze

1. Gewohnheitsrechtssatz: Steuerbefreiung der internationalen Organisationen

a) Regelungen in völkerrechtlichen Vereinbarungen

aa) Modus vivendi von 1926

Der als Vorläufer eines Sitzstaatabkommens zu qualifizierende *modus vivendi* von 1926, auf den sich der Völkerbund und der Bundesrat der Schweizerischen Eidgenossenschaft Anfang des 20. Jahrhunderts verständigten, enthält u. a. Regelungen über die steuerliche Behandlung des Völkerbundes auf dem Gebiet der Schweizerischen Eidgenossenschaft, dem Sitzstaat dieser Organisation. So enthält Artikel VI des *modus vivendi* von 1926 Regelungen über die Steuerbefreiungen für Sparkontoguthaben, Kontokorrentgutgaben sowie für Sicherheiten des Völkerbundes. Außerdem normiert Artikel VI die Befreiung des Völkerbundes von Stempelgebühren in der Schweizerischen Eidgenossenschaft.

Die Gewährung von Steuerbefreiungen an die einzelnen internationalen Organisationen durch den jeweiligen Sitzstaat war mithin bereits zu der damaligen Zeit fester Bestandteil der Völkerrechtspraxis.

bb) Vertragliche Regelungen in bilateralen Abkommen

Die Mehrheit der in der vorliegenden Arbeit untersuchten (Sitzstaat-)Abkommen enthält Regelungen über die Befreiung der jeweiligen internationalen Organisation von direkten Steuern. Jedoch geht aus den Abkommen nicht eindeutig hervor, ob die Gewährung von fiskalischen Immunitäten auf Gewohnheitsrecht beruht oder die Steuerbefreiung aufgrund einer vertraglichen Verpflichtung gewährt wird. In der folgenden, nicht abschließenden Auswahl von völkerrechtlichen Vereinbarungen zwischen Staaten und in der vorliegenden Arbeit nicht untersuchten internationalen Organisationen finden sich allgemeine Regelungen über die Immunitäten, die der jeweilige Sitzstaat der einzelnen internationalen Organisation gewährt. Jene vertraglichen Bestimmungen geben einen Hinweis auf die Verbreitung und den Umfang von Immunitäten internationaler Organisationen innerhalb der Staatenpraxis.[363]

Artikel 3 des Abkommens zwischen Spanien und der Weltorganisation für Tourismus lautet in der authentischen französischen Fassung:

---

363 Die folgenden nunmehr aufgeführten völkerrechtlichen Abkommen enthalten jeweils eine ausdrückliche Vorschrift über die fiskalischen Immunitäten der internationalen Organisationen.

„L'Organisation jouit de l'ensemble des immunits et privileges habituellement reconnus aux organisations internationales de caractre universel.“[364]

Vergleichbare Formulierungen finden sich auch in den völkerrechtlichen Vereinbarungen, die der Schweizerische Bundesrat bzw. die Regierung der französischen Republik mit der Europäischen Organisation für Kernforschung (CERN) abgeschlossen haben. Artikel 2 Satz 1 des Abkommens des Schweizerischen Bundesrat mit CERN enthält ebenfalls den Begriff *„habituellement reconnus“*.[365] Das Abkommen mit der Regierung der Französischen Republik mit CERN bestimmt in Artikel 1 in einer etwas abweichenden Wortwahl:

„(...) immunités et privilèges généralement reconnus aux organisations intergouvernementales (...).“[366]

Die zitierten Vertragsregelungen können derart ausgelegt werden, dass internationalen Organisationen mit breiter Mitgliederstruktur in der Völkerrechtspraxis „gewöhnlicherweise“ und mithin – gestützt auf Gewohnheitsrecht – in einem gewissen Umfang Immunitäten gewährt werden.[367] Da eine ausdrückliche Festlegung des genauen materiell-rechtlichen Umfangs der gewährten Immunitäten in den Abkommen fehlt und die vorliegenden Vertragstexte lediglich dynamische Verweisungen auf die üblicherweise zu gewährenden Immunitäten (*habituellement reconnus* bzw. *généralement reconnus*) enthalten, bleibt mithin unklar, ob auch Steuerbefreiungen

364 Abkommen zwischen Spanien und der Weltorganisation für Tourismus vom 28.6.1997, UNTS 1977 Vol. 1047, 69 ff.: Das Abkommen in spanischer, französischer und englischer Sprache ist ab S. 69 abzurufen unter: https://treaties.un.org/doc/Publication/UNTS/Volume%201047/v1047.pdf (zuletzt abgerufen am 13.12.2016). Die Hervorhebung erfolgte durch die Verfasserin der vorliegenden Arbeit.

365 Abkommen zwischen dem Schweizerischen Bundesrat und der Europäischen Organisation für Kernphysikalische Forschung vom 11.6.1955, UNTS 1956 Vol. 249, 405 ff. Die deutsche Übersetzung des Artikels 2 Satz 1 lautet: *„Die Organisation geniesst die den internationalen Organisationen üblicherweise zuerkannten Immunitäten und Vorrechte soweit sie zur Erfüllung ihrer Aufgaben notwendig sind.“*, vgl. SR 0.192.122.42, AS 1956 1078; abzurufen unter: https://www.admin.ch/opc/de/classified-compilation/19550091/index.html (zuletzt abgerufen am 13.12.2016).

366 Vgl. Artikel 1 des Abkommens der Regierung der französischen Republik mit der Europäischen Organisation für Kernforschung vom 16.6.1972, UNTS 1973 Vol. 871, 209 ff. abzurufen unter: https://treaties.un.org/doc/Publication/UNTS/Volume%20871/v871.pdf (zuletzt abgerufen am 13.12.2016). Die Hervorhebung erfolgte durch die Verfasserin der vorliegenden Arbeit. Im englischen – ebenfalls authentischen – Wortlaut findet sich die Formulierung *„(t)he Organization shall enjoy the immunities and privileges generally granted to intergovernmental organizations under international law in order to help them to carry out their functions.“*.

367 Die englische (jedoch nicht authentische) Sprachfassung des Abkommens zwischen Spanien und der Weltorganisation für Tourismus enthält in Artikel 3 sogar im Wortlaut einen Hinweis auf bestehendes Gewohnheitsrecht, da die Übersetzung den Begriff *„customarily granted“* verwendet.

an die betroffenen internationalen Organisationen von den in diesen Abkommen erwähnten „üblicherweise“ gewährten Immunitäten umfasst sind.

Eine Ausnahme stellt das Sitzstaatabkommen zwischen der Regierung der Bundesrepublik Deutschland und der Liga der Arabischen Staaten dar, welches keine Regelungen über die Befreiung der Organisation von direkten Steuern enthält.[368] Da die Bundesrepublik Deutschland jedoch nicht Mitglied der Liga der Arabischen Staaten ist und deshalb im Verhältnis zur Liga der Arabischen Staaten als Drittstaat zu qualifizieren ist, kann der vorliegenden Ausnahme bei der Frage nach der Existenz einer gewohnheitsrechtlichen Verpflichtung der Mitgliedstaaten einer internationalen Organisation keine maßgebliche Bedeutung beigemessen werden.[369]

cc) Zwischenergebnis: Völkerrechtliche Vereinbarungen

In den verschiedenen (Sitzstaat-)Abkommen mit den in dieser Arbeit untersuchten internationalen Organisationen finden sich regelmäßig Regelungen über Befreiungen der internationalen Organisation in Bezug auf direkte Steuern. Aus den aufgeführten Beispielen von völkerrechtlichen Vereinbarungen mit in dieser Arbeit nicht untersuchten internationalen Organisationen geht nicht eindeutig hervor, dass die jeweiligen Sitzstaaten von einer gewohnheitsrechtlichen Verpflichtung ausgehen, internationale Organisationen von direkten Steuern zu befreien. Im Hinblick auf die offenen Formulierungen besteht jedoch innerhalb der Staatenpraxis zumindest eine Tendenz zu einer inhaltsgleichen gewohnheitsrechtlichen Verpflichtung.

b) Äußerungen von Staatenvertretern/Kommentierungen und Kodifizierungen von Verfassungen oder Gesetzesentwürfen/nationale Gesetzgebung

aa) ILO-Verfassungsentwurf

Die Kommentierung zum ILO-Verfassungsentwurf von 1944 bezeichnet die Befreiung der internationalen Organisation von direkten Steuern als üblich und selbstverständlich.[370] Die allgemeine Staatenpraxis, Veröffentlichungen der internationalen Organisation steuerfrei zu stellen, ist ebenfalls in der Kommentierung zum ILO-Verfassungsentwurf dokumentiert.[371] Die Aufnahme einer solchen Regelung, die

---

368 Abkommen zwischen der Regierung der Bundesrepublik Deutschland und der Liga der Arabischen Staaten zur Änderung des Abkommens vom 13.11.2003 über den Sitz des Büros der Liga der Arabischen Staaten in Berlin (Sitzstaatabkommen mit der Arabischen Liga), BGBl. II 2014, 443 ff.

369 Siehe zu einer möglichen gewohnheitsrechtlichen Verpflichtung von Drittstaaten: D.II.3.

370 ILO, XXVII Official Bulletin No. 2 vom 10.12.1945, S. 206.

371 Dort heißt es: „*The proposed paragraph particularises that the printing, publication, import, distribution and sale of I.L.O publications should be exempted from all forms of taxation. Such exemption has been accorded by Members of the Organisation in a*

die Freiheit von jeder Art von Steuer auf Veröffentlichungen der Organisation bestimmt, wird damit begründet, dass die von allen Mitgliedern bereits praktizierte Befreiung „aktenkundig“ gemacht werden soll. Mithin ist davon auszugehen, dass auch ohne Festlegung der Steuerbefreiung in der ILO-Verfassung die Mitgliedstaaten sich zu der gemeinsamen Praxis, keine Steuern auf amtliche Veröffentlichungen der Organisation zu erheben, verpflichtet fühlen und auch dementsprechend handeln würden. Der Aufnahme einer Regelung über die Befreiung von Steuern auf Veröffentlichungen war mithin nach der Überzeugung der Vertragsparteien keine Voraussetzung für die Gewährung der Steuerbefreiung, sondern bildete lediglich bereits bestehendes Gewohnheitsrecht ab.

Zusammenfassend ist festzuhalten, dass die Befreiung der internationalen Organisation von jeglicher direkten Steuer auch in dem ILO-Verfassungsentwurf nicht als gewohnheitsrechtlich anerkannte Verpflichtung bezeichnet wird. Dies gilt mit Ausnahme der Befreiung der amtlichen Schriftstücke bzw. Publikationen der internationalen Organisation von jeder Steuer, da diese Regelung nach dem Verständnis der Vertragsparteien lediglich deklaratorischen Charakter aufweist.

bb) ILC-Entwurf zu einem Vertrag über die Beziehungen zwischen Staaten und internationalen Organisationen

Der Berichterstatter des sechsten Berichts zu dem ILC-Entwurf, der sich mit der fiskalischen Immunität von internationalen Organisationen auseinandersetzt, ist der Auffassung, dass den internationalen Organisationen die gleiche Stellung wie Staaten und diplomatischen Missionen im Hinblick auf Steuerbefreiungen zukommt. Zusammenfassend stellt der Berichterstatter – ohne jedoch auf die Frage nach der Existenz einer gewohnheitsrechtlichen Verpflichtung der Sitzstaaten einzugehen – fest:

> *„International intergovernmental organizations should, and do enjoy, in the same way as States and the diplomatic missions that represent them, the fiscal immunities indispensable to the effective performance of their official functions.*“[372]

Vor dem Hintergrund, dass der Berichterstatter die fiskalische Immunität als Ursprung aller Immunitäten begreift, ist die oben zitierte Schlussfolgerung derart auszulegen, dass es nach der Auffassung des Berichterstatters ebenso wie in der Beziehung zwischen Staaten in der Völkerrechtspraxis gewohnheitsrechtlich anerkannt ist, dass internationale Organisationen im jeweiligen Sitzstaat von der

---

number of cases in which the matter has arisen, but it would seem appropriate to place on record the principle that no country should levy taxation on official publications (...) .“, ILO, XXVII Official Bulletin No. 2 vom 10.12.1945, S. 204.

372 Sixth report on relations between States and international organizations (second part of the topic), Special Rapporteur Leonardo Díaz González (A/CN.4/439), Yearbook of the International Law Commission Vol. II (1) 1991 Rn 47.

direkten Besteuerung befreit sind.[373] Diesem Ergebnis entspricht auch die Aussage aus dem vierten Bericht zu dem ILC-Entwurf. Dort tätigt der Berichterstatter eine allgemeine Aussage zu dem Entstehen und der Herkunft von Immunitäten internationaler Organisationen. Er bezeichnet das Gewohnheitsrecht als mögliche Quelle der Immunität von internationalen Organisationen und formuliert wie folgt:

> *„International organizations enjoy privileges and immunities motu proprio, being granted them in conventions, headquarters agreements, or possibly by custom, in their capacity as international legal persons, as subjects of international law. They are entitled to privileges and immunities and can require them of States.“*[374]

cc) Bericht des CCJ von 1969

Das Sub-Committee des CCJ ist der Ansicht, dass es keine gewohnheitsrechtliche Verpflichtung der Sitzstaaten einer internationalen Organisation gibt, diesen Steuerbefreiungen zu gewähren. Nach Auffassung der Kommission gilt diese Aussage ebenfalls für alle anderen Immunitäten wie z. B. für die Befreiung von nationaler Gerichtsbarkeit. In dem Bericht formuliert die Kommission:

> *„It is sometimes claimed that privileges and immunities ought to be accorded to International Organisations and persons connected with them as a matter of customary international law or international practice. The Sub-Committee was of the opinion that, although some Organisations have a need for privileges and immunities for the exercise of their functions and the fulfilment of their purposes, an Organisation was not entitled to any given privileges and immunities in the absence of any agreement.“*[375]

Gemäß der Auffassung der Kommission des CCJ existiert mithin keine gewohnheitsrechtliche Verpflichtung der Sitzstaaten hinsichtlich der steuerlichen Befreiung der internationalen Organisationen.

dd) Beispiele in nationaler Gesetzgebung

(1) USA

In den USA verabschiedete der Kongress bereits 1945 das IOIA, das Regelungen über die Immunitäten der internationalen Organisationen und der Mitglieder ihres Personals im Rahmen der amtlichen Tätigkeiten der Organisation im Verhältnis zu

---

373 Siehe ebenda, Rn 7.

374 Fourth report on relations between States and international organizations (second part of the topic), Special Rapporteur Leonardo Díaz González, (A/CN.4/424 and Corr.1), Yearbook of the International Law Commission Vol. II (1) 1989 Rn 32.

375 Council of Europe, Committee of Ministers, Addendum to the Report of the Sub-Committee on Privileges and Immunities of International Organization, revised and approved by the European Committee on Legal Co-operation (CCJ) at its 11th meeting of the 2–6 June 1969 (Addendum to CM (69) 92) Rn 11.

den USA enthält.[376] Gemäß § 288 IOIA gewährt der Präsident der USA durch einen *Executive Order* die Immunitäten, die in § 288a IOIA näher bestimmt sind. Diese Norm bestimmt:

> „*International organizations, their property and their assets (...) shall enjoy the same immunity from suit and every form of judicial process as is enjoyed by foreign governments (...).*"

Das US-amerikanische Gesetz enthält auch eine explizite Bestimmung zur Befreiung der internationalen Organisation von der Grundsteuer. § 288c IOIA regelt hierzu:

> „*International organizations shall be exempt from all property taxes imposed by, or under the authority of, any Act of Congress, including such Acts as are applicable solely to the District of Columbia or the Territories.*"

§ 288d IOIA bestimmt hinsichtlich der Behandlung der Mitglieder des Personals von internationalen Organisationen:

> „*(...) officers and employees of such organizations, (...), other than nationals of the United States, shall, insofar as concerns laws (...) be entitled to the same privileges, exemptions, and immunities as are accorded under similar circumstances to officers and employees, respectively, of foreign governments, and members of their families.*"

Das US-amerikanische Gesetz zählt zusätzlich in § 288f-1 IOIA diejenigen internationale Organisationen auf, denen Immunitäten zugestanden wurden. Dem Präsidenten steht ebenfalls das Recht zu, aus begründeten Umständen durch einen *Executive Order* die gewährten Immunitäten wieder zu widerrufen, vgl. hierzu § 288a IOIA.

(2) Großbritannien

Auch in Großbritannien existiert ein nationales Gesetz über die Gewährung von Immunitäten an internationale Organisationen. Das IOA wurde 1968 verabschiedet und sieht ebenfalls vor, dass das Staatsoberhaupt Großbritanniens ermächtigt ist, durch einen *Order in Council* die Gewährung von Immunitäten, die einzeln im Anhang des Gesetztes (*Schedule 1*) aufgeführt sind, an internationale Organisationen anzuordnen.[377] Durch das IOA 2005 wird die Möglichkeit, Immunitäten an diverse internationale Organisationen zu gewähren, erweitert. Teilweise erhalten einzelne internationale Organisationen auch unmittelbar aufgrund des Gesetzes Befreiungen.

---

376 22 U.S.C. § 288, et seq.

377 Die einzelne Ermächtigung enthält die Bestimmung, dass der individuelle *order* auch von dem Inhalt und dem Umfang der im Anhang aufgeführten Immunitäten abweichen kann.

(3) Kanada

Eine vergleichbare Regelung enthält auch Section 5 des kanadischen FMIOA. Dieses Gesetz ermächtigt den kanadischen *Governor in Council* durch einen *Order* Immunitäten an internationale Organisationen und die Mitglieder ihres Personals zu gewähren. Im Gegensatz zum IOIA oder IOA enthält Section 5 FMIOA keine Aufzählung derjenigen Immunitäten, die der internationalen Organisation oder den einzelnen Dienstgruppen der Mitglieder des Personals gewährt werden sollen. Hinsichtlich des jeweiligen Inhalts und Umfangs der Immunitäten verweist das Gesetz stattdessen auf die Bestimmungen des WÜD bzw. des Abkommens über die Vorrechte und Immunitäten der Vereinten Nationen.[378]

(4) Schweizerische Eigenossenschaft

Eine andere Regelungstechnik zur Gewährung von Immunitäten sieht die vom Schweizerischen Bundesrat im Jahr 2007 erlassene Gaststaatverordnung zum Vollzug des Gaststaatgesetzes vor. Artikel 3 GSG enthält eine Auflistung von Immunitäten, die diplomatischen Missionen, aber auch internationalen Organisationen und den Mitgliedern ihres Personals gewährt werden können. Dort ist u. a. die Befreiung von direkter Besteuerung enthalten. Artikel 24 Abs. 1 der Verordnung bestimmt, dass diplomatische Missionen, konsularische Posten etc. "*automatisch in den Genuss der Vorrechte, Immunitäten und Erleichterungen*" kommen. Interessant für die vorliegende Frage nach der Existenz eines Gewohnheitsrechtssatzes ist nunmehr, dass Artikel 24 Abs. 2 der Verordnung nicht ebenfalls regelt, dass den in der Schweizerischen Eidgenossenschaft ansässigen internationalen Organisationen und anderen vergleichbaren Einrichtungen automatisch die im Artikel 3 GSG aufgeführten Immunitäten zustehen. Artikel 24 Abs. 2 bestimmt vielmehr, dass diesen Organisationen erst nach Abschluss einer völkerrechtlichen Vereinbarung mit dem Bundesrat die in Artikel 3 GSG vorgesehenen Immunitäten gewährt werden.

Da den internationalen Organisationen nicht ebenso wie den diplomatischen Vertretungen automatisch nach Sitzverlegung Immunitäten gewährt werden, sondern die Wirksamkeit und Durchsetzbarkeit der Befreiungen eine völkervertragliche Grundlage voraussetzt, wird für die Staatengemeinschaft dokumentiert, dass die Schweizerische Eidgenossenschaft keine gewohnheitsrechtliche Verpflichtung, den internationalen Organisationen Immunitäten zu gewähren, annimmt. Durch das Inkrafttreten dieses Gesetzes und der zugehörigen Verordnung im Jahr 2007 wird vielmehr deutlich, dass die Schweizerische Eidgenossenschaft von der Notwendigkeit einer vertraglichen Grundlage ausgeht, ohne die sich internationale Organisationen innerhalb der Schweizerischen Eidgenossenschaft gegenüber dieser nicht auf die Geltung von Immunitäten berufen können.

---

378 Jedoch findet sich auch hier in den jeweiligen Einzelbestimmungen immer die Einschränkung *„to the extent specified in the order"*. Mithin kann der einzelne *order* auch von gesetzlichen Vorgaben abweichen.

ee) Zwischenergebnis: Äußerungen von Staatenvertretern/Kommentierungen und Kodifizierungen von Verfassungen oder Gesetzesentwürfen/nationale Gesetzgebung

Die eben erläuterten Beispiele zeigen, dass es bereits an einer Staatenpraxis fehlt, wonach der Sitzstaat einer internationalen Organisation allein aufgrund Gewohnheitsrecht verpflichtet sei, dieser Steuerbefreiungen zu gewähren.[379] Die Analyse einiger nationaler Gesetze über die Gewährung von Immunitäten an internationale Organisationen und die Mitglieder ihres Personals unterstützt dieses Ergebnis, da sowohl das „ob" der Gewährung von fiskalischen Immunitäten als auch der Umfang der zu gewährenden Immunitäten individuell in Bezug auf die einzelne internationale Organisation gesondert z. B. durch einen *Order* festgelegt werden muss.

So lautet z. B. Section 5 (1) (b) FMIO:

> *„an international organization shall, to the extent specified in the order, have the privileges and immunities (...).*"[380]

Aufgrund dieser gesetzlichen Gestaltungsmöglichkeit ist eine Staatenpraxis oder gar eine *opinio iuris* in Bezug auf die Gewährung von Steuerbefreiungen an internationale Organisationen nicht zu ermitteln.

c) Rechtsprechung und Schiedsgerichtsbarkeit

aa) Nationale Rechtsprechung zu der Frage der Immunität internationaler Organisationen von nationaler Gerichtsbarkeit

Das höchste Gericht der Niederlande traf im Urteil *Iran-United States Claims Tribunal v. Ary Spaans* eine allgemeine Aussage über die gewohnheitsrechtliche Verpflichtung der Mitgliedstaaten, internationalen Organisationen Immunität von staatlicher Gerichtsbarkeit zu gewähren. Nach Ansicht der Richter genießen internationale Organisationen auch ohne vertragliche Grundlage Immunität vor den staatlichen Gerichten ihrer Sitzstaaten, da die jeweilige internationale Organisation mit Zustimmung der jeweiligen Staaten ihren Sitz in eben jenem Staat errichtet habe. Diese gewohnheitsrechtlich anerkannte Immunität erstrecke sich auf alle Streitigkeiten im Zusammenhang mit der Ausübung der Aufgaben der internationalen Organisation.[381] Das Gericht stützte seine Aussage hinsichtlich der Existenz eines solchen Gewohnheitsrechtssatzes auf die einheitliche Praxis in den einschlägigen völkerrechtlichen Verträgen sowie auf die zustimmenden Äußerungen und Handlungen der niederländischen Regierung. Da dieser Urteilsspruch keine Aussagen über andere Immunitäten und deren Stellung im Rahmen

379 In den USA wird den internationalen Organisationen sogar lediglich die Befreiung von der Grundsteuer als einzige fiskalische Immunität zugestanden.

380 Die Hervorhebung erfolgte durch die Verfasserin der vorliegenden Arbeit.

381 *Iran-United States Claims Tribunal v. Ary Spaans*, ILR Vol. 94, 321 (329).

des Gewohnheitsrechts enthält, kommt ihm lediglich eine eingeschränkte Aussagekraft bei der Ermittlung eines Gewohnheitsrechtssatzes über die Gewährung von Steuerbefreiungen zu.

Das Obergericht von Maastricht beschäftigte sich in seinem Urteil *Eckhardt v. EUROCONTROL* vom 12. Januar 1984 ebenfalls lediglich mit der Frage nach der gewohnheitsrechtlichen Pflicht der Sitzstaaten, einer internationalen Organisation Befreiung von staatlicher Gerichtsbarkeit zu gewähren. Im Rahmen der Ausführungen zu den Aufgaben einer internationalen Organisation sind diese nach Einschätzung der Richter – auch ohne eine vertragliche Grundlage –von staatlicher Gerichtsbarkeit zu befreien. Da auch in diesem Urteil die fiskalische Immunität nicht Streitgegenstand war, sah sich das Gericht nicht veranlasst, Stellung zu dem Status anderer Immunitäten wie z. B. der Steuerbefreiung zu beziehen.

Der Oberste Gerichtshof in Kanada äußerte sich 2013 in seinem Urteil *Amaratunga v. Northwest Atlantic Fisheries Organization* generell zu den Immunitäten zugunsten von internationalen Organisationen, obwohl die Richter lediglich über die Befreiung von staatlicher Gerichtsbarkeit entscheiden mussten.[382] Die Richter waren der Ansicht, dass generell keine gewohnheitsrechtlich anerkannten Immunitäten im jeweiligen Sitzstaat bestehen.[383] Die gleiche Auffassung vertraten die Richter des höchsten Gerichts in Belgien in ihrem Urteil *League of Arab States v. T* vom 12. März 2001. Interessant an dem zuletzt genannten Fall ist, dass bereits ein Sitzstaatabkommen mit einer Regelung über die Gewährung der streitgegenständlichen Immunität vorlag, welches jedoch noch nicht in Kraft getreten war. Die Richter stellten fest, dass mangels vertraglicher Regelung der internationalen Organisation keine Befreiung von nationaler Gerichtsbarkeit zu gewähren sei.[384] Anders entschied hingegen ein französisches Gericht in seinem Urteil vom 25. Januar 2005, welches einer internationalen Organisation die Befreiung von nationaler Gerichtsbarkeit versagte, obwohl eine vertragliche Regelung zu der Gewährung dieser Immunität vorlag. Die Richter argumentierten, dass dem bei der internationalen Organisation angestellten Kläger für den Fall, dass der internationalen Organisation dieser Immunität gewährt würde, mangels einer organisationsinternen Gerichtsbarkeit keinerlei Rechtsschutz für seine arbeitsrechtliche Fragestellung gegeben wäre.[385]

382 *Amaratunga v. Northwest Atlantic Fisheries Organization*, 2013 SCC 66, [2013] 3 S.C.R. 866 Tz 26.

383 *„In the case of international organizations, unlike that of states, the prevailing view at present is that no rule of customary international law confers immunity on them. (...) (I)mmunities and privileges are created through a complex interplay of international agreements and the national law of host states.*“; *Amaratunga v. Northwest Atlantic Fisheries Organization*, 2013 SCC 66, [2013] 3 S.C.R. 866 Tz 29.

384 *League of Arab States v. T.*, ILR Vol. 127, 94 (97).

385 *African Development Bank Case*, ILR Vol. 138, 498 f. In der Fallgruppe von Urteilen mit arbeitsrechtlichen Hintergrund gibt es eine Fülle von Urteilen v. a. von Gerichten aus den USA. Mehrheitlich erkannten die Gerichte entgegengesetzt zu

bb) Internationale Rechtsprechung zu der Frage der Immunität internationaler Organisationen von nationaler Gerichtsbarkeit

Der Europäische Gerichtshof für Menschenrechte (EGMR) bestätigte in zwei Urteilen aus dem Jahr 1999, dass eine internationale Organisation mit Sitz in der Bundesrepublik Deutschland von der nationalen Gerichtsbarkeit befreit sei.[386] Die Richter stellten jeweils fest, dass diese Immunität üblicherweise von den Sitzstaaten aufgrund einer vertraglichen Grundlage gewährt werde. Sie bezeichneten die Gewährung dieser Freiheit als langjährig praktizierte Übung der Staaten, um einen reibungslosen Ablauf des Tätigwerdens einer internationalen Organisation zu gewährleisten. Aus dieser Formulierung lässt sich erkennen, dass die Richter zumindest von der Existenz einer Staatenpraxis hinsichtlich der Gewährung der Befreiung internationaler Organisationen von nationaler Gerichtsbarkeit im Rahmen ihrer Amtstätigkeiten ausgehen. Letztlich mussten die Richter des EGMR aber nicht über die Frage entscheiden, ob internationalen Organisationen aufgrund eines Gewohnheitsrechtssatzes Immunität von staatlicher Gerichtsbarkeit zu gewähren ist, da in der Streitsache eine vertragliche Grundlage für die Befreiung von nationaler Gerichtsbarkeit vorlag.[387]

---

dem französischen Gericht und bestätigten die Immunität der internationalen Organisationen von nationaler Gerichtsbarkeit aufgrund einer vertraglichen Norm, auch wenn dem Mitglied des Personals der jeweiligen internationalen Organisation mangels einer organisationsinternen Verwaltungsgerichtsbarkeit kein weiterer Rechtsschutz offen stand. Siehe u. a. *Broadbent v. Organization of American States*, No. 78–1465 , D.C. Cir Jan. 8, 1980 und *Mendaro v. World Bank*, 717 f.2d 610, D.C. Cir 1983.

386 *Waite and Kennedy v. Germany*, Application No. 26083/94, ECHR 1999-I, 398 ff. = NJW 1999, 1173 ff.; *Beer and Regan v. Germany*, Application No. 28934/95 (nicht veröffentlicht), abzurufen als pdf unter: http://www.unife.it/giurisprudenza/giurisprudenza/studiare/international-institutional-law/allegati-pubblici/CASEOFBEERANDREGANv.GERMANY.pdf/at_download/file (zuletzt abgerufen am 13.12.2016).

387 *„Daß internationalen Organisationen von Staaten allgemein in den Gründungsverträgen oder in Zusatzübereinkommen Immunität von der Gerichtsbarkeit gewährt wird, entspricht einer langen Praxis, die sich im Interesse der guten Arbeitsfähigkeit dieser Organisationen entwickelt hat. Die Bedeutung dieser Praxis wird durch den Trend zur Ausweitung und Vertiefung internationaler Zusammenarbeit in allen Bereichen der modernen Gesellschaft verstärkt.“*, *Waite and Kennedy v. Germany*, Application No. 26083/94, ECHR 1999-I, 398 ff. = NJW 1999, 1173 (1174) Tz 63; ebenso auch *Beer and Regan v. Germany*, Application No. 28934/95 Tz 53 (nicht veröffentlicht), abzurufen als pdf unter: http://www.unife.it/giurisprudenza/giurisprudenza/studiare/international-institutional-law/allegati-pubblici/CASEOFBEERANDREGANv.GERMANY.pdf/at_download/file (zuletzt abgerufen am 13.12.2016).

cc) Das Verfahren Europäisches Laboratorium für Molekularbiologie v. Germany

In dem Verfahren des EMBL und der Bundesrepublik Deutschland aus dem Jahr 1990 äußerte sich das Schiedsgericht zu der Frage, ob ein Völkergewohnheitsrechtssatz mit dem Inhalt besteht, dass internationalen Organisationen für ihre amtlichen Handlungen und Tätigkeiten Steuerbefreiungen zustehen. Zwar entschied das Schiedsgericht die Frage nach der Besteuerung der Einkünfte des EMBL, die aus dem Betrieb eines Gästehauses und einer Kantine stammen, allein anhand des bestehenden Sitzstaatabkommens zwischen der internationalen Organisation und der Bundesrepublik Deutschland, es stellte aber fest, dass keine Grundregel mit dem Inhalt existiere, internationalen Organisationen aufgrund von gewohnheitsrechtlichen Verpflichtungen Immunitäten zu gewähren.[388] Gleichzeitig merkte das Schiedsgericht aber auch an, dass es nicht notwendig sei, in diesem Schiedsspruch eine grundsätzliche Aussage über die Existenz von gewohnheitsrechtlich verfestigten Immunitäten von internationalen Organisationen zu treffen, die neben den vorliegenden Bestimmungen aus dem anwendbaren Sitzstaatabkommen mit dem EMBL möglicherweise bestehen könnten.[389] Die letzte Bemerkung lässt sich zumindest dergestalt auslegen, dass das Schiedsgericht die Ausbildung von Gewohnheitsrecht im Rahmen der Gewährung von Immunitäten an internationale Organisationen nicht kategorisch ablehnt.

Den Ausführungen des Schiedsgerichts in der Rechtssache *EMBL v. Germany* kann mithin keine eindeutige Aussage dazu entnommen werden, ob eine gewohnheitsrechtliche Verpflichtung des Sitzstaates besteht, die internationale Organisation von direkten Steuern zu befreien.

dd) Zwischenergebnis: Rechtsprechung und Schiedsgerichtsbarkeit

Zusammenfassend ist festzustellen, dass es an Rechtsprechung zur Frage eines Gewohnheitsrechtssatzes über die fiskalische Immunität von internationalen Organisationen mangelt. Die teilweise auch auf andere Immunitäten übertragbaren allgemein gehaltenen Ausführungen in den Urteilen, die sich mit der Befreiung von der nationalen Gerichtsbarkeit beschäftigten, weisen keine einheitliche Tendenz zu der Frage nach einer gewohnheitsrechtlichen Verpflichtung der Sitzstaaten, (fiskalische) Immunitäten an internationale Organisationen zu gewähren, auf.

d) Völkerrechtsliteratur

Innerhalb der Völkerrechtsliteratur bestehen eine Vielzahl von sich teilweise lediglich geringfügig unterscheidenden Auffassungen hinsichtlich der Frage nach der Existenz einer gewohnheitsrechtlichen Pflicht, Steuerbefreiungen an internationale

---

388 *EMBL v. Germany*, Schiedsspruch vom 29. Juni 1990, ILR Vol. 105, 1 (38).

389 „*It (...) does not appear to the Arbitration Tribunal to be necessary to make a general statement as to whether in addition to the specific rules of the HQA rules of customary law on privileges and immunities of international organizations had to be applied.*“, *EMBL v. Germany*, Schiedsspruch vom 29. Juni 1990, ILR Vol. 105, 1 (21).

Organisationen zu gewähren. Insgesamt äußert sich jedoch nur eine geringe Zahl von Autoren ausdrücklich zu der Frage der gewohnheitsrechtlichen Gewährung von Steuerbefreiungen.

aa) Bestehen einer gewohnheitsrechtlichen Verpflichtung

Aus Sicht *Vettovaglias* werden internationalen Organisationen Steuerbefreiungen aufgrund von *courtesy* gewährt.[390] *Kunz-Hallstein* sieht in den völkervertraglichen Bestimmungen zu den (fiskalischen) Immunitäten internationaler Organisationen lediglich eine Konkretisierung der Rechte, die den internationalen Organisationen aufgrund ihrer Völkerrechtssubjekteigenschaft bereits zustehen.[391] Durch diese Formulierung lässt er eine Tendenz dahingehend erkennen, eine gewohnheitsrechtliche Pflicht der Mitgliedstaaten anzuerkennen, internationale Organisationen zumindest in einem beschränkten Umfang (Steuer-)Befreiungen zu gewähren.

bb) Gewohnheitsrechtliche Gewährung von beschränkten Immunitäten

(1) Materielle Beschränkung

Eine Auffassung im Schrifttum will die gewohnheitsrechtliche Pflicht, Immunitäten zu gewähren, auf einzelne Befreiungen (im Folgenden: „Basisimmunitäten") beschränkt wissen. Lediglich solche Immunitäten, die die effektive Aufgabenwahrnehmung der internationalen Organisationen sicherstellen, sollen aufgrund einer gewohnheitsrechtlichen Verpflichtung gewährt werden.[392] Somit beschränkt sich der Umfang der gewohnheitsrechtlich zu gewährenden Immunitäten lediglich auf wenige Befreiungen.

Orientiert man sich z.B. an der Aufzählung in § 467 Abs. 1 des Third Restatement of the Law – The Foreign Relations Law of the United States zählen zu den Basisimmunitäten „*immunity from legal process and from financial controls, taxes and duties*".[393] *Sands/Klein* zählen zu den wichtigen Immunitäten die Freiheit vor nationalen Gerichts- und Vollstreckungsverfahren sowie vor nationaler Gerichts-

---

390 *Vettovaglia*, in: Dembinski (Hrsg.), International Geneva Yearbook 1988, S. 71 (83).

391 *Schermers/Blokker*, International Institutional Law, § 1608; *Kunz-Hallstein*, NJW 1992, 3069 (3070).

392 *Bleckmann*, Internationale Beamtenstreitigkeiten, S. 46 f., 53. Sein Gutachten über die Zuständigkeit der deutschen Gerichte für dienstrechtliche Streitigkeiten zwischen Eurocontrol und ihren Bediensteten beschäftigt sich ausschließlich mit der Immunität internationaler Organisationen von staatlicher Gerichtsbarkeit in der Bundesrepublik Deutschland. Diesbezüglich beschränkt er die gewohnheitsrechtliche Gewährung der Immunitäten auf Handlungen von internationalen Organisationen, die diese in Wahrnehmung ihrer dienstlichen Aufgaben wahrgenommen haben (sog. *acta iure imperii*), ein. Zu weiteren potentiell auf Gewohnheitsrecht beruhenden Immunitäten äußert er sich nicht ausdrücklich.

393 Restatement of the Law Third. The Foreign Relations Law of the United States, Vol. 1 1987, 493 ff.

barkeit, die Unverletzlichkeit der Archive und Grundstücke, freier Devisen- und Nachrichtenverkehr sowie die fiskalische Immunitäten.[394] Die Vermeidung einer finanziellen Belastung des Haushalts der Organisation durch eine Besteuerung der Organisation durch die Mitgliedstaaten führte bereits der ILO-Verfassungsentwurf von 1944 als einen der allgemeinen Grundsätze an, durch den die Gewährleistung der Funktionalität der internationalen Organisationen sichergestellt werden könnte.[395] Auch die Kommission, die den Entwurf zu der UN-Charta erarbeitete, nennt die Steuerbefreiung als eine derjenigen Immunitäten, die generell von Artikel 105 der UN-Charta umfasst sein sollen.[396] Nach *Reinisch* stellen die Steuerbefreiungen die wichtigsten Immunitäten dar, die in dem Übereinkommen über die Vorrechte und Immunitäten der Vereinten Nationen sowie in dem Abkommen über die UN-Sonderorganisationen gewährt werden.[397]

Die in der vorliegenden Arbeit im Zentrum stehenden fiskalischen Immunitäten zählen mithin nach überwiegender Auffassung zu denjenigen Immunitäten, die grundsätzlich jeder internationalen Organisation – unabhängig von ihrem individuellen Aufgabenkreis – auch ohne völkervertragliche Grundlage durch die Sitzstaaten zu gewähren seien.

(2) Persönliche Beschränkung

Im Gegensatz zu der eben erläuterten materiellen Beschränkung der gewohnheitsrechtlich anerkannten Immunitäten soll gemäß einer anderen Literaturauffassung die gewohnheitsrechtliche Gewährung von fiskalischer Immunität in persönlicher Hinsicht beschränkt werden. Die Vertreter dieser Ansicht bejahen eine gewohnheitsrechtliche Verpflichtung der Staaten, den internationalen Organisationen

---

394 *Sands/Klein*, International Institutions, 15–042.

395 *„The Members of the Organisation should take appropriate measures (...) to avoid the imposition of financial burdens on the funds contributed to the Organisation by the Governments of Members... .“*. Dieser Verfassungsentwurfsnorm wurde wie folgt kommentiert: *„This paragraph states the general principles on which the more detailed proposals embodied (...), namely: (...) (2) that no country should derive any national financial advantage by levying fiscal charges on common international funds; (...).“*, ILO, XXVII Official Bulletin No. 2 vom 10.12.1945, S. 199.

396 Report of the Rapporteur of Committee IV/2, As Approved By The Committee, Doc. 933, IV/2/42 (2) vom 12.6.1945, Documents of the United Nations Conference on International Organization (U.N.C.I.O.) Vol. 13, 705. Diese Einschätzung teilten auch die Richter im Verfahren *Curran v. City of New York et al.*, die urteilten, dass *„(...) without further action by Congress or the State, the immunities ‚necessary for the fulfillment of its purposes', conferred upon the United Nations by article 105, includes immunity from taxation.“*, *Curran v. City of New York et al.*,•77 N.Y.S. 2d 206, 1947 ILR Vol. 154.

397 *Reinisch*, Introductory Note to the Convention on the Privileges and Immunities of the United Nations and the Convention on the Privileges and Immunities of the Specialized Agencies, S. 3.

Steuerbefreiungen zu gewähren. Sie begrenzen aber den Empfängerkreis der gewohnheitsrechtlich anerkannten fiskalischen Immunitäten auf die Vereinten Nationen bzw. auf internationale Organisationen, die eine universelle Mitgliederstruktur aufweisen.[398]

cc) Keine Verpflichtung aufgrund eines Gewohnheitsrechtssatzes

Einige Stimmen in der Literatur verneinen eine gewohnheitsrechtliche Verpflichtung der Sitzstaaten. Sie führen für ihren Standpunkt den Grundsatz der Souveränität der einzelnen Staaten an, der sich in dem Recht einer unbeschränkten Steuergesetzgebung äußere.[399]

Andere Autoren argumentieren, dass gerade aufgrund der funktionalen Herleitung der Immunitäten der internationalen Organisationen der Umfang der Befreiungen unmittelbar an die durch Völkervertragsrecht eingeräumten Rechte und Aufgaben der internationalen Organisation geknüpft sei. Diese Abhängigkeit stehe der Ausbildung von Gewohnheitsrecht entgegen.[400] *Petersen*, der nicht vorbehaltlos die ablehnende Auffassung vertritt, spricht sich grundsätzlich für eine gewohnheitsrechtliche Verpflichtung der Sitzstaaten aus. Wegen der Unterschiedlichkeit der internationalen Organisationen hinsichtlich ihrer Zweckbestimmung, ihres Wirkungskreises sowie ihrer Akzeptanz sei aber nach seiner Auffassung eine Einzelfallbetrachtung vorzunehmen, um individuell zu ermitteln, ob eine gewohnheitsrechtliche Verpflichtung der Sitzstaaten vorliege.[401]

dd) Verpflichtung aufgrund des Grundsatzes von Treu und Glauben

Innerhalb der Völkerrechtsliteratur wird schließlich auch vertreten, dass ein Sitzstaat aus Treu und Glauben verpflichtet sei, den ansässigen internationalen Organisationen diejenigen Immunitäten zu gewähren, die für eine wirksame Aufgabenerfüllung nötig seien. Diese Pflicht liege in der Zustimmung des jeweiligen Sitzstaates zu der Ansiedlung der internationalen Organisation auf seinem Territorium begründet.[402]

---

398 *Sands/Klein*, International Institutions, 15–039; *Crawford*, Brownlie's principles of public international law, S. 173.

399 *Norr*, Tax Law Review 1961–1962, 431.

400 *Ruffert/Walter*, Institutionalisiertes Völkerrecht, § 5 Rn 184.

401 *Petersen*, Europäisierung der Diplomatie, S. 117 f. Da gemäß seiner Formulierung auch die Möglichkeit besteht, dass eine internationale Organisation keine fiskalischen Steuerbefreiungen aufgrund von Gewohnheitsrecht erhält, zählt *Petersen* auch zu denjenigen Autoren, die grundsätzlich eine ablehnende Haltung vertreten.

402 *Amerasinghe*, Principles, S. 347 f.; *Higgins*, International Law, S. 91; *Schröer*, GYIL 1965, (207) 218; *Crawford*, Brownlie's principles of public international law, S. 173; *Wood*, IOLR 2013, 287 (297) und *Rensmann*, AdV 1998, 305 (320) jeweils mit Verweis auf *Higgins* und *Amerasinghe*.

ee) Zwischenergebnis der Literaturstimmen

Innerhalb der Völkerrechtsliteratur ist keine klare Tendenz im Hinblick auf eine gewohnheitsrechtliche Verpflichtung des Sitzstaates einer internationalen Organisation, diese von direkten Steuern zu befreien, zu ermitteln.

e) Zusammenfassung der Ergebnisse

Die untersuchten Quellen enthalten keine eindeutige, übereinstimmende Aussage über eine gewohnheitsrechtliche Pflicht der Sitzstaaten, internationale Organisationen von direkten Steuern zu befreien. Jedoch lässt sich v.a. in der völkerrechtlichen Vertragspraxis und auch in der Literatur vor dem Hintergrund des Grundsatzes der Funktionalität eine Tendenz erkennen, den internationalen Organisationen Immunitäten im Umfang der Basisimmunitäten aufgrund von Gewohnheitsrecht zu gewähren. Die Befreiung von der direkten Besteuerung zählt zu den wesentlichen Immunitäten, die eine effektive Aufgabenwahrnehmung der internationalen Organisationen gewährleisten.

Mithin ist zusammenfassend festzustellen, dass gute Gründe für die Herausbildung eines Gewohnheitsrechtssatzes sprechen, internationale Organisationen von direkter Besteuerung im jeweiligen Sitzstaat zu befreien. Bisher ist jedoch weder eine eindeutige Staatenpraxis noch eine allgemeine Rechtsüberzeugung der Staaten zugunsten einer gewohnheitsrechtlichen Verpflichtung der Mitgliedstaaten internationaler Organisationen zu ermitteln, weshalb im Ergebnis die Existenz eines Gewohnheitsrechtssatzes zu verneinen ist.

2. Gewohnheitsrechtssatz: Steuerbefreiung der Mitglieder des Personals der internationalen Organisationen

a) Völkerrechtliche Verträge/Kommentierungen und Kodifizierungen von Verfassungen oder Gesetzesentwürfen/nationale Gesetzgebung

aa) Völkervertragliche Regelungen

Artikel 15 Abs. 2 des Gründungsabkommens des internationalen Rates für Meeresforschung enthält ein eindeutiges Indiz gegen die Existenz einer gewohnheitsrechtlichen Verpflichtung der Mitgliedstaaten, den Mitgliedern des Personals von internationalen Organisationen Immunitäten zu gewähren. Artikel 15 Abs. 2 lautet:

> *„The Council, delegates and experts, the General Secretary and other officials shall enjoy in the territories of the Contracting Parties such privileges and immunities, necessary for the fulfilment of their functions, as may be agreed between the Council and the Government of the Contracting Party concerned.“*[403]

---

403 Übereinkommen über den Internationalen Rat für Meeresforschung, BGBl. II 1969, 1134 ff.

Die völkerrechtliche Vereinbarung mit dem Deutsch-Polnischen Jugendwerk und dem Deutsch-Französischen Jugendwerk enthält jeweils keine Bestimmung, die die Gehälter der Mitglieder des Personals der internationalen Organisation vollständig von nationaler Besteuerung befreit.[404] Allein die Auslandszulagen, die an die französischen Mitglieder des Personals des Deutsch-Französischen Jugendwerks gezahlt werden, sind von der deutschen Einkommensteuer befreit.[405]

Auch die Mitglieder des Personals der IOM genießen keinerlei Steuerbefreiungen in der Bundesrepublik Deutschland, sofern sie die deutsche Staatsangehörigkeit besitzen. § 1 Abs. 5 der IOM-Verordnung bestimmt, dass deutsche Staatsangehörige i.S.d. Artikels 116 GG von den meisten Immunitäten, die gewöhnlicherweise an die Mitglieder des Personals internationaler Organisationen gewährt werden, ausgeschlossen sind. Ausgenommen von dieser Regelung ist lediglich die Befreiung, die in Artikel VI §19 lit. a des Abkommens über die UN-Sonderorganisationen geregelt ist. Dort ist jedoch lediglich die Befreiung von nationaler Gerichtsbarkeit für die in amtlicher Funktion vollzogenen Handlungen der Mitglieder des Personals der Vereinten Nationen normiert. Die Bestimmung zu der steuerlichen Behandlung der Mitglieder des Personals der Vereinten Nationen findet sich hingegen in Artikel VI § 19 lit. b des Abkommens über die UN-Sonderorganisationen i.V.m. Artikel V Abschnitt 18 lit. b des Übereinkommens über die Vorrechte und Immunitäten der Vereinten Nationen, sodass die fiskalische Immunität auf deutsche Staatsangehörige, die für IOM in Deutschland tätig sind, keine Anwendung findet.

Auch wenn die soeben aufgeführten völkervertraglichen Regelungen in der Gesamtschau eher Ausnahmegestaltungen abbilden, stellen diese Beispiele von völkerrechtlichen Abkommen die Existenz eines Gewohnheitssatzes zugunsten der Mitglieder des Personals in Frage.

bb) Modus vivendi von 1926

Der *modus vivendi* von 1926, der zwischen dem Völkerbund und der Regierung der Schweizerischen Eidgenossenschaft abgeschlossen wurde, stellt die Vorform eines Sitzstaatabkommens dar. Bemerkenswert in diesem Zusammenhang ist, dass der Völkerbund außerhalb der Vereinbarung mit der Regierung der Schweizerischen Eidgenossenschaft keine weiteren bilateralen Abkommen über die steuerliche Behandlung der Mitglieder des Personals des Völkerbundes im jeweiligen Mitgliedstaat geschlossen hat. Das Fehlen weiterer bilateraler Abkommen lag wohl darin begründet, dass es am Anfang des 20. Jahrhunderts zur Zeit des Völkerbundes in der Staatengemeinschaft üblich war, dass kein Mitgliedstaat einer internationalen Organisation Einkommensteuern auf das aus dem Ausland stammende Einkommen seiner Staatsangehörigen, die Mitglieder des Personals des Völkerbundes

404 Siehe zur besonderen Behandlung der Mitglieder des Personals einiger internationaler Organisationen: F.III.6.b)aa).

405 Vgl. § 1 der Verordnung über die Gewährung von Steuerbefreiungen an das Deutsch-Französische Jugendwerk, BGBl. II 1983, 434.

waren, erhob.[406] Gemäß der damaligen Staatenpraxis und Rechtsüberzeugung liegt es mithin nahe, anzunehmen, dass eine gewohnheitsrechtliche Verpflichtung der Mitgliedstaaten des Völkerbundes, die von einer internationalen Organisation gezahlten Gehälter von nationaler Steuer zu befreien, bestanden hatte. Es ist jedoch mehr als fraglich, ob diese gemeinsame Übung und Rechtsüberzeugung auch heute noch von der Mehrheit der Mitgliedstaaten von internationalen Organisationen geteilt wird.

cc) Bericht des CCJ von 1969

Im Gegensatz zur Frage einer gewohnheitsrechtlichen Verpflichtung der Mitgliedstaaten zugunsten von internationalen Organisationen enthält der Bericht des CCJ keine Aussage zu der Frage, ob es eine gewohnheitsrechtliche Pflicht gibt bzw. gab, den Mitgliedern des Personals von internationalen Organisationen fiskalische Immunitäten zu gewähren. Der Bericht verweist jedoch darauf, dass die Führungskräfte internationaler Organisationen die gleichen Rechte wie Diplomaten erhalten sollen. Ausdrücklich erwähnt der Bericht, dass sich die Gleichbehandlung der Führungskräfte auch auf solche Rechte der Diplomaten beziehe, die diesen lediglich aufgrund von Gewohnheitsrecht zustünden.

Mithin geht aus dem Bericht hervor, dass zumindest den Führungskräften auf gewohnheitsrechtlicher Basis in demjenigen Umfang Steuerbefreiungen zustehen könnten, in dem Diplomaten Befreiung von der Besteuerung genießen.[407]

dd) Zwischenergebnis: Völkerrechtspraxis

Eine einheitliche Staatenpraxis oder gar eine gemeinsame Überzeugung, die Gehälter der Mitglieder des Personals der internationalen Organisationen von nationaler Einkommensteuer zu befreien, ist nicht ersichtlich.[408] Mithin lässt sich diesbezüglich kein Gewohnheitsrechtsatz ermitteln.

---

406 *Ranshofen-Wertheimer*, The International Secretariat, S. 267. Dieser führt weiter aus, dass die Besteuerung der Gehälter der Mitglieder des Personals durch einzelne Mitglieder des Völkerbundes zu schwerwiegenden Problemen im Haushalt des Völkerbundes hinsichtlich der Sicherstellung eines angemessenen Gehaltsniveaus unter den Mitgliedern des Personals führen würde. Der Völkerbund zahlte nämlich jedem einzelnen Mitglied des Personals in der Annahme der Steuerbefreiung dieser Zahlungen ein Gehalt auf Basis eines angemessenen Nettolohns.

407 Council of Europe, Committee of Ministers, Addendum to the Report of the Sub-Committee on Privileges and Immunities of International Organization, revised and approved by the European Committee on Legal Co-operation (CCJ) at its 11th meeting of the 2–6 June 1969 (Addendum to CM (69) 92) Rn 86.

408 Zur Vermeidung von Wiederholungen hinsichtlich der Hinweise auf eine gewohnheitsrechtliche Pflicht zugunsten der Mitglieder des Personals aus der nationalen Gesetzgebung, vgl. die gemeinsame Darstellung unter: D.II.1.b)dd).

b) *Rechtsprechung und Finanzverwaltung*

aa) *ILO Administrative Tribunal*

Das ILO Administrative Tribunal (ILOAT) beschäftigte sich in einigen Urteilen mit der fiskalischen Immunität der Mitglieder des Personals von internationalen Organisationen.

In einem Urteil von 2001 bezeichnete das Gericht die Befreiung der Gehaltszahlungen einer internationalen Organisation von nationaler Steuer als eine wesentliche Bedingung des Arbeitsverhältnisses.[409] In einem weiteren Urteil aus dem Jahr 2003, das sich mit derselben internationalen Organisation befasste, entschied das Gericht, dass eine internationale Organisation nicht das Recht habe, durch bilaterale Verträge mit ihren Mitgliedstaaten die Steuerbefreiung einzelner Mitglieder des Personals zu beschränken. Gemäß dem Sachverhalt dieses Urteils hatte die internationale Organisation mit dem steuerberechtigten Staat des Klägers, der bei der internationalen Organisation angestellt war, einen bilateralen Vertrag über das Verfahren zur Erstattung der von dem steuerberechtigten Staat erhobenen Einkommensteuer auf die von der internationalen Organisation gezahlten Gehälter geschlossen. In diesem Vertrag regelten die Parteien, dass dem jeweils betroffenen Mitglied des Personals die erhobene und gezahlte Steuer durch die internationale Organisation erstattet wird. Die Höhe der Erstattung beschränkte sich laut dem Vertrag jedoch auf denjenigen Betrag, den die internationale Organisation von dem steuerberechtigten Staat erhielt. Die Richter stellten in ihrem Urteil fest, dass der Grundsatz der Steuerbefreiung der Gehälter der Mitglieder des Personals von internationalen Organisationen „*fundamental to the law of international civil service*“[410] sei und deshalb Vereinbarungen zwischen der internationalen Organisation und ihren Mitgliedstaaten, die diesen Grundsatz potentiell einschränkten, nicht durchsetzbar seien. Die Formulierungen „*essential condition*“[411] und „*fundamental principle*“[412], die von dem Gericht jeweils in Bezug auf die Gewährung von Steuerbefreiungen gewählt wurden, legen nahe, dass nach dem Grundverständnis des ILO Administrative Tribunal ein ungeschriebener Rechtssatz existiert, der verbietet, dass die Gehälter und Bezüge der Mitglieder des Personals von internationalen Organisationen durch den steuerberechtigten Staat mit Steuern belastet werden. Das Gericht begründete seine Entscheidungen zugunsten der fiskalischen Immunität der Mitglieder des Personals mit dem bereits erörterten Grundsatz der Funktionalität internationaler Organisationen.[413] In einem späteren Urteil vom 6. Juli 2005 nimmt das ILO Ad-

409 Vgl.: „*essential condition of employment*“, ILOAT Judgment No. 2032 (*Krutzsch*) Tz 17; auch zitiert in ILOAT Judgment No. 2256 Tz 13.

410 ILOAT Judgment No. 2256 Tz 12, 15.

411 Bzw. „grundlegendes Prinzip“.

412 Hiermit wird die wesentliche Bedingung im Rahmen der Beschäftigung bei einer internationalen Organisation beschrieben.

413 Beide Urteile verweisen darauf, dass die Gewährung von Steuerbefreiungen einen wichtigen Faktor für die Sicherstellung der Unabhängigkeit und Objektivität

ministrative Tribunal explizit zur Frage der gewohnheitsrechtlichen Verpflichtung, Steuerbefreiung auf die von einer Organisation gezahlten Gehälter zu gewähren, Stellung. In diesem Urteil stellt das Gericht fest, dass ohne einen völkerrechtlichen Vertrag, der die Pflicht zur Gewährung von einer Steuerbefreiung vorsieht, der einzelne steuerberechtigte Staat weder aufgrund von Gewohnheitsrecht noch durch völkerrechtliche Verträge verpflichtet sei, auf die Besteuerung der Gehälter der Mitglieder des Personals einer internationalen Organisation zu verzichten.[414] Diese Aussage ist jedoch für die vorliegende Fragestellung lediglich eingeschränkt verwertbar, da in dem letztgenannten Urteil auf Klägerseite keine Mitglieder des Personals einer internationalen Organisation vertreten waren. Die Kläger standen im Dienst der Internationalen Rotkreuz- und Rothalbmond-Bewegung, welche als *non-governmental organisation* qualifiziert.[415] Da auch innerhalb des Urteils ausdrücklich zwischen der streitgegenständlichen Organisation und einer internationalen Organisation (*intergovernmental organisation*) unterschieden wird, ist die Verneinung der Existenz eines Gewohnheitsrechtssatzes nicht vollumfänglich auf die vorliegende Situation übertragbar.

Abschließend ist mithin festzustellen, dass innerhalb der Rechtsprechung des ILO Administrative Tribunal keine einheitliche bzw. eindeutige Position im Hinblick auf die Beantwortung der Frage nach dem Bestehen einer gewohnheitsrechtlichen Verpflichtung der Mitgliedstaaten zugunsten der Mitglieder des Personals einer internationalen Organisation zu ermitteln ist. Die Qualifikation der Steuerbefreiung als „wesentliche Bedingung im Rahmen der Beschäftigung bei einer internationalen Organisation" bzw. als „grundlegendes Prinzip" lässt jedoch zumindest die Tendenz erkennen, eine gewohnheitsrechtliche Verpflichtung der Mitgliedstaaten bejahen zu wollen.

bb) Nationale Rechtsprechung bzw. Schiedsgerichtsbarkeit

In dem bereits erwähnten Schiedsspruch aus dem Verfahren zwischen dem EMBL und der Bundesrepublik Deutschland aus dem Jahr 1990 äußerte sich das Schiedsgericht nicht zu der Frage, ob ein Völkergewohnheitsrechtssatz mit dem Inhalt besteht, dass internationalen Organisationen und den Mitgliedern ihres Personals für ihre amtlichen Handlungen und Tätigkeiten Steuerbefreiungen zustehen. Das Schiedsgericht entschied die Frage der Besteuerung der Einkünfte des EMBL, die aus dem Betrieb eines Gästehauses und einer Kantine stammten, allein anhand der Bestimmungen des bestehenden Sitzstaatabkommens zwischen EMBL und der Bundesrepublik Deutschland und stellte fest:

---

der Mitglieder des Personals einer internationalen Organisation darstellt: vgl. *„important guarantee of independence and objectivity"*, ILOAT Judgment No. 2032 (*Krutzsch*) Tz 17; ILOAT Judgment No. 2256 Tz 13.

414 ILOAT Judgment No. 2450 Tz 11.

415 Ebenda.

„It (...) does not appear to the Arbitration Tribunal to be necessary to make a general statement as to whether in addition to the specific rules of the HQA rules of customary law on privileges and immunities of international organizations had to be applied.“[416]

Das Schiedsgericht thematisierte in dem Schiedsspruch auch den Umfang der fiskalischen Immunitäten der Führungskräfte einer internationalen Organisation.

Im vorliegenden Fall war insbesondere das Verhältnis zweier Normen des Sitzstaatabkommens streitig: Gemäß Artikel 19 des Sitzstaatabkommens genießt der Generaldirektor des EMBL die gleichen Immunitäten, wie sie Diplomaten zustehen. Hierunter fallen gemäß Artikel 36 Abs. 1 lit. b WÜD u. a. auch die Befreiung von Zöllen und Einfuhrumsatzsteuer auf Waren, die dem persönlichen Gebrauch des Diplomaten dienen. Artikel 10 des Sitzstaatabkommens schließt explizit sowohl für den Generaldirektor als auch für die weiteren Mitglieder des Personals des EMBL Zollfreiheit und Befreiung von der Einfuhrumsatzsteuer, die in Artikel 7 und 8 des Sitzstaatabkommens geregelt sind, aus. Das Schiedsgericht musste die Frage über das Verhältnis beider Normen nicht entscheiden, da die Richter zu dem Schluss kamen, dass sich die Parteien im Nachgang des Abschlusses des Sitzstaatabkommens in einem Briefwechsel auf die Auslegung des Abkommens verständigt hatten und dem Generaldirektor somit umfassende Immunitäten zustehen sollten. Im Zuge der Herleitung dieses Ergebnisses äußerte sich das Schiedsgericht zu der Frage, ob es einen Gewohnheitsrechtssatz gibt, der besagt, dass die Führungskräfte einer internationalen Organisation uneingeschränkt diejenigen Immunitäten genießen, die auch diplomatischen Vertretern zugestanden werden. Das Schiedsgericht kam zu dem Ergebnis, dass sich hinsichtlich der Frage des Umfangs der Immunitäten von Führungskräften einer internationalen Organisation kein Gewohnheitsrecht ausgebildet habe. Die Richter begründeten ihre Auffassung mit der Feststellung, dass sich zum Umfang der Immunitäten in der völkerrechtlichen Vertragspraxis keine einheitlichen Regelungen erkennen ließen. Vielmehr wiesen die Vorschriften zum Umfang der Immunitäten der Führungskräfte einer internationalen Organisation eine Vielfältigkeit und Unterschiedlichkeit („*variety and diversity*“) auf.[417] In ihrer Begründung verwiesen sie auf noch auf weitere Gründe, die gegen eine Ausbildung eines Gewohnheitsrechtssatzes sprechen, ohne diese aber näher darzulegen.

Die Feststellung, dass keine gewohnheitsrechtliche Verpflichtung der Mitgliedstaaten von internationalen Organisationen besteht, den Führungskräften dieser diplomatische Immunitäten zu gewähren, bleibt die einzige eindeutige Aussage des Schiedsgerichts zu der Frage der Existenz von Gewohnheitsrecht auf dem Gebiet der Immunitäten der internationalen Organisationen bzw. der Mitglieder ihres Personals.

416 *EMBL v. Germany*, Schiedsspruch vom 29. Juni 1990, ILR Vol. 105, 1 (21).
417 *EMBL v. Germany*, Schiedsspruch vom 29. Juni 1990, ILR Vol. 105, 1 (56).

cc) *Deutsche Finanzverwaltung*

Die Oberfinanzdirektion Frankfurt verfügte mit Schreiben vom 4. März 2008, dass

> *„(d)ie Vorschriften über die Gewährung von Vorrechten und Befreiungen an zwischenstaatliche Organisationen (...) in einer Reihe von Fällen auch die Befreiung der von den Organisationen an ihre Bediensteten gezahlten Gehälter und Bezüge von der nationalen Einkommensteuer vor(sehen).“*[418]

Die Oberfinanzdirektion Berlin stellt einleitend in ihrem Erlass vom 13. November 2014 fest, dass in dem Fall, dass

> *„das jeweilige Abkommen/Protokoll keine Steuerbefreiung vor(sieht), (...) nach allgemeinen DBA-Grundsätzen zu prüfen“*

ist, welcher Staat steuerberechtigt ist.[419]

Diese beiden Verfügungen der Oberfinanzdirektionen zeigen auf, dass innerhalb der Finanzverwaltung der Bundesrepublik Deutschland die Vorstellung vorherrscht, dass Steuerbefreiungen der Mitglieder des Personals internationaler Organisationen ausschließlich in völkerrechtlichen Verträgen der Bundesrepublik Deutschland mit den internationalen Organisationen begründet liegen können.

dd) *Zwischenergebnis: Rechtsprechung und Finanzverwaltung*

Zusammenfassend ist festzustellen, dass es in der Rechtsprechung an Urteilen zu der Frage eines Gewohnheitsrechtssatzes zugunsten der Mitglieder des Personals von internationalen Organisationen mangelt und daher weder eine einheitliche Staatenpraxis zu erkennen ist, noch eine übereinstimmende Rechtsüberzeugung der Mitgliedstaaten der internationalen Organisationen ermittelt werden kann. Die Verwaltungsverlautbarungen der deutschen Finanzbehörden unterstützen dieses Ergebnis indem sie darauf hindeuten, dass die Verwaltung nicht von einer gewohnheitsrechtlichen Verpflichtung der Bundesrepublik Deutschland ausgeht, die an die Mitglieder des Personals gezahlten Gehälter von nationaler Einkommensteuer zu befreien.

c) *Völkerrechtsliteratur*

In der Völkerrechtsliteratur haben sich eine Vielzahl von sich teilweise lediglich geringfügig unterscheidenden Auffassungen zu der Frage nach dem Bestehen einer

418 OFD Frankfurt am Main, Verfügung betreffend die steuerliche Vorrechte und Befreiungen aufgrund zwischenstaatlicher Vereinbarungen; Anwendung des Progressionsvorbehalts bei steuerbefreiten Gehältern von Bediensteten internationaler Organisationen vom 4.3.2008 – S 1311 A – 3 – St 58.

419 FSen Berlin, Erlass betreffend die Steuerfreiheit und Progressionsvorbehalt bei Gehältern und Bezügen von Bediensteten internationaler Organisationen vom 13.11.2014 – III A – S 1311–5/2007.

gewohnheitsrechtlichen Verpflichtung, den Mitgliedern des Personals internationaler Organisationen, Steuerbefreiungen zu gewähren, herausgebildet.

aa) Keine gewohnheitsrechtliche Verpflichtung

Einige Autoren verneinen die Existenz einer gewohnheitsrechtlichen Verpflichtung der Staaten gegenüber den Mitgliedern des Personals internationaler Organisationen.[420] Sie verweisen auf den Grundsatz der Souveränität der Staaten, der sich auch in der Steuerhoheit der einzelnen Staaten äußere. Zudem unterschieden sich die Steuerbefreiungen aufgrund des funktionalen Charakters dieser nach Art und Umfang stark, weshalb die Ausbildung von Gewohnheitsrecht nicht möglich sei.[421]

Schließlich führen die Gegner einer gewohnheitsrechtlichen Verpflichtung der Mitgliedstaaten an, dass es für souveräne Staaten bereits keine völkerrechtliche Pflicht geben könne, Abkommen zur Vermeidung von Doppelbesteuerung abzuschließen.[422] Aus dem zuletzt geäußerten Gedanken ist abzuleiten, dass die Mitgliedstaaten erst recht nicht ohne vertragliche Grundlage, verpflichtet sein können, fiskalische Immunitäten zu gewähren.

bb) Verpflichtung aufgrund des Grundsatzes von Treu und Glauben

Eine andere Auffassung sieht in der Beziehung zwischen Sitzstaat und internationaler Organisation die Verpflichtung des Sitzstaates begründet, Steuerbefreiungen an die Mitglieder des Personals internationaler Organisationen zu gewähren. Diese Verpflichtung folge aus dem Grundsatz von Treu und Glauben und beruhe auf der Sicherstellung der Funktionalität der Arbeit von internationalen Organisationen. Maßgebliche Beweggründe für die Gewährung von Steuerbefreiungen an die Mitglieder des Personals sei die (finanzielle) Gleichbehandlung der Mitgliedstaaten.[423]

Eine gewohnheitsrechtliche Verpflichtung zur Steuerbefreiung verneinen die Vertreter dieser Ansicht.

cc) Pflicht zum Abschluss von völkerrechtlichen Verträgen

Im Gegensatz zu den Autoren, die auf eine Verpflichtung zur Gewährung von Steuerbefreiungen aufgrund des Grundsatzes von Treu und Glauben verweisen und die Existenz von Gewohnheitsrecht verneinen, erkennt der Vertreter der vor-

---

420 Urteilsanmerkung von *Grunsky* zu BAG, 5 AZR 399/72 – AP, Artikel 25 GG Nr. 3. Dieses Urteil beschäftigt sich mit der Befreiung von nationaler Gerichtsbarkeit. *Grunsky* bezieht sich in seinen Anmerkungen jedoch generell auf Immunitäten von Mitgliedern des Personals einer internationalen Organisation.

421 *Hailbronner*, JZ 1998, 283 (286); *Ruffert/Walter*, Institutionalisiertes Völkerrecht, § 5 Rn 184.

422 *Norr*, Tax Law Review 1961–1962, 431

423 *Cahier*, Etude 1959, 310 f.: zitiert in: *Martha*, Tax Treatment of International Civil Servants, S. 203.

liegenden Auffassung, *Kramer*, grundsätzlich eine gewohnheitsrechtliche Pflicht der Mitgliedstaaten an. Er begründet seine Position damit, dass es eine gemeinsame *opinio iuris* der Mitgliedstaaten einer internationalen Organisation gebe, eine rationale, widerspruchsfreie Gehaltspolitik der internationalen Organisationen sicherzustellen. Dies sei allein durch die Gewährung der Steuerbefreiung der Gehälter der Mitglieder des Personals internationaler Organisationen zu erreichen. Der Inhalt dieser Verpflichtung sei jedoch dahingehend zu modifizieren, dass der Mitgliedstaat bzw. der innerstaatliche Rechtsanwender nicht unmittelbar zur Vornahme der Steuerbefreiungen verpflichtet sei. Vielmehr gebe es lediglich eine Verpflichtung, völkerrechtliche Verträge über die Gewährung von Immunitäten an die Mitglieder des Personals der internationalen Organisationen entweder zwischen den Mitgliedstaaten oder mit der jeweiligen internationalen Organisation abzuschließen.[424] *Kramer* nimmt somit eine gewohnheitsrechtliche Pflicht *de contrahendo* an, die er darin begründet sieht, dass die Mitgliedstaaten, wenn sie ohne einen zugrundeliegenden völkerrechtlichen Vertrag Steuerbefreiungen gewährten, „über das Ziel hinausschießen" würden.[425] Nach seiner Überzeugung falle die Abwägungsentscheidung über die Existenz und den Umfang des Gewohnheitsrechtssatzes zwischen staatlichen und überstaatlichen Belangen zugunsten des staatlichen Interesses aus, da die staatliche Souveränität der Mitgliedstaaten stärker zu gewichten sei. Deshalb sei den internationalen Organisationen und den Mitgliedern ihres Personals lediglich eine mittelbare Steuerbefreiung zu gewähren. Zudem spreche für diese modifizierte Pflicht der Gedanke der Gegenseitigkeit zwischen den Mitgliedstaaten einer internationalen Organisation. Auch führt er an, dass im Interesse der Rechtssicherheit und der Vereinfachung des Steuerfestsetzungsverfahrens, keine gewohnheitsrechtliche Pflicht bestehen müsse, die internationale Organisation und die Mitglieder ihres Personals von direkter Besteuerung zu befreien.[426]

dd) Pflicht zur Gewährung von fiskalischen Immunitäten

Schließlich tendieren einige wenige Autoren dazu, den Mitgliedern des Personals internationaler Organisationen Steuerbefreiungen aufgrund eines Gewohnheitsrechtssatzes zu gewähren.[427] Die Gewährung von Steuerbefreiung auf die von der internationalen Organisation gezahlten Gehälter wird gemeinhin als „festes Ele-

---

424 *Kramer*, Besteuerung der Bediensteten, S. 69 f., beschäftigt sich in seiner Arbeit nur mit der fiskalischen Immunität der Mitglieder des Personals einer internationalen Organisation, sodass er diese Schlussfolgerung auch nur in Bezug auf die fiskalische Immunität der Mitglieder des Personals trifft.

425 *Kramer*, Besteuerung der Bediensteten, S. 70.

426 Siehe zur gesamten Argumentation: *Kramer*, Besteuerung der Bediensteten, S. 69 ff.

427 *Martha*, Tax Treatment of International Civil Servants, S. 79.

ment"[428] oder „wesentliche Bedingung"[429] des internationalen öffentlichen Dienstes angesehen. Die Vertreter dieser Ansicht argumentieren, dass die Steuerbefreiung der Gehälter der Mitglieder des Personals die einzige einheitliche Regelung sei, die von allen Staaten anerkannt und umgesetzt werde.[430] Allerdings fehlt es im Schrifttum an einschlägigen Referenzen aus der Staatenpraxis, die diesen Ansatz unterstützten und ggf. einen Hinweis auf eine dahingehende *opinio iuris* geben könnten. *Martha* verweist in ihrer Argumentation hauptsächlich auf das Bestehen von einheitlichen Regelungen in den Gründungsverträgen universeller internationaler Organisationen wie z. B. ILO, den Vereinten Nationen, Europarat oder OECD.

Unabhängig von der Beantwortung der umstrittenen Frage hinsichtlich der Voraussetzungen des Nachweises eines Gewohnheitsrechtssatzes enthalten die zitierten völkervertraglichen Bestimmungen keine ausdrückliche Pflicht der Mitgliedstaaten, den Mitgliedern des Personals der internationalen Organisationen Steuerbefreiungen zu gewähren.

Die einzelnen Regelungen in den völkerrechtlichen Gründungsrechtsakten statuieren stattdessen vielmehr allgemein den internationalen Charakter der Tätigkeiten der Mitglieder des Personals der internationalen Organisation. So verpflichten sich die Mitgliedstaaten z. B.,

> *„den ausschließlich internationalen Charakter der Verantwortung des Generalsekretärs und der sonstigen Bediensteten zu achten und nicht zu versuchen, sie bei der Wahrnehmung ihrer Aufgaben zu beeinflussen."*[431]

Da eine einheitliche Völkervertragspraxis möglicherweise noch nicht einmal als Nachweis für die Existenz einer einheitlichen Staatenpraxis im Rahmen der Ermittlung der Ausbildung einer gewohnheitsrechtlichen Verpflichtung ausreicht, sprechen die lediglich allgemein formulierten völkervertraglichen Regelungen nicht für eine gewohnheitsrechtliche Verpflichtung der Mitgliedstaaten zugunsten der Steuerbefreiung der Gehälter und Bezüge der Mitglieder des Personals von internationalen Organisationen.

---

428 *Kramer*, Besteuerung der Bediensteten, S. 23.

429 *Ullrich*, Das Dienstrecht der Internationalen Organisationen, S. 59.

430 *Rodley*, The Yearbook of World Affairs 1972, 314 (324).

431 Artikel 100 Abs. 2 UN-Charta. Siehe auch die englische Fassung: *„Each member of the United Nations undertakes to respect the exclusively international character of the responsibilities of the Secretary-General and the staff and not seek to influence them in the discharge of their responsibilities."* So auch: Artikel 9 Abs. 5 des Verfassung der ILO vom 9.10.1946, 15 UNTS 40 = BGBl. II 1957, 318 ff. Ein vergleichbarer Wortlaut findet sich auch in Artikel 36 lit. f der Satzung des Europarates vom 5.5.1949, 87 UNTS 103 = ETS No. 1.

ee) *Zwischenergebnis der Literaturstimmen*

Innerhalb des völkerrechtlichen Schrifttums gibt es eine Tendenz, die Existenz einer gewohnheitsrechtlichen Verpflichtung zugunsten der Mitglieder des Personals internationaler Organisationen zu verneinen.

d) *Zusammenfassung der Ergebnisse*

Eine einheitliche Staatenpraxis oder gar eine gemeinsame Rechtsüberzeugung der Mitgliedstaaten internationaler Organisationen, die Gehälter der Mitglieder des Personals der internationalen Organisationen von nationaler Einkommensteuer zu befreien, ist nicht zu ermitteln. Auch ist im Gegensatz zu der steuerlichen Behandlung der internationalen Organisationen bisher keine Tendenz in Bezug auf die zukünftige Entwicklung eines entsprechenden Gewohnheitsrechtssatzes zu erkennen.

3. Gewohnheitsrechtssatz: Steuerbefreiung der internationalen Organisation bzw. der Mitglieder ihres Personals durch Drittstaaten

Es besteht weder eine gefestigte Staatenpraxis noch ist eine *opinio iuris* zu ermitteln, die auf die gewohnheitsrechtliche Verpflichtung eines Drittstaates[432], Steuerbefreiungen an internationale Organisationen bzw. die Mitglieder ihres Personals zu gewähren, hindeutet.[433]

III. Zusammenfassung und Stellungnahme

1. Gewohnheitsrechtliche Verpflichtung zugunsten von internationalen Organisationen

Die an internationale Organisationen zu gewährenden Immunitäten bewegen sich im Rahmen der funktionellen Notwendigkeit dieser Befreiungen. Sie richten sich nach dem für jede internationale Organisation individuell zu bestimmenden Aufgabenbereich. Nach dem Grundsatz der Funktionalität sollte mithin allen internationalen Organisationen unabhängig von ihren originär in dem jeweiligen Gründungsvertrag zugewiesenen Aufgaben grundsätzlich Unabhängigkeit gewährt werden. Da dieser Schutz v.a. durch die Befreiung von direkten Steuern erreicht

---

432 Als Drittstaaten sind diejenigen Staaten, die nicht selbst Mitglied derjenigen internationalen Organisation sind, deren fiskalische Immunitäten in Rede stehen, zu qualifizieren. Ein Drittstaat kann als Sitzstaat einer internationalen Organisation fungieren.

433 So auch *Kramer*, Besteuerung der Bediensteten, S. 72. Gegen eine gewohnheitsrechtliche Verpflichtung von Drittstaaten siehe auch: Schiedsgerichtsurteil vom 25.2.1967, *Commission of the European Atomic Energy Community (Euratom) v. UK Atomic Energy Authority*, RIAA Vol. XVIII, 497 ff. (510)..

werden kann, sprechen gute Gründe für das Bestehen eines inhaltsgleichen Gewohnheitsrechtssatzes. Im Bereich der indirekten Steuern besteht hingegen eindeutig keine gewohnheitsrechtliche Verpflichtung.[434]

Die Kritiker einer gewohnheitsrechtlichen Verpflichtung weisen darauf hin, dass der Umfang der zu gewährenden Immunitäten für jeden Einzelfall bestimmt werden müsse. Dieses Argument überzeugt jedoch nicht, da die fiskalischen Immunitäten zu denjenigen Immunitäten zählen, die allen internationalen Organisationen unabhängig von ihren individuellen Aufgaben zustehen. Ohne diese Basisimmunitäten würde eine effektive Aufgabenwahrnehmung durch die einzelnen internationalen Organisationen nicht gewährleistet werden können. Mithin bedarf es vor dem Hintergrund des Grundsatzes der Funktionalität für die Befreiung der internationalen Organisationen von direkten Steuern keiner individuellen Prüfung der Notwendigkeit der Gewährung der fiskalischen Immunität. Da innerhalb der völkerrechtlichen Vertragspraxis und der einschlägigen Literatur eine große Einigkeit im Hinblick auf die Rechtfertigung der Gewährung von fiskalischen Immunitäten an internationale Organisationen herrscht, läge es mithin nahe, das Bestehen einer gewohnheitsrechtlichen Verpflichtung der Sitzstaaten zugunsten von internationalen Organisationen zu bejahen. Obschon dieses Ergebnis zu begrüßen ist, besteht bisher weder eine eindeutige Staatenpraxis noch ist eine allgemeine Rechtsüberzeugung der Mitgliedstaaten zugunsten einer diesbezüglichen gewohnheitsrechtlichen Verpflichtung zu ermitteln.

2. Gewohnheitsrechtliche Verpflichtung zugunsten von Mitgliedern des Personals

Gemäß der oben dargelegten Quellenlage lässt sich keine gewohnheitsrechtliche Verpflichtung der Mitgliedstaaten einer internationalen Organisation feststellen, die von den internationalen Organisationen an die Mitglieder ihres Personals gezahlten Gehälter und Bezüge von nationaler Einkommensteuer zu befreien. Vor dem Hintergrund, dass einige internationale Organisationen regelmäßig die ggf. von dem Mitglied des Personals gezahlte nationale Einkommensteuer auf die erhaltenen Gehaltszahlungen erstatten, wird deutlich, dass es seitens der jeweiligen internationalen Organisation gewünscht ist, das Mitglied des Personals im Umfang seiner Einkünfte aus der Tätigkeit für die internationale Organisation von der Besteuerung durch die betroffenen Mitgliedstaaten zu befreien.

Somit ist anzunehmen, dass mit Blick auf die Sicherstellung der Funktionalität der internationalen Organisation diesbezüglich ein großer Konsens besteht. Deshalb ist es wünschenswert, wenn sich zukünftig verstärkt eine einheitliche Staatenpraxis ausbildete, die Mitglieder des Personals internationaler Organisationen im Umfang ihrer Gehälter und Bezüge von nationaler Besteuerung zu befreien.

---

434 So sind die Mitgliedstaaten gewohnheitsrechtlich nicht verpflichtet, z. B. im Rahmen von Vergütungsverfahren die internationalen Organisationen von indirekten Steuern zu entlasten.

3. Gewohnheitsrechtliche Verpflichtung der Drittstaaten

Die vorliegend analysierten Quellen enthalten keinen Hinweis auf das Bestehen einer gewohnheitsrechtlichen Verpflichtung von Drittstaaten, fiskalische Immunitäten an internationale Organisationen und/oder an die Mitglieder ihres Personals zu gewähren. Da die Gründe für die Gewährung von fiskalischen Immunitäten insbesondere aus der Sphäre der Mitgliedstaaten einer internationalen Organisation stammen, ist dieses Ergebnis folgerichtig.

E. Vergleich der völkervertraglich gewährten fiskalischen Immunitäten

I. Liste der zu untersuchenden internationalen Organisationen

Wie bereits in der Einleitung dargelegt, befasst sich die vorliegende Arbeit mit den fiskalischen Immunitäten, die den folgenden in der Bundesrepublik Deutschland ansässigen zwanzig internationalen Organisationen sowie den jeweiligen Mitgliedern ihres Personals gewährt werden.[435] Zu den zwanzig internationalen Organisationen gehören:

- die Arabische Liga[436]
- die Asiatische Entwicklungsbank[437]
- das Deutsch-Französische Jugendwerk[438]
- das Deutsch-Polnische Jugendwerk[439]
- die Europäische Agentur für Flugsicherheit[440]

---

435 Vgl. die Liste der internationale Organisationen in Deutschland, die nicht den Vereinten Nationen angehören; Stand: 9.3.2016; http://www.auswaertiges-amt.de/sid_E63921AF57AAB728A0126D47A9A6622B/DE/Aussenpolitik/Friedenspolitik/VereinteNationen/03_VN_in_DEU/Hintergrund_Nicht-UN-Organisationen.html?nn=658340 (zuletzt abgerufen am 13.12.2016).

436 Die Arabische Liga oder auch die Liga der Arabischen Staaten ist ein Zusammenschluss von derzeit 22 Mitgliedstaaten (Syrien wurde ausgeschlossen) mit dem Ziel einer Koordination gemeinsamer politischer, wirtschaftlicher, sozialer und kultureller Interessen sowie einer Kooperation auf diesen Gebieten. Darüber hinaus soll die Unabhängigkeit und Souveränität der Mitgliedstaaten und der arabischen Außeninteressen gewahrt werden, (vgl. Artikel 2 der Charta der Arabischen Liga vom 22. März 1945, Übersetzung abgedruckt in: *Hassouna*, The League of Arab States and Regional Disputes S. 407).

437 Die ADB ist eine Institution, die sich der Finanzierung regionaler Entwicklung in Asien widmet.

438 Das Deutsch-Französische Jugendwerk mit Sitz in Berlin und Paris hat es sich zur Aufgabe gemacht, Verbindungen zwischen jungen Menschen in Deutschland und Frankreich auszubauen und ihr Verständnis füreinander zu vertiefen.

439 Das Deutsch-Polnische Jugendwerk mit Sitz in Potsdam und Warschau widmet sich ebenso wie das Deutsch-Französische Jugendwerk der Förderung der Kontaktaufnahme zwischen polnischen und deutschen jungen Menschen.

440 Die EASA hat die Aufgabe, einheitliche Sicherheits- und Umweltstandards auf europäischer Ebene zu erstellen und zu überwachen. Sie leistet technische Beratung, Ausbildung und Forschung und gibt Empfehlungen an die EU-Kommission auf den Gebieten Flugsicherheit und internationale Abkommen.

- die Europäische Aufsichtsbehörde für das Versicherungswesen und die betriebliche Altersvorsorge[441]
- das Europäische Laboratorium für Molekularbiologie[442]
- das Europäische Patentamt[443]
- das Europäische Astronautenzentrum[444]
- das Europäische Operationszentrum für Weltraumforschung[445]
- die Europäische Organisation für astronomische Forschung in der südlichen Hemisphäre[446]
- die Europäische Organisation für die Nutzung meteorologischer Satelliten[447]
- die Deutsche Vertretung der Europäischen Kommission[448]
- die Europäische Zentralbank[449]
- der Welttreuhandfonds für Kulturpflanzenvielfalt[450]
- die Internationale Organisation für Migration[451]
- das IRENA Innovations- und Technologiezentrum[452]

---

441 EIOPA ist eine Agentur der EU.

442 Kernaufgaben des EMBL sind neben der molekularbiologischen Grundlagenforschung die Ausbildung und die Entwicklung neuer Instrumente und Methoden für die Biowissenschaften sowie aktiver Technologietransfer.

443 Das EPA ist das Exekutivorgan der Europäischen Patentorganisation (EPO).

444 Das Zentrum ist Teil der Weltraumbehörde ESA.

445 Das *European Space Operations Centre* (ESOC) ist das Satellitenkontrollzentrum der Weltraumbehörde ESA.

446 ESO ist die führende europäische Organisation für Weltraumforschung.

447 EUMETSAT betreibt geostationäre Satelliten über Europa und Afrika sowie über dem Indischen Ozean.

448 Die EU-Kommission ist ein Organ der EU und unterhält in jedem Mitgliedstaat Regionalbüros. Die heutige Regionalvertretung wurde als erstes Vertretungsbüro in der Geschichte der Europäischen Kommission in Bonn eröffnet. Heute hat sie ihren Sitz in Berlin.

449 Die EZB ist ein Organ der EU.

450 Der GCDT entwickelt regionale Strategien zum Erhalt der Kulturpflanzenvielfalt.

451 Das Zwischenstaatliche Komitee für Europäische Auswanderung (ehemals: ICEM, jetzt: IOM) wurde ohne förmliche Satzungsänderung durch die Entschließungen Nr. 624 (XLV) vom 20.11.1980 und Nr. 637 (XLVII) vom 3.12.1981 vom 20.5.1987 in „Zwischenstaatliches Komitee für Auswanderung“ umbenannt. Durch Entschließung Nr. 724 (LV) vom 20.5.1987 wurde die Internationale Organisation für Migration errichtet und die dazugehörige Satzung umbenannt in „Satzung der Internationalen Organisation für Wanderung“, BGBl. II 1989, 55. Die IOM widmet sich umfassend der Thematik Migration. Sie unterstützt die Aus- und Weiterwanderung, die Integration der Migranten und fördert die durch Migration entstandene wirtschaftliche und soziale Entwicklung.

452 IRENA (*International Renewable Energy Agency*) berät Staaten bei der Einführung von Erneuerbaren Energien. IITC, das Innovations- und Technologiezentrum (*Innovation and Technology Centre*) von IRENA, mit Sitz in Bonn hat zum Ziel, die Nutzung von erneuerbare Energie-Technologien zu beschleunigen. Das

- die Agentur für Entwicklung, Produktion und logistische Betreuung der Waffensysteme EF 2000 und Tornado[453]
- die Gemeinsame Organisation Rüstungskooperation[454] sowie
- das OECD-Berlin Centre[455].

II. Typologie der internationalen Organisationen

Als Kriterien zur Kategorisierung der vorliegend untersuchten internationalen Organisationen bieten sich sowohl der geografische Wirkungskreis, die Mitgliedschaftsstruktur als auch das Tätigkeitsfeld der einzelnen internationalen Organisationen an.[456]

Im Rahmen der Kategorie des geografischen Wirkungskreises ist zwischen universellen und regionalen Organisationen zu unterscheiden. Die Vereinten Nationen sowie die mit ihr verbundenen Organisationen, aber auch die IOM mit 149 Mitgliedern stellen Beispiele von universellen internationalen Organisationen dar, die sich durch eine Vielzahl von Mitgliedern auszeichnen und mithin weltweit tätig sind. Zu den regionalen Organisationen zählen die EU und die Liga der Arabischen Staaten. Diese stellt jedoch keine typische regionale Organisation dar, da gemäß Artikel 1 ihres Gründungsabkommens die Berechtigung zur Mitgliedschaft nicht geografisch begrenzt ist.[457] Vielmehr können alle unabhängigen arabischen Staaten Mitglieder der Arabischen Liga werden.[458] Zu der Gruppe der regionalen Organisationen zählen neben den Organen der EU (EU-Kommission[459] und die EZB) ebenfalls die EU-nahen Organisationen. Hierzu gehören die europäischen Agenturen (EASA und EIOPA).

IITC schafft einen Rahmen zur Unterstützung von Technologieentwicklung und Innovation und analysiert die Kostensenkungspotentiale und eine breitere Anwendung von Industriestandards.

453 Die NETMA ist eine Managementagentur der NATO und ist im Auftrag einiger NATO Mitgliedstaaten wie z. B. der Bundesrepublik Deutschland, tätig. Sie betreut den Betrieb der Waffensysteme Eurofighter und Tornado.

454 Die OCCAR koordiniert zukünftige Rüstungsvorhaben in Europa.

455 Das OECD-Berlin Centre ist die Vertretung der OECD für den deutschsprachigen Raum. Die Beschreibungen der Aufgaben der internationalen Organisationen ist der Liste des Auswärtigen Amtes entnommen, vgl. Fn 3.

456 Die folgenden Kriterien orientieren sich an den Vorschlägen bei: *Schermers/Blokker*, International Institutional Law, §§ 48 ff.; *Klabbers*, An Introduction to International Institutional Law, S. 21 ff.; *Herdegen*, Völkerrecht, § 10 Rn 13.

457 *Michaels*, International Privileges and Immunities, S. 113.

458 Die Bundesrepublik Deutschland ist kein Mitglied dieser internationalen Organisation. Da die Arabische Liga jedoch eine Mission in Berlin unterhält, ist sie in der Liste des Auswärtigen Amtes enthalten und mithin Bestandteil der in dieser Arbeit untersuchten internationalen Organisationen.

459 Die deutsche Vertretung der EU-Kommission hat ihren Sitz in Berlin. Als Organ der EU stehen ihr auch fiskalische Immunitäten zu, weshalb auch sie Gegenstand der vorliegenden Arbeit ist.

Eine weitere Unterteilung der in dieser Arbeit untersuchten internationalen Organisationen kann in Bezug auf ihre jeweilige Mitgliederstruktur vorgenommenen werden. Die meisten der untersuchten internationalen Organisation haben zwischen 15 und 40 Mitgliedstaaten, sofern sie nicht zu den universellen internationalen Organisationen zählen. Das Deutsch-Französische und das Deutsch-Polnische Jugendwerk fallen ebenfalls aus dem Rahmen, da sie jeweils ihrem Organisationszweck entsprechend lediglich aus zwei Mitgliedstaaten bestehen.

Letztlich können die vorliegenden internationalen Organisationen auch anhand ihres Tätigkeitbereichs gruppiert werden. Forschungsaktivitäten stellen das Aufgabengebiet von EIOPA, ESA (EAC bzw. ESOC), ESO, EUMETSAT (jeweils Erforschung des Weltraums), EMBL (Molekularbiologie), GCDT (Naturschutz) und IRENA-IITC (Erneuerbaren Energien) dar. Der zentrale Tätigkeitsbereich von NETMA-NATO und OCCAR umfasst die Themen Rüstung und Verteidigung. Das Deutsch-Französische sowie das Deutsch-Polnische Jugendwerk und die Arabische Liga fördern die kulturelle Zusammenarbeit. Schließlich wurden ADB, EASA, EPO/EPA, EU-Kommission, EZB, IOM sowie das OECD-Berlin Centre zur zentralen Bewältigung von gemeinsamen Verwaltungsaufgaben wie z. B. zur Flugsicherung (EASA), zur Anmeldung und Verwaltung von Patenten (EPO/EPA), zur Verwaltung der Währungsreserven im Euro-Raum, zur Gewährleistung der Preisstabilität, zur Umsetzung der EU-Wirtschafts- und Währungspolitik (EZB), zu Migrationsfragen (IOM) sowie zur Armutsbekämpfung und Förderung der wirtschaftlichen Entwicklung und Zusammenarbeit (ADB und OECD-Berlin Centre) gegründet. Innerhalb dieser Gruppe weisen ADB und EZB eine weitere Gemeinsamkeit auf, da sie beide zusätzlich als Kreditinstitute qualifizieren.

Wie die kurze Kategorisierung zeigt, bieten die in dieser Arbeit untersuchten internationalen Organisationen einen repräsentativen Querschnitt durch das Feld der internationalen Organisationen. Dies gilt sowohl hinsichtlich ihres geografischen Wirkungskreises, ihrer mitgliedschaftlichen Struktur als auch ihres jeweiligen Aufgabenfeldes.[460]

III. Überblick über die regelmäßig gewährten fiskalischen Immunitäten

Die Regelungen in den einzelnen völkerrechtlichen Abkommen zu den fiskalischen Immunitäten der Vereinten Nationen und den ihr untergeordneten Organisationen dienten vielen der in dieser Arbeit untersuchten völkerrechtlichen Vereinbarungen als Vorlage. Einige der vorliegend untersuchten Rechtsquellen für fiskalische Immunitäten verweisen sogar explizit auf die Anwendung einiger Regelungen aus

460 Der nun folgende Vergleich der fiskalischen Immunitäten verdeutlicht die bestehenden Gemeinsamkeiten und Unterschiede in Bezug auf die Form und den Umfang derjenigen Steuerbefreiungen, die an die vorliegend untersuchte repräsentative Gruppe von internationalen Organisationen durch die Bundesrepublik Deutschland gewährt werden.

dem Abkommen über die UN-Sonderorganisationen.[461] Die Regelungen innerhalb der Abkommen zu den Vorrechten und Befreiungen der Vereinten Nationen und der ihr untergeordneten Organisationen unterscheiden sich lediglich geringfügig voneinander, sodass die im Folgenden erläuterten üblicherweise gewährten Steuerbefreiungen am Beispiel des Abkommens über die UN-Sonderorganisationen einen Überblick über die regelmäßig gewährten fiskalischen Immunitäten an die internationalen Organisationen und die Mitglieder ihres Personals bieten.

1. Fiskalische Immunitäten der internationalen Organisation

Artikel III § 9 lit. a des Abkommens über die UN-Sonderorganisationen sieht für die Organisation, ihr Guthaben, ihre Einkünfte sowie ihre sonstigen Vermögenswerte die Befreiung von der direkten Besteuerung vor. Eine Ausnahme bilden aber diejenigen Steuern, die lediglich eine Vergütung für Leistungen öffentlicher Versorgungsdienste darstellen. Obwohl keine ausdrückliche Befreiung für Verbrauchsteuern und Verkaufsabgaben in dem Abkommen geregelt ist, sind die Mitgliedstaaten der jeweiligen Sonderorganisationen gemäß Artikel III § 10 des Abkommens über die UN-Sonderorganisationen verpflichtet, nach Möglichkeit geeignete Maßnahmen zu treffen, um der jeweiligen Organisation im Fall von Einkäufen von größerem Umfang, die für den amtlichen Gebrauch bestimmt sind, die in dem Preis enthaltene Steuern und Abgaben zu erlassen oder zu erstatten.

2. Fiskalische Immunitäten der Mitglieder des Personals

Artikel VI § 19 lit. b des Abkommens über die UN-Sonderorganisationen i.V.m. Artikel V Abschnitt 18 lit. b des Übereinkommens über die Vorrechte und Immunitäten der Vereinten Nationen legt hinsichtlich der Steuerbefreiung der Mitglieder des Personals der Organisation fest, dass diese wie die Mitglieder des Personals der Vereinten Nationen von allen Steuern auf die von der Organisation gezahlten Gehälter und Bezüge befreit sind. Neben dieser Steuerbefreiung genießen nach Artikel VI § 21 des Abkommens über die UN-Sonderorganisationen die Führungskräfte der jeweiligen Organisation diejenigen Vorrechte, Immunitäten, Befreiungen und Erleichterungen, die nach dem Völkerrecht diplomatischen Vertretern zustehen.[462] Kleinere Erweiterungen und Unterschiede zu diesen Regelungen finden sich allein in dem Sitzstaatabkommen zwischen der Bundesrepublik Deutschland und den Vereinten Nationen über den Sitz des Freiwilligenprogramms der Vereinten Nationen.[463]

---

461 Zu den internationalen Organisationen, die eine solche Verweisung vorgenommen haben, zählen das Deutsch-Französische Jugendwerk, das Deutsch-Polnische Jugendwerk und die IOM.

462 Zu den Führungskräften zählen der Leiter der jeweiligen Sonderorganisation sowie jeder in seinem Namen während seiner Abwesenheit tätige Beamte.

463 Die Unterschiede erklären sich aus dem Umstand, dass das letztgenannte Abkommen kein multilateraler Vertrag, sondern ein Sitzstaatabkommen mit der

IV. Die einzelnen Vergleichskategorien

1. Rechtsquellen[464]

a) Regelungen in multilateralen Abkommen

In der Beziehung zwischen der Bundesrepublik Deutschland und dem Deutsch-Französischen und dem Deutsch-Polnischen Jugendwerk, EASA[465], ESA (EAC bzw. ESOC), IOM, NETMA-NATO[466], OCCAR und der OECD[467] bestehen jeweils keine Sitzstaatabkommen. Die Festlegung der Steuerbefreiungen, die diese internationalen Organisationen bzw. die Mitglieder ihres Personals in der Bundesrepublik

---

Bundesrepublik Deutschland ist. So ist es gemäß dem Abkommen über den Sitz des Freiwilligenprogramms der Vereinten Nationen für die Gewährung vollumfänglicher Immunität zugunsten der Führungskräfte (unbeschadet der Regelung zu der Steuerbefreiung ihrer Gehälter) Voraussetzung, dass die Führungskräfte keine deutschen Staatsangehörige oder nicht ständig in der Bundesrepublik Deutschland ansässig sind. Auch findet sich in dem Sitzstaatabkommen ein Ausschluss hinsichtlich der Gewährung von Steuerbefreiungen in persönlicher Hinsicht: So sind Ortskräfte und Freiwillige der Vereinten Nationen nicht von der Steuer auf ihre jeweiligen Gehälter befreit. Das Sitzstaatabkommen enthält zudem konkrete Regelungen zu dem Verfahren und dem Umfang der Erstattung. Es zählt auch Beispiele für direkte Steuern der Bundesrepublik Deutschland.

464 Wenn im Folgenden auf den Wortlaut einzelner Begriffe in den völkerrechtlichen Verträgen Bezug genommen wird, ist die deutsche Sprachfassung der Verträge Ausgangspunkt der Betrachtung und des Vergleichs. Dies gilt mit Ausnahme derjenigen Abkommen, deren deutsche Fassung nur eine Übersetzung, aber keine authentische Sprachfassung darstellt. Folgende Verträge liegen nur in deutscher Übersetzung vor, sodass bei der Analyse dieser Abkommen auf die englische authentische Sprachfassung zurückgegriffen wird: Übereinkommen über den Status der Nordatlantikvertrags-Organisation, der nationalen Vertreter und des internationalen Personals (Ottawa-Übereinkommen), BGBl. II 1958, 118 ff., Übereinkommen über die Organisation für Wirtschaftliche Zusammenarbeit und Entwicklung samt Zusatzprotokolle (OECD-Abkommen), BGBl. II 1961, 1151 ff., Abkommen über die UN-Sonderorganisationen, EUMETSAT-Protokoll, Übereinkommen zur Gründung der Globalen Treuhandfonds für Nutzpflanzenvielfalt, BGBl. II 2012, 897 ff. sowie die Satzung der Internationalen Organisation für Wanderung (IOM-Satzung), BGBl. II 1989, 58 ff.

465 Im Fall von EASA verweist die Gründungsverordnung auf die Anwendung des EU-Protokolls.

466 NETMA-NATO ist eine selbstständige Agentur der NATO-Mitglieder Deutschland, Großbritannien, Spanien und Italien. Das Ottawa-Übereinkommen ist auf diese Organisation anwendbar, FSen Berlin, Erlass betreffend die Besonderheiten bei der steuerlichen Behandlung von Angehörigen der NATO vom 4.10.2013 – III A-S 1311–7/2006.

467 Das OECD Gründungsabkommen verweist auf die Anwendung des Zusatzabkommens.

Deutschland genießen, erfolgt ausschließlich in den jeweiligen multilateralen Gründungsübereinkommen bzw. in einem dazugehörigen Protokoll oder in sonstigen bilateralen Zusatzvereinbarungen. Solche Zusatzvereinbarungen bestehen zwischen der Bundesrepublik Deutschland und IOM, der NATO sowie zwischen der Bundesrepublik Deutschland und ESA (in Bezug auf die Reche von EAC bzw. ESOC). Sie enthalten Regelungen über die Rechtsstellung und Immunitäten der jeweiligen internationalen Organisation in der Bundesrepublik Deutschland. Im Vergleich zu Sitzstaatabkommen sind jene Vereinbarungen jedoch weit weniger umfassend ausgestaltet.

b) Regelungen in Sitzstaatabkommen sowie in multilateralen Abkommen

Zwischen der Arabischen Liga, ADB, EIOPA, EMBL, EPO/EPA, ESO, EUMETSAT, EZB, GCDT und IRENA-IITC auf der einen und der Bundesrepublik Deutschland auf der anderen Seite besteht jeweils ein Sitzstaatabkommen. Daneben existieren auch multilaterale völkerrechtliche Vereinbarungen zwischen den Mitgliedstaaten dieser internationalen Organisationen. Diese Vereinbarungen haben die Errichtung der jeweiligen internationalen Organisation zum Gegenstand. Regelmäßig enthalten beide Arten von völkerrechtlichen Vereinbarungen Regelungen über fiskalische Immunitäten.[468]

Insbesondere im Rahmen der Ausgestaltung der Sitzstaatabkommen sind starke inhaltliche Unterschiede zu verzeichnen. Regelmäßig finden sich in den Sitzstaatabkommen sowohl sitzstaatspezifische Vorschriften als auch Bestimmungen, die die Regelungen in den Gründungsübereinkommen konkretisieren.[469] Zu den sitzstaatsspezifischen Regelungen gehören z.B. Vereinbarungen über Grundstücke, die den jeweiligen internationalen Organisationen von der Bundesrepublik Deutschland zur Verfügung gestellt bzw. vermietet werden.[470] Zu der zweiten Kategorie von Regelun-

---

468 Die Regelungen in einigen Sitzstaatabkommen sind dort jedoch nicht umfassend.

469 Artikel 25 des EPO-Protokolls, Artikel 27 des Protokolls über die Vorrechte und Immunitäten der Europäischen Organisation für Astronomische Forschung in der Südlichen Hemisphäre (ESO-Protokoll), BGBl. II 1975, 395 ff. und Artikel 19 EUMETSAT-Protokolls ermächtigt die Organisation mit dem jeweiligen Sitzstaat ergänzende Abkommen oder sonstige Regelungen zur Durchführung des Protokolls zu schließen.

470 Vgl. z.B. Artikel 1 i.V.m. Anlage I der Sitzstaatvereinbarung zwischen der Regierung der Bundesrepublik Deutschland und dem Europäischen Laboratorium für Molekularbiologie (Sitzstaatabkommen mit EMBL), BGBl. II 1975, 934 ff. Dort verpflichtet sich die Bundesrepublik Deutschland, dem EMBL ein genau bezeichnetes Grundstück entsprechend einem noch zu schließenden Vertrag zur Verfügung zu stellen. In Artikel 3 i.V.m. Anlage 2 dieser Vereinbarung verpflichtet sich die Bundesrepublik Deutschland darüber hinaus, bestimmte Leistungen in Bezug auf das Grundstück zu erbringen.

gen zählen z.B. die Auflistung derjenigen Steuerarten, die in der Bundesrepublik Deutschland unter die „direkten Steuern" fallen, sowie die Festlegung der Voraussetzungen und des Ablaufs des Entlastungsverfahrens der internationalen Organisationen von indirekten Steuern. Darüber hinaus gibt es einige Besonderheiten im Rahmen der Ausgestaltung der einzelnen Sitzstaatabkommen. Die beiden Sitzstaatabkommen zwischen der Regierung der Bundesrepublik Deutschland und EIOPA bzw. der EZB enthalten eine über den Verweis auf das EU-Protokoll hinausgehende Regelung. Diese bestimmt, dass ausschließlich amtlich genutzte Kraftfahrzeuge der beiden internationalen Organisationen auf Antrag von der deutschen Kraftfahrzeugsteuer zu befreien sind. Eine Besonderheit weist auch die Vereinbarung zwischen der NATO und der Regierung der Bundesrepublik Deutschland über die Durchführung von Teil IV des Ottawa-Übereinkommens auf.[471] Diese bilaterale Vereinbarung beinhaltet die Nennung derjenigen Besoldungsgruppen der Mitglieder des Personals innerhalb der NATO (hier: NETMA-NATO), die von den fiskalischen Immunitäten, die im Ottawa-Übereinkommen geregelt sind, profitieren. Die bilaterale Zusatzvereinbarung beschränkt somit in persönlicher Hinsicht den Umfang der fiskalischen Immunitäten. Im Ergebnis gelten die fiskalischen Immunitäten somit für die übrigen – in der Zusatzvereinbarung nicht ausdrücklich erwähnten – Mitglieder des Personals der NETMA-NATO nicht.

Einige Sitzstaatabkommen weisen keine eigenständigen Regelungen im Hinblick auf die Gewährung von Steuerbefreiungen auf und enthalten lediglich eine Verweisung auf die Anwendbarkeit von Regelungen über fiskalische Immunitäten, die in anderen völkerrechtlichen Verträgen vereinbart wurden. So verweist das Sitzstaatabkommen mit ESA (EAC bzw. ESOC) lediglich vollumfänglich auf die Anlage I des EWO-Übereinkommens. Der Anlagentext enthält wiederum die organisationsweit einheitlich geltenden Regelungen zu den fiskalischen Immunitäten der internationalen Organisation und der Mitglieder des Personals der ESA.

c) Verordnungen

Einige internationale Organisationen haben kein Sitzstaatabkommen mit der Bundesrepublik Deutschland abgeschlossen. Neben Regelungen in dem jeweiligen Gründungsabkommen enthalten auch in einigen wenigen Fällen nationale Verordnungen Bestimmungen über fiskalische Immunitäten.

Im Verhältnis der Bundesrepublik Deutschland und des Deutsch-Französischen Jugendwerks existiert neben dem Gründungsabkommen, welches ausschließlich

471 Vereinbarung zwischen der Nordatlantikvertrags-Organisation und der Regierung der Bundesrepublik Deutschland über die Durchführung von Teil IV des am 20. September in Ottawa unterzeichneten „Übereinkommens über den Status der Nordatlantikvertrags-Organisation, der nationalen Vertreter und des internationalen Personals" (NATO-Durchführungsvereinbarung), BGBl. II 1962, 114 ff. Das Ottawa-Übereinkommen enthält einige generelle Regelungen über die Gewährung fiskalischer Immunitäten und findet auf die NETMA-NATO Anwendung.

Regelungen zu den Immunitäten der internationalen Organisation enthält, eine Verordnung der Bundesregierung der Bundesrepublik Deutschland über die Gewährung von Steuerbefreiungen, die die Mitglieder des Personals des Deutsch-Französischen Jugendwerks genießen. Diese Verordnung bestimmt, dass die Auslandszulagen, die an die französischen Mitglieder des Personals gezahlt werden, von der deutschen Einkommensteuer befreit sind.[472] Die Satzung zur Errichtung der IOM legt in Artikel 28 Abs. 1 fest, dass die Organisation und die Mitglieder ihres Personals die zur Wahrnehmung ihrer Aufgaben erforderlichen Vorrechte und Immunitäten genießen. Daneben besteht noch die IOM-Verordnung, die ihrerseits wieder auf die Anwendung des Abkommens über die UN-Sonderorganisationen verweist und auch persönliche Beschränkungen hinsichtlich des Erhalts von Steuerbefreiungen für deutsche Staatsangehörige enthält.[473]

d) Exkurs: Verweisungskette am Beispiel der Gewährung von fiskalischen Immunitäten an IOM

Die im Rahmen der Gewährung von Steuerbefreiungen an IOM und die Mitglieder ihres Personals genutzte Verweisungstechnik ist ein Beispiel für das verwirrende Geflecht von Regelungen, die im Rahmen der Gewährung von fiskalischen Immunitäten an internationale Organisationen und die Mitglieder ihres Personals eingreifen. Artikel 28 Abs. 3 der IOM-Satzung sieht vor, dass die Immunitäten der Organisation und der Mitglieder ihres Personals

> *„in Abkommen zwischen der Organisation und den beteiligten Staaten oder durch andere von diesen Staaten getroffene Maßnahmen festgelegt"*

werden sollen.

§ 1 der IOM-Verordnung enthält die Bestimmung, dass bestimmte Regelungen aus dem Abkommen über die UN-Sonderorganisationen sinngemäß auch auf die IOM Anwendung finden. In Hinblick auf die fiskalischen Immunitäten verweist § 1 Abs. 1 der IOM-Verordnung auf Artikel III §§ 4 bis 9 sowie auf Artikel VI § 19 bis 21 des Abkommens über die UN-Sonderorganisationen. § 1 Abs. 3 der IOM-Verordnung wiederum modifiziert den persönlichen Anwendungsbereich der einzelnen Immunitäten, die gemäß dem Abkommen über die UN-Sonderorganisationen gelten sollen.

Darüber hinaus enthält die Verordnung selbst noch zusätzliche beschränkende Regelungen. So ordnet § 1 Abs. 2 der IOM-Verordnung an, dass die IOM nicht von Verbrauchsteuern und Verkaufsabgaben befreit ist. Sinn und Zweck dieser Regelung sowie der in § 1 Abs. 1 enthaltenen Verweisung auf das Abkommen über die UN-Sonderorganisationen erweisen sich als unnötig kompliziert:

---

472 § 1 der Verordnung über die Gewährung von Steuerbefreiungen an das Deutsch-Französische Jugendwerk.

473 Siehe zu den beschränkenden Regelungen im Rahmen der IOM-Verordnung: D.II.2.a)aa).

Die IOM-Verordnung verweist lediglich auf Artikel III §§ 4 bis 9 des Abkommens über die UN-Sonderorganisationen. Artikel III § 10 dieses Abkommens enthält die Bestimmung, dass der internationalen Organisation grundsätzlich kein Anspruch auf Befreiung von Verbrauchsteuern und Verkaufsabgaben zusteht. Gleichzeitig sieht aber Artikel III § 10 die Möglichkeit vor, dass der jeweilige Sitzstaat die internationale Organisation im Umfang der gezahlten Verbrauchsteuern und Verkaufsabgaben entlastet. Indem nun die IOM-Verordnung nicht auf Artikel III § 10 des Abkommens über die UN-Sonderorganisationen verweist, bestimmt sie bereits implizit, dass keine Entlastung von Verbrauchsteuern und Verkaufsabgaben erfolgen soll. Der Hinweis des § 1 Abs. 2 der IOM-Verordnung, dass die IOM nicht von Verbrauchsteuern und Verkaufsabgaben befreit wird, ist mithin rein deklaratorischer Natur. Da die Verordnung jedoch eine ausdrückliche Regelung zu der Behandlung der Verbrauchsteuern und Verkaufsabgaben enthält, stellt sich die Frage nach einer Entlastungsmöglichkeit zugunsten von IOM. Der derzeitige Normtext der IOM-Verordnung beantwortet diese Frage nicht und trägt wegen seiner Ausgestaltung eher zur Verwirrung bei.

Insgesamt ist festzustellen, dass die vorliegend skizzierte Verweisungstechnik weder der Klarstellung des persönlichen und materiellen Umfangs der Steuerbefreiungen der IOM und der Mitglieder ihres Personals noch einer einfachen Rechtsfindung dient.

e) Zusammenfassung des Vergleichs der Rechtsquellen

Die grundlegenden Vorschriften über die Gewährung der Steuerbefreiungen sind regelmäßig in den Abkommen über die Errichtung der internationalen Organisationen enthalten. Neben diesen multilateralen Gründungsabkommen bzw. EU-Verordnungen zur Errichtung einiger Organisationen haben die internationalen Organisationen häufig auch Sitzstaatabkommen mit der Bundesrepublik Deutschland geschlossen. Regelmäßig enthalten die Sitzstaatabkommen neben sitzstaatspezifischen Normen lediglich ergänzende Regelungen über die Gewährung von fiskalischen Immunitäten.

Zusammenfassend ist festzustellen, dass keine einheitliche Regelungstechnik im Hinblick auf die Gewährung von fiskalischen Immunitäten an internationale Organisationen und die Mitglieder ihres Personals in den völkerrechtlichen Abkommen, an denen die Bundesrepublik Deutschland beteiligt ist, ersichtlich ist. Regelmäßig ergibt sich erst aus der Zusammenschau mehrerer Rechtsquellen das Gesamtbild der jeweils einschlägigen Steuerbefreiungen. Die Vielzahl von Verweisungen auf Protokolle oder Vorschriften in völkerrechtlichen Vereinbarungen, die neben dem Gründungsabkommen und dem Sitzstaatabkommen bestehen, erschwert dem Rechtsanwender eine zügige Erfassung des Umfangs derjenigen Steuerbefreiungen, die die einzelnen internationalen Organisationen bzw. die Mitglieder ihres Personals genießen. Die Darstellung der überaus komplizierten Verweisungstechnik am Beispiel der Gewährung von fiskalischen Immunitäten an IOM verdeutlicht, dass eine Notwendigkeit besteht, das verwirrende und kompliziert gestaltete Geflecht von Regelungen über fiskalische Immunitäten zu verschlanken, die Regelungstechnik zu vereinfachen und somit klare und hinreichend bestimmte Bestimmungen zu schaffen, deren Aussagekraft sich leicht erschließen lässt.[474]

2. Bereichsausnahme: Vergütungen für Leistungen öffentlicher Versorgungsbetriebe

Außer der Liga der Arabischen Staaten sind alle in dieser Arbeit untersuchten internationalen Organisationen gemäß den jeweils einschlägigen völkervertraglichen Regelungen von der direkten Besteuerung befreit. Die Befreiung der internationalen Organisationen von der direkten Besteuerung findet jedoch keine Anwendung bei Steuern und sonstigen Abgaben, die lediglich eine Vergütung für Leistungen öffentlicher Versorgungsbetriebe darstellen.[475]

Die englischsprachigen authentischen Fassungen der Verträge weisen lediglich im Hinblick auf die Bezeichnung der Steuern und sonstigen Abgaben Unterschiede in der Begriffswahl auf. So finden sich in den englischsprachigen Fassungen die Begriffe: „*taxes*", „*duties*", „*rates*" oder „*levies*". In den deutschen Sprachfassungen herrscht diesbezüglich Einheitlichkeit.

Im Rahmen der sog. Bereichsausnahmeregelung besteht hingegen lediglich in den englischsprachigen Fassungen eine einheitliche Wortwahl. Dort heißt es, dass Steuern und sonstige Abgaben, „*which are, in fact, no more than charges for public utility services*"[476] keiner Befreiung unterfallen. In den deutschsprachigen authentischen Fassungen zeigen sich im Vergleich dazu größere Unterschiede im Wortlaut der einzelnen Regelungen. So enthält der Abkommenstext in Bezug auf die Bereichsausnahmevorschrift teilweise nicht den Begriff „Steuer"[477], teilweise

474 Ein Entwurfsvorschlag zu Modellregelungen für ein Sitzstaatabkommen schließt die vorliegende Arbeit ab. Siehe hierzu: G.II.

475 Vgl. nur Artikel 6 Abs. 2 der Anlage I zum OCCAR-Übereinkommen.

476 Vgl. nur Artikel III § 9 lit. a des Abkommens über die UN-Sonderorganisationen. In Artikel 9 Abs. 4 lit. a des Abkommens zwischen der Bundesrepublik Deutschland und dem Globalen Treuhandfonds für Nutzpflanzenvielfalt über den Sitz des Globalen Treuhandfonds für Nutzpflanzenvielfalt (Sitzstaatabkommen mit GCDT), BGBl. II 2012, 1363 ff., findet sich in der englischsprachigen Fassung die Formulierung „*payment*" statt „*charges*".

477 Artikel 6 Abs. 3 des Abkommens zwischen der Regierung der Bundesrepublik Deutschland und der Europäischen Aufsichtsbehörde für das Versicherungswesen und die betriebliche Altersversorgung über den Sitz der Europäischen Aufsichtsbehörde für das Versicherungswesen und die betriebliche Altersversorgung (Sitzstaatabkommen mit EIOPA), BGBl. II 2012, 339 ff., Artikel 3 Abs. 3 EU-Protokoll, Artikel 7 Abs. 4 des Abkommens zwischen der Regierung der Bundesrepublik Deutschland und der Europäischen Zentralbank über den Sitz der Europäischen Zentralbank (Sitzstaatabkommen mit EZB), BGBl. II 1998, 2996 ff.; Artikel 4 Abs. 3 EPO-Protokoll.

wird die Regelung um den Begriff „Gebühren" ergänzt.[478] Auch verstärkt in einigen Abkommen die Anfügung des Adverbs „tatsächlich" die Bedeutung des Begriffs „lediglich".[479] Statt der Formulierung „Versorgungsbetriebe" enthalten einige Vertragsbestimmungen den Begriff „Versorgungsdienste".[480] Teilweise steht dem Begriff „Versorgungsbetrieb" auch das Adjektiv „gemeinnützig" voran.[481]

Die einzelnen eben aufgezeigten geringfügigen Unterschiede im Wortlaut der deutschsprachigen Fassungen haben – soweit ersichtlich – jedoch keine maßgeblichen Auswirkungen auf die inhaltliche Reichweite der Bereichsausnahme. Auch ist die unterschiedliche Wortwahl bisher nicht Gegenstand von Streitigkeiten zwischen dem jeweiligen Sitzstaat und der internationalen Organisation gewesen. Bisher drehten sich die Diskussionen zwischen den Vertragsparteien lediglich um die grundsätzliche Frage, welche sonstigen Abgaben und Steuern als Vergütungen für Leistungen eines Versorgungsbetriebes oder Versorgungsdienstes qualifizieren und mithin nicht von der Steuerbefreiung umfasst sind.

Zusammenfassend ist somit festzustellen, dass die Unterschiede in der Formulierung der Bereichsausnahme in den deutschsprachigen Fassungen der einzelnen Abkommen keinen Einfluss auf die Auslegung des materiellen Umfangs der Ausnahme haben.

3. Entlastung von indirekten Steuern und Verkaufsabgaben

a) Begriffsbestimmung

Die vorliegend untersuchten völkerrechtlichen Vereinbarungen und gesetzlichen Regelungen zu dem Entlastungsverfahren enthalten keine eindeutige Trennung zwischen den Begriffen „Entlastung", „Erlass", „Erstattung" sowie „Vergütung". In der deutschen Steuerrechtsordnung dient der Begriff „Entlastung" als Oberbegriff der restlichen drei Begriffe. Der „Erlass" einer Steuer setzt voraus, dass der Steuerschuldner die entstandene Steuer noch nicht gezahlt hat. Durch den Antrag auf Erlass will der Steuerschuldner erreichen, dass die Steuerforderung gegen ihn erlischt. Im Gegensatz zum „Erlass" wurde die entstandene Steuer im Fall der „Erstattung" und im Fall der „Vergütung" bereits entrichtet. Eine Steuer kann lediglich demje-

---

478 Artikel VII Abs. 3 EWO-Anlage I, Artikel 7 Abs. ESO-Protokoll. In dem letzten Vertrag findet sich auch der Begriff „Vergütung für Dienstleistungen" statt des Wortlauts „Vergütung für (Dienst)leistungen von öffentlichen Versorgungsdiensten".

479 Artikel 5 Abs. 1 lit. a Sitzstaatabkommen mit ADB, Artikel 9 Abs. 4 Sitzstaatabkommen mit IRENA-IITC.

480 Die Hervorhebung erfolgte durch die Verfasserin der vorliegenden Arbeit. Der Begriff „Versorgungsdienste" findet sich in Artikel 5 Abs. 1 lit. a Sitzstaatabkommen mit ADB, Artikel 7 Abs. 3 Sitzstaatabkommen mit EMBL, Artikel 9 Abs. 4 lit. a Sitzstaatabkommen mit GCDT sowie in Artikel 9 Abs. 4 Sitzstaatabkommen mit IRENA-IITC.

481 Artikel 6 Abs. 3 Sitzstaatabkommen mit EIOPA, Artikel 3 Abs. 3 EU-Protokoll, Artikel 7 Abs. 4 Sitzstaatabkommen mit EZB.

nigen erstattet werden, der sie auch entrichtet hat. Am Beispiel der Umsatzsteuer erhält mithin der steuerpflichtige Unternehmer (Steuerentrichtungsschuldner) – oder im Fall der Steuerpflicht des Empfängers der Leistung gemäß § 13b Abs. 5 UStG (*Reverse-Charge*-Verfahren) der Leistungsempfänger – die Erstattung der an den Fiskus gezahlte Umsatzsteuer.

Anspruchsberechtigter der Steuervergütung hingegen ist ein Dritter, der selbst nicht Steuerschuldner ist, jedoch wirtschaftlich die Steuerlast trägt.[482] Im Fall der Umsatzsteuer kann somit regelmäßig der Leistungsempfänger eine Vergütung (und nicht etwa eine Erstattung) erhalten.[483] Für vorliegende Zwecke – mit Ausnahme der Steuerschuldnerschaft des Leistungsempfängers nach § 13b Abs. 5 UStG[484] – ist somit der Begriff der „Erstattung" nach den Begrifflichkeiten des deutschen Steuerrechts irreführend und in den meisten Regelungen für Zwecke des deutschen Steuerrechts als „Vergütung" zu verstehen.[485]

b) Erstattungsverfahren zugunsten von diplomatischen Missionen

aa) Umsatzsteuer

Für ausländische ständige diplomatische Missionen und berufskonsularische Vertretungen mit Sitz in der Bundesrepublik Deutschland sowie ihre nicht ständig in der Bundesrepublik Deutschland ansässigen ausländischen Mitglieder regelt eine nationale Verordnung, die Umsatzsteuer-Erstattungs-Verordnung, das Umsatzsteuererstattungsverfahren, das von dem Bundeszentralamt für Steuern (BZSt) durchgeführt wird.[486] Die Erstattung ist gemäß § 1 Abs. 2 UStErstV nach Maßgabe der Gegenseitigkeit den einzelnen Steuersubjekten zu gewähren, wenn diesen von einem deutschen Unternehmer Umsatzsteuer in Rechnung gestellt wurde. Die Feststellung

---

482 Zu den Definitionen der einzelnen Begriffe siehe: *Ratschow*, in: Klein, AO, § 37 Rn 5; *Koenig*, in: Koenig AO, § 37 Rn 7; *Götz*, BB 1999, 1685 ff. dort unter Fn 1.

483 Siehe hierzu die Übersicht unter: www.zoll.de/SharedDocs/Boxen/DE/Fragen/0009_unterschied_erlass_erstattung_verguetung.html?nn=31540 (zuletzt abgerufen am 13.12.2016); *Ratschow*, in: Klein, AO, § 37 Rn 5.

484 Diese Variante wird im Folgenden nicht gesondert untersucht und findet hier nur für Zwecke der Vollständigkeit Erwähnung.

485 In der Mehrheit der vorliegend untersuchten Fälle findet der Begriff „Steuererstattung" Verwendung. Die vorliegende Arbeit benutzt jedoch den Oberbegriff „Entlastung" bzw. „Vergütung". Wenn im Folgenden die Formulierung „Entlastung" verwendet wird, schließt dies begrifflich auch die „Vergütung" ein. Sofern jedoch konkret Bezug auf den Wortlaut von völkervertraglichen Regelungen bzw. nationalen Gesetzen genommen wird, findet sich in dieser Ausarbeitung ggf. die Formulierung „Erstattung".

486 http://bundesrecht.juris.de/usterstvo/index.html, UStErstVO vom 3.10.1988, BGBl. I 1988, 1780 f. Artikel 151 Abs. 2 der Richtlinie 2006/112/EG, ABl. EU 2006 L 347/1 ff. (Mehrwertsteuersystemrichtlinie), verweist auf die Möglichkeit eines solchen Erstattungsverfahrens.

des Umfangs der Gegenseitigkeit erfolgt durch Verbalnotenaustausch zwischen der jeweiligen Mission bzw. der jeweiligen Vertretung und dem Auswärtigen Amt der Bundesrepublik Deutschland.

bb) Energiesteuer

Neben der UStErstV enthält auch das Energiesteuergesetz eine Regelung zu dem Steuererstattungsverfahren für Konsulate und deren Mitglieder. So bestimmt § 59 Abs. 1 EnergieStG[487], dass

> *„(u)nter der Voraussetzung der Gegenseitigkeit (...) den in Absatz 2 aufgeführten Dienststellen und Personen auf Antrag die Steuer für Benzin und Dieselkraftstoff vergütet (wird), die sie als Kraftstoff für den Betrieb ihrer Kraftfahrzeuge aus öffentlichen Tankstellen erworben haben.“*

Berechtigt sind nach § 59 Abs. 2 EnergieStG diplomatische und konsularische Vertretungen in der Bundesrepublik Deutschland sowie deren Leiter, ihre diplomatischen Mitglieder, Konsularbeamte, Mitglieder ihres Verwaltungs- und technischen Personals und ihr dienstliches Hauspersonal sowie die Familienmitglieder dieser Personen.

c) Rechtsgrundlage für das Entlastungsverfahren zugunsten von internationalen Organisationen

aa) Einleitung

Eine nationale Vorschrift vergleichbar mit § 1 Abs. 2 UStErstV oder § 59 EnergieStG zugunsten der Entlastung von internationalen Organisationen mit Sitz in der Bundesrepublik Deutschland besteht nicht.

bb) Behandlung europarechtlicher Sachverhalte

Für europarechtliche Sachverhalte enthält das Umsatzsteuergesetz eine Norm, die Umsätze, die gegenüber internationalen Organisationen getätigt werden, steuerfrei stellt. Im Inland steuerbare Lieferungen und sonstige Leistungen an im Unionsgebiet ansässige zwischenstaatliche Einrichtungen sowie deren Mitglieder, sind gemäß § 4 Nr. 7 lit. d UStG von der Umsatzsteuer befreit. Diese Norm setzt die Regelung zur Umsatzsteuerbefreiung aus Artikel 151 Abs. 1 lit. a, aa) und lit. b der Mehrwertsteuersystemrichtlinie um. Artikel 151 Abs. 1 lit. b der Mehrwertsteuersystemrichtlinie sieht vor, dass die Mitgliedstaaten

---

487 In der Mehrheit der in dieser Arbeit behandelten völkerrechtlichen Abkommen findet noch der Begriff „Mineralölsteuer“ Verwendung. Am 1.8.2006 löste das Energiesteuergesetz, BGBl. I 2006, 1534 ff. das Mineralölsteuergesetz ab. Deshalb enthalten die neueren Abkommen statt des Begriffs „Mineralöl“ nun den Begriff „Energie“. Die Gesetzesänderung hat jedoch keinen Einfluss auf den Umstand, dass der Verbrauch von Diesel und Kraftstoffen steuerpflichtig ist.

„Lieferungen von Gegenständen und Dienstleistungen, die für (...) internationale Einrichtungen, die vom Aufnahmemitgliedstaat als internationale Einrichtungen anerkannt sind, sowie für die Angehörigen dieser Einrichtungen bestimmt sind, und zwar in den Grenzen und zu den Bedingungen, die in den internationalen Übereinkommen über die Gründung dieser Einrichtungen oder in den Abkommen über ihren Sitz festgelegt sind“

von der Umsatzsteuer befreien.

Artikel 151 Abs. 1 lit. a, aa) der Mehrwertsteuersystemrichtlinie konkretisiert diese Verpflichtung zur Umsatzsteuerbefreiung u. a. zugunsten von Lieferungen und sonstigen Leistungen an die EU[488], die EZB und an die von der EU geschaffenen Einrichtungen[489], auf die das EU-Protokoll anwendbar ist. Die Befreiung der Lieferungen und sonstigen Leistungen von der Umsatzsteuer soll letzteren internationalen Organisationen in den Grenzen und zu den Bedingungen, die in dem EU-Protokoll, in den Übereinkünften zu seiner Umsetzung oder in den Sitzstaatabkommen festgelegt sind, erfolgen. Die Befreiung gilt unter dem Vorbehalt, dass sie nicht zu Wettbewerbsverzerrungen führt. Aufgrund dieser europäischen Verpflichtung aus der Mehrwertsteuersystemrichtlinie ist die Bundesrepublik Deutschland mithin grundsätzlich verpflichtet, im Inland steuerpflichtige Lieferungen und sonstige Leistungen eines inländischen Unternehmers an die im restlichen Unionsgebiet ansässigen internationalen Organisationen, von der nationalen Umsatzsteuer zu befreien, sofern die jeweiligen einschlägigen völkerrechtlichen Abkommen eine solche Entlastung vorsehen.

Werden an die in der Bundesrepublik Deutschland ansässigen internationalen Organisationen Lieferungen oder sonstige Leistungen aus einem anderen EU-Mitgliedstaat bewirkt, die dort steuerbar sind, ist der andere Mitgliedstaat aus Artikel 151 der Mehrwertsteuerrichtlinie verpflichtet, die betroffenen Umsätze als steuerfrei zu behandeln, sofern die jeweiligen einschlägigen völkerrechtlichen Abkommen eine solche Entlastung vorsehen. Für die Durchführung der Entlastung bedarf es einer Bescheinigung, die das BZSt gemäß § 5 Abs. 1 Nr. 10 FVG auf Antrag den in der Bundesrepublik Deutschland ansässigen begünstigten internationalen Organisationen gemäß einem amtlich vorgeschriebenen Muster erteilt. Dieses Muster ist in Artikel 51 Abs. 1 i.V.m. Anhang II der Durchführungsverordnung (EU) Nr. 282/2011 des Rates vom 15. März 2011 zur Festlegung von Durchführungsvorschriften zur Richtlinie 2006/112/EG über das gemeinsame Mehrwertsteuersystem abgedruckt.[490] Diese Bescheinigung muss die internationale Organisation

---

488 In dieser Arbeit ist von dieser Bezeichnung die Vertretung der EU-Kommission in der Bundesrepublik Deutschland als Organ der EU umfasst.

489 Hierunter fallen die in dieser Arbeit untersuchten internationalen Organisationen EASA und EIOPA.

490 Durchführungsverordnung (EU) Nr. 282/2011 vom 15.3.2011 zur Festlegung von Durchführungsvorschriften zur Richtlinie 2006/112/EG über das gemeinsame Mehrwertsteuersystem, ABl. EU 2011 L 77/1 (MwStVO). Das Muster findet sich dort auf S. 17 und 18. Siehe hierzu auch: UStAE 4.7.1. Abs. 6 Satz 6; BMF-Schreiben

dem Lieferanten oder Dienstleistungserbringer in denjenigen Fällen übergeben, in denen der ausländische Mitgliedstaat die Befreiung vornimmt. Findet hingegen das Erstattungsverfahren Anwendung, muss die Bescheinigung dem in dem betreffenden Mitgliedstaat gestellten Erstattungsantrag der internationalen Organisation beigefügt werden, Artikel 51 Abs. 3 MwStVO.

Erhalten internationale Organisationen mit Sitz in der Bundesrepublik Deutschland im Inland steuerbare Lieferungen oder sonstige Leistungen von einem im übrigen Unionsgebiet ansässigen Unternehmer regelt Artikel 151 Abs. 1 lit. a, aa) bzw. lit. b der Mehrwertsteuersystemrichtlinie, dass der Umsatz im Ergebnis z.B. durch Vergütung der Umsatzsteuer, vgl. Artikel 151 Abs. 2 der Mehrwertsteuersystemrichtlinie, steuerfrei zu behandeln ist, sofern die jeweiligen einschlägigen völkerrechtlichen Abkommen eine solche Entlastung vorsehen. Die Rechtsgrundlage für die Einführung und Durchführung eines Entlastungsverfahrens der internationalen Organisationen findet sich dementsprechend in den Vorschriften der einschlägigen völkerrechtlichen Abkommen i.V.m den europarechtlichen Vorschriften. Eine nationale Norm vergleichbar mit dem soeben erläuterten § 4 Nr. 7 lit. d UStG existiert für den zuletzt genannten Fall nicht, da § 4 Nr. 7 lit. d UStG im Gegensatz zu der Richtlinienbestimmung die einschränkende Voraussetzung enthält, dass die entlastungsberechtigte Einrichtung im EU-Ausland ansässig ist. Die Einschränkung des § 4 Nr. 7 lit. d UStG ist nicht etwa richtlinienwidrig, da Artikel 151 Abs. 2 der Mehrwertsteuersystemrichtlinie die Entlastung im Wege der Vergütung ebenfalls erlaubt.[491] Einige der vorliegend untersuchten völkerrechtlichen Vereinbarungen enthalten eine Vorschrift zu dieser Entlastungsmöglichkeit.

cc) Entlastungsverfahren in den übrigen Konstellationen

Auf rein nationale Sachverhalte sowie auf Sachverhalte, in denen Nicht-EU-Mitgliedstaaten beteiligt sind, findet § 4 Nr. 7 lit. d UStG keine Anwendung.[492] In diesen Fällen stellen die einzelnen völkervertraglichen Regelungen die Rechts-

---

vom https://beck-online.beck.de/?typ=reference&y=200&d=2011-06-23&ge=BMF, BStBl. I 2011, 677.

491 *Hummel*, in: Rau/Dürrwächter, UStG, § 4 Nr. 7 Rn 143.

492 Kritisch zu dem einschränkenden Tatbestandsmerkmal des § 4 Nr. 7 UStG: *Wäger*, UStB 2000, 146 (147), der vertritt, dass sich die betroffene internationale Organisation in den einschlägigen Fällen direkt auf die Richtlinie berufen solle. Da jedoch Artikel 151 Abs. 2 der Mehrwertsteuersystemrichtlinie ausdrücklich auch die Erstattung neben der Steuerbefreiung als Möglichkeit der Entlastung vorsieht, liegt es primär in der Hand der jeweiligen Vertragsparteien der jeweiligen völkerrechtlichen Abkommen über die steuerliche Behandlung der jeweiligen Leistung sowie die Art der Entlastung (Steuerbefreiung oder Erstattung) zu entscheiden. Etwaige Nachteile der internationalen Organisation sind nicht richtlinienwidrig. Mithin greift die vorliegende Kritik *Wägers* nicht durch; so auch *Hummel*, in: Rau/Dürrwächter, UStG, § 4 Nr. 7 Rn 145.

grundlage für eine etwaige Verpflichtung der Bundesrepublik Deutschland auf Einrichtung und Durchführung des Entlastungsverfahrens.[493]

dd) Völkerrechtliche Rechtsgrundlage für das Entlastungsverfahren

Die Mehrzahl der vorliegend untersuchten multilateralen völkerrechtlichen Abkommen bestimmen mit Abweichungen im Rahmen des genauen Wortlauts der jeweiligen Regelung, dass der Sitzstaat in allen Fällen, in denen es ihm möglich ist, geeignete Maßnahmen für den Erlass (bzw. die Befreiung) oder die Erstattung des Betrages von Steuern oder sonstigen Abgaben, die in den Preisen für bewegliche oder unbewegliche Güter oder Dienstleistungen enthalten sind, treffen soll.[494] Gemäß den Vorschriften dieser Abkommen ist eine Entlastung lediglich zu gewähren, wenn das jeweilige Rechtsgeschäft für den Dienstbedarf der internationalen Organisation bestimmt war und zudem einen größeren Umfang aufweist.[495] Vereinzelt enthalten die völkerrechtlichen Vereinbarungen auch zusätzliche Voraussetzungen für die Vornahme der Entlastung wie z. B. die Festlegung eines Mindestvergütungsbetrags.

(1) Vergütungsfähige Steuerarten

Die Bezeichnung der vergütungsfähigen Steuerarten variiert von Abkommen zu Abkommen. So findet sich in den multilateralen Abkommen der allgemeine Verweis auf indirekte Steuern[496], Verbrauchsteuern oder Verkaufsabgaben[497], indirekte Steuern und Verkaufsabgaben[498] oder aber auf Steuern und sonstige Abgaben[499], die jeweils im Preis für getätigte Einkäufe oder Dienstleistungen enthalten sein müssen. Sofern keine spezielleren Regeln bestehen, müsste ein Entlastungsverfahren für alle indirekten Steuern offen stehen. Die Sitzstaatabkommen mit ADB und GCDT enthalten einen expliziten Verweis auf die deutsche Umsatzsteuer und beschränken mithin die Entlastungsmöglichkeit auf diese Steuerart. Die Sitzstaatabkommen mit

493 *Hummel*, in: Rau/Dürrwächter, UStG, § 4 Nr. 7 Rn 144.

494 Vgl. Artikel 4 Abs. 2 der Anlage I zum OCCAR-Übereinkommen. In den völkerrechtlichen Vereinbarungen mit der Arabischen Liga, dem Deutsch-Französischen Jugendwerk und dem Deutsch-Polnischen Jugendwerk sowie in der IOM-Verordnung findet sich keine derartige Regelung.

495 Vgl. Artikel 3 Abs. 2 Satz 1 EU-Protokoll.

496 Artikel 9 Abs. 2 Sitzstaatabkommen mit IRENA-IITC.

497 Artikel 10 Ottawa-Übereinkommen und Artikel 7 des Zusatzprotokolls zum OECD-Abkommen.

498 Artikel 3 Abs. 2 Satz 1 EU-Protokoll (anwendbar auf EASA gemäß EASA Gründungsverordnung).

499 Artikel V Abs. 2 EWO-Anlage I (EAC bzw. ESOC), Artikel 4 Abs. 2 der Anlage I zum OCCAR-Übereinkommen und Artikel 7 Abs. 2 Sitzstaatabkommen mit EMBL. Das Abkommen mit EMBL stellt eine Ausnahme dar, da die allgemeine Formulierung „Steuern und sonstige Abgaben" sonst nur in multilateralen Abkommen enthalten sind und Sitzstaatabkommen regelmäßig konkret Bezug auf die im jeweiligen Sitzstaat vergütungsfähigen Steuern nehmen.

EIOPA, EPA, ESO, EUMETSAT und EZB beschränken die Entlastungsmöglichkeit auf die Umsatzsteuer und die Energiesteuer (vormals: Mineralölsteuer).[500]

(2) Subjektives Recht auf Entlastung in Form der Vergütung

Die allgemein formulierte Vorschrift über die Entlastung der internationalen Organisationen von Steuern und sonstigen Abgaben räumt den betroffenen internationalen Organisationen regelmäßig selbst kein subjektives Recht auf Vergütung der indirekten Steuern ein. Vielmehr enthalten die Regelungen lediglich eine Verpflichtung der Mitgliedstaaten, geeignete Maßnahmen zur Entlastung der internationalen Organisationen zu ergreifen.

Im Unterschied zu dem eben skizzierten Regelfall findet sich in den Sitzstaatabkommen mit ADB, EIOPA, EPA, ESO, EUMETSAT und EZB[501] jeweils eine Vorschrift, die den jeweiligen Sitzstaat (hier: die Bundesrepublik Deutschland) ausdrücklich verpflichtet, den internationalen Organisation die gezahlte Umsatzsteuer sowie die Energiesteuer zu erstatten.[502] Die im Indikativ Präsens formulierte Regelung, dass das zuständige Amt die Steuer der internationalen Organisation „erstattet", stellt mithin die Anspruchsgrundlage für diese internationalen Organisationen (ADB, EIOPA, EPO/

---

500 Für Zwecke der Besteuerung in der Bundesrepublik Deutschland hat die Regelung zu den „Verkaufsabgaben" keinen Anwendungsbereich, da es solche Abgaben in der Bundesrepublik Deutschland nicht gibt. Anders ist die Rechtslage in der Schweiz. Gemäß Artikel 3 Abs. 2 der Verordnung über die Gebühren des Schweizerischen Heilmittelinstituts (Heilmittel-Gebührenverordnung, HGebV, SR 812.214.5) vom 2.12.2011 müssen alle, die in der Schweiz zugelassene Arzneimittel und Transplantatprodukte in Verkehr bringen, eine Verkaufsabgabe an das Schweizerische Heilmittelinstitut entrichten. Die Verkaufsabgabe ist auf den Fabrikabgabepreis in der Schweiz zugelassener Arzneimittel und Transplantatprodukte gemäß Artikel 1 Abs. 2 HGebV zu zahlen und wird von dem Hersteller entrichtet. Es ist anzunehmen, dass die Abgabe auf den Verbraucher im Rahmen eines erhöhten Medikamentenpreises abgewälzt wird. Mithin ist die Ausgestaltung und wirtschaftliche Wirkungsweise dieser Verkaufsabgabe mit einer indirekten Steuer vergleichbar.

501 Diese Formulierung findet sich aber nicht in allen Sitzstaatabkommen, vgl. z. B. Artikel 7 Abs. 2 Sitzstaatabkommen mit EMBL.

502 Vgl. Artikel 6 Abs. 1 Sitzstaatabkommen mit ADB (dieses Abkommen sieht keine Vergütung der Energiesteuer vor), Artikel 7 Abs. 1 Sitzstaatabkommen mit EIOPA, Artikel 5 Abs. 1 des Abkommens zwischen der Regierung der Bundesrepublik Deutschland und der Europäischen Patentorganisation über den Sitz des Europäischen Patentamts (Sitzstaatabkommen mit EPO), BGBl. II 1978, 338 ff., Artikel 12 Abs. 1 des Sitzstaatabkommens zwischen der Regierung der Bundesrepublik Deutschland und der Europäischen Organisation für Astronomische Forschung in der Südlichen Hemisphäre (Sitzstaatabkommen mit ESO), BGBl. II 1979, 170 ff., Artikel 7 Abs. 1 des Sitzstaatabkommens zwischen der Regierung der Bundesrepublik Deutschland und der Europäischen Organisation für die Nutzung von meteorologischen Satelliten (Sitzstaatabkommen mit EUMETSAT), BGBl. II 2003, 489 ff., Artikel 8 Abs. 1 Sitzstaatabkommen mit EZB.

EPA, ESO, EUMETSAT und EZB) dar. Diesen sechs internationalen Organisationen steht mithin ein subjektives Recht gegenüber der Bundesrepublik Deutschland auf Erstattung der Umsatzsteuer und – mit Ausnahme der ADB – der Energiesteuer zu.

ee) Zwischenergebnis

Die jeweils einschlägige Vorschrift in den völkerrechtlichen Vereinbarungen stellt somit die Rechtsgrundlage für die Entlastung der in dieser Arbeit untersuchten internationalen Organisationen dar.[503] Die Entlastung der internationalen Organisationen erfolgt entweder durch Erlass oder durch Vergütung der in Rechnung gestellten Steuern oder Abgaben.[504] In der Bundesrepublik Deutschland findet, wie auch die Regelungen in den Sitzstaatabkommen zeigen, generell eine Entlastung in Form der Vergütung statt.[505] Gemäß dem Wortlaut einiger Sitzstaatabkommen ist lediglich eine Vergütung der Umsatzsteuer und teilweise zusätzlich der Energiesteuer vorgesehen. Nach enger grammatikalischer Auslegung einiger Sitzstaatabkommen beschränkt sich in diesen Fällen die Möglichkeit der Beantragung einer Vergütung auf diese beiden Steuerarten.[506] Regelmäßig steht mithin die Vergütung der Umsatzsteuer im Fokus des Interesses der internationalen Organisationen, sodass eine etwaige Beschränkung lediglich eine zu vernachlässigende Ungleichbehandlung darstellt. ADB, EIOPA, EPO/EPA, ESO, EUMETSAT und EZB steht nach dem jeweiligen Wortlaut der völkerrechtlichen Vereinbarung ein subjektives Recht gegenüber der Bundesrepublik Deutschland auf Erstattung der Umsatzsteuer und – mit Ausnahme der ADB – der Energiesteuer zu.

d) Voraussetzungen für die Entlastung von internationalen Organisationen

Die formellen und materiellen Voraussetzungen für eine Vergütung zugunsten der internationalen Organisationen richten sich nach den jeweils geltenden völkervertraglichen Bestimmungen. Gemäß § 5 Abs. 1 Nr. 3 FVG ist für dieses Verfahren das BZSt[507] zuständig.[508] Das BZSt führt im Rahmen seines Internetauftritts ebenfalls

---

503 Hierzu zählen die Gründungsabkommen, Immunitätenabkommen, Protokolle bzw. die Sitzstaatabkommen samt dazugehöriger Vereinbarungen.

504 In den meisten Fällen liegt jedoch ein Fall der Vergütung vor.

505 *Huschens*, in: Schwarz/Widmann/Radeisen, UStG, § 4 Nr. 7 Rz 118.

506 Dies gilt für ADB, EIOPA, EPO/EPA, ESO, EUMETSAT, EZB und GCDT.

507 In einigen Abkommen ist als zuständige Bundesoberbehörde für das Entlastungsverfahren noch das Bundesamt für Finanzen (BfF) aufgeführt. Nach Auflösung des Bundesamts für Finanzen im Jahr 2006 ist nunmehr das BZSt als Bundesoberbehörde für das Entlastungsverfahren zuständig und ist deshalb in den Vertragstexten der aktuellen Abkommen statt des BfF genannt.

508 *Schmieszek*, in: H/H/S, AO, § 5 FVG Rn 5,5 verweist auch auf Einzelvereinbarungen als mögliche Rechtsgrundlage für die Durchführung des Entlastungsverfahren. Für solche Vereinbarungen kommen z. B. Noten- oder Briefwechsel der Vertragspartner in Frage.

formelle und materielle Voraussetzungen für die Durchführung eines „Vergütungsverfahrens“ auf.[509]

aa) Formelle Voraussetzungen

Die Erstattung der gezahlten Umsatzsteuer durch das BZSt erfolgt nur auf Antrag der jeweiligen internationalen Organisation.[510] Der Antrag ist weder form- noch fristgebunden, sofern die speziellen völkerrechtlichen Rechtsgrundlagen keine diesbezüglichen Anforderungen enthalten. Der Antrag muss lediglich den Hinweis auf die jeweilige Rechtsgrundlage, eine Auflistung der Rechnungen, der darin enthaltenen Gesamtkosten und Umsatzsteuerbeträge sowie den beantragten Gesamtbetrag enthalten. Nach Angabe des BZSt müssen dem Antrag die Originalrechnungen i.S.d. § 14 Abs. 1 UStG beigefügt werden. Bei anderen Steuerarten wie z. B. der Versicherung-, Energie-, Strom- und Branntweinsteuer kann der Nachweis gemäß der Angabe des BZSt auch in anderer Form erbracht werden.[511]

bb) Materielle Voraussetzungen

(1) Allgemeine materielle Voraussetzungen

Nach den Angaben des BZSt setzt ein erfolgreicher Antrag voraus, dass die Einkäufe oder Dienstleistungen der internationalen Organisation zur Erfüllung der in den jeweiligen völkerrechtlichen Vereinbarungen vorgesehenen Aufgaben, mithin für amtliche Tätigkeiten, getätigt oder im Fall von Dienstleistungen erbracht wurden.[512] Zusätzlich muss der begehrte Vergütungsbetrag pro Rechnung EUR 25,00 übersteigen. Dieser Wert bezieht sich auf den Steuerbetrag aus jeder einzelnen geltend gemachten Rechnung.

(2) Besondere Voraussetzungen in den einzelnen völkerrechtlichen Vereinbarungen

In einigen völkerrechtlichen Vereinbarungen wird zusätzlich gefordert, dass die erworbenen Waren und erhaltenen Dienstleistungen ausschließlich für amtliche Tätigkeiten benötigt werden bzw. für diese Tätigkeiten unbedingt erforderlich sind.

---

509 http://www.bzst.de/DE/Steuern_International/Vorsteuerverguetung/05_Internationale_Organisation/Internationale_Organisation_node.html (zuletzt abgerufen am 13.12.2016).

510 *von Wedelstädt*, in: Beermann/Gosch, AO, § 5 FVG Rn 6.

511 Die genannten Angaben können unter: http://www.bzst.de/DE/Steuern_International/Vorsteuerverguetung/05_Internationale_Organisation/Internationale_Organisation_node.html abgerufen werden (zuletzt abgerufen am 13.12.2016).

512 In der Praxis des Entlastungsverfahrens in der Bundesrepublik Deutschland wird der Begriff „amtlicher Bedarf“ weit ausgelegt, *Huschens*, in: Schwarz/Widmann/Radeisen, UStG, § 4 Nr. 7 Rz 111.

Teilweise heben die Vereinbarungen auch hervor, dass die vergütungsfähige Steuer tatsächlich von der internationalen Organisation gezahlt worden sein muss.[513] Mehrheitlich fordern die einschlägigen völkervertraglichen Regelungen zusätzlich, dass die getätigten Einkäufe bzw. der Bezug der Dienstleistungen einen großen bzw. erheblichen Umfang erreichen oder einen ebensolchen Wert umfassen müssen. Eine Vergütung findet dementsprechend erst statt, wenn im Einzelfall der Steuerbetrag EUR 25,00[514] oder EUR 26,00[515] bzw. DM 50,00[516] übersteigt.[517]

Neben der Umsatzsteuer vergütet das BZSt auch die in Rechnung gestellte Energiesteuer, sofern die einschlägigen völkerrechtlichen Abkommen diese Steuer als vergütungsfähig ansehen. Eine Bestimmung zu der Vergütungsfähigkeit der Energiesteuer enthalten lediglich die Sitzstaatabkommen mit EIOPA, EPA, ESO, EUMETSAT und EZB.[518]

Artikel 3 Abs. 2 des EU-Protokolls zählt die zu vergütenden Steuern nicht einzeln auf, sondern umschreibt sie als indirekte Steuern und Verkaufsabgaben, die in den Preisen für bewegliche und unbewegliche Güter inbegriffen sind. Das EU-Protokoll enthält darüber hinaus in Übereinstimmung mit Artikel 151 lit. a, aa) eine weitere

---

513 Artikel 6 Abs. 1 Sitzstaatabkommen mit ADB, Artikel 7 Abs. 1 Sitzstaatabkommen mit EIOPA, Artikel 5 Abs. 1 Sitzstaatabkommen mit EPO, Artikel 12 Abs. 1 Sitzstaatabkommen mit ESO, Artikel 7 Abs. 1 Sitzstaatabkommen mit EUMETSAT, Artikel 8 Abs. 1 Sitzstaatabkommen mit EZB. Ein entsprechender Nachweis ist dem Antrag beizufügen.

514 Dieser Mindestbetrag findet sich in Artikel 7 Abs. 1 und 2 des Sitzstaatabkommens mit EIOPA.

515 Dieser Mindestbetrag findet sich in Artikel 7 Abs. 1 des Sitzstaatabkommens mit EUMETSAT.

516 Dieser Mindestbetrag findet sich in Artikel 6 Abs. 1 des Sitzstaatabkommens mit ADB, Artikel 5 Abs. 1 des Sitzstaatabkommens mit EPO, Artikel 12 Abs. 1 des Sitzstaatabkommens mit ESO und in Artikel 8 Abs. 1 des Sitzstaatabkommens mit EZB.

517 Der jeweilige Schwellenwert (Mindeststeuerbetrag, Rechnungsbetrag inklusive oder exklusive Umsatzsteuer) variiert in den unterschiedlichen Mitgliedstaaten der internationalen Organisationen. So liegt der Mindeststeuerbetrag inklusive Umsatzsteuer in Österreich bei EUR 73,00. Diese Information ist als pdf abzurufen unter:
https://www.bmf.gv.at/steuern/selbststaendige-unternehmer/umsatzsteuer/Umsatzsteuerverguetung-Info-Deutsch.pdf?4jwn3 (zuletzt abgerufen am 13.12.2016).
Siehe für weitere Beispiele: *Athen/Dörr*, in: Grabitz/Hilf/Nettesheim, Das Recht der Europäischen Union, Artikel 343 AEUV Rn 58.

518 Bis auf das Abkommen mit ADB regeln alle Sitzstaatabkommen, die Bestimmungen zu den Mindeststeuerbeträgen enthalten, dass die Mineralölsteuer (nunmehr: Energiesteuer) für Benzin, Dieselkraftstoff und Heizöl und vergütet werden kann. Die einzeln vereinbarten Mindestbeträge gelten auch für Zwecke der Mineralölsteuervergütung. Das Sitzstaatabkommen mit EIOPA enthält in Artikel 7 Abs. 2 bereits die aktuelle Bezeichnung der Steuer als Energiesteuer.

Einschränkung in Bezug auf die Auswahl der geeigneten Maßnahmen zur Vornahme der Entlastung der internationalen Organisationen von indirekten Steuern. Die getroffenen Maßnahmen zur Entlastung dürfen gemäß Artikel 3 Abs. 2 Satz 2 EU-Protokoll den „*Wettbewerb innerhalb der Union nicht verfälschen*“. Die zuletzt genannte Voraussetzung war jedoch bisher weder in der Praxis noch innerhalb der Rechtsprechung Gegenstand von Rechtsstreitigkeiten und wird gemeinhin nicht thematisiert.[519]

In der Literatur finden sich vereinzelt Diskussionen über den Sinn und Zweck dieser Vorschrift. So wird vertreten, dass diese Vorschrift in das EU-Protokoll aufgenommen wurde, um zu vermeiden, dass ein Sitzstaat zur Förderung der heimischen Wirtschaft dazu übergeht, die internationalen Organisationen nur im Fall des Erwerbs lokaler Produkte von der Umsatzsteuer und den weiteren Verbrauchsteuern zu entlasten.[520]

cc) Fehlende völkervertraglichen Festlegungen über das Entlastungsverfahren

(1) Keine Konkretisierung zu dem Entlastungsverfahren in Sitzstaatabkommen

Von der eben dargestellten Regelungstechnik zu den Bestimmungen über das (Umsatzsteuer-)Entlastungsverfahren in Sitzstaatabkommen weichen die Sitzstaatabkommen der Bundesrepublik Deutschland mit EMBL, GCDT sowie IRENA-IITC ab. Sie enthalten keinen Anspruch der jeweiligen internationalen Organisation auf Vergütung der Umsatzsteuer. In jenen Sitzstaatabkommen findet sich lediglich die sonst in den multilateralen Abkommen übliche unbestimmte Formulierung, dass die Bundesrepublik Deutschland bzw. das Gastland[521] nach Möglichkeit (im Einzelfall)[522] geeignete Maßnahmen[523] oder Verwaltungsanordnungen[524] für den Erlass[525] bzw. die Befreiung[526] oder die Erstattung der näher bezeichneten Steuern und Abgaben treffen wird.[527]

---

519 *Athen/Dörr*, in: Grabitz/Hilf/Nettesheim, Das Recht der Europäischen Union, Artikel 343 AEUV Rn 59.

520 *Cleave*, in: Lang/Pistone/Schuch u. a. (Hrsg.), Tax Rules in Non-Tax Agreements, 2012, 835 (874).

521 Artikel 7 Abs. 2 Sitzstaatabkommen mit GCDT, Artikel 9 Abs. 2 Sitzstaatabkommen mit IRENA-IITC.

522 Siehe Fn 522.

523 Artikel 7 Abs. 2 Sitzstaatabkommen mit EMBL.

524 Artikel 9 Abs. 2 Sitzstaatabkommen mit IRENA-IITC.

525 Artikel 7 Abs. 2 Sitzstaatabkommen mit EMBL.

526 Siehe Fn 522.

527 Diese drei Sitzstaatabkommen unterscheiden sich darüber hinaus auch in gewissen Feinheiten innerhalb der einzelnen Bestimmungen. Artikel 7 Abs. 2 des Sitzstaatabkommens mit EMBL bezieht sich konkret auf die Bundesrepublik Deutschland und bezeichnet die zu erlassende oder zu erstattende Steuer als Steuer und

(2) Keine Regelung zum Entlastungsverfahren

Einige Abkommen enthalten keinerlei Regelungen zu der Möglichkeit der jeweiligen internationalen Organisation, eine Entlastung zu erhalten. Dies trifft auf das Abkommen mit der Liga der arabischen Staaten, auf die IOM-Verordnung[528] sowie auf die Abkommen über das Deutsch-Polnische und das Deutsch-Französische Jugendwerk[529] zu.

dd) Folgen fehlender oder lediglich unzureichender Regelungen über das Entlastungsverfahren

Für den Fall, dass die Sitzstaatabkommen keine hinreichend konkreten Bestimmungen über die Voraussetzungen und die Durchführung des Entlastungsverfahrens enthalten, bestehen teilweise Vereinbarungen in Form von Brief- bzw. Notenwechsel zwischen dem federführenden Bundesministerium und der internationalen Or-

---

sonstige Abgaben, die im Preis von Einkäufen und Dienstleistungen enthalten sind. Artikel 7 Abs. 2 des Sitzstaatabkommens mit GCDT benennt konkret die Umsatzsteuer als zu erstattende Steuer, bezieht sich aber allgemein auf das Gastland und nicht auf die Bundesrepublik Deutschland, obwohl das Abkommen nur mit der Bundesrepublik Deutschland als Sitzstaatabkommen abgeschlossen wurde. Artikel 9 Abs. 2 des Sitzstaatabkommens mit IRENA-IITC wiederum benennt als vergütungsfähige Steuern die indirekten Steuern, worunter die Umsatzsteuer sowie Verbrauchsteuern fallen. Es fehlt aber auch in diesem Sitzstaatabkommen der Bezug auf die Bundesrepublik Deutschland.

528 Im Zusammenhang mit der steuerlichen Behandlung der IOM ist auf den Briefwechsel vom 7.4./3.5.1954 betreffend das rechtliche Statut des Zwischenstaatlichen Komitees für Europäische Auswanderung (jetzt: IOM) in der Schweizerischen Eidgenossenschaft hinzuweisen, vgl. SR 0.192.122.935. Aufgrund dieses Briefwechsels werden der IOM und den Mitgliedern ihres Personals mit Ausnahme von Staatsangehörigen der Schweizerischen Eidgenossenschaft diejenigen Immunitäten gewährt, die den Vereinten Nationen aufgrund des Abkommens über die Vorrechte und Immunitäten der Organisation der Vereinten Nationen zwischen dem Schweizerischen Bundesrat und dem Generalsekretär der Organisation der Vereinten Nationen vom 11.6./1.7.1946 gewährt werden. In Artikel 2 Abschnitt 6 findet sich die Regelung, die bestimmt, dass die Befreiung von indirekter Steuer auf wichtige, von der jeweiligen internationalen Organisation für den dienstlichen Gebrauch erworbene Gegenstände, in deren Preis Steuern und Abgaben dieser Art inbegriffen sind, beschränkt ist. In diesen Fällen trifft der Schweizerische Bundesrat die bezüglich Wegfall oder Rückzahlung des Steuer- oder Abgabenbetrages erforderlichen administrativen Vorkehrungen, vgl. SR 0.192.120.1.
Vgl. hierzu auch Antwort des Bundesrates Schweizerischen Eidgenossenschaft vom 23.6.1999 auf eine Einfache Anfrage (99.1004), eingereicht in den Nationalrat am 1.3.1999, https://www.parlament.ch/de/ratsbetrieb/suche-curia-vista/geschaeft?AffairId=19991004 (zuletzt abgerufen am 13.12.2016).

529 Die Abkommen über die Jugendwerke enthalten keinen Verweis auf den einschlägigen Artikel III § 10 des Abkommens über die UN-Sonderorganisationen.

ganisation über die Auslegung des jeweils einschlägigen Abkommens. Teilweise finden sich auch Angaben über die Durchführung und die Voraussetzungen des Entlastungsverfahrens in der jeweiligen Denkschrift des Bundesrates zum Gesetzesentwurf der Bundesregierung zu den Umsetzungsgesetzen der einzelnen völkerrechtlichen Abkommen.[530] Der Inhalt dieser Vereinbarungen ist nach Angabe des BZSt stets einheitlich und entspricht den bereits oben dargestellten allgemeinen Voraussetzungen zum Entlastungsverfahren. Nach Angabe des BZSt genügt im Grunde auch ein mündlicher Hinweis an das BZSt, um das Entlastungsverfahren durchzuführen. Das BZSt gebe daraufhin der internationalen Organisation nähere Erläuterungen zu den weiteren Voraussetzungen und zu der Durchführung des Verfahrens.

Strengere Voraussetzungen für die Durchführung des Entlastungsverfahrens- können durch Vereinbarungen zwischen den Vertragsparteien der jeweiligen Abkommen festgelegt werden. Als Beispiel hierfür dient die Bestimmung eines Mindestvergütungsbetrags pro Rechnung in Artikel 7 Abs. 1 des Sitzstaatabkommens zwischen der Regierung der Bundesrepublik Deutschland und EUMETSAT. Der dort festgelegte Mindestbetrag beträgt EUR 26,00 und ist mithin höher als der Betrag in den übrigen völkerrechtlichen Vereinbarungen, die vergleichbare Regelungen enthalten. Gemäß diesen Abkommensbestimmungen findet eine Entlastung bereits dann statt, wenn der Steuerbetrag EUR 25,00 übersteigt.

In den Sitzstaatabkommen mit EMBL, GCDT und IRENA-IITC fehlen konkrete Angaben zur Durchführung des Entlastungsverfahrens in der Bundesrepublik Deutschland. Für Zwecke der steuerlichen Behandlung des GCDT findet sich die Konkretisierung des Entlastungsverfahrens in der Denkschrift des Deutschen Bundesrates zum Gesetzesentwurf der Bundesregierung zu dem Abkommen vom 29. Juni 2012 zwischen der Bundesrepublik Deutschland und dem Globalen Treuhandfonds für Nutzpflanzenvielfalt über den Sitz des Globalen Treuhandfonds für Nutzpflanzenvielfalt. Dort heißt es:

> *„Als größere Einkäufe sind dabei gemäß der Praxis gegenüber anderen internationalen Organisationen mit Sitz in Deutschland für den amtlichen Gebrauch des Treuhandfonds erworbene Gegenstände und in Anspruch genommene Dienstleistungen erfasst, sofern der geschuldete Steuerbetrag je Rechnung 25 Euro übersteigt. Eine Erstattung erfolgt, soweit der Steuerbetrag auf der Rechnung gesondert ausgewiesen ist und gezahlt wurde. Eine Entlastung erfolgt auf Antrag auch für die im Preis enthaltene Energiesteuer für Benzin, Dieselkraftstoff und Heizöl bei Käufen, die für den amtlichen Gebrauch bestimmt sind, sofern die vergütungsfähige Menge 300 Liter übersteigt.“*[531]

---

530 Denkschrift des Bundesrates zum Entwurf eines Gesetzes der Bundesregierung zu dem Abkommen vom 29.6.2012 zwischen der Bundesrepublik Deutschland und dem Globalen Treuhandfonds für Nutzpflanzenvielfalt über den Sitz des Globalen Treuhandfonds für Nutzpflanzenvielfalt, BR-Drs. 475/12, S. 23.

531 Denkschrift zum Entwurf eines Gesetzes der Bundesregierung zu dem Abkommen vom 29.6.2012 zwischen der Bundesrepublik Deutschland und dem Globalen Treu-

Die Denkschrift zu dem Übereinkommen über die Vorrechte und Immunitäten der IRENA-IITC enthält keine vergleichbare Konkretisierung des Verfahrens zur Entlastung. Sie wiederholt jedoch die allgemeine Bestimmung aus dem Abkommen fast wortgleich. Allein ein einziger Unterschied ist in inhaltlicher Sicht zu entdecken: Die noch in Artikel 9 Abs. 2 des Sitzstaatabkommens enthaltene Einschränkung der Vergütung der Umsatzsteuer an IRENA-IITC „nach Möglichkeit" ist in der Denkschrift zu dem Gesetzesentwurf der Bundesregierung weggefallen. In der Denkschrift findet sich nunmehr die Bestimmung, dass

> *„(d)ie Vertragsstaaten (...) jedoch geeignete Verwaltungsanordnungen zur Befreiung oder Erstattung von solchen Steuern und Abgaben für den Fall (treffen), dass IRENA-IITC für ihren amtlichen Bedarf größere Einkäufe tätigt."*[532]

Schriftliche Vereinbarungen, wie Brief- bzw. Notenwechsel oder Denkschriften zur Auslegung des Abkommens über die Immunitäten des EMBL liegen ebenfalls nicht vor, sodass allein die allgemeine Erklärung in dem Sitzstaatabkommen über das Entlastungsverfahren Anwendung findet.

In einigen der vorliegend untersuchten multilateralen völkerrechtlichen Vereinbarungen einigten sich die Vertragsparteien ebenfalls lediglich auf die allgemeine Aussage, dass die Sitzstaaten geeignete Maßnahmen für den Erlass oder die Erstattung des Betrages der indirekten Steuern treffen sollen. Hiervon sind EASA, ESA (EAC bzw. ESOC), die Vertretung der EU-Kommission, NATO-NETMA, OCCAR und OECD betroffen.

NETMA-NATO nimmt das Entlastungsverfahren in der Bundesrepublik Deutschland in Anspruch. Dies lässt sich aus dem Hinweis aus der Angabe des Bundeshaushaltsplans für 2015, Einzelplan 14 des Bundesministeriums der Verteidigung entnehmen.[533]

Artikel 3 Abs. 2 EU-Protokoll, der für EASA und die EU-Kommission als Rechtsgrundlage für die Entlastung von indirekten Steuern qualifiziert, enthält ebenso lediglich die übliche allgemeine Bestimmung zu der Entlastung dieser Organisationen. In dem Wortlaut des Artikels 3 des EU-Protokolls findet sich jedoch noch zusätzlich die Einschränkung, dass die Entlastung nur in denjenigen Fällen erfolgen soll, in denen es dem Mitgliedstaat möglich ist.[534] Trotz dieser vagen Formulierungen geht

---

handfonds für Nutzpflanzenvielfalt über den Sitz des Globalen Treuhandfonds für Nutzpflanzenvielfalt, BR-Drs. 475/12, S. 23.

532 Denkschrift zum Entwurf eines Gesetzes zu dem Übereinkommen vom 13.1.2013 über die Vorrechte und Immunitäten der Internationalen Organisation für erneuerbare Energien, BR-Drs. 225/13, S. 20.

533 Dieser Plan ist als pdf abrufbar unter http://www.bmvg.de/resource/resource/MzEzNTM4MmUzMzMyMmUzMTM1MzMyZTM2MzIzMDMwMzAzMDMwMzAzMDY5NjE3ODc5MzU3ODY1NmQyMDIwMjAyMDIw/Einzelplan14_2015.pdf (zuletzt abgerufen am 13.12.2016).

534 *Athen/Dörr*, in: Grabitz/Hilf/Nettesheim, Das Recht der Europäischen Union, Artikel 343 AEUV Rn 55. Die Einschränkung seitens der Sitzstaaten, nur nach

das Schrifttum von einer Rechtspflicht der Mitgliedstaaten der EU aus, den internationalen Organisationen eine Entlastung zu gewähren.[535]

In der Denkschrift zu dem Abkommen mit OCCAR finden sich keine näheren Angaben über die Voraussetzungen der Durchführung eines Entlastungsverfahrens in der Bundesrepublik Deutschland. Ebenso verhält es sich hinsichtlich der Behandlung der ESA und des OECD-Berlin Centre. Da in den in den völkerrechtlichen Vereinbarungen über die Immunitäten von EMBL[536], ESA, OCCAR sowie des OECD-Berlin Centre lediglich die allgemein formulierte Bestimmung über die Entlastung der internationalen Organisationen enthalten ist, sind mangels Konkretisierung der Voraussetzung des Entlastungsverfahrens die von dem BZSt veröffentlichten Grundvoraussetzungen für das Entlastungsverfahren in der Bundesrepublik Deutschland anzuwenden.

ee) Folgen des vollständigen Fehlens einer Regelung über die Entlastung

Sofern keine völkervertraglichen Regelungen über die Entlastung von nationaler Umsatzsteuer bzw. anderen Steuern oder Abgaben bestehen, haben die betroffenen internationalen Organisationen keinen Anspruch auf die Durchführung eines Entlastungsverfahrens in der Bundesrepublik Deutschland.[537] Auch ist die Bundesrepublik Deutschland mangels einer völkervertraglichen Vereinbarung oder nationaler Vorschriften nicht verpflichtet, geeignete Maßnahmen zugunsten dieser internationalen Organisationen zur Entlastung zu ergreifen.

§ 5 Abs. 1 Nr. 3 FVG, der bestimmt, dass das BZSt für das Entlastungsverfahren aufgrund einer völkerrechtlichen Vereinbarung oder besonderer gesetzlicher Regelung nach näherer Weisung des Bundesministeriums der Finanzen zuständig ist, bestätigt das soeben gefundene Ergebnis, da diese Vorschrift darauf hindeutet, dass bei einer fehlenden völkerrechtlichen Vereinbarung keine Entlastung durch das BZSt erfolgt.

Für europarechtliche Sachverhalte gilt dasselbe Ergebnis. Zur Erinnerung ist nochmals auf Artikel 151 Abs. 1 lit. b der Mehrwertsteuersystemrichtlinie hinzuweisen. Diese Regelung bestimmt:

„Möglichkeit" bzw. „soweit möglich" Maßnahmen im Hinblick auf die Erstattung von Umsatzsteuer bzw. weiteren indirekten Steuern oder sonstigen Abgaben durchzuführen, findet sich neben dem EU-Protokoll auch in anderen in dieser Arbeit untersuchten völkerrechtlichen Abkommen. Vgl. nur: Artikel 7 Abs. 2 Sitzstaatabkommen mit EMBL, Artikel V Abs. 2 EWO-Anlage I, Artikel 9 Abs. 2 Sitzstaatabkommen mit GCDT, Artikel 9 Abs. 2 Sitzstaatabkommen mit IRENA-IITC oder Artikel 4 Abs. 2 Anlage I zum OCCAR-Übereinkommen.

535 *Athen/Dörr*, in: Grabitz/Hilf/Nettesheim, Das Recht der Europäischen Union, Artikel 343 AEUV Rn 60.

536 Im Fall von EMBL liegt sogar ein Sitzstaatabkommen vor.

537 Hinsichtlich des Untersuchungsumfangs der vorliegenden Arbeit sind von dieser Fragestellung die folgenden vier internationalen Organisationen betroffen: Arabische Liga, Deutsch-Französisches Jugendwerk, Deutsch-Polnisches Jugendwerk und IOM.

„Die Mitgliedstaaten befreien folgende Umsätze von der Steuer (...) Lieferungen von Gegenständen und Dienstleistungen, die für (...) internationale Einrichtungen, die vom Aufnahmemitgliedstaat als internationale Einrichtungen anerkannt sind, sowie für die Angehörigen dieser Einrichtungen bestimmt sind, und zwar in den Grenzen und zu den Bedingungen, die in den internationalen Übereinkommen über die Gründung dieser Einrichtungen oder in den Abkommen über ihren Sitz festgelegt sind (...).“[538]

Die in der Richtlinie formulierte Verpflichtung betrifft somit lediglich diejenigen Fälle, in denen die einschlägigen völkerrechtlichen Vereinbarungen eine Bestimmung über die Möglichkeit einer Entlastung der internationalen Organisationen vorsehen.

Voraussetzung für die Teilnahme am nationalen Entlastungsverfahren ist mithin in allen möglichen Konstellationen, die Bezug auf eine Entlastung durch die Bundesrepublik Deutschland nehmen, zumindest eine allgemein formulierte Vorschrift in den einschlägigen völkerrechtlichen Abkommen, in denen sich die Mitgliedstaaten verpflichten, geeignete Maßnahmen zur Entlastung der internationalen Organisation zu ergreifen.

e) Entlastungsverfahren zugunsten der Führungskräfte

Für die europarechtlichen Sachverhalte, auf die die Mehrwertsteuersystemrichtlinie anzuwenden ist, folgt die Verpflichtung zur Einrichtung und Durchführung eines Entlastungsverfahrens zugunsten der begünstigen Mitglieder internationaler Organisationen durch die Bundesrepublik Deutschland wiederum aus Artikel 151 Abs. 1 lit. a b i.V.m der MwStVO sowie i.V.m mit den jeweils einschlägigen völkervertraglichen Regelungen. In den übrigen Fällen erfolgt eine Verpflichtung direkt aus den völkervertraglichen Regelungen: Diejenigen Führungskräfte, die gemäß den jeweiligen völkervertraglichen Bestimmungen wie diplomatische Vertreter behandelt werden, erhalten dieselbe Entlastung, wie sie Diplomaten gemäß den Vorschriften aus der Verordnung über die Erstattung von Umsatzsteuer an ausländische ständige diplomatische Missionen und berufskonsularische Vertretungen sowie gemäß § 59 EnergieStG bzw. § 104 Energiesteuer-Durchführungsverordnung zustehen.[539] Dieses Ergebnis könnte vor dem Hintergrund, dass das WÜD selbst keine Vorschriften zu der Befreiung von Umsatzsteuer zugunsten der Diplomaten enthält, in Frage gestellt werden. Bei einer strengen Auslegung des Verweises in den Abkommen über die Immunitäten der internationalen Organisationen und der Mitglieder ihres Personals könnte argumentiert werden, dass der Verweis sich

538 Die Hervorhebung erfolgte durch die Verfasserin der vorliegenden Arbeit.

539 § 59 Abs. 3 Nr. 1 EnergieStG bestimmt, dass den deutschen Staatsangehörigen oder Personen, die ihren ständigen Wohnsitz in der Bundesrepublik Deutschland hatten, bevor sie im diplomatischen Dienst tätig geworden sind, die Energiesteuer nicht erstattet wird. Siehe zu § 104 Energiesteuer-Durchführungsverordnung: Kleine Anfrage der Abgeordneten der Fraktion DIE LINKE vom 4.3.2014, BT-Drs. 18/693, S. 3.

lediglich auf die im WÜD selbst niedergelegten Immunitäten bezieht. Gegen diese enge Auslegung spricht aber im Hinblick auf eine teleologische Auslegung der einzelnen Verweisungen, dass die einzelnen Abkommen nicht auf einzelne Vorschriften des WÜD verweisen wollen. Vielmehr ist die Verweisung so zu lesen, dass die Führungskräfte die gleiche Behandlung wie Diplomaten erhalten sollen. Für vorliegende Zwecke hat diese Auslegung zur Folge, dass die Verweisung die steuerliche Behandlung der Diplomaten am Sitz der jeweiligen Vertretung in ihrer Gesamtheit umfasst. Dieses Ergebnis gilt uneingeschränkt bereits aufgrund des Wortlautes für diejenigen völkerrechtlichen Vereinbarungen, die nicht ausdrücklich auf das WÜD, sondern auf die diplomatischen Immunitäten bzw. auf die Behandlung der Diplomaten verweisen.

f) Zusammenfassung der Ergebnisse zum Entlastungsverfahren

Zusammenfassend ist festzustellen, dass lediglich in einigen vorliegend untersuchten Fällen bereits das Sitzstaatabkommen ein subjektives Recht auf Entlastung von indirekten Steuern enthält.[540] Somit haben lediglich ADB, EIOPA, EPO/EPA, ESO, EUMETSAT, und EZB einen direkten Anspruch gegenüber der Bundesrepublik Deutschland auf Entlastung von der gezahlten Umsatzsteuer bzw. Energiesteuer.[541] Ausschließlich für diese sechs internationalen Organisationen finden sich in den jeweiligen völkervertraglichen Vorschriften ebenfalls detaillierte Regelungen über die Voraussetzungen und die Durchführung des Entlastungsverfahrens. Hinsichtlich der weiteren internationalen Organisationen kann teilweise z. B. aus der jeweiligen Denkschrift zu den Verordnungen über die völkerrechtlichen Abkommen oder aus Quellen außerhalb des Völkerrechts wie z. B. aus der Angabe des Bundeshaushaltsplans für 2015, Einzelplan 14, entnommen werden, dass ihnen Entlastung in der Bundesrepublik Deutschland zukommt.[542] Die übrigen internationalen Organisationen erhalten Entlastungen, sofern und insoweit in den einschlägigen völkerrechtlichen Vereinbarungen eine Bestimmung enthalten ist, die eine allgemeine Pflicht der Mitgliedstaaten bestimmt, geeignete Maßnahmen für die Entlastung zu schaffen und diese Maßnahmen von der jeweiligen internationalen Organisation auch wahrgenommen werden. Wie bereits oben dargelegt, enthalten die einschlägigen völkerrechtlichen Rechtsakte zu den Immunitäten der Arabischen Liga, des Deutsch-Französischen Jugendwerks, des Deutsch-Polnischen Jugendwerks sowie der IOM keine Vorschriften über die Entlastung von indirekten Steuern.

---

540 Beachte, dass die Bundesrepublik Deutschland nicht mit allen internationalen Organisationen Sitzstaatabkommen abgeschlossen hat.

541 Nach dem Abkommen mit ADB ist nur die Umsatzsteuer und nicht die Energiesteuer zu erstatten. Zudem muss für einen erfolgreichen Erstattungsantrag die Gegenseitigkeit durch die anderen Mitglieder gewährleistet sein.

542 Denkschriften mit einer Konkretisierung zu dem Entlastungsverfahren gibt es für die Abkommen über die Immunitäten von GCDT und IRENA-IITC.

Diejenigen Führungskräfte, die gemäß den jeweiligen völkervertraglichen Bestimmungen die gleichen Rechte wie diplomatische Vertreter zustehen, müssen Entlastung von indirekten Steuern, wie dies für Diplomaten in der Verordnung über die Erstattung von Umsatzsteuer an ausländische ständige diplomatische Missionen und berufskonsularische Vertretungen sowie in § 59 EnergieStG bzw. § 104 Energiesteuer-Durchführungsverordnung vorgesehen ist, erhalten.

Für die Durchführung des Entlastungsverfahrens ist das BZSt zuständig. Die formellen und materiellen Voraussetzungen für eine Vergütung zugunsten der internationalen Organisationen richten sich nach den jeweils geltenden völkervertraglichen Bestimmungen, sofern sie die allgemeinen formellen Voraussetzungen des BZSt ergänzen oder verschärfen.

4. Persönlicher Anwendungsbereich der Steuerbefreiungen

a) Kriterien für die Qualifikation als steuerbefreites Mitglied des Personals

Ohne Berücksichtigung der Ortskräfte und Sachverständigen unterteilen sich die für eine internationale Organisation tätigen Personen in die Gruppe der Führungskräfte und in die Gruppe der übrigen Mitglieder des Personals. Die Mitglieder beider Gruppen – mit Ausnahme von den Mitgliedern des Personals der Liga der Arabischen Staaten sowie den Mitgliedern des Personals der beiden Jugendwerke – müssen mehrheitlich keine Einkommensteuer auf die von der jeweiligen internationalen Organisation gezahlten Gehälter und Bezüge entrichten. In dem Großteil der vorliegend untersuchten völkerrechtlichen Abkommen umfasst die Regelung zu dieser Steuerbefreiung beide Personengruppen.

Es gibt unterschiedliche Regelungstechniken zur Bestimmung der steuerbefreiten Mitglieder des Personals. Teilweise enthalten die Abkommen eine Regelung, dass ein Gremium der Exekutive oder die Führungskraft einer internationalen Organisation diejenigen Mitglieder des Personals bestimmen soll, die Steuerbefreiungen erhalten. Eine Liste dieser Personen ist regelmäßig dem Sitzstaat der internationalen Organisation zu übermitteln.[543]

In den neueren völkerrechtlichen Vereinbarungen findet sich mehrheitlich eine Definition der „Mitglieder des Personals“. Laut diesen Definitionen gehört eine Person zu dem steuerbegünstigten Personal, wenn sie u. a. von der Führungskraft der jeweiligen internationalen Organisation ernannt wurde[544] bzw. dem Personalstatut

543 Vgl. nicht abschließend Artikel 8 Abs. 3 Sitzstaatabkommen mit ADB, Artikel 17 EPO-Protokoll, Artikel 20 Sitzstaatabkommen mit EMBL, Artikel 20 ESO-Protokoll, Artikel 1 Abs. 4 IOM-Verordnung, Artikel 4 Abs. 1 NATO-Durchführungsvereinbarung i.V.m. Artikel 17 Ottawa-Übereinkommen.

544 Artikel 1 lit. n Sitzstaatabkommen mit GCDT, Artikel 1 lit. n Sitzstaatabkommen mit IRENA-IITC.

unterliegt und eine Planstelle besetzt.[545] Auch in älteren Abkommen ist Voraussetzung für den Erhalt von Steuerbefreiungen, dass die jeweilige Person dem Personalstatut unterfällt.[546] Einige Abkommen verweisen wiederum lediglich auf weitere völkerrechtliche Vereinbarungen, die die subjektiven Kriterien für den Erhalt von fiskalischen Immunitäten enthalten.[547]

b) Steuerliche Behandlung der Führungskräfte

Die Führungskräfte tragen je nach internationaler Organisation unterschiedliche Amtsbezeichnungen. So finden sich in den einschlägigen völkerrechtlichen Abkommen die Bezeichnungen „Präsident", „Generalsekretär", „(General-)Direktor", „Direktoriumsmitglied", „Koordinator" oder „Leiter der Mission".

Gemäß einer großen Anzahl der vorliegend untersuchten völkerrechtlichen Vereinbarungen genießen die Führungskräfte diejenigen Vorrechte und Immunitäten, die Diplomaten bzw. die das diplomatische Personal gleichwertigen Ranges (gemäß dem WÜD oder dem Völkerrecht) erhalten. Die genaue vertragliche Formulierung der Gewährung dieser Rechtsstellung variiert in den unterschiedlichen völkerrechtlichen Vereinbarungen. Teilweise verweisen die einschlägigen Normen auf das WÜD[548], auf die Rechte, die gemäß dem Völkerrecht Diplomaten zustehen[549] oder auf die Rechte der Diplomaten.[550] Obschon sich ein unterschiedlicher Wortlaut in den einzelnen völkerrechtlichen Vereinbarungen zeigt, kann für vorliegende Zwecke und für die Bestimmung des persönlichen und materiellen Umfangs der diplomatischen fiskalischen Immunitäten das WÜD als Rechtsquelle herangezogen

545 Artikel 1 lit. f EUMETSAT-Protokoll.

546 § 1 Abs. 3 lit. b IOM-Verordnung, Artikel XV des EWO-Übereinkommens i.V.m. Artikel XIX EWO-Anlage I, Artikel 18 der Anlage I zum OCCAR-Übereinkommen.

547 Verweis auf Artikel 2 der Verordnung (EURATOM, EGKS, EWG) Nr. 549/69 des Rates, ABl. EG Nr. L 74/1 (Verordnung Nr. 549/69). Der Verweis gilt für die Bestimmung der Mitglieder des Personals der Vertretung der EU-Kommission, der EZB (Artikel 4c der Verordnung Nr. 549/69), EIOPA (über Artikel 68 Abs. 1 EIOPA-Verordnung) sowie EASA (Verweis auf das EU-Protokoll in Artikel 30 der Verordnung (EG) Nr. 216/2008 des Europäischen Parlaments und des Rates, ABl. EU L 79/1 (EASA-Gründungsverordnung).

548 Artikel 19 Sitzstaatabkommen mit EMBL, Artikel 13 Abs. 1 EPO-Protokoll, Artikel 15 ESO-Protokoll, Artikel 19 Abs. 1 Sitzstaatabkommen mit EZB, Artikel 12 Abs. 2 lit. a Sitzstaatabkommen mit GCDT (für Exekutivsekretäre), Artikel 13 Abs. 4 Sitzstaatabkommen mit IRENA-IITC.

549 Artikel 15 des Zusatzprotokolls Nr. 1 zum OECD-Abkommen („*(in) conformity with international law*"), Artikel 1 Abs. 3 lit. a IOM-Verordnung i.V.m. Artikel VI § 21 Abkommen über die UN-Sonderorganisationen.

550 Artikel XV EWO-Übereinkommen, Artikel 14 der Anlage I zum OCCAR-Übereinkommen („Diplomaten vergleichbaren Ranges").

werden, da es wegen der Vielzahl der Unterzeichnerstaaten nach herrschender Meinung Gewohnheitsrecht abbildet.[551]

Einige der vorliegend untersuchten völkerrechtlichen Vereinbarungen verweisen weder auf das WÜD noch auf das Recht der Diplomaten bzw. weisen andere Besonderheiten auf: Im EU-Protokoll sowie in den einschlägigen Abkommen zu den Immunitäten der EU-nahen internationalen Organisationen (EIOPA und EASA) mit Ausnahme der EZB fehlen Regelungen zu der fiskalischen Sonderbehandlung der Führungskräfte gänzlich. Artikel 11 Abs. 1 des Sitzstaatabkommens mit der Arabischen Liga bestimmt, dass die fiskalischen Immunitäten nicht von dem Verweis auf die Rechtsstellung der Führungskräfte nach dem WÜD umfasst sind. Im Ergebnis werden den Führungskräften wie auch den übrigen Mitgliedern des Personals der Liga der Arabischen Staaten mithin keinerlei Steuerbefreiungen gewährt.[552]

Eine weitere Besonderheit im Rahmen der Ausgestaltung der Sonderbehandlung der Führungskräfte findet sich in Artikel 11 des EUMETSAT-Protokolls. Dort werden diejenigen Immunitäten einzeln aufgeführt, die den Führungskräften neben den Immunitäten, die auch den übrigen Mitgliedern des Personals gemäß Artikel 10 des EUMETSAT-Protokolls gewährt werden, zusätzlich zustehen sollen. Diese Aufzählung enthält jedoch keinen Hinweis auf eine fiskalische Sonderbehandlung der Führungskräfte. Artikel 9 Abs. 1 des Sitzstaatabkommens mit ADB enthält im Gegensatz zu den üblichen Erweiterungen der Immunitäten für Führungskräfte lediglich Einschränkungen. Die Führungskräfte der ADB tragen die Bezeichnung „Direktor" und „Gouverneur". Artikel 8 Abs. 1 lit. b dieses Sitzstaatabkommens bestimmt nun, dass die Bediensteten der Bank und des Büros sowie die Sachverständigen keine Steuern auf die Gehälter und sonstigen Bezüge, welche die Bank oder das Büro zahlen, entrichten müssen. Artikel 9 Abs. 1 legt fest, dass jene Norm auf Direktoren und ihre Stellvertreter anwendbar ist. Im Umkehrschluss hat diese Regelung zur Folge, dass die Gouverneure keine Steuerbefreiung genießen. Diese Unterscheidung beruht auf dem Umstand, dass die Gouverneure ehrenamtlich tätig sind und somit keine Bezüge oder Gehälter erhalten, die einkommensteuerfrei gestellt werden könnten.[553] Den Führungskräften der ADB, die ebenfalls wie die übrigen Mitglieder des Personals ein Gehalt von der ADB erhalten, steht mithin keine fiskalische Sonderbehandlung zu. Dasselbe gilt auch für die Führungskräfte der NETMA-NATO. Gemäß Artikel 2 der Vereinbarung zwischen der NATO und der Regierung der Bundesrepublik Deutschland findet Artikel 20 des Ottawa-Übereinkommens, der einzelnen dort aufgeführten Führungskräften dieselben Im-

551 *Doehring*, Völkerrecht, § 12 Rn 674 m.w.N. Mit Stand Ende November 2016 sind 190 Staaten Mitglieder des Übereinkommens. Siehe zum Stand der Ratifikation des WÜD: https://treaties.un.org/Pages/ViewDetails.aspx?src=TREATY&mtdsg_no=III-3&chapter=3&clang=_en (zuletzt abgerufen am 13.12.2016).

552 Siehe für die Begründung der Sonderbehandlung der Mitglieder des Personals der Arabischen Liga unter F.III.6.b)bb).

553 Vgl. Artikel 27 Abs. 2 des Abkommens der Regierung der Bundesrepublik Deutschland mit der ADB über das Europabüro der ADB.

munitäten wie diplomatischen Vertretern eines vergleichbaren Ranges einräumt, keine Anwendung auf die Führungskräfte der NETMA-NATO.

Im Ergebnis genießen somit die Führungskräfte der ADB[554], EASA, EIOPA, der EU-Kommission, EUMETSAT und der NETMA-NATO keine Sonderbehandlung gegenüber den übrigen Mitgliedern des Personals der jeweiligen internationalen Organisation. Auch die Führungskräfte der Arabischen Liga sowie der beiden Jugendwerke enthalten keine Sonderbehandlung. In diesen Fällen bedeutet eine Gleichbehandlung mit den übrigen Mitgliedern des Personals, dass die Führungskräfte ebenso wenig wie die Mitglieder des Personals dieser internationalen Organisationen fiskalische Immunitäten in der Bundesrepublik Deutschland genießen. In Bezug auf die übrigen internationalen Organisationen folgt aus dem Verweis auf die Anwendung diplomatischer Rechte bzw. auf das WÜD, dass den Führungskräften neben der Befreiung der Gehälter von der Einkommensteuer diejenigen Immunitäten gewährt werden, die nach dem Völker(vertrags-)recht den Diplomaten bzw. dem diplomatischen Personal vergleichbaren Ranges zustehen.[555]

aa) Rechtfertigung für die erweiterten Immunitäten einiger Führungskräfte

Zugunsten der Führungskräfte bestehen im Vergleich zu den übrigen Mitgliedern des Personals teilweise erweiterte Steuerbefreiungen. Die Sonderbehandlung der Führungskräfte ist vor dem Hintergrund des Grundsatzes der Funktionalität internationaler Organisationen gerechtfertigt. Die Führungskräfte internationaler Organisationen werden durch die – zumindest teilweise – Erweiterung ihrer (fiskalischen) Immunitäten diplomatischen Vertretern anderer Staaten gleichgestellt.[556] Hierdurch ist mithin potentiell gewährleistet, dass sie als Repräsentanten der internationalen Organisationen auf Augenhöhe mit den übrigen Staatenvertretern verhandeln und somit möglichst effektiv die Interessen der jeweiligen internationalen Organisation durchsetzen können.[557] Da die Führungskräfte einer internationalen Organisation im Gegensatz zu den Staatenvertretern nicht nur die Interessen eines Staates, sondern die Interessen aller Mitgliedstaaten einer internationalen Organisation repräsentieren, erfolgt die im Vergleich zu den Mitgliedern des Personals internationaler Organisationen begünstigte Behandlung der Führungskräfte auch im Interesse aller Mitgliedstaaten.

---

554 Mit Ausnahme der Gouverneure.

555 Dies betrifft EMBL, EPO/EPA, ESA (EAC bzw. ESOC), ESO, EZB, GCDT, IRENA-IITC, IOM, OECD und OCCAR. Für vorliegende Zwecke interessieren nur die ggf. zusätzlichen fiskalischen Immunitäten, die durch diesen Verweis den Führungskräften gewährt werden. Siehe zum genauen Umfang dieser Steuerbefreiungen: F.III.1.b).

556 *Jenks*, International Immunities, S. 168.

557 *Menzel* in: FS Laforet, S. 325 (333).

bb) Keine Gewährung erweiterter Immunitäten für einzelne Führungskräfte

Einige völkerrechtliche Vereinbarungen[558], die dem Führungspersonal zusätzliche Immunitäten einräumen, schließen die Anwendung der erweiterten Immunitäten für einige Führungskräfte aus.[559] Ausschlusskriterium ist u.a, dass die jeweilige Führungskraft die Staatsangehörigkeit des Sitzstaates[560] (hier: der Bundesrepublik Deutschland) besitzt oder/und im Sitzstaat ständig ansässig ist[561] bzw. dort den ständigen Wohnsitz[562] oder/und ihren ständigen Aufenthalt[563] hat.[564]

Eine solche Ausschlussnorm enthalten die Sitzstaatabkommen mit EMBL, EPO/EPA und ESO.[565] Im Fall von ESA (EAC bzw. ESOC) stützt sich der Ausschluss auf eine Regelung in dem Zustimmungsgesetz zum EWO-Übereinkommen.[566] Die EZB

---

558 Sowie die IOM-Verordnung.

559 Dies betrifft die Führungskräfte der EMBL, EPO/EPA, ESA (EAC bzw. ESOC), ESO, EZB und der IOM.

560 In den völkerrechtlichen Vorschriften über die Immunitäten der Führungskräfte der EMBL und der IOM betrifft der Ausschluss nur deutsche Staatsangehörige.

561 Diese Formulierung findet sich in dem Sitzstaatabkommen mit ESO.

562 Diese Formulierung findet sich in den völkerrechtlichen Vereinbarungen mit ESO und EZB.

563 Diese Formulierung findet sich in Artikel 2 des Gesetzes zu dem EWO-Übereinkommen. Die Begriffe „ständiger Aufenthalt“, „ständiger Wohnsitz“ und „ständige Ansässigkeit“, die sich in den einzelnen völkerrechtlichen Abkommen wiederfinden, sind für vorliegende Zwecke synonym zu verwenden. Im Folgenden benutzt die vorliegende Ausarbeitung einheitlich die Formulierung „ständige Ansässigkeit“. Die genannten völkerrechtlichen Tatbestandsmerkmale knüpfen nicht an die Voraussetzungen der unbeschränkten Steuerpflicht i.S.d. § 1 Abs. 1 Satz 1 EStG an. Die in dieser Norm enthaltene Formulierung „gewöhnlicher Aufenthalt“ ist mithin nicht mit dem aus dem Völkerrecht entnommenen Begriff „ständige Ansässigkeit“ identisch. Für Abkommenszwecke erfordert eine „ständige Ansässigkeit“ einen Aufenthaltsgrund. Diese Voraussetzung knüpft der deutsche Gesetzgeber im Rahmen des Tatbestandsmerkmals „gewöhnlicher Aufenthalt“ des § 1 Abs. 1 Satz 1 EStG an die unbeschränkte Steuerpflicht nicht. Siehe hierzu: *Hensel*, RIW 1999, 659 (664).

564 In dem überwiegenden Teil der Abkommen werden die Kriterien alternativ genannt. Bei EMBL und IOM genügt eine Ansässigkeit im Sitzstaat für den Ausschluss jedoch nicht, vgl. Artikel 19 Sitzstaatabkommen mit EMBL, der für den Ausschluss die deutsche Staatsangehörigkeit fordert. Ebenso bestimmt § 1 Abs. 5 der IOM-Verordnung, dass lediglich deutsche Staatsangehörige i.S.d. Artikel. 116 GG von dem Genuss einzelner Immunitäten ausgeschlossen sind.

565 Im Fall von EMBL schadet jedoch nur die deutsche Staatsangehörigkeit und nicht die ständige Ansässigkeit in der Bundesrepublik Deutschland.

566 Artikel 2 des Gesetzes zu dem EWO-Übereinkommen bestimmt unter Anwendung des Artikels XXIV EWO-Anlage I, dass u. a. Artikel XV EWO-Anlage I, der die Erweiterung der Immunitäten für Führungskräfte vorsieht, auf deutsche Staatsangehörige und Personen, die zum Zeitpunkt ihres Dienstantritts einen ständigen Aufenthalt in der Bundesrepublik Deutschland hatten, nicht anwendbar ist.

schließt die Anwendung des WÜD und gleichsam die Gewährung erweiterter Immunitäten für ihre Führungskräfte nur eingeschränkt aus. Nach Artikel 19 Abs. 3 des Sitzstaatabkommens mit EZB genießen die Führungskräfte mit deutscher Staatsangehörigkeit oder ständigem Aufenthalt in der Bundesrepublik Deutschland neben der Befreiung der Gehaltszahlungen von der deutschen Einkommensteuer zusätzlich die Befreiung von nationaler Gerichtsbarkeit und Unverletzlichkeit, wenn die in Rede stehenden Handlungen in Ausübung der dienstlichen Tätigkeit vorgenommen wurden.[567] Diese Vorschrift entspricht der Regelung des Artikels 38 Abs. 1 WÜD. Bei IOM ergibt sich der Ausschluss der Sonderbehandlung aus § 1 Abs. 5 der IOM-Verordnung.[568]

Gemäß den Abkommen über die Immunitäten von GCDT, IRENA-IITC, OECD und OCCAR finden die erweiterten diplomatischen Immunitäten unbeschränkt auf alle Führungskräfte unabhängig von ihrer Staatsangehörigkeit oder ständigen Ansässigkeit Anwendung. Die unbeschränkte Gewährung der erweiterten diplomatischen Immunitäten ergibt sich aus dem Fehlen einer Ausschlussnorm in den einschlägigen völkerrechtlichen Vereinbarungen.

Zusammenfassend ist mithin festzuhalten, dass wegen der Einschränkungen im Hinblick auf die Anwendung der erweiterten Immunitäten die Führungskräfte mit deutscher Staatsangehörigkeit oder ständiger Ansässigkeit in der Bundesrepublik Deutschland lediglich dann erweiterte fiskalische Immunitäten erhalten, wenn sie bei GCDT, IRENA-IITC, OECD oder OCCAR tätig sind.[569] Bei den Führungskräften der EMBL und IOM ist lediglich das Innehaben der deutschen Staatsangehörigkeit in Bezug auf die Gewährung der erweiterten fiskalischen Immunitäten schädlich.

---

567 Diese Befreiung gilt für die Führungskräfte gleichsam wie für die übrigen Mitglieder des Personals.

568 § 1 Abs. 5 der IOM-Verordnung schließt die Anwendung von Artikel VI mit Außnahme des § 19 lit. a des Abkommens über die UN-Sonderorganisationen für deutsche Staatsagehörige aus. Hierunter fallen die in § 19 lit. b gewährten Befreiungen der Mitglieder des Personals von der Besteuerung ihrer Gehälter sowie die Gewährung erweiterter Immunitäten an Führungskräfte gemäß § 21. Bemerkenswert ist, dass § 1 Abs. 5 der IOM-Verordnung nicht nur die Führungskräfte, sondern auch die übrigen Mitglieder des Personals der IOM von dem Anwendungsbereich der Steuerbefreiungen ausschließt, sofern sie die deutsche Staatsangehörigkeit besitzen. Ebenso wie im Sitzstaatabkommen mit EMBL bezieht sich die Beschränkung ausschließlich auf die deutsche Staatsangehörigkeit der Mitglieder des Personals. Eine ständige Ansässigkeit bzw. ein ständiger Wohnsitz in der Bundesrepublik Deutschland schadet der Anwendung der erweiterten fiskalischen Immunitäten nicht.

569 Bei dem GCDT ist nur der Exekutivsekretär von der Verweisung auf die erweiterten diplomatischen Immunitäten umfasst. Mitglieder des Personals der Stufe P-5 oder höher erhalten keine weiteren fiskalischen Immunitäten, Artikel 12 Abs. 2 lit. b Sitzstaatabkommen mit GCDT. Das Abkommen über die Immunitäten der Mitglieder des Personals der ADB enthält keine Erweiterung gegenüber der Einkommensteuerbefreiung der von ADB erhaltenen Gehälter und Bezüge.

c) *Steuerliche Behandlung der übrigen Mitglieder des Personals*

Das Gehalt bzw. die Bezüge der übrigen Mitglieder des Personals der vorliegend untersuchten internationalen Organisationen sind im Regelfall im steuerberechtigten Staat – falls die Begünstigten gemäß den völkerrechtlichen Vereinbarungen fiskalische Immunitäten genießen – lediglich von der Besteuerung im Rahmen der nationalen Einkommensteuer befreit. Gemäß einiger völkerrechtlicher Vereinbarungen greift die Verpflichtung der Mitgliedstaaten zur Vornahme der innerstaatlichen Steuerbefreiung jedoch erst ab demjenigen Zeitpunkt ein, in dem die Gehälter und Bezüge mit einer organisationsinternen Steuer belastet werden.[570] In diesen Fällen stellt die Freistellung der Gehälter von nationaler Einkommensteuer weniger eine Regelung zur Steuerbefreiung dar, sondern vielmehr als Doppelbesteuerungsregel zu qualifizieren ist.[571]

Die eben skizzierte Steuerbehandlung findet mit Ausnahme der Mitglieder des Personals der IOM unabhängig von der Staatsangehörigkeit der einzelnen Begünstigten Anwendung. Die besondere Behandlung der Mitglieder des Personals der IOM stellt eine nationale Diskriminierung dar.[572]

5. Höhe der internen Steuer

Im Rahmen der vorliegend untersuchten internationalen Organisationen werden lediglich die Gehälter und Bezüge der Mitglieder des Personals der EMBL, EPO/EPA,

---

570 Siehe hierzu: F.III.4.a)cc).

571 *Athen/Dörr*, in: Grabitz/Hilf/Nettesheim, Das Recht der Europäischen Union, Artikel 343 AEUV Rn 110; *Schmidt*, in: von der Groeben/Schwarze/Hatje, Europäisches Unionsrecht, Artikel 343 Rn 45.

572 *Endres/Ismer*, Tax Rules in Non-Tax Agreements, S. 359 (373) verweisen dort in der Fn 84 darauf, dass im Sitzstaatabkommen mit dem EMBL explizit die Ausnahme von fiskalischer Immunität für deutsche Staatangehörige enthalten sei. Hierbei gehen sie davon aus, dass Artikel 21, der eine solche Beschränkung enthält, auch auf die Vorschrift über die Gewährung fiskalischer Immunitäten Anwendung findet, die wiederum in Artikel 18 zu finden ist. Artikel 21 verweist aber nicht auf Artikel 18, sondern lediglich auf die Artikel 16, 17 und 19. Mithin findet die fiskalische Immunität für Gehälter des EMBL staatsangehörigkeitsunabhängig Anwendung. Ebenso nimmt *Hundt*, IWB Fach 10 Gruppe 2, 307 (321) fälschlicherweise an, dass Artikel 3 der Vereinbarung zwischen der NATO und der Bundesrepublik Deutschland eine Diskriminierung deutscher Staatsangehöriger in Bezug auf die Befreiung der Gehälter der Mitglieder des Personals der NETMA-NATO von der Besteuerung enthält. Artikel 3 dieser Vereinbarung beschränkt für deutsche Staatsangehörige lediglich den Umfang der Immunitäten, die in Artikel 18 des Ottawa-Übereinkommens festgelegt sind. Die Bestimmung zu den Steuerbefreiungen findet sich jedoch nicht in Artikel 18, sondern in Artikel 19 des Ottawa-Übereinkommens, sodass Artikel 3 den Umfang der Steuerbefreiung aus Artikel 19 des Ottawa-Übereinkommens nicht beschränkt. Siehe zu einer Auseinandersetzung mit der Frage der Rechtfertigung der Inländerdiskriminierung: F.III.6.b)cc).

ESA (EAC bzw. ESOC), ESO, EU (EASA, EIOPA, EU-Kommission, EZB), EUMETSAT und OCCAR einer internen Steuer unterworfen.

Regelmäßig enthalten die von dem Exekutivorgan der jeweiligen internationalen Organisation festgelegten Verfahrensregeln und Bedingungen über die Besteuerung der Gehälter und Bezüge die Bestimmung, dass sich die Höhe des internen Steuerbetrags nach einem progressiven Steuertarif richtet. Die Höhe der jeweiligen Eingangssteuersätze variiert zwischen ca. 5 Prozent und maximal 10 Prozent. Die Höhe des jeweiligen Spitzensteuersatzes liegt zwischen ca. 40 Prozent und maximal 60 Prozent.[573] Eine Ausnahme hierzu stellt die organisationsinterne Besteuerung bei

573 Die Informationen zu der Ausgestaltung der internen Besteuerung der Gehälter und Bezüge stammen entweder aus öffentlich zugänglichen Quellen (EPA/EPO, EU, EUMETSAT) oder wurden der Verfasserin der vorliegenden Arbeit auf Anfrage durch die jeweilige internationale Organisation erteilt (ESA, ESO, OCCAR):

INTERNATIONALE ORGANISATION	EINGANGSSTEUERSATZ IN PROZENT	SPITZENSTEUERSATZ IN PROZENT
EMBL	k.A.	k.A.
EPO/EPA	10	60
ESA (EAC BZW. ESOC)	5,7	47
ESO	ca. 5	ca. 40
EU	8	45
EUMETSAT	5,7	47

Für EPO/EPA: Artikel 4 Abs. 1 der Verordnung über die interne Steuer zugunsten der EPO (IntStVO) i.d.F. des Beschlusses des Verwaltungsrats vom 20.10.1977 (CA/D 13/77).
Für EU: Artikel 4 der Verordnung Nr. 260/68 zur Festlegung der Bestimmungen und des Verfahrens für die Erhebung der Steuer zugunsten der Europäischen Gemeinschaften, ABl. EG 1968 L 56/8 (Verordnung Nr. 260/68). Zusätzlich müssen die betroffenen Mitglieder des Personals vom 1. Januar 2014 bis zum 31. Dezember 2023 eine sog. „Solidaritätsabgabe" leisten. Siehe für die Ermittlung der Bemessungsgrundlage für die Solidaritätszulage Artikel 66a Abs. 3 der Verordnung Nr. 31 (EWG) 11 (EAG) über das Statut der Beamten und über die Beschäftigungsbedingungen für die sonstigen Bediensteten der Europäischen Wirtschaftsgemeinschaft und der Europäischen Atomgemeinschaft, ABl. EG 45 1962, S. 1385; zuletzt geändert durch Verordnung (EU) Nr. 1201/2014, ABl. L 32/1 (Beamtenstatut der EU).
Für EUMETSAT: Anlage II Tz 4 EUMETSAT Staff Rules mit Stand von Juli 2016 (EUMETSAT-Personalstatut), als pdf abzurufen unter: http://www.eumetsat.int/website/home/AboutUs/LegalInformation/BasicDocuments/index.html http://www.eumetsat.int/website/home/AboutUs/LegalInformation/BasicDocuments/index.html (zuletzt abgerufen am 13.12.2016).
Zu EMBL: Die Festlegung der Verfahrensregeln und Bedingungen über die Besteuerung der Gehälter und Bezüge erfolgt gemäß Artikel 18 Abs. 1 des Sitz-

OCCAR dar. Auf das Grundgehalt der Mitglieder des Personals von OCCAR wird gemäß Auskunft von OCCAR pauschal monatlich eine organisationsinterne Steuer in Höhe von 0,2 Prozent erhoben.[574]

6. Exkurs: Behandlung von Ortskräften und Sachverständigen

a) Ortskräfte

Die Ortskräfte, die für die vorliegend untersuchten internationalen Organisationen tätig sind, genießen regelmäßig keine Steuerbefreiungen. Obwohl diese Regelung für alle vorliegend untersuchten internationalen Organisationen zutrifft, unterscheidet sich die Regelungstechnik hinsichtlich der Festlegung der Behandlung der Ortskräfte innerhalb der völkerrechtlichen Vereinbarungen über die Immunitäten stark voneinander. In den völkerrechtlichen Vereinbarungen zu den Immunitäten von IRENA-IITC und GCDT findet die Vorschrift über die Befreiung der Gehälter und Bezüge von der Einkommensteuer ausdrücklich keine Anwendung auf Ortskräfte.[575] Die völkerrechtlichen Vereinbarungen der übrigen vorliegend untersuchten internationalen Organisationen enthalten hingegen keine solche ausdrückliche Regelung. In einigen Fällen, in denen der Ausschluss der Ortskräfte von den fiskalischen Immunitäten nicht explizit geregelt ist, ergibt sich die Unanwendbarkeit der Vorschrift über die Steuerbefreiung der Mitglieder des Personals auf die Gruppe der Ortskräfte teilweise aus dem Umstand, dass die Ortskräfte nicht als begünstigte Mitglieder des Personals gemäß den Bestimmungen in den einzelnen Abkommen zu qualifizieren sind.[576] Dies gilt z. B. für diejenigen Ortskräfte, die in den internationalen Organisationen tätig sind, auf die Artikel 12 Abs. 2 des EU-Protokolls Anwendung findet.[577] Auch § 1 Abs. 3 lit. b der IOM-Verordnung begrenzt die Gewährung von Immunitäten auf Beamte und höhere Angestellte der internationalen Organisation, worunter die Ortskräfte jeweils nicht zu fassen sind.

---

staatabkommens mit EMBL durch den Rat der EMBL. Eine Bitte um Erteilung von Informationen zum Inhalt dieser Vorschriften sowie ggf. zur Übersendung der dazugehörigen Dokumentation gegenüber EMBL hatte bis zur Abgabe dieser Arbeit keinen Erfolg. Siehe zur Frage nach dem Bestehen und des Umfangs eines Anspruchs auf Informationszugang: F.VI.

574 Die Auskunft erteilte ein Mitarbeiter der Personalabteilung von OCCAR (*Emolument Section*).

575 Artikel 1 lit. i Sitzstaatabkommen mit GCDT, Artikel 1 lit. n und lit. o Sitzstaatabkommen mit IRENA-IITC.

576 *Menzel*, in: FS Laforet, S. 325 (333 f.).

577 Siehe Artikel 2 lit. a a.E. der Verordnung Nr. 549/69. Der Verweis auf Artikel 2 der Verordnung Nr. 549/69 gilt für die Bestimmung der Mitglieder des Personals der Vertretung der EU-Kommission, der EZB (Artikel 4c der Verordnung Nr. 549/69), der EIOPA (über Artikel 68 Abs. 1 EIOPA-Verordnung) sowie der EASA (Verweis auf EU-Protokoll in Artikel 30 der EASA Gründungsverordnung).

Die Festlegung des persönlichen Anwendungsbereichs der fiskalischen Immunitäten (und mithin implizit auch der Ausschluss der Ortskräfte von den Steuerbefreiungen) erfolgt bei anderen internationalen Organisationen jeweils mit Hilfe eines Gremiums bzw. durch die zuständige Führungskraft der internationalen Organisation. Die Namen der steuerbegünstigten Mitglieder des Personals werden in regelmäßigen zeitlichen Abständen den Mitgliedstaaten der jeweiligen Organisation zur Verfügung gestellt.[578]

Schließlich enthalten einzelne völkerrechtlichen Vereinbarungen auch die Bestimmung, dass lediglich diejenigen Personen fiskalische Immunität genießen, die der Personalordnung unterliegen. Diese Bestimmung findet sich in den Statuten der ESA (EAC bzw. ESOC)[579], EUMETSAT[580] und OCCAR.[581] Ortskräfte fallen nicht in den Anwendungsbereich der Personalstatuten der jeweiligen internationalen Organisationen, sodass ihnen somit auch keine fiskalischen Immunitäten zustehen.[582]

b) Sachverständige

Den Sachverständigen werden üblicherweise ebenfalls keine Steuerbefreiungen für die von der jeweiligen internationalen Organisation getätigten Zahlungen gewährt.[583] Von dieser Regel findet sich im Rahmen der vorliegend untersuchten internationalen Organisationen lediglich eine einzige Ausnahme. Artikel 8 Abs. 1 lit. b des Sitzstaatabkommens mit ADB bestimmt ausdrücklich, dass auch die Sach-

578 Vgl. nur Artikel 17 EPO-Protokoll, Artikel 20 der Sitzstaatabkommen mit EMBL.

579 Artikel XV des EWO-Übereinkommens i.V.m. Artikel XIX EWO-Anlage I.

580 Artikel 1 lit. f EUMETSAT-Protokoll.

581 Artikel 18 der Anlage I zu dem OCCAR-Übereinkommen.

582 Für ESA: Die Bestimmungen aus dem Personalstatut der ESA finden auf Ortskräfte keine Anwendung, vgl. http://www.esa.int/About_Us/Law_at_ESA/Highlights_of_ESA_rules_and_regulations (zuletzt abgerufen am 13.12.2016). Das Personalstatut der ESA ist nicht öffentlich verfügbar.
Für EUMETSAT: Artikel 1.1 des EUMETSAT-Personalstatuts bestimmt, dass die Regeln des Statuts sich nur auf Mitglieder des Personals beziehen, die eine Ernennungsurkunde (*letter of appointment*) erhalten haben. Da Ortskräfte in einem Individualarbeitsverhältnis nach den Bestimmungen des nationalen Arbeitsrechts am Ort ihrer Tätigkeit mit der internationalen Organisation eingehen, fallen sie nicht unter den Anwendungsbereich des Personalstatuts. Ausdrücklich genannt werden die Ortskräfte in den Artikeln 1.2 der Anlage VI-A bzw. Artikel 1.3 der Anlage VI-B des EUMETSAT-Personalstatus. Dort werden sie neben u.a. Sachverständigen als Beispiel für diejenigen Personengruppen aufgezählt, auf die das Statut keine Anwendung findet.
Für OCCAR: Artikel A.2 der Präambel OCCAR-Personalstatut.

583 Siehe zu der Rechtsstellung der Sachverständigen innerhalb von internationalen Organisationen die detaillierte Darstellung in: *Rieck*, Privilegien und Immunitäten von im Auftrag der Vereinten Nationen oder einer ihrer Sonderorganisationen tätigen Sachverständigen.

verständigen dieselbe Steuerbefreiung wie die übrigen Mitglieder des Personals erhalten. Mithin unterfallen die von der ADB getätigten Zahlungen an die Sachverständigen in der Bundesrepublik Deutschland nicht der Einkommensteuer.

7. Umfang der Gehälter und Bezüge

Dem Wortlaut der einzelnen völkerrechtlichen Vereinbarungen ist nicht eindeutig zu entnehmen, welche Zahlungen der internationalen Organisationen an die Mitglieder ihres Personals von der Steuerfreistellungsklausel umfasst sind. Es fehlt an einer Definition des Begriffspaares „Gehälter und Bezüge". In den vorliegend untersuchten völkerrechtlichen Vereinbarungen ist mehrheitlich festgelegt, dass diejenigen Zahlungen, die die Mitglieder des Personals von der internationalen Organisation beziehen, in dem jeweiligen steuerberechtigten Staat steuerfrei zu stellen sind. Die deutschen Sprachfassungen der einzelnen völkerrechtlichen Vereinbarungen, sofern sie gemäß ihrer Schlussformel Originalfassungen darstellen, unterscheiden sich in der Bezeichnung der steuerfreien Zahlungen. So finden sich in einzelnen Vereinbarungen die Bezeichnungen „Bezüge"[584], „Gehälter und Bezüge"[585] oder auch „Gehälter und sonstige Bezüge"[586]. Die englischen Sprachfassungen hingegen verwenden einheitlich das Begriffspaar „*salaries and emoluments*".[587]

584 Dieser Wortlaut findet sich in Artikel 12 Abs. 1 lit. b Sitzstaatabkommen mit GCDT und Artikel 13 Abs. 2 lit. b Sitzstaatabkommen mit IRENA-IITC.

585 Dieser Wortlaut findet sich in dem EPO-Protokoll.

586 Dieser Wortlaut findet sich in den Abkommen über die Immunitäten von ADB, EMBL, ESA (EAC bzw. ESOC), ESO, EUMETSAT und OCCAR.

587 Eine Ausnahme bildet das EU-Protokoll, das auf EASA, EIOPA, die EU-Kommission und die EZB anwendbar ist. Dieses enthält die Bestimmung, dass die Gehälter, Löhne und anderen Bezüge von der Besteuerung zu befreien sind. Gemäß Artikel 4 der Verordnung Nr. 1 zur Regelung der Sprachenfrage für die Europäische Wirtschaftsgemeinschaft, ABl. EG 1958 L 17/385, zuletzt geändert durch Verordnung (EG) Nr. 1791/2006, ABl. EU 2006 L 363/1, werden Verordnungen und Schriftstücke allgemeiner Geltung in den Amtssprachen abgefasst. Gemäß Artikel 1 dieser Verordnung sind die folgenden Sprachen Amtssprachen der EU: Bulgarisch, Dänisch, Deutsch, Englisch, Estnisch, Finnisch, Französisch, Griechisch, Irisch, Italienisch, Lettisch, Litauisch, Maltesisch, Niederländisch, Polnisch, Portugiesisch, Rumänisch, Schwedisch, Slowakisch, Slowenisch, Spanisch, Tschechisch und Ungarisch. Vorliegend konnten nur die englische, französische, italienische und spanische Fassung auf ihre Einheitlichkeit überprüft werden. Die erweiterte Aufzählung der steuerbefreiten Zahlungen der einzelnen internationalen Organisationen findet sich in diesen vier Sprachfassungen des EU-Protokolls wieder. Die englischsprachige Fassung enthält die Aufzählung „*salaries, wages and emoluments*". Die französische Fassung zählt ebenfalls drei Begriffe („*traitements, salaires et émoluments*") zur Umschreibung der Zahlungen an die Mitglieder des Personals der einzelnen internationalen Organisationen auf. Ebenso verhält es sich mit der italienischen Fassung („*stipendi, salari ed emolumenti*") sowie mit der spanischen Fassung („*sueldos, salarios y emolumentos*"). Mangels Bedeutungsunterschieden

Trotz Verwendung unterschiedlicher Begriffe innerhalb der unterschiedlichen Sprachfassungen zur Bezeichnung der steuerbefreiten Zahlungen der internationalen Organisationen liegt kein auslegungsbedürftiger Bedeutungsunterschied der Regelungen vor. Auch liegt es fern, den Schluss zu ziehen, dass die sich leicht unterschiedlichen Bezeichnung der Zahlungen der internationalen Organisationen in den deutschen Sprachfassungen der völkerrechtlichen Vereinbarungen eine Auswirkung auf den materiellen Gehalt der Steuerbefreiung haben. Mithin sind die Unterschiede im Wortlaut der einzelnen Abkommen bei der Bestimmung des materiellen Anwendungsbereichs der Steuerbefreiung zu vernachlässigen.

8. Besteuerung von Renten und Ruhegehältern

Die völkervertragliche Bestimmung, dass „Renten und Ruhegehälter" nicht von der nationalen Besteuerung befreit sind, enthalten lediglich die völkerrechtlichen Vereinbarungen über die Immunitäten von EMBL, EPO/EPA, ESA (EAC bzw. ESOC), ESO, EUMETSAT und OCCAR. Mit Ausnahme des Protokolls über die Immunitäten von EUMETSAT ist diese Regelung in einem gesonderten Absatz innerhalb der vertraglichen Vorschrift über die Befreiung der Gehälter und Bezüge der Mitglieder des Personals von der Besteuerung verortet.

Die Regelung in dem Protokoll über die Immunitäten von EUMETSAT weist eine weitere Besonderheit in Bezug auf die Wortwahl der Regelung auf. Dieses Protokoll verwendet nicht die üblichen Begriffe *„pensions"* und *„annuities"*, sondern enthält die Umschreibung *„pensions and other similar benefits"* zur Bezeichnung der Ruhestandszahlungen. Eine weitere Besonderheit innerhalb der sonst sehr einheitlich formulierten Bestimmung stellt eine Ergänzung dar, die sich in dem Protokoll über die Immunitäten der ESO befindet.[588] Das Begriffspaar „Renten und Ruhegehälter" wird dahingehend erweitert, dass

> *„Renten und Ruhegehälter, die von der Organisation an ihre ehemaligen Generaldirektoren und an die ehemaligen Mitglieder ihres Personals für deren Tätigkeit in der Organisation gezahlt"*[589]

wurden, nicht von nationaler Besteuerung befreit sind. Diese abweichenden Bestimmungen in den jeweiligen völkerrechtlichen Vereinbarungen über die Immunitäten von ESO und EUMETSAT haben – soweit ersichtlich – jedoch keinen Einfluss auf den materiellen Gehalt der Regelung.

---

innerhalb der einzelnen Sprachfassungen des EU-Protokolls ist eine Auslegung nicht nötig.

588 Als Beispiel einer einheitlich formulierten Bestimmung dient Artikel 18 Abs. 2 des Sitzstaatabkommens mit EMBL. Dieser lautet: *„Absatz 1 ist nicht anwendbar auf Renten und Ruhegehälter, die von dem Laboratorium an ehemalige Generaldirektoren und Mitglieder des Personals gezahlt werden."*.

589 Artikel 19 Abs. 2 ESO-Protokoll.

Zu der steuerlichen Behandlung der Renten und Ruhegehälter, die die Mitglieder des Personals der übrigen in dieser Arbeit untersuchten internationalen Organisationen erhalten, enthalten die jeweiligen einschlägigen völkerrechtlichen Vereinbarungen keine ausdrückliche Regelung. Hinsichtlich der Frage, ob die Renten und Ruhegehälter – sofern zu deren steuerlichen Behandlung keine ausdrücklichen Regelungen getroffen wurden – in den materiellen Anwendungsbereich der Steuerbefreiung fallen oder steuerpflichtige Einkünfte der Mitglieder des Personals der internationalen Organisationen darstellen, gibt es keine einheitliche Staatenpraxis.[590] So wird die Regelung über die steuerliche Behandlung der Alterseinkünfte der Mitglieder des Personals der Vereinten Nationen oder ihrer Sonderorganisationen aus dem Pensionsfonds der Vereinten Nationen in den unterschiedlichen Mitgliedstaaten unterschiedlich ausgelegt.[591] Mithin ist die vorliegend skizzierte Fragestellung Gegenstand ständiger Diskussion in Rechtsprechung, Verwaltung und Literatur.[592]

9. Regelungen zum Progressionsvorbehalt

a) Übersicht über die völkervertraglichen Regelungen

In denjenigen Abkommen und Protokollen, die auch die unter 8.) genannte Regelung zu der steuerlichen Behandlung von Renten und Ruhegehälter enthalten, wird sinngemäß bestimmt, dass die Mitgliedstaaten der jeweiligen internationalen Organisation das Recht bzw. die Möglichkeit behalten, die von der nationalen Einkommensteuer befreiten Gehälter und sonstigen Bezüge bei der Festsetzung des auf das Einkommen aus anderen Quellen zu erhebenden Steuerbetrags zu berücksichtigen.[593] Wiederum variiert der genaue Wortlaut dieser Regelung in den unterschiedlichen Abkommen. Die Mitgliedstaaten von EMBL, EPO/EPA, ESA (EAC bzw. ESOC), ESO, EUMETSAT und OCCAR können laut der völkervertraglichen Regelung, die befreiten Gehälter und Bezüge im Rahmen der Festsetzung des Steuerbetrags berücksichtigen. Eine Variante dieser Bestimmung findet sich in Artikel 18 des Sitzstaatsabkommens mit EMBL. Dort ist im Gegensatz zum Wortlaut der anderen Abkommen normiert, dass das befreite Einkommen „bei der Festsetzung des Steuersatzes für das übrige Einkommen" Berücksichtigung findet.[594]

---

590 *Martha* stellt die unterschiedliche steuerliche Behandlung der Renten und Ruhegehälter in einigen Staaten wie z. B. Frankreich, Indien, Niederlande und Spanien dar, *Martha*, Tax Treatment of International Civil Servants, S. 272 ff.

591 *Smit*, Tax Rules in Non-Tax Agreements, S. 11.

592 Zur Rechtslage in der Bundesrepublik Deutschland siehe: F.III.5.

593 Die Bestimmung findet sich entweder im Gründungsabkommen (ESA, OCCAR) oder in dem zugehörigen Protokoll (EPO/EPA, ESO, EUMETSAT). Nur das Sitzstaatabkommen mit EMBL enthält eine Regelung zu der Behandlung des steuerbefreiten Einkommens im Rahmen der Veranlagung des Steuerpflichtigen.

594 In den anderen Abkommen wird den Mitgliedstaaten das Recht eingeräumt, das befreite Einkommen bei der Festsetzung des Steuerbetrags zu berücksichtigen. Die Hervorhebungen erfolgten jeweils durch die Verfasserin der vorliegenden Arbeit.

Die Abkommen und Protokolle der übrigen internationalen Organisationen sowie auch die Abkommen über die Vorrechte und Immunitäten der Vereinten Nationen und der Sonderorganisationen enthalten keine derartige Bestimmung. Nach Auffassung des EuGH stellt die Berücksichtigung der steuerbefreiten Einkünfte im Rahmen der nationalen Veranlagung des einzelnen Mitglieds des Personals eine unzulässige indirekte Besteuerung der Gehälter und Bezüge dar.[595] Innerhalb der Staatenpraxis hat sich bisher keine einheitliche Handhabung im Hinblick auf die Behandlung der steuerfreien Einkünfte im Rahmen der Festsetzung des Steuerbetrags des jeweiligen Mitglieds des Personals ausgebildet.[596]

b) Gründe für eine unterschiedliche Behandlung

In dem Erlass zu der Steuerfreiheit und dem Progressionsvorbehalt bei Gehältern und Bezügen von Bediensteten internationaler Organisationen vom 13. November 2014 stellt die FSen Berlin fest, dass

> *„(d)er Progressionsvorbehalt (...) nur dann zur Anwendung (kommt), wenn dies in dem betreffenden Abkommen/Protokoll ausdrücklich zugelassen ist (...). In der Regel trifft das bei älteren Abkommen und Protokollen nicht zu (...), während der Progressionsvorbehalt in den neueren Abkommen (...) ausdrücklich erwähnt wird.“*[597]

Die vorliegende Feststellung bestätigt sich nach der Analyse der in dieser Arbeit untersuchten völkerrechtlichen Vereinbarungen jedoch nicht. Fünf der sieben völkerrechtlichen Vereinbarungen, die eine Regelung zu dem Progressionsvorbehalt enthalten, stammen aus den Jahren 1975 bzw. 1976, wohingegen in der Gruppe der übrigen 13 Vereinbarungen, die keine vergleichbare Regelung enthalten, sechs nach dem Jahr 2000 geschlossen wurden. Somit lässt sich nicht allein aufgrund des Entstehungszeitpunkts der völkerrechtlichen Vereinbarungen die unterschiedliche Behandlung der steuerbefreiten Einkommen im Rahmen der Anwendung des Progressionsvorbehalts erklären.

Die abweichende Formulierung in der völkerrechtlichen Vereinbarung mit EMBL liegt in der Eigenschaft dieses Abkommens als Sitzstaatabkommen begrün-

595 EuGH, C-6/60 (*Humblet*), Slg 1960, 1165 = EU:C:1960:48, 6. Leitsatz.

596 *Klabbers*, An Introduction to International Institutional Law, S. 147; *Schermers/Blokker*, International Institutional Law, § 531. Eine naheliegende Erklärung für die unterschiedliche Berücksichtigung der steuerfreien Einkünfte findet sich bereits in der Tatsache, dass in einigen Staaten das System eines Progressionsvorbehalts unbekannt ist: Siehe die Unterrichtung durch die Bundesregierung, Entwurf eines Jahressteuergesetzes 2007 (JStG 2007), Stellungnahme des Bundesrates und Gegenäußerung der Bundesregierung, BT-Drs. 16/3036, S. 21.

597 FSen Berlin, Erlass betreffend die Steuerfreiheit und Progressionsvorbehalt bei Gehältern und Bezügen von Bediensteten internationaler Organisationen – III A – S 1311–5/2007.

det.[598] Die Verwendung des Begriffs „Steuersatz" statt „Steuerbetrag" zeigt, dass die Vertragsparteien des Sitzstaatabkommens mit EMBL bei dem Entwurf dieser Vertragsregelung bereits das steuerrechtliche System der Bundesrepublik Deutschland berücksichtigten. Da gemäß § 32b EStG ein besonderer Steuersatz für die Berechnung der Einkommensteuerbelastung durch Einbeziehung der steuerbefreiten Einkünfte ermittelt wird, führt die Berücksichtigung von steuerfreien Einkünften zunächst zu einem anderen Steuersatz. Erst in einem zweiten Schritt beeinflusst die Berücksichtigung der steuerfreien Einkünfte die Höhe des Steuerbetrags des einzelnen Steuerpflichtigen. Eine Bezugnahme in dem Sitzstaatabkommen mit EMBL lediglich auf den Steuerbetrag hätte die in § 32b EStG beschriebene Regelungstechnik zur Ermittlung der Einkommensteuerbelastung des einzelnen Steuerpflichtigen nur ungenau abgebildet. Die Existenz des Progressionsvorbehalts in der deutschen Steuerrechtsordnung erklärt somit, warum sich der Begriff „Steuersatz" lediglich in dem Sitzstaatabkommen und nicht in den übrigen sechs multilateralen Abkommen, die eine Regelung zur Anwendung des Progressionsvorbehalts enthalten, findet. Die Wahl des inhaltlich weiteren Begriffs „Steuerbetrag" in den übrigen völkerrechtlichen Vereinbarungen liegt mithin wohl in dem Bestreben begründet, alle möglichen innerstaatlichen Regelungstechniken zur Behandlung steuerfreier Einkünfte in den jeweiligen steuerberechtigten Staaten bei der Ermittlung der finalen Einkommensteuerbelastung des einzelnen Mitglieds des Personals im Rahmen des Vertragswortlauts abzudecken.[599]

10. Exkurs: Fiskalische Immunitäten der Mitglieder des Personals gemäß dem EU-Protokoll

a) Anwendbarkeit des EU-Protokolls

Die Gründungsakte der europäischen Agentur EASA sowie das Sitzstaatabkommen zwischen der Regierung der Bundesrepublik Deutschland und EIOPA[600] verweisen

---

598 Artikel 18 Abs. 1 Satz 2 Sitzstaatabkommen mit EMBL lautet: Die Regelung im Sitzstaatabkommen mit EMBL lautet: *„(...) (D)iese Gehälter und Bezüge (...) können jedoch bei der Festsetzung des Steuersatzes für das übrige Einkommen durch die Bundesrepublik Deutschland berücksichtigt werden."*.

599 Im Hinblick auf den am Ende dieser Arbeit angefügten Vorschlag kann für Zwecke der nationalen Besteuerung die Formulierung „Steuersatz" in eine entsprechende Modellregelung aufgenommen werden, da – vorausgesetzt die in § 32b EStG normierte Progressionsvorbehaltsregelung widerfährt keine Änderung – in der deutschen Steuerrechtsordnung die Berücksichtigung der steuerbefreiten Gehälter und Bezüge als Progressionseinkünfte zunächst einen Einfluss auf den Steuersatz und erst im zweiten Schritt auf den Steuerbetrag hat. Siehe hierzu den Entwurf einer Modellregelung unter: G.II.4.a).

600 Die einzelnen internationalen Organisationen EASA, EIOPA und EZB sind jeweils von der EU unabhängige Rechtssubjekte. Für die EASA siehe Artikel 2 Abs. 3 lit. c der EASA-Gründungsverordnung. Dort wird bestimmt, dass eine unabhängige

jeweils auf die Anwendbarkeit des EU-Protokolls. Gemäß Artikel 343 Satz 1 AEUV genießen die EU und mithin auch die Mitglieder des Personals der Vertretung der EU-Kommission in der Bundesrepublik Deutschland diejenigen Immunitäten, die in diesem Protokoll festgelegt sind.[601] Artikel 343 Satz 2 AEUV bestimmt ausdrücklich, dass das EU-Protokoll auf die EZB Anwendung findet. Ebenso verweist das Sitzstaatabkommen zwischen der Regierung der Bundesrepublik Deutschland und der EZB sowie Artikel 39 des Protokolls (Nr. 4) über die Satzung des Europäischen Systems der Zentralbanken und der Europäischen Zentralbank[602] auf die Anwendung des EU-Protokolls. Der Verweis auf das EU-Protokoll in Artikel 343 AEUV hat lediglich deklaratorischen Charakter, da aufgrund der Bestimmung in Artikel 51 EUV das Protokoll bereits Bestandteil des AEUV ist und mithin unmittelbar anwendbares Primärrecht darstellt.[603] Auch geht bereits aus dem EU-Protokoll selbst hervor, dass es auf die EU und ihre Organe Anwendung findet. Die Rechtsakte über die Immunitäten der EASA bzw. der jeweiligen Mitglieder ihres Personals treffen darüber hinaus selbst keine selbstständigen bzw. abweichenden Regelungen zu Steuerbefreiungen.

Artikel 12 Abs. 2 des EU-Protokolls bestimmt, dass die Beamten und sonstigen Bediensteten von innerstaatlichen Steuern auf die von der EU gezahlten Gehälter, Löhne und Bezüge befreit sind. Diese Regelung ist in der Zusammenschau mit Artikel 12 Abs. 1 des EU-Protokolls zu lesen. Nach Abs. 1 unterfallen die von der EU erhaltenen Gehälter, Löhne und Bezüge einer internen EU-Steuer.

b) Materiell-rechtlicher Umfang der Steuerbefreiungen

Nach der Rechtsprechung des EuGH ist jede unmittelbare oder mittelbare[604] Besteuerung der Gehälter, Löhne und Bezüge durch die Mitgliedstaaten mit Arti-

---

Agentur für Flugsicherheit errichtet werden soll. Die Aufsichtsbehörde EIOPA berät das Europäische Parlament, Rat und Kommission unabhängig, (Erwägungsgrund 44 der Verordnung). Zudem ist EIOPA auch autonom und unabhängig tätig, da sie einen hauptsächlich durch die nationalen Aufsichtsbehörden finanzierten Haushalt erhält, vgl. den Erwägungsgrund 44 der EIOPA-Verordnung. Siehe auch Artikel 1 Abs. 6 der EIOPA-Verordnung. Die EZB ist trotz Nennung in Artikel 13 EUV eine eigenständige Rechtsperson, *Athen/Dörr*, in: Grabitz/Hilf/Nettesheim, Das Recht der Europäischen Union, Artikel 343 AEUV Rn 26.

601 *Steinle*, in: Streinz, EUV/AEUV, Artikel 343 Rn 8; *Athen/Dörr*, in: Grabitz/Hilf/Nettesheim, Das Recht der Europäischen Union, Artikel 343 AEUV Rn 26.

602 Protokoll (Nr. 4) über die Satzung des Europäischen Systems der Zentralbanken und der Europäischen Zentralbank, ABl. EU 2008 C 115/230 ff.

603 *Steinle*, in: Streinz, EUV/AEUV, Artikel 343 Rn 1; *Athen/Dörr*, in: Grabitz/Hilf/Nettesheim, Das Recht der Europäischen Union, Artikel 343 AEUV Rn 1 und 40.

604 In dem Verfahren C-558/10 (*Michel und Marie Louise Bourges-Manoury*), EU:C:2012:418 Tz 29 = IStR 2012, 616 ff., stellte der EuGH die Unvereinbarkeit einer steuerlichen Regelung mit Artikel 12 Abs. 2 des EU-Protokolls fest. Die streitgegenständliche staatliche Maßnahme hätte zur Folge gehabt, dass der Steuerpflichtige aufgrund der Berücksichtigung der steuerbefreiten Gehälter bei der Festsetzung

kel 12 Abs. 2 des EU-Protokolls unvereinbar.[605] Der EuGH begründet diese strenge Sichtweise mit der Rechtfertigung für die Gewährung von Steuerbefreiungen. Durch die Belastung der Gehälter der begünstigten Mitglieder des Personals lediglich mit einer internen EU-Steuer könne die Gleichbehandlung der Mitglieder des Personals gewährleistet werden. Zudem stärke die Steuerbefreiung bzw. die Belastung der Gehälter lediglich mit einer internen Steuer die Unabhängigkeit der Dienststellen der EU gegenüber ihren Mitgliedstaaten, da eine strenge Trennung der Steuerhoheit der EU einerseits und der Mitgliedstaaten andererseits erfolge.[606] Die Steuerbefreiung erstreckt sich grundsätzlich auch auf mögliche Informationspflichten nach Maßgabe des nationalen Abgabenrechts.[607] Da das EU-Protokoll keine Regelung

---

des Steuerbetrags eine höhere Steuer an den Mitgliedstaat hätte entrichten müssen. Das Bestreben der Mitgliedstaaten durch Berücksichtigung der steuerbefreiten Einkünfte der steuerbegünstigten Mitglieder des Personals, die Leistungsfähigkeit dieser Steuerpflichtigen auf nationaler Ebene zu erfassen, rechtfertige nach Auffassung des EuGH die mittelbare Besteuerung der befreiten Gehälter der Mitglieder des Personals nicht, EuGH, C 558/10 (*Michel und Marie Louise Bourges-Manoury*), EU:C:2012:418 Tz 26 ff. = IStR 2012, 616 ff. Vorgehend zu dieser Entscheidung siehe auch EuGH, C-6/60 (*Humblet*), Slg 1960, 1165 (1196) = EU:C:1960:48; C-229/98 (*Zwalmen und Massart*), Slg 1999, I-7113 = EU:C:1999:501 Tz 21, die beide durch das aktuelle Urteil bestätigt wurden. Anders aber der Generalanwalt *Cruz Villalón* in seinem Schlussantrag vom 16.2.2012 zur Rs. C 558/10 (*Michel und Marie Louise Bourges-Manoury*). Der Generalanwalt erkennt in der streitgegenständlichen nationalen Regelung über die Berechnung einer Vermögenssteuer keine Diskriminierung des Mitglieds des Personals einer internationalen Organisation an. Vielmehr ist er der Überzeugung, dass durch den Ausschluss der befreiten Gehälter bei der Ermittlung der Steuer die im nationalen Recht geregelte Härteklausel verwässert würde. Als Folge der Nichteinbeziehung der befreiten Gehälter seien nach Ansicht des Generalanwalts die Mitglieder des Personals internationaler Organisationen mehrheitlich vollständig von der Leistung der streitgegenständlichen Vermögenssteuer befreit. Dies sei mit dem Zweck der Regelung jedoch nicht vereinbar, Schlussantrag des Generalanwalts *Cruz Villalón* vom 16.2.2012 zur Rs. C-558/10 (*Michel und Marie Louise Bourges-Manoury*), EU:C:2012:91 Tz 75.

605 Es gibt eine Reihe von Beispielen aus der EuGH-Rechtsprechung, an denen die Abgrenzung zwischen zulässigen und unzulässigen nationalen Steuermaßnahmen gegenüber den steuerbegünstigten Mitgliedern des Personals der internationalen Organisationen, auf die das EU-Protokoll Anwendung findet, deutlich wird. Siehe hierzu im Detail: *Schmidt*, in: von der Groeben/Schwarze/Hatje, Europäisches Unionsrecht, Artikel 343 Rn 45.

606 EuGH, C-6/60 (*Humblet*), Slg 1960, 1165 (1196 f.) = EU:C:1960:48, aktuell bestätigt durch EuGH, C-558/10 (*Michel und Marie Louise Bourges-Manoury*), EU:C:2012:418 Tz 21 f. = IStR 2012, 616 ff. Das letztgenannte Urteil beschäftigt sich nicht mit der Einkommensteuer der Steuerpflichtigen, sondern mit der Ermittlung einer französischen Vermögensteuer. Siehe hierzu die Ausführungen in Fn 605.

607 *Athen/Dörr*, in: Grabitz/Hilf/Nettesheim, Das Recht der Europäischen Union, Artikel 343 AEUV Rn 111. Der EUGH verneinte die Pflicht, die steuerbefreiten Ein-

zum Progressionsvorbehalt enthält, werden in der Bundesrepublik Deutschland die steuerbefreiten Gehälter und Bezüge der Mitglieder des Personals der internationalen Organisationen, auf die das EU-Protokoll Anwendung findet, bei der Ermittlung der Progressionseinkünfte nicht berücksichtigt.

c) Ermittlung des steuerberechtigten Staates

Die übrigen nicht steuerbefreiten Einkünfte der Mitglieder des Personals der internationalen Organisationen, auf die das EU-Protokoll Anwendung findet,[608] unterfallen dem Besteuerungsrecht des jeweiligen steuerberechtigten Staates. Dies gilt grundsätzlich für die Mitglieder des Personals aller in dieser Arbeit untersuchten internationalen Organisationen gleichermaßen. Im Fall der Mitglieder des Personals der internationalen Organisationen, auf die das EU-Protokoll Anwendung findet, enthält Artikel 13 des EU-Protokolls eine besondere Regelung für die Ermittlung des steuerberechtigten Staates. Artikel 13 Abs. 1 des EU-Protokolls bestimmt, dass die

> *„Beamten und sonstigen Bediensteten der Union, die sich lediglich zur Ausübung einer Amtstätigkeit im Dienst der Union im Hoheitsgebiet eines anderen Mitgliedstaats als des Staates niederlassen, in dem sie zur Zeit des Dienstantritts bei der Union ihren steuerlichen Wohnsitz haben, (...) in den beiden genannten Staaten für die Erhebung der Einkommen-, Vermögen- und Erbschaftsteuer sowie für die Anwendung der zur Vermeidung der Doppelbesteuerung zwischen den Mitgliedstaaten der Union geschlossenen Abkommen so behandelt (werden), als hätten sie ihren früheren Wohnsitz*[609] *beibehalten, sofern sich dieser in einem Mitgliedstaat der Union befindet.“*[610]

Darüber hinaus enthält Artikel 13 Abs. 2 des EU-Protokolls zusätzlich noch eine Regelung zu dem Recht, Erbschaften zu besteuern, in Bezug auf das im Hoheitsgebiet des Aufenthaltsstaats des Steuerpflichtigen befindlichen beweglichen Vermögens. Dieses Vermögen ist in dem Aufenthaltsstaat der begünstigten Person von

---

künfte in der nationalen Steuererklärung aufzuführen, EuGH, C-558/10 (*Michel und Marie Louise Bourges-Manoury*), EU:C:2012:418 Tz 10 = IStR 2012, 616 ff.

608 Dies sind EASA, EIOPA, die EU-Kommission und EZB.

609 Der frühere Wohnsitz der Mitglieder des Personals wird im Folgenden als „steuerlicher Wohnsitz“ bezeichnet. Beachte, dass die Wohnsitzfiktion auch auf diejenigen Fälle anzuwenden ist, in denen ein künftiges Mitglied des Personals zum Dienstantritt bei einer nach dem EU-Protokoll begünstigten internationale Organisation von der Bundesrepublik Deutschland in einen anderen Unionsstaat verzieht. Die Bundesrepublik Deutschland behält in diesen Fällen das Besteuerungsrecht für die Gehälter, Löhne und Bezüge des verzogenen Mitglieds des Personals einer begünstigten internationalen Organisation, *Neyer*, BB 2013, 1244 (1248).

610 Diese Regelung gilt auch für den Ehegatten und die Kinder des Mitglieds des Personals einer der vier vorliegend in Frage kommenden internationalen Organisationen, sofern der Ehegatte nicht selbst berufstätig ist. Auch müssen die Kinder unter der Aufsicht der steuerbefreiten Mitglieder des Personals bzw. deren Ehegatten stehen und von ihnen unterhalten werden.

der Erbschaftsteuer befreit. Für die Veranlagung dieser Steuer gilt das bewegliche Vermögen – vorbehaltlich der Rechte dritter Staaten und der etwaigen Anwendung internationaler Abkommen über die Doppelbesteuerung – als in dem Staat gelegen, in dem das Mitglied des Personals seinen steuerlichen Wohnsitz hat.

Für die sonstigen Steuern wie z. B. die Kapitalertragsteuer, die Grundsteuer, die Grunderwerbsteuer etc. gilt die eben skizzierte Regel über die Bestimmung des steuerberechtigen Staates nicht. Diese Steuern können an demjenigen Ort erhoben werden, den das jeweilige Steuergesetz bestimmt.[611]

11. Rechtsschutz: Streitigkeiten über fiskalische Immunitäten

a) Rechtschutz der internationalen Organisation

In der Praxis wenden sich die internationalen Organisationen bei einer behaupteten Verletzung ihrer Immunitäten regelmäßig an das zuständige (Außen-)Ministerium, um die Beachtung ihrer Befreiungen zu erreichen. Das zuständige Ministerium gibt sodann ggf. eine Stellungnahme gegenüber den betroffenen Verwaltungsbehörden bzw. Gerichten ab. Diese sind jedoch an die Ausführungen des Ministeriums nicht gebunden.[612] Daneben enthalten die meisten der vorliegend untersuchten völkerrechtlichen Vereinbarungen eine Regelung zur Beilegung von Streitigkeiten, die über die Anwendung und Auslegung des jeweiligen Abkommens zwischen der internationalen Organisation und dem einzelnen Mitgliedstaat entstehen können (sog. Schiedsvereinbarungen bzw. Schiedsklauseln).[613] Eine solche Regelung findet sich regelmäßig in den vorliegend untersuchten Sitzstaatabkommen.

Teilweise enthalten jedoch auch die multilateralen völkerrechtlichen Verträge – regelmäßig sind dies die Gründungsabkommen der internationalen Organisation – Schiedsklauseln. In einigen Fällen berechtigen und verpflichten die Klauseln in den Gründungsabkommen neben den Vertragsparteien auch die internationale Organisation selbst, bei einer Meinungsverschiedenheit ein Schiedsgericht anzurufen. Gelegentlich enthalten sowohl die Sitzstaatabkommen als auch die Gründungsabkommen Schiedsklauseln, die es jeweils ermöglichen, dass die internationale Organisation Partei eines Schiedsverfahrens wird.[614] Inhaltlich beschränkt sich der Streitgegenstand des Schiedsverfahrens auf Meinungsverschiedenheiten über die Auslegung und Anwendung desjenigen völkerrechtlichen Vertrags, der die Schiedsklausel enthält.

---

611 *Henrichs*, EuR 1987, 75 (85).

612 *Wenckstern*, Immunität internationaler Organisationen, Kap. I, Rn 517.

613 Die Formulierung „Schiedsvereinbarung“ qualifiziert als Oberbegriff für die unselbstständige Schiedsklausel und die Schiedsabrede. Letztere stellt im Gegensatz zur Schiedsklausel eine gesonderte bzw. selbstständige Vereinbarung dar, die ausschließlich Regelungen zu der Streitbeilegung enthält, vgl. *Schütze*, Schiedsgericht und Schiedsverfahren, § 5 Rn 243.

614 Vgl. ESO-Protokoll und Sitzstaatabkommen mit ESO sowie IRENA-Abkommen und Sitzstaatabkommen mit IRENA-IITC.

Obwohl die jeweilige betroffene internationale Organisation nicht Vertragspartei eines multilateralen Abkommens ist, erstreckt sich die darin enthaltene Schiedsklausel auch auf sie. Da die jeweilige internationale Organisation ihre Rechtspersönlichkeit und somit ihre Rechte und Verpflichtungen direkt von den Vertragsparteien der Schiedsklausel, die Gründungsmitglieder der jeweiligen internationalen Organisation sind, ableitet, können diese die internationale Organisation auch im Rahmen einer Schiedsklausel mit Rechten und Pflichten ausstatten.[615]

Bekanntes Beispiel eines Streitbeilegungsverfahrens unter Mitwirkung der Bundesrepublik Deutschland ist das Schiedsverfahren zwischen dem EMBL und der Bundesrepublik Deutschland.[616]

aa) Übersicht über die Streitbeilegungsregeln

Die völkerrechtlichen Vereinbarungen, die die Immunitäten der Arabischen Liga[617], ADB[618], EIOPA[619], EMBL,[620] EPO/EPA[621], ESA (EAC bzw. ESOC)[622], ESO[623], EUMET-

---

615 Zu der mit der vorliegenden Situation vergleichbaren Gestaltung der Erstreckung einer Schiedsvereinbarung auf Dritte im Fall einer Klausel, die in einem Vertrag auf Leistung an einen Dritten enthalten ist, siehe *Wais*, in: Schütze/Tscherning/Wais, Handbuch des Schiedsverfahrens. Praxis der deutschen und internationalen Schiedsgerichtsbarkeit, Rn 58.

616 *EMBL v. Germany*, Schiedsspruch vom 29. Juni 1990, ILR Vol. 105, 1 ff. Weitere Schiedsverfahren zwischen internationalen Organisationen und der Bundesrepublik Deutschland sind – soweit ersichtlich – bisher nicht durchgeführt worden.

617 Artikel 16 Sitzstaatabkommen mit der Arabischen Liga.

618 Artikel 12 Sitzstaatabkommen mit ADB. Das ADB-Gründungsabkommen enthält lediglich eine Schiedsklausel für den Fall von Meinungsverschiedenheiten im Zusammenhang mit der Beendigung der Geschäftstätigkeit der Bank. Auslegungsfragen oder Fragen zur Anwendung des ADB-Gründungsabkommens klärt gemäß Artikel 60 Abs. 1 des ADB-Gründungsabkommens das Direktorium. Zu einer endgültigen Entscheidung ist der Gouverneursrat berufen, Artikel 60 Abs. 2 ADB-Gründungsabkommen.

619 Artikel 20 Sitzstaatabkommen mit EIOPA. Zu den Besonderheiten hinsichtlich der internationalen Organisationen, auf die das EU-Protokoll Anwendung findet, siehe: E.IV.11.a)ee).

620 Artikel 37 Sitzstaatabkommen mit EMBL.

621 Artikel 14 Sitzstaatabkommen mit EPO i.V.m Artikel 23 Abs. 4 und 24 EPO-Protokoll.

622 Artikel XVII EWO-Übereinkommen.

623 Artikel 21 Sitzstaatabkommen mit ESO, Artikel 26 ESO-Protokoll. Die jeweiligen Schiedsklauseln weisen jedoch kleinere Unterschiede v. a. bei den Voraussetzungen und der Ausgestaltung der Schiedsrichterbestimmung auf. So bestimmt nur das ESO-Protokoll, dass der Obmann des Schiedsgerichts weder Bediensteter der ESO noch Angehöriger des am Schiedsverfahren beteiligten Mitgliedstaates sein darf. Auch unterscheiden sich die Fristen für die Schiedsrichterbenennung. Gemäß dem ESO-Protokoll muss die beklagte Partei innerhalb von zwei Monaten nach dem

SAT[624], EZB[625], GCDT[626] und IRENA-IITC[627] zum Gegenstand haben, enthalten jeweils Regelungen in Bezug auf die Beilegung von Streitigkeiten, die über die Auslegung und Anwendung der von der Schiedsklausel umfassten völkervertraglichen Regelungen entstehen können. Die Schiedsklauseln unterscheiden sich in ihrer Regelungstiefe. Dies betrifft sowohl die Vorschriften über die Zusammensetzung des jeweiligen Schiedsgerichts als auch die Bestimmungen über die Durchführung des jeweiligen Schiedsverfahrens.

Die völkervertraglichen Regelungen, die auf die beiden Jugendwerke, die IOM[628], OCCAR[629] und auf das OECD-Berlin Centre Anwendung finden, enthalten keine

---

Erhalt der Klageschrift ihren Schiedsrichter benennen. Ebenfalls innerhalb von zwei Monaten nach der letzten Schiedsrichterbenennung müssen sich die beiden ernannten Schiedsrichter auf die Ernennung eines Obmanns geeinigt haben. Das Sitzstaatabkommen bestimmt für die erste Frist auf drei Monate und verkürzt die letztere Frist auf lediglich einen Monat. Schließlich fehlt im ESO-Protokoll die Bestimmung über die Auslegungshoheit des Schiedsgerichts in Bezug auf den Schiedsspruch. Diese – wenn auch nur geringfügigen – Unterschiede verwundern, da das Sitzstaatabkommen häufig Bezug auf Regelungen nimmt, die ausschließlich im ESO-Protokoll enthalten sind. Mithin ist unklar, welche Schiedsklausel nunmehr anzuwenden ist, wenn eine Streitigkeit besteht, die sich auf Regelungen bezieht, die in beiden Abkommen enthalten sind.

624 Artikel 13 Sitzstaatabkommen mit EUMETSAT, Artikel 23 EUMETSAT-Protokoll jeweils i.V.m. Artikel 15 des Übereinkommens zur Gründung einer europäischen Organisation für die Nutzung von meteorologischen Satelliten (EUMETSAT-Gründungsabkommen), BGBl. II 1987, 257 ff.

625 Artikel 21 Sitzstaatabkommen mit EZB i.V.m. Artikel 35.4 der Satzung des Europäischen Systems der Zentralbanken und der Europäischen Zentralbank (Satzung ESZB). Zu den Besonderheiten hinsichtlich der internationalen Organisationen, auf die das EU-Protokoll Anwendung findet, siehe: E.IV.11.a)ee).

626 Artikel 22 Sitzstaatabkommen mit GCDT.

627 Artikel 23 Sitzstaatabkommen mit IRENA-IITC, § 32 IRENA-Abkommen. Die jeweiligen Schiedsklauseln weisen jedoch kleinere Unterschiede auf. So enthält das IRENA-Abkommen zusätzlich die Bestimmung, dass die Parteien des Schiedsverfahrens neben dem Ort auch die Sprache des Verfahrens vereinbaren können. Die zuletzt genannte Möglichkeit ist in dem Sitzstaatabkommen mit IRENA-IITC nicht enthalten.

628 Artikel 31 der IOM-Satzung enthält eine Vorschrift über die Beilegung von Streitigkeiten in Bezug auf die Auslegung und Anwendung der Satzung zwischen den Mitgliedstaaten der IOM. Die Parteifähigkeit von IOM selbst wird im Gegensatz zu Artikel XVII des EWO-Übereinkommens nicht thematisiert.

629 Artikel 48 i.V.m. Anlage II des OCCAR-Übereinkommens enthält detaillierte Regelungen für ein Schiedsverfahren im Fall von Streitigkeiten zwischen den Mitgliedstaaten über die Auslegung des OCCAR-Übereinkommens. Die Parteifähigkeit von OCCAR selbst ist jedoch im Gegensatz zu Artikel XVII des EWO-Übereinkommens bzw. § 32 des IRENA-Abkommen nicht Gegenstand des Abkommens zwischen den Mitgliedstaaten von OCCAR.

Schiedsklauseln. Das Ottawa-Übereinkommen, das auch auf die Managementagentur der NATO anwendbar ist, enthält zwar eine Schiedsklausel. Diese umfasst jedoch lediglich privatrechtliche Streitigkeiten bzw. Streitigkeiten, die auf einem privatrechtlichen Vertrag, den die NATO abgeschlossen hat, beruhen. Mithin findet die Schiedsklausel des Ottawa-Übereinkommens auf die vorliegend potentiell entstehenden Streitfragen über die Auslegung und die Anwendung der fiskalischen Immunitäten der NETMA-NATO keine Anwendung.

bb) Vergleich der Schiedsklauseln

Gemein ist allen vorliegend untersuchten Schiedsklauseln, dass laut der Vereinbarung die Einleitung eines Schiedsverfahrens erst nach erfolglosen Einigungsverhandlungen zwischen den Streitparteien erfolgen darf. Mit Ausnahme der Schiedsklauseln in den Sitzstaatabkommen mit EIOPA und EZB enthalten alle übrigen Schiedsklauseln mindestens Regelungen zu den Voraussetzungen für die Einleitung des Schiedsverfahrens, zu der Anzahl der Schiedsrichter sowie zu deren Bestellung bzw. Ernennung. In der Sache entscheiden gemäß den Schiedsklauseln stets drei Schiedsrichter, wovon jede Schiedspartei einen Richter ernennen darf. Die Schiedsklauseln enthalten ebenfalls eine Vorschrift über die Ernennung bzw. Wahl des dritten Schiedsrichters, der den Vorsitz des einzelnen Schiedsgerichts führt. Bis auf das Sitzstaatabkommen mit der Liga der Arabischen Staaten enthalten die Schiedsklauseln ausführliche Regelungen über die Verfahrensordnung des Schiedsgerichts und das Zustandekommen sowie die Bindungswirkung des Schiedsspruchs.[630] Neben den größtenteils einheitlichen allgemeinen Bestimmungen besteht eine große Bandbreite an Regelungsvarianten.

Gemäß den meisten Schiedsklauseln gibt sich das Schiedsgericht selbst eine Verfahrensordnung.[631] Das Sitzstaatabkommen mit der ADB verweist hingegen auf die Anwendung der Schiedsordnung des Ständigen Schiedshofs.[632] Die Mehrheit der Schiedsklauseln regelt zudem, dass der Schiedsspruch die Parteien bindet, keinem Rechtsmittel zugänglich ist[633] und das Schiedsgericht die Auslegungshoheit über den Schiedsspruch besitzt.[634] Vereinzelt enthalten die Schiedsklauseln auch die Regelung, dass das Schiedsgericht selbst über den Sitz des Schiedsverfahrens bestimmt,[635] dem Vorsitzenden Schiedsrichter die Schlichtung der Verfahrensfragen obliegt[636] und

630 Wiederum sind die Sitzstaatabkommen, die lediglich die Zuständigkeit des EuGH zur Streitbeilegung begründen, von dieser Feststellung auszunehmen.

631 Sitzstaatabkommen mit EMBL, EPA, ESO, EUMETSAT, IRENA-IITC, GCDT, ESO-Protokoll, EWO-Übereinkommen und IRENA-Abkommen.

632 *Permanent Court of Arbitration* (PCA).

633 Sitzstaatabkommen mit EMBL, EPA, ESO, EUMETSAT, IRENA-IITC, GCDT, ESO-Protokoll, EWO-Übereinkommen und IRENA-Abkommen.

634 Sitzstaatabkommen mit EMBL, EPA, ESO, EUMETSAT und EWO-Übereinkommen.

635 Sitzstaatabkommen mit EUMETSAT und EWO-Übereinkommen.

636 Sitzstaatabkommen mit ADB.

das Schiedsgericht seine Entscheidungen mit einer Zweidrittelmehrheit fällt.[637] Die Schiedsklauseln, die EUMETSAT und IRENA-IITC bzw. IRENA mit der Bundesrepublik Deutschland vereinbart haben, enthalten schließlich noch eine Vorschrift über die Verteilung der Kosten des Schiedsverfahrens. In der Schiedsklausel, die für Streitigkeiten mit EUMETSAT Anwendung findet, ist die Verteilung der Kosten der Schiedsrichter ausdrücklich festgelegt. Die Schiedsklausel, die in den völkerrechtlichen Vereinbarungen mit IRENA-IITC bzw. IRENA enthalten ist, bestimmt hingegen, dass die Entscheidung über die Kostenverteilung dem Schiedsgericht obliegt.

Mithin weisen die vorliegend untersuchten Schiedsklauseln im Hinblick auf ihren Regelungsumfang eine eher geringe Einheitlichkeit auf.

cc) Verhältnis zu anderen Streitbeilegungsformen

In den Schiedsklauseln, die in den Sitzstaatabkommen mit der Arabischen Liga, EIOPA, EMBL, EPA, ESO[638], EUMETSAT und EZB enthalten sind, findet sich die Formulierung, dass eine Streitigkeit einem Schiedsgericht unterbreitet werden kann („*may be submitted*").[639] Im Gegensatz dazu regeln die Sitzstaatabkommen mit ADB, ESA (EAC bzw. ESOC), GCDT und IRENA-IITC, dass Streitigkeiten im Fall des Scheiterns einer gütlichen Einigung zur endgültigen Entscheidung einem Schiedsgericht vorgelegt werden („*shall be referred for final decision*").[640]

Der unterschiedliche Wortlaut könnte dergestalt zu verstehen sein, dass die erste Formulierungsalternative der Schiedsklausel („*may be submitted*") den Weg zu anderen Formen der alternativen Streitbeilegung für die Vertragsparteien nicht versperrt. Der Regelungsgehalt der zweiten Formulierungsalternative („*shall be referred*") ist hingegen eher dergestalt auszulegen, dass Streitigkeiten stets einem Schiedsgericht vorgelegt werden sollen, wenn die Vertragsparteien eine außergerichtliche Streitbeilegung wünschen. Wird im letzteren Fall jedoch entgegen der Schiedsklausel eine andere Form der Streitbeilegung gewählt und besteht über dieses Vorgehen zwischen den Parteien Einigkeit, ist von einer stillschweigenden Vertragsänderung bzw. der Aufhebung der Schiedsklausel auszugehen.[641] Ein weitergehender materiellrechtlicher Unterschied zwischen diesen beiden Formulierungsalternativen ist nicht ersichtlich.[642]

---

637 Sitzstaatabkommen mit ADB, ESA, EUMETSAT, GCDT, IRENA-IITC und IRENA-Abkommen.

638 Lediglich das Sitzstaatabkommen mit ESO enthält eine fakultative Schiedsklausel. Das ESO-Protokoll enthält hingegen eine obligatorische Schiedsklausel.

639 Artikel 37 Abs. 1 Sitzstaatabkommen mit EMBL.

640 Artikel 12 Abs. 1 Sitzstaatabkommen mit ADB.

641 Zu den alternativen Streitbeilegungsformen zählen u. a. das Mediationsverfahren oder das Schiedsgutachten. Zu den Aufhebungsmöglichkeiten einer Schiedsvereinbarung siehe ausführlich: *Kersting*, SchiedsVZ 2013, 297 ff. m.w.N.

642 Insbesondere führt die letztere Formulierung nicht zu einer Pflicht der Vertragsparteien, ein Schiedsgericht anzurufen, sodass ggf. die Nichteinleitung eines Schiedsverfahrens als Vertragsverletzung zu werten wäre.

dd) *Verhältnis zu dem nationalen Rechtsweg*

Mit Ausnahme von EIOPA und EZB, für die besondere Regelungen gelten, und den beiden Jugendwerken, IOM, NETMA-NATO, OCCAR sowie dem OECD-Center Berlin, die jeweils nicht Partei einer völkervertraglichen Schiedsvereinbarung sind, können die vorliegend untersuchten übrigen internationalen Organisationen ein Schiedsverfahren zur Streitbeilegung einleiten. Ein etwaiges innerstaatliches Verfahren müsste im Fall der Einleitung eines Schiedsverfahrens bis zum Ergehen des Schiedsspruchs auszusetzen sein.[643]

ee) *Exkurs: Streitbeilegung im Fall von internationalen Organisationen, auf die das EU-Protokoll Anwendung findet*

Der EuGH ist gemäß Artikel 272 AEUV i.V.m. der Schiedsklausel in dem Sitzstaatabkommen mit EIOPA bzw. gemäß Artikel 35.4 der Satzung ESZB i.V.m. der Schiedsklausel in dem Sitzstaatabkommen mit der EZB für Streitigkeiten zwischen EIOPA bzw. der EZB und den jeweiligen Mitgliedstaaten bzw. im vorliegenden Fall zwischen EIOPA bzw. der EZB und der Bundesrepublik Deutschland über die Auslegung und Anwendung des EU-Protokolls ausschließlich zuständig.[644] Der EuGH ist in diesen Verfahren nicht als privates Schiedsgericht im völkerrechtlichen Sinn zu qualifizieren, sondern wird als Unionsorgan tätig, sodass die allgemeinen Verfahrensvorschriften gemäß der Satzung und der Verfahrensordnung des EuGH auf das Schiedsverfahren Anwendung finden.[645]

Im Verhältnis zu EASA, die eine Agentur der EU darstellt und auf die das EU-Protokoll Anwendung findet, fehlt es an einer vertraglichen Streitbeilegungsregelung. Da die Bundesrepublik Deutschland als Mitglied der EU jedoch an das

---

643 *Wenckstern*, Immunität internationaler Organisationen, Kap. I, Rn 522. Zur Möglichkeit einer parallelen Rechtsverfolgung hat sich das BMF im Fall von Verständigungs- und Schiedsverfahren zur übereinstimmenden Anwendung von DBA bzw. der Schiedskonvention in seinem Merkblatt ausgesprochen, vgl. das Merkblatt zum internationalen Verständigungs- und Schiedsverfahren auf dem Gebiet der Steuern vom Einkommen und vom Vermögen vom 13.7.2006, BStBl. I, 461 Tz 2.1.5. Siehe hierzu auch: *Nientimp/Tomson*, IStR 2009, 615 (617). *Züger*, in: Holoubek/Lang, Das EuGH-Verfahren in Steuersachen, S. 301 (314) bejaht eine Parallelität der Rechtsschutzverfahren in Österreich im Hinblick auf die Schiedsklausel, die in Artikel 25 Abs. 5 des DBA zwischen der Republik Österreich und der Bundesrepublik Deutschland enthalten ist, BGBl. II 2002, 735 ff. Diese Schiedsklausel bestimmt die Zuständigkeit des EuGH zur Streitentscheidung. Wegen der vorliegenden Besonderheit in Bezug auf den Immunitätsschutz der internationalen Organisationen ist ein paralleles Verfahren vorliegend jedoch nicht zu befürworten.

644 Artikel 17 Sitzstaatabkommen mit EIOPA, Artikel 21 Sitzstaatabkommen mit EZB i.V.m. Artikel 35.4 Satzung ESZB.

645 *Ehricke*, in: Streinz, AEUV, Artikel 272 Rn 1 und 3; *Schwarz*, in: Rengeling/Middeke/Gellermann, Handbuch des Rechtsschutzes in der Europäischen Union, § 15 Rn 17 m.w.N.

EU-Protokoll, das die Rechtsgrundlage für die (fiskalischen) Immunitäten von EASA darstellt, gebunden ist, kommt die Einleitung des Vertragsverletzungsverfahrens durch die EU-Kommission gemäß Artikel 258 AEUV bei Streitigkeiten über die Auslegung und Anwendung des EU-Protokolls, das Bestimmungen zu den fiskalischen Immunitäten enthält, in Frage. Es ist denkbar, dass EASA auf die Einleitung eines solchen Verfahrens hinwirkt. Im Fall einer Klageerhebung im Rahmen eines solchen Vertragsverletzungsverfahrens ist der EuGH gemäß Artikel 258 AEUV für die Streitentscheidung zuständig.

ff) Zusammenfassung der Ergebnisse

Mit Ausnahme der beiden Jugendwerke, EASA, IOM, NETMA-NATO, OCCAR und dem OECD-Berlin Centre ist für die übrigen vorliegend untersuchten internationalen Organisationen völkervertraglich die Möglichkeit vereinbart worden, bei Streitigkeiten über die Auslegung und Anwendung der fiskalischen Immunitäten, über die keine gütliche Einigung getroffen werden kann, ein Schiedsverfahren einzuleiten. Einige Schiedsklauseln sind dergestalt auszulegen, dass sie eine andere Form der alternativen Streitbeilegung ausschließen. Im Fall von EIOPA und EZB ist der EuGH für die Streitentscheidung zuständig.

Im Laufe der vorliegenden Bearbeitung konnten bisher bereits mehrere potentielle Streitpunkte identifiziert werden, für deren Klärung sich die Einleitung eines Schiedsverfahrens anbietet. So ist es durchaus möglich, dass der Umfang der Bereichsausnahme sowie die Frage nach den genauen Voraussetzungen für die Durchführung der Entlastung von indirekten Steuern zukünftig im Rahmen eines Schiedsspruchs abschließend geklärt werden. Wie jedoch die äußerst geringe Anzahl von bisher durchgeführten Schiedsverfahren mit Beteiligung der Bundesrepublik Deutschland zeigt, liegt die Vermutung nahe, dass die Bundesrepublik Deutschland aus politischen Erwägungen anstrebt, durch bilaterale Verhandlungen Streitigkeiten mit der jeweiligen internationalen Organisation bereits vor Einleitung eines Schiedsverfahrens gütlich beizulegen.

b) Individualrechtsschutz der Mitglieder des Personals

aa) Allgemeine Grundsätze

Die völkervertraglich vereinbarten fiskalischen Immunitäten müssen von den deutschen Finanzbehörden z. B. im Rahmen der Veranlagung der Mitglieder des Personals zur Einkommensteuer beachtet werden. Wenn das einzelne Mitglied des Personals mit einer Entscheidung der Finanzbehörden wie z. B. mit der Festsetzung von Steuern im Rahmen eines Einkommensteuerbescheids nicht einverstanden ist, stehen diesem wie jedem anderen Steuerpflichtigen die nationalen Rechtsbehelfe gegen die jeweiligen Verwaltungsentscheidungen offen. Im Fall des Einkommensteuerbescheids kommt zunächst der Einspruch gegen diesen Bescheid gemäß § 347 AO und ggf. das weitere finanzgerichtliche Verfahren in Form einer Anfechtungsklage, § 40 FGO, in Frage. Bei Streitigkeiten zwischen einer internationalen

Organisation und einem Mitglied ihres Personals ist regelmäßig ein organisationsinterner Rechtsweg zu organisationseigenen Beschwerdekammern oder zu mit richterlicher Unabhängigkeit ausgestatteten internationalen Gerichten wie z. B. zu dem Verwaltungsgericht der ILO, dem ILO Administrative Tribunal, oder zu dem Gericht für den öffentlichen Dienst der EU eröffnet.[646]

bb) Exkurs: Rechtsschutz der Mitglieder des Personals internationaler Organisationen, auf die das EU-Protokoll Anwendung findet

Wenn das einzelne Mitglied des Personals einer internationalen Organisation, auf die das EU-Protokoll anwendbar ist, der Auffassung ist, dass die Bundesrepublik Deutschland bzw. die Finanzbehörden bei der Steuerfestsetzung im Rahmen der Veranlagung dieses Mitglieds zur Einkommensteuer gegen die in dem EU-Protokoll gewährten fiskalischen Immunitäten verstoßen haben, stehen dem betroffenen Mitglied des Personals zunächst ebenfalls wieder der Einspruch gegen den Steuerbescheid und mithin die nationalen Rechtsbehelfe zu. Daneben haben jene Mitglieder des Personals im Rahmen eines finanzgerichtlichen Verfahrens vor deutschen Finanzgerichten zusätzlich die Möglichkeit, bei dem jeweils zuständigen Gericht die Vorlage der Streitfrage über die Auslegung des EU-Protokolls an den EuGH im Rahmen eines Vorabentscheidungsverfahrens gemäß Artikel 267 AEUV anzuregen.[647] Schließlich können die einzelnen Mitglieder des Personals mit Verweis auf die Beistandspflicht der EU gemäß Artikel 24 des Beamtenstatuts der EU möglicherweise erfolgreich darauf hinwirken, dass die EU-Kommission ein Vertragsverletzungsverfahren gegen die Bundesrepublik Deutschland nach Artikel 258 AEUV einleitet, um potentielle zukünftige Verstöße gegen die Bestimmungen über die fiskalischen Immunitäten, die in dem EU-Protokoll enthalten sind, durch die Bundesrepublik Deutschland zu vermeiden.[648]

c) Zusammenfassung der Ergebnisse zum Rechtsschutz

Der überwiegende Teil der vorliegend untersuchten völkerrechtlichen Vereinbarungen enthält eine Schiedsklausel, die für den Fall von Streitigkeiten zwischen der internationalen Organisation und dem betroffenen Mitgliedstaat (hier: der Bundesrepublik Deutschland) über die Auslegung und Anwendung der völkerrechtlichen

---

646 Vgl. *Kunz-Hallstein*, in: FS Hailbronner, S. 597 (611). Das Dienstrecht der internationalen Organisationen sowie die organisationsinternen Rechtsbehelfe bzw. der organisationsinterne Rechtsweg sind nicht Gegenstand der vorliegenden Bearbeitung. Vgl. hierzu: *Ullrich*, Das Dienstrecht der Internationalen Organisationen.

647 So bereits EuGH, Rs. 1/82 (*Herr und Frau D./Luxemburg*), Slg 1982, 3709 ff. = EU:C:1982:367 Tz 11.

648 *Schmidt*, in: von der Groeben/Schwarze/Hatje, Europäisches Unionsrecht, Artikel 343 Rn 36, mit Verweis auf EuGH, Rs. 1/82 (*Herr und Frau D./Luxemburg*), Slg 1982, 3709 ff. = EU:C:1982:367 Tz 11.

Abkommen, die Zuständigkeit der Schiedsgerichte für die Streitbeilegung eröffnet. Im Fall von EIOPA und der EZB ist der EuGH für eine Streitentscheidung zuständig. In den übrigen Fällen entscheidet, sofern die jeweiligen Abkommen eine Schiedsklausel enthalten und das Schiedsverfahren durchgeführt wird, ein Schiedsgericht nach Maßgabe der jeweils geltenden Schiedsklauseln über die Auslegung und Anwendung der einschlägigen und von den Schiedsklauseln umfassten völkervertraglichen Regelungen und mithin über den Umfang der Steuerbefreiungen der internationalen Organisationen.

Den Mitgliedern des Personals der vorliegend untersuchten internationalen Organisationen, denen lediglich die Befreiung der Gehälter und Bezüge von der deutschen Einkommensteuer gewährt werden, stehen grundsätzlich die nationalen Rechtsbehelfe gegen die Verwaltungsentscheidungen der deutschen Finanzbehörden offen, sodass sie z. B. berechtigt sind, Einspruch gegen einen Steuerbescheid zu erheben und ggf. den Steuerbescheid nach dem Ergehen einer Einspruchsentscheidung im Rahmen eines finanzgerichtlichen Verfahrens anzufechten.

Die Mitglieder des Personals derjenigen internationalen Organisationen, auf die das EU-Protokoll Anwendung findet, können zusätzlich noch darauf hinwirken, dass bei Vorliegen eines potentiellen Verstoßes gegen das EU-Protokoll ein Vertragsverletzungsverfahren gegen die Bundesrepublik Deutschland eingeleitet wird. Auch bietet sich diesen Mitgliedern des Personals die Möglichkeit, innerhalb eines nationalen finanzgerichtlichen Verfahrens die Vorlage der streitentscheidenden Rechtsfrage über die Auslegung des EU-Protokolls im Rahmen eines Vorabentscheidungsverfahren durch den EuGH anzuregen.

F. Fiskalische Immunitäten im Rahmen der deutschen Besteuerung

I. Abkommensrechtlicher Steuerbegriff – Bestimmung der Abgrenzungskriterien

1. Definition des abkommensrechtlichen Steuerbegriffs

Die vorliegend untersuchten völkerrechtlichen Vereinbarungen enthalten keine Definition des Begriffs „Steuer". Auch erschließt sich allein aus dem Wortlaut der einzelnen völkervertraglichen Bestimmungen die Abgrenzung von direkten und anderen Steuerarten nicht.[649] Vor allem bei der Beantwortung der Frage, welche staatlichen Maßnahmen in der Bundesrepublik Deutschland unten den abkommensrechtlichen Steuerbegriff fallen, bedarf es mithin einer Auslegung der einschlägigen Regelungen.

a) Steuerbegriff im Allgemeinen

aa) Einführung

§ 3 Abs. 1 AO definiert für Zwecke der deutschen Besteuerung eine Steuer als Geldleistung, die nicht eine Gegenleistung für eine besondere Leistung darstellt und von einem öffentlich-rechtlichen Gemeinwesen zur Erzielung von Einnahmen allen Steuersubjekten auferlegt wird. Der besteuerte Sachverhalt muss mithin diejenigen Tatbestandsmerkmale aufweisen, an die das Gesetz die Leistungspflicht knüpft.[650]

bb) Ermittlung der Auslegungsgrundsätze

Für die Auslegung des abkommensrechtlichen Steuerbegriffs ist vorliegend jedoch nicht auf die nationale Definition zurückzugreifen, da sonst die jeweilige völkerrechtliche Vereinbarung aus ihrem internationalen Kontext gelöst und der deutschen (Steuer-)Rechtsordnung unterstellt würde.[651] Mithin ist für vorliegende Zwecke das

---

649 Zur Verdeutlichung der Unterscheidung werden die anderen Steuern im Folgenden als indirekte Steuern bezeichnet.

650 *Wernsmann*, in: H/H/S, AO, § 3 Rn 60. Die in § 3 Abs. 1 AO formulierten Merkmale einer Steuer finden unmittelbar nur auf alle Steuern Anwendung, die durch Bundesrecht oder durch das Recht der EU normiert sind. Da auch die Kommunalabgabengesetze und die meisten Kirchensteuergesetze auf die Abgabenordung verweisen, gilt dieser Steuerbegriff auch mittelbar für die örtlichen Verbrauch- und Aufwandsteuern und die Kirchensteuer.

651 *Hailbronner*, GYIL 1979, 313 (317).

Gebot der autonomen Auslegung völkerrechtlicher Verträge zu berücksichtigen,[652] sodass bei der Auslegung der einzelnen völkerrechtlichen Vereinbarungen die für die Auslegung von völkerrechtlichen Verträgen allgemein entwickelten Grundsätze anzuwenden sind.[653] Zuvörderst sind bei der Auslegung von völkerrechtlichen Verträgen die Auslegungsregeln, die der Vertrag selbst benennt, sowie andere Rechtsquellen, auf die der Vertrag Bezug nimmt, zu berücksichtigen.[654] Dies gilt für diejenigen Fälle, in denen sich die Vertragsparteien auf eine solche Regel verständigt haben. Sind keine speziellen Auslegungsregeln in einem Vertrag enthalten, kann auf die Bestimmungen in der WVK zurückgegriffen werden. Ggf. greifen die Regeln der WVK auch ergänzend neben den vertraglich vereinbarten Auslegungsregeln ein. Artikel 31 Abs. 1 WVK benennt insgesamt drei Regeln, die bei der Auslegung von völkerrechtlichen Verträgen im Wesentlichen anzuwenden sind:[655]

Ein völkerrechtlicher Vertrag ist nach Treu und Glauben (erste Auslegungsregel) in Übereinstimmung mit der gewöhnlichen, seiner Bestimmung in ihrem Zusammenhang zukommenden Bedeutung (zweite Auslegungsregel) im Licht seines Ziels und Zweckes (dritte Auslegungsregel) auszulegen. Da die WVK gemäß Artikel 1 lediglich auf Verträge zwischen Staaten anwendbar ist, stellt sie mithin nur bei der Auslegung derjenigen völkerrechtlichen Vereinbarungen, die ohne Beteiligung der internationalen Organisation getroffen wurden, einen geeigneten Maßstab dar. Dies trifft lediglich für die vorliegend untersuchten multilateralen Vereinbarungen zu. Auf Sitzstaatabkommen soll nach dem Willen der bisherigen Unterzeichner die Wiener Konvention über das Recht der Verträge zwischen internationalen Organisationen und Staaten und zwischen internationalen Organisationen vom 21. März 1986 (WVKIO)[656] Anwendung finden. Zwar hat die Bundesrepublik Deutschland den Vertragstext der WVKIO unterzeichnet, mangels ausreichender Anzahl an Ratifikationen ist dieses Abkommen jedoch noch nicht in Kraft getreten. Die WVKIO enthält größtenteils Vorschriften, die den Bestimmungen der WVK inhaltlich und teilweise auch wörtlich gleichen. Da der eben zitierte Artikel 31 Abs. 1 der beiden Wiener Vertragsrechtskonventionen zudem die gewohnheitsrechtlich anerkannten Auslegungsregeln für völkerrechtliche Verträge abbildet[657], können die vorliegend untersuchten Gründungsabkommen, Protokolle, Immunitätenabkommen sowie Sitzstaatabkommen auch ohne vertragliche Grundlage anhand der übereinstimmenden gewohnheitsrechtlich anerkannten Auslegungsregeln, die sich in

---

652 Zuletzt: BFHE 244, 1 Tz 38 = BStBl. II 2014, 791; vgl. auch *Martha*, Tax Treatment of International Civil Servants, S. 243, der bei der Auslegung des Begriffs „Steuer" in den völkerrechtlichen Abkommen die Auswirkungen der einzelnen Steuer berücksichtigen will; *Kunz-Hallstein*, in: FS Hailbronner, S. 597 (602).

653 BVerfGE 4, 157 = NJW 1955, 865; *Geiger*, Grundgesetz und Völkerrecht, S. 170 ff.

654 *Hailbronner*, GYIL 1979, 313 (317).

655 *Haase*, Internationales und Europäisches Steuerrecht, Rn 580.

656 Vienna Convention on the Law of Treaties between States and International Organizations or between International Organizations Vienna, Doc. A/CONF.129/15.

657 *EMBL v. Germany*, Schiedsspruch vom 29. Juni 1990, ILR Vol. 105, 1 (25).

den Bestimmungen der WVK und der WVKIO wiederfinden, interpretiert werden. Zusätzlich dienen gemäß Artikel 31 Abs. 2 und 3 WVK auch Vereinbarungen der Vertragsparteien oder einer Vertragspartei, die sich auf den ursprünglichen Vertrag beziehen oder später abgeschlossen wurden, Auslegungszwecken.

Die Auslegung einer völkervertraglichen Regelung erfolgt stets zunächst nach Maßgabe des Vertragswortlauts, der die „Grenzmarke' für das ‚richtige' Vertragsverständnis"[658] darstellt. Aus dem Grundsatz der Völkerrechtsfreundlichkeit des Grundgesetzes folgt zudem, dass im Fall einer Unklarheit hinsichtlich der Bedeutung oder des Umfangs einer völkerrechtlichen Vorschrift die einzelnen Vertragspflichten dergestalt auszulegen sind, dass die innerstaatliche Wirksamkeit aufrecht erhalten werden kann.[659] Die völkerrechtlichen Verträge sind somit gemäß der gängigen Methoden nach dem Wortlaut (grammatikalische Auslegung), der Historie des Regelwerks (historische Auslegung), dem systematischen Zusammenhang (systematische Auslegung) und dem Sinn und Zweck der einzelnen Regelung (teleologische Auslegung) zu interpretieren.

cc) Auslegung des abkommensrechtlichen Steuerbegriffs

Unmittelbar aus dem Wortlaut der einzelnen untersuchten völkerrechtlichen Vereinbarungen über die Immunitäten der internationalen Organisationen lässt sich keine pauschale Aussage über eine allgemeingültige Definition des Steuerbegriffs treffen. Hilfreich zur Bestimmung der Merkmale des Steuerbegriffs ist die in Artikel 31 Abs. 1 der beiden Wiener Vertragsrechtskonventionen benannte dritte Interpretationsregel, nach der völkerrechtliche Abkommen gemäß dem Sinn und Zweck der jeweiligen Regelung auszulegen sind.[660]

Sinn und Zweck der Gewährung von Steuerbefreiungen an eine internationale Organisation ist die Sicherstellung der Funktionalität ihrer Tätigkeit. Im Einzelnen zielt die Gewährung von fiskalischen Immunitäten an internationale Organisationen darauf ab, zu gewährleisten, dass die finanziellen Mittel der internationalen Organisation ausschließlich zur Wahrnehmung ihrer Aufgaben zur Verfügung stehen und dementsprechend verwendet werden. Zudem soll durch die Gewährung von Steuerbefreiungen vermieden werden, dass der Sitzstaat sich auf Kosten der anderen Mitgliedstaaten ungerechtfertigt bereichert.

Folglich sind die internationalen Organisationen von jeder direkt wirkenden wirtschaftlichen Belastung freizustellen. Hiervon auszunehmen sind, wie bereits oben erörtert, Abgaben, die im Umfang der Bereichsausnahme von der internationalen Organisation entrichtet werden und mithin lediglich eine Vergütung für eine konkrete Leistung, die an die jeweilige internationale Organisation erbracht wird, darstellen.

---

658 BFHE 226, 276 = DStR 2009, 2235 (2237); BFH/NV 2016, 180 ff. Tz 19.
659 BVerfGE 4, 157 = NJW 1955, 865; *Geiger*, Grundgesetz und Völkerrecht, S. 170, 172.
660 *Hailbronner*, GYIL 1979, 313 (318).

Die Befreiung der Gehälter und Bezüge der Mitglieder des Personals von jeglicher Besteuerung intendiert die Vermeidung der Einflussnahme des Sitzstaates auf die Tätigkeit der einzelnen Mitglieder des Personals. Eine staatliche Maßnahme auf Ebene der Einkünfte der Mitglieder des Personals ist mithin erst dann als Steuer im abkommensrechtlichen Sinn zu qualifizieren, wenn durch ihre Erhebung beabsichtigt wird, die Einkünfte aus der Tätigkeit für die jeweilige internationale Organisation zu belasten. Darüber hinaus müssten auch alle staatlichen Maßnahmen, die die Mitglieder des Personals lediglich wegen der Steuerfreiheit ihrer Gehälter wirtschaftlich belasten, Steuern im abkommensrechtlichen Sinn darstellen.[661]

Nach Berücksichtigung der Hintergründe, die für die Gewährung von fiskalischen Immunitäten an internationale Organisationen und die Mitglieder ihres Personals sprechen, wird der abkommensrechtliche Steuerbegriff in den vorliegend untersuchten völkerrechtlichen Vereinbarungen eher weit verstanden.[662] Eine solche extensive Auslegung spiegelt sich mithin ebenfalls in dem regelmäßig weiten Begriffsverständnis einer Steuer in einer Vielzahl von nationalen Rechtsordnungen wieder.[663]

Zur genauen Bestimmung der einzelnen Merkmale einer Steuer im abkommensrechtlichen Sinn bietet es sich somit an, eine negative Abgrenzung dergestalt vorzunehmen, dass staatliche Maßnahmen, die als Steuern zu qualifizieren sind, keinen Gegenleistungscharakter aufweisen dürfen.[664]

dd) Ergebnis der Auslegung

Aufgrund der hauptsächlich von teleologischen Erwägungen bestimmten Auslegung der völkervertraglichen Bestimmungen ist vor dem Hintergrund des Grundsatzes der Funktionalität ein weites Verständnis des abkommensrechtlichen Steuerbegriffs zu befürworten.

Unabhängig von ihrer konkreten Bezeichnung als Steuer, Abgabe, Gebühr, Beitrag etc. stellen mithin alle Leistungen an einen Träger öffentlicher Gewalt Steuern i.S.d. vorliegend untersuchten völkerrechtlichen Abkommen dar, sofern sie eine wirtschaftliche Belastung der internationalen Organisation oder der Mitglieder ihres Personals zur Folge haben, die die Funktionalität der internationalen Organisation gefährden würde, nicht lediglich eine Vergütung der internationalen Organisation für eine konkrete Leistung der öffentlichen Verwaltung sind oder lediglich wegen des Umstands der Einkommensteuerbefreiung der Gehälter und Bezüge der Mitglieder des Personals der internationalen Organisationen gefordert werden.[665]

---

661 *Martha*, Tax Treatment of International Civil Servants, S. 297.

662 *Hailbronner*, GYIL 1979, 313 (321, 328).

663 Für die EU-Mitgliedstaaten: *Seiler*, in: Grabitz/Hilf/Nettesheim, Das Recht der Europäischen Union, Artikel 113 Rn 20.

664 Für eine negative Abgrenzung: *Muixer*, LJIL 1993, 47 (72); *Seiler*, in: Grabitz/Hilf/Nettesheim, Das Recht der Europäischen Union, Artikel 113 Rn 20.

665 *Muixer*, LJIL 1993, 47 (72).

b) Ermittlung der Abgrenzungskriterien zwischen direkter und indirekter Steuer

Die vorliegend untersuchten völkerrechtlichen Vereinbarungen unterscheiden in Bezug auf die fiskalischen Immunitäten der internationalen Organisationen mehrheitlich zwischen direkten und indirekten Steuern. Die einzelne internationale Organisation ist regelmäßig lediglich von direkten Steuern befreit.[666] Teilweise findet sich in den Abkommen darüber hinaus noch die Einschränkung, dass die Gewährung der Befreiung von direkter Besteuerung lediglich auf Sachverhalte Anwendung finden soll, die die amtlichen Tätigkeiten der internationalen Organisation betreffen.[667] Mangels Definition einer direkten Steuer in den einzelnen völkerrechtlichen Vereinbarungen muss auch der Begriff der direkten Steuer durch völkerrechtskonforme Auslegung konkretisiert werden. Mithin darf wiederum nicht von dem deutschen steuerrechtlichen Verständnis einer direkten Steuer ausgegangen werden, nach dem eine solche Steuer immer dann vorliegt, wenn die Besteuerung unmittelbar an die Leistungsfähigkeit des Steuerpflichtigen, an sein Einkommen, seinen Ertrag oder sein Vermögen anknüpft.[668]

Eine international weit verbreitete Methode zur Unterscheidung zwischen einer direkten und einer indirekten Steuer stellt die Einteilung der einzelnen Steuerarten nach der Art und Weise ihrer Erhebung dar.[669] Eine direkte Steuer liegt gemäß dieser Klassifizierung vor, wenn Steuerentrichtungsschuldner und Steuerträger identisch sind und somit die Steuer unmittelbar bei demjenigen erhoben bzw. von demjenigen an die zuständigen nationalen Steuerbehörden entrichtet wird, der auch tatsächlich wirtschaftlich belastet werden soll.[670] Im vorliegenden

---

666 Eine Ausnahme bildet das Sitzstaatabkommen mit ADB. Artikel 5 Abs. 1 lit. a dieses Abkommens bestimmt, dass die Bank von allen Steuern („*all taxation*“) befreit ist. Mithin fehlt es in diesem Abkommen an einer Differenzierung zwischen direkten und indirekten Steuern. Eine zweite Ausnahme findet sich in dem Abkommen zwischen der Regierung der Bundesrepublik Deutschland und der Liga der Arabischen Staaten. Die Mission der Arabischen Liga genießt keine Steuerbefreiungen in der Bundesrepublik Deutschland.

667 Diese Einschränkung weisen die Abkommen der EMBL, EPA, ESA (EAC bzw. ESOC), ESO, EUMETSAT, GCDT und OCCAR auf. In dem Abkommen mit OCCAR findet sich in Artikel 6 Abs. 1 der Anlage I eine Erläuterung, welche Maßnahmen der internationalen Organisation als amtliche Tätigkeiten verstanden werden sollen. Hierunter fällt die Verwaltungstätigkeit der Organisation einschließlich ihrer Maßnahmen im Bereich der sozialen Sicherheit.

668 *Hailbronner*, GYIL 1979, 313 (315). Unter den Begriff „indirekte Steuern“ fallen aus nationaler steuerrechtlicher Perspektive die Umsatzsteuer sowie die besonderen Verbrauchsteuern, vgl. zum Umfang der Verbrauchsteuern und zum Begriff der indirekten Steuer *Birk/Desens/Tappe*, Steuerrecht, § 9 Rn 1650 ff.

669 *Hailbronner*, GYIL 1979, 313 (328 f.).

670 *Birk/Desens/Tappe*, Steuerrecht, § 9 Rn 1650; *Athen/Dörr*, in: Grabitz/Hilf/Nettesheim, Das Recht der Europäischen Union, Artikel 343 AEUV Rn 53; *Wagner/*

Fall sind als Steuerentrichtungsschuldner sowie Steuerträger der direkten Steuern entweder die internationale Organisation oder das jeweilige Mitglied ihres Personals zu qualifizieren.

Bei indirekten Steuern hingegen fallen zumindest nach der Gesetzeskonzeption Steuerentrichtungsschuldner und Steuerträger auseinander. Die Steuer wird vom Steuerschuldner entrichtet, wohingegen der Steuerträger in wirtschaftlicher Hinsicht mit der Steuer belastet ist.[671] Bei der Vornahme der Kategorisierung einzelner Steuerarten ist zu beachten, dass es nicht darauf abkommt, ob der Steuerschuldner die Steuer letztlich auch tatsächlich entrichtet. Im Bereich der indirekten Steuern ist es charakteristisch, dass die Steuerlast wirtschaftlich auf einen Dritten übergewälzt wird.[672] Angewandt auf die vorliegende Konstellation würde die internationale Organisation oder das jeweilige Mitglied ihres Personals im Fall einer indirekten Steuer ohne Steuerschuldner zu sein, diese wirtschaftlich tragen, da sie z.B. wie im Fall der Umsatzsteuer im Preis von Waren oder Dienstleistungen bereits enthalten ist.[673] Die eben dargestellte Methode zur Qualifikation der einzelnen Steuern bzw. anderen staatlichen Maßnahmen hat sich in der Völkerrechtspraxis durchgesetzt und findet mithin auch vorliegend Anwendung.[674]

Als zusätzliches Hilfsmittel zur Bestimmung des Umfangs der direkten Steuerarten für deutsche Besteuerungszwecke dient die jeweils nicht abschließende Aufzählung von direkten Steuern in einigen der vorliegend untersuchten Sitzstaatabkommen.

aa) Zuordnung bestimmter Steuerarten

National wie international ist die Einordnung bestimmter Steuerarten zu den direkten bzw. indirekten Steuern allgemein anerkannt. So ist die Zuordnung der Einkommensteuer und der Körperschaftsteuer zu den direkten Steuern ebenso wenig umstritten wie die Qualifikation der Umsatzsteuer als indirekte Steuer.[675] Der Europarat bestätigte in seinen Ergänzungen zu dem Bericht des Unterkommittees aus dem Jahr 1969 die sich in den verschiedenen Mitgliedstaaten unterscheidende Einteilung von Steuerarten und kam ebenfalls zu dem Schluss, dass zumindest die Steuern, die auf das Einkommen oder das Vermögen von

---

Raasch/Pröpstl, WÜD, Artikel 34, S. 293; *Muller*, International Organizations and their Host States, S. 240; *Hailbronner*, GYIL 1979, 313 (329).

671 Für die Auslegung des EU-Protokolls: *Athen/Dörr*, in: Grabitz/Hilf/Nettesheim, Das Recht der Europäischen Union, Artikel 343 AEUV Rn 55.

672 *Grashoff*, in: Grashoff/Kleinmanns, Steuerrecht, 1. Kapitel, Rn 24.

673 *Muixer*, LJIL 1993, 47 (53); *Hailbronner*, GYIL 1979, 313 (329).

674 *Muller*, International Organizations and their Host States, S. 247. Zur Ermittlung der direkten und indirekten Steuern für Zwecke unter Berücksichtigung der fiskalischen Immunitäten in der Bundesrepublik Deutschland siehe: F.III.

675 Zur Umsatzsteuer siehe: *EMBL v. Germany*, Schiedsspruch vom 29. Juni 1990, ILR Vol. 105, 1 (41).

natürlichen oder juristischen Personen entfallen, als direkte Steuern zu qualifizieren sind.[676]

Im Übrigen bestehen bereits innerhalb der vorliegend untersuchten völkerrechtlichen Vereinbarungen unterschiedliche Einordnungen einzelner Steuerarten.

(1) Einkommensteuer, Körperschaftsteuer, Gewerbesteuer sowie Grundsteuer

Die Abkommen der Bundesrepublik Deutschland mit EIOPA, EPA, ESO, EUMETSAT, GCDT und IRENA-IITC enthalten eine übereinstimmende Aufzählung von Steuerarten, die nach dem gemeinsamen in dem jeweiligen völkerrechtlichen Vertrag ausgedrückten Willen der Vertragsparteien als direkte Steuern zu qualifizieren sind. Hierzu zählen die Einkommensteuer, die Körperschaftsteuer, die Gewerbesteuer, die Grundsteuer und die Vermögensteuer[677]. Ergänzend zu dieser Aufzählung finden sich im Rahmen der Aufzählung der direkten Steuern in den Sitzstaatabkommen mit GCDT und IRENA-IITC noch die Grunderwerbsteuer, die Kraftfahrzeugsteuer und die Versicherungsteuer. Die Kraftfahrzeugsteuer findet ebenfalls in den Sitzstaatabkommen mit EIOPA, EPA, ESO und EUMETSAT sowie in dem Sitzstaatabkommen mit der EZB Erwähnung. Dort wird diese Steuer allerdings nicht ausdrücklich innerhalb der Aufzählung der direkten Steuer aufgeführt. Vielmehr findet sie in einem gesonderten Absatz der vertraglichen Regelung zu den Steuerbefreiungen der internationalen Organisation Erwähnung.[678] Die Sitzstaatabkommen mit EPO und EUMETSAT enthalten ebenso wie die Abkommen mit GCDT und IRENA-IITC zusätzlich die Regelung, dass die jeweilige internationale Organisation von der Grunderwerbsteuer befreit ist. Im Unterschied zu der Regelungstechnik in den Ab-

---

676 Council of Europe, Committee of Ministers, Addendum to the Report of the Sub-Committee on Privileges and Immunities of International Organization, revised and approved by the European Committee on Legal Co-operation at its 11th meeting of the 2–6 June 1969 (Addendum to CM (69) 92) unter Rn 60. Der Europarat formulierte: „*The Sub-Committee noted that taxes which were treated in some countries as direct may be treated in others as indirect, but that in general direct taxes included taxes imposed upon an individual or legal person in respect of his or its income or capital.*".

677 Die Einheitsbewertung im Rahmen der Erhebung der Vermögenssteuer wurde durch das Bundesverfassungsgericht gemäß Beschluss vom 22.6.1995–2 BvL 37/91, DStR 1995, 1345, für mit dem Grundgesetz unvereinbar erklärt. Da die Unvereinbarkeit einer Norm nicht zu deren Unwirksamkeit führt, war das Vermögenssteuergesetz weiterhin anwendbar, *Arndt/Schumacher*, DStR 1995, 1813 ff. Das Bundesverfassungsgericht befristete jedoch die Anwendbarkeit des Vermögenssteuergesetzes. Dieses ist heute noch in Kraft, aber nur noch auf Sachverhalte bis zum 31.12.1996 anwendbar. Bisher gibt es keine neuen legislativen Initiativen zu der Änderung des Vermögensteuergesetzes.

678 In den zuletzt genannten Fällen ist die internationale Organisation auch nur auf Antrag und nur für amtlich genutzte bzw. auf die internationale Organisation zugelassene Kraftfahrzeuge von der Kraftfahrzeugsteuer befreit.

kommen mit GCDT und IRENA-IITC ist die Bestimmung der Befreiung von der Grunderwerbsteuer in den Sitzstaatabkommen mit EPO und EUMETSAT in einem gesonderten Absatz innerhalb der vertraglichen Regelung über die Steuerbefreiungen der internationalen Organisation enthalten.[679] Mithin ist die Grunderwerbsteuer in den Sitzstaatabkommen mit EPO und EUMETSAT nicht in der Liste der direkten Steuern enthalten.

Zusammenfassend ist somit zunächst festzustellen, dass ein Konsens über die Qualifikation der Einkommensteuer, der Körperschaftsteuer, der Grundsteuer sowie der Gewerbesteuer jeweils als direkte Steuer besteht.

(2) Kraftfahrzeugsteuer, Grunderwerbsteuer, Versicherungsteuer sowie Energiesteuer (vormals: Mineralölsteuer)

Die völkerrechtlichen Verträge, die die Bundesrepublik Deutschland mit GCDT und IRENA-IITC abgeschlossen hat, führen die Grunderwerbsteuer, die Kraftfahrzeugsteuer sowie die Versicherungsteuer als Beispiele für direkte Steuern an, von denen die jeweilige internationale Organisation befreit ist. Der systematischen Auslegung der Abkommen über die Immunitäten von EIOPA, EPA, ESO, EUMETSAT und EZB kann hingegen entnommen werden, dass die Kraftfahrzeugsteuer sowie teilweise auch die Grunderwerbsteuer gemäß dem Verständnis der beteiligten Vertragsparteien nicht als direkte Steuer zu qualifizieren seien. In jenen Abkommen werden die direkten Steuern gebündelt in dem ersten Absatz der Regelung zu der Steuerbefreiung der internationalen Organisation genannt. Getrennt von dieser Aufzählung findet sich in einem zweiten bzw. teilweise dritten Absatz derselben Vorschrift die Bestimmung, dass die jeweilige internationale Organisation ebenfalls von der Kraftfahrzeugsteuer und teilweise auch von der Grunderwerbsteuer befreit ist.[680] Da weder die Kraftfahrzeugsteuer noch die Grunderwerbsteuer als Steuerarten in die Liste der direkten Steuern, die im ersten Absatz der jeweiligen Vertragsvorschrift enthalten ist, aufgenommen worden sind, ist anzunehmen, dass die Vertragsparteien die Kraftfahrzeugsteuer und die Grunderwerbsteuer nicht den direkten Steuern zugeordnet haben.

Zwar könnte gegen diese Auslegung eingewandt werden, dass die im ersten Absatz der jeweiligen Regelung enthaltene Liste der direkten Steuern nicht abschließend sei, da sie die Formulierung „insbesondere“ enthalte. Deshalb könnten die beiden in Rede stehenden Steuerarten (Kraftfahrzeugsteuer und Grunderwerbsteuer) auch als direkte Steuern zu qualifizieren sein. Diese Auslegung liegt aber

---

679 Artikel 9 Abs. Sitzstaatabkommen mit GCDT, Artikel 9 Abs. 1 Sitzstaatabkommen mit IRENA-IITC, Artikel 4 Abs. 2 Sitzstaatabkommen mit EPO, Artikel 6 Abs. 2 Sitzstaatabkommen mit EUMETSAT.

680 Die Befreiung von der Kraftfahrzeugsteuer erfordert jedoch einen Antrag und erfolgt teilweise lediglich unter der Einschränkung, dass die Kraftfahrzeuge ausschließlich amtlich genutzt werden und auf die internationale Organisation zugelassen sind.

eher fern. Vielmehr überzeugt das systematische Argument, dass durch die räumliche Trennung der zwei Gruppen von Steuerarten verdeutlicht werden sollte, dass neben den direkten Steuern auch die beiden gesondert aufgeführten Steuerarten (Kraftfahrzeugsteuer und Grunderwerbsteuer) in den Anwendungsbereich der Befreiungsnorm fallen sollen, obwohl sie jeweils nach dem Verständnis der Vertragsparteien nicht als direkte Steuern qualifizieren.

Innerhalb der Steuerrechtsliteratur herrscht ebenfalls Uneinigkeit über die Qualifikation der Kraftfahrzeugsteuer. *Schlüter* fasst die Kraftfahrzeugsteuer unter den Begriff der direkten Steuer.[681] Andere Autoren ordnen die Kraftfahrzeugsteuer den indirekten Steuern (Verbrauchsteuer oder Verkehrsteuer) zu.[682] Nach der Auffassung von *Birk/Desens/Tappe* ist die Kraftfahrzeugsteuer eine Aufwandsteuer.[683]

§ 3 Nr. 10 KraftStG stellt das Halten von Fahrzeugen steuerfrei, wenn die Fahrzeuge auf eine bei der Bundesrepublik Deutschland beglaubigte diplomatische oder zugelassene konsularische Vertretung eines anderen Staates oder auf deren Leiter, Vertreter, Mitglieder etc. zugelassen sind.[684] Die Steuerbefreiung tritt jedoch nur ein, wenn Gegenseitigkeit gewährt wird. Im Gegensatz zur Umsatzsteuer und der Energiesteuer, die als indirekte Steuern qualifizieren, liegt hinsichtlich der Kraftfahrzeugsteuer keine gesetzliche Vorschrift zu einem Entlastungsverfahren zugunsten der diplomatischen und konsularischen Vertretungen in der Bundesrepublik Deutschland vor. Die unterschiedliche Behandlung von Kraftfahrzeugsteuer und Energiesteuer bzw. Umsatzsteuer im Rahmen der steuerlichen Behandlung von diplomatischen und konsularischen Vertretungen in der Bundesrepublik Deutschland deutet mithin darauf hin, dass der deutsche Gesetzgeber die Kraftfahrzeugsteuer nicht derselben Steuerkategorie wie die Umsatzsteuer zuordnet, sodass es näher liegt, die Kraftfahrzeugsteuer als direkte Steuer zu qualifizieren.

Hinsichtlich der Kategorisierung der Grunderwerbsteuer und der Versicherungsteuer lassen sich ebenfalls unterschiedliche Stimmen ermitteln.[685] Gemäß Ziffer 8.2 ff. der Protokollrichtlinien des Auswärtigen Amtes für die diplomatischen und berufskonsularischen Vertretungen qualifiziert die Versicherungsteuer als indirekte Steuer. Auch tendiert die Bundesregierung der Bundesrepublik Deutschland zu

681 *Schlüter*, Innerstaatliche Rechtsstellung, S. 150.

682 *Richtsteig*, WÜD, Artikel 34 Rn 2a; *Hailbronner*, GYIL 1979, 313 (320) m.w.N. So auch Punkt 8.2 ff. der Protokollrichtlinien des Auswärtigen Amtes für die diplomatischen und berufskonsularischen Vertretungen. Die Angaben zu dem Inhalt der nicht öffentlichen Protokollrichtlinien wurden der Verfasserin der vorliegenden Arbeit durch das Auswärtigen Amt erteilt.

683 *Birk/Desens/Tappe*, Steuerrecht, § 1 Rn 88. Die Einordnung der Kraftfahrzeugsteuer als Aufwandsteuer hilft jedoch bei der Frage nach der Abgrenzung zwischen direkten und indirekten Steuerarten nicht weiter, da unklar bleibt, zu welcher Kategorie die Aufwandsteuern zählen bzw. ob sie ggf. eine dritte Kategorie bilden.

684 Siehe für Details den Gesetzeswortlaut des § 3 Nr. 10 KraftStG.

685 So ist die Einordnung der Grunderwerbsteuer umstritten, *Kunz-Hallstein*, in: FS Hailbronner, S. 597 (602).

dieser Einordnung, da sie in ihrer Antwort auf eine kleine Anfrage der Abgeordneten der Fraktion DIE LINKE vom 4. März 2014 die Versicherungsteuer im Zusammenhang mit der Umsatzsteuer und den Verbrauchsteuern nennt.[686] *Birk/Desens/Tappe* ordnen hingegen die Grunderwerbsteuer sowie die Versicherungsteuer den (Rechts-)Verkehrsteuern zu, die als direkte Steuern qualifizieren.[687]

bb) Ergebnis

Innerhalb der Völkerrechtspraxis und im Rahmen der deutschen Besteuerung unter Berücksichtigung der völkervertraglich gewährten fiskalischen Immunitäten besteht lediglich ein Konsens über die Qualifikation der Einkommensteuer, der Körperschaftsteuer, der Gewerbesteuer sowie der Grundsteuer als direkte Steuern.[688] Auch über die Qualifikation der Umsatzsteuer als indirekte Steuer herrscht Einigkeit. Wie die unterschiedliche Einordnung der Grunderwerbsteuer, der Kraftfahrzeugsteuer und der Versicherungsteuer in den vorliegend untersuchten Quellen sowie die uneinheitlichen Auffassungen innerhalb der Steuerrechtsliteratur zeigen, besteht keine Einigkeit hinsichtlich der Qualifikation der übrigen Steuerarten für Zwecke der deutschen Besteuerung.

Mithin gilt es durch die Anwendung der oben ermittelten allgemeingültigen Methode die Qualifikation der in der Bundesrepublik Deutschland bestehenden und für die Besteuerung der internationalen Organisationen einschlägigen Steuerarten im Einzelfall – in Abgrenzung zu sonstigen Abgaben mit Gegenleistungscharakter – vorzunehmen.[689]

c) Ermittlung der Kriterien zur Bestimmung des Umfangs der Bereichsausnahme

Eine genaue Differenzierung zwischen den unter die Freistellungsklausel fallenden direkten Steuern einerseits und den Vergütungen für Leistungen öffentlicher Versorgungsbetriebe andererseits gibt es weder auf internationaler noch auf nationaler Ebene. Stattdessen finden sich zu dieser Fragestellung eine Vielzahl von Rechtsprechungsbeispielen sowie Stellungnahmen seitens einzelner internationaler

---

686 BT-Drs. 18/693, S. 3. Die Umsatzsteuer sowie die Verbrauchsteuern qualifizieren aus deutscher Steuerrechtsperspektive als indirekte Steuern. Der Streit, ob die Umsatzsteuer als Verbrauchsteuer oder Verkehrsteuer (so z.B. BFHE 154, 264 = BStBl. II 1988, 1017 Tz 17) qualifiziert, wurde durch den Erlass der Mehrwertsteuersystemrichtlinie beigelegt. Gemäß Artikel 1 Abs. 2 der Mehrwertsteuersystemrichtlinie klassifiziert die Umsatzsteuer als Verbrauchsteuer. Siehe hierzu ausführlich: *Englisch*, in: Tipke/Lang, Steuerrecht, § 17 Rn 10 m.w.N.

687 *Birk/Desens/Tappe*, Steuerrecht, § 1 Rn 91 ff., § 9 Rn 1650 und 1657.

688 Die Vermögenssteuer wird mangels Anwendbarkeit auf Sachverhalte nach dem 31.12.1996 im Folgenden nicht mehr erwähnt.

689 Siehe zur Bestimmung des Umfangs der direkten Steuern in der Bundesrepublik Deutschland: F.III.1.

Organisationen. Da die Bereichsausnahme, wie oben gesehen, trotz geringfügiger Wortlautabweichungen eine inhaltsgleiche Regelung enthält, können die unterschiedlichen Quellen, die sich jeweils mit der steuerlichen Behandlung einer einzelnen internationalen Organisation befassen, zur Bestimmung der allgemeingültigen Kriterien zur Qualifikation von Vergütungen für Leistungen von öffentlichen Versorgungsbetrieben herangezogen werden.[690]

aa) Kriterien

Nach Auffassung des EuGH ist die im nationalen Recht der einzelnen Mitgliedstaaten bekannte Unterscheidung

> *„zwischen Steuern, die dazu dienen, die allgemeinen Lasten der öffentlichen Verwaltung zu decken, und Gebühren, die die Vergütung für eine bestimmte Dienstleistung darstellen"*[691],

stets anzuwenden.

In jüngerer Zeit entwickelte der EuGH Kriterien, nach denen – vorausgesetzt, dass sie kumulativ vorliegen, – die jeweils zu überprüfende Abgabe als Vergütung für eine Leistung öffentlicher Versorgungsbetriebe qualifiziert:[692] Die Vergütung muss eine Gegenleistung für eine bestimmte Dienstleistung darstellen, die der internationalen Organisation auch erbracht wird oder zumindest erbracht werden kann.[693] Nach den Stellungnahmen des Rechtsberaters der Vereinten Nationen (*legal counsel*) bzw. nach einer Studie des Sekretariats der Vereinten Nationen sind die internationalen Organisationen dann nicht von der Entrichtung bestimmter Abgaben befreit, wenn sie eine Gegenleistung für eine tatsächlich erbrachte öffentliche Dienstleistung, die hinreichend genau individualisiert, bezeichnet und spezifiziert ist (*„specifically identified, described and itemized"*[694]), darstellen.

Der unmittelbare und proportionale Zusammenhang zwischen den tatsächlichen Kosten der Leistung und der geleisteten Abgabe stellt das zweite maßgebliche Kri-

---

690 Vgl. die Analyse der vorliegend untersuchten völkerrechtlichen Vereinbarungen in Bezug auf die Bereichsausnahme: E.IV.2.

691 EuGH, C-32/67 (*Van Leeuwen*), Slg 1968, 68 = EU:C:1968:8 (zu Schulgeld, dessen Höhe sich nach dem Gehalt der Eltern der schulpflichtigen Kinder bemaß).

692 Der Oberbegriff „Abgaben" wird im Folgenden für beide Formen der Forderungen des Sitzstaates gegenüber der internationalen Organisation bzw. für Zahlungen der internationalen Organisation verwendet.

693 EuGH, C-191/94 (*AGF Belgium*), Slg 1996, I-1859 ff. = EU:C:1996:144 Tz 26 (zu Prämienzuschläge in der Kraftfahrtversicherung); C-199/05 (*Europäische Gemeinschaften*), Slg 2006, I-10485 ff. = EU:C:2006:678 Tz 21 (zu Eintragungsgebühren nach einem gerichtlichen Urteil); C-163/14 (*Kommission/Belgien*), EU:C:2016:4 Tz 66 (zu Beiträgen für die Lieferung von Elektrizität und Gas).

694 Yearbook of the ILC 1967, Vol. II (Studie des Sekretariats der Vereinten Nationen über die Beziehung zwischen Staaten und zwischenstaatlichen Organisationen), 157 (248) Rn 172; auch zitiert in: Legal Opinion of the Secretariat of the UN issued by the Office of Legal Affairs, 1973 UNJY 133 (135).

terium dar.[695] Hierzu zählt z. B. eine bereits vor der Leistungserbringung festgelegte Vergütungshöhe bzw. ein zuvor feststehender Vergütungssatz (*definite rate*[696] bzw. *fixed rate*[697]).

Schließlich muss eine Leistung i.S.d. Bereichsausnahme von einem öffentlichen Versorgungsbetrieb (*public utility*) erbracht werden. Als „*public utility*" qualifiziert ein zumeist privatrechtlich organisiertes Unternehmen, das Gemeinwohlaufgaben wahrnimmt und unter staatlicher Aufsicht steht.[698] Beispiele für Dienstleistungen, die eine Vergütung für Leistungen öffentlicher Versorgungsbetriebe darstellen, sind Erschließungsbeiträge für Grundstücke oder Gebäude. Hierunter fallen u. a. der Anschluss an das Wegenetz, an die Kanalisation, an das Telefonnetz sowie an die Wasser-, Gas- und Stromversorgung.[699]

Anteilige Abgaben für das Gesundheitssystem, die Unterhaltung und Verwaltung öffentlicher Parks, die Müllentsorgung, die Straßenbeleuchtung[700], die Straßenreinigung[701] sowie die Autobahnvignette stellen hingegen keine Gegenleistung für konkrete Dienstleistungen dar.[702]

---

695 EuGH, C-199/05 (*Europäische Gemeinschaften*), Slg 2006, I-10485 ff. = EU:C:2006:678 Tz 25 (zu Eintragungsgebühren nach einem gerichtlichen Urteil); C-163/14 (*Kommission/Belgien*), EU:C:2016:4 Tz 66 (zu Beiträgen für die Lieferung von Elektrizität und Gas).

696 Bericht einer Unterorganisation der Vereinten Nationen aus dem Jahr 1958, zitiert in: Yearbook of the ILC 1967, Vol. II (Studie des Sekretariats der Vereinten Nationen über die Beziehung zwischen Staaten und zwischenstaatlichen Organisationen), 157 (247) Rn 171.

697 Note des Generalsekretärs der Vereinten Nationen an die Regierung eines Mitgliedstaates aus dem Jahr 1963, zitiert in: Yearbook of the ILC 1967, Vol. II (Studie des Sekretariats der Vereinten Nationen über die Beziehung zwischen Staaten und zwischenstaatlichen Organisationen), 157 (248) Rn 171.

698 Bericht einer Unterorganisation der Vereinten Nationen aus dem Jahr 1958, zitiert in: Yearbook of the ILC 1967, Vol. II (Studie des Sekretariats der Vereinten Nationen über die Beziehung zwischen Staaten und zwischenstaatlichen Organisationen), 157 (247) Rn 171.

699 *Richtsteig*, WÜD, Artikel 34 Rn 2b.

700 Die Straßenbeleuchtung qualifiziert jedoch nur dann als Leistung eines öffentlichen Versorgungsbetriebs, wenn die Kosten für die Beleuchtung nicht für jeden Hauseigentümer abhängig vom Beleuchtungsumfang individuell bemessen werden *Muixer*, LJIL 1993, 47 (56).

701 Vgl. z. B. für Frankfurt am Main: § 5 der Satzung über die Straßenreinigung in der Stadt Frankfurt am Main vom 27.2.1992, Amtsblatt Nr. 11/1992, S. 195 ff., zuletzt geändert durch die 8. Satzung zur Änderung der Satzung über die Straßenreinigung in der Stadt Frankfurt am Main vom 24.7.2014, Amtsblatt Nr. 33/2014, S. 848 f.

702 *Richtsteig*, WÜD, Artikel 34 Rn 2b und Rn 3; Bericht einer Unterorganisation der Vereinten Nationen aus dem Jahr 1958, zitiert in: Yearbook of the ILC 1967, Vol. II (Studie des Sekretariats der Vereinten Nationen über die Beziehung zwischen Staaten und zwischenstaatlichen Organisationen), 157 (247) Rn 171; *Muixer*, LJIL 1993, 47 (56).

bb) Zusammenfassung der Kriterien

Zusammenfassend ist festzustellen, dass die Frage nach der Qualifikation einer Abgabe als Vergütung für Leistungen öffentlicher Versorgungsbetriebe jeweils im Einzelfall erfolgen muss. Maßgebliches Indiz für die Zuordnung einzelner staatlicher Abgaben als Vergütung für Leistungen öffentlicher Versorgungsbetriebe ist der Gegenleistungscharakter der jeweiligen Vergütung. Es muss ein direkter Zusammenhang zwischen dem für die einzelne Dienstleistung gezahlten Entgelt und den Kosten, die die Erbringung dieser Leistung dem öffentlichen Versorgungsbetrieb verursacht hat, bestehen (*quid pro quo*[703]). Zudem sollte die Dienstleistung möglichst objektiv messbar und individualisierbar sein.[704] Schließlich bedarf es zumindest der potentiellen Möglichkeit, dem Empfänger die jeweilige Dienstleistung erbringen zu können.

2. Zusammenfassung der Ergebnisse

Bei der Ermittlung des konkreten Umfangs der fiskalischen Immunitäten der internationalen Organisationen für Zwecke der deutschen Besteuerung ist in jedem Einzelfall zunächst die zu überprüfende staatliche Geldleistungspflicht auf ihre Qualität als Steuer im abkommensrechtlichen Sinne zu bewerten. Hierbei ist ein weites Verständnis des abkommensrechtlichen Steuerbegriffs anzuwenden. Unabhängig von ihrer konkreten Bezeichnung als Steuer, Abgabe, Gebühr, Beitrag etc. stellen mithin alle Leistungen an einen Träger öffentlicher Gewalt Steuern dar, sofern sie eine wirtschaftliche Belastung der internationalen Organisation oder der Mitglieder ihres Personals zur Folge haben, die die Funktionalität der internationalen Organisation gefährden würde, nicht lediglich eine Vergütung der internationalen Organisation für eine konkrete Leistung der öffentlichen Verwaltung sind oder lediglich wegen des Umstands der Einkommensteuerbefreiung der Gehälter und Bezüge der Mitglieder des Personals der internationalen Organisationen gefordert werden. In einem zweiten Schritt ist sodann die konkrete Steuer entweder in die Gruppe der direkten oder der indirekten Steuern einzuteilen. Innerhalb der Gruppe der direkten Steuern ist in einem letzten Schritt jeweils für den Einzelfall zu ermitteln, ob die Abgabe möglicherweise der Bereichsausnahme unterfällt und mithin deshalb von der internationalen Organisation zu entrichten ist. Maßgebliches Kriterium für die Einordnung einzelner staatlicher Abgaben als Vergütung für Leistungen öffentlicher Versorgungsbetriebe ist der Gegenleistungscharakter der jeweiligen Vergütung.

---

703 Bericht einer Unterorganisation der Vereinten Nationen aus dem Jahr 1958 zitiert in: Yearbook of the ILC 1967, Vol. II (Studie des Sekretariats der Vereinten Nationen über die Beziehung zwischen Staaten und zwischenstaatlichen Organisationen), 157 (247) Rn 171.

704 EuGH, C-199/05 (*Europäische Gemeinschaften*), Slg 2006, I-10485 ff. = EU:C:2006:678 Tz 25; *Muixer*, LJIL 1993, 47 (57).

II. Persönlicher Umfang der fiskalischen Immunitäten

1. (Steuer-)Rechtliche Stellung der internationalen Organisationen

Die internationalen Organisationen erhalten aufgrund der Bestimmungen in den einschlägigen völkerrechtlichen Abkommen Steuerbefreiungen durch die Mitgliedstaaten. Die Befreiung bezieht sich regelmäßig auf die direkten Steuern.[705] Hierunter fallen vor dem Hintergrund der vorliegenden bearbeiteten Fragestellung u. a. die Körperschaftsteuer, die Kapitalertragsteuer, die Erbschaft- und Schenkungsteuer, die Gewerbesteuer und die Grundsteuer.[706] Die Steuergesetze enthalten für die Bestimmung der subjektiven Steuerpflicht teilweise unterschiedliche Tatbestandsvoraussetzungen. So knüpfen die Körperschaftsteuer und die Gewerbesteuer die Steuerpflicht an personenbezogene Kriterien. § 1 Abs. 1 KStG normiert, dass eine sonstige juristische Person des Privatrechts (Nr. 4) bzw. eine juristische Person des öffentlichen Rechts im Umfang ihres Betriebs gewerblicher Art (Nr. 6) unbeschränkt körperschaftsteuerpflichtig ist. § 5 Abs. 1 GewStG knüpft die Steuerpflicht an die Unternehmereigenschaft der jeweiligen (juristischen) Person. Erwerbsvorgänge (Erbschaft- und Schenkungsteuer[707]) bzw. die Zuordnung des Steuergegenstands zu einer (juristischen) Person (Grundsteuer[708]) führen bei den übrigen für vorliegende Zwecke relevanten Steuerarten zu einer Steuerpflicht. Mithin setzt die subjektive Steuerpflicht der internationalen Organisationen (vorbehaltlich der einschlägigen Steuerbefreiungen) in der Bundesrepublik Deutschland im Hinblick auf die Körperschaftsteuer und die Gewerbesteuer voraus, dass die jeweilige internationale Organisation als juristische Person des Privatrechts oder des öffentlichen Rechts mit Sitz in der Bundesrepublik Deutschland zu qualifizieren und ggf. dort gewerblich tätig ist. Für Zwecke der übrigen einschlägigen Steuerarten ist es erforderlich, dass die jeweilige internationale Organisation Rechts- bzw. teilweise Geschäftsfähigkeit in der Bundesrepublik Deutschland besitzt.

Von der Rechts- und Geschäftsfähigkeit einer internationalen Organisation auf innerstaatlicher Ebene, mithin in dem jeweiligen Sitzstaat, ist deren Völkerrechtsfähigkeit zu unterscheiden.[709]

---

705 Zur Erhebung der Kapitalertragsteuer siehe gesondert: F.III.6.a)bb)(2). Die Börsenumsatzsteuer, die Ergänzungsabgabe, die Vermögensteuer, die Wechselsteuer und Wertpapiersteuer sind Steuern, die derzeit in der Bundesrepublik Deutschland nicht erhoben werden.

706 Siehe zur Bestimmung der direkten und indirekten Steuern: F.III.

707 § 20 Abs. 1 ErbStG.

708 § 10 GrStG.

709 *Seidl-Hohenveldern/Loibl*, Das Recht der Internationalen Organisationen, Rn 0301; *Delbrück/Wolfrum*, Völkerrecht, S. 229. Siehe für eine detaillierte Auseinandersetzung zu der Rechtsfähigkeit internationaler Organisationen in deren Mitgliedstaaten: *Schlüter*, Innerstaatliche Rechtsstellung, S. 23 ff.

Für die notwendige Vornahme eines Rechtstypenvergleichs, durch den im Rahmen einer Gesamtwürdigung der Organisation und Struktur der vorliegend untersuchten internationalen Organisationen jeweils ermittelt wird, ob die einzelne internationale Organisation die Charakteristika eines Steuersubjekts für Zwecke der deutschen Besteuerung aufweist, erfolgt im Folgenden zunächst eine Prüfung der völkerrechtlichen (a) und sodann der innerstaatlichen (b) Rechtsstellung der jeweiligen internationalen Organisation.[710]

a) Rechtsstellung auf völkerrechtlicher Ebene

Internationale Organisationen sind als juristische Person des Völkerrechts zu qualifizieren[711], wenn sie zumindest beschränkte Völkerrechtsfähigkeit[712] besitzen.[713] Völkerrechtsfähig sind internationale Organisationen, wenn sie das Recht und die Fähigkeit besitzen, am völkerrechtlichen Rechtsverkehr teilzunehmen und mithin Rechte und Verpflichtungen auf völkerrechtlicher Ebene zu begründen.[714] Diese Rechte erhalten die internationalen Organisationen nicht automatisch mit Gründung, sondern sie müssen ihnen erst verliehen werden.[715] Die Verleihung der Völkerrechtsfähigkeit sowie die Bestimmung des Umfangs derselben erfolgt entweder durch eine ausdrückliche Regelung in den jeweiligen Gründungsabkommen bzw. durch vergleichbare völkerrechtliche Akte[716] oder sie ergibt sich implizit durch die in den jeweiligen Gründungsakten festgelegten Aufgaben bzw. durch den völkervertraglich zugewiesenen Zweck der internationalen Organisation.[717] Als implizite Verleihung der Völkerrechtsfähigkeit ist z.B. die Einräumung der Kompetenz zum Abschluss völkerrechtlicher Verträge zu qualifizieren.[718] Nach nunmehr herrschender Auffassung besitzen internationale Organisationen als abgeleitete Völkerrechtssubjekte lediglich eine funktionell

---

710 Siehe beispielhaft die Vornahme eines Rechtstypenvergleichs durch den BFH: BFHE 168, 285 = BStBl. II 1992, 972 Tz III. 2)a).

711 *Ruffert/Walter*, Institutionalisiertes Völkerrecht, § 5 Rn 162; *Seidl-Hohenveldern/Loibl*, Das Recht der Internationalen Organisationen, Rn 0303; *Klein/Schmahl*, in: Vitzthum/Proelß, Völkerrecht, 4. Abschnitt Rn 95. In Rn 12 bezeichnen sie internationale Organisationen als Rechtsfigur des Völkerrechts.

712 Teilweise wird auch der Begriff „Völkerrechtspersönlichkeit" verwendet.

713 *Delbrück/Wolfrum*, Völkerrecht, S. 220.

714 *Seidl-Hohenveldern/Loibl*, Das Recht der Internationalen Organisationen, Rn 0303; *Schäfers*, in: Ehlers/Kinkeldey (Hrsg.), EPÜ, Artikel 5 Rn 5.

715 *Klein/Schmahl*, in: Vitzthum/Proelß, Völkerrecht, 4. Abschnitt Rn 93.

716 *Hobe*, Einführung in das Völkerrecht, S. 125.

717 *Krajewski*, Wirtschaftsvölkerrecht, § 1 Rn 54; *Ipsen*, Völkerrecht, § 6 Rn 65 f. Die Bestimmung der Völkerrechtsfähigkeit der EU-Kommission als Organ der Europäischen Union findet sich in Artikel 47 EUV.

718 *Ahluwalia*, The legal status of the UN, S. 59. Siehe beispielhaft für eine implizite Verleihung: Artikel XV Abs. 3 EWO-Übereinkommen.

begrenzte Völkerrechtsfähigkeit, die sie zur effektiven Wahrnehmung ihrer Aufgaben befähigt.[719]

Der Wortlaut der einzelnen völkervertraglichen Regelungen über die völkerrechtliche Rechtsstellung der vorliegend untersuchten internationalen Organisationen unterscheidet sich voneinander, sodass nicht für alle vorliegend untersuchten internationalen Organisationen deutlich wird, ob die Vertragsparteien den einzelnen internationalen Organisationen ausdrücklich Völkerrechtspersönlichkeit verleihen oder ihnen lediglich innerstaatliche Rechtsfähigkeit einräumen wollten. Die überwiegende Mehrheit der Gründungsrechtsakte der in dieser Arbeit untersuchten internationalen Organisationen enthält eine ausdrückliche Regelung, durch die den jeweiligen internationalen Organisationen „Rechtspersönlichkeit" erteilt wird.[720] Obschon nur in wenigen Abkommen z. B. in Artikel 1 Abs. 2 der Satzung des GCDT[721] ausdrücklich der Begriff „Völkerrechtspersönlichkeit" verwendet wird, ist davon auszugehen, dass die Gründungsmitgliedstaaten der einzelnen internationalen Organisationen durch die Wahl der Formulierung „Rechtspersönlichkeit" bzw. „*juridicial personality*"[722] den internationalen Organisationen Völkerrechtspersönlichkeit verleihen wollten und mit dem Begriff der Rechtspersönlichkeit bzw. „*juridicial personality*" nicht etwa beabsichtigen, die innerstaatliche Rechtsfähigkeit der internationalen Organisationen festzulegen.

Für diese Auffassung spricht auch das Ergebnis einer Auslegung der einschlägigen völkervertraglichen Regelungen nach systematischen und teleologischen Erwägungen. Üblicherweise enthält die völkervertragliche Bestimmung über die Rechtsstellung der einzelnen internationalen Organisation – entweder in einem weiteren Absatz der vertraglichen Vorschrift oder direkt im Anschluss an die Verleihung der „Rechtspersönlichkeit" – eine zweite Regelung über die Reichweite der innerstaatlichen Rechts- und Geschäftsfähigkeit der jeweiligen internationalen Organisation. Aufgrund dieser zusätzlich bestehenden vertraglichen Bestimmung sprechen aus systematischer und teleologischer Sicht gute Gründe dafür, der Bedeutung des Begriffs „Rechtspersönlichkeit" eine völkerrechtliche Dimension zuzuweisen.

---

719 Die beschränkte Völkerrechtsfähigkeit von internationalen Organisationen bestätigte erstmals der IGH in seinem Gutachten zu dem Bernadotte-Fall, IGH, Advisory Opinion, ICJ Reports 1949, 174 (179 f.) vom 11.04.1949 (*Reparation for Injuries suffered in the Service of the United Nations*); *Seidl-Hohenveldern/Loibl*, Das Recht der Internationalen Organisationen, Rn 0307. Vgl. auch *Delbrück/Wolfrum*, Völkerrecht, S. 214 ff., samt einer Darstellung der unterschiedlichen Auffassungen über die Herleitung und Reichweite der Völkerrechtsfähigkeit internationaler Organisationen.

720 Siehe für viele: Artikel 5 Abs. 1 Europäisches Patentübereinkommen.

721 Satzung des Globalen Treuhandfonds für Nutzpflanzenvielfalt (Satzung GCDT), BGBl. II 2012, 901 ff. Siehe auch Artikel 3 Abs. 1 Satz 1 des Abkommens über das Deutsch-Französische Jugendwerk sowie Artikel 1 Abs. 2 des Abkommens über das Deutsch-Polnische Jugendwerk.

722 Siehe z. B. Artikel 4 Ottawa-Übereinkommen.

Würde der Verleihung der „Rechtspersönlichkeit" dieselbe inhaltliche Bedeutung zukommen wie die Bestimmung der Reichweite der innerstaatlichen Rechts- und Geschäftsfähigkeit, fände sich eine mithin unübliche doppelte Normierung desselben Regelungsinhalts in den jeweiligen völkerrechtlichen Abkommen wieder.[723]

Die vorliegende Auslegung des in den völkerrechtlichen Vereinbarungen verwendeten Begriffs „Rechtspersönlichkeit" kann mithin auf alle in dieser Arbeit untersuchten Vereinbarungen mit Ausnahme des Sitzstaatabkommens zwischen der Regierung der Bundesrepublik Deutschland und der Liga der Arabischen Staaten angewendet werden. Artikel 3 Abs. 1 des zuletzt genannten Abkommens bestimmt ausdrücklich, dass der Mission der Liga lediglich Rechtspersönlichkeit im Sitzstaat verliehen wird. Letztere Bestimmung bezieht sich eindeutig auf die nationale Rechtsstellung der Arabischen Liga und kann nicht als ausdrückliche Verleihung der Völkerrechtspersönlichkeit ausgelegt werden.[724] Da die Regierung der Bundesrepublik Deutschland mit der Liga der Arabischen Staaten jedoch ein Sitzstaatabkommen abgeschlossen hat, hat sie die Arabische Liga als völkerrechtsfähige internationale Organisation behandelt.[725] Somit liegt zumindest eine implizite Verleihung der Völkerrechtsfähigkeit an die Arabische Liga durch die Bundesrepublik Deutschland vor.

Mithin sind die in dieser Arbeit untersuchten internationalen Organisationen allesamt als juristische Personen des Völkerrechts zu qualifizieren und sind somit zumindest mit denjenigen völkerrechtlichen Rechten und Pflichten ausgestattet, die eine effektive Wahrnehmung ihrer Aufgaben gewährleisten.[726]

b) Rechtsstellung auf innerstaatlicher Ebene

Der Mehrheit der vorliegend untersuchten internationalen Organisationen erhielt mit Ausnahme der im Folgenden erörterten Fälle durch eine ausdrückliche Bestimmung in den jeweiligen völkerrechtlichen Vereinbarungen – funktionell

---

723 *Schäfers*, in: Ehlers/Kinkeldey (Hrsg.), EPÜ, Artikel 5 Rn 2.

724 Eine vergleichbar enge Formulierung findet sich auch in Artikel 1 des Sitzstaatabkommens mit ADB. Artikel 49 ADB-Gründungsabkommens enthält jedoch eine anderslautende Bestimmung. Wie in den übrigen in dieser Arbeit untersuchten völkerrechtlichen Gründungsabkommen ist auch in dieser Vorschrift die Verleihung der Rechtspersönlichkeit nicht auf die nationale Rechtsebene beschränkt. Mithin folgt die Verleihung der Völkerrechtspersönlichkeit ausdrücklich aus dem Gründungsrechtsakt. Die Einräumung der Rechts- und Geschäftsfähigkeit in der Bundesrepublik Deutschland ergibt sich hingegen aus Artikel 1 des Sitzstaatabkommens mit ADB.

725 Siehe eine kritische Auseinandersetzung hierzu mit Beispielen aus der Völkerrechtspraxis bei *Mann*, ZHR 1988, 303 (306 f.).

726 Für die EZB erklären dies explizit: *Kramer/Hinrichsen*, JuS 2015, 673 (674). Internationale Organisationen qualifizieren nach deutschem verfassungsrechtlichem Verständnis zudem gleichsam als zwischenstaatliche Einrichtungen i.S.d. Artikels 24 Abs. 1 GG, vgl. FG Berlin Brandenburg, EFG 2014, 738 ff. Tz 51 = DStRE 2014, 1218 (1221).

begrenzt auf die Wahrnehmung ihrer Aufgaben in dem jeweiligen Sitzstaat – Rechts- und Geschäftsfähigkeit nach innerstaatlichem Recht.[727] Dies hat zur Folge, dass die jeweilige internationale Organisation gemäß dem jeweils geltenden nationalen Recht des Sitzstaates Verträge schließen, unbewegliches und bewegliches Vermögen erwerben bzw. über dieses verfügen kann und auch aktiv und passiv legitimiert sein kann.[728]

Eine Ausnahme hierzu bildet das Abkommen zwischen der Regierung der Bundesrepublik Deutschland und der Regierung der Republik Polen über das Deutsch-Polnische Jugendwerk. Dem Deutsch-Polnischen Jugendwerk erkennen völkervertraglich beide Mitgliedstaaten die Rechtspersönlichkeit einer internationalen Organisation gemäß Artikel 1 Abs. 2 des Abkommens über das Deutsch-Polnische Jugendwerk zu. Diese Formulierung findet sich auch in Artikel 3 des Abkommens über das Deutsch-Französische Jugendwerk. Eine weitergehende ausdrückliche Nennung der einzelnen Bestandteile der Rechtsfähigkeit der vorliegend untersuchten Organisation im nationalen Recht des Sitzstaates, die üblicherweise in den anderen Abkommen aufgeführt sind, findet sich in dem Abkommen über das Deutsch-Polnische Jugendwerk im Gegensatz zum Abkommen über das Deutsch-Französische Jugendwerk jedoch nicht. Artikel 3 des Abkommens über das Deutsch-Französische Jugendwerk enthält z. B. neben der Erteilung der Rechtspersönlichkeit auch den Verweis auf Artikel II § 3 des Abkommens über die UN-Sonderorganisationen. In dieser Bestimmung ist die innerstaatliche Rechtsfähigkeit der Organisation detailliert geregelt. Wie die anderen internationalen Organisationen auch besitzt das Deutsch-Französische Jugendwerk somit aufgrund der Verweisung auf Artikel II § 3 des Abkommens über die UN-Sonderorganisationen die Fähigkeit nach dem nationalen Recht des Sitzstaates, Verträge zu schließen, unbewegliches und bewegliches Vermögen zu erwerben, über dieses zu verfügen und vor Gericht zu stehen.

Nichtsdestotrotz besitzt das Deutsch-Polnische Jugendwerk auch ohne ausdrückliche Bestimmung in dem völkerrechtlichen Gründungsakt Rechts- und Geschäftsfähigkeit in der Bundesrepublik Deutschland, da es hierfür genügt, dass aus dem Gründungsakt implizit die Verpflichtung der Mitgliedstaaten zu erkennen ist, die in Rede stehende internationale Organisation zur Erfüllung ihrer Aufgabe mit allen

---

727 Die Bestimmung der Rechts- und Geschäftsfähigkeit der EU-Kommission findet sich in Artikel 335 Satz 1 und 2 AEUV, der bestimmt: *„Die Union besitzt in jedem Mitgliedstaat die weitestgehende Rechts- und Geschäftsfähigkeit, die juristischen Personen nach dessen Rechtsvorschriften zuerkannt ist; sie kann insbesondere bewegliches und unbewegliches Vermögen erwerben und veräußern sowie vor Gericht stehen. Zu diesem Zweck wird sie von der Kommission vertreten.“*.

728 Siehe beispielhaft Artikel 1 des Sitzstaatabkommens mit ADB, Artikel 28 Satzung der IOM, Artikel 5 Abs. 2 Europäisches Patentübereinkommen, Artikel 4 Ottawa-Übereinkommen.

notwendigen innerstaatlichen Rechten ausstatten zu wollen.[729] Diese Verpflichtung seitens der Mitgliedstaaten des Deutsch-Polnischen Jugendwerks ergibt sich u. a. aus Artikel 2 Abs. 3 und 4 des Abkommens über das Deutsch-Polnische Jugendwerk. Dort erhält das Deutsch-Polnische Jugendwerk die Befugnis, selbstständig im Rahmen seiner Aufgaben und im Interessen der Mitglieder Maßnahmen durchzuführen, wenn der erstrebte Zweck durch private oder öffentliche Träger nicht erreicht werden kann oder von diesen Stellen dem Jugendwerk vorgeschlagen werden. Somit ist auch das Deutsch-Polnische Jugendwerk in der Bundesrepublik Deutschland funktionell begrenzt rechts- und geschäftsfähig.

c) Zwischenergebnis

Zusammenfassend ist mithin festzustellen, dass die vorliegend untersuchten internationalen Organisationen in der Bundesrepublik Deutschland – jeweils funktionell begrenzt – sowohl Völkerrechtspersönlichkeit als auch Rechts- und Geschäftsfähigkeit besitzen.

d) Steuerrechtliche Stellung

Die soeben neben der innerstaatlichen Rechtsfähigkeit erörterte Völkerrechtssubjektivität der vorliegend untersuchten internationalen Organisationen schließt vorbehaltlich der anwendbaren Steuerbefreiungen eine Besteuerung der internationalen Organisationen in der Bundesrepublik Deutschland grundsätzlich nicht aus.[730] Hieran ändert auch der insgesamt internationale Charakter der Tätigkeit der internationalen Organisation nichts. Von der im Grundsatz bestehenden subjektiven Steuerpflicht internationaler Organisationen in der Bundesrepublik Deutschland gehen auch die Vertragsparteien der einschlägigen völkerrechtlichen Vereinbarungen, die Regelungen zu fiskalischen Immunitäten der internationalen Organisationen enthalten, aus.

Wie bereits erläutert, setzt eine Steuerpflicht wie z. B. im Fall der Erbschaft- bzw. Schenkungsteuer ausschließlich den Abschluss eines Rechtsgeschäfts durch die internationale Organisation voraus. Da alle vorliegend untersuchten internationalen Organisationen in der Bundesrepublik Deutschland rechts- und geschäftsfähig sind, kommt grundsätzlich – vorbehaltlich von Steuerbefreiungen – eine Besteuerung der jeweiligen internationalen Organisation im Rahmen der einschlägigen Steuerarten in Frage. V.a. für Zwecke der Besteuerung der internationalen Organisationen im Rahmen der Körperschaftsteuer und Gewerbesteuer ist es jedoch darüber hinaus maßgeblich, welchen genauen steuerrechtlichen Status die internationale Organisation in der Bundesrepublik Deutschland hat.

---

729 *Akande*, in: Evans (Hrsg.), International Law, S. 252 (260); *Herdegen*, Völkerrecht, § 10 Rn 7.

730 *Ullrich*, Das Dienstrecht der Internationalen Organisationen, S. 49.

Es liegt nahe, die jeweilige internationale Organisation entweder als juristische Person des Privatrechts oder des öffentlichen Rechts zu qualifizieren.

aa) Kriterien für das Vorliegen einer juristischen Person

Im Zivilrecht, Öffentlichen Recht und Steuerrecht gibt es in Bezug auf die Qualifikation einer juristischen Person keine Unterschiede.[731] Als juristische Personen sind Organisationseinheiten zu qualifizieren, deren Handeln und Entscheiden rechtlich keiner anderen, übergeordneten Stelle mehr zugerechnet werden können[732] und die eine eigene Rechtsfähigkeit besitzen.[733] Eine juristische Person kann darüber hinaus aktiv und passiv legitimiert sein und eigenes Vermögen, mit dem sie in vollem Umfang haftet, besitzen.[734]

bb) Abgrenzungskriterien: privatrechtlicher oder öffentlich-rechtlicher Charakter

Eines der beiden maßgeblichen Abgrenzungskriterien für die Frage, ob die jeweilige juristische Person einen öffentlich-rechtlichen Charakter aufweist, ist die Herleitung der Rechtsfähigkeit der juristischen Person aus dem öffentlichen Recht, mithin aus einem Staatsakt.[735] Zudem nehmen juristische Personen des öffentlichen Rechts regelmäßig hoheitliche Aufgaben wahr.[736]

cc) Zusammenfassung und Stellungnahme

Wie bereits dargelegt, sind die vorliegend untersuchten internationalen Organisationen in der Bundesrepublik Deutschland rechts- und geschäftsfähig. Sie besitzen jeweils eine von der Rechtsstellung der Mitgliedstaaten unabhängige Rechtspersönlichkeit und können selbst aktiv und passiv legitimiert sein. Darüber hinaus können die einzelne internationale Organisation auch eigenes Vermögen besitzen, das sich u.a. aus den Beiträgen der Mitgliedstaaten zusammensetzt. Mithin sind die vorliegend untersuchten internationalen Organisationen jeweils als juristische Personen zu qualifizieren.[737]

---

731 *Klein*, in: H/H/R, § 1 KStG Rn 51.

732 *Remmert*, in: Maunz/Dürig, GG, Artikel 19 Abs. 3 Rn 37.

733 BFHE 168, 285 = BStBl. II 1992, 972 Tz II. 1) m.w.N.

734 *Pohl*, in: Schönfeld/Ditz, DBA, Artikel 3 Rn 14; *Klein*, in: H/H/R, § 1 KStG Rn 51, der diese Aussage jedoch nur in Bezug auf das Zivil- und Steuerrecht trifft.

735 BFHE 55 311 = BStBl. III 1951, 120.

736 *Klein*, in: H/H/R, § 1 KStG Rn 65.

737 So auch *Schlüter*, Innerstaatliche Rechtsstellung, S. 147. *Ullrich* räumt den internationalen Organisationen ohne weitere Erläuterung die Rechtsstellung eines Völkerrechtssubjekt und einer juristischen Person des nationalen Rechts ein, S. 49. Letzterer differenziert jedoch nicht zwischen einer juristischen Person des Privatrechts und des öffentlichen Rechts.

Eindeutig sind die vorliegend untersuchten internationalen Organisationen jedoch weder dem Privatrecht noch dem öffentlichen Recht zuzuordnen. Der Einordnung als juristische Person des Privatrechts steht entgegen, dass die jeweiligen internationalen Organisationen nicht nach den nationalen Vorschriften der Bundesrepublik Deutschland, sondern aufgrund einer völkerrechtlichen Vereinbarung unter Mitwirkung der Bundesrepublik Deutschland gegründet wurden.[738] Internationale Organisationen leiten ihre Rechtsfähigkeit nicht wie juristische Personen des öffentlichen Rechts aus dem öffentlichen Recht ab. Vielmehr verleihen die Mitgliedstaaten den internationalen Organisationen regelmäßig durch ausdrückliche Regelungen in den einschlägigen völkerrechtlichen Vereinbarungen (partielle) Rechtsfähigkeit.

Gegen die Einordnung als juristische Person des öffentlichen Rechts spricht, dass die vorliegend untersuchten internationalen Organisationen keine von der Bundesrepublik Deutschland verliehenen Hoheitsrechte ausüben. Stattdessen nehmen sie hoheitliche Aufgaben wahr, die den jeweiligen internationalen Organisationen von der Gesamtheit der Mitgliedstaaten im Rahmen des jeweiligen völkerrechtlichen Gründungsakts übertragen wurden.[739] Es wäre mithin passend, die internationalen Organisationen als „juristische Personen des internationalen Rechts" zu bezeichnen.[740] Dieser Begriff lässt jedoch die Frage nach dem steuerrechtlichen Status der internationalen Organisationen unbeantwortet.

In der Zusammenschau und für Zwecke der Ergebnisfindung im Rahmen des Rechtstypenvergleichs stehen die vorliegend untersuchten internationalen Organisationen den juristischen Personen des öffentlichen Rechts näher als den juristischen Personen des Privatrechts, da sie hoheitliche Aufgaben – wenn auch lediglich von internationalem bzw. zwischenstaatlichem Charakter – wahrnehmen, die im Inland zumindest als hoheitlich begriffen werden müssen.[741]

Da die internationalen Organisationen in der Bundesrepublik Deutschland tätig sind, dürften sie jedenfalls für Zwecke der deutschen Besteuerung ebenfalls als Organisationen mit Sitz in der Bundesrepublik Deutschland zu qualifizieren sein.[742]

Mithin überzeugt es, für Zwecke des deutschen Steuerrechts die steuerrechtlichen Bestimmungen über die Besteuerung der juristischen Personen des öffentlichen Rechts (z.B. § 1 Nr. 6 KStG) auf die vorliegend untersuchten internationalen Organisationen anzuwenden.

---

738 *Schröer*, GYIL 1965, (207) (211); *Mann*, ZHR 1988, 303 (304).

739 Diese hoheitlichen Aufgaben weisen keinen nationalen, sondern einen internationalen bzw. zwischenstaatlichen Charakter auf.

740 *Kunz-Hallstein*, NJW 1992, 3069 (3070).

741 *Hummel*, in: Gosch, KStG, § 1 Rn 103; *Seidl-Hohenveldern/Loibl*, Das Recht der Internationalen Organisationen, Rn 0327.

742 Die vorliegende rechtliche Einordnung für Zwecke der Bestimmung des Steuerstatus von internationalen Organisationen unterscheidet sich von der Subsumtion des Tatbestandsmerkmals „inländisch" im Rahmen der Bestimmung der Steuerpflicht der Mitglieder des Personals gemäß § 1 Abs. 2 EStG. Siehe hierzu: F.II.2.b) aa)(2).

2. Subjektive Steuerpflicht der Mitglieder des Personals

Die Besteuerung der Mitglieder des Personals internationaler Organisationen (ohne Führungskräfte)[743] im Sitzstaat richtet sich nach den dortigen Steuervorschriften. Für vorliegende Zwecke finden mithin die deutschen Steuergesetze Anwendung.[744]

Neben den Gehältern und Bezügen der Mitglieder des Personals[745] kommen weitere Einkünfte in Betracht, die potentiell einer Besteuerung in der Bundesrepublik Deutschland unterliegen könnten. Hierunter fallen im Rahmen der Einkommensteuer z.B. die Einkünfte aus Vermietung und Verpachtung, §§ 2 Abs. 1 Satz 1 Nr. 6 i.V.m. 21 EStG, oder die Kapitaleinkünfte, §§ 2 Abs. 1 Satz 1 Nr. 5 i.V.m. 20 EStG. Denkbar ist auch, dass die Mitglieder des Personals internationaler Organisationen in der Bundesrepublik Deutschland den Steuertatbestand der Grunderwerbsteuer, der Umsatzsteuer und/oder der Erbschaft- bzw. Schenkungsteuer erfüllen. Voraussetzung für die Besteuerung dieser Einkünfte ist die subjektive Steuerpflicht des jeweiligen Mitglieds des Personals in der Bundesrepublik Deutschland.

Zur Bestimmung der jeweils eingreifenden subjektiven Steuerpflicht sind die Mitglieder des Personals, die bei den vorliegend zu untersuchenden internationalen Organisationen tätig sind, in drei Gruppen einzuteilen[746]:

Die Mitglieder des Personals, die bereits vor Beginn ihres Dienstantritts ihren Wohnsitz oder gewöhnlichen Aufenthalt (§§ 8,9 AO) in der Bundesrepublik Deutschland begründet hatten und mithin bereits unbeschränkt einkommensteuerpflichtig i.S.d. § 1 Abs. 1 EStG sind, gehören der ersten Gruppe an. Personen, die ihren gewöhnlichen Aufenthalt oder Wohnsitz nach Dienstantritt in die Bundesrepublik Deutschland verlegt haben, werden in einer zweiten Gruppe zusammengefasst. Die letzte Gruppe enthält all diejenigen Personen, die wie die Mitglieder der zweiten Gruppe ihren gewöhnlichen Aufenthalt oder Wohnsitz vor Beginn ihrer Tätigkeit bei der internationalen Organisation außerhalb der Bundesrepublik Deutschland begründet hatten und nun täglich aus dem Ausland in die Bundesrepublik Deutschland zur Arbeit bei einer inländisch tätigen internationalen Organisation pendeln. Es ist möglich, dass in allen drei Gruppen deutsche Staatsangehörige vertreten sind,

---

743 Zu der Erörterung der subjektiven Steuerpflicht der Führungskräfte internationaler Organisationen siehe: F.II.3.

744 Ausnahmen bestehen diesbezüglich für diejenigen Mitglieder des Personals, die bei internationalen Organisationen tätig sind, für die das EU-Protokoll gilt.

745 Die Mitglieder des Personals des Deutsch-Französischen Jugendwerks, des Deutsch-Polnischen Jugendwerks, der Arabischen Liga sowie die Mitglieder des Personals von IOM, sofern sie deutsche Staatsangehörigkeit sind, genießen keine fiskalischen Immunitäten.

746 Von der folgenden Analyse sind die Ortskräfte, die der unbeschränkten Steuerpflicht in der Bundesrepublik Deutschland unterliegen und mithin keine fiskalischen Immunitäten genießen, auszunehmen. Auch die erst nachfolgend zu behandelnden Führungskräfte, denen diplomatische Immunitäten gewährt werden und die keiner Ausnahmeregelung unterfallen, sind nicht Gegenstand der vorliegenden Prüfung.

da sich die subjektive Steuerpflicht einer natürlichen Person in der Bundesrepublik Deutschland nicht nach der Staatsangehörigkeit richtet.

a) *Unbeschränkte Steuerpflicht der Mitglieder des Personals der ersten und zweiten Gruppe*

§ 1 Abs. 1 EStG bestimmt, dass alle natürlichen Personen, die im Inland einen Wohnsitz oder ihren gewöhnlichen Aufenthalt haben, im Inland unbeschränkt einkommensteuerpflichtig sind und mit ihren gesamten steuerbaren in- und ausländischen Einkünften gemäß dem in der Bundesrepublik Deutschland herrschenden Welteinkommensprinzip der Einkommensteuer unterliegen.[747] Die Mitglieder des Personals sind somit unbeschränkt einkommensteuerpflichtig, wenn sie im Inland ihren Wohnsitz oder gewöhnlichen Aufenthalt haben. Diese beiden Tatbestandsvoraussetzungen sind im EStG nicht definiert. Der inhaltliche Gehalt dieser Tatbestandsmerkmale richtet sich nach §§ 8, 9 AO.[748] Für die Personen aus der ersten und zweiten Gruppe liegen diese Tatbestandsmerkmale vor, da sie – im Fall der Mitglieder der zweiten Gruppe spätestens bei Dienstantritt – eine Wohnung in der Bundesrepublik Deutschland innehaben. Sie unterfallen mithin mit ihren gesamten in- und ausländischen Einkünften der deutschen unbeschränkten Steuerpflicht gemäß § 1 Abs. 1 EStG. Hiervon ausgenommen sind allein die Mitglieder des Personals derjenigen internationalen Organisationen, für die das EU-Protokoll Anwendung findet[749] und die zudem anlässlich ihres Dienstantritts ihren Wohnsitz aus einem Mitgliedstaat der EU in die Bundesrepublik Deutschland verlegt haben.[750] Für diese Gruppe greift die Regelung des Artikels 13 des EU-Protokolls ein, sodass diese Mitglieder des Personals trotz einer Wohnung in der Bundesrepublik Deutschland nicht der unbeschränkten Steuerpflicht gemäß § 1 Abs. 1 EStG unterfallen.

b) *Subjektive Steuerpflicht der Mitglieder des Personals der dritten Gruppe*

Für die Vertreter der dritten Gruppe kommt entweder die erweiterte unbeschränkte (§ 1 Abs. 2 EStG), die fingierte unbeschränkte (§ 1 Abs. 3 EStG) oder die beschränkte Steuerpflicht (§ 1 Abs. 4 EStG) in Betracht. § 1 Abs. 2 EStG und § 1 Abs. 3 EStG stehen gleichrangig nebeneinander[751] und sind im Verhältnis zu § 1 Abs. 4 EStG jeweils der speziellere Tatbestand.[752]

---

747 *Rauch*, in: Blümich, EStG, § 1 Rn 3.

748 *Rauch*, in: Blümich, EStG, § 1 Rn 106.

749 Dies sind EASA, EIOPA, die EU-Kommission und EZB.

750 Eine Erläuterung der Besonderheiten findet sich unter: F.II.2.c).

751 *Gosch*, in: Kirchhof, EStG, § 1 Rn 9; FG Köln, EFG 2011, 1984 Tz 35. Wenn die Voraussetzungen beider Normen erfüllt sind, folgt die unbeschränkte Steuerpflicht vorrangig aus § 1 Abs. 2 EStG. So auch: *Gosch*, in: Kirchhof, EStG, § 1 Rn 15.

752 *Gosch*, in: Kirchhof, EStG, § 1 Rn 10 und 15.

aa) Erweiterte unbeschränkte Steuerpflicht, § 1 Abs. 2 EStG

Die Mitglieder der dritten Gruppe, die weder einen Wohnsitz oder einen gewöhnlichen Aufenthalt in der Bundesrepublik Deutschland aufweisen, könnten der erweiterten unbeschränkten Steuerpflicht gemäß § 1 Abs. 2 EStG unterfallen. Gemäß der *ratio* dieser Vorschrift sollen die im Ausland tätigen deutschen öffentlichen Bediensteten nicht die Nachteile der beschränkten Steuerpflicht erleiden müssen.[753] Zudem soll zu erreichen gesucht werden, eine potentielle Keinmalbesteuerung dieses Personenkreises zu vermeiden, indem sichergestellt wird, dass die Betroffenen in zumindest einem Staat mit ihrem Welteinkommen steuerpflichtig sind.[754] Der Tatbestand des § 1 Abs. 2 EStG könnte aber gemäß seinem Wortlaut auch in dem umgekehrten Fall erfüllt sein und im Inland tätige, aber im Ausland dauerhaft ansässige deutsche Staatsangehörige umfassen.[755] § 1 Abs. 2 EStG setzt voraus, dass ein deutscher Staatsangehöriger zu einer inländischen juristischen Person des öffentlichen Rechts in einem Dienstverhältnis steht und dafür Arbeitslohn aus einer inländischen öffentlichen Kasse bezieht. Zudem muss dieser im Ausland lediglich in einem der beschränkten Einkommensteuerpflicht ähnlichen Umfang abstrakt zu einer Steuer vom Einkommen herangezogen werden. Für die Prüfung des letzten Tatbestandsmerkmals ist das im Wohnsitzstaat geltende Steuerrecht maßgeblich.[756] Es ist unerheblich, ob eine Besteuerung im Aufenthaltsstaat bzw. Wohnsitzstaat tatsächlich stattfindet, um die Heranziehung zu einer der beschränkten Einkommensteuerpflicht vergleichbaren Steuer zu bejahen.[757]

(1) Inländischer Wohnsitz oder gewöhnlicher Aufenthalt/deutsche Staatsangehörigkeit

Als Pendler haben die Mitglieder des Personals der dritten Gruppe keinen inländischen Wohnsitz. Auch weisen sie keinen gewöhnlichen Aufenthalt in der Bundesrepublik Deutschland auf.

Voraussetzung für die Anwendbarkeit der erweiterten unbeschränkten Steuerpflicht gemäß § 1 Abs. 2 EStG ist darüber hinaus, dass die Mitglieder des pendelnden Personals deutsche Staatsangehörige sind. Letzteres vorausgesetzt, ist das vorliegende Tatbestandsmerkmal für die betroffenen Mitglieder des Personals erfüllt.

---

753 *Lochte*, in: Frotscher/Geurts, EStG, § 1 Rz 32, *Herfort*, in: Korn, EStG, § 1 Rn 76; *Gosch*, in: Kirchhof, EStG, § 1 Rn 9.

754 *Heintzen*, AdV 2007, 455 (470); *Lochte*, in: Frotscher/Geurts, EStG, § 1 Rz 32; *Gosch*, in: Kirchhof, EStG, § 1 Rn 9.

755 Vgl. BFH/NV 2002, 623 = DStRE 2002, 373 ff., der eine erweiterte unbeschränkte Steuerpflicht aus anderen Gründen ablehnt.

756 BFHE 145, 44 Tz 9 = FR 1986, 132 f.; BFHE 212, 468 = BStBl. II, 2007, 106 Tz 13.

757 BFHE 145, 44 Tz 9 = FR 1986, 132 f.; BFHE 212, 468 = BStBl. II, 2007, 106 Tz 14.

(2) Einschlägiges Dienstverhältnis

Fraglich ist aber, ob die Mitglieder des Personals der dritten Gruppe, sofern sie die bereits genannten Voraussetzungen erfüllen, in einem Dienstverhältnis zu einer inländischen juristischen Person des öffentlichen Rechts stehen.

Hierfür müsste zunächst jede in dieser Arbeit untersuchte internationale Organisation als inländische juristische Person des öffentlichen Rechts zu qualifizieren sein. Inländisch sind juristischen Personen des öffentlichen Rechts, wenn sie ihren Sitz im Hoheitsgebiet der Bundesrepublik Deutschland haben.[758] Der Sitz einer juristischen Person des öffentlichen Rechts kann in der Bundesrepublik Deutschland nur durch deutschen Hoheitsakt begründet werden.[759] Die vorliegend untersuchten internationalen Organisationen sind durch einen völkerrechtlichen Gründungsakt entstanden. Da die Sitzbestimmung. bzw. -verlegung entweder bereits im Rahmen der Errichtung oder aufgrund einer organisationsinternen Entscheidung erfolgte, mangelt es an der Sitzbegründung durch einen deutschen Hoheitsakt. Wie gemeinhin zu Recht vertreten, sind internationale Organisationen nicht als inländische juristische Personen des öffentlichen Rechts für Zwecke der Bestimmung der subjektiven Steuerpflicht der Mitglieder ihres Personals gemäß § 1 EStG zu qualifizieren.[760] Diese Auffassung entspricht auch dem Sinn und Zweck der Einrichtung einer internationalen Organisation, die unabhängig von den Einflüssen eines einzelnen Staates im Interesse der Gesamtheit der Mitgliedstaaten tätig werden soll. Der Unabhängigkeit der internationalen Organisation widerspräche die Zuordnung dieser zu dem Recht eines Mitgliedstaates.[761]

(3) Bezug von Arbeitslohn aus inländischer öffentlicher Kasse

Da die vorliegend untersuchten internationalen Organisationen nicht als inländische juristische Personen des öffentlichen Rechts qualifizieren, stammen die Gehälter und Bezüge der einzelnen Mitglieder des Personals dieser internationalen Organisationen auch nicht aus einer inländischen öffentlichen Kasse. Dies setzte nämlich zusätzlich voraus, dass die betroffene Körperschaft der Dienstaufsicht der öffentlichen Hand unterliegt und ihr Finanzgebaren durch diese kontrolliert wird.[762]

Der Umstand, dass die Bundesrepublik Deutschland ihre Beitragszahlung in den Haushalt der jeweiligen internationalen Organisationen leistet und die einzelnen Mitglieder des Personals ebenfalls aus diesem Budget bezahlt werden, ändert die

---

758 *Tiede*, in: H/H/R, § 1 EStG Rn 157.

759 *Lehner/Waldhoff*, in: Kirchhof/Söhn/Mellinghoff, EStG, § 1 Rn C 41.

760 *Petersen*, Staatsangehörigkeit, S. 80 m.w.N. dort in Fn 334; *Gosch*, in: Kirchhof, EStG, § 1 Rn 10; *Tiede*, in: H/H/R, § 1 EStG Rn 157; *Lochte*, in: Frotscher/Geurts, EStG, § 1 Rz 34. Für Zwecke der Besteuerung der internationalen Organisation erfolgte eine andere Beurteilung des Inlandsbezugs bzw. des Sitzes der einzelnen internationalen Organisationen. Siehe hierzu: F.II.1.d)cc).

761 *Seidl-Hohenveldern/Loibl*, Das Recht der Internationalen Organisationen, Rn 0333.

762 *Lochte*, in: Frotscher/Geurts, EStG, § 1 Rz 35; *Gosch*, in: Kirchhof, EStG, § 1 Rn 10.

vorliegende Beurteilung nicht, da eine „Kasse" i.S.d. § 1 Abs. 2 EStG unabhängig von der Herkunft ihrer Mittel unmittelbar der jeweiligen Körperschaft (hier: der internationalen Organisation) zugerechnet wird.[763]

(4) Beschränkte Einkommensteuerpflicht im Wohnsitzstaat

Schließlich scheitert die erweiterte unbeschränkte Steuerpflicht regelmäßig auch an der Voraussetzung des § 1 Abs. 2 Satz 2 EStG, da von einer unbeschränkten Steuerpflicht des einzelnen pendelnden Mitglieds des Personals in seinem jeweiligen Wohnsitzstaat auszugehen ist.[764]

(5) Zwischenergebnis

Die Mitglieder des Personals aus der dritten Gruppe unterliegen somit nicht der erweiterten unbeschränkten Steuerpflicht gemäß § 1 Abs. 2 EStG.

bb) Fiktive unbeschränkte Steuerpflicht, § 1 Abs. 3 EStG

Die Mitglieder des Personals der dritten Gruppe (Pendler) können möglicherweise gemäß § 1 Abs. 3 EStG beantragen, im Umfang ihrer inländischen Einkünfte jeweils wie ein unbeschränkt Steuerpflichtiger behandelt zu werden. Die Antragsoption setzt voraus, dass die inländischen Einkünfte des einzelnen Mitglieds des Personals im Kalenderjahr mindestens zu 90 Prozent der deutschen Einkommensteuer unterliegen oder die nicht der deutschen Einkommensteuer unterliegenden Einkünfte den Grundfreibetrag gemäß § 32a Abs. 1 Satz 2 Nr. 1 EStG nicht übersteigen, vgl. § 1 Abs. 3 Satz 2 EStG.[765] Diese Schwelle gilt für einen Staatsangehörigen eines EU-Mitgliedstaats vor dem Hintergrund des Diskriminierungsverbots, Artikel 49 AEUV,[766] jedoch nur, wenn dessen persönlichen Verhältnisse für Zwecke der Besteuerung bereits in einem anderen Staat berücksichtigt werden.[767] Bei der Ermittlung der Einkünfte (Wesentlichkeitsberechnung) bleiben die nicht der deutschen Einkommensteuer unterliegenden Einkünfte, die im Ausland nicht besteuert werden, unberücksichtigt, soweit vergleichbare Einkünfte im Inland steuerfrei sind. Die steuerfreien Gehälter und Bezüge der Mitglieder des Personals sind ebenfalls nicht in die Wesentlichkeitsberechnung einzubeziehen.[768]

---

763 *Lochte*, in: Frotscher/Geurts, EStG, § 1 Rz 35.

764 *Gosch*, in: Kirchhof, EStG, § 1 Rn 11.

765 Die Höhe der nicht der deutschen Einkommensteuer unterliegenden Einkünfte ist durch eine Bescheinigung der zuständigen ausländischen Steuerbehörde nachzuweisen, § 1 Abs. 3 Satz 5 EStG.

766 EuGH, C-329/05 (*Meindl*), Slg 2007, I-1107 ff. = EU:C:2007:57 Tz 30.

767 *Tiede*, in: H/H/R, § 1 EStG Rn 265.

768 Hierzu kritisch: *Gosch*, in: Kirchhof, EStG, § 1 Rn 20. Dieser ist der Auffassung, dass derartige Einkünfte steuerbar sind und damit jedenfalls „abstrakt" der deutschen Einkommensteuer unterliegen.

Grundsätzlich ist es mithin möglich, dass einzelne Mitglieder des Personals, die der dritten Gruppe angehören, erfolgreich einen Antrag gemäß § 1 Abs. 3 EStG stellen. Die Behandlung als unbeschränkt Steuerpflichtiger im Umfang der inländischen Einkünfte führte dazu, dass im Rahmen der Besteuerung in der Bundesrepublik Deutschland Vorsorgeaufwendungen oder außergewöhnliche Belastungen Berücksichtigung fänden und das einzelne Mitglied des Personals unter den weiteren Voraussetzungen des § 1a Abs. 1 Nr. 2 EStG die Vorteile einer gemeinsamen Veranlagung mit dem jeweiligen Ehegatten nach § 26b EStG erhalten könnte, vgl. § 26 Abs. 1 Satz 1 EStG i.V.m. § 1a Abs. 1 Nr. 2 EStG.[769]

cc) Beschränkte Steuerpflicht, § 1 Abs. 4 EStG

§ 1 Abs. 4 EStG setzt für den Eintritt der beschränkten Steuerpflicht einer natürlichen Person voraus, dass diese in der Bundesrepublik Deutschland weder einen Wohnsitz noch ihren gewöhnlichen Aufenthalt hat, aber Einkünfte i.S.d. § 49 EStG erwirtschaftet. Die beschränkte Steuerpflicht greift zudem lediglich ein, wenn sich keine unbeschränkte Steuerpflicht u.a. aus § 1 Abs. 2 EStG oder § 1 Abs. 3 EStG ergibt.[770]

Die beschränkte Steuerpflicht wird voraussichtlich nur wenige Mitglieder des Personals der in dieser Arbeit untersuchten internationalen Organisationen treffen. Hierfür kommen zum einen die Mitglieder des Personals von internationalen Organisationen, die ihren Wohnsitz im Ausland haben und täglich in die Bundesrepublik Deutschland pendeln (dritte Gruppe), in Betracht, sofern sie nicht gemäß § 1 Abs. 3 EStG als unbeschränkt steuerpflichtig behandelt werden. Des Weiteren kommt eine beschränkte Steuerpflicht ebenfalls für Personen in Frage, die ihren Wohnsitz in der Bundesrepublik Deutschland aufgegeben haben, um im Ausland bei einer internationalen Organisation zu arbeiten, dennoch aber

---

769 Die Tatbestandsvoraussetzungen des § 1 Abs. 3 EStG sind in jedem Einzelfall gesondert zu prüfen. Von einer Darstellung der Besonderheiten und Problemkreise der einzelnen Tatbestandsvoraussetzungen des § 1 Abs. 3 EStG wird vorliegend mit Verweis auf eine Vielzahl von finanzgerichtlicher Rechtsprechung und Verwaltungsanweisungen, die sich mit den Erfordernissen des § 1 Abs. 3 EStG auseinandersetzen, abgesehen. Vgl. nur: BFHE 247, 388 = BStBl. II 2015, 47 ff. (zu der Einkünfteermittlung für die Berechnung der Wesentlichkeitswertes des § 1 Abs. 3 Satz 2 EStG); BFHE 251, 182 = BStBl. II 2016, 201 ff. (insbesondere zur Einbeziehung von Kapitaleinkünften, die der Abgeltungssteuer unterliegen); Schreiben betreffend die Berücksichtigung ausländischer Verhältnisse; Ländergruppeneinteilung ab 1. Januar 2014 vom 18.11.2013, BStBl. I 2013, 1462 f. (zu der jeweiligen Höhe der Kürzung des Grundfreibetrags gemäß § 1 Abs. 3 EStG Satz 2 2. HS.); BFHE 250, 356 = BStBl. II 2015, 957 ff. [zu den Voraussetzungen der Prüfung für eine Zusammenveranlagung gebietsfremder Ehegatten (einstufige Prüfung) – entgegen der Verwaltungsauffassung: R 1 Satz 3 EStH 2014].

770 Die ebenfalls aufgeführte Steuerpflicht nach § 1a EStG ist bei den vorliegenden Fällen nicht einschlägig.

inländische Einkünfte z. B. aus Kapitalvermögen oder aus Vermietung und Verpachtung erwirtschaften.[771]

c) *Exkurs: Steuerrechtliche Stellung der Mitglieder des Personals internationaler Organisationen, auf die das EU-Protokoll Anwendung findet*

Neben der Steuerbefreiung der Gehälter nach Artikel 12 Abs. 2 des EU-Protokolls bestimmt Artikel 13 Abs. 1 desselben Rechtsakts, dass Beamte und sonstige Bedienstete der EU, die sich lediglich zur Ausübung ihrer Amtstätigkeit im Dienst der EU im Hoheitsgebiet eines anderen Mitgliedstaates der EU aufhalten, für Zwecke der Einkommen-,Vermögen- und Erbschaftsteuer weiterhin als in dem Mitgliedstaat der EU ansässig behandelt werden, in dem sie sich vor Aufnahme ihrer Dienste bei der EU aufgehalten haben. Alle anderen Steuern werden jedoch in dem jeweiligen Staat erhoben, in dem sie angefallen sind.[772] Artikel 13 Abs. 1 des EU-Protokolls gewährt den Betroffenen mithin keine zusätzlichen fiskalischen Immunitäten, sondern teilt das Besteuerungsrecht zwischen der EU und den Mitgliedstaaten auf.[773] Voraussetzung für die Anwendung der Rechtsfolge des Artikels 13 Abs. 1 des EU-Protokolls ist, dass sich das jeweilige Mitglied des Personals einer internationalen Organisation, auf die das EU-Protokoll Anwendung findet, vor seinem Dienstantritt in einem Mitgliedstaat der EU aufgehalten hat. Mitglieder des Personals, die der ersten oder dritten Gruppe angehören, sind von dieser Regelung nicht betroffen, da sich weder ihr Wohnsitz noch ihr steuerrechtlicher Status aufgrund oder nach ihrem Eintritt in den Dienst bei einer der betroffenen internationalen Organisationen verändert haben. Lediglich die Mitglieder der zweiten Gruppe, sofern sie aufgrund ihrer Tätigkeit bei einer internationalen Organisation, auf die das EU-Protokoll Anwendung findet, ihren Wohnsitz oder ihren gewöhnlichen Aufenthalt von einem EU-Mitgliedstaat in die Bundesrepublik Deutschland verlegt haben, sind von der besonderen Regelung des Artikels 13 Abs. 1 des EU-Protokolls betroffen.

Sie werden nicht als unbeschränkt steuerpflichtig gemäß § 1 Abs. 1 EStG behandelt, obwohl sie einen Wohnsitz in der Bundesrepublik Deutschland innehaben. Nach Artikel 13 Abs. 1 des EU-Protokolls werden die betroffenen Mitglieder statt-

---

771 Vgl. *Kramer*, Besteuerung der Bediensteten, S. 133. Die steuerliche Behandlung der zuletzt genannten Gruppe ist nicht Gegenstand dieser Ausarbeitung, da alle vorliegend untersuchten internationalen Organisationen ihren Sitz in der Bundesrepublik Deutschland haben und vorliegend nur die inländischen Tätigkeiten der internationalen Organisation und der Mitglieder ihres Personals Gegenstand der Bearbeitung sind.

772 FSen Berlin, Erlass betreffend die Steuerfreiheit und Progressionsvorbehalt bei Gehältern und Bezügen von Bediensteten internationaler Organisationen vom 13.11.2014 – III A – S 1311–5/2007.

773 *Athen/Dörr*, in: Grabitz/Hilf/Nettesheim, Das Recht der Europäischen Union, Artikel 343 AEUV Rn 113.

dessen dergestalt behandelt, als ob sie ihren ursprünglichen Wohnsitz in einem EU-Mitgliedstaat beibehalten und selbst keinen Wohnsitz oder gewöhnlichen Aufenthalt in der Bundesrepublik Deutschland begründet haben. Sie unterliegen mithin für Zwecke der deutschen Besteuerung im Rahmen der Einkommen-, Vermögen- und Erbschaftsteuer mit all ihren Einkünften dem Steuerrecht desjenigen Staates, in dem sie vor Verlegung ihres Wohnsitzes in die Bundesrepublik Deutschland ansässig waren.

In der Bundesrepublik Deutschland sind die Mitglieder des Personals der zweiten Gruppe mithin als beschränkt steuerpflichtige Personen gemäß § 1 Abs. 4 EStG zu qualifizieren.

d) Zusammenfassung der Ergebnisse

Anknüpfungspunkt der Feststellung der individuellen subjektiven Steuerpflicht der Mitglieder des Personals ist die Bestimmung ihres Wohnsitzes oder ihres gewöhnlichen Aufenthalts. Liegt dieser in der Bundesrepublik Deutschland, sind die Mitglieder des Personals unbeschränkt einkommensteuerpflichtig. Hiervon ist regelmäßig auszugehen. Dies gilt für ein Mitglied des Personals der zweiten Gruppe, sofern es bei einer internationalen Organisation tätig ist, auf die das EU-Protokoll Anwendung findet, und vor ihrem Dienstantritt in einem EU-Mitgliedstaat ansässig war, jedoch nicht. Diese Personen unterliegen in der Bundesrepublik Deutschland lediglich einer beschränkten Steuerpflicht gemäß § 1 Abs. 4 EStG. Je nach Fallgestaltung steht dem einzelnen Mitglied des Personals der dritten Gruppe ohne Wohnsitz oder gewöhnlichen Aufenthalt in der Bundesrepublik Deutschland (Pendler) ein Antrag auf Behandlung als unbeschränkt Steuerpflichtiger gemäß § 1 Abs. 3 EStG offen. Wenn die Voraussetzungen des § 1 Abs. 3 EStG nicht erfüllt sind oder die Betroffenen keinen Antrag stellen, sind sie in der Bundesrepublik Deutschland gemäß § 1 Abs. 4 EStG beschränkt steuerpflichtig.

3. Subjektive Steuerpflicht der Führungskräfte

a) Grundsatz

Die vorangestellten Aussagen zu der subjektiven Steuerpflicht der Mitglieder des Personals in der Bundesrepublik Deutschland gelten in Bezug auf die von der internationalen Organisation gezahlten Gehälter und Bezüge ebenfalls für alle Führungskräfte, da die jeweilige völkervertragliche Regelung zu der Steuerbefreiung der Gehälter und Bezüge, sofern die Abkommen eine solche Regelung vorsehen, auf alle Mitglieder des Personals – einschließlich der Führungskräfte – Anwendung findet. Die für die übrigen Mitglieder des Personals festgestellten Grundsätze zu der subjektiven Steuerpflicht gelten ebenfalls für die Führungskräfte derjenigen internationalen Organisationen, deren völkerrechtliche Vereinbarungen keine spezielle Bestimmung zu der Gewährung von erweiterten Steuerbefreiungen an die Führungskräfte enthalten.

b) *Spezielle Regelungen über die fiskalischen Immunitäten der Führungskräfte*

Gemäß den Bestimmungen einiger der vorliegend untersuchten völkerrechtlichen Vereinbarungen erhalten die Führungskräfte in Bezug auf die Gewährung von Immunitäten im Sitzstaat der jeweiligen internationalen Organisation dieselbe Behandlung, die diplomatische Vertreter eines fremden Staates (nach den Bestimmungen des WÜD) zusteht (im Folgenden: „erweiterte fiskalische Immunitäten").[774] Der materiellrechtliche Umfang der erweiterten fiskalischen Immunitäten ist in Artikel 34 WÜD normiert. Nach dieser Regelung ist ein Diplomat von allen staatlichen, regionalen und kommunalen Personal- und Realsteuern oder Abgaben im Empfangsstaat befreit. Übertragen auf die Situation der Führungskräfte, genießen diese die erweiterten fiskalischen Immunitäten im Sitzstaat der jeweiligen internationalen Organisation.

Die einschlägigen völkerrechtlichen Vereinbarungen mit EMBL, EPA, ESA (EAC bzw. ESOC), ESO, EZB sowie die IOM-Verordnung enthalten jeweils eine Bestimmung, die bestimmte Führungskräfte von dem Genuss der erweiterten fiskalischen Immunitäten ausschließt. Führungskräfte mit deutscher Staatsangehörigkeit bzw. Personen mit ständiger Ansässigkeit in der Bundesrepublik Deutschland, die in den betroffenen internationalen Organisationen tätig sind, sind in Bezug auf ihre subjektive Steuerpflicht wie die übrigen Mitglieder des Personals zu behandeln und genießen mithin nicht die erweiterten fiskalischen Immunitäten.

Somit stellt sich lediglich noch hinsichtlich derjenigen Führungskräfte, die erweiterte fiskalische Immunitäten in der Bundesrepublik Deutschland genießen, die Frage nach dem persönlichen steuerrechtlichen Status.[775] Die Aussagen in Literatur und Rechtsprechung zu der subjektiven Steuerpflicht der Diplomaten im Empfangsstaat dienen mithin als Leitfaden zur Klärung des jeweiligen steuerrechtlichen Status der betroffenen Führungskräfte.[776]

c) *Vorfrage: Verhältnis und Anwendungsbereich der einzelnen fiskalischen Immunitäten*

Im Schrifttum wird das Verhältnis zwischen den an die Führungskräfte einiger internationaler Organisationen gewährten erweiterten Steuerbefreiungen und den fiskalischen Immunitäten, die den Mitgliedern des Personals im Allgemeinen gewährt

---

774 Für vorliegende Zwecke stehen lediglich die zusätzlichen fiskalischen Immunitäten im Fokus der Bearbeitung.

775 Für Führungskräfte mit deutscher Staatsangehörigkeit bzw. Führungskräfte mit ständigem Aufenthalt in der Bundesrepublik Deutschland bereits vor Dienstantritt gilt dies nur, wenn sie bei GCDT, IRENA-IITC, OECD oder OCCAR tätig sind, da die übrigen einschlägigen völkerrechtlichen Vereinbarungen die Anwendung der erweiterten Immunitäten auf Führungskräfte mit deutscher Staatsangehörigkeit und/oder ständigem Aufenthalt in der Bundesrepublik Deutschland ausschließen.

776 *Streck*, StuW 1973, 119 (130); *Heintzen*, AdV 2007, 455 (469 ff.).

werden, diskutiert. *Kramer* kommt zu dem Ergebnis, dass vor dem Hintergrund des auch im vertikalen Verhältnis anwendbaren Grundsatzes der Äquivalenz von Lohn und Arbeit beide Bestimmungen nebeneinander Anwendung finden müssten.[777] Folgende Aspekte, die als Argumente zur Bejahung eines unterschiedlichen Anwendungsbereichs bzw. einer fehlenden Konkurrenz beider Bestimmungen dienen, unterstützen das überzeugende Ergebnis *Kramers*: Ohne die gleichzeitige Anwendung der fiskalischen Immunitäten, die den Mitgliedern des Personals gewährt werden, auf die Bezüge der jeweiligen Führungskraft einer internationalen Organisation könnte die Situation eintreten, dass die Führungskraft als einziges Mitglied des Personals einer internationalen Organisation keine Steuerbefreiung in Bezug auf ihr Gehalt erhält. Dieser Fall tritt ein, wenn die Führungskraft – eine Konkurrenz der Steuerbefreiungen vorausgesetzt – entweder die Staatsangehörigkeit des Sitzstaates der internationalen Organisation innehat oder dort als ständig ansässig gilt und gemäß der einschlägigen völkervertraglichen Regelung deutsche Staatsangehörige bzw. im Sitzstaat ständig ansässige Personen von der Gewährung diplomatischer Immunitäten ausgeschlossen sind.

Diesem Ergebnis steht der Grundsatz der Funktionalität entgegen. Für die Funktionsfähigkeit einer internationalen Organisation kann es keine Rolle spielen, welche Staatsangehörigkeit die jeweils entscheidungsbefugte Person besitzt.[778] Führungskräfte sind wie alle Mitglieder des Personals einer internationalen Organisation verpflichtet, ausschließlich im Interesse der internationalen Organisation tätig zu werden. Diese Pflicht kann von Zeit zu Zeit zur Folge haben, dass das einzelne Mitglied des Personals im Interesse der internationalen Organisation aber zum Nachtteil desjenigen Staates, in dem es vor Aufnahme seiner Tätigkeit bei der internationalen Organisation ansässig war, handeln muss. Um jedoch jegliche Gefahr einer Einflussnahme durch den zuletzt genannten Staat[779] zu vermeiden, ist den Führungskräften einer internationalen Organisation zwingend auch im Sitzstaat der internationalen Organisation fiskalische Immunität hinsichtlich der von der internationalen Organisation gezahlten Gehälter und Bezüge zu gewähren.[780] Dies gilt umso mehr für Führungskräfte, da diese in der Regel einen größeren Einfluss auf die Entscheidungsfindung und operative Tätigkeit der internationalen Organisation haben und in einem höheren Maße als die übrigen Mitglieder des Personals der Gefahr der Einflussnahme durch den Sitzstaat ausgesetzt sind und somit vor ihr geschützt werden müssen.

Die fehlende Konkurrenz beider Regelungen bestätigt zudem der Wortlaut der vorliegend untersuchten völkerrechtlichen Vereinbarungen. Die Regelungen zu den

---

777 *Kramer*, Besteuerung der Bediensteten, S. 84 f.

778 Urteilsanmerkung von *Grunsky* zu BAG, 5 AZR 399/72 – AP, Artikel 25 GG Nr. 3 zur Frage der Befreiung von nationaler Gerichtsbarkeit.

779 Dieser ist gleichsam Sitzstaat der internationalen Organisation.

780 *Doehring*, Völkerrecht, § 12 Rn 689, betont, dass diese umstrittene Frage vor allem hinsichtlich der Behandlung internationaler Richter bejaht werden müsse.

Steuerbefreiungen der Gehälter und Bezüge finden jeweils sowohl auf die Führungskräfte als auch auf die übrigen Mitglieder des Personals Anwendung. Teilweise findet sich diese Klarstellung ausdrücklich in der jeweiligen völkervertraglichen Bestimmung zu der Befreiung der Gehälter und Bezüge selbst, indem dort neben den übrigen Mitgliedern des Personals der internationalen Organisationen explizit auch die Führungskräfte aufgeführt sind.[781] In einigen Abkommen ergibt sich bereits aus den dort aufgeführten Definitionen die Zusammensetzung des Begriffs „Personal" bzw. „Amtsträger" für Zwecke der jeweiligen völkerrechtlichen Vereinbarung. Regelmäßig umfasst die Definition des Begriffs „Personal" bzw. „Amtsträger" neben den Mitgliedern des Personals auch die Führungskräfte der internationalen Organisationen.[782] Teilweise wird der persönliche Umfang der Regelung zu der Steuerbefreiung auch dergestalt verdeutlicht, dass die diplomatischen Vorrechte, die den Führungskräften eingeräumt werden, als „zusätzliche" Befreiungen bezeichnet werden.[783] Diese ergänzenden Rechte stehen den Führungskräften nach dem Wortlaut der Verträge neben denjenigen Immunitäten zu, die die übrigen Mitgliedern des Personals erhalten.[784]

Mithin finden auch die fiskalischen Immunitäten der Mitglieder des Personals auf die Führungskräfte Anwendung.

d) Bestimmung der Steuersubjektivität der Führungskräfte

aa) Beschränkte Steuerpflicht der Führungskräfte

Nach der aktuellen Rechtsprechung des BFH[785] sowie einigen Stimmen aus dem Schrifttum[786] führen die völkerrechtlichen Steuerbefreiungen der Diplomaten im Empfangsstaat gemäß WÜD bzw. dem Wiener Übereinkommen über konsularische Beziehungen (WÜK)[787] zu einer beschränkten Steuerpflicht dieser gemäß § 1 Abs. 4 EStG. Nach der Auffassung der Vertreter dieser Meinung bezieht sich die Befreiung des Artikels 34 WÜD nicht auf bestimmte Einkünfte des Diplomaten, sondern bestimmt die persönliche Befreiung des Diplomaten von der nationalen

---

781 Beispiele zu dieser Regelungstechnik finden sich z. B. in Artikel 16 EPO-Protokoll, in Artikel 19 ESO-Protokoll oder in Artikel XVIII EWO-Anlage I.

782 Siehe hierzu z. B. Artikel 1 lit. i Sitzstaatabkommen mit GCDT sowie Artikel 1 lit. n Sitzstaatabkommen mit IRENA-IITC.

783 Siehe zu dem Wortlaut „zusätzlich": Artikel 11 EUMETSAT-Protokoll oder Artikel 15 Zusatzprotokoll 1 zum OECD-Abkommen.

784 Beispiele für diese explizite Regelung zu dem Verhältnis beider Befreiungsvorschriften gibt es z. B. in Artikel 13 Abs. 4 des Sitzstaatabkommens mit IRENA-IITC („in Ergänzung"), in Artikel 19 des Sitzstaatabkommens mit EMBL oder in Artikel 14 Anlage I zum OCCAR-Übereinkommen.

785 BFH, DStRE 1997, 945 f.

786 *Meinert*, in: Schönfeld/Ditz, DBA, Artikel 28 Rn 31; *Streck*, StuW 1973, 119 (123); *Piltz*, IWB Fach 3 Deutschland Gruppe 3, 683 (684).

787 Wiener Übereinkommen über konsularische Beziehungen, BGBl. II 1969, 1587 ff.

Steuerrechtsordnung.[788] Mithin berühre die Bestimmung in Artikel 34 WÜD die Frage der Steuersubjektivität des einzelnen Begünstigten.

Vor dem Hintergrund des Exterritorialitätsgedankens spricht sich der BFH für eine beschränkte Steuerpflicht der gemäß den Bestimmungen des WÜD begünstigten Personen in der Bundesrepublik Deutschland aus.[789] Nach dem Grundsatz der Exterritorialität solle der Diplomat[790] so behandelt werden, als ob er weder einen Wohnsitz noch einen ständigen Aufenthalt in der Bundesrepublik Deutschland habe, an dem die Bestimmung der unbeschränkten Steuerpflicht gemäß § 1 Abs. 1 EStG anknüpfen könne.

bb) Sachliche Steuerbefreiung

Nach der Auffassung der Gegenmeinung[791] berühren die erweiterten fiskalischen Immunitäten nicht die Frage der Steuersubjektivität der betroffenen Führungskräfte, die ihren Wohnsitz oder ständigen Aufenthalt in der Bundesrepublik Deutschland begründet haben, sondern stellen vergleichbar mit § 3 Nr. 29 EStG lediglich sachliche Steuerbefreiungen des an sich im Inland unbeschränkt einkommensteuerpflichtigen Begünstigten dar. Völkerrechtliche Vereinbarungen über fiskalische Immunitäten berührten erst dann die subjektive Steuerrechtsstellung des Begünstigten, wenn sie die Elemente „Wohnsitz“ und „gewöhnlichen Aufenthalt“ beseitigten.[792] Solange dies nicht der Fall sei, beträfen die fiskalischen Immunitäten lediglich das Besteuerungsobjekt des durch die fiskalischen Immunitäten begünstigten Steuerpflichtigen. Die

---

788 *Streck*, StuW 1973, 119 (123).

789 BFH, DStRE 1997, 945 Tz 9. Der Urteilstext weist jedoch in Tz 9 eine Uneinheitlichkeit in der Begrifflichkeit auf, sodass unklar bleibt, ob der BFH von einer beschränkten Steuerpflicht ausgeht oder nur die Rechtsfolgen der beschränkten Steuerpflicht auf den streitgegenständlichen Sachverhalt anwenden will. Für die Qualifikation spricht folgender Abschnitt aus dem Urteil: *„Die Regelungen in Artikel 49 WÜK führen zur nur beschränkten Steuerpflicht...“ Tz 9. Weiter unten ebenfalls noch in Rn 9 heißt es jedoch: „(...), sondern daß dieser wie ein beschränkt Steuerpflichtiger zu behandeln (...) ist“.*

790 Dies gilt nunmehr wegen der Anwendung der Immunitäten, die gemäß dem WÜD gewährt werden, auch für Führungskräfte einige der vorliegend untersuchten internationalen Organisationen.

791 FG Düsseldorf, EFG 1974, 64 (65); FG Bremen, EFG 1961, 146 f.; *Schaumburg*, in: Schaumburg, Internationales Steuerrecht, Rn 5.67; *Kluge*, Das deutsche internationale Steuerrecht, D.14, S. 85; *Endres/Ismer*, Tax Rules in Non-Tax Agreements, S. 359 (363); *Jütte*, IStR 1995, 85 (86); *Lang*, StuW 1975, 285. Voraussetzung ist jedoch weiterhin, dass die Führungskräfte die Tatbestandsvoraussetzungen des § 1 Abs. 1 EStG erfüllen und mithin entweder Wohnsitz oder ständigen Aufenthalt in der Bundesrepublik Deutschland vorweisen können. Bei den Mitgliedern der ersten und zweiten Gruppe ist diese Voraussetzung erfüllt.

792 FG Bremen, EFG 1961, 146.

Steuerbefreiungen führten zu einer Rückführung des Welteinkommensprinzips auf das Quellenprinzip.[793]

cc) Anwendung der Rechtsfolgen der beschränkten Steuerpflicht

Eine dritte Auffassung, die sich von der zweiten eben dargestellten Ansicht lediglich teilweise im Hinblick auf ihre Herleitung und Begründung unterscheidet[794], schlägt für die Behandlung der Diplomaten im Inland eine eigene, dritte, Form der subjektiven Steuerpflicht vor, die die Dichotomie von unbeschränkter und beschränkter Steuerpflicht durchbricht: Die von dieser Literaturmeinung aufgestellten Überlegungen zu dem steuerrechtlichen Status der Diplomaten sollen nach dieser Auffassung gleichermaßen für die steuerrechtliche Behandlung der Führungskräfte, denen laut einer Vereinbarung in den völkerrechtlichen Verträgen der jeweils betroffenen internationalen Organisationen diplomatische Immunitäten gemäß dem WÜD zustehen sollen, gelten. Die diplomatischen Steuerbefreiungen seien sachliche Steuerbefreiungen und führten zu einer mit der beschränkten Steuerpflicht vergleichbaren Steuerpflicht der begünstigten Personen in der Bundesrepublik Deutschland.[795] Die vorliegend vorgestellte Auffassung kritisiert das ergebnisorientiert gefasste Urteil des BFH und ist der Ansicht, dass es zwar die Ablehnung der unbeschränkten aber nicht die Annahme der beschränkten Steuerpflicht für Diplomaten in der Bundesrepublik Deutschland erfordere.[796] Gegen die Entscheidung sei auch anzuführen, dass die Lehre von der Exterritorialität überholt sei. So könne die Idee der Exterritorialität keine Begründung für die persönlichen Immunitäten der Diplomaten liefern.[797] Insbesondere für das Steuerrecht bestehe keine Fiktion der Exterritorialität der Diplomaten, da der Grundsatz der Exterritorialität lediglich im Rahmen der Befreiung von der nationalen Gerichtsbarkeit relevant werde.[798]

Heintzen schlägt mit Verweis auf § 1 Abs. 2 Satz 2 EStG vor, eine in dieser Norm angedeutete dritte Art von subjektiver Steuerpflicht zu begründen, die die ausländischen Diplomaten in der Bundesrepublik Deutschland innehaben sollen. Die mit erweiterten fiskalischen Immunitäten ausgestatteten begünstigten Personen[799] sollten in der Bundesrepublik Deutschland gemäß den Rechtsfolgen des § 1 Abs. 4 EStG behandelt werden, ohne aber selbst als beschränkt Steuerpflichtige

---

793 *Schaumburg*, in: Schaumburg, Internationales Steuerrecht, Rn 5.68, erweitert diese Aussage auch auf Steuerbefreiungen, die neben WÜD und WÜK in völkerrechtlichen Verträgen vereinbart wurden.

794 Als Hauptvertreter dieser dritten Auffassung ist *Heintzen* zu nennen.

795 *Endres/Ismer*, Tax Rules in Non-Tax Agreements, S. 359 (363).

796 *Heintzen*, AdV 2007, 455 (470).

797 *Heintzen*, AdV 2007, 455 (469); *Endres/Ismer*, Tax Rules in Non-Tax Agreements, S. 359 (363); *Schaumburg*, in: Schaumburg, Internationales Steuerrecht, Rn 5.67.

798 FG Düsseldorf, EFG 1974, 64 (65).

799 Im vorliegenden Fall sind dies die Führungskräfte der internationalen Organisationen.

in der Bundesrepublik Deutschland qualifiziert zu werden. Mithin müssen die tatbestandlichen Voraussetzungen von § 1 Abs. 4 EStG in diesen Fällen auch nicht geprüft werden.[800] Das Vorbild einer solchen steuerlichen Behandlung sieht diese Auffassung in der Steuerpflicht, die in dem Wortlaut des § 1 Abs. 2 Satz 2 EStG angedeutet wird. Satz 2 dieser Norm enthält eine zusätzliche Voraussetzung für die Anwendung der erweiterten unbeschränkten Steuerpflicht. Gemäß Satz 2 müssen deutsche Staatsangehörige, die im Ausland ihren Wohnsitz oder ständigen Aufenthalt haben, im Aufenthaltsstaat in einem der beschränkten Einkommensteuerpflicht ähnlichen Umfang zu einer Steuer vom Einkommen herangezogen werden. Aufgrund des Verweises auf eine mit der beschränkten Steuerpflicht vergleichbare Steuerpflicht im Ausland zieht die vorliegend diskutierte Auffassung die Schlussfolgerung, dass das deutsche Steuerrecht eine dritte Form der Steuerpflicht neben unbeschränkter und beschränkter Steuerpflicht kenne und sie auch spiegelbildlich auf ausländische Diplomaten bzw. wie in diesem Fall mit diplomatischen Steuerbefreiungen ausgestattete Personen in der Bundesrepublik Deutschland anwenden wolle. Die vorliegende Auffassung argumentiert, dass der deutsche Gesetzgeber die Möglichkeit erkannt habe, dass deutsche Diplomaten im Ausland einer der deutschen beschränkten Steuerpflicht vergleichbaren Steuerpflicht unterworfen würden. Diese beschränkte Steuerpflicht sei aber nicht mit der beschränkten Steuerpflicht i.S.d. § 1 Abs. 4 EStG identisch. Wenn deutsche Diplomaten im Ausland mit einer lediglich für Staatangehörige des Empfangsstaates vergleichbaren Steuerpflicht behandelt werden, müsse die Bundesrepublik Deutschland ausländische Diplomaten ebenfalls nur in diesem Umfang besteuern und sie nicht der beschränkten Steuerpflicht i.S.d. § 1 Abs. 4 EStG unterwerfen.[801]

dd) Stellungnahme

Der vorstehend erläuterte Vorschlag der Begründung einer dritten Art von subjektiver Steuerpflicht neben der unbeschränkten und beschränkten Steuerpflicht überzeugt aus dogmatischen Gründen nicht vollends. Allein aus dem Wortlaut des § 1 Abs. 2 Satz 2 EStG geht nicht hervor, dass der deutsche Gesetzgeber eine dritte Art von subjektiver Steuerpflicht neben der unbeschränkten und beschränkten Steuerpflicht begründen wollte. Satz 2 dieser Norm beschreibt allein die Prüfung der steuerlichen Behandlung deutscher Diplomaten im Empfangsstaat und fordert für die Erfüllung der Tatbestandsvoraussetzungen – mithin für das Vorliegen einer erweiterten unbeschränkten Steuerpflicht in der Bundesrepublik Deutschland –, dass der deutsche Steuerpflichtige im Ausland eine steuerliche Behandlung erfährt, die mit derjenigen vergleichbar ist, die ein unbeschränkt Steuerpflichtiger in der Bundesrepublik Deutschland erhält. Für die Prüfung, ob die Voraussetzungen einer unbeschränkten Steuerpflicht gemäß § 1 Abs. 2 Satz 2 EStG vorliegen, sind nach

800 *Heintzen*, AdV 2007, 455 (471).
801 *Heintzen*, AdV 2007, 455 (471).

Auffassung des BFH die Vorschriften des ausländischen Steuerrechts maßgebend.[802] Aus der je nach Empfangsstaat unterschiedlichen steuerlichen Behandlung ausländischer Diplomaten schließen zu wollen, dass auch der deutsche Gesetzgeber für ausländische Diplomaten im Inland eine dritte Art von Steuerpflicht einführen will, ist deshalb eher fernliegend. Für diese Einschätzung spricht auch, dass der Gesetzgeber § 1 Abs. 2 Satz 2 EStG nicht anders als gemäß dem vorliegenden Wortlaut formulieren konnte, da der Begriff der beschränkten Steuerpflicht lediglich nach deutschen steuerrechtlichen Maßstäben die uns bekannte materielle Bedeutung hat. Mit der Formulierung in Satz 2 des § 1 Abs. 2 EStG wollte der Gesetzgeber lediglich klarstellen, dass für jeden Einzelfall eine Analyse der steuerlichen Behandlung des deutschen Diplomaten im Empfangsstaat vorgenommen werden muss. Je nach Wohnsitzstaat bzw. Empfangsstaat muss mithin gesondert ermittelt werden, in welchem Umfang der deutsche Diplomat gemäß dem deutschen steuerrechtlichen Verständnis besteuert würde. Allein maßgeblich ist mithin die objektive Rechtslage im Empfangsstaat. Auf die tatsächliche Besteuerung kommt es hingegen nicht an.[803]

Lediglich wenn die steuerliche Behandlung des jeweiligen deutschen Diplomaten im Ausland einer beschränkten Steuerpflicht entspricht, soll das Tatbestandsmerkmal des § 1 Abs. 2 Satz 2 EStG erfüllt sein. § 1 Abs. 2 Satz 2 EStG bestimmt nunmehr wohl ausschließlich die anzuwendende Verfahrensweise, um eine Vergleichbarkeit der steuerlichen Behandlung zu ermitteln. Aus Satz 2 ist jedoch wohl nicht zu schließen, dass für diplomatische Vertreter im In- wie im Ausland eine dritte Form der subjektiven Steuerpflicht besteht. § 1 Abs. 2 Satz 2 EStG öffnet mithin keinen Raum für die Entwicklung einer dritten Art von subjektiver Steuerpflicht.

e) *Zusammenfassung der Ergebnisse*

Gemäß der vorzugwürdigen Auffassung[804], dass die fiskalischen Immunitäten nach dem WÜD als sachliche Steuerbefreiungen zu qualifizieren sind, bestimmt sich die subjektive Steuerpflicht der Führungskräfte gemäß den allgemeinen Regeln des EStG. Die sachlichen Steuerbefreiungen führen mithin lediglich zur Beschränkung des für den unbeschränkt Steuerpflichtigen grundsätzlich geltenden Welteinkommensprinzips.[805]

Die Kritik an der Argumentation des Urteils des BFH überzeugt vor allem im Hinblick auf die Frage nach der Steuersubjektivität der Führungskräfte internationaler Organisationen. Die Anwendung des Grundsatzes der Exterritorialität, den der BFH in seiner Argumentation heranzieht,[806] ist auf die vorliegende Per-

---

802 BFHE 145, 44 = FR 1986, 132 f.

803 BFHE 145, 44 Tz 9 = FR 1986, 132 f.; BFHE 212, 468 = BStBl. II 2007, 106 Tz 14.

804 Diese Auffassung wird nicht vom BFH geteilt, der von der beschränkten Steuerpflicht der Führungskräfte bzw. Diplomaten gemäß § 1 Abs. 4 EStG ausgeht.

805 *Schaumburg*, in: Schaumburg, Internationales Steuerrecht, Rn 5.67 f. (nicht nur beschränkt auf WÜD/WÜK).

806 BFH/NV 1997, 664 = DStRE 1997, 945 Tz 2b).

sonengruppe der Führungskräfte nicht übertragbar, da die Führungskräfte internationaler Organisationen im Gegensatz zu Diplomaten nicht als Vertreter eines Staates tätig sind.

Gemäß den Bestimmungen in den vorliegend untersuchten völkerrechtlichen Vereinbarungen erhalten die Führungskräfte in materiell-rechtlicher Hinsicht dieselben (Steuer-)Befreiungen, die auch Diplomaten gewährt werden. Eine weitergehende Gleichstellung mit Diplomaten durch den steuerberechtigten Staat ist vor dem Hintergrund der unterschiedlichen Funktionen beider Personengruppen nicht erstrebenswert. Somit richtet sich auch bei den Führungskräften, die tatsächlich die erweiterten Immunitäten nach dem WÜD erhalten, die subjektive Steuerpflicht nach den allgemeinen Regeln des EStG. Regelmäßig ist mithin davon auszugehen, dass auch die Führungskräfte einen Wohnsitz oder zumindest ihren ständigen Aufenthalt in der Bundesrepublik Deutschland innehaben und gemäß § 1 Abs. 1 EStG unbeschränkt steuerpflichtig sind. Wenn die Führungskräfte täglich in die Bundesrepublik Deutschland pendeln, sind sie gleichsam wie die Angehörigen der dritten Gruppe in Übereinstimmung mit der Rechtsprechung des BFH als beschränkt steuerpflichtig gemäß § 1 Abs. 4 EStG zu behandeln, sofern sie nicht gemäß § 1 Abs. 3 EStG als unbeschränkt steuerpflichtig gelten.

III. Materiell-rechtlicher Umfang der fiskalischen Immunitäten

1. Direkte Steuern

a) Internationale Organisationen

aa) Bestimmung der direkten Steuern

Da Steuerschuldner und Steuerträger bei den im Folgenden aufgezählten Steuerarten nach der Konzeption des Gesetzes identisch sein sollen, sind sie im Hinblick auf die Anwendung der völkervertraglich normierten fiskalischen Immunitäten der internationalen Organisationen für Zwecke der deutschen Besteuerung als direkte Steuern zu qualifizieren.[807] Zu den direkten Steuern zählen:

---

807 Grundsätzlich qualifiziert auch die Vermögensteuer als direkte Steuer: Das Bundesverfassungsgericht erklärte die Einheitsbewertung, die im Rahmen der Erhebung der Vermögenssteuer angewandt wurde, jedoch durch Beschluss vom 22.6.1995–2 BvL 37/91, DStR 1995, 1345, für mit dem Grundgesetz unvereinbar. Da die Unvereinbarkeit einer Norm nicht zu deren Unwirksamkeit führt, war das Vermögenssteuergesetz weiterhin anwendbar, *Arndt/Schumacher*, DStR 1995, 1813 ff. Das Bundesverfassungsgericht befristete die Anwendbarkeit des Vermögenssteuergesetzes. Dieses ist heute noch in Kraft, aber nur noch auf Sachverhalte bis zum 31.12.1996 anwendbar. Bisher gibt es keine neuen legislativen Initiativen hinsichtlich einer Änderung des Vermögensteuergesetzes.

- Erbschaft- und Schenkungsteuer[808]
- Gewerbesteuer[809]
- Grunderwerbsteuer[810]
- Grundsteuer[811]
- Körperschaftsteuer – für ihre Betriebe gewerblicher Art
- Kapitalertragsteuer
- Kraftfahrzeugsteuer[812] sowie
- alle Abgaben, sofern sie nicht der Bereichsausnahme unterfallen.

bb) Solidaritätszuschlag

Der Solidaritätszuschlag ist eine Ergänzungsabgabe i.S.d. Artikels 106 Abs. 1 Nr. 6 GG[813] und wird in Höhe von 5,5 Prozent der festzusetzenden Körperschaftsteuer erhoben. Bemessungsgrundlage des Solidaritätszuschlags ist die festzusetzende Körperschaftsteuer vermindert um die anzurechnende oder vergütete Körperschaftsteuer. Steuerfreie Einkünfte sind für die Ermittlung der Bemessungsgrundlage für Zuschlagsteuern lediglich im Umfang der in § 51a Abs. 2 Satz 2 EStG enthaltenen Aufzählung zu berücksichtigen. Die gemäß völkerrechtlichen Vereinbarungen steuerfrei gestellten Einkünfte sind in dieser Norm nicht ausdrücklich genannt. Juristische Personen sind gemäß § 2 Nr. 3 SolZG abgabepflichtig, wenn

808 Steuerschuldner der Erbschaftsteuer ist gemäß § 20 Abs. 1 Satz 1 ErbStG der Erwerber (Erbe). Im Fall der Schenkungssteuer sind sowohl Schenker als auch Erwerber (Beschenkter) Steuerschuldner. Sie sind Gesamtschuldner, § 44 Abs. 1 AO. Diese tragen auch tatsächlich die Steuerlast.

809 Gemäß § 5 Abs. 1 Satz 1 GewStG qualifiziert der Unternehmer als Steuerschuldner. Dieser trägt auch tatsächlich die Steuerlast.

810 Gemäß § 13 GrEStG qualifizieren alle am Erwerbsvorgang beteiligten Personen als Steuerschuldner, *Zöllner*, in: Lippross/Seibel, § 13 GrEStG Rn 6. Diese tragen als Gesamtschuldner, § 44 Abs. 1 AO, auch tatsächlich die Steuerlast.

811 Gemäß § 10 GrStG ist Schuldner der Grundsteuer derjenige, dem der Steuergegenstand bei der Feststellung des Einheitswerts zuzurechnen ist. Wird der Wert mehreren Personen zugerechnet, sind sie Gesamtschuldner, § 44 Abs. 1 AO. Sie tragen auch tatsächlich die Steuerlast.

812 Gemäß § 7 Nr. 1 KraftStG qualifiziert derjenige, auf den ein inländisches Kraftfahrzeug zugelassen ist, als Steuerschuldner. § 7 Nr. 2 KraftStG bestimmt, dass der inländische Nutzer eines ausländischen Kraftfahrzeugs Steuerschuldner ist. Diese tragen nach der Gesetzeskonzeption auch die Steuerlast. Ggf. erfolgt vorliegend die Befreiung von der Kraftfahrzeugsteuer nur auf Antrag und lediglich für amtlich genutzte oder auf die jeweilige internationale Organisation zugelassene Kraftfahrzeuge. Siehe für das Eingreifen dieser weiteren Voraussetzungen die jeweiligen speziellen Regelungen in den völkerrechtlichen Vereinbarungen unter: F.I.1.b)aa)(2).

813 Vgl. § 1 SolZG von 1995 in der Fassung der Bekanntmachung von 2002, BGBl. I 2002, 4130 ff., zuletzt geändert durch Artikel 4 des Gesetzes vom 16.7.2015, BGBl. I 2015, 1202 (1204).

sie körperschaftsteuerpflichtig sind, sodass auch internationalen Organisationen grundsätzlich diese Pflicht zukommt. Die vorliegend untersuchten internationalen Organisationen sind jedoch mehrheitlich, sofern ihnen fiskalische Immunitäten durch die Bundesrepublik gewährt werden, auch von der Entrichtung dieser Abgabe befreit[814], da der Solidaritätszuschlag die für Abkommenszwecke ermittelten Merkmale einer direkten Steuer aufweist. Der Solidaritätszuschlag wird voraussetzungslos und gegenleistungsunabhängig geschuldet, sodass er eine Steuer darstellt. Da er ebenfalls vom Steuerschuldner tatsächlich wirtschaftlich getragen[815] wird und kein Anhaltspunkt für das Eingreifen der Bereichsausnahme vorliegt, fällt der Solidaritätszuschlag als direkte Steuer in den Anwendungsbereich der völkerrechtlichen Steuerfreistellungsklausel.

Diese Bewertung gilt gleichermaßen auch für Zwecke der Besteuerung der Mitglieder des Personals internationaler Organisationen in der Bundesrepublik Deutschland. Die Pflicht zur Entrichtung des Solidaritätszuschlags bestimmt sich gemäß § 2 Nr. 1 SolZG nach der Einkommensteuerpflicht einer natürlichen Person. Der Solidaritätszuschlag ist mithin so ausgestaltet, dass er direkt und ausschließlich an den Erhalt von Einkünften anknüpft, die den Mitgliedern des Personals aufgrund ihrer unselbstständigen Tätigkeit bei der jeweiligen internationalen Organisation zufließen. Da der Zuschlag somit zu einer Besteuerung dieser Einkünfte führte, unterfällt er dem Anwendungsbereich der jeweils eingreifenden Steuerfreistellungsklausel, die zugunsten der Mitglieder des Personals eingreift.[816]

b) Führungskräfte

aa) Umfang der erweiterten fiskalischen Immunitäten

Das WÜD enthält in den Artikeln 23 und 34 Bestimmungen zu den fiskalischen Immunitäten der Diplomaten. Nach Artikel 1 lit. d und e fasst das WÜD unter den Begriff eines Diplomaten den Missionschef sowie die in einem diplomatischen Rang stehenden Mitglieder des Personals der Mission.[817] Artikel 23 Abs. 1 WÜD bestimmt

---

814 Im Folgenden bezeichnet der Begriff „Steuerfreistellungsklausel“ diejenigen völkervertraglichen Regelungen, die fiskalische Immunitäten zugunsten der vorliegend untersuchten internationalen Organisationen und der Mitglieder ihres Personals enthalten.

815 Steuerschuldner und Steuerträger sollen nach der Gesetzeskonzeption mithin identisch sein.

816 Sofern die jeweiligen Abkommen die Möglichkeit vorsehen, findet der Progressionsvorbehalt bei der Festsetzung des Solidaritätszuschlag Anwendung, *Schaumburg*, in: Schaumburg, Internationales Steuerrecht, Rn 16.536.

817 Gemäß Artikel 37 WÜD unterfallen den Befreiungen auch die im gemeinsamen Haushalt lebenden Familienmitglieder des Diplomaten, die Mitglieder des Verwaltungs- und technische Personals einschließlich der zu ihrem Haushalt gehörenden Familienmitglieder, die Mitglieder des dienstlichen Hauspersonals im Rahmen ihrer Dienstbezüge sowie private Hausangestellte von Mitgliedern der

für den Begünstigten,[818] dass er hinsichtlich der in seinem Eigentum stehenden und der von ihm gemieteten bzw. gepachteten Räumlichkeiten der Mission von allen staatlichen, regionalen und kommunalen Steuern oder sonstigen Abgaben befreit ist, soweit diese nicht als Vergütung für bestimmte Dienstleistungen erhoben werden.

Artikel 34 WÜD beschäftigt sich mit dem privaten Vermögen bzw. den privaten Einkünften des Begünstigten und befreit diesen von allen staatlichen, regionalen und kommunalen Personal- und Realsteuern oder -abgaben. Von dieser umfassenden Befreiung gibt es einige Ausnahmen: So sind von der Befreiung die normalerweise im Preis von Waren oder Dienstleistungen enthaltenen indirekten Steuern (lit. a) sowie Steuern und sonstige Abgaben von dem im Hoheitsgebiet des Empfangsstaats gelegenen privaten unbeweglichen Vermögen[819] (lit. b) ausgenommen. Auch fällt die Erbschaftsteuer, die der Empfangsstaat erhebt, nicht in den Anwendungsbereich des Artikels 34 WÜD (lit. c). Diese Regelungen gelten jedoch lediglich vorbehaltlich der Anwendung des Artikels 39 Abs. 4 WÜD.[820] Die Befreiung gemäß Artikel 34 WÜD bezieht sich ebenfalls nicht auf Steuern und sonstige Abgaben, die auf private Einkünfte erhoben werden, deren Quelle sich im Empfangsstaat befindet (lit. d). Artikel 34 WÜD umfasst auch nicht die Befreiung von der Vermögenssteuer von Kapitalanlagen in gewerbliche Unternehmen, die im Empfangsstaat gelegen sind (lit. d), sowie von Steuern, Gebühren und sonstigen Abgaben, die als Vergütung für bestimmte Dienstleistungen erhoben werden (lit. e). Ebenfalls besteht – jedoch vorbehaltlich des Artikels 23 WÜD – keine Befreiung von Eintragungs-, Gerichts-, Beurkundungs-, Beglaubigungs-, Hypotheken- und Stempelgebühren in Bezug auf unbewegliches Vermögen (lit. f). Schließlich können ausländische Personen, die durch das WÜD steuerlich begünstigt werden und für Zwecke der Anwendung von Doppelbesteuerungsabkommen als im Heimatstaat ansässig gelten, von der deutschen Kapitalertragsteuer entlastet werden, sofern das jeweilige Doppelbesteuerungsabkommen dies vorsieht.[821]

Mission im Rahmen ihres jeweiligen Gehalts, vgl.: *Wagner/Raasch/Pröpstl*, WÜD, Artikel 34, S. 290 f.

818 Von dieser Bestimmung ist nur der Missionschef und nicht das übrige diplomatische Personal umfasst.

819 Dies gilt nicht, wenn der Diplomat das unbewegliche Vermögen im Auftrag des Heimatstaates für die Zwecke der Mission im Besitz hat.

820 Der Empfangsstaat darf keine Erbschaftsteuer auf bewegliches Vermögens des Erblassers erheben, wenn sich das Vermögen nur deshalb im Empfangsstaat befindet, da sich der Erblasser als Mitglied der Mission oder als Familienangehöriger eines solchen Mitglieds im Empfangsstaat aufhält.

821 Siehe zu weiteren Einschränkungen hinsichtlich des Umfangs der Entlastung von Kapitalertragsteuer in der Bundesrepublik Deutschland, *Wagner/Raasch/Pröpstl*, WÜD, Artikel 34, S. 295 f.

bb) Ausschluss der Gewährung von erweiterten fiskalischen Immunitäten

Artikel 38 Abs. 1 WÜD bestimmt, dass

> *„(s)oweit der Empfangsstaat nicht zusätzliche Vorrechte und Immunitäten gewährt, (...) ein Diplomat, der Angehöriger dieses Staates oder in demselben ständig ansässig ist, Immunität von der Gerichtsbarkeit und Unverletzlichkeit lediglich in bezug auf seine in Ausübung seiner dienstlichen Tätigkeit vorgenommenen Amtshandlungen (genießt)".*

Die Bundesrepublik Deutschland macht von dieser Möglichkeit keinen Gebrauch.[822] Der Bedeutungsgehalt dieser Vorschrift im Hinblick auf die Auswirkung für die Gewährung und den Umfang der fiskalischen Immunitäten ist in Praxis und Literatur umstritten. Die Praxis[823] sowie große Teile in der Literatur[824] tendieren dazu, die Einschränkung des Artikels 38 Abs. 1 WÜD dergestalt auszulegen, dass implizit alle Immunitäten aus dem WÜD mit Ausnahme der Immunität von der Gerichtsbarkeit und Unverletzlichkeit der Person in Bezug auf die Vornahme von Amtshandlungen für Staatsangehörige des Empfangsstaates bzw. dort ständig ansässige Personen keine Anwendung finden.[825] Diese Auslegung bestätige auch die Historie der Entstehung des WÜD.[826]

In der Literatur finden sich vereinzelte Gegenstimmen zu dieser Auslegung. Diese sind der Ansicht, dass Artikel 38 Abs. 1 WÜD ausschließlich eine Einschränkung des Umfangs der zwei im Wortlaut der Norm aufgeführten Immunitäten bestimme.[827] Als Argumente für diese Auslegung führen sie an, dass Artikel 38 Abs. 1 WÜD eine Ausnahmevorschrift darstelle. Ausnahmen seien grundsätzlich im Steuerrecht eng auszulegen. Zudem verbiete sich auch eine den Steuerpflichtigen belastende Analogie.[828] Mithin bestünden alle anderen nicht in Artikel 38 Abs. 1 WÜD genannten Immunitäten wie z.B. die steuerlichen Befreiungen auch zugunsten eines deutschen Staatsangehörigen.

Problematisch an der zuletzt dargestellten Begründung ist die Anwendung des Grundsatzes zur restriktiven Auslegung von Ausnahmevorschriften auf Ar-

822 *Wagner/Raasch/Pröpstl*, WÜD, Artikel 38, S. 335.

823 OFD Frankfurt, Verfügung betreffend die einkommensteuerliche Behandlung von Mitgliedern fremder diplomatischer Missionen und konsularischer Vertretungen vom 17.10.2012 – S 1310 A – 5 – St 56; OFD Berlin, Verfügung betreffend die steuerliche Behandlung von Bediensteten an ausländischen diplomatischen und konsularischen Vertretungen im Inland vom 20.7.2000 – St 127 – S 1310–2/94, IStR 2000, 756 ff.

824 *Wagner/Raasch/Pröpstl*, WÜD, Artikel 38, S. 332; *Rauch*, in: Blümich, EStG, § 1 Rn 180; *Richtsteig*, WÜD, Artikel 38 Rn 3b.

825 *Heintzen*, AdV 2007, 455 (464).

826 *Denza*, S. 338, mit einer Zusammenfassung der Verhandlungen über den Vertragsentwurf des WÜD.

827 Es handelt sich um die Immunität von der Gerichtsbarkeit und die Unverletzlichkeit der Person.

828 *Heintzen*, AdV 2007, 455 (464).

tikel 38 Abs. 1 WÜD. Es besteht bereits Uneinigkeit darüber, ob es einen solchen Grundsatz im Steuerrecht überhaupt gibt.[829] Als Begründung für die enge Auslegung einer Ausnahmevorschrift wird angeführt, dass es einen Grundsatz der Besteuerung gebe.[830] Diese Begründung wird zu Recht kritisiert und mit dem Hinweis verneint, dass auch eine Ausnahmevorschrift wie eine allgemeine Vorschrift nach den allgemeinen Auslegungsregeln zu interpretieren sei.[831]

Im Rahmen der Auslegung einer steuerrechtlichen Norm ist es maßgeblich, den Sinn und Zweck der Vorschrift zu erfassen und sich der Grenzen der auszulegenden Norm bewusst zu sein.[832] Unabhängig von der Beantwortung dieser Streitfrage muss zudem berücksichtigt werden, dass sich die Rechtsprechung zu der Frage nach dem Bestehen eines Grundsatzes zugunsten einer restriktiven Auslegung von Ausnahmevorschriften überwiegend mit Vorschriften befasst hat, die eine Befreiung von der Steuerpflicht bzw. eine Begünstigung normieren oder eine Vereinfachungsregel enthalten. Im vorliegenden Fall liegt jedoch keine vergleichbare Ausnahmevorschrift vor, da die vorliegend zu prüfende völkervertragliche Norm eine Ausnahmeregelung enthält, die die zunächst völkervertraglich gewährte Steuerbefreiung des Steuerpflichtigen wieder beschränkt. Eine restriktive Auslegung des Artikels 38 Abs. 1 WÜD, mithin der Ausnahmevorschrift, führte nicht, wie üblich, zu einer Verringerung der durch die Ausnahme gewährten Steuerbefreiung, sondern zu einer höheren Steuerbefreiung und somit zu einer niedrigeren Steuerbelastung der einzelnen Führungskraft. Im Gegensatz zu den üblicherweise im Steuerrecht bestehenden Ausnahmevorschriften hat die vorliegende Ausnahmeregelung des Artikels 38 Abs. 1 WÜD – Begrenzung der persönlichen Anwendbarkeit von fiskalischen Immunitäten –zur Folge, dass sich die Steuerbelastung des Betroffenen erhöht und nicht wie üblich zugunsten des Steuerpflichtigen verringert.

Eine restriktive Auslegung der vorliegenden Ausnahmevorschrift ist somit nicht mit dem Grundsatz der Besteuerung zu begründen, da eine enge Auslegung der Ausnahme zu einer höheren Steuerbefreiung der Führungskräfte zu Folge hätte. Ob vor diesem Hintergrund die bestehende Rechtsprechung und Grundsätze überhaupt auf die vorliegende Konstellation angewendet werden können, ist somit eher

829 Offen gelassen durch: BFHE 169, 76 = BStBl. II 1993, 180 (182); den Grundsatz der engen Auslegung von Ausnahmevorschriften bejahend: BFHE 188, 208 = DStRE 1999, 609 (613); BFHE 148, 446 = BStBl. II 1987, 259 Tz 10; FG Köln, EFG 2014, 1883 Tz 39; für umsatzsteuerliche Zwecke bejahend: BFHE 245, 277 = BStBl. II 2014, 600 Tz 48 f.; BFHE 197, 330 = DStR 2002, 586 (588); *Wäger*, in: Sölch/Ringleb, UStG, § 4 Nr. 8 Rn 14, mit Nachweisen aus der EuGH-Rechtsprechung. Verneinend: *Drüen*, in: Tipke/Kruse, AO/FGO, § 4 Rn 225, der die Auffassung vertritt, dass auch eine Ausnahmevorschrift extensiv ausgelegt werden kann.

830 Zum Grundsatz der Besteuerung im Allgemeinen: BFHE 177, 25 = BStBl. II 1995, 358 Tz II.2 c)bb); zuletzt: FG München, EFG 2016, 731 Tz 17.

831 BFHE 202, 411 = BStBl. II 2003, 828 ff. = DStRE 2003, 1287 (1289); *Drüen*, in: Tipke/Kruse, AO/FGO, § 4 Rn 224.

832 BFHE 188, 208 = DStRE 1999, 609 (613).

zu verneinen. Ungeachtet dessen überzeugt die zuletzt angeführte Literaturansicht, die Artikel 38 Abs. 1 WÜD restriktiv auslegt und somit zu einer erweiterten Steuerbefreiung von deutschen Staatsangehörigen und in der Bundesrepublik Deutschland ständig ansässigen Führungskräften von internationalen Organisationen gelangt, nicht, da es keine Pflicht zur restriktiven Auslegung belastender Steuervorschriften gibt[833] und eine Auslegung zum Nachteil des Steuerpflichtigen grundsätzlich als zulässig erachtet wird.[834] Zudem sind Ausnahmevorschriften entgegen der oben geäußerten Ansicht grundsätzlich auch einer steuerverschärfende Rechtsfortbildung wie z.B. der Analogie zugänglich.[835] Darüber hinaus ist derjenigen Auffassung, die eine Beschränkung des Umfangs der Immunitäten für Staatangehörige des Empfangsstaates annimmt, zuzugeben, dass der Wortlaut von Artikel 38 Abs. 1 WÜD nicht eindeutig ist und vor allem die Formulierung „soweit", die den Nebensatz *„(s)oweit der Empfangsstaat nicht zusätzliche Vorrechte und Immunitäten gewährt, genießt ein Diplomat (...)"* einleitet, zur Verwirrung bezüglich des Bezugs dieses Satzteils im Rahmen des Artikels 38 Abs. 1 WÜD hervorruft.

Zusammenfassend ist mithin festzustellen, dass lediglich den Führungskräften derjenigen internationalen Organisationen, die keine völkerrechtlichen Vereinbarungen über den Ausschluss von den erweiterten Immunitäten für deutsche Staatsangehörige getroffen haben, die oben beschriebenen umfassenden steuerlichen Befreiungen zustehen. Zu diesen Personen zählen die bei GCDT, IRENA-IITC, OECD sowie OCCAR tätigen Führungskräfte.

cc) Rechtsfolgen- oder Rechtsgrundverweisung

Mangels enger Auslegung der Ausnahmeregelung des Artikels 38 Abs. 1 WÜD stellt sich nunmehr die Frage, wie weit der Verweis in den vorliegend untersuchten völkerrechtlichen Vereinbarungen auf die Regelungen des WÜD reicht. Die Beantwortung dieser Frage ist lediglich für diejenigen internationalen Organisationen relevant, die völkervertraglich nicht bereits eine nationale Diskriminierungsvorschrift vereinbart haben.[836]

Bejaht man, dass der pauschale Verweis auf die Anwendung des WÜD bzw. auf die Rechte der Diplomaten in den vorliegend untersuchten völkerrechtlichen Vereinbarungen eine Rechtsfolgenverweisung darstellt, würden die Führungskräfte, die Staatsangehörige oder ständig ansässige Personen des Sitzstaates der internationalen Organisation sind, die zusätzlichen fiskalischen Immunitäten nach Artikel 23 und 34 WÜD genießen. Bejaht man hingegen eine Rechtsgrundverweisung,

---

833 *Woerner*, in: Tipke, Grenzen der Rechtsfortbildung, S. 23 (29); *Weber-Grellet*, Steuern im modernen Verfassungsstaat, S. 41.

834 *Koenig*, in: Koenig, AO, § 4 Rn 93; *Weber-Grellet*, Steuern im modernen Verfassungsstaat, S. 41.

835 *Drüen*, in: Tipke/Kruse, AO/FGO, § 4 Rn 226, kritisch: *Woerner*, in: Tipke, Grenzen der Rechtsfortbildung, S. 23 (29).

836 Da sind wiederum: GCDT, IRENA-IITC, OECD sowie OCCAR.

wären die Führungskräfte, die Staatsangehörige oder ständig ansässige Personen des Sitzstaates der internationalen Organisation sind, von dem Genuss der erweiterten fiskalischen Immunitäten aus Artikel 23 und 34 WÜD ausgeschlossen, da der Verweis auf das WÜD auch Artikel 38 Abs. 1 WÜD umfasste.[837]

(1) Rechtsfolgenverweisung

Zunächst ist ein systematisches Argument zugunsten der Auslegung der Verweisungsnorm als Rechtsfolgenverweisung anzuführen. Einige völkerrechtliche Vereinbarungen der vorliegend untersuchten internationalen Organisationen schließen explizit die Anwendung erweiterter diplomatischer Immunitäten für Staatsangehörige des Sitzstaates bzw. für dort ständig ansässige Personen aus. Auch gibt es in einigen Abkommen eine Regelung, die bestimmt, dass der einzelne Mitgliedstaat nicht verpflichtet ist, bestimmte Immunitäten den eigenen Staatsangehörigen oder Personen, die im Inland ihren ständigen Aufenthalt haben, zu gewähren.[838] Zu diesen Immunitäten gehören u. a. die erweiterten diplomatischen Immunitäten für Führungskräfte einer internationalen Organisation. Die ausdrückliche Aufnahme einer Ausschlussregelung in den jeweiligen völkerrechtlichen Vereinbarungen könnte im Rahmen der Frage nach dem Umfang der Verweisungsnorm dergestalt gewertet werden, dass die Vertragsparteien grundsätzlich von einer Rechtsfolgenverweisung ausgehen, aber hinsichtlich des persönlichen Umfangs der erweiterten Steuerbefreiungen eine Einschränkung auf fremde Staatsangehörige vornehmen wollten. Wenn die Vertragsparteien hingegen von einer Rechtsgrundverweisung ausgingen, müssten sie nicht explizit die Anwendung der erweiterten Immunitäten auf Führungskräfte mit deutscher Staatsangehörigkeit oder ständiger Ansässigkeit in der Bundesrepublik Deutschland ausschließen. Diese Rechtsfolge würde bei Annahme einer Rechtsgrundverweisung bereits durch das Eingreifen von Artikel 38 Abs. 1 WÜD erreicht werden. Somit ist der explizite Ausschluss der Führungskräfte, die die Staatsangehörigkeit des Sitzstaates inne bzw. ihren ständigen Aufenthalt dort haben, lediglich vor dem Hintergrund zu erklären, dass die Vertragsparteien von einer Rechtsfolgenverweisung auf das WÜD bzw. die Rechte der Diplomaten ausgingen.

Dieses Auslegungsergebnis bestätigt aus systematischer Sicht auch der Aufbau des Artikels 19 des Sitzstaatabkommens mit der EZB. Artikel 19 Abs. 1 dieses Abkommens bestimmt, dass grundsätzlich alle Führungskräfte diplomatische Immunitäten gemäß den Bestimmungen des WÜD genießen. Artikel 19 Abs. 2 regelt, dass die im Haushalt lebenden und von den Führungskräften unterhaltenen Familienangehörigen die gleichen Vorrechte, Befreiungen, Immunitäten und

837 Wie eben erläutert, gewährleistet Artikel 38 Abs. 1 WÜD die Immunität von nationaler Gerichtsbarkeit und Unverletzlichkeit lediglich in Bezug auf die in Ausübung der dienstlichen Tätigkeit vorgenommenen Amtshandlungen.

838 Bespiele für solche vertraglichen Bestimmungen finden sich z. B. in Artikel XXIV EWO-Anlage I sowie in Artikel 23 der Anlage I zum OCCAR-Übereinkommen.

Erleichterungen wie die Familienangehörigen der Diplomaten genießen.[839] Artikel 19 Abs. 3 wiederum schränkt die Gewährung dieser Immunitäten für deutsche Staatsangehörige und Personen mit Wohnsitz in der Bundesrepublik Deutschland auf die Gewährung der Befreiung von nationaler Gerichtsbarkeit und der Unverletzlichkeit lediglich in Bezug auf die in Ausübung ihrer dienstlichen Tätigkeit vorgenommenen Amtshandlungen (im Folgenden auch: „Amtsimmunität") ein. Artikel 19 Abs. 3 des Sitzstaatabkommens weist inhaltlich den gleichen materiellen Gehalt wie Artikel 38 Abs. 1 WÜD auf. Würde der Verweis in Artikel 19 Abs. 1 eine Rechtsgrundverweisung enthalten, wären die zusätzlichen vertraglichen Regelungen in Absatz 2 und besonders die Vorschrift des Absatzes 3 von Artikel 19 WÜD nicht mehr notwendig. Die Beschränkung auf die Amtsimmunitäten wäre mithin bereits in der Verweisung in Artikel 19 Abs. 1 des vorliegenden Sitzstaatabkommens, der auch eine Verweisung auf die Ausschlussnorm des Artikels 38 Abs. 1 WÜD umfasste, enthalten.

In materiell-rechtlicher Hinsicht kann der Grundsatz der Funktionalität als Argument für die Annahme einer Rechtsfolgenverweisung herangezogen werden:[840] Führungskräfte müssen im besonderen Maße vor der Gefahr der Einflussnahme durch den Sitzstaat einer internationalen Organisation geschützt werden, da sie in der Regel über ein Stimmrecht bzw. Veto verfügen, das über die Kompetenzen der übrigen Mitgliedern des Personals, die jenen im Rahmen des Entscheidungsprozesses und/oder der Aufgabenwahrnehmung der internationalen Organisation zustehen, hinausreicht. Die Gewährung erweiterter fiskalischer Immunitäten an die Führungskräfte vermindert mithin die Gefahr der Einflussnahme durch den Sitzstaat auf diejenigen Personen, die innerhalb einer internationalen Organisation mit erhöhter Entscheidungsbefugnis ausgestattet sind. Dieser Schutz muss universell und mithin unabhängig von der Staatsangehörigkeit oder der ständigen Ansässigkeit dieser Personen im Sitzstaat einer internationalen Organisation gewährt werden, um einen höchstmöglichen Schutz und somit eine effektive Wahrnehmung der Aufgaben durch die internationale Organisation zu gewährleisten.

(2) Rechtsgrundverweisung

Aber auch für die Auslegung der betroffenen völkervertraglichen Regelungen als Rechtsgrundverweisung lassen sich einige Argumente anführen: Aus systematischer Sicht fällt der Auslegung der Verweisung zugunsten einer Rechtsgrundverweisung auf, dass es in den einzelnen völkervertraglichen Bestimmungen über Immunitäten der internationalen Organisation an einer Aufzählung der einzelnen Immunitäten fehlt. Die abkommensrechtlichen Bestimmungen zu den erweiterten Immunitäten der Führungskräfte formulieren vielmehr regelmäßig allgemein, dass den Führungskräften diejenigen Vorrechte und Befreiungen zustehen sollen, die Diplomaten nach

---

839 Artikel 19 Abs. 2 nimmt Bezug auf die Regelungen für die Familienangehörigen des Diplomaten in Artikel 37 WÜD.

840 *Wickremasinghe*, in: Evans (Hrsg.), International Law, S. 380 (398).

dem WÜD gewährt werden.[841] Der universelle Verweis auf das WÜD kann ungezwungen dergestalt ausgelegt werden, dass das gesamte WÜD von dem Verweis umfasst und dass somit auch die Ausschlussnorm des Artikels 38 Abs. 1 WÜD in dem Verweis enthalten sein soll.

Gegen das Argument der Auslegung der völkervertraglichen Verweisungsnorm als Rechtsfolgenverweisung, welches sich auf den materiell-rechtlichen Umfang der Immunitäten stützt, könnte zudem vorgebracht werden, dass die erweiterten fiskalischen Immunitäten aus dem WÜD keinen Mehrwert in Bezug auf den Schutz der Führungskräfte vor dem Einfluss des Sitzstaates bieten. Die privaten Einkünfte der Führungskräfte, deren Quellen im Sitzstaat liegen, sowie Steuern auf im Sitzstaat belegenes privates unbewegliches Vermögen sind gerade nicht von den erweiterten Steuerbefreiungen umfasst. In der Regel haben die Führungskräfte einer internationalen Organisation jedoch keine anderweitigen Einkünfte, die den Schwerpunkt ihres inländischen Vermögens darstellten und deshalb der Besteuerung des Sitzstaates wegen potentieller Einflussnahme durch die Gewährung von erweiterten fiskalischen Immunitäten entzogen werden müssten. Auch erschließt sich nicht ohne weiteres, wie die Befreiung zusätzlicher Familienmitglieder, die zu dem Haushalt der Führungskraft gehören, zu einem erhöhten Schutz der Führungskräfte vor der staatlichen Einflussnahme durch den Sitzstaat beitragen kann.[842]

dd) Zwischenergebnis und Stellungnahme

Die durchaus berechtigte Kritik an der Auslegung der jeweiligen völkervertraglichen Verweisung als Rechtsfolgenverweisung überzeugt nicht vollends, da die Gefahr der Einflussnahme des Sitzstaates letztlich durchaus dadurch vermindert werden kann, dass dem Sitzstaat schlicht jeglicher Anknüpfungspunkt für die Ausübung von Druck oder Einflussnahme auf die Führungskraft einer internationalen Organisation und somit das Besteuerungsrecht auch im Umfang der erweiterten fiskalischen Immunitäten entzogen wird.

Vor dem Hintergrund des Grundsatzes der Funktionalität ist die Wirkung der völkervertraglichen Verweisung auf diplomatische Rechte (nach dem WÜD) in den einschlägigen vorliegend untersuchten völkerrechtlichen Vereinbarungen folglich als Rechtsfolgenverweisung zu qualifizieren. Die Anwendung dieser Verweisungsregel hat zur Folge, dass auch deutsche Staatsangehörige und Personen mit ständigem Aufenthalt in der Bundesrepublik Deutschland, die im Rang einer Führungskraft bei einer internationalen Organisation tätig sind, wie die übrigen Führungskräfte die erweiterten fiskalischen Immunitäten genießen, die Diplomaten nach dem WÜD bzw. dem Völkerrecht zustehen.[843]

Klarstellend ist darauf hinzuweisen, dass dieses Ergebnis lediglich diejenigen Führungskräfte betrifft, die bei einer internationalen Organisation tätig sind, die

841 Zu den anderen Formulierungen siehe: E.IV.4.b).
842 Diese Befreiung findet sich in Artikel 37 WÜD.
843 Siehe zu dem Umfang der Steuerbefreiungen nach dem WÜD: F.III.1.b)aa).

keine ausdrücklich beschränkende völkerrechtliche Vereinbarung im Hinblick auf die fiskalische Behandlung der Führungskräfte mit deutscher Staatsangehörigkeit und/oder ständiger Ansässigkeit in der Bundesrepublik Deutschland getroffen hat.[844]

ee) Bestimmung der von der Freistellung betroffenen Abgaben bzw. Steuerarten

Artikel 34 WÜD enthält Ausnahmen von der Steuerbefreiung für Einkünfte, die ihre Quelle im Empfangsstaat haben. Da jedoch im Gegensatz zu diplomatischen Vertretern die Führungskräfte internationaler Organisationen keinen Heimatstaat oder Empfangsstaat haben, greifen nur wenige der in Artikel 34 WÜD normierten Ausnahmen. So sind die Führungskräfte lediglich nicht von indirekten Steuern gemäß Artikel 34 lit. a WÜD sowie gemäß Artikel 34 lit. e WÜD nicht von Steuern, Gebühren und sonstige Abgaben, die als Vergütung für bestimmte Dienstleistungen erhoben werden, befreit. In den Anwendungsbereich der Steuerfreistellungsklausel fallen mithin insbesondere die folgenden direkten Steuern:

- Einkommensteuer (Kapitalertragsteuer, Lohnsteuer)
- Erbschaft- und Schenkungsteuer
- Kraftfahrzeugsteuer

c) Übrige Mitglieder des Personals

aa) Zusammenschau der völkervertraglichen Regelungen

Der materiell-rechtliche Umfang der Steuerbefreiungen der übrigen Mitglieder des Personals unterscheidet sich von Organisation zu Organisation. Die Mitglieder des Personals der Liga der Arabischen Staaten sowie der beiden Jugendwerke erhalten keinerlei Steuerbefreiungen.[845] Mitglieder des Personals der IOM, die deutsche Staatsangehörige i.S.d. Artikels 116 GG sind, genießen ebenfalls keine Steuerbefreiungen. Die Mitglieder des Personals der übrigen in dieser Arbeit untersuchten internationalen Organisationen erhalten ausschließlich hinsichtlich der von der jeweiligen internationalen Organisation gezahlten Gehälter und Bezüge Steuerbefreiungen in der Bundesrepublik Deutschland.

Eine besondere Regelung enthält das Zusatzprotokoll Nr. 1 der OECD[846]: Die Mitglieder des Personals der OECD erhalten gemäß dem unbestimmt gefassten Wortlaut des Artikels 14 lit. b des Zusatzprotokolls in Bezug auf ihre Gehälter und sonstigen Dienstbezüge dieselben fiskalischen Immunitäten, die den Mitgliedern

844 Dies sind GCDT, IRENA-IITC, OECD sowie OCCAR. Für IOM und EMBL trifft diese Aussage zumindest für Personen mit ständiger Ansässigkeit in der Bundesrepublik Deutschland zu.

845 Allein den französischen Bediensteten des Deutsch-Französischen Jugendwerks wird Befreiung von der Einkommensteuer hinsichtlich der von dem Jugendwerk gezahlten Auslandszulage gewährt. Siehe hierzu: F.III.6.b)aa).

846 Zusatzprotokoll Nr. 1 zum OECD-Abkommen.

des Personals der bedeutenderen internationalen Organisationen unter den gleichen Voraussetzungen zustehen.[847]

Die Steuerfreistellungsklauseln in den übrigen völkerrechtlichen Abkommen weisen alle eine hinreichende Bestimmtheit auf. Sie unterscheiden sich lediglich teilweise in ihrem Wortlaut[848]. Insgesamt können vier Gruppen von Formulierungsvarianten unterschieden werden: Die engste Formulierung weisen die völkerrechtlichen Abkommen mit EMBL, EPO/EPA, ESA (EAC bzw. ESOC), ESO, EUMETSAT und OCCAR auf, da die Gehälter und Bezüge dieser Mitglieder des Personals lediglich von der deutschen bzw. nationalen Einkommensteuer befreit sind. In den Abkommen der EU oder EU-nahen Organisationen[849], die jeweils auf das EU-Protokoll verweisen, ist eine Formulierung enthalten, die einen etwas weiteren Umfang aufweist. Artikel 12 Abs. 2 des EU-Protokolls bestimmt ohne Beschränkung auf die nationale Einkommensteuer, dass die Mitglieder des Personals von innerstaatlichen Steuern auf die Gehälter und Bezüge befreit sind. Die Steuerbefreiung der Mitglieder des Personals der soeben genannten internationalen Organisationen (EASA, EIOPA, EMBL, EPO/EPA, ESA (EAC bzw. ESOC), ESO, EUMETSAT, EZB und OCCAR) wird jedoch erst ab demjenigen Zeitpunkt gewährt, an dem die Gehälter und Bezüge einer organisationsinternen Besteuerung unterliegen.[850] Von dieser Regelungstechnik weicht Artikel 17 Abs. 1 der Anlage I zum OCCAR-Übereinkommen ab, der zwar eine interne Besteuerung des Grundgehalts der Mitglieder des Personals von OCCAR vorsieht, jedoch die Steuerbefreiung nicht vom Zeitpunkt der Erhebung der internen Steuern abhängig macht. Eine vergleichbare Regelung findet sich in Artikel 12 des EU-Protokolls. Die Wechselwirkung in diesen Abkommen, die eine Befreiung von nationaler Einkommensteuer von der Erhebung einer internen Steuer auf die Gehälter und Bezüge der Mitglieder des Personals abhängig macht, stellt weniger eine fiskalische Immunität im reinen Sinn als vielmehr eine Regel zur Vermeidung einer Doppelbesteuerung dar, die das Besteuerungsrecht verschiebt und mithin der internationalen Organisation zuweist.[851]

Eine umfassendere Formulierung der Steuerfreistellungsklausel findet sich in den völkerrechtlichen Vereinbarungen mit ADB und NETMA-NATO. Dort werden die Mitglieder des Personals von der Steuer auf die von der internationalen Organisation gezahlten Gehälter und Bezüge befreit. In diesen beiden Abkommen fehlt der

---

847 Die englische authentische Sprachfassung enthält die Formulierung: *„enjoy the same exemptions (...) as is enjoyed by officials of the principal International Organisations*“. In der französischen Fassung findet sich auch der unbestimmte Verweis auf die *„principales Organisations internationales*“.

848 Vorliegend wird jeweils vom deutschen Wortlaut der Verträge ausgegangen.

849 EASA, EIOPA, EU-Kommission, EZB.

850 Vgl. hierzu die Regelungen in: Artikel 18 Abs. 1 Sitzstaatabkommen mit EMBL, Artikel 16 Abs. 1 EPO-Protokoll, Artikel XVIII EWO-Anlage I, Artikel 19 Abs. 1 ESO-Protokoll und Artikel 10 lit. g EUMETSAT-Protokoll.

851 *Athen/Dörr*, in: Grabitz/Hilf/Nettesheim, Das Recht der Europäischen Union, Artikel 343 AEUV Rn 110.

Bezug auf den nationalen Charakter der Steuer. Da jedoch die Erhebung von Steuern regelmäßig rein nationale Sachverhalte betrifft, hat die Begrenzung auf „nationale" Steuern keine Auswirkung auf den materiellen Umfang der Freistellungsklausel.

Die weiteste Formulierung enthalten die völkerrechtlichen Vereinbarungen über die Immunitäten von GCDT und IRENA-IITC, die jeweils bestimmen, dass eine Befreiung von allen Steuern auf die gezahlten Gehälter und Bezüge gewährt wird. In diesen Abkommen entfällt nicht nur der Bezug auf den nationalen Charakter der Steuer, auch wird der Begriff „alle" verwendet. Betrachtet man den englischen – ebenso authentischen – Wortlaut dieser Bestimmung in den beiden maßgeblichen völkerrechtlichen Vereinbarungen über die Immunitäten von GCDT und IRENA-IITC, fehlt es dort an der in der deutschen Fassung enthaltenen Erweiterung auf alle Steuern. Der englische Vertragstext enthält den Wortlaut „*exemption from taxation*" und ist mithin vergleichbar mit dem Vertragstext der Abkommen aus der soeben erläuterten dritten Formulierungsgruppe.

Diese offensichtliche Diskrepanz zwischen der deutschsprachigen und englischsprachigen Fassung des Vertragstextes ist anhand der völkerrechtlichen Auslegungsregeln aus den beiden Wiener Vertragsrechtskonventionen zu lösen. Artikel 33 WKV[852] beschäftigt sich mit der Auslegung von völkerrechtlichen Verträgen, die in mehreren authentischen Sprachfassungen vorliegen. Die Vertragsparteien der in Rede stehenden Abkommen haben nicht vereinbart, dass eine der Sprachfassungen bei der Auslegung als maßgebend anzusehen ist.

Gemäß Artikel 33 Abs. 1 WVK ist der Vertragstext mithin in jeder Sprache in gleicher Weise maßgebend. Zudem stellt Artikel 33 Abs. 3 WVK die Vermutung auf, dass die einzelnen Bestimmungen des Vertrags in jedem authentischen Text dieselbe Bedeutung haben. Diese Vermutung ist jedoch widerlegt, da in vergleichbaren Abkommen über Immunitäten von internationalen Organisationen und den Mitgliedern ihres Personals regelmäßig kein Verweis auf die Gesamtheit der Steuerarten vorliegt. Auf den vorliegenden Fall ist deshalb die Auslegungsregel des Artikels 33 Abs. 4 WVK anzuwenden. Sie bestimmt, dass im Fall der Aufdeckung eines Bedeutungsunterschieds, der durch die Anwendung der Artikel 31 und 32 nicht ausgeräumt werden kann, diejenige Bedeutung zugrunde zu legen ist, die unter Berücksichtigung von Ziel und Zweck des Vertrags den unterschiedlichen Wortlaut am besten miteinander in Einklang bringt.[853]

---

852 Die WKVIO enthält die identische Bestimmung.

853 Für eine teleologische Auslegung spricht auch Artikel 31 WVK sowie Artikel 21 des Sitzstaatabkommens mit GCDT, der bestimmt, dass das Abkommen unter Berücksichtigung des vorrangingen Zweckes auszulegen ist. Der Zweck des Abkommens besteht laut dieser Vorschrift darin, dem Treuhandfonds an seinem Amtssitz in der Bundesrepublik Deutschland die uneingeschränkte und wirksame Wahrnehmung seiner Aufgaben und die Erreichung seiner Ziele zu ermöglichen. Hinsichtlich der einzelnen Sprachfassungen enthält dieses Sitzstaatabkommen jedoch auch keine Auslegungsregel.

Der Gewährung von fiskalischen Immunitäten an die Mitglieder des Personals liegt der Grundsatz der Funktionalität zu Grunde. Eine effektive Aufgabenwahrnehmung durch die internationale Organisation wird lediglich dann erreicht, wenn gewähreistet ist, dass die Mitglieder des Personals eine gleiche steuerliche Behandlung ihrer Gehälter und Bezüge erfahren und sie unabhängig von staatlicher Einflussnahme ihrem Dienst in der internationalen Organisation nachkommen können.

Auch aus einem anderen Grund sollte die Bestimmung über den Umfang der Steuerbefreiung der Mitglieder des Personals von GCDT und IRENA-IITC eher restriktiv ausgelegt werden, sodass sie sich im Einklang mit dem Umfang der Steuerbefreiungen der Mitglieder des Personals der übrigen internationalen Organisationen befindet: Es dient der Funktionalität der internationalen Organisation, wenn keine große Diskrepanz innerhalb der Gehaltsstrukturen der einzelnen internationalen Organisationen bestehen und mithin eine vergleichbare steuerliche Behandlung der Mitglieder des Personals der einzelnen internationalen Organisationen herrscht[854], da ein ähnlicher Standard im Rahmen der Beschäftigungsverhältnisse eine gewisse Fluktuation innerhalb des Bestands der Mitglieder des Personals internationaler Organisationen gewährleistet. Ein solcher Wechsel innerhalb der Mitarbeiterstruktur ist vor dem Hintergrund der Effektivität der einzelnen internationalen Organisationen auch erstrebenswert. Ein Wechsel von Mitarbeitern in einem gewissen Rahmen gewährleistet, dass stets neue Impulse in die tägliche Arbeitsweise der internationalen Organisation eingebracht werden. Auch kann durch eine gewisse Fluktuation sichergestellt werden, dass sich etwaigen schnell ändernden Anforderungen an die Bewältigung der Aufgaben einer internationalen Organisation in technischer und inhaltlicher Hinsicht ausreichend Rechnung getragen wird.[855].

bb) Zwischenergebnis der Zusammenschau

Aus den vorangehend geschilderten Gründen ist es gut vertretbar, den Wortlaut der deutschen Fassung der Abkommen über die Immunitäten von GCDT und IRENA-IITC restriktiv auszulegen, sodass diesen Mitgliedern des Personals wie auch den Mitgliedern des Personals von ADB und NETMA-NATO die Befreiung von Steuern auf die von der internationalen Organisation gezahlten Gehälter und Bezüge gewährt wird.

Vor dem Hintergrund, dass neben der Einkommensteuer auch der Solidaritätszuschlag im Rahmen der Veranlagung zur Einkommensteuer festgesetzt wird, bleibt nach Lektüre des Wortlauts der völkerrechtlichen Vereinbarungen mit EMBL, EPO/

---

854 Dies gilt vor allem hinsichtlich des Umfangs der Steuerbefreiungen an die Mitglieder des Personals.

855 Bericht der Arbeitsgruppe des deutschen Bundestages und der *Assemblée Nationale* zum Deutsch-Französischen Jugendwerk vom 23.6.2004, S. 21. Abzurufen unter: http://www.assemblee-nationale.fr/europe/OFAJ_rapport_allemand.pdf (zuletzt abgerufen am 13.12.2016).

EPA, ESA (EAC bzw. ESOC), ESO, EUMETSAT und OCCAR unklar, ob die Gehälter und Bezüge der Mitglieder des jeweiligen Personals lediglich von der deutschen Einkommensteuer oder auch von den Zuschlagsteuern befreit sind.[856]

cc) Bestimmung der von der Freistellung betroffenen Abgaben bzw. Steuerarten

Für Zwecke der deutschen Besteuerung kommen neben der Einkommensteuer weitere Abgaben in Betracht, von denen die Mitglieder des Personals eine Befreiung erhalten könnten. Dies gilt zumindest für die Mitglieder des Personals derjenigen internationalen Organisationen, deren völkerrechtliche Vereinbarungen keine Beschränkung auf die Befreiung von nationaler Einkommensteuer enthalten.[857]

Zu der in Betracht kommenden Steuerart zählt die Einkommensteuer (Lohnsteuer). Der Solidaritätszuschlag stellt eine Zuschlagsteuer dar und ist, wie bereits oben erörtert, eine direkte Steuer, die auf die Einkünfte der Mitglieder des Personals aus ihrer Tätigkeit bei den internationalen Organisationen erhoben wird.[858] Wegen der Befreiung der Gehälter und Bezüge der Mitglieder des Personals von der nationalen Einkommensteuer hat die Pflicht des jeweiligen Mitglieds des Personals, den Solidaritätszuschlag zu entrichten, keine wirtschaftliche Auswirkung, da sich die Höhe des Zuschlags nach der Höhe der Einkommensteuer richtet.

Gebühren und Beiträge, selbst wenn das einzelne Mitglied des Personals diese aus denjenigen Mitteln, die es von der internationalen Organisation in Form von Gehalt oder sonstigen Bezügen erhalten hat, begleicht, sind von der Steuerfreistellungsklausel nicht umfasst. Hierzu bedarf es keiner eigens normierten Bereichsausnahme wie im Fall der fiskalischen Immunitäten der internationalen Organisationen, da sich der Anwendungsbereich durch Auslegung der Steuerfreistellungsklausel ermitteln lässt. Die einschlägige Steuerfreistellungsklausel bezieht sich lediglich auf die von der internationalen Organisation an die Mitglieder des Personals gezahlten Einkünfte und soll keine weitergehende persönliche Befreiung der Mitglieder des Personals darstellen.[859] Auch umfasst die Steuerfreistellungsklausel ausdrücklich nur eine Steuer auf die Gehälter und Bezüge. In Abgrenzung dazu sind Vorzugslasten nicht von der Steuerfreistellungsklausel umfasst. Selbst wenn sich die Höhe der Beiträge oder Gebühren wie z. B. ein Schulgeld wie im Fall V*an Leeuwen*[860] nach der Höhe der elterlichen Einkünfte richtet, besteht nach dem EuGH mit Verweis auf die Auslegung des völkervertraglichen Begriffs „Steuer“ in Abgrenzung zu Gebühren und Beiträgen keine Steuerbefreiung, da das Schulgeld wegen des Gegenleistungs-

856 Zur praktischen Relevanz der Fragestellung siehe sogleich.
857 Eine Beschränkung auf die Befreiung von nationaler Einkommensteuer findet sich in den völkerrechtlichen Vereinbarungen mit EMBL, EPA, ESA (EAC bzw. ESOC), ESO, EUMETSAT und OCCAR.
858 Vgl. den Abschnitt zum Solidaritätszuschlag: F.III.1.a)bb).
859 Vgl. *Kramer*, Besteuerung der Bediensteten, S. 113 f, 120.
860 Vgl. Fn 692.

charakters keine gegenleistungsunabhängige Gemeinlast darstelle.[861] Ergänzend weist der EuGH darauf hin, dass es für die Qualifikation als Vorzugslast unschädlich ist, dass sich die Bemessung des Schulgelds nach der Leistungsfähigkeit der Eltern bestimmt, solange die Pflicht zu der Entrichtung des Schulgelds keine erdrosselnde Wirkung habe.[862]

d) Sonderfall: Kirchensteuer

Die Kirchensteuer ist ebenso wie der Solidaritätszuschlag als Zuschlagsteuer i.S.d § 51a Abs. 1 EStG ausgestaltet.[863] Steuergegenstand der Kirchensteuer ist die Zugehörigkeit einer natürlichen Person zu einer Religionsgesellschaft, die als Körperschaft des öffentlichen Rechts anerkannt ist.

Die Kirchensteuer findet ihre Rechtsgrundlage in den ländereigenen Kirchensteuerordnungen und Kirchensteuerbeschlüssen[864] und bemisst sich regelmäßig nach der festzusetzenden Einkommensteuer, sodass sich mangels praktischer Relevanz grundsätzlich nicht die Frage stellt, ob die einzelne Führungskraft, sofern sie Angehörige oder Mitglied einer steuerberechtigten Religionsgesellschaft ist, von der Entrichtung der Kirchensteuer befreit ist. Neben der in allen Bundesländern bestehenden Kirchensteuer auf das Einkommen (z. B. Kapitalerträge oder Einkünfte aus nichtselbstständiger Arbeit) erheben die steuerberechtigten Religionsgesellschaften teilweise auch zusätzlich noch eine Kirchensteuer auf den Grundbesitz sowie Mindestbeträge bzw. ein besonderes Kirchgeld.[865]

aa) Kirchensteuer auf das Einkommen (Mindestbeträge/besonderes Kirchgeld)

In den Bundesländern Hamburg, Hessen, Mecklenburg-Vorpommern, Sachsen, Sachsen-Anhalt, Schleswig-Holstein und Thüringen erheben einige Religionsgesellschaften von den jeweiligen Kirchensteuerpflichtigen unabhängig von ihrer persönlichen Leistungsfähigkeit einen Kirchensteuer-Mindestbetrag. Bis auf Hessen betrug dieser Mindestbetrag im Kalenderjahr 2015 EUR 3,60. In Hessen betrug er

---

861 Eine Steuer stellt aus Sicht des EuGH eine Abgabe dar, die dazu dient, die allgemeinen Lasten der öffentlichen Verwaltung zu decken, vgl. EuGH, C-32/67 (*Van Leeuwen*), Slg 1968, 68 (75 f.) = EU:C:1968:8.

862 Vgl. Fn 692 und *Kramer*, Besteuerung der Bediensteten, S. 113 f.

863 Vgl. hierzu die Erläuterung unter: F.III.1.a)bb). Natürliche Personen sind abgabepflichtig gemäß § 2 Nr. 1 SolZG. Bemessungsgrundlage des Solidaritätszuschlag ist die festzusetzende Einkommensteuer abzüglich der Freibeträge für Kinder nach § 32 EStG unabhängig davon, ob diese tatsächlich abgezogen wurden, § 3 Abs. 2 SolZG.

864 Die Gesetzgebungskompetenz der Länder für die Kirchensteuer ergibt sich aus Artikel 140 GG i.V.m. Artikel 137 Abs. 6 WRV.

865 Vgl. hierzu die Übersicht zu den Kirchensteuerarten und -sätzen in den unterschiedlichen Bundesländern der Bundesrepublik Deutschland: *Wirfler*, in: Beck'sches Steuer- und Bilanzrechtslexikon, Kirchensteuer, Rn 19.

hingegen nur EUR 1,80.[866] Da ein solcher Mindestbetrag jedoch nicht erhoben wird, wenn keine Einkommensteuer anfällt, findet die Regelung zum Mindestbetrag keine Anwendung auf die Mitglieder des Personals in Bezug auf ihre steuerfreien Einkünfte aus ihrer Tätigkeit bei den jeweiligen internationalen Organisationen.

Eine weitere Steuerart der Kirchensteuer stellt das sog. besondere Kirchgeld dar, das von den meisten evangelischen Landeskirchen und manchen römisch-katholischen Diözesen flächendeckend in allen Bundesländern der Bundesrepublik Deutschland erhoben wird, wenn im Fall der Zusammenveranlagung von Ehegatten bzw. eingetragenen Lebenspartnern in einer glaubensverschiedenen Ehe bzw. eingetragenen Lebenspartnerschaft der kirchensteuerpflichtige Ehegatte bzw. eingetragene Lebenspartner keine Einkünfte hat.[867] Aufgrund der letztgenannten landesrechtlichen Vorschriften ist es nunmehr doch entscheidend, ob die völkerrechtlich festgelegte Steuerbefreiung der Mitglieder des Personals der vorliegend untersuchten internationalen Organisationen auch die Kirchensteuer in Form des besonderen Kirchgeldes umfasst.[868]

Aus Abkommensperspektive ist die nationale Kirchensteuer als Steuer zu qualifizieren, wenn sie keinen Gegenleistungscharakter aufweist.[869] Dies ist der Fall, wenn sie keine individuellen Vorteile des Steuerpflichtigen ausgleichen soll und mithin nicht einem Mitgliedsbeitrag gleicht. In der Bundesrepublik Deutschland dient die Kirchensteuer der Finanzierung der Tätigkeit der steuerberechtigten Religionsgesellschaften. Die Pflicht zur Entrichtung der Kirchensteuer entfällt

---

866 Eine Übersicht über diejenigen Religionsgesellschaften, die in dem Kalenderjahr 2015 in den einzelnen Bundesländern einen Mindestbetrag erhoben haben, findet sich bei: *Neubronner*, Kirchensteuersätze 2015. Beispielhaft siehe auch die Bekanntmachung über die Kirchensteuerbeschlüsse im Freistaat Sachsen für das Kalenderjahr 2015, BStBl. I 2015, 229.

867 Eine Übersicht über die Erhebung des besonderen Kirchgelds für das Kalenderjahr 2014 ist abrufbar unter: http://www.finanzamt.brandenburg.de/media_fast/4055/KiSt-L%C3%A4nder%C3%BCbersicht%202014-2015.pdf (zuletzt abgerufen am 13.12.2016). Für das Kalenderjahr 2015 siehe: *Neubronner*, Kirchensteuersätze 2015. Dort findet sich auch eine genaue Aufschlüsselung in Bezug auf die das Kirchgeld erhebenden Religionsgesellschaften. Beispielhaft siehe auch die Bekanntmachung über die Kirchensteuerbeschlüsse im Land Baden-Württemberg für das Kalenderjahr 2016, BStBl. I 2016, 235.

868 Dies gilt zumindest für diejenigen Führungskräfte, die lediglich diejenigen Steuerbefreiungen genießen, die auch regelmäßig die übrigen Mitglieder des Personals erhalten. Die den Diplomaten gleichgestellten Führungskräfte sind von der Entrichtung der Mindestkirchensteuer befreit, da diese Abgabe eine direkte Steuer darstellt, die in den erweiterten Anwendungsbereich der diplomatischen fiskalischen Immunitäten fällt. *Kramer*, Besteuerung der Bediensteten, S. 116, entzieht sich der Entscheidung über die Qualifikation der Kirchensteuer mit Verweis auf die fehlende praktische Bedeutung.

869 Für die Einordnung der Kirchensteuer für Abkommenszwecke ist die Qualifikation der Kirchensteuer als Steuer unerheblich.

nicht wegen angeblich unterbliebener oder schlecht erfüllter seelsorgerischer oder sonstiger Leistungen von Vertretern der Kirche,[870] sodass die deutsche Kirchensteuer eindeutig keinen Gegenleistungscharakter aufweist und mithin eine Steuer im völkervertragsrechtlichen Sinn darstellt. Da bei der Erhebung der Kirchensteuer auf das Einkommen Steuerschuldner und Steuerträger identisch sind, qualifiziert sie als direkte Steuer. Die den Diplomaten gleichgestellten Führungskräfte sind von der Entrichtung der Mindestkirchensteuer befreit, da diese Abgabe eine direkte Steuer darstellt, die in den erweiterten Anwendungsbereich der diplomatischen fiskalischen Immunitäten fällt.

Diejenigen Führungskräfte, die lediglich die einfache Steuerbefreiung wie die übrigen Mitglieder des Personals genießen, sind allein von Steuern auf die von der internationalen Organisation gezahlten Gehälter und Bezüge befreit. Die Kirchensteuer auf das Einkommen bemisst sich zwar in den meisten Fällen nach der Leistungsfähigkeit des Steuerpflichtigen, die sich wiederum nach den Einkünften des jeweiligen Kirchensteuerpflichtigen richtet. Besteuerungsgegenstand der Kirchensteuer ist jedoch nicht das von der internationalen Organisation erhaltene Gehalt, das als Gegenleistung für die Tätigkeit der Mitglieder des Personals gezahlt wird. Vielmehr ist Anknüpfungspunkt für die Besteuerung die Angehörigkeit der einzelnen natürlichen Person bei einer steuerberechtigten Religionsgesellschaft.

bb) Kirchensteuer vom Grundbesitz

Eine weitere Form der Kirchensteuer stellt die Kirchensteuer vom Grundbesitz dar. Die Erhebung dieser Steuer findet weder in der Bundesrepublik Deutschland noch in den einzelnen Bundesländern einheitlich statt.[871] Diese Steuerart ist ebenfalls als Zuschlagsteuer ausgestaltet und bemisst sich nach dem Grundsteuermessbetrag. Diejenigen Mitglieder des Personals internationaler Organisationen, denen dieselben fiskalischen Immunitäten wie Diplomaten zustehen, sind auch von der Kirchensteuer vom Grundbesitz befreit, da sie eine direkte Steuer darstellt. Mangels Bezug der Besteuerung des Grundbesitzes zu den steuerbefreiten Gehältern und Bezügen der Mitglieder des Personals ist diese Form der Kirchensteuer jedoch nicht von dem Anwendungsbereich der völkerrechtlich normierten Steuerfreistellungsklausel umfasst, die auf die Besteuerung der übrigen Mitglieder des Personals Anwendung findet.

---

870 BFH, BFH/NV 2007, 1710 Tz 3; BFH/NV 2008, 1697 Tz 14.

871 Vgl. für eine Übersicht zu der Erhebung der Kirchensteuer in den unterschiedlichen Bundesländern: *Wirfler*, in: Beck'sches Steuer- und Bilanzrechtslexikon, Kirchensteuer Rn 17. Die Erhebung findet in ostdeutschen Bundesländern nicht statt. Sofern die jeweiligen Abkommen die Möglichkeit vorsehen, findet der Progressionsvorbehalt bei der Festsetzung des Kirchensteuer Anwendung, *Schaumburg*, in: Schaumburg, Internationales Steuerrecht, Rn 16.536.

cc) Ergebnis: Befreiung von der Entrichtung der Kirchensteuer

Die Kirchensteuer – in ihren jeweiligen Ausprägungen – ist als direkte Steuer zu qualifizieren und fällt in den Anwendungsbereich der diplomatischen fiskalischen Immunitäten. Sie unterfällt jedoch nicht der Steuerfreistellungsklausel, die bei der Besteuerung der Mitglieder des Personals Anwendung findet, denen nicht dieselben fiskalischen Immunitäten wie Diplomaten gewährt werden.

2. Indirekte Steuern

Für Zwecke der deutschen Besteuerung sind insbesondere die Energiesteuer[872], die Umsatzsteuer[873] sowie die Versicherungsteuer[874] als indirekte Steuern zu qualifizieren, da jeweils Steuerentrichtungsschuldner und Steuerträger nicht personenidentisch sind und gewöhnlicherweise die Steuerlast auf einen Dritten abgewälzt wird.[875] Darüber hinaus sind auch alle sog. Verbrauchsteuern wie z. B. die Stromsteuer oder die Tabaksteuer unter den Begriff der „indirekten Steuer“ zu fassen.

Die indirekten Steuern fallen nicht in den Anwendungsbereich der fiskalischen Immunitäten und sind potentiell Gegenstand eines Entlastungsverfahrens, für das in der Bundesrepublik Deutschland das BZSt zuständig ist.[876]

3. Bereichsausnahme

Von einer Untersuchung und Qualifikation aller in Frage kommenden Abgaben, die wegen ihres Charakters als Vergütungen für Leistungen öffentlicher Versorgungsbetriebe in der Bundesrepublik Deutschland der Bereichsausnahme unterfallen könnten[877], sieht die vorliegende Bearbeitung ab und beschränkt sich wegen ihrer Aktualität auf die Untersuchung des Rundfunkbeitrags (a) und der Infrastrukturabgabe (b).

---

872 Regelmäßig ist der Inhaber des Steuerlagers Steuerschuldner, vgl. § 8 Abs. 2 Satz 1 EnergieSt. Dieser wälzt seine Steuerschuld auf den Empfänger der Leistung ab, indem er ihm die Steuer in Rechnung stellt.

873 Regelmäßig ist der Unternehmer bzw. der Aussteller der Rechnung Steuerschuldner der Umsatzsteuer, § 13a UStG. Dieser wälzt seine Steuerschuld auf den Endverbraucher ab, indem er ihm die Steuer in Rechnung stellt.

874 Steuerentrichtungsschuldner ist gemäß § 7 Abs. 2 VersStG der Versicherer, wohingegen der Versicherungsnehmer der Steuerschuldner gemäß § 7 Abs. 1 VersStG ist. Die Versicherungsteuer ist regelmäßig im Versicherungsentgelt enthalten, sodass der Versicherte steuerlich belastet ist.

875 Siehe zu den Abgrenzungskriterien: F.I.1.b).

876 Siehe hierzu die Modellregelung zu den Voraussetzung und der Durchführung des Entlastungsverfahrens: G.II.2.

877 Siehe hierzu: E.IV.2 und F.I.1.c).

a) *Rundfunkbeitrag*

aa) *Befreiungsvorschriften des Rundfunkbeitragsstaatsvertrags*

Die Befreiung von der Beitragspflicht ergibt sich nicht ausdrücklich aus dem Rundfunkbeitragsstaatsvertrag (RBStV)[878]. Als Tatbestand für eine potentielle Beitragspflicht der internationalen Organisationen kommt die Beitragspflicht im nicht-privaten Bereich in Frage, die sich nach § 5 RBStV richtet. Die Befreiung von der Beitragspflicht gemäß § 5 Abs. 6 Nr. 2 RBStV für diplomatische Vertretungen (Botschaft, Konsulat) eines ausländischen Staates findet wegen des abschließenden Charakters der Befreiungsnorm auf internationale Organisationen mit Sitz in der Bundesrepublik Deutschland keine Anwendung.[879] Außerhalb des Staatsvertrags findet sich lediglich in Artikel 60 Abs. 5 lit. b des Abkommens zwischen den Parteien des Nordatlantikvertrags über die Rechtsstellung ihrer Truppen (NATO-Truppenstatut)[880] zugunsten von NATO-Standorten[881] in der Bundesrepublik Deutschland eine ausdrückliche Vorschrift über die Befreiung von der Entrichtung von Gebühren für den Empfang von Ton- und Fernsehrundfunk.[882] Vergleichbare explizite Befreiungsvorschriften in Bezug auf den Rundfunkbeitrag enthalten die vorliegend untersuchten völkerrechtlichen Vereinbarungen nicht.

bb) *Rechtsnatur des Rundfunkbeitrags für Abkommenszwecke*

Die Befreiung von der Beitragspflicht ergibt sich möglicherweise bereits aus der allgemeinen Steuerfreistellungsklausel, die in den völkerrechtlichen Vereinbarungen der vorliegend untersuchten internationalen Organisationen enthalten ist und diese von jeder direkten Besteuerung im Sitzstaat befreit. Die Befreiung von der Entrichtung des Rundfunkbeitrags setzt mithin voraus, dass dieser als direkte Steuer und nicht als Vergütung für Leistungen öffentlicher Versorgungsbetriebe zu qualifizieren ist. Im letzteren Fall griffe gemäß der oben erläuterten Bereichsausnahme die Steuerbefreiung nicht ein.[883]

---

878 Rundfunkbeitragsstaatsvertrag vom 15.-21.12.2010 verkündet als Fünfzehnter Rundfunkänderungsstaatsvertrag vom 15.12.2010, u. a. HessGVBl. 2011, 383 ff., in der Fassung des Neunzehnten Rundfunkänderungsstaatsvertrags vom 3.12.2015 mit Wirkung zum 1.10.2016 (Artikel 1, 2, 3 und 5) bzw. zum 1.1.2017 (Artikel 4). Gesetz zu dem Neunzehnten Rundfunkänderungsstaatsvertrag und zur Änderung des Gesetzes zu dem Staatsvertrag über den Rundfunk im vereinten Deutschland vom 27.6.2016, HessGVBl. 2016, 94 ff.

879 *Schneider/Siekmann*, in: Hahn/Vesting, Rundfunkrecht, § 5 Rn 53.

880 BGBl. II 1961, 1190 ff.

881 Artikel 60 Abs. 5 lit. b des NATO-Truppenstatuts benennt als Berechtigte der Befreiung die Truppe, das zivile Gefolge und ihre Mitglieder und Angehörige.

882 *Schneider/Siekmann*, in: Hahn/Vesting, Rundfunkrecht, § 5 Rn 53.

883 Die eben genannte Bereichsausnahme schränkt lediglich die fiskalische Immunität der internationalen Organisationen ein. Die Rundfunkbeitragspflicht gilt hingegen auch für natürliche Personen wie z. B. die Mitglieder des Personals der interna-

Der deutsche Gesetzgeber differenziert grundsätzlich zwischen Steuern und sonstigen Abgaben. Sonstige Abgaben, die einen Sondervorteil ausgleichen sollen, qualifizieren als Vorzugslasten. Der Begriff „Vorzugslast“ dient in der deutschen Steuerrechtsordnung als Oberbegriff für Gebühren und Beiträge.[884] Die nationale Bezeichnung der Rundfunkabgabe als "Beitrag“ macht die Prüfung der Rechtsnatur des Rundfunkbeitrags nicht etwa entbehrlich, da die Einordnung des Rundfunkbeitrags für Abkommenszwecke nach dessen materiellen Gehalt und mithin unabhängig von der Klassifizierung der Abgabe nach dem innerstaatlichen Recht vorzunehmen ist.[885] Wie oben dargelegt, existieren mehrere Kriterien, die eine Indizwirkung für die Qualifikation einer Abgabe als Vergütung für die Leistung öffentlicher Versorgungsbetriebe beinhalten. Wenn der Rundfunkbeitrag einen Gegenleistungscharakter aufweist, die Rundfunkleistung objektiv messbar und individualisierbar ist, in einem direkten Zusammenhang mit den Kosten, die die Erbringung der Rundfunkleistung verursacht hat, steht und schließlich die Rundfunkleistung zumindest potentiell dem Leistungsempfänger erbracht werden kann, liegt es nahe, die Rundfunkbeitragspflicht unter die Bereichsausnahme zu fassen und nicht als direkte Steuer zu qualifizieren.

Einige der soeben aufgezählten Kriterien sind jedoch vorliegend nicht erfüllt: Die Rundfunkleistung ist zwar objektiv messbar und individualisierbar. Jedoch mangelt es an dem erforderlichen Äquivalenzverhältnis. Die pauschale Ausgestaltung der Gebührenhöhe des Rundfunkbeitrags gemäß § 5 Abs. 1 Satz 2 RBStV, die sich nach der Anzahl der „Beschäftigten pro Betriebsstätte“, vorliegend also nach der Anzahl Mitglieder des Personals richtet, widerspricht dem Gedanken einer Gegenleistung (*quid pro quo*). Die von dem Beitragspflichtigen zu leistende Zahlung richtet sich

---

tionalen Organisationen. Die Führungskräfte der vorliegend untersuchten internationalen Organisationen sind gemäß § 2 Abs. 4 RBStV von der Entrichtung des Rundfunkbeitrags befreit, sofern ihnen gemäß den jeweiligen völkerrechtlichen Vereinbarungen diejenigen Immunitäten zustehen, die die Diplomaten aufgrund des WÜD genießen. Die hiervon betroffenen Führungskräfte sind für EMBL, EPO/EPA, ESA (EAC bzw. ESOC), ESO, EZB, GCDT, IRENA-IITC, IOM, OECD und OCCAR tätig, vgl. hierzu die Darstellung der Behandlung der Führungskräfte der vorliegend untersuchten internationalen Organisationen unter: E.IV.4.b). Die übrigen Mitglieder des Personals der internationalen Organisationen erhalten regelmäßig in der Bundesrepublik Deutschland lediglich eine Befreiung von der Einkommensteuer auf die von der jeweiligen internationalen Organisation gezahlten Gehälter und Bezüge. Die Beschränkung der persönlichen Beitragsbefreiung durch den RBStV hat zuletzt auch das VG Berlin bestätigt, vgl. VG Berlin, ZUM 2015, 433 ff.

884 BVerfGE 110, 370 (388) = NVwZ 2004, 1477 (1479).

885 Nach deutschem Abgabenrechtsverständnis liegt ein Beitrag in Abgrenzung zu einer Gebühr stets dann vor, wenn ein Entgelt für die Möglichkeit der Inanspruchnahme staatlich eröffneter Vorteile in Form von Leistungen oder Einrichtungen und somit unabhängig von der tatsächlichen Nutzung zu entrichten ist, *Seiler*, in: Maunz/Dürig, GG, Artikel 105 Rn 82; zuletzt: BVerfG, NVwZ 2014, 1448 (1449) Tz 43.

offensichtlich nicht nach dem individuellen Nutzungsumfang der Rundfunkleistungen, sondern besteht voraussetzungslos unabhängig von dem Vorhalten eines Empfangsgeräts. Mangels eines Anknüpfungspunkts an die Existenz von Empfangsgeräten im Tatbestand des § 5 RBStV, der die Beitragspflicht normiert, ist es darüber hinaus äußerst fraglich, ob eine potentielle Erbringung der Rundfunkleistung an den Empfänger überhaupt gewährleistet ist. Diese Möglichkeit der Leistungserbringung ist jedoch ein Kriterium für die Qualifikation als Vergütung für die Leistung öffentlicher Versorgungsbetriebe gemäß der völkervertraglichen Bereichsausnahme.

Diese soeben vorgenommene Auslegung des Rundfunkbeitrags für Abkommenszwecke findet ihre Bestätigung auch in der seit dem Jahr 2013 in Kraft getretenen Systemänderung im Rahmen der Ausgestaltung der Rundfunkbeitragspflicht. Die Pflicht zur Entrichtung einer gerätebezogenen Rundfunkgebühr, die bis zum Inkrafttreten des Rundfunkbeitragsstaatsvertrags am 1. Januar 2013 bestand, wurde durch den Rundfunkbeitrag (in Form des Wohnungsbeitrags oder des nicht-privaten Betriebsstättenbeitrags) abgelöst. Der Rundfunkbeitrag zeichnet sich nunmehr dadurch aus, dass er im Gegensatz zur gerätebezogenen Rundfunkgebühr unabhängig davon erhoben wird, ob ein Empfangsgerät wie ein Radio, Fernsehapparat oder Computer bereitgehalten wird. Nach mehrheitlich vertretener Auffassung qualifizierte die (alte) Rundfunkgebühr für nationale Besteuerungszwecke als Vorzugslast.[886] Die Kriterien für eine Vorzugslast sind mit den Kriterien der Vergütungen für Leistungen öffentlicher Versorgungsbetriebe vergleichbar.[887] Durch die Änderung der Tatbestandsvoraussetzung für die Erhebung des Rundfunkbeitrags regte sich auf nationaler Ebene in der Literatur[888] Kritik an der weiterhin von der Rechtsprechung und von weiten Teilen der Literatur vorgenommenen Qualifikation auch des reformierten Rundfunkbeitrags als nichtsteuerliche Abgabe bzw. Vorzugslast.[889]

---

886 BVerfG, NJW 2012, 3423 Tz 16; *Exner/Seifarth*, NVwZ 2013, 1569 (1570).

887 Beachte jedoch, dass, wie eben gesehen, auch unterschiedliche Qualifikationen auf nationaler und völkerrechtlicher Ebene möglich sind.

888 Zu der Einordnung des Rundfunkbeitrags als Steuer für nationale Zwecke gelangen z. B. *Bölck*, NVwZ 2014, 266 (269); *Exner/Seifarth*, NVwZ 2013, 1569 (1570); *Korioth/Koemm*, DStR 2013, 833 (834 ff.); *Terschüren*, Die Reform der Rundfunkfinanzierung in Deutschland, S. 142 ff.

889 Vgl. für die Rechtsprechung zuletzt: BayVGH, Az 7 BV 15.960 Tz 17; BayVGH, Az 7 BV 15.1188 Tz 15; BayVGH, DVBl 2016, 120 ff. Tz 12; BayVerfGH, NJW 2014, 3215 Tz 72 ff.; RhPfVerfGH, ZUM 2014, 687 (691) Tz 5)2)b); BaWüStGH, VBlBW 2014, 218 ff.; wegen der Schwierigkeiten bei der Abgrenzung des abgabenpflichtigen Personenkreises von der Allgemeinheit äußerte sich allein das VG Freiburg (Az 2 K 1446/13 Tz 36 f.) kritisch in Bezug auf die Einordnung als nichtsteuerliche Abgabe. Vgl. für die Literatur zuletzt: *Wernsmann*, ZG 2015, 79 (84 ff.); *Kube*, Rundfunkbeitrag, S. 50 abrufbar unter: http://www.ard.de/download/401140/index.pdf (zuletzt abgerufen am 13.12.2016); *Gall/Schneider*, in: Hahn/Vesting, Rundfunkrecht, Vorbemerkung Rn 37; *Schneider*, DStR 2014, 509 (mit Nachweisen für beide Ansichten in der Literatur).

Die Entwicklung der Ausgestaltung des Tatbestands der Rundfunkbeitragspflicht führt nunmehr dazu, dass der Rundfunkbeitrag in noch geringerem Maße als die Rundfunkgebühr den Charakter einer Gegenleistung für eine konkret bestimmbare Rundfunkleistung aufweist und deshalb nun erst recht nicht als Vergütung für Leistungen eines öffentlichen Versorgungsbetriebs angesehen werden kann.[890]

Das Eingreifen der Bereichsausnahme in Bezug auf Vergütungen für Leistungen öffentlicher Versorgungsbetriebe verneint auch *Dittrich*.[891] Er lässt jedoch offen, welche Rechtsnatur der Rundfunkbeitrag aus nationaler Sicht bzw. für Abkommenszwecke aufweist. Auch lässt er offen, ob als Konsequenz der Verneinung des Eingreifens der Bereichsausnahme die internationalen Organisationen nunmehr von der Entrichtung des Rundfunkbeitrags befreit sind. Seine Darstellung lässt die Tendenz erkennen, dass er die Steuerfreistellungsklausel der jeweiligen völkerrechtlichen Vereinbarungen dergestalt einschränkend auslegt, dass sie lediglich für Abgaben, die innerstaatlich direkte Steuern darstellen, eingreift.[892] Eine solche Lesart hätte zur Folge, dass die vorliegend untersuchten internationalen Organisationen als rundfunkbeitragspflichtig einzustufen wären, da nach nationalem Steuerrecht der Rundfunkbeitrag nicht als direkte Steuer zu qualifizieren ist. Diese Lesart der Steuerfreistellungsklausel geht jedoch fehl, da das Gebot der autonomen Auslegung völkerrechtlicher Verträge in der vorliegend umrissenen Argumentation keine Berücksichtigung findet. Wegen der extensiven Auslegung des Begriffs der direkten Steuer wird für Abkommenszwecke in der Bundesrepublik Deutschland lediglich zwischen direkten und indirekten Steuern sowie Vergütungen für Leistungen öffentlicher Versorgungsbetriebe unterschieden. Die innerstaatliche Einführung einer weiteren Kategorie von Abgaben – vergleichbar mit den nationalen Gebühren und Beiträgen, die nicht der abkommensrechtlichen Befreiung unterfallen – ist mithin nicht geboten.

cc) Zwischenergebnis

Diejenigen der vorliegend untersuchten völkerrechtlichen Vereinbarungen, die eine Steuerbefreiungsklausel zugunsten der jeweiligen internationalen Organisation enthalten, sehen stets auch die eben erläuterte Bereichsausnahme vor. Mithin sind die betroffenen internationalen Organisationen – mit Ausnahme der Liga der Ara-

---

Zur generellen Frage der Verfassungsmäßigkeit des neuen Rundfunkbeitrags nimmt die vorliegende Arbeit mangels direktem Bezug zur vorliegend untersuchten Frage des Umfangs der fiskalischen Immunitäten keine Stellung. Vgl. für eine Auseinandersetzung über die Verfassungsmäßigkeit des reformierten Rundfunkbeitrags eingehend: *Schneider*, ZUM 2013, 472 ff. Vor allem zu der Verfassungsgemäßheit im finanzverfassungsrechtlichen Sinn vgl. *Wernsmann*, ZG 2015, 79 ff.

890 So auch sogar für die nationale Qualifikation des Rundfunkbeitrags: *Korioth/Koemm*, DStR 2013, 833 (836).

891 *Dittrich*, ZUM 2015, 375 (379).

892 *Dittrich*, ZUM 2015, 375 (379).

bischen Staaten – aufgrund der völkervertraglichen Steuerfreistellungsklausel nicht verpflichtet, den Rundfunkbeitrag zu entrichten.[893]

b) Infrastrukturabgabe

Die in dem deutschen Gesetz über die Erhebung einer zeitbezogenen Infrastrukturabgabe für die Benutzung von Bundesfernstraßen[894] vorgesehene Abgabe stellt keine Vergütung für Leistungen öffentlicher Versorgungsbetriebe dar, da die Abgabe unabhängig von der Häufigkeit der tatsächlichen Benutzung der Bundesfernstraßen bei allen vergleichbaren Kraftfahrzeugen gleich hoch ist.[895] Mithin fehlt es bereits an dem Gegenleistungscharakter der Abgabe. Es ist kein direkter Zusammenhang zwischen den Kosten, die die Nutzung der Bundesfernstraßen verursachen, und der konkreten Abgabe ersichtlich.

Ungeachtet der eben vorgenommenen Qualifikation der Infrastrukturabgabe für Abkommenszwecke müssen sich die einzelnen internationale Organisation mit Sitz in der Bundesrepublik Deutschland für die Befreiung von der Infrastrukturabgabe nicht auf die jeweilige völkerrechtliche Vereinbarung berufen, da § 2 Abs. 1 Nr. 8 lit. e InfrAG normiert, dass internationale Organisationen mit Sitz in der Bundesrepublik Deutschland von der Entrichtung der Abgabe befreit sind, wenn die betroffenen Kraftfahrzeuge auf die jeweilige internationale Organisation zugelassen sind. § 2 Abs. 1 Nr. 8 lit. f InfrAG enthält dieselbe Rechtsfolge für Kraftfahrzeuge, die auf Führungskräfte der internationalen Organisationen zugelassen sind, sofern die Führungskräfte gemäß einer völkervertraglichen Regelung Diplomaten gleich gestellt sind.[896]

---

893 Die Liga der Arabischen Staaten genießt als einzige der vorliegend untersuchten internationalen Organisationen keine fiskalischen Immuntäten in der Bundesrepublik Deutschland und ist mithin rundfunkbeitragspflichtig, wenn und soweit sie die Tatbestandsvoraussetzungen des § 5 Abs. 1 und 2 RBStV erfüllt und keine Befreiungsvorschrift auf sie Anwendung findet.

894 Infrastrukturabgabengesetz, BGBl. I 2015, 904 ff. (sog. Maut).

895 Vgl. hierzu die Abgabensätze in der Anlage zu § 8 InfrAG.

896 Beachte, dass zwar das InfrAG am 12.6.2015 in Kraft getreten ist, sich die Umsetzung der Infrastrukturabgabe aber aufgrund der Eröffnung eines Vertragsverletzungsverfahrens durch die EU-Kommission verzögerte. Die EU-Kommission hatte am 28.4.2016 als Reaktion auf die Stellungnahme der Bundesrepublik Deutschland auf das Mahnschreiben der EU-Kommission eine begründete Stellungnahme abgegeben. Am 29.9.2016 beschloss die EU-Kommission, gegen die Bundesrepublik Deutschland ein Vertragsverletzungsverfahren vor dem Gerichtshof der Europäischen Union einzuleiten. Siehe zum Stand des Vertragsverletzungsverfahrens mit der Nummer 20152122: http://ec.europa.eu/atwork/applying-eu-law/infringements-proceedings/infringement_decisions/index.cfm?lang_code=DE&r_dossier=2015 2122&noncom=0&decision_date_from=&decision_date_to=&active_only=0&EM=DE&title=&submit=Suche (zuletzt abgerufen am 13.12.2016). Am 1.12.2016 einigte sich das Bundesverkehrsministerium mit der EU-Verkehrskommissarin

c) *Zusammenfassung der Ergebnisse*

Die vorliegend untersuchten internationalen Organisationen sind von der Entrichtung einiger Abgaben, die gemäß der deutschen Steuerrechtsordnung Gebühren oder Beiträge darstellen, aufgrund der Steuerfreistellungsklausel befreit. Hierzu zählen der Rundfunkbeitrag sowie die geplante Infrastrukturabgabe.[897]

4. Gehälter und Bezüge der Mitglieder des Personals

a) *Bestimmung der steuerfreien Gehaltsbestandteile auf Abkommensebene*

Die völkervertragliche Steuerfreistellungsklausel zugunsten der Mitglieder des Personals enthält regelmäßig die Formulierung, dass diese „Befreiung von allen Steuern auf die von (der jeweiligen internationalen Organisation) gezahlten" Gehälter und Bezüge[898] (bzw. *salaries and emoluments*)[899] genießen. Die grammatikalische Auslegung der einzelnen Abkommenstexte ist im Hinblick auf die Ermittlung des genauen materiellen Umfangs der Steuerbefreiungsvorschrift nicht ergiebig. Aus dem Wortlaut der vertraglichen Bestimmungen geht v.a. nicht eindeutig hervor, ob alle Zahlungen, die die internationalen Organisationen an das jeweilige Mitglied des Personals leisten, gleichsam auch als steuerbefreite Gehälter und Bezüge qualifizieren. Neben dem Grundgehalt erhalten die meisten Mitglieder des Personals auch Zulagen, Beihilfen sowie weitere zusätzliche (pauschale) Zahlungen.[900]

aa) *Grundgehalt*

Die Vorschriften zu der Ausgestaltung bzw. zu der Höhe des Grundgehalts (*basic salary*) finden sich regelmäßig in den Personalstatuten oder anderen internen Dokumenten der einzelnen internationalen Organisationen.[901]

---

auf eine EU-konforme Ausgestaltung der Maut. Siehe zu den Einzelheiten der Infrastrukturabgabe: http://www.bmvi.de/SharedDocs/DE/Artikel/K/prognose-infrastrukturabgabe.html (zuletzt abgerufen am 13.12.2016).

897 Siehe für weitere Beispiele für den Umfang der Bereichsausnahme: F.I.1.c)aa).

898 Siehe nur: Artikel 13 Abs. 2 lit. a Sitzstaatabkommens mit IRENA-IITC. In der englischen Sprachfassung findet sich die Wendung *„paid to them by IRENA"*.

899 Im Folgenden wird im Rahmen der Erläuterung nur noch die deutsche Sprachfassung dieses Begriffspaars verwendet.

900 Vgl. Artikel 3 IntStVO.

901 Siehe z.B. Artikel 23 OCCAR-Personalstatut. Die Personalstatuten werden auch als Beschäftigungsbedingungen bzw. Beamtenstatut bezeichnet. In englischsprachigen Dokumenten finden sich die Begriffe *„Staff Rules"*, *„Terms of Services for International Staff Members"* oder *„Service Regulations"*.

bb) Zulagen

Neben dem Grundgehalt erhalten die Mitglieder des Personals regelmäßig einen finanziellen Ausgleich – sog. Zulagen (*allowances*) – für besondere persönliche bzw. berufliche Umstände oder für außergewöhnliche Belastungen, die in Zusammenhang mit der Ausübung der dienstlichen Tätigkeit entstehen. Teilweise erhalten einzelne Mitglieder des Personals auch Zulagen als Anerkennung für besondere Fähigkeiten.[902] In den Personalstatuten sind gewöhnlicherweise die Höhe der jeweiligen Zulagen sowie die Voraussetzungen für deren Erhalt aufgeführt.[903] Die einzelnen Zulagen lassen sich in unterschiedliche Kategorien einteilen. So erhalten die Mitglieder des Personals Zulagen, die einen Ausgleich für Lasten darstellen, die im Zusammenhang mit der Ausübung der dienstlichen Tätigkeit entstanden sind. Auch können sie Zulagen erhalten, die mit Rücksicht auf die familiäre und soziale Situation des jeweiligen Mitglieds des Personals von der internationalen Organisation gezahlt werden. Zu den Zulagen, die einen Ausgleich für Belastungen darstellen, die im Zusammengang mit der Ausübung der dienstlichen Tätigkeit entstanden sind, zählen die Auslandszulage[904], die Einrichtungsbeihilfe[905] sowie die Mietzulage.[906] Zu den Zulagen, die mit Rücksicht auf die persönliche bzw. familiäre Situation des einzelnen Mitglieds des Personals gewährt werden, gehören z. B. die Haushaltszulage[907], die Unterhaltsberechtigtenzulage bzw. Kinderzulage[908], die Erziehungszulage[909] sowie die Geburtsbeihilfe. Zu den Zulagen, die ihre Rechtfertigung in dem dienstlichen Bereich finden, zählt z. B. die Sprachenzulage.[910] Je nach Einsatzgebiet und Aufgabenstruktur der Tätigkeit des einzelnen

---

902 *Ullrich*, Das Dienstrecht der Internationalen Organisationen, S. 263. Ein Beispiel für eine solche Zulage findet sich z. B. in der Verordnung der Bundesregierung der Bundesrepublik Deutschland über die Gewährung von Steuerbefreiungen an das Deutsch-Französische Jugendwerk. § 1 dieser Verordnung bestimmt, dass die an die französischen Mitglieder des Personals des Deutsch-Französischen Jugendwerks gezahlte Auslandszulage von der nationalen Einkommensteuer befreit ist. Im Gegensatz zu den im Folgenden aufgezählten Mitgliedern des Personals der internationalen Organisationen erhalten die Mitglieder des Personals des Deutsch-Französischen Jugendwerks keine weiteren fiskalischen Immunitäten neben der Befreiung der Auslandszulage von deutscher Einkommensteuer.

903 Siehe beispielhaft: Artikel 14 i.V.m. Anlage II Tz 3 EUMETSAT-Personalstatut, Artikel 67 Abs. 1 Personalstatut der ESO vom November 2015, Punkt 3 der Zusammenfassung des Personalstatuts der ESO (ESO-Personalstatut) mit Stand vom 1.1.2016, abzurufen unter: https://www.eso.org/public/germany/jobs/conditions/intstaff/ (zuletzt abgerufen am 13.12.2016) sowie Artikel 3 Abs. 3 der Verordnung Nr. 260/68.

904 *Expatriation allowance.*

905 *Installation allowance.*

906 *Rent allowance.*

907 *Household allowance.*

908 *Dependant's allowance.*

909 *Education allowance.*

910 *Language allowance.* Mitglieder des Personals des EPA, die in bestimmten administrativen und technischen Bereichen tätig sind, erhalten eine Sprachenzulage, wenn

Mitglieds des Personals werden auch noch weiter spezialisierte Zulagen gewährt, die es möglicherweise in vergleichbarer Form bei anderen internationalen Organisationen nicht gibt. So erhalten die Mitglieder des Personals der ESO, die in La Silla, Paranal, Sequitor oder im *ALMA Operations Support Facility* (alle in Chile gelegen) tätig sind, eine sog. Bergzulage.[911] Neben den Zulagen zahlen die internationalen Organisationen den Mitgliedern ihres Personals teilweise auch weitere Anpassungen wie z.B. den sog. Kaufkraftausgleich.

cc) Indizwirkung: Organisationsinterne Steuer

Einen Hinweis auf die Auslegung des Begriffs „Gehälter und Bezüge" könnte die Bemessungsgrundlage für die organisationsinterne Steuer geben. Die Belastung der Gehälter und Bezüge mit einer internen Steuer bei gleichzeitiger Steuerbefreiung dieser von nationaler Einkommensteuer in dem jeweiligen steuerberechtigten Staat hat die Vermeidung der Doppelbesteuerung zum Ziel.[912] Deshalb ist davon auszugehen, dass nach dem Willen der internationalen Organisation alle Zahlungen an die Mitglieder ihres Personals, die bereits mit einer internen Steuer belastet werden, unter das Begriffspaar „Gehälter und Bezüge" fallen und somit im jeweiligen steuerberechtigten Staat steuerfrei zu stellen sind. Gemäß den organisationsinternen Vorschriften über die Ausgestaltung der internen Besteuerung[913], die lediglich teilweise öffentlich zur Verfügung standen,[914] bemisst sich die Besteuerungsgrundlage für die

sie in einem kurzen Test nachweisen, dass sie alle drei Amtssprachen des EPA (Deutsch, Englisch und Französisch) beherrschen.

911 *Mountain allowance*, vgl. Punkt 3 der Zusammenfassung des ESO-Personalstatuts.

912 *Muixer*, LJIL 1993, 47 (65); *Martha*, The Financial Obligation in International Law, S. 280.

913 Die jeweiligen Vorschriften über die interne Besteuerung der Gehälter und Bezüge der Mitglieder des Personals enthalten einen dynamischen Verweis auf noch zu erlassende organisationsinterne Vorschriften, die die Einzelheiten bezüglich der internen Besteuerung bestimmen sollen. Regelmäßig finden sich diese Festlegungen in den Personalstatuten der einzelnen internationalen Organisationen. Im Fall der internationalen Organisationen, auf die das EU-Protokoll Anwendung findet, bestimmt eine Verordnung die Verfahrensregeln zu der Erhebung der internen EU-Steuer. Ebenso handhabt es die EPO. Artikel 16 Abs. 1 ESO-Protokoll und Artikel 17 Abs. 1 der Anlage I zum OCCAR-Übereinkommens enthalten einen Verweis auf noch festzulegende organisationsinterne Bedingungen und Verfahrensregeln. Artikel 12 Abs. 1 des EU-Protokolls enthält eine Verordnungsermächtigung an das Europäische Parlament und den Rat zur Festlegung der Bestimmungen und des Verfahrens der Erhebung der internen EU-Steuer. Artikel 5 Abs. 2 lit. b ix) des Übereinkommens zur Gründung einer europäischen Organisation zur Nutzung von meteorologischen Satelliten, BGBl. II 1987, 257 ff., verweist auf die Kompetenz des Rates zum Abschluss eines Personalstatuts.

914 Die öffentlich verfügbaren internen Dokumente qualifizieren als zulässige Quellen zur Auslegung der völkerrechtlichen Vereinbarungen, da sie durch den dynamischen Verweis auf organisationsinterne Rechtsakte unmittelbar in den Willen

interne Steuer nach der Summe der Zahlungen der internationalen Organisationen an die Mitglieder ihres Personals abzüglich der Zulagen, abzüglich der Beiträge zur Altersversorgung und zur sozialen Vorsorge sowie abzüglich eines Werbungskostenpauschbetrags.[915] Aus der Zusammenschau dieser Vorschriften zu der Bemessungsgrundlage der internen Steuer ergibt sich das eindeutige Bild, dass allein das Grundgehalt ohne Zulagen und Beiträge zur Altersversorgung und zur sozialen Vorsorge Bemessungsgrundlage für die interne Steuer ist.

Grundsätzlich gibt es jedoch keine Wechselwirkung dahingehend, dass alle Zahlungen, die einer internen Besteuerung unterworfen werden, auf nationaler Ebene einer Steuerbefreiung unterfallen.[916] Wäre dies der Fall, könnte die internationale Organisation selbst den Inhalt der völkerrechtlichen Vereinbarungen über die Immunitäten im Nachhinein ohne Zustimmung der anderen Vertragsparteien, der Mitgliedstaaten, ändern, da ein einfacher Verwaltungsbeschluss das Tatbestandsmerkmal der „Gehälter und Bezüge" mit einem neuen Inhalt füllen könnte. Dieses Vorgehen wäre aber von dem Zustimmungsgesetz zu dem völkerrechtlichen Vertrag (im Fall der Bundesrepublik Deutschland gemäß Artikel 59 Abs. 2 GG) nicht umfasst und stellte einen Verfassungsverstoß dar.[917] Eine Wechselwirkung besteht mithin lediglich zwischen der Steuerpflicht zugunsten der internationalen Organisation und der grundsätzlichen Gewährung von fiskalischen Immunitäten zugunsten der Mitglieder des Personals internationaler Organisationen.

Die Zusammensetzung der Bemessungsgrundlage für die organisationsinterne Steuer hat mithin keinen Einfluss auf den genauen Umfang der nationalen Steuerbefreiung.[918] Da die Zusammensetzung der „Gehälter und Bezüge" innerhalb der internationalen Organisationen variiert und darüber hinaus zu berücksichtigen ist, dass lediglich ein Teil der in dieser Arbeit untersuchten völkerrechtlichen Verträge die Vornahme einer internen Besteuerung der Gehälter und Bezüge der Mitglieder ihres Personals durch die internationalen Organisationen vorsieht, stellt die Bemessungsgrundlage für die organisationsinterne Steuer auch kein taugliches Indiz für die Bestimmung des Umfangs der steuerbefreiten Gehälter und Bezüge für Abkommenszwecke dar.[919]

---

der Vertragsparteien des jeweiligen völkerrechtlichen Vertrags aufgenommen worden sind.

915 Vgl. Anlage II Tz 3 des EUMETSAT-Personalstatuts, Artikel 3 Abs. 2 der Verordnung Nr. 260/68, Artikel 25.3 i.V.m. 23.1 OCCAR-Personalstatut, Artikel 3 Nr. 2 IntStVO der EPO.

916 BFH/NV 2016, 180 ff. Tz 16.

917 BFH/NV 2016, 180 ff. Tz 17.

918 Siehe Fn 917.

919 Die Einrichtung eines internes Besteuerungssystems ist laut den einschlägigen völkerrechtlichen Verträgen bei EMBL, EPO/EPA, ESA (EAC bzw. ESOC), ESO, EUMETSAT, OCCAR und bei denjenigen Organisationen, auf die das EU-Protokoll Anwendung findet, namentlich EASA, EIOPA, EU-Kommission und EZB, vorgesehen, vgl. zu der Höhe der internen Steuer: E.IV.5.

b) Nationale Bestimmung der steuerfreien Gehaltsbestandteile

aa) Invaliditätszulage

Über die Frage nach der steuerlichen Behandlung der Invaliditätszulage an ein Mitglied des Personals des EPA musste jüngst der BFH entscheiden. Dem Urteil liegt folgender Sachverhalt zu Grunde: Die Klägerin erzielte im Jahr 2008 als Mitglied des Personals des EPA Einkünfte aus nichtselbständiger Arbeit sowie ab Oktober 2008 eine sog. Invaliditätszulage wegen Dienstunfähigkeit. Beide Zahlungen wurden zugunsten der EPA mit einer internen Steuer belastet. In der Jahressteuererklärung 2008 erklärte die Klägerin steuerfreien Arbeitslohn in Höhe des Grundgehalts samt der Invaliditätszulage abzüglich der internen Steuer. Das Finanzamt stufte die Invaliditätszulage jedoch abzüglich der internen Steuer als steuerpflichtige Rente bzw. Ruhegeldzahlung i.S.v. Artikel 16 Abs. 2 des EPO-Protokolls ein. Diese steuerliche Behandlung der Invaliditätszulage bestätigte das FG München und stellte fest, dass die neu eingeführte Invaliditätszulage im Kern der bisherigen Ruhegehaltszahlung entspreche.[920]

Der BFH schloss sich im Rahmen seiner Revisionsentscheidung der Ansicht des FG München nicht an und qualifizierte die Invaliditätszulage als Bestandteil der Gehälter und Bezüge des Mitglieds des Personals des EPA, die der Steuerfreistellungsklausel in Artikel 16 Abs. 1 des EPO-Protokolls unterfällt.

Nach der Auffassung des BFH sei die Klägerin nicht als ehemalige Bedienstete gemäß Artikel 16 Abs. 2 des EPO-Protokolls einzustufen, da die Zahlung der Invaliditätszulage zeitlich befristet und mithin die Klägerin noch nicht endgültig aus dem Dienst ausgeschieden sei.[921] Eine Rückversetzung in den aktiven Dienst sei nämlich grundsätzlich möglich, wenn die Voraussetzungen der Invalidität nicht mehr vorlägen. Auch sei die Invaliditätszulage nicht mit einer Rente bzw. Ruhegehaltszahlung vergleichbar, da auf die Zulage Beiträge für das organisationsinterne Versorgungssystem erhoben würden.[922]

Mit Beschluss vom 26. März 2015 zur Änderung der Vorschriften für Krankheitsurlaub und Invalidität (CA/D 2/15)[923] hat der Verwaltungsrat des EPA die Regelung über den Anspruch auf eine Invaliditätszulage in Artikel 62a des EPA-

---

920 FG München, DStRE 2013, 1168 ff. = EFG 2013, 446 ff.

921 BFH/NV 2016, 919 Tz 20 ff. Erst nach einem Zeitraum von zehn Jahren Dienstunfähigkeit erhält gemäß Artikel 12 Abs. 1 der neuen Versorgungsordnung für das EPA ein Mitglied des Personals Ruhegeldzahlungen, sofern es zu diesem Zeitpunkt das 55. Lebensjahr vollendet hat. Anders noch BFH/NV 2016, 180 Tz 23 f., der die Abgrenzung zwischen Artikel 16 Abs. 1 und 2 des EPO-Protokolls nicht an dem Bedienstetenstatus vornehmen will, sondern allein auf die Art der Leistung abstellt.

922 BFH/NV 2016, 919 Tz 26 ff.

923 Der Beschluss des Verwaltungsrats vom 26.3.2015 (CA/D 2/15) ist abzurufen unter: https://www.epo.org/modules/epoweb/acdocument/epoweb2/150/de/CA-D_2-15_de.pdf (zuletzt abgerufen am 13.12.2016).

Beamtenstatuts a. F. geändert.[924] Nunmehr erhält ein dienstunfähiges Mitglied des Personals keine Invaliditätszulage mehr, sondern gemäß Artikel 62b Abs. 3 lit. b des EPA-Beamtenstatuts lediglich 70 Prozent des Grundgehalts.

Das EPA-Beamtenstatut stellt nunmehr im Einklang mit der Rechtsprechung des BFH ausdrücklich klar, dass aus der Sicht der EPO die Zahlungen an ein dienstunfähiges Mitglied des Personals, das sich noch nicht im Ruhestand befindet, als Bestandteil der „Gehälter und Bezüge" gemäß Artikel 16 Abs. 1 des EPO-Protokolls qualifiziert.

bb) Teilausgleichszahlungen

Teilausgleichszahlungen der EPO, die einem ehemaligen Mitglied des Personals als Teilausgleich für die nationale Besteuerung der Versorgungsbezüge gezahlt werden, qualifizieren gemäß dem BFH als steuerpflichtige Renten bzw. Ruhegeldzahlungen gemäß Artikel 16 Abs. 2 des EPO-Protokolls, da die Ausgleichszahlungen als „‚unselbständiger Annex' zu den Versorgungsbezügen ausgestaltet" seien. Die Ausgleichszahlungen teilten damit „auch deren Zielrichtung, nämlich die Versorgung des ehemaligen Bediensteten sicherzustellen."[925]

Das Ergebnis des BFH ist auch vor dem Hintergrund der Rechtfertigung fiskalischer Immunitäten konsequent, da die in Rede stehenden Teilausgleichszahlungen lediglich an ehemalige Mitglieder des Personals geleistet werden, deren vollständige Unabhängigkeit für Zwecke der Funktionalität der EPO bzw. des EPA nicht mehr sichergestellt werden muss.[926]

cc) Kinderzulage

Der nationale Kindergeldanspruch dient der Steuererleichterung von Familien und ist nach § 65 Abs. 1 Satz 1 Nr. 3 EStG gegenüber Leistungen für Kinder, die von einer zwischen- oder überstaatlichen Einrichtung gewährt werden und dem Kindergeld vergleichbar sind, subsidiär. Die völkervertraglich gewährte Kinderzulage stellt eine Leistung i.S.d. § 65 Abs. 1 Satz 1 Nr. 3 EStG dar und schließt mithin regelmäßig die Zahlung von Kindergeld aus.[927] Nach dem FG München liegt es deshalb zu recht

---

924 Das Beamtenstatut des EPA (EPA-Beamtenstatut) mit Stand März 2016 ist als pdf abzurufen unter: http://documents.epo.org/projects/babylon/eponet.nsf/0/ac4179d70d826a22c1257ed0002b1afb/$FILE/Service_Regulations_de.pdf (zuletzt abgerufen am 13.12.2016).

925 BFH/NV 2016, 180 ff. Tz 25.

926 BFH/NV 2016, 180 ff. Tz 26.

927 Siehe zur Vergleichbarkeit der von internationalen Organisationen gewährten Kinderzulage/Unterhaltsberechtigtenzulage/Beihilfe für unterhaltsberechtigte Kinder (*dependent child allowances, child allowances, dependent child benefit*), A. 28.4 Abs. 3 der Dienstanweisung zum Kindergeld nach dem EStG – DA-KG Stand 2016. Nach dieser Dienstanweisung stellen die Kinderzulage der ESO, EU, NATO, OECD und der Vereinten Nationen sowie die Unterhaltsberechtigtenzulage

nahe, die Kinderzulage zumindest bis zur Höhe des nationalen Kindergeldanspruchs grundsätzlich als steuerfreie Gehaltsbestandteile zu behandeln.[928]

c) *Zusammenfassung der Ergebnisse und Stellungnahme*

Die vorliegend untersuchten völkerrechtlichen Vereinbarungen enthalten keine Definition des Begriffspaars „Gehälter und Bezüge". Mangels Wechselwirkung zwischen nationaler und organisationsinterner steuerlicher Behandlung der Einkünfte der Mitglieder des Personals ist der Umfang der steuerbefreiten Gehälter auch nicht anhand der Bemessungsgrundlage für die organisationsinterne Steuer bestimmbar, da die Art und Weise der organisationsinternen Besteuerung das nationale Besteuerungsrecht nicht einschränken kann.[929] Soweit ersichtlich, fehlt es potentiell bereits in Bezug auf jede einzelne internationale Organisation an einer einheitlichen steuerlichen Behandlung der Gehälter und Bezüge der Mitglieder des Personals auf organisationsinterner und nationaler Ebene. Somit besteht stets das Risiko der doppelten Nichtbesteuerung ebenso wie das Risiko der Doppelbesteuerung hinsichtlich der Gehälter und Bezüge der Mitglieder des Personals der jeweils betroffenen internationalen Organisationen.[930]

Ebenfalls mangelt es an einer organisationsübergreifenden einheitlichen Bestimmung der steuerfreien Gehaltsbestandteile. Die Bemessungsgrundlage für die interne Besteuerung stellt kein taugliches Indiz zur Bestimmung des Umfangs der steuerbefreiten Gehälter und Bezüge dar, da u. a. nicht alle vorliegend untersuchten internationalen Organisationen eine interne Besteuerung der Mitglieder ihres Personals vornehmen. Zur Ermittlung des Umfangs der steuerbefreiten Einkünfte der Mitglieder des Personals der jeweiligen vorliegend untersuchten internationalen Organisationen bedarf es mithin einer individuellen Auslegung des jeweils

---

des EPA, eine mit dem nationalen Kindergeld vergleichbare Leistung dar. Für den Fall eines Kindergeldberechtigten, der im Inland in einem öffentlich-rechtlichen Dienst- oder Amtsverhältnis steht und dessen Ehegatte als Beamter, Ruhestandsbeamter oder sonstiger Bediensteter der EU tätig ist, greift die Rückausnahme des § 63 Abs. 1 Satz 3 EStG ein. Siehe hierzu auch die aktuelle Entscheidung des BFH für unverheiratete Paare, nach der die Rückausnahme in diesem Fall zu reduzieren ist und somit auch bei unverheirateten Paaren wie bei geschiedenen oder getrennt lebenden Ehepaaren ein Kindergeldanspruch besteht, BFH, IStR 2016, 938 (941) Tz 39. Zu der Behandlung der getrennt lebenden oder geschiedenen Ehepaare, siehe A. 28.4 Abs. 4 Satz 3 der Dienstanweisung zum Kindergeld nach dem EStG – DA-KG Stand 2016.

928 FG München, EFG 2015, 1192 Tz 36. Vgl. zur Steuerbarkeit der Kinderzuschläge in der Bundesrepublik Deutschland, § 3 Nr. 11 Satz 2 EStG.

929 BFH/NV 2016, 180 ff. Tz 16.

930 Der Gehaltsbestandteil wird auf nationaler Ebene steuerfrei behandelt und unterliegt keiner organisationsinternen Besteuerung (doppelten Nichtbesteuerung). Der Gehaltsbestandteil ist auf nationaler Ebene steuerpflichtig und unterliegt der organisationsinternen Besteuerung (Doppelbesteuerung).

einschlägigen völkerrechtlichen Abkommens samt den dazugehörigen internen Dokumentationen. Die Notwendigkeit dieses Vorgehens erschwert nicht nur die Rechtsfindung im Rahmen der Bestimmung der fiskalischen Immunitäten der Mitglieder des Personals, sondern gefährdet auch die Funktionalität der internationalen Organisationen, da eine organisationsübergreifende Ungleichbehandlung der Mitglieder des Personals internationaler Organisationen droht. Eine solche Ungleichbehandlung stört zwar nicht unmittelbar das Äquivalenzprinzip zwischen Lohn und Arbeit innerhalb einer internationalen Organisation. Dennoch ist es zumindest denkbar, dass die Funktionalität einzelner internationaler Organisationen durch die mögliche uneinheitliche Auslegung des Begriffspaars „Gehälter und Bezüge" beeinträchtigt wird. So könnte eine steuerlich weniger günstige Behandlung zur Folge haben, dass eine internationale Organisation fähige Mitarbeiter verliert, die es vorziehen, in internationalen Organisationen tätig zu sein, in denen sie eine günstigere fiskalische Behandlung erfahren. Ein Mangel an (qualifizierten) Mitarbeitern ist zumindest geeignet, die effektive Aufgabenwahrnehmung durch eine internationale Organisation zu gefährden.

Vor dem Hintergrund der Rechtfertigung der fiskalischen Immunitäten der Mitglieder des Personals und aus Gründen der Übersichtlichkeit und Praktikabilität ist es somit erstrebenswert, eine organisationsübergreifende einheitliche Bestimmung derjenigen Gehaltsbestandteile, die von der völkervertraglich normierten Steuerfreistellungsklausel umfasst sein sollen, vorzunehmen.[931]

5. Einordnung der Renten und Ruhegehälter

a) Einordnung für Abkommenszwecke

Einige der vorliegend untersuchten völkerrechtlichen Vereinbarungen enthalten die ausdrückliche Bestimmung, dass die Regelung über die Steuerbefreiung zugunsten der Mitglieder des Personals internationaler Organisationen Renten und Ruhegehaltszahlungen nicht umfasst. Wie oben bereits dargestellt, finden sich solche völkervertraglichen Bestimmungen in den völkerrechtlichen Vereinbarungen über die Immunitäten von EMBL, EPO/EPA; ESA (EAC bzw. ESOC), ESO, EUMETSAT und OCCAR. Artikel 12 Abs. 2 des EU-Protokolls i.V.m. Artikel 2 lit. b der Verordnung Nr. 549/69 bestimmt, dass die Renten und Ruhegehälter an ehemalige Mitglieder des Personals ebenso wie die Gehälter und Bezüge aktiver Mitglieder des Personals der internationalen Organisationen, auf die das EU-Protokoll anzuwenden ist, in dem steuerberechtigten Staat steuerfrei zu behandeln sind.[932]

931 Hierzu eignet sich z. B. die Unterscheidung nach dem Bedienstetenstatus des Zahlungsempfängers, vgl. zur noch a.A. aber Fn 922. Siehe den Vorschlag einer Modellregelung über die Steuerbefreiung der Gehälter und Bezüge unter: G.II.4.

932 Siehe hierzu auch das BMF-Schreiben vom 1.6.2015 betreffend die einkommensteuerliche Behandlung von Vorsorgeaufwendungen und Altersbezügen; Besteuerung der Versorgungsbezüge internationaler und europäischer Organisationen,

In den übrigen Fällen existiert keine ausdrückliche völkervertragliche Bestimmung über die steuerliche Behandlung der Renten und Ruhegehälter. Würde das Begriffspaar „Gehälter und Bezüge" in diesen Abkommen weit ausgelegt werden, wären die Mitglieder des Personals dieser internationalen Organisationen von der nationalen Steuer auf die Renten und Ruhegeldzahlungen befreit. Dies gilt mit Ausnahme der Mitglieder des Personals der Liga der Arabischen Staaten sowie der Mitglieder des Personals des Deutsch-Französischen und Deutsch-Polnischen Jugendwerks, da die Mitglieder des Personals dieser drei internationalen Organisationen keinerlei fiskalische Immunitäten genießen.

In dem Erlass betreffend die Steuerfreiheit und den Progressionsvorbehalt bei Gehältern und Bezügen von Bediensteten internationaler Organisationen[933] vertritt die FSen Berlin die Auffassung, dass die Renten und Ruhegehälter, die die ADB und die IOM an die ehemaligen Mitglieder ihres Personals zahlen, nicht von der Besteuerung in der Bundesrepublik Deutschland befreit sind. Die Feststellung der Senatsverwaltung, dass Renten und Ruhegehälter nicht in den Anwendungsbereich der Steuerbefreiung der Gehälter und Bezüge fallen, stützt sich jedoch nicht auf eine ausdrückliche Regelung in den einschlägigen Steuerfreistellungsklauseln, sodass unklar bleibt, wie die Senatsverwaltung zu dieser Einschätzung gelangte.[934]

b) Nationale Einordnung des abkommensrechtlichen Begriffspaars

Bei dem Begriffspaar „Renten und Ruhegehälter" handelt sich mangels Definition in den jeweiligen einschlägigen völkerrechtlichen Vereinbarungen um einen sog. offenen Typenbegriff.[935]

aa) Standpunkt der Finanzverwaltung

Das BMF vertritt die Auffassung, dass die völkerrechtlichen Vereinbarungen, die keine ausdrückliche Regelung zu der steuerlichen Behandlung der Renten und Ruhegehälter enthalten, in der Regel das deutsche Besteuerungsrecht für die Renten oder Ruhegehälter unberührt lassen.[936]

BStBl. I 2015, 475. Diese Begünstigung erfahren die Mitglieder des Personals der EASA, der EIOPA, der Vertretung der EU-Kommission und der EZB.

933 FSen Berlin, Erlass betreffend die Steuerfreiheit und Progressionsvorbehalt bei Gehältern und Bezügen von Bediensteten internationaler Organisationen vom 13.11.2014 – III A – S 1311–5/2007.

934 Mithin stellt sich die Frage nach der steuerlichen Behandlung der Renten und Ruhegehälter lediglich in Bezug auf die völkerrechtlichen Abkommen über die Immunitäten von ADB, GDCT, IRENA-IITC, IOM, NETMA-NATO und OECD.

935 BFH/NV 2016, 180 ff. Tz 24.

936 BMF-Schreiben vom 19.8.2013 betreffend die einkommensteuerrechtliche Behandlung von Vorsorgeaufwendungen und Altersbezügen, BStBl. I 2013, 1087, in der Fassung des BMF-Schreibens vom 1.6.2015, DStR 2015, 2287 Tz 168.

bb) Auslegung des BFH-Urteils vom 22. November 2006

Der X. Senat des BFH entschied in seinem Urteil vom 22. November 2006[937] über die steuerliche Behandlung der Renten und Ruhegehälter der ehemaligen Mitglieder des Personals der NATO-Hauptquartiere. Der Gerichtshof gelangte nach Auslegung des Protokolls über die Rechtsstellung der auf Grund des Nordatlantikvertrags errichteten internationalen militärischen Hauptquartiere[938] zu der Auffassung, dass Renten und Ruhegehälter nicht in den Anwendungsbereich der Steuerbefreiung der Bezüge der Mitglieder des Personals der NATO Hauptquartiere fallen.[939] Nach dem BFH umfasst die Steuerbefreiung in Artikel 7 Abs. 2 Satz 1 des Protokolls über die NATO-Hauptquartiere lediglich Gehälter und Bezüge, die an aktive Mitglieder des Personals ausgezahlt werden. Er gelangte zu diesem Ergebnis durch grammatikalische Auslegung der Bestimmungen in dem Protokoll über die NATO-Hauptquartiere. Auch verglich der BFH im Rahmen seiner Urteilsfindung die streitgegenständliche Regelung in dem Protokoll mit Vorschriften in anderen vergleichbaren völkerrechtlichen Verträgen.

Artikel 7 Abs. 2 Satz 1 des Protokolls über die NATO-Hauptquartiere lautet in der deutschen Übersetzung:

> *„Bedienstete (...) sind von Steuern auf Bezüge und Einkünfte befreit, die ihnen in ihrer Eigenschaft als derartige Bedienstete (...) gezahlt werden."*

Der BFH analysierte diese Norm zunächst in der maßgeblichen englischen und französischen Sprachfassung des Protokolls. In der englischen Sprachfassung werden die begünstigten Personen als *„employees"* und in der französischen Sprachfassung als *„employés"* bezeichnet.

Der englische Begriff *„employee"* bezeichne

> *„a person in the service of another ..., where the employer has the power or right to control and direct the employee in the material details of how the work is to be performed"*.[940]

Der französische Begriff *„employé"* umschreibe eine

> *„personne salariée qui travaille dans un bureau ... sans avoir de responsabilité d'encadrement"*.[941]

Beide Definitionen umfassen nach Ansicht des BFH nur aktive Beschäftigte.[942] Der X. Senat des BFH führte ebenso an, dass die Begriffe *„salaries and emoluments"* sowie *„traitements et émoluments"* in der ihnen in dem hier maßgeblichen Zusam-

---

937 BFHE 216, 124 = DStRE 2007, 820.

938 Protokoll über die Rechtsstellung der auf Grund des Nordatlantikvertrags errichteten internationalen militärischen Hauptquartiere (Protokoll über die NATO-Hauptquartiere), BGBl. II 1969, 1997 ff.

939 BFHE 216, 124 = DStRE 2007, 820 (824 f.).

940 Der BFH verweist diesbezüglich auf: Black's Law Dictionary, 5th edition, 1979.

941 Der BFH verweist diesbezüglich auf: Le Petit Larousse Illustré, 2004.

942 BFHE 216, 124 = DStRE 2007, 820 (824 f.).

menhang zukommenden gewöhnlichen Bedeutung nicht die Ruhegehaltszahlungen an ehemalige Mitglieder des Personals der streitgegenständlichen Organisation umfassen würden. Diese Auslegung begründet der BFH ebenfalls mit Hilfe der grammatikalischen Auslegung der einschlägigen völkervertraglichen Bestimmungen. Die jeweilige Definition der vier Begriffe zeige, dass die einzelnen Zahlungen Gegenleistungen des Arbeitgebers für tatsächlich geleistete Dienste des Mitglieds des Personals darstellten.[943]

Drittens verwies der BFH auf die Regelungen zu der steuerlichen Behandlung von Renten und Ruhegehältern in anderen völkerrechtlichen Vereinbarungen, die Regelungen zu den Immunitäten von anderen internationalen Organisationen (v. a. den Koordinierten Organisationen) enthalten und mit den vorliegend untersuchten Vereinbarungen vergleichbar sind. In diesen völkerrechtlichen Vereinbarungen sei ausdrücklich geregelt, dass Renten und Ruhegeldzahlungen von der Steuerbefreiung ausgenommen seien.

Die vorliegend untersuchten völkerrechtlichen Vereinbarungen benennen die Renten und Ruhegehälter als *„pensions“*, *„annuities“* *„rentes“*, *„pensions“* oder *„retraites“*. Nach Auffassung des BFH bestätige die unterschiedliche Bezeichnung der einzelnen Zahlungen im Vergleich zu dem Begriffspaar *„salaries and emoluments”* bzw. *„traitements et émoluments”*, das im Rahmen der Steuerfreistellungsklausel verwendet wird, das zuvor ermittelte Auslegungsergebnis.[944]

Schließlich sah der BFH sein Ergebnis unter Berücksichtigung des Sinns und Zwecks der Gewährung von Steuerbefreiungen an aktive Mitglieder des Personals internationaler Organisationen bestätigt. Sobald die Mitglieder des Personals in den Ruhestand träten, sei die effektive Aufgabenwahrnehmung durch eine internationale Organisation nicht mehr gefährdet, sodass sich aus dem Grundsatz der Funktionalität die vorliegend vom BFH vertretene Begrenzung des Umfangs des Anwendungsbereichs der Steuerfreistellungsklausel auf Gehälter und Bezüge aktiver Mitglieder des Personals ergebe.[945]

cc) Stellungnahme und Kritik an dem BFH-Urteil vom 22. November 2006

Das soeben erläuterte Urteil des BFH wird von Rechtsprechung, Verwaltung[946] und Literatur als maßgebliche Entscheidung hinsichtlich der Qualifikation der Renten und Ruhegehälter der sog. Koordinierten Organisationen eingeordnet.[947] Wie

943 Siehe Fn 943.

944 BFHE 216, 124 = DStRE 2007, 820 (825).

945 Siehe Fn 945.

946 Vgl. zuletzt das BMF-Schreiben vom 1.6.2015 betreffend die einkommensteuerliche Behandlung von Vorsorgeaufwendungen und Altersbezügen; Besteuerung der Versorgungsbezüge internationaler und europäischer Organisationen, BStBl. I 2015, 475.

947 Die gefestigte Rechtsprechung über die steuerliche Behandlung der Ruhegeldzahlungen wird dennoch weiterhin von den Versorgungsempfängern den Gerichten

bereits oben dargelegt, sind lediglich die völkerrechtlichen Vereinbarungen über die Immunitäten von ADB, GDCT, IRENA-IITC, IOM, NETMA-NATO und OECD hinsichtlich des Umfangs des Anwendungsbereichs der Begriffe „Gehälter" und/ oder „Bezüge" auslegungsbedürftig.

(1) Vergleichbarkeit des Sachverhalts – Bezeichnung der Mitglieder des Personals

Bevor das Auslegungsergebnis des BFH auf die steuerliche Qualifikation der Renten und Ruhegehälter, die die vorliegend untersuchten internationalen Organisationen an die ehemaligen Mitglieder ihres Personals zahlen, angewendet werden kann, ist die Maßgeblichkeit etwaiger Unterschiede zwischen der vertraglichen Regelung des Protokolls über die NATO-Hauptquartiere, die dem BFH-Urteil vom 22. November 2006 zugrunde lag, und den vorliegend untersuchten völkerrechtlichen Vereinbarungen, zu bewerten:

Zunächst führt der BFH im Rahmen der Auslegung des Anwendungsbereichs der Steuerfreistellungsklausel die Wortbedeutung des Begriffs „*employee*" bzw. „*employé*" an. Dieser Begriff findet sich in den vorliegend untersuchten völkerrechtlichen Vereinbarungen lediglich in der englischen Fassung des Sitzstaatabkommens mit ADB wieder. Die Bezeichnung „*employee*" ist dort verknüpft mit dem Begriff „*officer*". In der deutschen – laut der Schlussformel des Sitzstaatabkommens ebenfalls maßgeblichen – Sprachfassung umschreiben diese Begriffe die „Bediensteten der Bank".

Generell variiert die Bezeichnung der steuerbegünstigten Personen in den einzelnen völkerrechtlichen Vereinbarungen stark. So finden sich in den maßgeblichen Sprachfassungen neben den Begriffen „*officials*"[948] bzw. „*fonctionnaires*"[949] auch die Bezeichnung „*staff*"[950]. In den deutschen maßgeblichen Sprachfassungen werden die steuerbegünstigten Personen als „Amtsträger"[951], „Beamter"[952] oder „Personal"[953] bezeichnet. Der I. Senat des BFH bezieht sich in einem Urteil von 2015 auf die Auslegung des X. Senats und vertritt – zumindest für die Auslegung des Protokolls über die Vorrechte und Immunitäten der EPO – die Auffassung, dass der X. Senat des

---

zur Überprüfung gestellt. Zuletzt erneut erfolglos, BFH/NV 2016, 180 ff. (Teilausgleichszahlungen an ehemalige Bedienstete des Europäischen Patentamtes (EPA)). Die bisherigen Entscheidungen deuten aber drauf hin, dass nicht von einer Rechtsprechungsänderung auszugehen ist, vgl. *Fischer*, jurisPR-SteuerR 50/2015, Anm. 3.

948 Diese Bezeichnung enthalten die völkerrechtlichen Abkommen über die Immunitäten von GCDT, IRENA, NETMA-NATO und OECD.

949 Diese Bezeichnung enthalten die Abkommen über die Immunitäten von NETMA-NATO und OECD.

950 Diese Bezeichnung enthält das Sitzstaatabkommen mit IRENA-IITC.

951 Diese Bezeichnung enthält das Sitzstaatabkommen mit GCDT.

952 Diese Bezeichnung enthält die IOM-Verordnung.

953 Diese Bezeichnung enthält das Sitzstaatabkommen mit IRENA-IITC.

BFH nicht dahingehend zu verstehen sei, dass unter den Begriff „*employee*" lediglich aktive Bedienstete zu fassen seien.[954]

Allen eben aufgeführten Begriffen für die Bezeichnung der Mitglieder des Personals internationaler Organisationen ist – entgegen der Ansicht des I. Senats des BFH – durchaus gemein, dass sie auf die Aktivität der jeweiligen steuerbegünstigten Person im Dienst der jeweiligen internationalen Organisation abstellen. Besonders deutlich wird diese Bedeutung bei den Bezeichnungen „Bediensteter", „Amtsträger" bzw. „Beamter". Die Wortwahl „*official*" in der englischen Fassung bzw. „*fonctionnaire*" in der französischen Fassung entspricht dem deutschen Begriff „Beamter".[955] Die mit dieser Bezeichnung beschriebenen Personen haben begriffsnotwendig ein Amt inne oder stehen im aktiven Dienst.[956] Auch die Bezeichnung „Personal" bzw. „*staff*" impliziert, dass lediglich diejenigen Personen von dem Begriff umfasst sein sollen, die dem Personalstatut der jeweiligen internationalen Organisationen (vorliegend ist dies IRENA-IITC) unterliegen und tatsächlich für die internationale Organisation zum Zeitpunkt des Erhalts der steuerbefreiten Bezüge tätig sind.

Mithin kann das Auslegungsergebnis zu der Bezeichnung der Mitglieder des Personals durch den X. Senats des BFH in seinem Urteil vom 22. November 2006 trotz der Verwendung unterschiedlicher Bezeichnungen für die steuerbegünstigten Personen auch auf die vorliegend auszulegenden völkerrechtlichen Vereinbarungen über die Immunitäten von ADB, GDCT, IRENA-IITC, IOM, NETMA-NATO und OECD übertragen werden.

Zusammenfassend ist festzustellen, dass die in den fraglichen völkerrechtlichen Vereinbarungen auszulegenden Begriffe für die steuerbegünstigten Personen in der ihnen in dem hier maßgeblichen Zusammenhang zukommenden gewöhnlichen Bedeutung[957] lediglich Personen bezeichnen, die einer tatsächlichen aktiven Beschäftigung bei den jeweiligen internationalen Organisationen nachgehen.

(2) Gegenleistungscharakter der Gehälter und Bezüge

Das zweite Argument des BFH überzeugt hingegen weniger. Der Verweis auf den Gegenleistungscharakter der Gehälter und Bezüge bzw. „*salaries and emoluments*" oder „*traitements et émoluments*" führt nicht zwangsläufig dazu, Renten und Ruhegehälter vom Anwendungsbereich der steuerbefreiten Zahlungen auszuschließen.

954 BFH/NV 2016, 180 ff. Tz 23.

955 Für Mitglieder des Personals internationaler Organisationen verweisen die Wörterbücher sogar auf den spezielleren Begriff „*international official*" bzw. „*fonctionnaire international*", vgl. *Girodet* (Hrsg.), Dictionnaire de la langue française, Band 1, A-H, S. 1278, 3. Spalte; *Académie Française* (Hrsg.), Dictionnaire de l'Académie Française, Band 2, Éoc-Map, S. 154, 1. Spalte; *Corréard* (Hrsg.), The Oxford-Hachette. French Dictionary, S. 360, mittlere Spalte.

956 Zu der Auslegung des Begriffs „*official*" siehe: BFHE 186, 410 = DStRE 1998, 870 (871).

957 BFHE 216, 124 = DStRE 2007, 820 (824); BFHE 186, 410 = DStRE 1998, 870 (871).

In der Bundesrepublik Deutschland werden Renten und Ruhegehälter je nach Ausgestaltung des Pensionssystems der einzelnen internationalen Organisation steuerlich unterschiedlich behandelt. Weit verbreitet ist die Besteuerung der Renten und Ruhegehälter als Ruhegelder gemäß § 19 Abs. 1 Satz. 1 Nr. 2 EStG. Diese steuerliche Behandlung wird damit begründet, dass der während der aktiven Tätigkeit der Mitglieder des Personals für das Pensionssystem der internationalen Organisation einbehaltene Gehaltsanteil dem ehemaligen Mitglied des Personals im Versorgungsfall als nachträglicher Arbeitslohn wieder zufließe.[958] Renten und Ruhegehälter werden somit als (nachträglicher) Arbeitslohn bzw. Gehalt qualifiziert und auch so benannt. Der Gegenleistungscharakter der Zahlungen der internationalen Organisationen stellt mithin kein prägendes Element der Begriffe „Gehälter und Bezüge", „*salaries and emoluments*" bzw. „*traitements et émoluments*" dar, sodass der Verweis auf die gewöhnliche Bedeutung[959] der Begriffe nicht zwingend ist.[960]

(3) Unterschiedliche Bezeichnung der Zahlungen

Auch bezüglich des dritten Arguments überzeugt die vom BFH gefundene Schlussfolgerung nicht vollends. Allein der Umstand, dass in denjenigen Abkommen, in denen geregelt ist, dass Renten und Ruhegeldzahlungen nicht steuerfrei zu behandeln sind, begrifflich zwischen „Gehältern und Bezügen" einerseits und „Renten und Ruhegehältern" andererseits unterschieden wird, dient nicht als überzeugendes Argument, das Auslegungsergebnis des BFH zu stützen. Es ist nämlich z.B. denkbar, dass das Begriffspaar „Gehälter und Bezüge", „*salaries and emoluments*" bzw. „*traitements et émoluments*" als Oberbegriff für alle Zahlungen der internationalen Organisation an ihre aktiven und ehemaligen Mitglieder des Personals dient und mithin auch Renten und Ruhegelder umfasst. Dies vorausgesetzt bedürfte es einer Klarstellung oder Abgrenzung des Umfangs der „Gehälter und Bezüge" für den Fall, dass einzelne Bestandteile des Gehalts von dem Anwendungsbereich der Steuerbefreiung ausgenommen werden sollen. Hierfür wäre es erforderlich, die einzelnen Gehaltsbestandteile gesondert zu benennen, um sie von dem Oberbegriff (hier: „Gehälter und Bezüge") abzugrenzen.

Lediglich die Verwendung der Begriffe „Renten und Ruhegehälter" in den vom BFH angeführten völkerrechtlichen Abkommen über die Immunitäten von EPO und ESO hat somit nicht zwingend zur Folge, dass Renten und Ruhegehälter generell nicht von dem Anwendungsbereich der „Gehälter und Bezüge" umfasst sein sollen. Die grammatikalische Auslegung bleibt mithin unergiebig.

---

958 *Aweh*, EStB 2007, 128; FG München, EFG 2015, 1192 Tz 29.

959 BFHE 216, 124 = DStRE 2007, 820, 824 f.; BFHE 186, 410 = DStRE 1998, 870 (871).

960 Anders aber z.B. der Supreme Court der Niederlande in seinem Urteil über die Besteuerung der Renten eines Mitarbeiters des IGH, die dieser aus dem Gemeinsamen Pensionsfonds der Vereinten Nationen (United Nations Joint Staff Pension Fund = UNJSPF) erhielt, vgl. *X v. Secretary for Finance*, LJN No. BF7264, BNB (2009) No. 113, in: *Dekker/Hey*, Netherlands Yearbook of International Law 2010, 394 ff.

(4) Teleologische Auslegung

Schließlich argumentiert der BFH letztlich überzeugend, dass aus teleologischen Gesichtspunkten die Steuerbefreiungsvorschrift nicht auch Alterseinkünfte der ehemaligen Mitglieder des Personals der internationalen Organisationen umfassen dürfe. Die Rechtfertigung für die Gewährung einer Steuerbefreiung zugunsten der an die Mitglieder des Personals internationaler Organisationen gezahlten Gehälter und Bezüge entfalle bei Eintritt in den Ruhestand des einzelnen Mitglieds des Personals, da eine Besteuerung der Renten und Ruhegehälter die wirksame Aufgabenwahrnehmung der jeweiligen internationalen Organisation nicht mehr gefährden könne.[961]

Eine andere Ansicht vertritt *Kramer*. Dieser sieht in den Renten und Ruhegeldzahlungen lediglich zeitlich verzögertes Leistungsentgelt, sodass der Rechtfertigungsgrund für die Steuerbefreiung der Renten aus der Sicherstellung des Äquivalenzverhältnisses von Lohn und Arbeit auch noch nach Beendigung des Dienstes bei der jeweiligen internationalen Organisation greife.[962] Die grundsätzlich zustimmungswürdige Argumentation *Kramers* basiert jedoch auf der Prämisse, dass die Sicherstellung des Äquivalenzverhältnisses von Lohn und Arbeit den einzigen oder zumindest den maßgeblichen Rechtfertigungsgrund für die Gewährung von Steuerbefreiungen zugunsten der Mitglieder des Personals internationaler Organisationen darstellt. Wie oben im Abschnitt über die Rechtfertigungsgründe erläutert, zeigt jedoch erst die Zusammenschau aller Rechtfertigungsgründe eine überzeugende Begründung für die Einräumung fiskalischer Immunitäten an die Mitglieder des Personals internationaler Organisationen.[963] Die Konzentration allein auf den Rechtfertigungsgrund der Sicherstellung des Äquivalenzverhältnisses von Lohn und Arbeit kann somit nicht gefolgt werden. Mithin führt *Kramers* Argument zu keiner anderen Auslegung des Umfangs des Begriffspaars „Gehälter und Bezüge" in den jeweiligen untersuchten völkerrechtlichen Vereinbarungen.

c) Ergebnis und Stellungnahme

Die Auslegung nach dem Sinn und Zweck der jeweils einschlägigen völkerrechtlichen Vereinbarungen führt schließlich dazu, zumindest das Ergebnis des BFH-Urteils vom 22. November 2006 zu befürworten. Lediglich die Zahlungen an aktive Mitglieder des Personals internationaler Organisationen sind somit von dem Begriffspaar „Gehälter und Bezüge" umfasst und unterfallen der jeweils einschlägigen Steuerbefreiungsklausel.[964]

Dieses Ergebnis gilt für alle Mitglieder des Personals der in dieser Arbeit untersuchten internationalen Organisationen, die grundsätzlich fiskalische Immunitäten

---

961 Zu dem gleichen Ergebnis kommt auch der BFH, vgl. BFHE 216, 124 = DStRE 2007, 820 (825); BFH/NV 2016, 180 ff. Tz 25.

962 *Kramer*, Besteuerung der Bediensteten, S. 128.

963 Vgl. hierzu: B.III.

964 Im Ergebnis so auch: BFHE 216, 124 = DStRE 2007, 820 (825).

genießen. Die in einigen der vorliegend untersuchten völkerrechtlichen Vereinbarungen enthaltenen Vorschriften, die die steuerliche Behandlung der Renten und Ruhegehälter ausdrücklich regeln, weisen mithin lediglich einen deklaratorischen Charakter auf.[965]

6. Besonderheiten im Rahmen der Gewährung von fiskalischen Immunitäten

a) Besondere steuerliche Behandlung einiger internationaler Organisationen

aa) Liga der Arabischen Staaten

Als einzige der in dieser Arbeit untersuchten internationalen Organisationen genießt die Liga der Arabischen Staaten in der Bundesrepublik Deutschland keine fiskalischen Immunitäten. Eine Begründung für diese besondere steuerliche Behandlung findet sich in der Denkschrift zu der Verordnung zu der Änderung des Sitzstaatabkommens mit der Liga der Arabischen Staaten nicht.[966] Die Denkschrift verweist darauf, dass die Liga der Arabischen Staaten an Bedeutung gewonnen und sich als verlässlicher bilateraler Partner erwiesen habe. Deshalb sei die Beziehung zu der Bundesrepublik Deutschland durch die Gewährung weiterer Vorrechte im Rahmen der Änderung des Sitzstaatabkommens aufgewertet worden. Die Denkschrift enthält jedoch den expliziten Hinweis, dass die Erweiterung der Immunitäten

965 Von der Darstellung der steuerrechtlichen Behandlung der Alterseinkünfte der ehemaligen Mitglieder des Personals internationaler Organisationen im Rahmen der Besteuerung in der Bundesrepublik Deutschland sieht die Verfasserin der vorliegenden Arbeit aus mehreren Gründen ab: Mangels öffentlich zugänglicher Primärquellen zu den einzelnen internen Versorgungsordnungen (*Pensions Schemes*) der jeweiligen internationalen Organisationen ist es nicht möglich, eine vollständige Analyse der steuerrechtlichen Behandlung der Alterseinkünfte der ehemaligen Mitglieder des Personals vorzunehmen. Der Bitte um Bereitstellung der fehlenden Informationen kamen nur wenige der angefragten internationalen Organisationen nach. Die Darstellung eines nur unvollständigen Bildes erfüllt jedoch nicht den Zweck der vorliegenden Arbeit. Zudem zeigte sich bei der Recherche zu den einzelnen Versorgungssystemen (– ein Bestandteil war meist ein jeweils unterschiedlich ausgestalteter Pensionsfonds –), dass die vorgehend formulierte Fragestellung den Gegenstand einer eigenständigen Arbeit bilden könnte und mithin eine ausführliche Bearbeitung der Frage den Rahmen der vorliegenden Arbeit überschreiten würde.

966 Denkschrift zu der Verordnung zu dem Abkommen vom 28.9.2013 zwischen der Regierung der Bundesrepublik Deutschland und der Liga der Arabischen Staaten zur Änderung des Abkommens vom 13.11.2003 über den Sitz des Büros der Liga der Arabischen Staaten in Berlin, Br.-Drs. 230/14, S. 10.

keine Steuerbefreiungen umfasse.[967] Die fehlende vertragliche Regelung über Steuerbefreiungen zugunsten der Liga der Arabischen Staaten könnte in dem Umstand begründet liegen, dass die Bundesrepublik Deutschland kein Mitgliedstaat der Liga der Arabischen Staaten ist. Durch die Eigenschaft als Drittstaat besteht keine Gefahr, dass die Bundesrepublik Deutschland als Sitzstaat der Mission der Arabischen Liga durch ihr Besteuerungsverhalten in den Willensbildungsprozess der Organisation eingreift und mithin auf die Unabhängigkeit und politische Unparteilichkeit der Liga der Arabischen Staaten Einfluss nimmt.[968]

Auch ist der Grundsatz der Gleichheit der Mitgliedstaaten, der ebenfalls als Rechtfertigungsgrund für die Gewährung von Steuerbefreiungen an internationale Organisationen dient, durch die Besteuerung der Liga der Arabischen Staaten in der Bundesrepublik Deutschland nicht gefährdet. Als Drittstaat ist die Bundesrepublik Deutschland nicht verpflichtet, Mitgliedsbeiträge an die Arabische Liga zu entrichten und kann sich somit auch nicht auf Kosten der anderen beitragszahlenden Mitgliedstaaten bereichern.

Laut Auskunft des Auswärtigen Amtes liegen der derzeitigen Fassung des Sitzstaatabkommens mit der Liga der Arabischen Staaten aus dem Jahr 2013 lediglich strategische sowie finanzpolitische Erwägungen zu Grunde. Schwerpunkt der Änderung des vorherigen Sitzstaatabkommens vom 13. November 2003 über den Sitz des Büros der Liga der Arabischen Staaten in Berlin sei die Verleihung des Status einer Mission an das Büro der Arabischen Liga in Berlin samt den damit einhergehenden weiteren Vergünstigungen gewesen. Diese Statusänderung sollte zeitnah umgesetzt werden. Aus dieser Erwägung heraus seien weitere Änderungswünsche, denen eine geringere Priorität zukam, von den Verhandlungen über das Änderungsabkommen ausgeklammert worden, um eine zeitnahe Einigung nicht zu gefährden. Einer der Diskussionspunkte, die nach der Erfahrung des Auswärtigen Amtes stets zu Verzögerungen im Rahmen von Vertragsverhandlungen führe, sei die vertragliche Regelung der fiskalischen Immunitäten.

Lediglich zur Vermeidung einer Verzögerung des Abschlusses des vorliegenden Änderungsabkommens vom 13. November 2013 enthält das aktuelle Abkommen deshalb wohl keine Regelungen zu den Steuerbefreiungen der Liga der Arabischen Staaten. Laut Auskunft des Auswärtigen Amtes bestehen jedoch bereits Bestrebungen seitens der Liga der Arabischen Staaten, die Gewährung von Steuerbefreiungen bei den Verhandlungen über eine erneute Änderung des Abkommens zu thematisieren.

---

967 In der Denkschrift wird ebenfalls ausdrücklich erwähnt, dass die Mitglieder des Personals der Mission der Liga der Arabischen Staaten (Entsandte der Liga) keine fiskalischen Immunitäten in der Bundesrepublik Deutschland erhalten, BR-Drs. 230/14, S. 10. Zu der besonderen Behandlung der Mitglieder des Personals der Liga der Arabischen Staaten siehe gleich nachfolgend: F.III.6.b)bb).

968 Darüber hinaus fehlt der Bundesrepublik Deutschland als Drittstaat auch ein diesbezügliches Interesse.

bb) ADB und EZB

(1) EZB

Artikel 22 Abs. 2 des EU-Protokolls enthält spezielle Vorschriften über die Immunitäten der EZB. Diese Bestimmung erweitert die in Artikel 3 Abs. 1 des EU-Protokolls festgelegten Steuerbefreiungen. Die EZB ist gemäß jener Regelung von allen Steuern und sonstigen Abgaben anlässlich der Erhöhungen ihres Kapitals sowie von verschiedenen Förmlichkeiten befreit. Ebenfalls unterfallen die amtlichen Tätigkeiten der EZB und ihrer Beschlussorgane nicht der Umsatzsteuer. Die Befreiung der EZB von allen Steuern und sonstigen Abgaben sowie von den verschiedenen Förmlichkeiten anlässlich der Erhöhungen ihres Kapitals ist ebenfalls Gegenstand des Sitzstaatabkommens mit der EZB. Gemäß Artikel 10 Abs. 1 des Sitzstaatabkommens unterliegt die EZB keiner hoheitlichen funktionalen Finanzmarktaufsicht in der Bundesrepublik Deutschland.

(2) Befreiung von weiteren Verpflichtungen zugunsten von ADB und EZB

Die völkerrechtlichen Vereinbarungen, die Bestimmungen über die fiskalischen Immunitäten von ADB und EZB enthalten, weisen im Vergleich zu den übrigen völkerrechtlichen Vereinbarungen im Rahmen der Steuerfreistellungsklausel eine Erweiterung auf. Sowohl die ADB als auch die EZB sind von der Verpflichtung zur Entrichtung, Einbehaltung oder Einziehung von Steuern (Dritter) bzw. von Abgaben befreit.[969] Diese Regelung findet sich für ADB sowohl in Artikel 56 Abs. 1 Satz 2 des ADB-Gründungsabkommens als auch in Artikel 5 Abs. 1 lit. a des Sitzstaatabkommens mit der ADB. Für die EZB findet sich die Bestimmung über die erweiterten Befreiungen in Artikel 7 Abs. 3, 1. HS. des Sitzstaatabkommens mit EZB. Die Erweiterung um den Begriff „Abgaben" findet sich in Artikel 56 Abs. 1 Satz 2 des ADB-Gründungsabkommens sowie in Artikel 5 Abs. 1 lit. a des Sitzstaatabkommens mit der ADB, jedoch nicht im Sitzstaatabkommen mit der EZB. Den Bezug auf „Dritte" enthält lediglich das Sitzstaatabkommen mit der EZB. Zusätzlich weist Artikel 7 Abs. 3, 2. Hs. des Sitzstaatabkommens mit der EZB noch die Erweiterung auf, dass die EZB von jeglicher Berichtspflicht im Zusammenhang mit der Erhebung von Steuern befreit ist.

Die vorliegend genannten Befreiungen der beiden internationalen Organisationen von den Verpflichtungen liegen im Wesentlichen in den grundsätzlich bestehenden Verpflichtungen im Zusammenhang mit der Kapitalertragsteuer begründet. Kreditinstitute wie die ADB und EZB sind regelmäßig Gläubigerin der Kapitalerträge. Sie sind jeweils Schuldner der Kapitalertragsteuer, § 44 Abs. 1 EStG, und gemäß § 44 Abs. 1 Satz 3 EStG verpflichtet, für Rechnung des Gläubigers der Kapitalerträge den Steuerabzug vorzunehmen. Gemäß § 45a Abs. 1 EStG trifft sie jeweils auch die Pflicht zur Anmeldung der einbehaltenen Steuern gegenüber dem

969 Die Zusätze „Dritter" bzw. „Abgaben" sind nicht in allen völkervertraglichen Regelungen enthalten.

jeweils zuständigen Finanzamt des Gläubigers. Auch müssen sie bis zum 1. März des Jahres, das auf das Jahr folgt, in dem die Kapitalerträge den Gläubigern zufließen, dem BZSt diverse Mitteilungen u. a. über den Gläubiger der Kapitalerträge gemäß § 45d Abs. 1 EStG machen.

Wegen des Sinns und Zwecks der vorliegend untersuchten völkerrechtlichen Vorschriften, die ADB und EZB insgesamt von den Pflichten in Bezug auf die Einbehaltung der Kapitalertragsteuer zu befreien, hat es keine materiell-rechtliche Auswirkung, dass die einzelnen völkervertraglichen Vorschriften einen unterschiedlichen Wortlaut aufweisen. So macht es für die Befreiungen in Bezug auf die Kapitalertragsteuer keinen Unterschied, wenn die jeweilige völkervertragliche Vorschrift auch den Begriff „Abgabe“ oder den Zusatz „Steuern Dritter“ enthält. Auch in Bezug auf die Berichtspflichten, von denen explizit die EZB befreit ist, ergibt sich aufgrund der teleologischen Auslegung der vorliegenden Regelungen ein Gleichlauf der Befreiungen für ADB und EZB. Dies ergibt sich denklogisch bereits aus der ausdrücklichen Bestimmung über die Befreiung von der Entrichtung, Einbehaltung oder Einziehung von Steuern.

Wie eben dargestellt, enthalten die §§ 44 ff. EStG, die sich mit der Erhebung der Kapitalertragsteuer befassen, diverse Mitteilungs- und Berichtspflichten der Schuldner der Kapitalerträge. Da diese Pflichten mithin zwangsläufig mit dem Einbehalt der Kapitalertragsteuer einhergehen, umfassen bereits die Befreiungsregeln in Artikel 56 Abs. 1 des ADB-Gründungsabkommens bzw. in Artikel 5 Abs. 1 lit. a des Sitzstaatabkommens mit der ADB implizit die Befreiung von diesen Berichtspflichten zugunsten der ADB. Die zusätzliche ausdrückliche Bestimmung über die Befreiung von der Berichtspflicht in Artikel 7 Abs. 3, 2. Hs. des Sitzstaatabkommens mit der EZB hat somit lediglich deklaratorische Bedeutung. Sowohl die ADB als auch die EZB sind von der Entrichtung, Einbehaltung oder Einziehung von Steuern Dritter und von der Berichtspflicht im Zusammenhang mit der Erhebung dieser Steuern befreit. Mithin ergeben sich in materiell-rechtlicher Hinsicht durch die unterschiedliche Ausgestaltung der vorgenannten Vorschriften keine Abweichungen im Umfang der Befreiungen der beiden internationalen Organisationen.[970]

(3) Entlastung und Befreiung von der Umsatzsteuer

(a) ADB

Zusätzlich zu den allgemeinen Voraussetzungen für die Entlastung von gezahlter Umsatzsteuer können sich die Vertragsparteien von völkerrechtlichen Abkommen auch grundsätzlich auf strengere Voraussetzungen für das Entlastungsverfahren einigen. Artikel 6 des Sitzstaatabkommens mit der ADB stellt eine solche Regelung dar. Artikel 6 Abs. 2 enthält einen Gegenseitigkeitsvorbehalt. Gemäß dieser Re-

970 Die Gewährung gemeinsamer spezieller Befreiungen bestätigt die in dieser Arbeit vorgenommene Typologisierung der vorliegend untersuchten internationalen Organisationen nach ihrem Tätigkeitsbereich.

gelung wird die Entlastung von der Umsatzsteuer lediglich gewährt, soweit die anderen Mitgliedstaaten zugunsten der ADB ebenfalls eine entsprechende Steuerbefreiung oder Vergütung vornehmen. Artikel 6 Abs. 3 des Sitzstaatabkommens enthält darüber hinaus eine Bestimmung hinsichtlich einzuhaltender Fristen und weitere formelle Voraussetzungen für den Antrag auf Entlastung von der Umsatzsteuer. So vereinbarten die Vertragsparteien, dass der Abrechnungszeitraum mindestens ein Kalendervierteljahr umfassen muss und der Antrag auf Entlastung bis zum Ende des Kalenderjahres, das auf das Jahr folgt, in dem der Vergütungsanspruch entstanden ist, einzureichen ist. Wenn dem Antrag nicht entsprochen wird, soll gemäß Artikel 6 Abs. 3 Satz 4 des Sitzstaatabkommens der antragstellenden internationalen Organisation ein Bescheid erteilt werden.

Aufgrund der Vertragsfreiheit steht es den Vertragsparteien offen, strengere Voraussetzungen an die Entlastung von der Umsatzsteuer zu knüpfen. Solange die zusätzlichen Voraussetzungen nicht rechtsmissbräuchlich oder willkürlich sind, lässt sich kein Einwand gegen die zusätzlichen Voraussetzungen erkennen. Zudem dient die Festlegung einer Frist zur Einreichung des Antrags auf Entlastung dem legitimen Zweck der Steigerung der Effektivität dieses Verfahrens. Gegenseitigkeitsvorbehalte werden im Rahmen des Völkerrechts regelmäßig vereinbart und stellen ein übliches und zulässiges Mittel zur Durchsetzung der eigenen Interessen der Vertragsparteien dar.[971]

(b) EZB

Artikel 8 Abs. 1 des Sitzstaatabkommens mit der EZB setzt die Bestimmung des Artikels 3 Abs. 2 des EU-Protokolls dergestalt um, dass die zuständige Stelle (heute das BZSt) der EZB die in Rechnung gestellte und gezahlte Umsatzsteuer „erstattet".[972] Artikel 8 Abs. 1 des Sitzstaatabkommens verweist auf Artikel 3 Abs. 2 des EU-Protokolls und enthält zwei Voraussetzungen für die Entlastung von der Umsatzsteuer:

Die Entlastung von der Umsatzsteuer erfolgt lediglich für Umsätze, die für den Dienstbedarf der EZB bestimmt sind. Zudem knüpft Artikel 8 Abs. 1 des Sitzstaatabkommens an die Entlastung von der Umsatzsteuer das Erfordernis, dass der für die Umsätze geschuldete Steuerbetrag DM 50,00 übersteigt. Die Festlegung eines Mindestbetrags stellt keine ungewöhnliche Voraussetzung dar. Die Ermächtigung zur Festlegung solcher Voraussetzungen für die Entlastung von der Umsatzsteuer in den jeweiligen Sitzstaatabkommen liegt in der regelmäßig in multilateralen Vereinbarungen über die Immunitäten der internationalen Organisationen zu findenden Formulierung begründet, dass die Mitgliedstaaten

> *„in allen Fällen, in denen es ihnen möglich ist, geeignete Maßnahmen für den Erlass oder die Erstattung des Betrages der indirekten Steuern"*

---

971 *Feldmüller*, Rechtsstellung, S. 272.

972 Zum Begriff „Erstattung" siehe: E.IV.3.a).

treffen sollen.[973] Die Mitgliedstaaten bewegen sich somit in den Vorgaben der völkerrechtlichen Vereinbarungen, wenn sie zusätzliche Voraussetzungen wie z. B. Fristen oder Mindestwerte für die Vergütung der Umsatzsteuer in den jeweiligen Sitzstaatabkommen festlegen.[974]

Artikel 22 Abs. 2 Satz 2 des EU-Protokolls enthält darüber hinaus eine Regelung zur umsatzsteuerlichen Behandlung der EZB. Gemäß dieser Vorschrift

> *„unterliegt die Tätigkeit der (... EZB) und ihrer Beschlussorgane, soweit sie nach Maßgabe der Satzung des Europäischen Systems der Zentralbanken und der Europäischen Zentralbank ausgeübt wird, nicht der Umsatzsteuer."*

Die Umsatzsteuerbefreiung des Artikels 22 Abs. 2 Satz 2 des EU-Protokolls steht nicht im Widerspruch zu der generellen Regelung in Artikel 3 Abs. 2 des EU-Protokolls, die der EZB gerade keinen unmittelbaren Anspruch gegenüber den Mitgliedstaaten auf Entlastung von der Umsatzsteuer einräumt, sondern vielmehr lediglich eine Verpflichtung der Mitgliedstaaten bestimmt, die in Rechnung gestellte Umsatzsteuer zu vergüten. Die unterschiedliche Behandlung liegt darin begründet, dass Artikel 22 Abs. 2 Satz 2 des EU-Protokolls eine Umsatzsteuerbefreiungsvorschrift darstellt, die lediglich in diejenigen Konstellationen Anwendung findet, in denen die EZB für Zwecke der Umsatzsteuer Steuerschuldner sein könnte. Ungeachtet des § 13b Abs. 5 UStG ist die EZB lediglich dann Steuerschuldner der Umsatzsteuer, wenn sie selbst als Unternehmer auftritt.[975] Der Fall der Umsatzsteuerschuldnerschaft aufgrund der Tätigung eigener Umsätze fällt hingegen nicht in den Anwendungsbereich des Artikels 3 Abs. 2 des EU-Protokolls.

Beide Normen haben mithin unterschiedliche Anwendungsbereiche, sodass Artikel 22 Abs. 2 Satz 2 des EU-Protokolls im Fall der EZB die Regelungen für die Entlastung von der Umsatzsteuer gemäß Artikel 3 Abs. 2 des EU-Protokolls nicht modifiziert. Vielmehr normiert Artikel 22 Abs. 2 Satz 2 des EU-Protokolls eine selbstständige Umsatzsteuerbefreiung der EZB für diejenigen Tätigkeiten, die die EZB auf dem Finanzmarkt im Rahmen ihrer Aufgaben vollzieht.

Die im EU-Protokoll normierte Umsatzsteuerbefreiung findet sich ebenfalls in den nationalen Steuervorschriften. Gemäß § 4 Nr. 8 UStG sind Finanzdienstleistungen in der Bundesrepublik Deutschland als umsatzsteuerfrei zu behandeln. Im Falle einer Steuerpflicht der EZB erweitert Artikel 22 Abs. 2 des EU-Protokolls etwaige nationalgesetzliche bestehende Umsatzsteuerbefreiungen auf alle Tätigkeiten der

---

973 Vgl. beispielsweise: Artikel 3 Abs. 2 Satz 1 EU-Protokoll.

974 Zur Zulässigkeit der Festlegung eigener Modalitäten für die Durchführung der Umsatzsteuererstattung, siehe EuGH, C-220/03 (*EZB/Deutschland*) Slg 2005, I-10595 (10627) = EU:C:2005:748 Tz 32. Allgemein zum Erstattungsverfahren siehe: E.IV.3.c).

975 Fälle der Steuerschuldnerschaft aufgrund § 13b Abs. 5 UStG (*Reverse-Charge*-Verfahren) sind von Artikel 22 Abs. 2 Satz 2 des EU-Protokolls nicht umfasst, da nach dem Wortlaut der Vorschrift der Anwendungsbereich der Umsatzsteuerbefreiung nur auf aktive Tätigkeiten der EZB beschränkt ist.

EZB, die sie im Rahmen ihrer Finanzmarktaktivitäten im Einklang mit der Satzung ESZB als umsatzsteuerpflichtiger Unternehmer vollzieht.[976]

b) *Besondere steuerliche Behandlung der Mitglieder des Personals einiger internationaler Organisationen*

aa) *Deutsch-Polnisches und Deutsch-Französisches Jugendwerk*

In dem Abkommen zwischen der Regierung der Bundesrepublik Deutschland und der Regierung der Republik Polen über das Deutsch-Polnische Jugendwerk findet sich lediglich eine Steuerfreistellungsklausel zugunsten des Jugendwerks.[977] Ebenso verhält es sich in dem Abkommen über das Deutsch-Französische Jugendwerk.[978] Angaben zu der steuerlichen Behandlung der Mitglieder des Personals fehlen in beiden Abkommen. Artikel 9 Abs. 3 des Abkommens über das Deutsch-Polnische Jugendwerk verweist hinsichtlich der Rechte und Pflichten der Mitglieder des Personals des Deutsch-Polnischen Jugendwerks auf das Personalstatut, das von beiden Regierungen einvernehmlich festgelegt wird. Artikel 15 Abs. 1 des Abkommens über das Deutsch-Französische Jugendwerk enthält eine vergleichbare Regelung.[979] Das jeweilige Personalstatut dieser internationalen Organisationen ist jedoch ein internes Dokument, das lediglich dem einzelnen Mitglied des Personals eines Jugendwerks zugänglich ist. Auf Nachfrage erteilte die Verwaltung des Deutsch-Polnischen Jugendwerks die Auskunft, dass lediglich das Deutsch-Polnische Jugendwerk als Körperschaft fiskalische Immunität genieße. Die Vergütungen der Mitglieder des Personals des Deutsch-Polnischen Jugendwerks hingegen seien nicht von der Besteuerung befreit. Das Personalstatut weise aber darauf hin, dass bei Entsendung von Mitgliedern des Personals des Deutsch-Polnischen Jugendwerks die Vergütungen im Entsendestaat nach den dortigen nationalen Steuervorschriften zu versteuern seien.[980] Ziel dieser Regelung sei es laut Auskunft des Jugendwerks, eine Doppelbesteuerung der Vergütungen zu vermeiden.

---

976 In Frage kommen z. B. die steuerpflichtige Verwaltung und Verwahrung von Wertpapieren sowie der steuerpflichtige Forderungseinzug, *Wäger*, in: Sölch/Ringleb, UStG, § 4 Nr. 8 Rn 135, 184. Die EZB – wie auch die übrigen internationalen Organisationen – sind grundsätzlich uneingeschränkt unternehmerfähig, *Stadie*, in: Rau/Dürrwächter, UStG, § 2 Rn 97. Die Unternehmereigenschaft der EZB verneint jedoch der EuGH, C-220/03 (*EZB/Deutschland*) Slg 2005, I-10595 (10620) = EU:C:2005:748 Tz 13.

977 Siehe dort: Artikel 10 lit. b mit Verweis auf Artikel III § 9 des Abkommens über die UN-Sonderorganisationen.

978 Siehe hierzu Artikel 3 Abs. 2 des Abkommens über das Deutsch-Französische Jugendwerk.

979 Artikel 15 Abs. 1 des Abkommens über das Deutsch-Französische Jugendwerk lautet: „*Die Beschäftigungsbedingungen sowie die Rechte und Pflichten der Bediensteten werden von den beiden Regierungen in einem Personalstatut festgelegt.*".

980 Bundesrepublik Deutschland oder Polen.

Das Ersuchen nach Informationen über die Angaben in dem Personalstatut bzw. über potentielle Steuerbefreiungen der Mitglieder des Personals des Deutsch-Französischen Jugendwerks wurde seitens der Verwaltung des Deutsch-Französischen Jugendwerks mit Verweis auf die Vertraulichkeit dieser Informationen abschlägig beschieden.[981] Der öffentlich zugängliche Bericht zur Vorlage bei dem *Ministère de la Jeunesse, des Sports et de la Vie Associative* und dem Bundesministerium für Familie, Senioren, Frauen und Jugend zu der Evaluation des Deutsch-Französischen Jugendwerks von Juni 2004 enthält die Information, dass die Mitglieder des Personals des Deutsch-Französischen Jugendwerks keine Steuervorteile genießen.[982] Gemäß den Angaben dieses Berichts existieren zwei Gehaltstabellen, deren Anwendung sich nach dem Ort der Beschäftigung der Mitglieder des Personals richtet. Die in der Bundesrepublik Deutschland tätigen Mitglieder des Personals des Deutsch-Französischen Jugendwerks erhalten laut diesem Bericht mit Stand Juni 2004 ein um 12,5 Prozent höheres Gehalt als ihre in Frankreich tätigen Kollegen. Zielsetzung der unterschiedlichen Gehaltsstruktur sei es, die in der Bundesrepublik Deutschland bestehende höhere Steuerbelastung der Mitglieder des Personals auszugleichen.[983] Darüber hinaus enthält die Verordnung der Regierung der Bundesrepublik Deutschland über die Gewährung von Steuerbefreiungen an das Deutsch-Französische Jugendwerk die Regelung, dass die den französischen Bediensteten des Deutsch-Französischen Jugendwerks gezahlte Auslandszulage von der deutschen Einkommensteuer befreit ist.[984]

Im Übrigen finden zur Vermeidung der Doppelbesteuerung auf die vorliegenden Fälle mangels spezieller völkervertraglicher Regelungen die Vorschriften des Doppelbesteuerungsabkommens zwischen der Bundesrepublik Deutschland und der Französischen Republik Anwendung.[985] Ein Rückgriff auf Artikel 24 Abs. 5 dieses Doppelbesteuerungsabkommens[986], der mithin gemäß seinem Wortlaut nicht direkt auf Mitglieder des Personals internationaler Organisationen anwendbar ist, ist nicht nötig. Der Vorrang etwaiger günstigerer Regelungen aus speziellen völkerrechtlichen Vereinbarungen über Steuerbefreiungen ergibt sich bereits aus

---

981 Siehe zur Frage nach dem Bestehen und des Umfangs eines Anspruchs auf Informationszugang: F.VI.

982 Bericht zu der Evaluation des Deutsch-Französischen Jugendwerks vom Juni 2004, S. 7; abzurufen unter: http://www.dji.de/fileadmin/user_upload/bibs/340_DFJWGesamt.pdf (zuletzt abgerufen am 13.12.2016).

983 Ebenda, S. 43.

984 § 1 der Verordnung über die Gewährung von Steuerbefreiungen an das Deutsch-Französische Jugendwerk.

985 *Endres/Ismer*, Tax Rules in Non-Tax Agreements, S. 359 (371), spricht von der „*back up*"- Funktion der Regelungen aus Doppelbesteuerungsabkommen.

986 Abkommen zwischen der Bundesrepublik Deutschland und der Französischen Republik zur Vermeidung der Doppelbesteuerungen und über gegenseitige Amts- und Rechtshilfe auf dem Gebiete der Steuern vom Einkommen und vom Vermögen sowie der Gewerbesteuern und der Grundsteuern, BGBl. II 1961, 398 ff.

dem Grundsatz, dass Doppelbesteuerungsabkommen Steuerpflichten des Einzelnen DBA-Berechtigten nicht erweitern, sondern lediglich begrenzen.[987]

bb) Liga der Arabischen Staaten

Auch die Mitglieder des Personals der Liga der Arabischen Staaten erhalten keine fiskalischen Immunitäten in der Bundesrepublik Deutschland.[988] Wiederum könnte das Fehlen einer solchen Bestimmung mit der Eigenschaft der Bundesrepublik Deutschland als Drittstaat im Verhältnis zu der Liga der Arabischen Staaten begründet werden. Da die organisationsinternen Entscheidungen mit Ausnahme der Sitzstaatentscheidung die Bundesrepublik Deutschland nicht unmittelbar betreffen, fehlt der Bundesrepublik Deutschland ein Interesse daran, auf den Willensbildungsprozess innerhalb der Liga der Arabischen Staaten Einfluss zu nehmen. Mithin bedarf es keines Schutzes der Mitglieder des Personals, der u. a. die Gewährung von fiskalischen Immunitäten rechtfertigt.

Neben dem vorstehend genannten Begründungsansatz für die besondere steuerliche Behandlung der Mitglieder des Personals der Liga der Arabischen Staaten bestehen, wie bereits oben im Rahmen der Erörterung der besonderen steuerlichen Behandlung der Liga der Arabischen Staaten dargelegt, nach Auskunft des Auswärtigen Amtes rein strategische Gründe für die fehlende Steuerbefreiung der Mitglieder des Personals der Liga der Arabischen Staaten.[989] Bedenkt man nun aber, dass die Bundesrepublik Deutschland sowie ggf. der steuerberechtigte Staat des jeweiligen Mitglieds des Personals die Gehälter und Bezüge besteuert, besteht derzeit die Gefahr, dass eine fehlende organisationsübergreifende Gleichbehandlung der Mitglieder des Personals geeignet ist, die effektive Aufgabenwahrnehmung der Liga der Arabischen Staaten zu gefährden.[990] Vor dem Hintergrund der Gewährleistung der Funktionalität der Liga der Arabischen Staaten, ist es mithin erstrebenswert, eine Steuerfreistellungsklausel zugunsten der Mitglieder des Personals der Liga der Arabischen Staaten bei nächster Gelegenheit in das Sitzstaatabkommen aufzunehmen.

cc) Inländerdiskriminierung am Beispiel von IOM

§ 1 Abs. 5 der IOM-Verordnung bestimmt, dass deutsche Staatsangehörige i.S.d. Artikels 116 GG von der Mehrzahl der Immunitäten, die gewöhnlicherweise an die Mitglieder des Personals internationaler Organisationen gewährt werden, in der Bundesrepublik Deutschland ausgeschlossen sind. Ausgenommen von dieser Regelung ist lediglich die Befreiung von deutscher Gerichtsbarkeit für die in amtlicher

---

987 *Engelschalk*, in: Vogel/Lehner, DBA, Artikel 28 Rn 3a.

988 Denkschrift zu der Verordnung zu dem Abkommen vom 28.9.2013 zwischen der Regierung der Bundesrepublik Deutschland und der Liga der Arabischen Staaten zur Änderung des Abkommens vom 13.11.2003 über den Sitz des Büros der Liga der Arabischen Staaten in Berlin, BR-Drs. 230/14, S. 10.

989 Siehe hierzu: F.III.6.a)aa).

990 Siehe zu dieser Argumentation: F.III.4.c).

Funktion vollzogenen Handlungen.[991] Vereinzelt existieren noch Verordnungen der Bundesregierung der Bundesrepublik Deutschland, die zur selben Zeit wie die Verordnung über die Gewährung von Vorrechten und Befreiungen der IOM entstanden sind und ebenfalls eine Vorschrift zur Inländerdiskriminierung enthalten.[992] In den neueren völkervertraglichen Regelungen findet sich jedoch regelmäßig kein Hinweis auf eine Regelung mit inländerdiskriminierenden Charakter. Anders gestaltet sich die rechtliche Lage in den USA. Die Sitzstaatabkommen internationaler Organisationen mit den USA enthalten regelmäßig den Ausschluss der fiskalischen Immunitäten für US-Bürger.[993] Der vorliegende in der deutschen Staatenpraxis nur selten festgeschriebene Ausschluss deutscher Staatsangehöriger von der Mehrzahl der Immunitäten lässt sich anhand der Entwicklung der Gewährung von Immunitäten an die Mitglieder des Personals von internationalen Organisationen im Allgemeinen erklären. Wie bereits in dem Abschnitt zu der Historie erläutert, enthielten die ersten Regelungen über die Immunitäten der Mitglieder des Personals von internationalen Organisationen lediglich einen Verweis auf die Rechte der Diplomaten. Prominentes Beispiel einer solchen Vorschrift stellt Artikel 7 Abs. 4 der Satzung des Völkerbundes dar.[994] Gemäß dieser vertraglichen Bestimmung erhielten die Mitglieder des Personals des Völkerbundes dieselben Immunitäten, wie sie Diplomaten gewährt wurden. Diplomaten erhalten jedoch in ihrem Heimatstaat lediglich eine beschränkte Amtsimmunität.[995] Die einzelnen gewohnheitsrechtlich anerkannten und im WÜD vertraglich festgeschriebenen Befreiungen der Diplomaten reduzieren sich gemäß Artikel 38 Abs. 1 WÜD auf die Gewährung der Immunität von nationaler Gerichtsbarkeit in Bezug auf in amtlicher Funktion vorgenommenen Handlungen. Aus diesem Verständnis des Umfangs diplomatischer Immunitäten folgte zunächst der weitreichende Ausschluss der Gewährung von Immunitäten an deutsche Staatsangehörige der jeweiligen internationalen Organisation, die ihren Sitz in der Bundesrepublik Deutschland haben. Vor dem Hintergrund des nunmehr allgemein anerkannten Grundsatzes der Funktionalität (u. a. in der Ausprägung der Äquivalenz von Lohn und Arbeit) sollte die Abweichung in der Verordnung

991 Siehe hierzu: D.II.2.a)aa).

992 Siehe als Beispiel hierfür: § 1 Abs. 3 der Verordnung über die Gewährung von Vorrechten und Befreiungen an das Internationale Büro für das gesetzliche Messwesen, BGBl. II 1959, 673. Diese internationale Organisation wird in der vorliegenden Arbeit nicht behandelt, da sie ihren Sitz in Paris hat und deshalb nicht in der Liste des Auswärtigen Amtes enthalten ist.

993 Siehe als Beispiel für viele vergleichbare Regelungen: Artikel XIII Sec. 1 (b) i.V.m. Sec. 3 (b) des Sitzstaatabkommens zwischen OAS und der Regierung der USA, abzurufen unter: http://www.oas.org/legal/english/docs/BilateralAgree/us/sedeusa.htm (zuletzt abgerufen am 13.12.2016).

994 Versailler Friedensvertrag, RGBl. 1919, 723.

995 Die Befreiung umfasst gemäß Artikel 38 Abs. 1 WÜD nur die Immunität vor nationaler Gerichtsbarkeit in Bezug auf in amtlicher Funktion vorgenommenen Handlungen.

hinsichtlich der Gewährung von Vorrechten und Befreiungen an die Mitglieder des Personals von IOM bei nächster Gelegenheit beseitigt und eine Gleichbehandlung angestrebt werden.

IV. Fiskalische Immunitäten im Rahmen der Veranlagung der Mitglieder des Personals internationaler Organisationen

1. Qualifikation der völkervertraglichen fiskalischen Immunitäten für Zwecke der deutschen Besteuerung

Die völkervertraglich normierten fiskalischen Immunitäten sind in der deutschen Steuerrechtsordnung als Regelungen zu qualifizieren, die die subjektive Steuerpflicht beschränken und sind mit den in § 3 EStG normierten Steuerbefreiungen vergleichbar.[996] Da die einzelnen völkervertraglich festgelegten fiskalischen Immunitäten unmittelbar innerstaatliches Recht werden, ist eine Aufnahme der einzelnen Steuerbefreiungen in den Katalog des § 3 EStG nicht notwendig.[997] Die fiskalischen Immunitäten verhindern mithin das Entstehen eines Steueranspruchs der Bundesrepublik Deutschland.[998]

2. Anwendung des Progressionsvorbehalts

a) Rechtslage in Deutschland

§ 32b Abs. 1 Satz 1 Nr. 4 EStG enthält die nationale Regelung zu der Behandlung der steuerbefreiten Einkünfte der Mitglieder des Personals einer internationalen Organisation im Rahmen der Berechnung der Einkommensteuer des einzelnen Steuerpflichtigen in der Bundesrepublik Deutschland. Die Vorschrift lautet in Auszügen:

> *„Hat ein (...) unbeschränkt Steuerpflichtiger oder ein beschränkt Steuerpflichtiger (...) Einkünfte, die nach einem sonstigen zwischenstaatlichen Übereinkommen unter dem Vorbehalt der Einbeziehung bei der Berechnung der Einkommensteuer steuerfrei sind, bezogen, so ist auf das (...) zu versteuernde Einkommen ein besonderer Steuersatz anzuwenden."*

Die vorliegend untersuchten völkerrechtlichen Vereinbarungen stellen „sonstige zwischenstaatliche Übereinkommen" i.S.d. Vorschrift dar. Die nach den jeweiligen Steuerfreistellungsklauseln steuerbefreiten Einkünfte der Mitglieder des Personals sind mithin lediglich dann bei der Ermittlung der Progressionseinkünfte zu berück-

---

996 BFHE 186, 410 = DStRE 1998, 870 (871); BFHE 216, 124 = DStRE 2007, 820 (824 f.). Zuletzt wieder BFH/NV 2016, 919 Tz 11.

997 BFHE 186, 410 = DStRE 1998, 870 (871); zuletzt wieder BFH/NV 2016, 919 Tz 12. Siehe ferner: *Bergkemper*, in: H/H/R, § 3 Nr. 29 EStG Rn 1.

998 *Heintzen*, AdV 2007, 455 (468) m.w.N.

sichtigen, wenn die Anwendung des Progressionsvorbehalts in den betreffenden völkerrechtlichen Vereinbarungen ausdrücklich vorgesehen ist.[999]

aa) Gesetzes- und Rechtsprechungshistorie

Die nationale Norm über die Anwendung des Progressionsvorbehalts auf Einkünfte, die gemäß den Vorschriften in zwischenstaatlichen Abkommen steuerfrei sind, trat erstmals im Jahr 1989 in Kraft. § 32b Abs. 1 Nr. 2 EStG i.d.F. vom 22. Dezember 1989 lautete:

> *„Hat ein Steuerpflichtiger (…) 2. ausländische Einkünfte, die nach einem Abkommen zur Vermeidung der Doppelbesteuerung steuerfrei sind, oder Einkünfte, die nach einem sonstigen zwischenstaatlichen Übereinkommen unter dem Vorbehalt der Einbeziehung bei der Berechnung der Einkommensteuer steuerfrei sind, bezogen, so ist auf das nach § 32a Abs. 1 zu versteuernde Einkommen ein besonderer Steuersatz anzuwenden.“*

Bereits diese erste Fassung der Vorschrift enthält die Voraussetzung, dass der Progressionsvorbehalt lediglich dann Anwendung findet, wenn dies durch eine ausdrückliche Vorschrift in den völkerrechtlichen Vereinbarungen, die keine Doppelbesteuerungsabkommen darstellen, festgelegt ist.

Der Vorbehalt hinsichtlich der Berücksichtigung von Einkünften, die gemäß einem Doppelbesteuerungsabkommen steuerfrei sind, wurde durch das Jahressteuergesetzes 2007 gestrichen. Seither befindet sich die Regelung zu der Behandlung der durch sonstige zwischenstaatliche Abkommen steuerfrei gestellten Einkünfte nunmehr getrennt von der Regelung zu den Einkünften, die aufgrund eines Doppelbesteuerungsabkommens steuerfrei sind, in einer eigenen Nummer (Nr. 4) derselben Norm.

Im Rahmen jener Gesetzesänderung schlug der Bundesrat vor, den Vorbehalt auch hinsichtlich der Behandlung von Einkünften, die durch sonstige zwischenstaatliche Abkommen steuerfrei behandelt werden, zu entfernen. Er begründete seinen Vorschlag mit der geänderten Rechtsprechung des BFH zur Anwendung des Progressionsvorbehaltes in Bezug auf Einkünfte, die gemäß einem Doppelbesteuerungsabkommen steuerbefreit sind.[1000] Nach dem BFH setzt die Anwendung des Progressionsvorbehalts abkommensrechtlich lediglich voraus, dass das einschlägige Doppelbesteuerungsabkommen die Berücksichtigung eines Progressionsvorbehalts nicht verbietet und es sich somit allein nach dem deutschen innerstaatlichen Steuerrecht entscheidet, ob ein Progressionsvorbehalt anzuwenden ist.[1001] Der Bundesrat war der Ansicht, dass die Beibehaltung der bisherigen Voraussetzung einer

---

999 Die explizite Regelung des Vorbehalts stellt eine Tatbestandsvoraussetzung dar. Vgl. *Kuhn/Kühner*, in: H/H/R, § 32b EStG Rn 141; *Wagner*, in: Blümich, EStG, § 32b Rn 71.

1000 Unterrichtung durch die Bundesregierung, Entwurf eines Jahressteuergesetzes 2007 (JStG 2007), Stellungnahme des Bundesrates und Gegenäußerung der Bundesregierung, BT-Drs. 16/3036, S. 8.

1001 BFHE 197, 495 = BStBl. II 2003, 302 Tz 22.

ausdrücklichen Regelung nicht sachgerecht ist und dem Bestreben, transparente Vorschriften zu schaffen, entgegensteht.[1002] Die Bundesregierung sprach sich hingegen für die Beibehaltung des innerstaatlich normierten Vorbehalts aus. Sie begründete ihren Standpunkt mit der fehlenden Übertragbarkeit des angeführten BFH-Urteils auf Fälle außerhalb von Doppelbesteuerungsabkommen. Ein dem OECD-Musterabkommen vergleichbares Instrument fehle für andere Gruppen von zwischenstaatlichen Übereinkünften.[1003] Eine potentielle Streichung des Vorbehalts aus dem Einkommensteuergesetz führe zu einem *treaty override*, da es nicht der völkerrechtlichen Praxis entspreche, vertraglich festzulegen, dass die Anwendung des Progressionsvorbehalts nicht erwünscht sei. Zudem wies die Bundesregierung auf die Gefahr hin, dass die Bundesrepublik Deutschland einen außenpolitischen Schaden erleiden könnte, wenn sie entgegen der eigenen Zusage und der völkerrechtlichen Praxis auch ohne vertraglichen Vorbehalt steuerfreie Einkünfte bei der Ermittlung der Progressionseinkünfte berücksichtige.

Schließlich schade eine solche Regelung, die vermehrt zur Anwendung des Progressionsvorbehalts führen würde, dem innerstaatlichen Interesse an der Beherbergung von internationalen Organisationen. Es bestehe die Gefahr, dass internationale Organisationen wegzögen und keine weiteren internationalen Organisationen ihren Sitz in der Bundesrepublik Deutschland begründeten.[1004]

bb) Verwaltungspraxis in der Bundesrepublik Deutschland

Findet sich in einer völkerrechtlichen Vereinbarung, die Vorschriften zu den fiskalischen Immunitäten von internationalen Organisationen und den Mitgliedern ihres Personals enthält, keine Regelung zur Behandlung der steuerbefreiten Einkünfte der Mitglieder des Personals der internationalen Organisationen, erkennt nunmehr auch die Finanzverwaltung die Nichteinbeziehung der steuerfreien Einkünfte bei der Ermittlung der Progressionseinkünfte an. Die völkerrechtliche Steuerfreistellungsklausel gehe dem Einkommensteuergesetz vor und schließe jede unmittelbare oder mittelbare Besteuerung der freigestellten Dienstbezüge durch die Mitgliedstaaten aus.[1005]

1002 Unterrichtung durch die Bundesregierung, Entwurf eines Jahressteuergesetzes 2007 (JStG 2007), Stellungnahme des Bundesrates und Gegenäußerung der Bundesregierung, BT-Drs. 16/3036, S. 8.

1003 In dem OECD-Musterabkommen ist eine Regelung enthalten, die die Berücksichtigung des Progressionsvorbehalts im nationalen Recht vorsieht. Wegen dieser Modellregelung müssen die Parteien eines Doppelbesteuerungsabkommens ausdrücklich vertraglich festlegen, wenn eine Berücksichtigung der steuerfreien Einkünfte nicht gewollt ist.

1004 Unterrichtung durch die Bundesregierung, Entwurf eines Jahressteuergesetzes 2007 (JStG 2007), Stellungnahme des Bundesrates und Gegenäußerung der Bundesregierung, BT-Drs. 16/3036, S. 21.

1005 OFD Frankfurt, Verfügung betreffend die steuerliche Vorrechte und Befreiungen aufgrund zwischenstaatlicher Vereinbarungen; Anwendung des Progressionsvor-

b) *Umfang der Progressionseinkünfte*

Der Progressionsvorbehalt findet bei der Festsetzung der Einkommensteuer, der Kirchensteuer sowie des Solidaritätszuschlags Anwendung.[1006] Wie oben dargelegt, enthalten lediglich die völkerrechtlichen Vereinbarungen über die Immunitäten von EMBL, EPA, ESA (EAC bzw. ESOC), ESO, EUMETSAT und OCCAR – mithin sieben der in dieser Arbeit untersuchten völkerrechtlichen Vereinbarungen – eine Vorschrift über die Anwendung des Progressionsvorbehalts. Die Bestimmung der Art und Höhe derjenigen Einkünfte, die dem Progressionsvorbehalt unterfallen, richtet sich nach deutschem Steuerrecht.[1007] Werden einzelne Gehaltsbestandteile sowohl nach nationalem Steuerrecht als auch nach der jeweiligen völkervertraglichen Bestimmung als steuerfrei behandelt und sind die steuerfreien Gehaltsbestandteile nicht durch einen der in § 32b Abs. 1 Satz 1 Nr. 1 EStG genannten Tatbestände erfasst, so unterfallen sie nicht dem Progressionsvorbehalt.[1008] Ausgangspunkt der Ermittlung der Progressionseinkünfte ist der dem jeweiligen Mitglied des Personals ausgezahlte monatliche Bruttogesamtbetrag.

aa) *Werbungskosten*

Gemäß § 32b Abs. 2 Nr. 2 Satz 2 lit. b EStG sind von den steuerbefreiten Einkünften Werbungskosten lediglich insoweit abzuziehen, als sie zusammen mit den bei der Ermittlung der Einkünfte aus nichtselbständiger Arbeit abziehbaren Werbungskosten den Arbeitnehmer-Pauschbetrag übersteigen.

bb) *Interne Steuer*

Es ist nunmehr einhellige Auffassung in Rechtsprechung und Verwaltung, dass die interne Steuer, die einige internationale Organisationen auf die Gehälter und Bezüge der Mitglieder ihres Personals erheben, eine nicht abzugsfähige „Steuer vom Einkommen" i.S.d. § 12 Nr. 3 EStG darstellt.

Bei der Anwendung des Progressionsvorbehalts ist mithin der Bruttobetrag der steuerfreien Einkünfte der Mitglieder des Personals zu berücksichtigen.[1009]

---

behalts bei steuerbefreiten Gehältern von Bediensteten internationaler Organisationen – S 1311 A – 3 – St 58.

1006 *Schaumburg*, in: Schaumburg, Internationales Steuerrecht, Rn 16.536.

1007 Zur Maßgeblichkeit des deutschen Steuerrechts: *Kuhn/Kühner*, in: H/H/R, § 32b EStG Rn 119 m.w.N. aus der Rechtsprechung. Siehe zuletzt: FG München, EFG 2015, 131 Tz 14 = DStRE 2016, 329 (330).

1008 Zu konkurrierenden Steuerbefreiungen im Fall von auch nach DBA steuerfreien Einkünfte im Rahmen des § 32b Abs. 1 Satz 1 Nr. 3 EStG, siehe: BFH, BStBl. II 1997, 358 = NJW 1997, 2199 (2200).

1009 FG München, EFG 2015, 131 Tz 15 = DStRE 2016, 329 (330); EFG 2001, 1133; FSen Berlin, Erlass betreffend die steuerliche Behandlung der Bezüge der Bediensteten des Europäischen Patentamts vom 28.4.2014 – III A-S 1311–6/1997.

cc) Unterhaltsberechtigtenzulage bzw. Kinderzulage

Sofern die Mitglieder des Personals der vorliegend untersuchten internationalen Organisationen neben ihrem Grundgehalt Zulagen erhalten, die eine dem Kindergeld vergleichbare Leistungen nach Maßgabe des § 65 Abs. 1 Satz 1 Nr. 3 EStG darstellen, ist derjenige Betrag, der das inländische Kindergeld übersteigt, bei der Ermittlung der Höhe der Progressionseinkünfte zu berücksichtigen.[1010]

dd) Beiträge zum organisationsinternen sozialen Sicherungssystem

Aufwendungen der Mitglieder des Personals, die als Gehaltskürzungen und nicht als eigene Beiträge zu dem internen Versorgungssystem der jeweiligen internationalen Organisation zu qualifizieren sind, finden – unabhängig von dem Bestehen einer Regelung zu dem Progressionsvorbehalt in den einschlägigen völkerrechtlichen Vorschriften – nie Berücksichtigung bei der Ermittlung der Progressionseinkünfte. Dies gilt gemäß der Auffassung der Finanzverwaltung jedoch lediglich dann, wenn die jeweilige internationale Organisation selbst die Leistungen aus dem System der sozialen Sicherheit erbringt und nicht externe Versorgungseinrichtungen oder ein Versicherungsunternehmen hierfür zuständig sind.[1011]

ee) Leistungen aus sozialen Sicherungssystemen

Zahlungen aus einer Pflegeversicherung qualifizieren nach § 3 Nr. 1a EStG als steuerfreie Leistungen. Hierunter fallen auch die Leistungen aus einer Pflegeversicherung, die aus dem internen Versorgungssystem einer internationalen Organisation stammen. Die nach § 3 Nr. 1a EStG steuerfreien Leistungen unterfallen nicht dem Progressionsvorbehalt, da sie nicht in dem abschließenden Katalog des § 32b Abs. 1 EStG[1012] enthalten sind.[1013]

1010 Siehe zur Vergleichbarkeit der organisationsinternen Leistungen in Form der Kinderzulage Fn 928.

1011 BMF-Schreiben vom 27.2.1979, BStBl. I 1979, 139. Für die Mitglieder des Personals des EPA bestimmte die FSen Berlin, dass die Beiträge zum Versorgungssystem echte Gehaltskürzungen darstellten und mithin nicht zu den Progressionseinkünften zählten. Dagegen handelte es sich bei den Beiträgen zur sozialen Sicherung bei Krankheit, Tod oder Invalidität nicht um abziehbare Ausgaben der Mitglieder des Personals des EPA, vgl. jeweils FSen Berlin, Erlass betreffend die steuerliche Behandlung der Bezüge der Bediensteten des Europäischen Patentamts vom 28.4.2014 – III A-S 1311–6/1997.

1012 Zum Enumerationsprinzip des § 32b Abs. 1 EStG: BT-Drs. 11/2157, S. 149, 2. Spalte a.E.; BFH/NV 2000, 832 ff. Tz 11 = IStR 2000, 266 ff., *Kuhn/Kühner*, in: H/H/R, § 32b EStG Rn 60; *Hillmoth*, in: Lippross/Seibel, § 32b EStG Rn 21.

1013 Vgl. für EPO/EPA, FSen Berlin vom 28.4.2014, III A-S 1311–6/1997 – juris.

c) *Zusammenfassung des Ergebnisses und Stellungnahme*

Die vorliegend untersuchten völkerrechtlichen Vereinbarungen enthalten keine einheitliche Regelung zur Behandlung der steuerfreien Gehälter und Bezüge im Rahmen der Anwendung des Progressionsvorbehalts. Die unterschiedliche steuerliche Behandlung der einzelnen Mitglieder des Personals stellt aus rechtlichen Gesichtspunkten keine Gefahr für die Funktionalität der internationalen Organisationen dar, da die Gleichbehandlung auf der Ebene der jeweiligen internationalen Organisationen nicht gefährdet ist. Die Berücksichtigung der steuerbefreiten Gehälter und Bezüge im Rahmen der Ermittlung der Höhe der Progressionseinkünfte führt zu keiner indirekten Besteuerung der Gehälter und Bezüge in der Bundesrepublik Deutschland, sodass mangels direkter Besteuerung der Gehälter und Bezüge keine Störung des Äquivalenzverhältnisses vorliegt. Die tatsächliche Besteuerung der Mitglieder des Personals ist nämlich stets auf die Höhe ihrer Nebeneinkünfte begrenzt.[1014]

Darüber hinaus haben die unterschiedlichen völkervertraglichen Regelungen über die Anwendung des Progressionsvorbehalts sowie die daraus folgende unterschiedliche innerstaatliche steuerliche Behandlung der Mitglieder des Personals keine Auswirkung auf die Gehaltspolitik der einzelnen internationalen Organisationen und beeinflussen nicht ihre Unabhängigkeit.[1015] Mangels direkter Besteuerung der Gehälter und Bezüge belastet schließlich auch die Berücksichtigung der steuerbefreiten Einkünfte der Mitglieder des Personals im Rahmen der Ermittlung der Höhe der Progressionseinkünfte den Haushalt der internationalen Organisation nicht, sodass auch diesbezüglich keine Beeinträchtigung der Funktionalität der internationalen Organisation zu befürchten ist.[1016]

Zu der Vermeidung von möglichen wirtschaftlich und politisch unerwünschten Folgen einer organisationsübergreifenden uneinheitlichen Behandlung der Mitglieder des Personals in der Bundesrepublik Deutschland ist dennoch im Rahmen der Überlegungen zu dem Entwurf von vertraglichen Modellregelungen die Erforderlichkeit einer einheitlichen Regelung zur Behandlung der steuerfreien Einkünfte im Rahmen des Progressionsvorbehalts sowie die Ausgestaltung einer solchen Vorschrift zu berücksichtigen.[1017]

1014 *Kramer*, Besteuerung der Bediensteten, S. 109 f.

1015 *Kramer*, Besteuerung der Bediensteten, S. 106 f.

1016 Wie oben bereits erläutert, erstatten die internationalen Organisationen regelmäßig die nationale Einkommensteuer, die auf die steuerbefreiten Gehälter und Bezüge der Mitglieder ihres Personals erhoben wird.

1017 Siehe die Begründung zu dem Entwurf einer Modellregelung zu der Anwendbarkeit des Progressionsvorbehalts: G.II.4.b)cc).

3. Zusammenveranlagung von Ehegatten, § 26b EStG

a) Nationale Regelung zum Ehegattensplitting

Die Regelungen zum sog. Ehegattensplitting finden sich in den §§ 26, 26b, 32a Abs. 5 EStG. Sofern beide Ehegatten die Voraussetzungen einer Zusammenveranlagung gemäß § 26 Abs. 1 EStG erfüllen und das Wahlrecht zugunsten einer Zusammenveranlagung ausüben, bestimmt § 26b EStG, dass die Einkünfte der Ehegatten zusammenzurechnen sind und den Ehegatten gemeinsam zugerechnet werden. Soweit nichts anderes vorgeschrieben ist, sind die Ehegatten sodann gemeinsam als Steuerpflichtiger zu behandeln. Die geschuldete tarifliche Einkommensteuer berechnet sich nach dem sog. Splitting-Verfahren, welches in § 32a Abs. 5 EStG beschrieben ist. Die Steuerschuld der Ehegatten beträgt mithin das Zweifache desjenigen Steuerbetrags, der sich für die Hälfte ihres gemeinsam zu versteuernden Einkommens ergibt. § 32a Abs. 5 EStG ordnet ausdrücklich an, dass auch im Rahmen der Ermittlung des Splitting-Tarifs u. a. die Vorschrift über die Anwendung des Progressionsvorbehalts gemäß § 32b EStG, eingreift.

b) Problemaufriss

Wie bereits oben erläutert, unterfallen die steuerfreien Einkünfte der Mitglieder des Personals internationaler Organisationen lediglich dann dem Progressionsvorbehalt, wenn die jeweils einschlägige völkerrechtliche Vereinbarung eine entsprechende Regelung enthält, vgl. § 32b Abs. 1 Satz 1 Nr. 4 EStG.[1018] Da lediglich die völkerrechtlichen Vereinbarungen über die Immunitäten von EMBL, EPA, ESA (EAC bzw. ESOC), ESO, EUMETSAT und OCCAR eine solche Vorschrift vorsehen, ist eine unterschiedliche steuerliche Behandlung von Ehepaaren, bei denen jeweils lediglich einer der beiden Ehegatten steuerfreie Einkünfte erzielt, im Fall der Zusammenveranlagung denkbar. Die Berücksichtigung der steuerfreien Einkünfte bei der Ermittlung der Höhe des Splitting-Tarifs hängt mithin davon ab, bei welcher internationalen Organisation derjenige Ehegatte, der die steuerfreien Einkünfte erzielt, tätig ist. Wenn die im Einzelfall vorzunehmende Günstigerprüfung zwischen Einzel- und Zusammenveranlagung zugunsten der Zusammenveranlagung ausfällt, werden diejenigen zusammenveranlagten Ehegatten bevorzugt, bei denen die steuerfreien Einkünfte bei der Ermittlung des Splitting-Tarifs nicht berücksichtigt werden.

Die eben erläuterte zusätzlich zu der Gewährung von fiskalischen Immunitäten günstigere steuerliche Behandlung besteht nicht nur im Verhältnis derjenigen Ehegatten, bei denen ein Ehepartner bei einer internationalen Organisation tätig ist, untereinander, sondern auch im Verhältnis dieser zu den übrigen zusammen-

---

1018 Zur grundsätzlichen Anwendbarkeit der Vorschriften über die Zusammenveranlagung von Ehehatten im Fall von steuerfreien Einkünften eines Ehegattens vgl. bereits für DBA-Fälle: BFHE 136, 533 = BStBl. II 1983, 34.

veranlagten Ehegatten. Da die völkerrechtlich gewährten fiskalischen Immunitäten nach der verallgemeinerungsfähigen Rechtsprechung des EuGH keine allumfassende Bevorzugung der Mitglieder des Personals internationaler Organisationen verlangen[1019], bestehen für eine zusätzliche günstige Behandlung auch keine Rechtfertigungsgründe.

c) Ergebnis

Weder die unterschiedliche Ermittlung des Splitting-Tarifs noch eine mögliche Ungleichbehandlung im Verhältnis zu denjenigen Ehegatten, die keine steuerfreien Einkünfte erzielen, finden eine Rechtfertigung in dem Grundsatz der Funktionalität.[1020]

4. Abzug von Aufwendungen

Für Zwecke der Veranlagung zur deutschen Einkommensteuer bestehen nationale Steuervorschriften, die dazu dienen die Steuerbelastung des einzelnen Steuerpflichtigen unter Berücksichtigung der individuellen Leistungsfähigkeit zu bestimmen. Für die Mitglieder des Personals internationaler Organisationen, die Einkünfte aus unselbstständiger Tätigkeit gemäß § 2 Abs. 1 Satz 1 Nr. 4 i.V.m. § 19 EStG erzielen, ist im Wesentlichen die Abzugsfähigkeit von Werbungskosten von Interesse. Die Steuerbefreiung der Einkünfte der Mitglieder des Personals, die sie aus ihrer Tätigkeit für die vorliegend untersuchten internationalen Organisationen erhalten, hat zur Folge, dass bei der Veranlagung zur deutschen Einkommensteuer negative Einkünfte wie z. B. Werbungskosten bei der Veranlagung des einzelnen Steuerpflichtigen nicht abgezogen werden dürfen, sofern diese in einem unmittelbaren wirtschaftlichen Zusammenhang mit den steuerfreien Einkünften stehen.[1021]

Zu diesem Ergebnis gelangt man entweder, wenn man die jeweils einschlägige völkervertragliche Freistellungsklausel extensiv auslegt und sowohl auf positive als auch auf negative Einkünfte anwendet, oder den Ausschluss des Abzugs von Aufwendungen, die in einem unmittelbaren wirtschaftlichen Zusammenhang mit steuerfreien Einkünften stehen, mit Verweis auf § 3c Abs. 1 EStG begründet.[1022]

1019 Vgl. EuGH, C-229/98 (*Zwalmen und Massart*), Slg 1999, I-7113 = EU:C:1999:501 Tz 25.

1020 Dieses Ergebnis stellt ein zusätzliches Argument für eine einheitliche Regelung in Bezug auf die Anwendung des Progressionsvorbehalts dar.

1021 Die Berücksichtigung von Werbungskosten ist nach ständiger Rechtsprechung lediglich im Rahmen der Anwendung des Progressionsvorbehaltes möglich, vgl. BFHE 215, 130 = BStBl. II 2007, 756 ff. Der Progressionsvorbehalt findet jedoch, wie oben erläutert, nicht stets im Rahmen der Veranlagung der Mitglieder des Personals der vorliegend untersuchten internationalen Organisationen Anwendung.

1022 Vgl. Hessisches FG (rkr.), EFG 2011, 647 ff. = DStRE 2011, 1501 (1502) m.w.N. in Rechtsprechung und Literatur, die sich meist jedoch zu DBA-Fällen äußern.

Nach der Rechtsprechung, die allgemeine Zustimmung in der Literatur gefunden hat, liegt die Versagung von nationalen steuerlichen Vergünstigungen wie z.B. der Ausschluss des Abzugs von Werbungskosten in dem Grundgedanken für die Gewährung fiskalischer Immunitäten an die Mitglieder des Personals von internationalen Organisationen begründet. Dieser besagt, dass zur Sicherstellung der effektiven Wahrnehmung der Aufgaben der internationalen Organisation die Gehälter und Bezüge der Mitglieder des Personals nicht durch die Steuergesetzgebung der Mitgliedstaaten belastet werden dürfen. Die Gewährung von nationalen steuerlichen Vergünstigungen an die bereits begünstigten Steuersubjekte (hier: die Mitglieder des Personals internationaler Organisationen) und mithin eine Gleichbehandlung dieser mit den übrigen unbeschränkt Steuerpflichtigen ist demzufolge dann nicht erforderlich, wenn die Nichtanwendung einer günstigen Regelung zu keiner zusätzlichen Belastung der Gehälter und Bezüge führt.[1023] Dieses Ergebnis folgt auch aus der Entscheidung des EuGH in der Rechtssache *Zwalmen und Massart.* Dort führt der EuGH aus, dass die im EU-Protokoll normierte fiskalische Immunität eine Gleichbehandlung der Mitglieder des Personals der EU mit den übrigen Steuerpflichtigen im Inland sicherstellen soll.[1024] Der EuGH fordert mithin lediglich eine Gleichbehandlung und keine Bevorzugung der Mitglieder des Personals von internationalen Organisationen gegenüber den übrigen EU-Bürgern.

Würden nun aber die zusätzlichen Vergünstigungen wie z.B. der vorliegend diskutierte Abzug von Aufwendungen, die im Zusammenhang mit den steuerfreien Einkünften stehen, gewährt, führte dies zu einer Bevorzugung der Mitglieder des Personals internationaler Organisationen gegenüber den übrigen Steuerpflichtigen. Einen solchen Vorteil verlangen die völkerrechtlich gewährten fiskalischen Immunitäten jedoch nicht.[1025] Der Nichtanwendung des Abzugs von Aufwendungen im vorliegenden Fall findet mithin wiederum seine Rechtfertigung in dem Grundsatz der Funktionalität.

Wegen der Vergleichbarkeit der Problemstellung kann die Begründung auch für vorliegende Fälle übernommen werden.

1023 *Martha*, Tax Treatment of International Civil Servants, S. 297, 302 f., mit Nachweisen von Rechtsprechungsbeispielen aus anderen Mitgliedstaaten von internationalen Organisationen.

1024 Vgl. EuGH, C-229/98 (*Zwalmen und Massart*), Slg 1999, I-7113 = EU:C:1999:501 Tz 25 (zur Gewährung des Ehequotienten nach belgischem Recht im Fall von Ehegatten, bei dem einer steuerfreie Einkünfte erzielt) m.w.N. zu weiteren EuGH Rechtsprechungen. Vorliegend hat der EuGH darüber hinaus entschieden, dass die Mitgliedstaaten keine Verpflichtung treffe, einem Mitglied des Personals der EU dieselben Vergünstigungen zu gewähren wie den übrigen Steuerpflichtigen, die nach innerstaatlichem Recht begünstigt werden, da die im EU-Protokoll normierte fiskalische Immunität keine Bevorzugung der Mitglieder des Personals der EU verlange.

1025 Siehe hierzu bereits: Fn 1020.

5. Fiskalische Immunitäten und die Gewährung von Steuervergünstigungen bzw. staatlichen Leistungen

a) Elterngeldanspruch gemäß § 2 Abs. 1 BEEG

aa) Nationale Regelung zum Elterngeldanspruch – Problemaufriss

Der Anspruch auf Elterngeld gemäß § 2 Abs. 1 Satz 1 BEEG – die Erfüllung seiner Tatbestandsvoraussetzungen unterstellt – beläuft sich auf 67 Prozent des in den zwölf Kalendermonaten vor dem Monat der Geburt des Kindes durchschnittlich erzielten monatlichen Einkommens aus Erwerbstätigkeit bis zu einem Höchstbetrag von monatlich EUR 1.800,00. Nach Satz 3 dieser Vorschrift bestimmt sich das Einkommen aus Erwerbstätigkeit[1026] nach der um die Abzüge für Steuern und Sozialabgaben verminderten Summe der im Inland zu versteuernden positiven Einkünfte aus u. a. nichtselbständiger Arbeit. Steuerfreie Einkünfte unabhängig von den Gründen und der normativen Grundlage ihrer jeweiligen Steuerbefreiung sind bei der Bemessung des Elterngeldanspruchs nicht zu berücksichtigen.[1027] Mithin bleiben die in der Bundesrepublik Deutschland steuerfreien Einkünfte wie die Gehälter und Bezüge der Mitglieder des Personals internationaler Organisationen bei der Bemessung des Elterngeldes außer Betracht.[1028] Folglich erhalten die potentiell elterngeldberechtigten Mitglieder des Personals internationaler Organisationen lediglich einen Anspruch auf den gesetzlichen Mindestsatz des Elterngeldes in Höhe von EUR 300,00 gemäß § 2 Abs. 4 Satz 1 BEEG.

bb) Rechtfertigung dieser Behandlung

Die Nichtberücksichtigung der steuerfreien Einkünfte bei der Bemessung der Höhe des Elterngeldanspruchs potentiell berechtigter Mitglieder des Personals internationaler Organisationen liegt in der Absicht des Gesetzgebers begründet, das Leistungsvolumen des Elterngelds zu begrenzen, da dieses keine bedürftigkeitsabhängige Sozialleistung darstellt.[1029] Die Versagung des Elterngeldanspruchs in den vorliegend diskutierten Fällen über die Höhe des Mindestbetrags hinaus führt auf den ersten Blick zu einer Ungleichbehandlung der Mitglieder des Personals internationaler Organisationen im Verhältnis zu den übrigen elterngeldberechtigten Personen in der Bundesrepublik Deutschland. Sie führt jedoch nicht dazu, dass die grundsätzlich steuerbefreiten Gehälter und Bezüge des jeweils betroffenen Mitglieds des Personals internationaler Organisationen entgegen der völkervertraglich normierten fiskalischen Immunität doch einer Steuerbelastung unterlägen. Vielmehr stellt die Gewährung von Elterngeld lediglich eine zusätzliche Leistung des Staates

1026 Nach Maßgabe der §§ 2c bis 2f. EStG.
1027 BFH/NV 2014, 2031 = L BSGE 116, 54 Tz 20.
1028 Allgemein zur Bestimmung der Einkünfte nach § 2 Abs. 3 und 4 EStG: BFHE 104, 345 = BStBl. II 1972, 341; vgl. *Oyda*, NZS 2010, 194.
1029 BFH/NV 2014, 2031 = L BSGE 116, 54 Tz 22.

ohne steuerliche Auswirkungen auf die steuerfreien Einkünfte der Mitglieder des Personals internationaler Organisationen dar.

Die wohl als verallgemeinerungsfähig einzustufende oben angeführte Rechtsprechung des EuGH zur steuerlichen Behandlung der Mitglieder des Personals verbietet mithin die Versagung der Gewährung des Elterngeldes über den Mindestsatz hinaus nicht. Die unterschiedliche Behandlung der Mitglieder des Personals rechtfertigt sich darüber hinaus aus, da die Mitglieder des Personals in das Sozialsystem der jeweiligen internationalen Organisation eingebunden sind. Die meisten internationalen Organisationen haben eigenständige und umfassende Systeme zur sozialen Sicherung eingerichtet, aus denen die Mitglieder ihres Personals entsprechende Leistungen erhalten.

cc) Zusammenfassung des Ergebnisses

Zusammenfassend ist mithin festzustellen, dass die Ungleichbehandlung der Mitglieder des Personals mit den übrigen elterngeldberechtigten Personen vorliegend gerechtfertigt ist, da jene regelmäßig eine aus wirtschaftlicher Perspektive vergleichbare Behandlung wie die übrigen elterngeldberechtigten Personen in der Bundesrepublik Deutschland erfahren.[1030] Das Bedürfnis einer günstigeren Behandlung der Mitglieder des Personals internationaler Organisationen gegenüber den übrigen elterngeldberechtigten Personen in der Bundesrepublik Deutschland aus Gründen der Funktionalität besteht nicht.

b) Weitere Vergünstigungen

Die Rechtsordnungen anderer Mitgliedstaaten der in dieser Arbeit untersuchten internationalen Organisationen enthalten bzw. enthielten nationale Steuervergünstigungen, deren Tatbestandsmerkmale regelmäßig wegen der Steuerfreiheit der Einkünfte der Mitglieder des Personals nicht erfüllt werden können bzw. konnten. Als Beispiel hierzu dient das EuGH-Urteil in der Rechtssache *Zwalmen und Massart*, das zu der Frage der Anwendung des nach belgischem Steuerrecht bestehenden Ehequotienten im Fall von Ehegatten, bei dem ein Ehegatte steuerfreie Einkünfte erzielte, ergangen ist.[1031] Soweit ersichtlich, finden sich vergleichbare Vorschriften in der deutschen Steuerrechtsordnung nicht.[1032]

6. Zusammenfassung der Ergebnisse

Neben belastenden Vorschriften enthält die deutsche Steuerrechtsordnung auch Steuervergünstigungen. Die Schutzfunktion der fiskalischen Immunitäten führt

1030 Vgl. hierzu auch BFH/NV 2014, 2031 = L BSGE 116, 54,Tz 31.
1031 EuGH, C-229/98 (*Zwalmen und Massart*), Slg 1999, I-7113 = EU:C:1999:501 Tz 25.
1032 Vgl. auch für weitere internationale Beispiele in: *Martha*, Tax Treatment of International Civil Servants, S. 297 ff.

lediglich zu der Befreiung von zusätzlichen staatlich herbeigeführten Steuerbelastungen, die nicht gegeben wären, wenn keine steuerfreien Einkünfte erzielt würden. Sofern die Versagung der Gewährung von Vergünstigungen nicht zu einer höheren Steuerbelastung der steuerbefreiten Gehälter und Bezüge des jeweils betroffenen Mitglieds des Personals der vorliegend untersuchten internationalen Organisationen führt, verstößt die unterschiedliche Behandlung dieser im Verhältnis zu den übrigen steuerpflichtigen Personen in der Bundesrepublik Deutschland nicht gegen die völkervertraglich gewährten fiskalischen Immunitäten der Mitglieder des Personals internationaler Organisationen.

Darüber hinaus verlangen die völkervertraglich normierten Steuerbefreiungen gemeinhin keine Bevorzugung der Mitglieder des Personals im Verhältnis zu den übrigen im Inland steuerpflichtigen Personen, die über die Steuerbefreiung der Gehälter und Bezüge hinausreicht.

Der zuvor formulierte Maßstab ist bei jeder zukünftigen Prüfung von steuervergünstigenden nationalen Vorschriften anzuwenden, wenn ein möglicher Verstoß dieser Normen gegen die fiskalischen Immunitäten erwogen wird.

V. Keinmalbesteuerung

1. Darstellung des Problems

Die meisten Führungskräfte genießen in den Mitgliedstaaten der jeweiligen internationalen Organisation diejenigen fiskalischen Immunitäten, die Diplomaten zustehen.[1033] Da die Führungskräfte jedoch im Gegensatz zu den Diplomaten weder einen Heimatstaat haben noch deshalb in einem sog. Empfangsstaat tätig sind, umfasst der Verweis auf die Anwendung der diplomatischen Vorrechte für Führungskräfte internationaler Organisationen nicht die Regelungen zu den Ausnahmen der Steuerbefreiung in Artikel 34 lit. b, c und lit. d WÜD. Jene Ausnahmetatbestände enthalten jeweils den Empfangsstaat als Tatbestandsmerkmal und finden mithin deshalb vorliegend keine Anwendung.[1034] Mangels Eingreifen dieser Tatbestände besteht die Möglichkeit, dass die Besteuerung des Welteinkommens einiger Führungskräfte der vorliegend untersuchten internationalen Organisationen nicht sichergestellt ist. Der Effekt dieser sog. Keinmalbesteuerung kann mithin bei denjenigen Führungskräften eintreten, deren fiskalischen Immunitäten nicht durch eine zusätzliche völkervertragliche Regelung eingeschränkt sind.

1033 Siehe zu der individuellen Behandlung der Führungskräfte der vorliegend untersuchten internationalen Organisationen:E.IV.4.

1034 Council of Europe, Committee of Ministers, Addendum to the Report of the Sub-Committee on Privileges and Immunities of International Organization, revised and approved by the European Committee on Legal Co-operation (CCJ) at its 11th meeting of the 2–6 June 1969 (Addendum to CM (69) 92) Rn 89. Siehe zum Umfang der Besteuerung der Diplomaten nach dem WÜD: F.III.1.b).

Tatsächlich betrifft diese Möglichkeit einer Keinmalbesteuerung lediglich einen kleinen Teil der vorliegend untersuchten Führungskräfte. Lediglich die völkerrechtlichen Vereinbarungen über die Immunitäten von GCDT, IRENA-IITC, OECD und OCCAR bzw. in einem eingeschränkten Umfang auch das Sitzstaatabkommen mit EMBL bzw. die IOM-Verordnung[1035] beschränken die Anwendung der erweiterten fiskalischen Immunitäten für Führungskräfte mit deutscher Staatangehörigkeit bzw. mit ständiger Ansässigkeit in der Bundesrepublik Deutschland nicht. Mithin ist die Bundesrepublik Deutschland regelmäßig steuerberechtigter Staat für die Besteuerung des Welteinkommens der Mehrzahl der Führungskräfte, vorausgesetzt, dass diese in der Bundesrepublik Deutschland unbeschränkt steuerpflichtig sind. Letzteres ist jedoch anzunehmen, da es zumindest nahe liegt, dass die Führungskräfte der jeweiligen internationalen Organisationen ihren ständigen Aufenthalt i.S.d. § 1 Abs. 1 EStG in dem Sitzstaat ihrer Organisationen und somit vorliegend in der Bundesrepublik Deutschland haben.

Mithin sind die meisten Führungskräfte der in dieser Arbeit untersuchten internationalen Organisationen in der Bundesrepublik Deutschland unbeschränkt steuerpflichtig und unterliegen somit mit ihrem Welteinkommen der Besteuerung in der Bundesrepublik Deutschland.

Die Führungskräfte der einzelnen zuvor gesondert genannten internationalen Organisationen genießen im Gegensatz zu der Mehrheit der Führungskräfte keine Beschränkungen im Hinblick auf die erweiterten fiskalischen Immunitäten. Dies gilt jedoch nur, sofern die begünstigten Führungskräfte nicht in einem Drittstaat unbeschränkt steuerpflichtig sind. Drittstaaten sind an die Regelungen in den Gründungs- bzw. Sitzstaatabkommen nicht gebunden und können mithin unbeschränkt ihre Steuerhoheit ausüben.

Bereits der Bericht des CCJ von 1969[1036] warf das eben skizzierte Problem der Keinmalbesteuerung auf und stellte Lösungs- bzw. Gestaltungsmöglichkeiten vor. Bisher haben die einzelnen Staaten jedoch noch keine Maßnahmen zur Beseitigung des Effekts der Keinmalbesteuerung umgesetzt. Auch wenn die Keinmalbesteuerung, wie die Analyse der in dieser Arbeit untersuchten völkerrechtlichen Vereinbarungen und nationalen Rechtsakte zeigt, lediglich einen geringen Teil der Führungskräfte der vorliegend untersuchten internationalen Organisationen betrifft, ist es wünschenswert, dieses Phänomen zu beseitigen. Dies gilt vor allem vor dem Hintergrund, dass die günstige steuerliche Behandlung, die durch den eben beschriebenen Effekt erfolgt, im Hinblick auf die Gewährung von fiskalischen Immunitäten keine Rechtfertigung aufweist.

1035 Das Sitzstaatabkommen mit EMBL bzw. die IOM-Verordnung schließt die Anwendung der erweiterten Immunitäten für deutsche Staatsangehörige aus. Eine ständiger Aufenthalt und mithin eine wohl grundsätzlich unbeschränkte Steuerpflicht in der Bundesrepublik Deutschland schadet mithin nicht.

1036 Council of Europe, Committee of Ministers, Addendum to the Report of the Sub-Committee on Privileges and Immunities of International Organization, revised and approved by the European Committee on Legal Co-operation (CCJ) at its 11th meeting of the 2–6 June 1969 (Addendum to CM (69) 92) Rn 89.

2. Lösungsansätze zur Beseitigung der Keinmalbesteuerung

a) Bericht des CCJ

Der Bericht des CCJ enthielt bereits im Jahr 1969 zwei Lösungsvorschläge. Nach den dort geäußerten Überlegungen könne die Keinmalbesteuerung verhindert werden, indem die betroffene Führungskraft entweder in demjenigen Staat, zu dem sie eine besondere Verbindung aufweist (*relevant connection*), oder im Staat ihrer Staatsangehörigkeit als unbeschränkt Steuerpflichtiger behandelt wird.[1037]

Die Lösungsvorschläge des CCJ rufen jedoch Bedenken im Hinblick auf die Schutzfunktion des Grundsatzes der Funktionalität hervor.

Es ist durchaus denkbar, dass die betroffene Führungskraft eine *relevant connection* mit dem Sitzstaat derjenigen internationalen Organisation aufweist, für die sie tätig ist. Auch ist es denkbar, dass die jeweilige Führungskraft Staatsangehöriger des Sitzstaates ist. In beiden Fallgestaltungen würde der Sitzstaat der internationalen Organisation berechtigt sein, das Welteinkommen der Führungskraft zu besteuern. Mithin bestünde zumindest ein gewisses Risiko, dass durch das vollumfängliche Besteuerungsrecht des Sitzstaates die Unabhängigkeit der jeweiligen Führungskraft gefährdet wird und mithin die Funktionalität der betroffenen internationalen Organisation zumindest nicht mehr sichergestellt werden kann.

b) Vorschlag von Endres/Ismer

Eine Lösung des Problems der Keinmalbesteuerung stellten kürzlich auch *Endres/Ismer* vor. Gemäß ihrem Vorschlag sollte jeder Mitgliedstaat einer internationalen Organisation hinsichtlich der jeweils inländischen Einkünfte der Führungskräfte steuerberechtigt sein.[1038] Das Besteuerungsrecht sollte lediglich dann entfallen, wenn die jeweilige Führungskraft nachweist, dass sie mit ihrem Welteinkommen der organisationsinternen Besteuerung unterfiele.[1039] Sie schlagen deshalb folgende Regelung vor:

> „*Article 2B: The Organization's personnel (...).*
> 2. The Secretary-General and all Assistant Secretaries-General shall be accorded the privileges and immunities exemptions as well as facilities accorded to diplomatic envoys in accordance with international law, provided they demonstrate that they are subject to taxation of their worldwide income by the Organization. (...)."[1040]

1037 Council of Europe, Committee of Ministers, Addendum to the Report of the Sub-Committee on Privileges and Immunities of International Organization, revised and approved by the European Committee on Legal Co-operation (CCJ) at its 11th meeting of the 2–6 June 1969 (Addendum to CM (69) 92) Rn 89.

1038 *Endres/Ismer*, Tax Rules in Non-Tax Agreements, S. 359 (369, 393).

1039 *Endres/Ismer*, Tax Rules in Non-Tax Agreements, S. 359 (397).

1040 Ebenda.

Die von *Endres/Ismer* vorgeschlagene Regelung bedarf im Hinblick auf den letzten Gedankengang einer Anpassung, da durch die vorgestellte Vorschrift die noch bestehende Unsicherheit hinsichtlich der Anwendbarkeit einiger völkervertraglichen Regeln, die die diplomatischen Steuerbefreiungen betreffen (vgl. Artikel 34 WÜD), auf die Führungskräfte von internationalen Organisationen nicht beseitigt wird. Mithin ist eine Erweiterung der Vorschrift vorzugswürdig, die zunächst den genauen Umfang der fiskalischen Immunitäten der Führungskräfte bestimmt.

c) Modifizierter Vorschlag

Eine vertragliche Modellregelung könnte wie folgt lauten:

> *„Der Generalsekretär, sein Stellvertreter und dessen Stellvertreter sowie alle Personen, die einen vergleichbaren Status innerhalb von [Name der internationalen Organisation] haben, genießen im Hinblick auf ihr Welteinkommen Befreiung von allen direkten Steuern von dem Zeitpunkt an, in dem das Welteinkommen einer organisationsinternen Besteuerung unterworfen wird."*

Der vorliegende Vorschlag stellt nunmehr ausdrücklich klar, dass die Führungskräfte von allen direkten Steuern auf ihr Welteinkommen befreit sind und die Ausnahmen, die in Artikel 34 lit. b, c und lit. d WÜD genannt sind, keine Anwendung finden. Ohne diese Ergänzung hätte sich der Sitzstaat auf den Standpunkt stellen können, dass trotz organisationsinterner Besteuerung die privaten inländischen Einkünfte der betroffenen Führungskraft nicht steuerbefreit sind, da Artikel 34 WÜD Anwendung finde.

Ergänzend enthält der modifizierte Vorschlag auch die Regelung, dass die normierten Steuerbefreiungen stets unabhängig von der Staatsangehörigkeit bzw. der Ansässigkeit der jeweiligen Führungskraft gewährt werden.

d) Zusammenfassung der Ergebnisse und Begründung des modifizierten Regelungsvorschlags

Die leicht modifizierte Lösung ist gegenüber anderen Vorschlägen vorzugswürdig, da sie die nicht zu rechtfertigende steuervorteilhafte Behandlung der Führungskräfte beseitigt und gleichzeitig eine Gleichbehandlung zwischen den betroffenen Führungskräften erreicht, ohne aber die Funktionalität der jeweiligen internationalen Organisation zu gefährden.

Der potentielle Verlust von Steuersubstrat durch einzelne Mitgliedstaaten von internationalen Organisationen im Hinblick auf ein möglicherweise wegfallendes Besteuerungsrecht für private Einkünfte einiger Führungskräfte könnte durch eine Verrechnung der Mindereinnahmen mit den Mitgliedsbeiträgen der jeweiligen Mitgliedstaaten an die internationale Organisation ausgeglichen werden. Für den umgekehrten Fall der Erstattung von durch die Mitgliedstaaten erhobenen Einkommensteuern durch die internationale Organisation an die Mitglieder des Personals bei gleichzeitiger Berücksichtigung der Erstattungsbeiträge im Rahmen der Ermittlung der Beiträge der jeweiligen Mitgliedstaaten an die internationale

Organisation besteht bereits – zumindest bei einigen internationalen Organisationen – ein Verrechnungssystem.[1041] Somit sind Verwaltungsstrukturen vorhanden, die für das vorliegend vorgeschlagene Ausgleichsverfahren genutzt werden können. Diejenigen internationalen Organisationen, die derzeit noch keine Erfahrung mit einem solchen Ausgleichssystem haben, können bei der Gestaltung ihres eigenen Systems Rückgriff auf die vorhandenen Strukturen nehmen.

Der größte Vorteil der modifizierten Lösung liegt jedoch darin, dass den Mitgliedstaaten der internationalen Organisationen jegliche Möglichkeit der Einflussnahme auf die Führungskräfte entzogen wird. Somit besteht diesbezüglich keine Gefahr für die Funktionalität der internationalen Organisation.

Vor diesem Hintergrund ist zusätzlich noch zu erwägen, denjenigen Führungskräften, die in einem Drittstaat unbeschränkt steuerpflichtig sind, die Möglichkeit des Nachweises der Besteuerung des Welteinkommens einzuräumen, da Drittstaaten kein Risiko für die effektive Aufgabenwahrnehmung der jeweiligen internationalen Organisation darstellen. Ein solcher Nachweis könnte durch Vorlage des jeweiligen Steuerbescheids aus dem Drittstaat erfolgen. Ein Antrag auf Freistellung von der internen Besteuerung sollte der jeweiligen Führungskraft bei Antritt ihrer Beschäftigung in der internationalen Organisation darüber hinaus offenstehen, um eine Doppelbesteuerung bis zum Erlass des jeweiligen Steuerbescheids im Drittland zu vermeiden.[1042]

VI. Exkurs: Anspruch auf Informationserteilung

1. Fragestellung

Die Bedingungen und Verfahrensregeln für die organisationsinterne steuerliche Behandlung der Mitglieder des Personals finden sich entweder in den Personalstatuten der internationalen Organisationen oder wurden durch einen Beschluss des Exekutivorgans (wie z. B. des *Council*/Rats) der jeweiligen internationalen Organisation festgelegt. Einige dieser Rechtsquellen, die Bestimmungen zu der organisationsinternen steuerlichen Behandlung der Mitglieder des Personals enthalten, sind öffentlich zugänglich. In anderen Fällen erteilten die Mitarbeiter der jeweiligen internationalen Organisationen Auskunft über die bestehenden Vorschriften zu der organisationsinternen steuerlichen Behandlung und/oder gewährten Einsicht in die relevanten organisationsinternen Beschlüsse. Einige internationale Organisationen versagten jedoch mit Verweis auf die Vertraulichkeit der internen Dokumente den Zugang zu den entsprechenden Informationen. Teilweise erteilten sie auch die Information, versagten jedoch die Einsichtnahme in die zugrundeliegende Rechtsquelle.

1041 Vgl. die Ausführungen des *tax equalization fund* der Vereinten Nationen unter: B.II.4.a).

1042 Ggf. eingreifende DBA-Regelungen wurden vorliegend nicht berücksichtigt. Sie verhindern jedoch ebenfalls eine Doppelbesteuerung.

Da regelmäßig die benötigten Informationen durch öffentlich zugängliche Sekundärquellen erlangt werden konnten, fehlte es vorliegend an einem Anlass potentielle Ansprüche auf Informationserteilung geltend zu machen.

Für Zwecke der Vollständigkeit findet sich in diesem Abschnitt ein kurzer Exkurs zu der Frage nach dem Bestehen eines Anspruchs auf Zugang zu den Informationen über die interne steuerliche Behandlung der Mitglieder des Personals einer internationalen Organisation.

2. Rechtsgrundlage

Als Rechtsgrundlage des Anspruchs auf Informationszugang kommt § 1 Abs. 1 Satz 1 IFG in Frage. Gemäß dieser Norm hat jeder nach Maßgabe dieses Gesetzes gegenüber den Behörden des Bundes einen Anspruch auf Zugang zu amtlichen Informationen. Die Darlegung eines rechtlichen Interesses an der Information ist nicht erforderlich. Der Anspruch besteht vorbehaltlich des Eingreifens der in §§ 3 IFG ff. normierten Ausschlussgründe.

3. Anspruchsvoraussetzungen

a) *Anspruchsverpflichteter*

Gemäß § 1 Abs. 1 Satz 1 IFG sind zunächst die Bundesbehörden verpflichtet, Zugang zu amtlichen Informationen zu erteilen. Der Behördenbegriff des § 1 Abs. 1 Satz 1 IFG orientiert sich gemäß der Gesetzesbegründung an § 1 Abs. 4 VwVfG, sodass jede Stelle, die Aufgaben der öffentlichen Verwaltung wahrnimmt, eine Behörde i.S.d. § 1 Abs. 1 Satz 1 IFG darstellt (sog. funktionaler Behördenbegriff[1043]).[1044] Gemäß § 1 Abs. 1 Satz 2 IFG gilt dies auch für sonstige Bundesorgane und -einrichtungen, soweit sie öffentlich-rechtliche Verwaltungsaufgaben wahrnehmen. Satz 3 dieser Norm erweitert den Kreis der Verpflichteten auf natürliche und juristische Personen des Privatrechts, soweit eine Behörde sich dieser Person zur Erfüllung ihrer öffentlich-rechtlichen Aufgaben bedient.

Die vorliegend untersuchten internationalen Organisationen kommen selbst als Verpflichtete nicht in Frage, da sie nicht unter den Behördenbegriff des § 1 Abs. 1 Satz 1 IFG fallen und auch nicht i.S.d. § 1 Abs. 1 Satz 2 IFG als sonstiges Bundesorgan oder Einrichtung des Bundes Verwaltungsaufgaben wahrnehmen. § 1 Abs. 1 Satz 3 IFG greift auch nicht ein, da die vorliegend untersuchten internationalen Organisationen weder als natürliche Personen noch juristische Personen des Privatrechts qualifizieren, denen sich der Bund zur Erledigung seiner öffentlich-rechtlichen Aufgaben bedienen könnte.[1045]

1043 BVerwGE 141, 122 Tz 18 f. = ZUR 2012, 183 (185).

1044 Gesetzesbegründung des Gesetzes zur Regelung des Zugangs zu Informationen des Bundes (Informationsfreiheitsgesetz – IFG), BT-Drs. 15/4493, S. 7.

1045 So auch für die EZB: *Berger/Schirmer*, DVBl 2015, 608 (614).

Fraglich ist mithin, gegen wen der Informationserteilungsanspruch zu richten ist. Die Information über die organisationsinterne steuerliche Behandlung der Mitglieder des Personals stammt aus dem Wissensbereich der internationalen Organisation, da die Bedingungen und die Verfahrensregeln zu der internen Besteuerung zumindest teilweise von dem Exekutivorgan der jeweiligen internationalen Organisation in Form eines schriftlich dokumentierten Beschlusses gefasst werden.[1046]

Nach der gesetzgeberischen Intention ist es jedoch nicht erforderlich, dass der Anspruchsverpflichtete, der abschließend in § 1 IFG genannt ist, auch der Urheber der Information ist. Informationen mit

> *„Ursprung außerhalb des Bundes – insbesondere (Informationen) nationaler und internationaler Organisationen – werden Bestandteil der amtlichen Information des Bundes, wenn sie dem Bund dauerhaft zugehen."*[1047]

Von einem Zugang der Informationen bei der informationsverpflichteten Stellte ist mithin stets dann auszugehen, wenn diese zu den Akten dieser Behörde gelangen.

Vorliegend sehen einige Gründungsabkommen der internationalen Organisation vor, dass jeder Mitgliedstaat einen oder mehrere Vertreter in das Exekutivorgan der jeweiligen internationalen Organisation entsendet. Dieses Organ fällt sodann regelmäßig die maßgeblichen organisationsinternen Grundsatzentscheidungen z.B. zu der steuerlichen Behandlung der Mitglieder des Personals.[1048] In anderen Fällen wie z.B. bei beiden Jugendwerken legen die jeweils beteiligten Regierungen die Beschäftigungsbedingungen sowie die Rechte und Pflichten der Mitglieder des Personals in einem Personalstatut fest.[1049] Es ist mithin davon auszugehen, dass die Vertreter der Mitgliedstaaten bzw. die Vertreter der Regierungen der nunmehr informationspflichtigen Behörde Bericht über den Inhalt der einzelnen Ratssitzungen erstatten. Ein solcher Bericht erfolgt im Zweifel schriftlich. Ihm sind ggf. sogar das Protokoll der jeweiligen Sitzung bzw. die einzelnen Ratsbeschlüsse als Anlage beigefügt. Es ist somit grundsätzlich möglich, dass die Informationen zu der organisationsinternen steuerlichen Behandlung der Mitglieder des Personals internationaler Organisationen zu den Akten derjenigen Stelle gelangen, die die Vertreter in die Sitzungen des Exekutivorgans der jeweiligen internationalen Organisation entsendet hat. Somit ist nicht der einzelne Teilnehmer der jeweiligen Ratssitzung bzw. Vertreter der Bundesrepublik Deutschland informationspflichtig, sondern die Behörde, bei der die Informationen aktenkundig werden.

1046 Vgl. für viele: Artikel XVIII Abs. 1 EWO-Anlage I.

1047 Gesetzesbegründung zu dem Entwurf eines Gesetzes zur Regelung des Zugangs zu Informationen des Bundes (Informationsfreiheitsgesetz – IFG), BT-Drs. 15/4493, S. 7.

1048 Vgl. zur Zusammensetzung des Rates beispielhaft, Artikel VI Abs. 1 des Übereinkommens zur Errichtung eines Europäischen Laboratoriums für Molekularbiologie (EMBL-Gründungsabkommen), BGBl. II 1973, 1006 ff.; Artikel XI Abs. 1 EWO-Übereinkommen.

1049 Artikel 15 Abs. 1 des Abkommens über das Deutsch-Französische Jugendwerk; Artikel 9 Abs. 3 des Abkommens über das Deutsch-Polnische Jugendwerk.

Die Entscheidung über die Vertretung der Bundesrepublik Deutschland in den vorliegend relevanten internationalen Gremien (Exekutivorgane der internationalen Organisationen) trifft das inhaltlich zuständige Ressort innerhalb der Bundesregierung jeweils im konkreten Einzelfall. Hierbei sind völkervertragliche Regelungen über die konkrete Besetzung dieser Exekutivgremien zu berücksichtigen.[1050] Wegen der Einzelfallentscheidung ist es vorliegend nicht möglich, im Vorhinein oder gar pauschal die informationspflichtige Stelle zu bestimmen. In Frage kommen neben den einzelnen Bundesministerien, nachgeordnete Behörden oder sonstige zuständige Einrichtungen des Bundes. Regelmäßig dürften sie wegen des funktionalen Behördenbegriffs eine informationspflichtige Stelle i.S.d. § 1 Abs. 1 Satz 1 bzw. Satz 2 IFG darstellen.[1051] Unbestritten sind die Bundesministerien als informationspflichtige Behörden zu qualifizieren.[1052]

Zusammenfassend ist mithin festzustellen, dass diejenigen Stellen, denen die Entscheidung über die Entsendung der Vertreter der Bundesrepublik Deutschland in die Exekutivgremien der internationalen Organisationen obliegt, als informationspflichtige Behörden in Betracht kommen.

b) Amtliche Information

Die Information über die interne steuerliche Behandlung der Mitglieder des Personals der internationalen Organisationen muss darüber hinaus auch eine amtliche Information darstellen. Als amtliche Information qualifiziert gemäß § 2 Nr. 2 IFG jede zu amtlichen Zwecken dienende Aufzeichnung, unabhängig von der Art ihrer Speicherung.

aa) Amtliche Zweckbestimmung

Die amtliche Zweckbestimmung der Information setzt einen Zusammenhang mit der amtlichen Tätigkeit des Informationsverpflichteten voraus. Die Information muss in Erfüllung einer amtlichen Tätigkeit angefallen sein oder in anderer Weise im Zusammenhang mit der amtlichen Tätigkeit stehen. Ausgeschlossen sind Informationen von privater Natur.[1053]

Informationen, die die Vertreter der informationspflichtigen Stelle im Rahmen der Ratssitzungen über die Festlegung der Bedingungen und Verfahrensregeln des

---

1050 Gemäß Artikel 4 Abs. 1 EUMETSAT-Gründungsabkommen soll z. B. einer der (höchstens) zwei Vertreter der Mitgliedstaaten ein Vertreter des Wetterdienstes des jeweiligen Mitgliedstaates sein.

1051 Zu den informationspflichtigen Stellen zählen z. B. die den Bundesministerien nachgeordneten obersten Bundesoberbehörden, *Schoch*, IFG, § 1 Rn 153. Es bedarf jedoch stets einer Einzelfallprüfung. Die Vertretung der Bundesrepublik Deutschland stellt auch die Wahrnehmung einer öffentlich-rechtlichen Verwaltungsaufgabe i.S.d. § 1 Abs. 1 Satz. 2 IFG dar, vgl. hierzu die Ausführung im Rahmen des ungeschriebenen Ausschlussgrundes unter: F.VI.3.c)aa).

1052 *Schoch*, IFG, § 1 Rn 141.

1053 Siehe zu den Merkmalen der Definition die Gesetzesbegründung zum Entwurf des IFG, BT-Drs. 15/4493, S. 9.

organisationsinternen Besteuerungssystems erhalten, sind mithin nicht privater Natur und betreffen ausschließlich die Tätigkeit und interne Organisation der jeweiligen internationalen Organisation. Mithin sind diese Informationen als „amtlich" i.S.d. § 2 Nr. 1 IFG zu qualifizieren.

bb) Aufzeichnung

Nach der Intention des Gesetzgebers umfasst eine Aufzeichnung alle Formen von festgehaltener und gespeicherter Information, die auf einem Informationsträger gespeichert ist.[1054] Somit sind sowohl die wohl regelmäßig in Papier- und elektronischer Form verfügbaren Personalstatuten, als auch die zumindest in Papierform vorliegende Dokumentation der einzelnen Beschlüsse des Exekutivorgans einer internationalen Organisation über die Bedingungen der internen Besteuerung der Gehälter und Bezüge der Mitglieder des Personals als Aufzeichnung i.S.d. § 2 Nr. 1 IFG zu qualifizieren.

c) Kein Eingreifen eines Ausschlussgrundes

aa) Ungeschriebener Ausschlussgrund

Nach dem Sinn und Zweck des Gesetzes, das die demokratischen Beteiligungsrechte der Bürger durch die Verbesserung der Informationszugangsrechte stärken und der Meinungs- und Willensbildung in der Demokratie dienen will,[1055] können grundsätzlich auch Informationen, die aus dem Bereich der Regierungstätigkeit der informationspflichtigen Stelle stammen, dem Anwendungsbereich des § 1 Abs. 1 IFG unterfallen, sofern nicht der Kernbereich exekutiver Eigenverantwortung betroffen ist.[1056]

Diese Ausnahme stellt eine ungeschriebene Schranke des Anspruchs dar. Ausgehend vom Gewaltenteilungsprinzip schützt sie die interne Willensbildung der Regierung und mithin die Funktionsfähigkeit und Eigenverantwortung der Regierung vor potentiellen Beeinflussungen, die durch die Gewährung eines Informationsanspruchs drohen.[1057] Geschützt werden soll somit vor allem der Willensbildungsprozess der regierenden Stellen. Die vorliegend untersuchte Tätigkeit – die Teilnahme an Sitzungen des Exekutivorgans von internationalen Organisationen – unterfällt diesem Kernbereich aus zwei Gründen jedoch nicht, sodass die Informationen grundsätzlich zu erteilen sind:

Zum einen ist die Beratung und Beschlussfassung im Rahmen der Sitzungen des Beschlussorgans der jeweiligen internationalen Organisation eher mit der administrativen Rechtsetzung, die von dem Anwendungsbereich des § 1 Abs. 1 IFG umfasst ist, vergleichbar.[1058] Zum anderen ist nicht der vom Kernbereich umfasste

---

1054 Gesetzesbegründung zum Entwurf des IFG, BT-Drs. 15/4493, S. 8.

1055 Gesetzesbegründung zum Entwurf des IFG, BT-Drs. 15/4493, S. 6; BVerwG, NVwZ 2012, 251 (252) Tz 20.

1056 BVerwGE 141, 122 Tz 20 = ZUR 2012, 183 (185).

1057 BVerwG, NVwZ 2012, 251 (254) Tz 35.

1058 BVerwGE 141, 122 Tz 20 = ZUR 2012, 183 (185); *Schoch*, IFG, § 1 Rn 123, 139 m.w.N.; a.A. *Jastrow/Schlatmann*, IFG, § 1 Rn 29.

Bereich des Ablaufs der Beratungen und des Austauschs von Meinungen der unterschiedlichen Vertreter der Mitgliedstaaten im Rahmen der jeweiligen Sitzungen der internationalen Gremien Gegenstand des Informationsbegehrens, sondern lediglich das nunmehr praktizierte Ergebnis der Beratung in Form der Bedingungen und Verfahrensregelungen zu dem jeweiligen organisationsinternen Besteuerungssystem.

bb) Geschriebene Ausschlussgründe

Gemäß § 3 Nr. 1 lit. a IFG, der die auswärtigen Belange der Bundesrepublik Deutschland u. a. zu internationalen Organisationen schützt, besteht der Anspruch auf Informationszugang nicht, wenn das Bekanntwerden der Information nachteilige Auswirkungen auf internationale Beziehungen haben kann.[1059] Für die Beantwortung der Frage, was unter den Begriff der „nachteiligen Auswirkungen" zu fassen ist und ob diese bei Bekanntwerden der Information eintreten können, muss die informationspflichtige Stelle eine Prognoseentscheidung treffen.[1060] Der Bundesregierung steht für beide Bewertungen jeweils ein großer Ermessensspielraum zu, der gerichtlich nicht überprüft werden kann, da das Grundgesetz der Bundesregierung für die Regelung der auswärtigen Beziehungen einen grundsätzlich weit bemessenen Spielraum eigener Gestaltung einräumt.[1061]

Die Zugänglichmachung von Informationen, die nicht ursprünglich aus der Sphäre der informationspflichtigen Stelle stammen, könnte ggf. zu nachteiligen Auswirkungen der Bundesrepublik Deutschland auf die Beziehung zu dem Urheber der Information führen,

> *„wenn der ursprüngliche Informationsinhaber keinen allgemeinen Informationsanspruch vorsieht und der Weitergabe der Informationen nicht zustimmt"*.[1062]

Regelmäßig dürften jedoch lediglich grundlegende politische Fragen im Bereich des Auswärtigen Amtes, deren Auskunft die internationalen Beziehungen beeinträchtigen könnten, in den Schutzbereich des Ausschlusstatbestands fallen.[1063] Zur genauen Bestimmung des Eingreifens des Ausschlusstatbestands bedarf es mithin stets einer Prüfung der Auswirkungen im Einzelfall.

Obschon kein Anspruch auf Erteilung der vorliegend begehrten Information gegenüber den internationalen Organisationen besteht, ist nicht ersichtlich, wie die Kenntnis von den Bedingungen und den Verfahrensregelungen über die interne Besteuerung der Mitglieder des Personals internationaler Organisationen mit Sitz in der Bundesrepublik Deutschland nachteilige Auswirkungen auf die Beziehungen zu den einzelnen internationalen Organisationen haben kann. Die Frage nach der Ausgestaltung der internen Besteuerung weist keine grundlegend politische Qualität auf. Gegen eine nachteilige

1059 Gesetzesbegründung zum Entwurf des IFG, BT-Drs. 15/4493, S. 9.
1060 BVerwG, NVwZ 2010, 321 Tz 13.
1061 BVerfGE 121, 135, Rn 65 = NJW 2008, 2018 (2021); BVerwG, NVwZ 2010, 321 Tz 15.
1062 *Rossi*, IFG, § 3 Rn 11.
1063 *Schmitz/Jastrow*, NVwZ 2005, 984 (992).

Wirkung der Informationserteilung spricht auch, dass die meisten internationalen Organisationen bereitwillig die angefragten Informationen erteilten und teilweise auch Einsicht in die zugrundeliegenden Ratsbeschlüsse oder Personalstatuten gewährten, sofern diese nicht ohnehin bereits öffentlich zugänglich waren.[1064]

Andere geschriebene Ausnahmetatbestände greifen ebenfalls nicht ein. Insbesondere ist von dem Ersuchen nach Informationserteilung nicht der Schutzbereich des § 3 Nr. 3 IFG betroffen, nach dem kein Informationsanspruch besteht, wenn und solange die notwendige Vertraulichkeit internationaler Verhandlungen oder die Beratungen von Behörden beeinträchtigt werden, da das interne Besteuerungssystem nicht auf dem Ergebnis von internationalen Verhandlungen beruht, sondern das Ergebnis einer organisationsinternen Rechtsetzung darstellt. Auch qualifiziert das Exekutivorgan der internationalen Organisation nicht als Behörde i.S.d. § 3 Nr. 3 IFG.

d) Zwischenergebnis

Ein geschriebener oder ungeschriebener Ausnahmetatbestand, der den Anspruch auf Erteilung des Zugangs zu den Informationen über die steuerliche Behandlung der Mitglieder des Personals ausschlösse, ist mithin nicht erfüllt. Ein Antrag auf Erteilung der vorliegend begehrten Information ist somit gegen diejenige Stelle zu richten, der die Entscheidung über die Entsendung der Vertreter der Bundesrepublik Deutschland in die Exekutivgremien der internationalen Organisationen obliegt, sofern davon auszugehen ist, dass die relevanten Informationen dort aktenkundig sind.

4. Art und Umfang der Informationserteilung

Die Art der Gewährung des Zugangs zu Informationen richtet sich gemäß § 1 Abs. 2 Satz 2 IFG grundsätzlich nach dem Begehren des Antragstellers. Denkbar ist die Erteilung der Auskünfte durch die Behörde oder die Gewährung von Akteneinsicht, vgl. § 1 Abs. 2 Satz 1 IFG. Zwar räumt diese Norm der Behörde ein Auswahlermessen über die Form der Informationserteilung ein, jedoch ist sie grundsätzlich an diejenige Form des Informationszugangs gebunden, die der Informationsberechtigte beantragt. Von der beantragten Form des Informationszugangs darf die Behörde lediglich aus wichtigem Grund abweichen.[1065] Als wichtiger Grund gilt neben materiellen Gesichtspunkten wie dem Schutz personenbezogener Daten gemäß § 1 Abs. 2 Satz 3 IFG ein deutlich höherer Verwaltungsaufwand seitens der informationspflichtigen Stelle.[1066] Vergleichsmaßstab für einen höheren Verwaltungsaufwand ist derjenige Aufwand, den eine andere Art des Informationszugangs verursachen würde, die nicht der be-

1064 Einige internationale Organisationen versagten jedoch auch die Einsicht in Ratsbeschlüsse oder Personalstatuten mit dem Verweis auf die Vertraulichkeit dieser Dokumente.

1065 Gesetzesbegründung zum Entwurf des IFG BT-Drs. 15/4493, S. 8.

1066 Siehe Fn 1065.

antragten Form des Informationszugangs entspricht.[1067] Wegen des Interesses am effektiven Informationszugang liegt ein höherer Verwaltungsaufwand lediglich erst dann vor, wenn die personellen und sachlichen Kapazitäten der informationspflichtigen Stelle derart gebunden würden, dass deren Arbeitsfähigkeit beim Eingehen auf den Wunsch des Antragstellers schwerwiegend gefährdet würde.[1068]

Es ist regelmäßig davon auszugehen, dass die Personalstatuten in elektronischer Form vorliegen. Auch ist anzunehmen, dass die Beschlüsse des Exekutivorgans der jeweiligen internationalen Organisation, sofern sie nicht in elektronischer Form vorliegen, zumindest ohne großen Zeit- und Personalaufwand digitalisiert werden können. Ein deutlich höherer Verwaltungsaufwand durch Gewährung von Akteneinsicht im Vergleich zur schriftlichen oder mündlichen Erteilung der Information ist somit nicht ersichtlich.

Für den vorliegenden Fall bedeutet dies, dass der Antragsteller nicht nur einen Anspruch auf Zugang zu den Informationen haben müsste, sondern auch die zugrundeliegende Rechtsquelle der erfragten Information einsehen dürfte, sofern diese Form der Informationserteilung Gegenstand seines Antrags ist. Weitere wichtige Gründe i.S.d. § 1 Abs. 2 Satz 1 IFG sind nicht ersichtlich.

5. Ergebnis

Mithin besteht grundsätzlich ein Anspruch auf Erteilung des Zugangs zu Informationen über die steuerliche Behandlung der Gehälter und Bezüge der Mitglieder des Personals von derjenigen internationalen Organisationen, in denen die Bundesrepublik Deutschland Mitglied ist.

Der Antrag ist bei der zuständigen Behörde – wohl regelmäßig bei einem Bundesministerium – einzureichen.[1069] Die Informationen müssten in der vom Antragsteller begehrten Form erteilt werden, sofern die Informationen in dieser Form der jeweiligen Behörde zugingen bzw. vorliegen und keine wichtigen Gründe gegen die begehrte Art der Gewährung bestehen.[1070]

1067 Zu der Frage nach dem Vorliegen eines höheren Verwaltungsaufwands i.S.d. § 1 Abs. 2 Satz 3 IFG siehe: *Schoch*, IFG, § 1 Rn 278.

1068 *Schoch*, IFG, § 1 Rn 279.

1069 Abgrenzung Internationale Organisationen und Nichtregierungsorganisationen: Kurzinformation des Wissenschaftlichen Dienstes des Bundestages, WD 2–005/07, S. 5; abzurufen unter: https://www.bundestag.de/blob/414624/1ffdd22fe35cc903e57d4270d6315882/wd-2-005-07-pdf-data.pdf (zuletzt abgerufen am 13.12.2016).

1070 Das Vorhandensein der Information ist ein ungeschriebenes Tatbestandsmerkmal des § 1 IFG, *Rossi*, IFG, § 2 Rn 11; *Schoch*, IFG, § 2 Rn 36 m.w.N.

G. Modellregelungen

I. Notwendigkeit einer Kodifikation

1. Stimmen in der Literatur

Einige Stimmen in der Literatur befürworten eine allgemeingültige Kodifikation der (fiskalischen) Immunitäten der internationalen Organisationen und der Mitglieder ihres Personals.[1071] *Gaja* sieht den Vorteil einer Kodifikation darin, dass bestehende Lücken, die bei der vertraglichen Festlegung der Immunitäten entstanden sind, geschlossen und die zumeist lediglich allgemein formulierten Vorschriften zu der Gewährung von Immunitäten durch hinreichend bestimmte Regelungen ersetzt werden können. Für ihn ist die Einigung auf eine gemeinsame Kodifikation vor allem deshalb wichtig, da die internationalen Organisationen eine immer bedeutendere Stellung in der internationalen Gemeinschaft einnähmen und der Umfang ihrer Aufgaben sich ebenfalls stetig vergrößere.[1072]

Andere Autoren sind überzeugt, dass die Erarbeitung eines Musterabkommens über die Immunitäten der internationalen Organisationen und der Mitglieder ihres Personals keinen Mehrwert bringe, da eine Harmonisierung der Regelungen über die Immunitäten weder wünschenswert noch realistisch sei.[1073] Die Bestimmung des Umfangs der funktionell notwendigen Immunitäten der internationalen Organisationen im Einzelfall sei aufgrund der großen Unterschiede in Bezug auf die wahrzunehmenden Aufgaben der einzelnen internationalen Organisationen vorzugswürdig.[1074]

2. Staatenpraxis

Innerhalb der Staatenpraxis herrscht derzeit noch eine große Uneinheitlichkeit im Rahmen der Gewährung der vorliegend untersuchten fiskalischen Immunitäten. Das gleiche gilt teilweise, wie am Beispiel der Bundesrepublik Deutschland deutlich wird, auch bereits für die inländische steuerliche Behandlung von internationalen Organisationen und den Mitgliedern ihres Personals. In der Schweizerischen Eidgenossenschaft besteht nunmehr bereits seit 2007 ein sog. Gaststaatgesetz, das einen

---

1071 *Gaja*, Report of the International Law Commission, Supplement No. 10 A/61/10, Rn 11, S. 458; *Fedder*, American University Law Review 1960, 60 (69); *Endres/Ismer*, Tax Rules in Non-Tax Agreements, S. 359 (396). *Muixer*, LJIL 1993, 47 (72), befürwortet zumindest ein unabhängiges Organ, das gewährleistet, dass die bestehenden Immunitäten einheitlich angewendet werden.

1072 *Gaja*, Report of the International Law Commission, Supplement No. 10 A/61/10, Rn 11, S. 458.

1073 *Fox/Webb*, The Law of State Immunity, S. 579.

1074 *Kunz-Hallstein*, in: FS Hailbronner, S. 597 (601).

einheitlichen Rahmen für die potentielle Gewährung von fiskalischen Immunitäten bietet.[1075]

Bereits seit dem Jahr 2012 arbeitet das Auswärtige Amt an einem Entwurf für ein vergleichbares Gesetz über Vorrechte, Immunitäten, Befreiungen und Erleichterungen, finanzielle Leistungen und Unterstützungsmaßnahmen in der Bundesrepublik Deutschland als Gaststaat internationaler Einrichtungen (Gaststaatgesetz, GstG).[1076] Ziel des Gesetzesentwurfs ist es, einen international konkurrenzfähigen Mindestrahmen von Immunitäten für die in der Bundesrepublik Deutschland tätigen internationalen Organisationen sowie den Mitgliedern ihres Personals zu schaffen.[1077] Zusätzlich ist zu vermuten, dass eine solche gesetzliche Regelung die Verhandlungen über den Abschluss von Sitzstaatabkommen beschleunigt.

Im März 2015 plante der Deutsche Bundestag den Gesetzesentwurf im Juni 2015 in einem ersten Termin zu beraten.[1078] Dieser Termin fand ebenso wie die noch im Juni 2016 angekündigte Befassung des Bundestages nach der Sommerpause wegen ressortübergreifender Uneinigkeit hinsichtlich der Ausgestaltung des Entwurfs insbesondere im Hinblick auf die dort enthaltenen Regelungen zu den Steuerbefreiungen nicht statt.[1079]

3. Stellungnahme

Die Rechtssicherheit und somit die Erleichterung der Rechtsanwendung hinsichtlich der völkervertraglich gewährten fiskalischen Immunitäten erfordern hinreichend bestimmte und leicht verständliche Regelungen.

Wie in der vorliegenden Bearbeitung an einigen Stellen aufgezeigt, bedarf es derzeit einiger Mühe, sich durch das Dickicht der unterschiedlichen völkerrechtlichen Vereinbarungen und nationalen Rechtsakte samt der teilweise darin enthaltenen Verweisungen zu kämpfen, um den genauen Umfang der fiskalischen Immunitäten zu ermitteln. Grundsätzlich erleichtert eine Kodifikation die Bestimmung des persönlichen und materiellen Umfangs der einschlägigen Steuer-

1075 Vgl.: D.II.1.b)dd)(4).

1076 Laut Auskunft des Auswärtigen Amtes diente das schweizerische Gaststaatgesetz als Inspirationsquelle für den deutschen Gesetzesentwurf.

1077 Antworten der Bundesregierung auf die schriftliche Frage der Abgeordneten Katja Dörner (Bündnis 90/ Die Grünen), BT-Drs. 18/8352, S. 5.

1078 Vorhabendokumentation der Bundesregierung mit Stand vom 16.3.2015, Federführendes Ressort: AA, Datenblatt-Nummer: 1805015, S. 20 Bundeskanzleramt PP-142 75-Le 1 VS-NfD.

1079 Vgl. „Steinmeier will internationale Organisationen mit Steuervorteilen nach Bonn locken", WiWo vom 13.10.2016: http://www.wiwo.de/politik/deutschland/gaststaatgesetz-steinmeier-will-internationale-organisationen-mit-steuervorteilen-nach-bonn-locken/13777684.html (zuletzt abgerufen am 13.12.2016). Bis zum Zeitpunkt der Abgabe dieser Arbeit ist über den Entwurf des GstG noch nicht beraten worden. Auch ist er bisher nicht öffentlich zugänglich.

befreiungen.[1080] Der Vorteil einer Kodifikation der fiskalischen Immunitäten liegt darin, dass lediglich höchstens zwei Rechtsquellen zur Ermittlung des Umfangs der Immunitäten konsultiert werden müssen.[1081] Darüber hinaus eröffnet eine einheitliche Festlegung der fiskalischen Immunitäten der Finanzverwaltung die Möglichkeit, durch eine Verwaltungsvorschrift universell geltende Auslegungshilfen in Bezug auf die einzelnen fiskalischen Immunitäten zu verfassen und somit mehr Rechtssicherheit zu schaffen.

Neben der Vielzahl der soeben erwähnten praktischen Erwägungen, die für eine Kodifikation sprechen, ist auch in einigen Fällen die Einführung von einheitlichen Regelungen zur Sicherstellung der Funktionalität der vorliegend untersuchten internationalen Organisationen in der Bundesrepublik Deutschland erstrebenswert. Wie das oben erläuterte schweizerische GSG zeigt, enthält ein Gaststaatgesetz Rahmenregelungen, die als Grundlage für den Abschluss von Sitzstaatabkommen dienen.[1082] Zur hinreichend bestimmten Abbilddung der vorliegend erarbeiteten Ergebnisse ist die Form eines Mustersitzstaatabkommen vorzugswürdig.

II. Entwurf und Begründung der Modellregelungen

Die vorliegenden Modellregelungen stellen organisationsübergreifend einheitliche Regelungen zu dem Umfang der fiskalischen Immunitäten der internationalen Organisationen sowie der Mitglieder ihres Personals in der Bundesrepublik Deutschland für Zwecke der deutschen Besteuerung dar. Wegen des Modellcharakters der folgenden Regelungsvorschläge von steuerrechtlichen Klauseln für ein Mustersitzstaatabkommen zwischen einer internationalen Organisation und der Bundesrepublik Deutschland ist es ggf. nötig im jeweiligen Einzelfall individuell abgestimmte Anpassungen bzw. Änderungen an den einzelnen Musterregelungen vorzunehmen.

1. Steuerbefreiung der internationalen Organisation

a) Regelungsentwurf

„(1) [*Name der internationalen Organisation*], ihr Vermögen und ihre Einkünfte sind von jeder direkten Steuer befreit.

(2) Zu den direkten Steuern zählen insbesondere die
   a) Einkommensteuer bzw. Körperschaftsteuer
   b) Gewerbesteuer
   c) Grundsteuer

1080 *Kunz-Hallstein*, in: FS Hailbronner, S. 597 (601).

1081 Wegen der Notwendigkeit im Einzelfall sitzstaatspezifische Regelungen zu treffen, muss in Kauf genommen werden, dass sich letztlich der Umfang der jeweils einschlägigen Immunitäten erst nach Lektüre zweier Rechtsquellen bestimmen lässt.

1082 Siehe zum Inhalt des GSG: D.II.1.b)dd)(4).

d) Grunderwerbsteuer sowie die
e) Erbschaft- und Schenkungsteuer.

(3) Die auf die [*Name der internationalen Organisation*] zugelassenen Kraftfahrzeuge, die ausschließlich für amtliche Tätigkeiten der [*Name der internationalen Organisation*] genutzt werden, sind auf Antrag von der Kraftfahrzeugsteuer befreit.

(4) Steuern und sonstige Abgaben, die lediglich die Vergütung für Leistungen öffentlicher Versorgungsbetriebe darstellen, unterliegen nicht der Steuerbefreiung."

b) Begründung

Einige der neueren Sitzstaatabkommen enthalten eine Aufzählung der direkten Steuern, die in den Anwendungsbereich der Steuerbefreiung fallen. Zur Vermeidung von Streitigkeiten über die Zuordnung einzelner Steuerarten enthält auch die Modellregelung eine – jedoch ebenfalls nicht abschließende – Aufzählung der direkten Steuern.[1083] Die Liste ist bei Gelegenheit einer Vertragsänderung jeweils an den Stand der Gesetzgebung anzupassen. Im Übrigen entspricht diese Regelung der bisherigen Vertragstradition der Sitzstaatabkommen.

2. Entlastungsverfahren

a) Regelungsentwurf

„(1) [1]Tätigt [*Name der internationalen Organisation*] Einkäufe oder nimmt [*Name der internationalen Organisation*] Dienstleistungen in Anspruch, die zum amtlichen Gebrauch bestimmt sind, sind [*Name der internationalen Organisation*] diejenigen Steuern und Abgaben, die in dem Preis des erworbenen beweglichen oder unbeweglichen Vermögens bzw. im Preis der Dienstleistung enthalten sind, auf Antrag zu vergüten. [2]Zu den vergütungsfähigen Steuern zählen insbesondere die Umsatzsteuer und die Energiesteuer.

(2) [1]Der schriftliche Antrag auf Vergütung ist an das Bundeszentralamt für Steuern zu richten. [2]Dem Antrag sind für den Fall der Vergütung von in Rechnung gestellter Umsatzsteuer die Originalrechnungen i.S.d. § 14 UStG beizufügen. [3]Zudem ist ein Nachweis beizufügen, der die tatsächliche Entrichtung des Rechnungsbetrags durch [*Name der internationalen Organisation*] zeigt.

(3) [1]Die Vergütung der im Preis der Ware bzw. Dienstleistung enthaltenen Steuer oder Abgabe muss pro Rechnung einen Mindestbetrag in Höhe von EUR 25,00 übersteigen. [2]Mindert sich der vergütete Steuerbetrag nachträglich, so unterrichtet [*Name der internationalen Organisation*] das Bundesamtzentralamt für Steuern hiervon und zahlt die Differenz zurück."

1083 Zur Ermittlung der Zuordnung der einzelnen Steuerarten zu den direkten Steuern siehe: F.III.1.

b) Begründung

Einige wenige der vorliegend untersuchten internationalen Organisationen erhalten bisher keine Entlastung von indirekten Steuern. Da keine Gründe für eine unterschiedliche Behandlung der jeweiligen internationalen Organisationen ersichtlich sind, erweitert die vorliegende Modellregelung in Absatz 1 Satz 1 die Rechte der einzelnen internationalen Organisationen vor dem Hintergrund der Gleichbehandlung der internationalen Organisationen und mithin des Grundsatzes der Funktionalität.

Die Modellregelung enthält keine ausdrückliche Beschränkung der Anwendbarkeit des Vergütungsverfahrens auf die Umsatzsteuer und die Energiesteuer, obwohl diese Einschränkung einige der vorliegend untersuchten Sitzstaatabkommen vornehmen. Eine Beschränkung bietet regelmäßig keinen Mehrwert, da die meisten Vergütungsverfahren die Umsatzsteuer betreffen. Für den Fall, dass die jeweilige Organisation in Einzelfällen doch mit einer anderen indirekten Steuer belastet wird, gewährleistet nunmehr die Modellregelung, dass der jeweiligen internationalen Organisation ein Anspruch auf Vergütung auch dieser Steuer zusteht.

Die Entlastung greift jedoch nur ein, wenn die Steuer im Zusammenhang mit einem Rechtsgeschäft, das den dienstlichen Zwecken der jeweiligen internationalen Organisation dient, in Rechnung gestellt und die Rechnung tatsächlich von der jeweiligen internationalen Organisation bezahlt wurde.

Im Gegensatz zu den Sitzstaatabkommen, die die internationalen Organisationen mit der Schweizerischen Eidgenossenschaft abgeschlossen haben, enthält die vorliegende Modellregelung keine direkte Befreiung von indirekten Steuern, sondern bestimmt lediglich den Anspruch auf Vergütung dieser Steuern.[1084] Die vorliegende Modellregelung bleibt der bisherigen Vertragstradition treu. Sie steht auch nicht im Widerspruch zu Artikel 151 Abs. 2 der Mehrwertsteuersystemrichtlinie, der die Entlastung im Wege der Vergütung erlaubt.

Das Entlastungsverfahren im Weg der Vergütung auf Antrag der jeweiligen internationalen Organisation ist dem Freistellungsverfahren aus Praktikabilitätsgründen vorzuziehen. Die europarechtlich geprägte Steuerbefreiung des § 4 Nr. 7 lit. d UStG erfordert, dass bei einer im Inland steuerbaren Lieferung oder sonstigen Leistung an eine internationale Organisation ins EU-Ausland der jeweilige Unternehmer

---

1084 Hier besteht ein Unterschied zu dem Vorschlag von *Endres/Ismer*, nach dem die internationale Organisation auch von indirekten Steuern befreit ist, sofern die indirekte Steuer im Preis für bedeutende Waren enthalten ist, die zum amtlichen Gebrauch der internationalen Organisation bestimmt sind. Die vorgeschlagene Modellregelung lautet:
„*Article 1: Organization*
1. In the host State, the Organization, its assets, income and other property shall be exempt from (...);b. all indirect taxes, in particular value added tax and excise duties, which form part of the price of important purchases intended for the official use by the Organization.“, vgl. *Endres/Ismer*, Tax Rules in Non-Tax Agreements, S. 359 (396).

für jeden Umsatz als Nachweis zu der Erlangung der Steuerbefreiung gemäß § 4 Nr. 7 Satz 4 UStG einer Freistellungsbescheinigung bedarf.[1085] Diese Bescheinigung ist gemäß § 4 Nr. 7 Satz 5 UStG von der jeweiligen internationalen Organisation bei der im Sitzstaat zuständigen Behörde zu beantragen oder darf von ihr selbst ausgestellt werden. In diesem aufwendigen Verfahren sind stets zumindest vier Beteiligte involviert. Hierzu zählen die für die Bescheinigung zuständige Behörde, die internationale Organisation als Empfängerin der Leistung oder Lieferung, der Unternehmer sowie der grundsätzlich steuerberechtigte EU-Mitgliedstaat, der den Umsatz steuerfrei behandeln soll. Im Gegensatz dazu erfordert die Entlastung der vorliegend untersuchten internationalen Organisationen stets nur die Beteiligung des BZSt und der internationalen Organisation. Neben dieser deutlichen Reduzierung der Beteiligten besteht zudem auch seitens der internationalen Organisation die Möglichkeit, für mehrere Umsätze einen gemeinsamen Antrag zu stellen und somit den Verwaltungsaufwand auf beiden Seiten möglichst gering zu halten. Der mit der Wahl des Vergütungsverfahrens einhergehende Liquiditätsnachteil seitens der jeweiligen internationalen Organisation ist in Kauf zu nehmen, da das vorliegende Verfahren auf beiden Seiten zu deutlich weniger Verwaltungsaufwand führt. Durch eine zeitnahe Einreichung der Vergütungsanträge kann zudem die einzelne vergütungsberechtigte internationale Organisation eine zügige Vergütung der indirekten Steuern fördern.

Zur Vereinheitlichung des Vergütungsverfahrens enthält die Modellregelung darüber hinaus die formellen (Absatz 2) und materiellen (Absatz 3) Voraussetzungen für einen erfolgreichen Antrag auf Vergütung der indirekten Steuern durch das BZSt. Die in der Modellregelung aufgeführten einzelnen Voraussetzungen ergaben sich aus der Gesamtschau der derzeitigen völkervertraglichen Vorschriften und der Praxis des BZSt.[1086]

3. Definition des begünstigten Mitglieds des Personals

a) Regelungsentwurf

„Für Zwecke des nachstehenden Abkommens zählen zu den ‚Mitgliedern des Personals' ungeachtet ihrer Staatsangehörigkeit der [*Bezeichnung der Führungskraft*] sowie alle bei [*Name der internationalen Organisation*] beschäftigten Personen, die von [*Bezeichnung desjenigen, der die Ernennung vornimmt*] ernannt wurden und der Personalordnung unterliegen."

1085 Vgl. hierzu das Muster einer Bescheinigung in deutscher Sprache: UStAE 4.7.1. Abs. 23.6.2011, BStBl. I 2011, 677.

1086 Vgl. hierzu auch die Angaben auf der homepage des BZSt; abzurufen unter: http://www.bzst.de/DE/Steuern_International/Vorsteuerverguetung/05_Internationale_Organisation/Internationale_Organisation_node.html (zuletzt abgerufen am 13.12.2016).

b) Begründung

Der vorliegende Entwurf einer Definition des Begriffs der „Mitglieder des Personals" im Rahmen eines Sitzstaatabkommens orientiert sich an den Definitionen, die in dem EUMETSAT-Protokoll, dem Personalstatut der GCDT[1087] sowie in dem Sitzstaatabkommen mit GCDT bzw. IRENA-IITC enthalten sind. Wie die Ausgestaltung der eben erwähnten neueren völkerrechtlichen Vereinbarungen zeigt, ersetzt die Einfügung von Definitionen in dem jeweiligen Abkommenstext die ursprüngliche Regelungstechnik, nach der ein Gremium der Exekutive der jeweiligen internationalen Organisation die Namen, Dienstbezeichnungen und Anschriften der begünstigten Mitglieder des Personals zusammentrug und der Bundesrepublik Deutschland in regelmäßigen Abständen in Form einer Liste zur Verfügung stellte.[1088]

Der vorliegende Modellvorschlag schließt sich der neueren Entwicklung an und enthält eine Definition der Mitglieder des Personals, da diese Regelungstechnik zu mehr Rechtssicherheit führt. Die zwangsläufig entstehende zeitliche Verzögerung, mit der Änderungen im Personalbestand in der entsprechenden Liste berücksichtigt werden können, sowie die Fehleranfälligkeit dieser Methode, stellen Nachteile der ursprünglichen Praxis dar und beeinträchtigen die Rechtssicherheit. Zudem kann durch eine Definition ein Bewerber bereits im Vorhinein eruieren, ob er zukünftig fiskalische Immunitäten genießt. Auch ist durch die nunmehr angewandte Regelungstechnik sichergestellt, dass die fiskalischen Immunitäten bereits vom Beginn der Tätigkeit des jeweils begünstigten Mitglieds des Personals an gewährt werden.

Die einzelnen Merkmale der Definition dienen dazu, die Mitglieder des Personals von Ortskräften und Sachverständigen sowie von den Vertretern der Mitgliedstaaten, die zwar alle auch im Rahmen der Arbeit einer internationalen Organisation tätig werden, jedoch weit weniger schutzwürdig als die Mitglieder des Personals sind, abzugrenzen.[1089] Da allein die Mitglieder des Personals von der Exekutive der internationalen Organisation zu ihrer Tätigkeit innerhalb der internationalen

---

1087 GCDT-Personalstatut, S. 12.

1088 Teilweise finden sich in den Abkommen statt einer Definition, lediglich ein Verweis auf diejenige Rechtsquelle, die die Definition enthält, vgl. den Verweis auf Artikel 2 der Verordnung Nr. 549/69. Der Verweis gilt für die Bestimmung der Mitglieder des Personals der Vertretung der EU-Kommission, der EZB (Artikel 4c der Verordnung Nr. 549/69), EIOPA (über Artikel 68 Abs. 1 EIOPA-Verordnung) sowie EASA (Verweis auf das EU-Protokoll in Artikel 30 der EASA-Gründungsverordnung). Vgl. nicht abschließend für die Regelung zur Bereitstellung einer Liste: Artikel 8 Abs. 3 Sitzstaatabkommen mit ADB, Artikel 17 EPO-Protokoll, Artikel 20 Sitzstaatabkommen mit EMBL, Artikel 20 ESO-Protokoll, Artikel 1 Abs. 4 IOM-Verordnung, Artikel 4 Abs. 1 NATO-Durchführungsvereinbarung i.V.m. Artikel 17 Ottawa-Übereinkommen.

1089 Die besondere Schutzwürdigkeit der Mitglieder des Personals ergibt sich daraus, dass ohne ihre inhaltliche Arbeit die internationale Organisation ihre Aufgaben nicht adäquat erfüllen könnte, vgl. hierzu die Definition in dem GCDT-Personalstatut, S. 12.

Organisation ernannt werden und ggf. einem Personalstatut unterliegen, bieten sich diese Merkmale zur Abgrenzung von anderen Personen, die für die internationale Organisation tätig werden, an. Die vorliegende Definition schließt aufgrund der zuvor erörterten Abgrenzungskriterien implizit Ortskräfte, Sachverständige sowie weitere Personen, die für die internationale Organisation tätig sind, von der Gewährung von fiskalischen Immunitäten aus. Der Ausschluss dieser Personengruppe ist organisationsübergreifend üblich.[1090] Eines ausdrücklichen Ausschlusses dieser Personengruppen bedarf es in dem vorliegenden Entwurf wegen der hinreichend bestimmten Kriterien der Definition nicht.

4. Steuerbefreiung der Mitglieder des Personals[1091]

a) Regelungsentwurf

„(1) Die Mitglieder des Personals genießen Befreiung von allen Steuern auf die Gehälter und Bezüge, die sie von [*Name der internationalen Organisation*] als Gegenleistung für Ihre Dienste erhalten, solange sie noch nicht endgültig aus dem Dienst bei [*Name der internationalen Organisation*] ausgeschieden sind.

(2) [1]Zu den Gehältern und Bezügen zählen insbesondere das Grundgehalt der Mitglieder des Personals, Zulagen, Beihilfen sowie weitere pauschal oder nicht pauschal gewährte Leistungen der [*Name der internationalen Organisation*]. [2]Renten und Ruhegehälter qualifizieren nicht als Gehälter oder Bezüge i.S.d. Absatz 1.

1090 Eine Ausnahme stellt die steuerliche Behandlung der Sachverständige der ADB dar, vgl. E.IV.6.b). Die Begründung für die fehlende Gewährung von fiskalischen Immunitäten an die Ortskräfte einer internationalen Organisation findet sich unter B.IV.2.

1091 *Michaels* schlägt in Bezug auf die fiskalischen Immunitäten der Mitglieder des Personals vor, dass alle Mitglieder des Personals Steuerbefreiung im Umfang der von der internationalen Organisation gezahlten Gehälter und Bezüge erhalten. Mitglieder des Personals, die keine Staatsangehörige des Sitzstaates sind, genießen gemäß *Michaels* zudem Befreiung von allen direkten Steuern, die auf Einkünfte entfallen, die aus ausländischen Quellen stammen. *Michaels* unterscheidet in seinen Entwurfsregelungen nicht zwischen verschiedenen Kategorien innerhalb der Mitglieder des Personals. Er schlägt mithin folgende Regelung vor:
„Article III, Taxation, Duties and Customs
1. Functionaries and other employees of the organization, irrespective of nationality and tenure shall enjoy: (a) exemption from direct taxation in the salaries, emoluments and their income paid to them by international organizations employing them; (...)
2. Functionaries and other employees of the organization who are not citizens of the host state shall enjoy: (...) (b) exemption from direct taxation on income derived from foreign sources outside of the host state, (...).“, *Michaels*, International Privileges and Immunities, S. 168.

(3) Die nach Absatz 1 steuerfreien Gehälter und Bezüge finden bei der Festsetzung des Steuersatzes für das übrige Einkommen der Mitglieder des Personals Berücksichtigung."

b) Begründung

aa) Begründung: Nennung der Gehaltsbestandteile

Das Begriffspaar „Gehälter und Bezüge" erfährt in den vorliegend untersuchten völkerrechtlichen Vereinbarungen keine Definition, sodass die Steuerbefreiung einzelner Gehaltsbestandteile stets Gegenstand von Meinungsverschiedenheiten zwischen den Mitgliedern des Personals von internationalen Organisationen und den nationalen Steuerbehörden war. Dies zeigen einige – auch noch aktuelle – Gerichtsverfahren. Mithin bietet es sich an, das Begriffspaar „Gehälter und Bezüge" zu definieren und Beispiele zu nennen, welche Zahlungen hierunter zu fassen sind. Die Beispiele sind, wie die Einfügung der Wendung „insbesondere" anzeigt, nicht abschließend zu verstehen. Die Gehälter und Bezüge umfassen neben dem Grundgehalt, den Zulagen und Beihilfen auch sonstige (pauschal gewährte) Leistungen, die einen Ausgleich für Kosten darstellen, die im Zusammenhang mit der Ausübung der dienstlichen Tätigkeit entstehen. Hierunter fallen z.B. die Zahlung des Kaufkraftausgleichs sowie die Erstattung von Heilbehandlungskosten.

bb) Begründung: Keine Steuerbefreiung der Renten und Ruhegehälter

Nicht alle der vorliegend untersuchten völkerrechtlichen Vereinbarungen enthalten die Klarstellung, dass Renten und Ruhgehälter nicht von dem Anwendungsbereich der Steuerbefreiung umfasst sind. Dieser Umstand führte in der Vergangenheit zu einer Vielzahl von Gerichtsverfahren, in denen eben jene Frage Streitgegenstand war. Obschon die vorgeschlagene Modellregelung lediglich deklaratorischen Charakter aufweist, ist ihre Aufnahme aus den eben erläuterten Gründen dennoch empfehlenswert.

cc) Begründung: Anwendung des Progressionsvorbehalts

(1) Notwendigkeit einer einheitlichen Regelung?

Im Rahmen der Besteuerungspraxis in der Bundesrepublik Deutschland führen die unterschiedlichen Regelungen zur Ermittlung der Höhe der Progressionseinkünfte im Rahmen der Veranlagung der einzelnen Mitglieder des Personals zu wirtschaftlich und politisch unerwünschten Folgen für die Bundesrepublik Deutschland.

Die wirtschaftlich und politisch unerwünschten Folgen liegen in dem Umstand begründet, dass im Gegensatz zur Begründung der Gewährung von fiskalischen Immunitäten keine Rechtfertigungsgründe für die Nichtanwendung des Progressionsvorbehalts bestehen. Die Mitglieder des Personals internationaler Organisationen sind in Bezug auf ihre Einkünfte, die nicht zu den steuerfreien Gehältern und Bezügen zählen, gemeinhin nicht schutzwürdiger als andere Steuerpflichtige in der Bundesrepublik Deutschland. Im Besonderen sind jene nicht mit Beziehern von niedrigem Einkommen, denen aufgrund des progressiven Steuertarifs eine geringere Steuerbelastung zukommen soll, vergleichbar. Dennoch kommen die Mitglieder des Personals internationaler Organisationen ggf. in den Genuss eines ähnlich niedrigeren Steuersatzes wie die Bezieher von niedrigem Einkommen, obwohl sie im Vergleich zu diesen eine weitaus höhere Leistungsfähigkeit besitzen.[1092] Das Auffinden einer Rechtfertigung für die Nichtanwendung des Progressionsvorbehalts erschwert sich zudem dadurch, dass es für die in der Bundesrepublik Deutschland ansässigen internationalen Organisationen keine einheitliche Regelung über die Anwendung des Progressionsvorbehalts gibt. Wenn bereits die Vertragsparteien von den einschlägigen völkerrechtlichen Vereinbarungen bzw. die Mitgliedstaaten der internationalen Organisationen eine Berücksichtigung der steuerfreien Einkünfte im Rahmen des Progressionsvorbehalts nicht für erforderlich gehalten haben, um die Funktionalität der internationalen Organisation zu gewährleisten, qualifiziert die Nichtberücksichtigung der steuerfreien Einkünfte ausschließlich als staatliches „Steuergeschenk" an die Mitglieder des Personals internationaler Organisationen.

Dieser Mangel an Rechtfertigungsgründen und mithin die Uneinheitlichkeit der Regelung über die Anwendung des Progressionsvorbehalts erhöhen insgesamt das Risiko eines Wegzugs internationaler Organisationen aus der Bundesrepublik Deutschland. Das Risiko liegt darin begründet, dass internationale Organisationen, deren Abkommen keinen Vorbehalt enthalten, insgesamt auf eine geringere Akzeptanz innerhalb der Bevölkerung der Bundesrepublik Deutschland stoßen. Da sich gemeinhin die internationalen Organisationen den Sitzstaat wegen der großen Bereitschaft der Mitgliedstaaten, internationale Organisationen aufzunehmen, aussuchen können, liegt es nahe, zu vermuten, dass eine internationale Organisation bei mangelnder innerstaatlicher Akzeptanz wegzieht.

Durch einen solchen Wegzug gehen zum einen Arbeitsplätze in der Bundesrepublik Deutschland verloren. Hierbei ist vor allem an die Beschäftigung der Ortskräfte zu denken. Zudem fällt auch die durch die Ansässigkeit der internationalen Organisation begründete erhöhte Kaufkraft weg. Insgesamt dürfte mithin die Bundesrepublik Deutschland ein Interesse daran haben, Sitzstaat möglichst vieler internationaler Organisationen zu sein. Dies kann jedoch, wie eben gesehen, lediglich durch möglichst einheitliche Regelungen über die steuerliche Behandlung der internationalen Organisation und vor allem der Mitglieder ihres Personals erreicht werden.[1093]

(2) Ausgestaltung der Modellregelung

Der vorliegende Vorschlag enthält eine Regelung, die die Anwendung des Progressionsvorbehalts in Bezug auf die steuerfreien Gehälter und Bezüge bestimmt.[1094] Die Berücksichtigung steuerfreier Einkünfte bei der Ermittlung der Höhe der Progres-

1092 *Kramer*, Besteuerung der Bediensteten, S. 109 f. m.w.N.

1093 Zur Ausgestaltungsmöglichkeiten einer einheitlichen Regelung über die Anwendung des Progressionsvorbehalts siehe sogleich.

1094 So auch: *Endres/Ismer*, Tax Rules in Non-Tax Agreements, S. 359 (395).

sionseinkünfte stellt die Besteuerung nach der Leistungsfähigkeit des jeweiligen Steuerschuldners sicher. Jeder Steuerpflichtiger erfährt dadurch diejenige Steuerbelastung, die die Umstände seiner Leistungsfähigkeit einschließlich seine persönlichen Lebensumstände wiederspiegelt.[1095] Der Steuerpflichtige soll insbesondere keinen Vorteil daraus ziehen, dass seine

> *„Einkünfte von verschiedenen Hoheitsträgern besteuert werden und (er) dadurch in eine niedrigere Tarifstufe gelang(t)*".[1096]

Aus internationaler Sicht wäre es vor dem Hintergrund der eben dargelegten Argumentation sogar erstrebenswert eine international einheitliche Regelung zu schaffen, um den stetig steigenden Wettbewerb zwischen den Mitgliedstaaten im Hinblick auf die Ansiedlung von internationalen Organisationen nicht zu fördern, sondern vielmehr einzudämmen.

dd) Begründung: Keine Bezugnahme zu internem Besteuerungssystem

Die Mitglieder des Personals von einigen der vorliegend untersuchten internationalen Organisationen erhalten erst zum Zeitpunkt der organisationsinternen Besteuerung der Gehälter und Bezüge durch die jeweilige internationale Organisation die vorliegende Steuerbefreiung.[1097] Da diese Regelung bisher nicht einheitlich als Standardvorschrift in den einschlägigen völkerrechtlichen Abkommen vorgesehen ist, die Erhebung einer internen Steuer wegen der Identität der das Gehalt auszahlenden und besteuernden Organisationseinheit wirtschaftlich keine Auswirkung hat, und da mithin die Einführung eines internen Besteuerungssystems keinen Mehrwert in Bezug auf die Sicherstellung der Funktionalität bietet, fehlt eine diesbezügliche Bestimmung in der vorliegenden Modellregelung.

5. Vermeidung der Keinmalbesteuerung

a) Regelungsentwurf

„Der Generalsekretär, sein Stellvertreter und dessen Stellvertreter sowie alle Personen, die einen vergleichbaren Status innerhalb von [*Name der internationalen Organisation*] haben, genießen im Hinblick auf ihr Welteinkommen Befreiung von allen direkten Steuern von dem Zeitpunkt an, in dem das Welteinkommen einer organisationsinternen Besteuerung unterworfen wird."

1095 Siehe u. a. BFHE 197, 495 Tz 24 = BStBl. II 2003, 302 = DStR 2002, 439 (441); *Schiffers*, in: Korn, EStG, § 32b Rn 1; *Kuhn/Kühner*, in: H/H/R, § 32b EStG Rn 1; *Seer*, in: Tipke/Lang, Steuerrecht, § 1 Rn 95.

1096 BFHE 162, 284 Tz 16 = NJW 1991, 655 (656).

1097 Die Einrichtung eines internen Besteuerungssystems ist laut den einschlägigen völkerrechtlichen Vereinbarungen bei den EU-Organisationen (namentlich EASA, EIOPA, EU-Kommission und EZB), EMBL, EPO/EPA, ESA (EAC bzw. ESOC), ESO, EUMETSAT und OCCAR vorgesehen.

b) Begründung

Siehe hierzu bereits die Begründung oben unter F.V.2.d).

6. Schiedsklausel

a) Regelungsentwurf

„[1]Alle Streitigkeiten zwischen den Vertragsparteien über die Auslegung oder Anwendung dieses Abkommens, die nicht gütlich beigelegt werden können, werden auf Ersuchen einer Streitpartei einem aus drei Schiedsrichtern bestehenden Schiedsgerichts vorgelegt. [2]Dieses entscheidet endgültig über die Streitigkeit gemäß der zum Zeitpunkt des Inkrafttretens dieses Abkommens wirksamen Schiedsordnung für Schiedsverfahren zwischen internationalen Organisationen und Staaten (*Optional Rules for Arbitration Involving International Organizations and States*) des Ständigen Gerichtshofs (*PCA*). [3]Ort und Sprache des Schiedsverfahrens bestimmt das Schiedsgericht."[1098]

b) Begründung

Die Musterregelungen enthalten schließlich auch eine Schiedsklausel, um einheitlich allen internationalen Organisationen sowie der Bundesrepublik Deutschland die Möglichkeit aufzuzeigen, eine institutionalisierte Form der Beilegung von Streitigkeiten über die Auslegung und Anwendung des jeweiligen Sitzstaatabkommens zu nutzen. Für den Fall, dass keine gütliche Einigung über eine Streitigkeit zwischen den Parteien erzielt werden kann, bestimmt die Klausel als Form der Streitbeilegung die Einleitung eines Schiedsverfahrens. Von der Einräumung allein der Möglichkeit, ein Schiedsverfahren durchzuführen („*may be submitted*"), hat der vorliegende Entwurfsvorschlag abgesehen, um eine einheitliche alternative Streitbeilegung zu gewährleisten. Sinn und Zweck der Einheitlichkeit ist sowohl die Gleichbehandlung aller internationalen Organisationen, als auch die Reduzierung des Verwaltungsaufwands seitens der Bundesrepublik Deutschland. Die Festlegung der Form der Streitbeilegung und darüber hinaus die Bestimmung der anzuwendenden Schiedsordnung ermöglicht es, dass sich ggf. eine Routine bei der Führung von Schiedsverfahren seitens der Bundesrepublik Deutschland herausbildet.

Die Klausel enthält bewusst keine Frist zur Einleitung eines Schiedsverfahrens. Obschon bei einer fehlenden zeitlichen Vorgabe Streitigkeiten über die Frage des Scheiterns einer gütlichen Einigung im Fall des Antrags auf Durchführung eines Schiedsverfahrens drohen, ist der vorgeschlagene Wortlaut der Klausel aufgrund

1098 Die Schiedsgerichtsordnung ist abzurufen unter: https://pca-cpa.org/wp-content/uploads/sites/175/2016/01/Optional-Rules-for-Arbitration-Between-International-Organizations-and-States-1996.pdf (zuletzt abgerufen am 13.12.2016).

der größeren Flexibilität der Vertragsparteien in Bezug auf die Durchführung von Einigungsbemühungen vorzugswürdig.

Schließlich bietet die Festlegung auf die Anwendung einer bestimmten Schiedsordnung den Vorteil, Schiedsverfahren bei Bedarf möglichst zeitnah und mithin ohne hohen Organisationsaufwand einzuleiten. Da bereits die Grundregeln zu Einleitung, Zusammensetzung und Durchführung des Schiedsverfahrens bzw. zu der Wirkung des Schiedsspruchs feststehen, ist es nicht notwendig, dass sich die Streitparteien zunächst auf die Bedingungen der Durchführung der Streitbeilegung einigen müssen.

Der Ständige Gerichtshof bietet eine Schiedsordnung an, die speziell auf die Beilegung von Streitigkeiten zwischen internationalen Organisationen und Staaten ausgerichtet ist. Aus diesem Grund bestimmt der vorliegende Entwurf einer Schiedsklausel die Anwendbarkeit dieser Schiedsordnung und legt somit die Zuständigkeit des Ständigen Gerichtshofs für die Durchführung von Schiedsverfahren fest.

H. Ergebnisse in Thesen

I. Grundlagen der fiskalischen Immunitäten

1. Seit den 20er Jahren des 20. Jahrhunderts enthalten die einschlägigen völkerrechtlichen Vereinbarungen regelmäßig ausdrückliche Regelungen zu fiskalischen Immunitäten.
2. Bereits in dem antiken Vorläufer von internationalen Organisationen, der Amphiktyonie, stellte der Grundsatz der Funktionalität das gemeinsame Interesse und somit das maßgeblich verbindende Element zwischen den Mitgliedern des jeweiligen Zusammenschlusses (Amphiktyonie bzw. später: internationale Organisation) dar.
3. Der Grundsatz der Funktionalität beherrscht das Recht der fiskalischen Immunitäten. Er dient sowohl als Leitgedanke bei allen Auslegungsfragen in Bezug auf die persönliche und materiell-rechtliche Reichweite der Steuerbefreiungen als auch als Rechtfertigung für die Gewährung von fiskalischen Immunitäten und ebenso für deren Beschränkung. Er ist Grund und Grenze der Steuerbefreiungen.
4. Bisher sind keine gewohnheitsrechtlichen Pflichten der Mitgliedstaaten zu ermitteln, internationalen Organisationen und den Mitgliedern ihres Personals fiskalische Immunitäten zu gewähren. Da innerhalb der völkerrechtlichen Vertragspraxis und der einschlägigen Literatur Einigkeit über die Rechtfertigung der Gewährung von fiskalischen Immunitäten an internationale Organisationen herrscht, läge es nahe, das Bestehen einer gewohnheitsrechtlichen Verpflichtung der Sitzstaaten zugunsten von internationalen Organisationen hinsichtlich direkter Steuern zu bejahen. Bisher besteht diesbezüglich jedoch weder eine eindeutige Staatenpraxis noch eine allgemeine Rechtsüberzeugung der Mitgliedstaaten.
   Eine entsprechende Tendenz zugunsten einer gewohnheitsrechtlichen Verpflichtung, die Gehälter der Mitglieder des Personals der internationalen Organisationen von nationaler Einkommensteuer zu befreien, ist nicht zu ermitteln. Auch lässt sich keine gewohnheitsrechtliche Verpflichtung eines Drittstaates erkennen, fiskalische Immunitäten zugunsten von internationalen Organisationen bzw. deren Personal zu gewähren.
5. Die völkerrechtlichen Vereinbarungen, die unter der Beteiligung der Bundesrepublik Deutschland zustande gekommen sind und Vorschriften über die Gewährung von Immunitäten an internationale Organisationen und die Mitglieder ihres Personals enthalten, weisen keine einheitliche Regelungstechnik hinsichtlich der Gewährung von fiskalischen Immunitäten auf. Regelmäßig ergibt sich erst aus der Zusammenschau mehrerer Rechtsquellen das Gesamtbild der Steuerbefreiungen. Die verschiedenen völkerrechtlichen und teilweise auch die innerstaatlichen Regelungen über die Steuerbefreiungen ergänzen

sich regelmäßig, ohne einander zu beschränken. Im Fall einer Kollision zwischen unterschiedlichen völkerrechtlichen Vereinbarungen bestehen gute Argumente, den Regelungen des Sitzstaatabkommens eine Vorrangstellung einzuräumen.

II. Steuerbefreiungen der internationalen Organisationen

6. Die internationalen Organisationen sind für Zwecke der Ermittlung ihrer eigenen subjektiven Steuerpflicht in der Bundesrepublik Deutschland wie juristische Personen des öffentlichen Rechts mit Sitz in der Bundesrepublik Deutschland zu behandeln.
7. Der Solidaritätszuschlag fällt als direkte Steuer in den Anwendungsbereich der völkerrechtlichen Steuerfreistellungsklausel. Auch die Mitglieder des Personals der internationalen Organisationen (samt der Führungskräfte) sind von der Entrichtung des Solidaritätszuschlags befreit. Die Kirchensteuer in ihren jeweiligen Ausprägungen ist ebenfalls eine direkte Steuer. Sie fällt in den Anwendungsbereich der diplomatischen fiskalischen Immunitäten. Die Mitglieder des Personals der internationalen Organisationen sind hingegen nicht von der Entrichtung der Kirchensteuer befreit, sofern ihnen nicht dieselben fiskalischen Immunitäten wie Diplomaten gewährt werden.
8. Mangels Erfüllung des maßgeblichen Kriteriums für die Zuordnung des Rundfunkbeitrags als Vergütung für Leistungen eines öffentlichen Versorgungsbetriebs unterfällt der Beitrag nicht der Bereichsausnahme. Mithin sind die internationalen Organisationen – sofern ihnen fiskalische Immunitäten durch die Bundesrepublik Deutschland gewährt werden – gemäß der völkervertraglich normierten Steuerfreistellungsklausel von der Entrichtung des Rundfunkbeitrags befreit.
9. Mindestvoraussetzung für die Entlastung der internationalen Organisationen von indirekten Steuern in der Bundesrepublik Deutschland ist eine allgemein formulierte völkervertragliche Vorschrift, in der sich die Mitgliedstaaten verpflichten, geeignete Maßnahmen zur Entlastung der internationalen Organisationen zu ergreifen. Die Sitzstaatabkommen mit ADB, EIOPA, EPA, ESO, EUMETSAT und EZB enthalten ein subjektives Recht auf Entlastung von der gezahlten Umsatz- bzw. Energiesteuer in der Bundesrepublik Deutschland. Erhalten die völkerrechtlichen Vereinbarungen lediglich unvollständige Vorschriften über das Entlastungsverfahren, finden die von dem BZSt veröffentlichten Grundvoraussetzungen Anwendung. Die zuletzt genannte Konstellation liegt im Fall der Entlastung von EMBL, ESA, OCCAR sowie des OECD-Berlin Centre von indirekten Steuern vor. Einige der vorliegend untersuchten internationalen Organisationen erhalten keine Entlastung von indirekten Steuern.

III. Steuerbefreiungen der Mitglieder des Personals

10. Die subjektive Steuerpflicht der Führungskräfte, denen die erweiterten Immunitäten nach dem WÜD zustehen, bestimmt sich nach den allgemeinen Regeln gemäß § 1 EStG. Der sich in einigen vorliegend untersuchten völkerrechtlichen Abkommen zu findende Verweis auf die Gewährung diplomatischer (fiskalischer) Immunitäten an die Führungskräfte internationaler Organisationen stellt eine Rechtsfolgenverweisung dar. Die Anwendung dieses Verweises hat zur Folge, dass auch deutsche Staatsangehörige und Personen mit ständigem Aufenthalt in der Bundesrepublik Deutschland, die bei einer internationalen Organisation im Rang einer Führungskraft tätig sind, wie die übrigen Führungskräfte auch diejenigen erweiterten fiskalischen Immunitäten genießen, die Diplomaten nach dem WÜD bzw. dem Völkerrecht zustehen. Dies gilt jedoch nur, wenn die jeweiligen völkerrechtlichen Vereinbarungen selbst, die dazugehörige nationale Rechtsverordnung oder das nationale Zustimmungsgesetz jenen Personenkreis nicht ausdrücklich von dem Verweis auf die Gewährung diplomatischer (fiskalischer) Immunitäten ausschließen.
11. Hinsichtlich der steuerlichen Behandlung der Renten und Ruhegehälter, die die Mitglieder des Personals der internationalen Organisationen erhalten, gibt es keine einheitliche Staatenpraxis. Da lediglich Zahlungen der internationalen Organisationen an aktive Mitglieder des Personals internationaler Organisationen unter das Begriffspaar „Gehälter und Bezüge" zu fassen sind und mithin der völkervertraglich festgelegten Steuerbefreiung unterfallen, weisen die vereinzelt bestehenden Regelungen über den Ausschluss der Renten und Ruhegehälter von der normierten Steuerbefreiung in den völkerrechtlichen Abkommen für Zwecke der deutschen Besteuerung lediglich einen deklaratorischen Charakter auf.
12. Aufgrund wirtschaftlicher und politischer Erwägungen ist die Einfügung einer einheitlichen Regelung über die Anwendung des Progressionsvorbehalts in einem Mustersitzstaatabkommen empfehlenswert. Nach dem Sinn und Zweck des innerstaatlich normierten Progressionsvorbehalts sollte die Modellregelung die Anwendung des Progressionsvorbehalts für alle Mitglieder des Personals im Rahmen ihrer Veranlagung in der Bundesrepublik Deutschland bestimmen.
13. Potentiell bestehende Besteuerungslücken im Rahmen der Besteuerung des Welteinkommens einiger Führungskräfte der vorliegend untersuchten internationalen Organisationen sind durch die möglichst universelle Einführung einer erweiterten organisationsinternen Besteuerung der Führungskräfte zu vermeiden. Ausnahmen in Bezug auf die Besteuerung der Führungskräfte durch Drittstaaten sowie eine Verrechnungsmöglichkeit der entgangenen Steuern durch die Mitgliedstaaten mit ihren Mitgliedsbeiträgen, die sie an die jeweilige internationale Organisation entrichten, sind im Rahmen eines solchen internen Besteuerungssystems ebenfalls empfehlenswert.

IV. Rechtsschutzmöglichkeiten

14. Der überwiegende Teil der vorliegend untersuchten völkerrechtlichen Vereinbarungen enthält eine Schiedsklausel, sodass es den Vertragsparteien offensteht, eine institutionalisierte Form der Streitbeilegung zu nutzen und ein Schiedsgericht mit der Beilegung von Streitigkeiten über die Auslegung und Anwendung der völkervertraglich gewährten fiskalischen Immunitäten zu befassen. Die vorliegend untersuchten Schiedsklauseln sind v. a. im Hinblick auf ihren inhaltlichen Regelungsumfang uneinheitlich ausgestaltet. Den Mitgliedern des Personals der vorliegend untersuchten internationalen Organisationen, denen lediglich die Befreiung der Gehälter und Bezüge von der deutschen Einkommensteuer gewährt werden, stehen grundsätzlich die nationalen Rechtsbehelfe gegen Akte der deutschen Finanzbehörden offen. Den Mitgliedern des Personals der internationalen Organisationen, auf die das EU-Protokoll Anwendung findet, steht zudem die Möglichkeit offen, mittelbar Individualrechtsschutz zu erhalten. So können sie ggf. darauf hinwirken, dass bei einem potentiellen Verstoß gegen das EU-Protokoll ein Vertragsverletzungsverfahren gegen die Bundesrepublik Deutschland eingeleitet wird. Auch bietet sich ihnen die Möglichkeit, innerhalb eines nationalen finanzgerichtlichen Verfahrens die Einleitung eines Vorabentscheidungsverfahren durch den EuGH anzuregen.

I. Ausblick

Die vorstehenden Erläuterungen zu den fiskalischen Immunitäten der untersuchten internationalen Organisationen und der Mitglieder ihres Personals in der Bundesrepublik Deutschland zeigen zweierlei: Zum einen ist das eingangs erwähnte Zitat, nachdem alle anderen Immunitäten von der fiskalischen Immunität abzuleiten seien[1099], dahingehend zu relativieren, dass die fiskalische Immunität neben der Befreiung von deutscher Gerichtsbarkeit zwar zu einer der bedeutenden Immunitäten zählt, jedoch nicht als Ursprung aller Immunitäten zu qualifizieren ist. Die in dem Eingangszitat postulierte Stellung der fiskalischen Immunität als Ursprung aller anderen Befreiungen und mithin als Ausgangspunkt der Gewährung von Immunitäten an internationale Organisationen und die Mitglieder ihres Personals konnte weder bei der historischen Verortung der Gewährung von Steuerbefreiungen, bei der Analyse der Rechtfertigungsgründe für die Gewährung dieser Immunität noch im Zuge der Prüfung der Frage nach einer etwaigen gewohnheitsrechtlichen Pflicht, Steuerbefreiungen an internationale Organisationen bzw. an die Mitglieder ihres Personals zu gewähren, bestätigt werden. Vielmehr trat deutlich hervor, dass der Grundsatz der Funktionalität das maßgebliche Kriterium für die Gewährung und Ausgestaltung von Immunitäten im Allgemeinen und auch der Steuerbefreiungen im Besonderen darstellt.

Zum anderen verdeutlicht die vorstehende Bearbeitung auch, dass zumindest ein Grundkonsens über Art und Umfang der Steuerbefreiungen innerhalb der völkerrechtlichen Vertragspraxis für deutsche Besteuerungszwecke vorliegt.

Vor allem im Detail bestehen jedoch sowohl große Uneinheitlichkeiten im Wortlaut der einzelnen Regelungen als auch materiell-rechtliche Unterschiede, die entweder unnötig sind oder für die es teilweise sogar an einer Rechtfertigung mangelt.

Vor dem Hintergrund der stetig wachsenden Bedeutung der Tätigkeit von internationalen Organisationen und aufgrund der Bestrebung der Bundesrepublik Deutschland, eine bedeutendere Rolle innerhalb der Gruppe der Sitzstaaten von internationalen Organisationen zu erreichen, ist es empfehlenswert, einheitliche Regelungen für fiskalische Immunitäten der internationalen Organisationen und der Mitglieder ihres Personals – zumindest für deutsche Besteuerungszwecke – zu schaffen.

Vor allem mit Blick auf den Wunsch nach Rechtssicherheit bzw. nach damit einhergehender Rechtsklarheit hinsichtlich des Umfangs der einzelnen (völkerver-

---

1099 *„Legal doctrine has, in general, held that all the various immunities constitute, in substance, no more than a derivation from fiscal immunity, which would thus appear to be the origin in relation to all other immunities.*“, Sixth report on relations between States and international organizations (second part of the topic), Special Rapporteur Leonardo Díaz González (A/CN.4/439), Yearbook of the International Law Commission Vol. II (1) 1991 Rn 7.

traglich) gewährten fiskalischen Immunitäten ist es zudem unumgänglich, Vereinfachungen im Rahmen der Ausgestaltung der Gewährung von Steuerbefreiungen vorzunehmen.

Die vorliegende Arbeit spricht sich dafür aus, diesbezüglich die Form eines Mustersitzstaatabkommens zu nutzen und bietet Modellregelungen für ein solches Abkommens als Diskussionsgrundlage an. Diese sind bei Bedarf an den konkreten Einzelfall anzupassen.

Abschließend bleibt zu hoffen, dass nach langer Vorarbeit die Diskussionen über die genaue Ausgestaltung des geplanten Gaststaatgesetzes zügig zu einem einvernehmlichen Ende geführt werden, sodass der mit Spannung erwartete Gesetzesentwurf im Bundestag beraten und im Schrifttum diskutiert werden kann.

Literaturverzeichnis

Académie Française (Hrsg.), Dictionnaire de l'Académie Française. Band 2. Éoc-Map, 9. Aufl., Paris 2000

Ahluwalia, Kuljit, The legal status, Privileges and Immunities of the Specialized Agencies of the United Nations and certain other International Organizations, Den Haag 1964 (zitiert: *Ahluwalia,* The legal status of the UN)

Aichele, Rahel/Felbermayr, Gabriel, Kosten und Nutzen eines Austritts des Vereinigten Königreichs aus der Europäischen Union, 2015, Elektronische Ressource, abzurufen unter: https://www.bertelsmann-stiftung.de/fileadmin/files/BSt/Publikationen/GrauePublikationen/BREXIT_DE.pdf (zuletzt abgerufen am 13.12.2016)

Akande, Dapo, International Organizations, in: Evans, Malcom D. (Hrsg.), International Law, S. 252–283, 3. Aufl., Oxford [u. a.] 2010

Amerasinghe, Chittharanjan Felix, Principles of the institutional law of international organizations, 2. Aufl., Cambridge 2005 (zitiert: *Amerasinghe,* Principles)

Arndt, Hans-Wolfgang/Schumacher, Andreas, Das vorläufige und das endgültige Nichts – Wegfall der Rechtsgrundlage für die Erhebung der Erbschaft- und Vermögensteuer bei Untätigkeit des Gesetzgebers?, DStR 1995, S. 1813–1816

Aweh, Lothar, Ruhegehaltszahlungen an NATO-Bedienstete. Anmerkung zum Urteil BFH v. 22.11.2006, EStB 2007, S. 128–129

Baltrusch, Ernst, Außenpolitik, Bünde und Reichsbildung in der Antike, München 2008

Beck, Hans, Polis und Koinon. Untersuchungen zur Geschichte und Struktur der griechischen Bundesstaaten im 4. Jahrhundert v. Chr., Stuttgart 1997 (zitiert: *Beck,* Polis)

Beermann, Albert (Begr.)/*Gosch, Dietmar* (Hrsg.), Abgabenordnung. Finanzgerichtsordnung mit Nebengesetzen. EuGH-Verfahrensrecht. Kommentar, Bonn [u. a.], Loseblattsammlung 126. Erg.-Lfg, Oktober 2016 (zitiert: *Bearbeiter,* in: Beermann/Gosch, AO)

Bekker, Peter H.F., The Legal Position of Intergovernmental Organizations, Dordrecht [u. a.] 1994

Berger, Henning/Schimer, Benjamin, Informationsfreiheit und Finanzaufsicht – Fragen zum Informationszugang im „Single Supervisory Mechanism, SSM", DVBl 2015, S. 608–616

Birk, Dieter/Desens, Marc/Tappe, Henning, Steuerrecht, 19. Aufl., Heidelberg 2016

Birle, Jürgen Paul/Fey, Achim (Bearbeiter u. a.), Beck'sches Steuer- und Bilanzrechtslexikon, Elektronische Ressource, Edition 3/16

Bleckmann, Albert, Internationale Beamtenstreitigkeiten vor nationalen Gerichten – Rechtsgutachten für die Union Syndicale, Section Eurocontrol, Berlin 1981 (zitiert: *Bleckmann,* Internationale Beamtenstreitigkeiten)

Blokker, Niels, International Organizations: the Untouchables?, IOLR 2013, S. 259–275

Boak, A.E.R., Greek Interstate Associations and the League of Nations, AJIL Vol. 15 1921, S. 375–383

Bölck, Thorsten, Der Rundfunkbeitrag – eine verfassungswidrige Wohnungs- und Betriebsstättenabgabe, NVwZ 2014, S. 266–271

Bonner, Robert J./Smith, Gertrude, Administration of Justice in the Delphic Amphictyony, Classical Philology Vol. 38 1943, S. 1–12

Bürgel, Heinrich, Die Pylaeisch-Delphische Amphiktyonie, München 1877

Busolt, Georg, Handbuch der Altertumswissenschaft, Erste Abteilung, Erster Band. Griechische Staatskunde, Erste Hälfte. Allgemeine Darstellung des Griechischen Staates Nachdruck von 1979, der 3., neugestaltete Aufl., von München 1920 (zitiert: *Busolt,* Griechische Staatskunde, Erste Hälfte)

Busolt, Georg, Handbuch der Altertumswissenschaft, Erste Abteilung, Erster Band. Griechische Staatskunde, Zweite Hälfte. Darstellung einzelner Staaten und der zwischenstaatlichen Beziehungen, 3., neugestaltete Aufl., München 1926 (zitiert: *Busolt,* Griechische Staatskunde, Zweite Hälfte)

Cleave, Brian, Chapter 24. United Kingdom, in: Lang, Michael/Pistone, Pasquale/ Schuch, Josef u. a. (Hrsg.), Tax Rules in Non-Tax Agreements, Amsterdam 2012, S. 835–880 (zitiert: *Cleave,* Tax Rules in Non-Tax Agreements)

Corréard, Marie-Hélène (Hrsg.), The Oxford-Hachette. French Dictionary, 2. Aufl., Oxford [u. a.] 1997

Crawford, James, Brownlie's Principles of Public International Law, 8. Aufl., Oxford 2012

Croxatto, Giancarlo, Die Begrenzung der staatlichen Steuerhoheit durch internationales Gewohnheitsrecht, StuW 1964, S. 879–884

Damian, Helmut, Staatenimmunität und Gerichtszwang, Berlin 1985

Dauses, Manfred A. (Hrsg.), Handbuch des EU-Wirtschaftsrechts, Band 2, München, Loseblattsammlung 40. Erg.-Lfg, Juni 2016 (zitiert: *Bearbeiter,* in: Dauses, AO)

Davies, J.K., Finance, Administration, and Realpolitik: The case of fourth-century Delphi, Bulletin of the Institute of Classical Studies Vol. 42 1998, Supplement 71, Modus Operandi, S. 1–14

de Araújo Caldas, Marcos José, Delphi – Orakel der Mächtigen. Untersuchungen zur Geschichte, Funktion und Bedeutung des delphischen Orakels in archaischer Zeit, Bonn 2003 (zitiert: *de Araújo Calda,* Bedeutung des delphischen Orakels)

Dekker, Ige F/Hey, Ellen, Netherlands Yearbook of International Law. Necessity Across International Law, Vol. 41 Den Haag 2010

Delbrück, Jost/Wolfrum, Rüdiger, Völkerrecht. Band I/2, 2. völlig neu bearbeitete Aufl., Berlin [u. a.] 2002

Denza, Eileen, Diplomatic Law. Commentary on the Vienna Convention on Diplomatic Relations. A Commentary, 4. Aufl., Oxford 2016 (zitiert: *Denza,* Diplomatic Law)

Dittrich, Lars, Rundfunkbeitragspflicht für internationale Organisationen und ihre Mitarbeiter, ZUM 2015, S. 375–380

Doehring, Karl, Gewohnheitsrecht aus Verträgen, ZaöRV 1976, S. 77–95

Doehring, Karl, Völkerrecht, 2. Aufl., Heidelberg 2004

Dregger, Meinulf, Die antizipierte Zustimmung des Parlaments zum Abschluß völkerrechtlicher Verträge, die sich auf Gegenstände der Bundesgesetzgebung beziehen, Berlin 1989 (zitiert: *Dregger,* Antizipierte Zustimmung)

Ehlers, Jochen/Kinkeldey, Ursula (Hrsg.), Beck'sche Kurz-Kommentare. Band 4a. Benkard. Europäisches Patentübereinkommen, 2. Aufl., München 2012 (zitiert: *Bearbeiter,* in: Ehlers/Kinkeldey, EPÜ)

Endres, Daniela/Ismer, Roland, Chapter 11. Germany, in: Lang, Michael/Pistone, Pasquale/Schuch, Josef u. a. (Hrsg.), Tax Rules in Non-Tax Agreements, Amsterdam 2012, S. 359–401 (zitiert: *Endres/Ismer,* Tax Rules in Non-Tax Agreements)

Exner, Thomas/Seifarth, Dennis, Der neue „Rundfunkbeitrag" – Eine verfassungswidrige Reform, NVwZ 2013, S. 1569–1575

Fedder, Edwin, The Functional Basis of International Privileges and Immunities: A New Concept in International Law and Organization, American University Law Review Vol. 9 1960, S. 60–69

Feldmüller, Christian, Die Rechtsstellung fremder Staaten und sonstiger juristischer Personen des ausländischen öffentlichen Rechts im deutschen Verwaltungsprozeßrechts, Berlin 1999 (zitiert: *Feldmüller,* Rechtsstellung)

Fennessy, J. G., The 1975 Vienna Convention on the Representation of States in Their Relations with International Organizations of a Universal Character, Vol. 70 1976, S. 62–72

Fischer, Peter, Besteuerung der Pensionszahlungen an ehemalige Mitarbeiter des Europäischen Raumfahrtkontrollzentrums (ESOC), in: Fischer, Peter/Dötsch, Franz, jurisPR-SteuerR 50/2015, Anm. 3 (Elektronische Ressource)

Fischer, Peter/Köck, Heribert Franz, Das Recht der Internationalen Organisationen, 3. Aufl., Wien 1997

Fox, Hazel/Webb, Philippa, The Law of State Immunity, 3. Aufl., Oxford 2013

Frey, Linda/Frey, Marsha, The History of Diplomatic Immunity, Columbus, Ohio 1999

Frotscher, Gerrit (Hrsg.)/*Geurts, Matthias,* Einkommensteuergesetz. Kommentar, Loseblattsammlung 194. Erg.-Lfg, August 2016 (zitiert: *Bearbeiter,* in: Frotscher/Geurts, EStG)

Gawantka, Wilfried, Isopolitie, München 1975

Gehrke, Hans-Joachim/Schneider, Hellmuth (Hrsg.), Geschichte der Antike. Ein Studienbuch, 4. Aufl., Stuttgart [u. a.] 2013

Geiger, Rudolf, Grundgesetz und Völkerrecht mit Europarecht, 6. Aufl., München 2013

Getz, Heinrich/Jüttner, Heinrich, Personal in internationalen Organisationen, Baden-Baden 1972

Girodet, Jean (Hrsg.), Dictionnaire de la langue française. Band 1. A-H, Paris 1987

Gosch, Dietmar (Hrsg.), Körperschaftsteuergesetz. Kommentar, 3. Aufl., München 2015 (zitiert: *Bearbeiter,* in: Gosch, KStG)

Götz, Walter, Die Erstattung und Vergütung von Mineralölsteuer nach § 53 MinöStV in der aktuellen Rechtsprechung, BB 1999, S. 1685–1690

Grabitz, Eberhard (Begr.)/*Hilf, Meinhard/Nettesheim, Martin* (Hrsg.), Das Recht der Europäischen Union, Band III, München, Loseblattsammlung 59. Erg.-Lfg 2016 (zitiert: *Bearbeiter,* in: Grabitz/Hilf/Nettesheim, Das Recht der Europäischen Union)

Graf Vitzthum, Wolfgang (Hrsg.), Völkerrecht, 4. Aufl., Berlin [u. a.] 2007 (zitiert: *Bearbeiter,* in: Vitzthum, Völkerrecht, 4. Aufl., 2007)

Graf Vitzthum, Wolfgang/Proelß, Alexander (Hrsg.), Völkerrecht, überarbeitete und aktualisierte 7. Aufl., Berlin [u. a.] 2016 (zitiert: *Bearbeiter,* in: Vitzthum/Proelß, Völkerrecht)

Grashoff, Dietrich/Kleinmanns, Florian, Aktuelles Steuerrecht 2017, 13. Aufl., München 2017 (zitiert: *Bearbeiter,* in: Grashoff/Kleinmanns, Steuerrecht)

Grunsky, Wolfgang, Anmerkung zu dem Urteil des BAG vom 25.01.1973–5 AZR 399/72, AP, Artikel 25 GG Nr. 3

Günther, Herbert, Zur Entstehung von Völkergewohnheitsrecht, Berlin 1970

Günther, Linda-Marie, Griechische Antike, 2. Aufl., Tübingen [u. a.] 2011

Haase, Florian, Internationales und Europäisches Steuerrecht, 4. Aufl., Heidelberg 2014

Häde, Ulrich, Finanzausgleich. Die Verteilung der Aufgaben, Ausgaben und Einnahmen im Recht der Bundesrepublik Deutschland und der Europäischen Union, Tübingen 1996 (zitiert: *Häde,* Finanzausgleich)

Hahn, Werner/Vesting, Thomas (Hrsg.), Beck'scher Kommentar zum Rundfunkrecht, 3. Aufl., München 2012 (zitiert: *Bearbeiter,* in: Hahn/Vesting, Rundfunkrecht)

Hailbronner, Kay, Völkerrechtliche und staatsrechtliche Aspekte fiskalischer Immunität im Sitzstaatabkommen des Europäischen Laboratoriums für Molekularbiologie, Vol. 22 1979, S. 313–334

Hailbronner, Kay, Die Immunität von Europol-Bediensteten, JZ 1998, S. 283–289

Hardy, Michael, Modern Diplomatic Law, Manchester 1968

Hassouna, Hussein A., The League of Arab States and Regional Disputes. A Study of Middle East Conflicts, Dobbs Ferry, N.Y. 1975

Heintschel von Heinegg, Wolff, Casebook Völkerrecht, München 2005

Heintzen, Markus, Die Befreiung ausländischer Diplomaten von deutscher Besteuerung, AdV Vol. 45 2007, S. 455–483

Henderson, Frances Wright, Casenotes: How Much Immunity for International Organizations?: Mendaro v. World Bank, North Carolina Journal of International Law & Commercial Regulation Vol. 10 1985, S. 487–497

Henrichs, Helmut, Die Vorrechte und Befreiungen der Beamten der Europäischen Gemeinschaften, EuR 1987, S. 75–92

Hensel, Christian, Ertragsteuerliche Behandlung von Bediensteten an ausländischen Vertretungen im Inland, RIW 1999, S. 659–667

Herdegen, Matthias, Völkerrecht, 15. Aufl., München 2016

Herrmann, Carl/Heuer, Gerhard/Raupach, Arndt/Mrozek, Alfons (Begr.)/*Hey, Johanna* (Hrsg.), Einkommensteuer- und Körperschaftsteuergesetz. Kommentar, Köln, Loseblattsammlung 276. Erg.-Lfg, September 2016 (zitiert: *Bearbeiter*, in: H/H/R)

Heuermann, Bernd (Hrsg.), Blümich – EStG, KStG, GewStG – Kommentar. Band 1 und 3, München, Loseblattsammlung 133. Erg.-Lfg, Juli 2016 (zitiert: *Bearbeiter*, in: Blümich, EStG)

Higgins, Rosalyn, Problems and Process: International Law and How We Use It, Oxford 1994 (zitiert: *Higgins*, International Law)

Hill, Martin, Immunities and Privileges of International Officials, Washington, DC 1947

Hladík, Jan, Exemption from National Income Taxes of International Civil Servants (Example of UNESCO – ILOAT Judgment No. 2255), in: de Cooker, Chris (Hrsg.), International Administration, 2005, V.12/1 ff.

Hobe, Stephan, Einführung in das Völkerrecht, 10. Aufl., Tübingen 2014

Hübschmann, Walter/Hepp, Ernst/Spitaler, Armin, Abgabenordnung/Finanzgerichtsordnung, Köln, Loseblattsammlung 239. Erg.-Lfg, August 2016 (zitiert: *Bearbeiter*, in: H/H/S, AO)

Hudson, Manley O. (Hrsg.), International Legislation. A Collection Of The Texts Of Multipartite International Instruments Of General Interest Volume I 1919–1921. Numbers 1–64, Washington 1931 (zitiert: *Hudson*, International Legislation)

Hundt, Florenz, Besteuerung internationaler Organisationen und ihrer Bediensteten, 1974, IWB Fach 10 Gruppe 2, S. 307–336

Ipsen, Knut (Hrsg.), Völkerrecht, 6. Aufl., München 2014

Isensee, Josef/Kirchhof, Paul (Hrsg.), Handbuch des Staatsrechts der Bundesrepublik Deutschland. Band V. Rechtsquellen. Organisation. Finanzen, 3. Aufl., Heidelberg [u. a.] 2007 (zitiert: *Bearbeiter*, in: Isensee/Kirchhof, Rechtsquellen. Organisation. Finanzen)

Isensee, Josef/Kirchhof, Paul (Hrsg.), Handbuch des Staatsrechts der Bundesrepublik Deutschland. Band XI. Internationale Bezüge, 3. Aufl., Heidelberg [u. a.] 2013 (zitiert: *Bearbeiter*, in: Isensee/Kirchhof, Internationale Bezüge)*Ismer, Roland/ Endres, Daniela/Piotrowski, Sophia*, Seminar 1: Besteuerung und Nichtsteuerverträge, IStR 2014, S. 716–721

Jaenicke, Günther, Die Sicherung des übernationalen Charakters der Organe internationaler Organisationen, ZaöRV 1951/1952, S. 46–117

Jastrow, Serge-Daniel/Schlattmann, Arne, Informationsfreiheitsgesetz. IFG. Kommentar, Heidelberg 2006

Jenks, Wilfred C., International Immunities, London [u. a.] 1961

Jütte, Werner, Anmerkung zum Erlass betr. einkommensteuerliche Behandlung von Mitgliedern ausländischer Missionen und Vertretungen, IStR 1995, S. 85–86

Kahrstedt, Ulrich, Griechisches Staatsrecht. Erster Band. Sparta und seine Symmachie, Göttingen 1922 (zitiert: *Kahrstedt*, Griechisches Staatsrecht)

Kersting, Christian, Die Beendigung einer Schiedsvereinbarung durch Anrufung staatlicher Gerichte, SchiedsVZ 2013, S. 297–307

Kirchhof, Paul (Hrsg.), Einkommensteuergesetz. Kommentar, 15. Aufl., Köln 2016 (zitiert: *Bearbeiter*, in: Kirchhof, EStG)

Kirchhof, Paul (Hrsg.)/*Söhn, Hartmut* (Begr.)/*Mellinghoff, Rudolf* (Hrsg.), Einkommensteuergesetz. Kommentar, Heidelberg, Loseblattsammlung 273. Erg.-Lfg, Oktober 2016 (zitiert: *Bearbeiter*, in: Kirchhof/Söhn/Mellinghoff, EStG)

Kitschenberg, Helmut (Hrsg.), Handbuch der Internationalen Rechts- und Verwaltungssprache. Das Dienstrecht der Internationalen Organisationen. Deutsch/ Englisch, Köln [u. a.] 1982 (zitiert: *Kitschenberg*, Handbuch Verwaltungssprache)

Klabbers, Jan, Two Concepts of International Organization, IOLR 2005, S. 277–294

Klabbers, Jan, An Introduction to International Institutional Law, 2. Aufl., Cambridge 2009

Klabbers, Jan, International Law, Cambridge [u. a.] 2013

Klein, Franz, Abgabenordnung, 13. Aufl., München 2016 (zitiert: *Bearbeiter*, in: Klein, AO)

Kluge, Volker, Das deutsche internationale Steuerrecht. Gemeinschaftsrecht. Außensteuerrecht. Abkommensrecht, 4. Aufl., München 2000 (zitiert: *Kluge*, Das deutsche internationale Steuerrecht)

Koenig, Ulrich (Hrsg.), Abgabenordnung, 3. Aufl., München 2014 (zitiert: *Bearbeiter*, in: Koenig, AO)

Kolb, Robert, Human Rights and Humanitarian Law in: Wolfrum, Rüdiger (Hrsg.), The Max Planck Encyclopedia of Public International Law (MPEPIL), Vol. IV

Oxford 2012, S. 1040–1053 (zitiert: *Kolb*, Human Rights and Humanitarian Law, MPEPIL 2012)

Korioth, Stefan/Koemm, Maxi, Gut gemeint, doch schlecht gemacht: Die neue Rundfunkabgabe ist verfassungswidrig!, DStR 2013, S. 833–838

Korn, Klaus/Carlé, Dieter/Stahl, Rudolf/Strahl, Martin (Hrsg.), Einkommensteuergesetz. Kommentar, Bonn [u. a.], Loseblattsammlung 97. Erg.-Lfg, August 2015 (zitiert: *Bearbeiter*, in: Korn, EStG)

Krajewski, Markus, Wirtschaftsvölkerrecht 3. Aufl., Heidelberg 2012

Kramer, Bernhard, Die Besteuerung der Bediensteten Internationaler Organisationen unter besonderer Berücksichtigung der Rechtslage in der Bundesrepublik Deutschland, Bonn 1977 (zitiert: *Kramer*, Besteuerung der Bediensteten)

Kramer, Urs/Hinrichsen, Tim, Die Europäische Zentralbank, JuS 2015, S. 673–680

Kremer, Bernd, Immunität für Europol-Bedienstete? Eine Untersuchung der Aufgaben und Befugnisse von Europol unter besonderer Berücksichtigung der Immunitätsproblematik. Frankfurt am Main [u. a.] 2003

Kube, Hanno, Der Rundfunkbeitrag – Rundfunk- und finanzverfassungsrechtliche Einordnung, Baden-Baden 2014 (zitiert: *Kube*, Rundfunkbeitrag)

Kunz, Joseph L., Privileges and Immunities of International Organizations, AJIL Vol. 41 1947, S. 828–862

Kunz-Hallstein, Hans Peter, Privilegien und Immunitäten internationaler Organisationen im Bereich nicht hoheitlicher Privatrechtsgeschäfte – Anmerkungen zu einem Schiedsspruch über die Auslegung der Sitzstaatsvereinbarung zwischen der Bundesregierung und dem Europäischen Laboratorium für Molekularbiologie, NJW 1992, S. 3069–3073

Kunz-Hallstein, Hans Peter, Die Gerichtsbefreiung Internationaler Organisationen in der deutschen Praxis, in: Jochum, Georg/Fritzemeyer, Wolfgang/Kau, Marcel (Hrsg.), Grenzüberschreitendes Recht – Crossing Frontiers. Festschrift für Kay Hailbronner, Heidelberg [u. a.] 2013, S. 597–613 (zitiert: *Kunz-Hallstein,* in: FS Hailbronner)

Lammers, Johan G., Immunity of International Organizations – The Work of the International Law Commission, IOLR 2014, S. 276–286

Lang, Joachim, Grundsätzliches zur Interpretation völkerrechtlicher Abkommen im Steuerrecht, dargestellt an dem Beispiel der Frage, ob der Diplomat einer ausländischen Mission beschränkt einkommensteuerpflichtig ist, StuW 1975, S. 285–293

Lang, Winfried, Das Wiener Übereinkommen über die Vertretung von Staaten in ihre Beziehungen zu internationalen Organisationen universellen Charakters, ZaöRV 1977, S. 43–86

Lee, Luke T./Quigley, John B., Consular Law and Practice, 3. Aufl., Oxford 2008

Lippross, Otto-Gerd/ Seibel, Wolfgang (Hrsg.), Basiskommentar Steuerrecht, Köln, Loseblattsammlung 98. Erg.-Lfg, November 2016 (zitiert: *Bearbeiter*, in: Lippross/ Seidl)

Lyons, A.B., Personal Immunities of Diplomatic Agents, BYIL Vol. 30 1953, S. 299–340

Mann, Friedrich Alexander, Die juristische Person des Völkerrechts. Ein Beitrag zum recht der internationalen Organisationen, ZHR 1988, S. 303–317

Marek, Christian, Die Proxenie, Frankfurt am Main [u. a.] 1984

Martens, Georg Friedrich von, Nouveau recueil de traités d'alliance, de paix, de trêve, de neutralité, de commerce, de limites, d'échange etc.: et de plusieurs autres actes servant à la connoissance des relations étrangères des puissances et Etats de l'Europe depuis 1808 jusqu'à présent, Vol. 9 Gottingue 1833

Martens, Georg Friedrich von, Recueil des principaux traités d'alliance, de paix, de trêve, de neutralité, de commerce, de limites, d'échange etc.: conclus par les puissances de l'Europe tant entre elles qu'avec les puissances et Etats dans d'autres parties du monde depuis 1761 jusqu'à présent Vol. 8 Gottingue 1835

Martha, Rutsel Silvestre, Tax Treatment of International Civil Servants, Leiden [u. a.] 2010

Martha, Rutsel Silvestre, The Financial Obligation in International Law, Oxford 2015

Maunz, Theodor/Dürig, Günter (Hrsg.), Grundgesetz. Kommentar, München, Loseblattsammlung 79. Erg.-Lfg, Dezember 2016 (zitiert: *Bearbeiter*, in: Maunz/Dürig, GG)

McCormick Crosswell, Carol, Protection of International Personnel Abroad, New York 1952

Meng, Werner, Das Recht der Internationalen Organisationen – eine Entwicklungsstufe des Völkerrechts, Baden-Baden 1978

Menzel, Eberhard, Die Privilegien und Immunitäten der internationalen Funktionäre, in: Süsterhenn, Adolf/von der Heydte, Friedrich August Freiherr/Geiger, Willi (Hrsg.), Verfassung und Verwaltung in Theorie und Wirklichkeit. Festschrift für Wilhelm Laforet anlässlich seines 75. Geburtstages, München 1952, S. 325–349 (zitiert: *Menzel*, in: FS Laforet)

Michaels, David, International Privileges and Immunities, Den Haag 1971

Miller, Anthony J., The Privileges and Immunities of the United Nations, IOLR 2009, S. 7–116

Möldner, Mirka, International Organizations or Institutions, Privileges and Immunities in: Wolfrum, Rüdiger (Hrsg.), The Max Planck Encyclopedia of Public International Law (MPEPIL), Vol. VI Oxford 2012, S. 47–55 (zitiert: *Möldner*, International Organizations or Institutions, Privileges and Immunities, MPEPIL 2012)

Morgenstern, Felice, Legal Problems of International Organizations, Cambridge 1986

Muixer, Sam, International Organizations and their officials: To tax or not to tax?, LJIL Vol. 6 1993, S. 47–72

Muller, Alexander Samuel, International Organizations and their Host States, Den Haag [u. a.] 1995

Neubronner, Sandra, Tabelle Kirchensteuersätze 2015 (Elektronische Ressource: HaufeIndex: 7220593)

Neyer, Wolfgang, Einkommensteuerliche Behandlung der Mitarbeiter der Europäischen Zentralbank, BB 2013, S. 1244–1248

Niedobitek, Matthias, Das Recht der grenzüberschreitenden Verträge, Tübingen 2001

Nientimp, Axel/Tomson, Susanne, Das verbindliche Schiedsverfahren nach dem neuen OECD-MA, IStR 2009, S. 615–619

Norr, Martin, Jurisdiction to Tax and International Income, Tax Law Review Vol. 17 1961–1962, S. 431–462

Oyda, Michael, Probleme bei der Ermittlung des Elterngeldes, NZS 2010, S. 194–201

Peffekoven, Rolf, Eigene Einnahmen internationaler Organisationen. Zu einem Problem des internationalen Finanzausgleichs, in: Koch, Walter A. S./Petersen, Hans-Georg (Hrsg.), Staat, Steuern und Finanzausgleichs: Probleme nationaler und internationaler Finanzwirtschaften im zeitlichen Wandel. Festschrift für Heinz Kolms zum 70. Geburtstag, Berlin 1984, S. 315–332 (zitiert: *Peffekoven,* in: FS Kolms)

Peterke, Sven, Der völkerrechtliche Sonderstatus der Internationalen Föderation der Rotkreuz- und Rothalbmondgesellschaften, Berlin 2006 (zitiert: *Peterke,* Sonderstatus)

Petersen, Lars Ole, Europäisierung der Diplomatie. Völker- und europarechtliche Rahmenbedingungen, Berlin 2011 (zitiert: *Petersen,* Europäisierung der Diplomatie)

Petersen, Nadia, Staatsangehörigkeit im internationalen und internationalen Steuerrecht, Frankfurt am Main [u. a.] 2012 (zitiert: *Petersen,* Staatsangehörigkeit)

Pfuhl, Eberhardt, Privilegien und Immunitäten Internationaler Funktionäre, Berlin 1952

Piltz, Detlev Jürgen, Die beschränkte Steuerpflicht im Einkommensteuerrecht, IWB Fach 3 Gruppe 3, S. 683–716

Plantey, Alain, International Civil Servants Employed in the Field, in: de Cooker, Chris (Hrsg.), International Administration, 1990, II. 7/1 ff.

Pochhammer, Adolph Georg Theodor, Handbuch zur vollständigen Kenntniß der Zoll-Verfassung und Verwaltung in den Königlich-Preußischen Staaten, nach dem Gesetze vom 26ten Mai 1818, Vol. 1 Berlin 2012 (Nachdruck von 1832)

Ranshofen-Wertheimer, Egon, The International Secretariat: A Great Experiment in International Administration, Washington 1945 (zitiert: *Ranshofen-Wertheimer,* The International Secretariat)

Rau, Günter/Dürrwächter, Erich/ Flick, Hans/ Geist, Reinhold (Hrsg.), Umsatzsteuergesetz. Kommentar, Köln, Loseblattsammlung 168. Erg.-Lfg, Juli 2016 (zitiert: *Bearbeiter,* in: Rau/Dürrwächter, UStG)

Reinisch, August, Introductory Note to the Convention on the Privileges and Immunities of the United Nations and the Convention on the Privileges and Immunities of the Specialized Agencies, United Nations Audiovisual Library of International Law, Elektronische Ressource, abzurufen unter: http://legal.un.org/avl/ha/cpiun-cpisa/cpiun-cpisa.html (zuletzt abgerufen am 13.12.2016)

Rengeling, Hans-Werner/Middeke, Andreas/Gellermann, Martin (Hrsg.), Handbuch des Rechtsschutzes in der Europäischen Union, 3. Aufl., München 2014

Rensmann, Thilo, Internationale Organisationen im Privatrechtsverkehr, AdV Vol. 36 1998, S. 305–344

Richtsteig, Michael, Wiener Übereinkommen über diplomatische und konsularische Beziehungen: Entstehungsgeschichte, Kommentierung, Praxis, 2. Aufl., Baden-Baden 2010 (zitiert: *Richtsteig,* WÜD)

Rieck, Hasso, Privilegien und Immunitäten von im Auftrag der Vereinten Nationen oder einer ihrer Sonderorganisationen tätigen Sachverständigen, München 1994

Rodley, Nigel S., Immunities of Officials Associated with Permanent United Nations Establishments, The Yearbook of World Affairs Vol. 26 1972, S. 314–330

Rossi, Matthias, Informationsfreiheitsgesetz. Handkommentar, Baden-Baden 2006 (zitiert: *Rossi,* IFG)

Rostovtzeff, Michael, Gesellschafts- und Wirtschaftsgeschichte der hellenistischen Welt, Band I, Sonderausgabe des um eine Einleitung von Heinz Heinen erweiterten Nachdrucks 1998 in zwei Bänden, deutsche Übersetzung von 1955, Darmstadt 2013 (zitiert: *Rostovtzeff,* Gesellschafts- und Wirtschaftsgeschichte der hellenistischen Welt)

Ruffert, Matthias/Walter, Christian, Institutionalisiertes Völkerrecht: das Recht der Internationalen Organisationen und seine wichtigsten Anwendungsfelder, 2. Aufl., München 2015 (zitiert: *Ruffert/Walter,* Institutionalisiertes Völkerrecht)

Sánchez, Pierre, L'Amphictionie des Pyles et de Delphes, Stuttgart 2001

Sands, Philippe/Klein, Pierre, Bowett's Law of International Institutions, 6. Aufl., London 2009 (zitiert: *Sands/Klein,* International Institutions)

Sato, Chie, Immunität internationaler Organisationen, Frankfurt am Main [u. a.] 2004

Sbarounis, Athanase J., Taxation of the United Nations Officials, Revue Hellénique de Droit International Vol. 7 1954, 1–19

Schaumburg, Harald, Internationales Steuerrecht, 3. Aufl., Köln 2011 (zitiert: *Bearbeiter,* in: Schaumburg, Internationales Steuerrecht)

Schermers, Henry G./Blokker, Niels, International Institutional Law: Unity within Diversity, 5. Aufl., Leiden [u. a.] 2011 (zitiert: *Schermers/Blokker,* International Institutional Law)

Schlüter, Bernhard, Die innerstaatliche Rechtsstellung der internationalen Organisationen unter besonderer Berücksichtigung der Rechtslage in der Bundesrepublik Deutschland, Köln 1972 (zitiert: *Schlüter,* Innerstaatliche Rechtsstellung)

Schmahl, Stefanie, Das Verhältnis der deutschen Rechtsordnung zu Regeln des Völkerrechts, JuS 2013, S. 961–966

Schmid, Carl Ernst (Hrsg.), Der Deutsche Bund: eine Zeitschrift für das öffentliche Recht Deutschlands und der gesamten deutschen Länder, Erster Band. III. Heft, Hildburghausen 1815

Schmitz, Heribert/Jastrow, Serge-Daniel, Das Informationsfreiheitsgesetz des Bundes, NVwZ 2005, S. 984–995

Schneider, Axel, Antworten auf Verfassungsfragen des Betriebsstättenbeitrags nach dem

Rundfunkbeitragsstaatsvertrag der Länder, ZUM 2013, S. 472–478

Schneider, Axel, Die Zulässigkeit typisierender Normen am Beispiel des Rundfunkbeitrags. Zugleich Erwiderung auf Korioth/Koemm (DStR 2013, 833), DStR 2014, S. 509–512

Schoch, Friedrich, IFG. Informationsfreiheitsgesetz. Kommentar, 2. Aufl., München 2016 (zitiert: *Schoch,* IFG)

Schönfeld, Jens/Ditz, Xaver (Hrsg.), Doppelbesteuerungsabkommen. Kommentar, 1. Aufl., Köln 2013 (zitiert: *Bearbeiter,* in: Schönfeld/Ditz, DBA)

Schröer, Friedrich, Zur Gewährung von Befreiungen und Vorrechten an eine internationale Einrichtung, GYIL Vol. 12 1965, S. 207–236

Schütze, Rolf A., Schiedsgericht und Schiedsverfahren, 6. Aufl., München 2016

Schütze, Rolf/Tscherning, Dieter/Wais, Walter, Handbuch des Schiedsverfahrens. Praxis der deutschen und internationalen Schiedsgerichtsbarkeit, 2. Aufl., Berlin [u. a.] 1990

Schwantes, Klaus-Dieter, Die Supranationalität, Köln 1962

Schwarz, Bernhard/Widmann, Werner/Radeisen, Rolf-Rüdiger (Hrsg.), Umsatzsteuergesetz. Kommentar, Freiburg, Loseblattsammlung (Elektronische Ressource) April 2012 (zitiert: *Bearbeiter,* in: Schwarz/Widmann/Radeisen, UStG)

Schwarzenberger, Georg, Equity in International Law, The Yearbook of World Affairs Vol. 26 1972, S. 346–369

Schweitzer, Michael/Dederer, Hans-Georg, Staatsrecht III. Staatsrecht. Völkerrecht. Europarecht, 11. Aufl., Heidelberg 2016 (*Schweitzer/Dederer,* Staatsrecht III)

Seidenberger, Ulrich, Die diplomatischen und konsularischen Immunitäten und Privilegien, Frankfurt am Main [u. a.] 1994

Seidl-Hohenveldern, Ignaz, Die Immunität internationaler Organisationen in Dienstrechtsfällen, Berlin 1981

Seidl-Hohenveldern, Ignaz, The UNWRA Special Panel of Adjudicators 1983–1991, in: Wellens, Karel (Hrsg.): International Law: Theory and Practice: Essays in Honour of Eric Suy, Den Haag 1998, S. 363–370 (zitiert: *Seidl-Hohenveldern,* in: FS Suy)

Seidl-Hohenveldern, Ignaz/Loibl, Gerhard, Das Recht der Internationalen Organisationen einschließlich der Supranationalen Gemeinschaften, 7. Aufl., Köln [u. a.] 2000 (zitiert: *Seidl-Hohenveldern/Loibl,* Das Recht der Internationalen Organisationen)

Seyersted, Finn, Common Law of International Organizations, Leiden [u. a.] 2008

Smit, Daniël S., Chapter 1. General Report, in: Lang, Michael/Pistone, Pasquale/Schuch, Josef u. a. (Hrsg.), Tax Rules in Non-Tax Agreements, Amsterdam 2012, S. 1–25 (zitiert: *Smit,* Tax Rules in Non-Tax Agreements)

Streck, Michael, Steuerpflicht und Steuerbefreiungen von Diplomaten, Konsuln, NATO-Truppenmitgliedern und ihnen gleichgestellten Personen, StuW 1973, S. 119–130

Streinz, Rudolf (Hrsg.), EUV, AEUV: Vertrag über die Europäische Union und Vertrag über die Arbeitsweise der Europäischen Union, 2. Aufl., München 2012 (zitiert: *Bearbeiter,* in: Streinz, EUV/AEUV)

Tarassenko, Serguei/Zacklin, Ralph, Independence of International Civil Servants (Privileges and Immunities), in: de Cooker, Chris (Hrsg.), International Administration, 1990, III. 1/1 ff.

Terschüren, Anna, Die Reform der Rundfunkfinanzierung in Deutschland, Ilmenau 2013

Tesfagabir, Kibrom, The State of Functional Immunity of International Organizations and Their Officials and Why It Should be Streamlined, Chinese JIL Vol. 10 2011, S. 97–128

Thiemeyer, Guido/Tölle, Isabel, Supranationalität im 19. Jahrhundert? Die Beispiele der Zentralkommission für die Rheinschifffahrt und des Octroivertrages 1804–1851, Journal of European Integration History Vol. 17 2011, S. 177–196

Tietje, Christian, Internationalisiertes Verwaltungshandeln, Berlin 2001

Tipke, Klaus/Kruse, Heinz Wilhelm, Abgabenordnung – Finanzgerichtsordnung. Kommentar zur AO (ohne Steuerstrafrecht) und FGO, Köln, Loseblattsammlung 146. Erg.-Lfg, Oktober 2016 (zitiert: *Bearbeiter,* in: Tipke/Kruse, AO/FGO)

Tipke, Klaus/Lang, Joachim/Seer, Roman, Steuerrecht, 22. Aufl., Köln 2015 (zitiert: *Bearbeiter,* in: Tipke/Lang, Steuerrecht)

Tomuschat, Christian, Deutsche Rechtsprechung in völkerrechtlichen Fragen 1958–1965. Teil A: Allgemeines Friedensvölkerrecht, ZaöRV 1968, S. 48–147

Treviranus, Hans D., Inkraftsetzen völkerrechtlicher Vereinbarungen durch Rechtsverordnungen, NJW 1983, S. 1948–1951

Ullrich, Gerhard, Das Dienstrecht der Internationalen Organisationen, Berlin 2009

Union of International Associations (UIA) (Hrsg.), Yearbook of International Organization 2015–2016: Guide to Global and Civil Society Networks. Volume 5. Statistics, Visualizations and Patterns, Leiden [u. a.] 2015

van der Hout, Robin, Die völkerrechtliche Stellung der Internationalen Organisationen unter besonderer Berücksichtigung der Europäischen Union, Baden-Baden 2006 (zitiert: *van der Hout,* Rechtsstellung der Internationalen Organisationen)

Verdross, Alfred, Entstehungsweisen und Geltungsgrund des universellen völkerrechtlichen Gewohnheitsrechts, ZaöRV 1969, S. 635–653

Verdross, Alfred/Simma, Bruno, Universelles Völkerrecht. Theorie und Praxis, 3. Aufl., Berlin 1984 (zitiert: *Verdross/Simma,* Universelles Völkerrecht)

Vettovaglia, Jean-Pierre, Privileges and Immunities of Members of Permanent Missions in Geneva and of International Officials in Switzerland, in: Dembinski, Ludwik (Hrsg.), International Geneva Yearbook 1988: Organization and Activities of International Institutions in Geneva, Dordrecht 1988, S. 71–83

Villiger, Mark E., Customary International Law and Treaties, Den Haag [u. a.] 1997

Vogel, Klaus (Begr.)/*Lehner, Moris* (Hrsg.), Doppelbesteuerungsabkommen der Bundesrepublik Deutschland auf dem Gebiet der Steuern vom Einkommen und Vermögen: Kommentar auf der Grundlage der Musterabkommen, 6. Aufl., München 2015 (zitiert: *Bearbeiter,* in: Vogel/Lehner, DBA)

von der Groeben, Hans/Schwarze, Jürgen/Hatje, Armin, Europäisches Unionsrecht. Band 4, 7. Aufl., Baden-Baden 2015 (zitiert: *Bearbeiter,* in: von der Groeben/Schwarze/Hatje, Europäisches Unionsrecht)

Wäger, Christoph, Steuerfreie Leistungen an internationale Einrichtungen. Hinweise und Argumentationshilfen bei der Versagung der USt-Befreiung, UStB 2000, S. 146–148

Wagner, Niklas/Raasch, Holger/Pröpstl, Thomas, Wiener Übereinkommen über diplomatische Beziehungen vom 18. April 1961. Kommentar für die Praxis, Berlin 2007 (zitiert: *Wagner/Raasch/Pröpst,* WÜD)

Wagner, Wilfried (Hrsg.), Sölch/Ringleb. Umsatzsteuergesetz. Kommentar, München, Loseblattsammlung 77. Erg.-Lfg, Juni 2016 (zitiert: *Bearbeiter,* in: Sölch/Ringleb, UStG)

Wankel, Hermann, Bemerkungen zur delphischen Amphiktyonie im 4. JH. Und zum 4. Heiligen Krieg, Zeitschrift für Papyrologie und Epigraphik 1981, S. 153–166

Weber-Grellet, Heinrich, Steuern im modernen Verfassungsstaat, Köln 2001

Wenckstern, Manfred, Handbuch des Internationalen Zivilverfahrensrechts. Die Immunität internationaler Organisationen. Band II/1 Tübingen 1994 (zitiert: *Wenckstern,* Immunität internationaler Organisationen)

Wenckstern, Manfred, Verfassungsrechtliche Fragen der Immunität internationaler Organisationen, NJW 1987, S. 1113–1118

Wernsmann, Rainer, Die verfassungskonforme Finanzierung des öffentlich-rechtlichen Rundfunks durch den neuen Rundfunkbeitrag, ZG 2015, S. 79–92

Wickremasinghe, Chanaka, Immunities enjoyed by Officials of States and International Organizations, in: Evans, Malcom D. (Hrsg.), International Law, 3. Aufl., Oxford [u. a.] 2010, S. 380–410

Wilson, Clifton E., Diplomatic Privileges and Immunities, Tucson 1967

Woerner, Lothar, Die Steuerrechtsprechung zwischen Gesetzeskonkretisierung, Gesetzesfortbildung und Gesetzeskorrektur, in: Tipke, Klaus (Hrsg.), Grenzen der Rechtsfortbildung durch Rechtsprechung und Verwaltungsvorschriften im Steuerrecht, DStJG Vol. 5 Köln 1982, S. 23–51 (zitiert: *Woerner*, in: Tipke, Grenzen der Rechtsfortbildung)

Wood, Michael, Do International Organizations Enjoy Immunity Under Customary International Law?, IOLR 2013, S. 287–318

Wüst, Fritz R., Amphiktyonie, Eidgenossenschaft, Symmachie, Historia: Zeitschrift für Alte Geschichte Vol. 3 1954, S. 129–153

Zeileissen, Christian, Die abgabenrechtlichen Privilegien in den diplomatischen und konsularischen Beziehungen: Mit besonderer Berücksichtigung der völkerrechtlichen Verpflichtungen Österreichs, Wien 1971 (zitiert: *Zeileissen*, Abgabenrechtliche Privilegien)

Zemanek, Karl, Das Vertragsrecht der Internationalen Organisationen, Wien 1957 (zitiert: *Zemanek*, Vertragsrecht)

Ziegler, Konrat/Sontheimer, Walther (Hrsg.), Der Kleine Pauly: Lexikon der Antike in fünf Bänden, München 1979 (zitiert: *Bearbeiter*, Der kleine Pauly 1979)

Züger, Mario, Der Einfluss des Schiedsverfahrens vor dem EuGH auf das Abgabenrecht, in: Holoubek, Michael/Lang, Michael (Hrsg.), Das EuGH-Verfahren in Steuersachen, Wien 2000, S. 301–320

Anlage I: Übersicht über die fiskalischen Immunitäten der vorliegend untersuchten internationalen Organisationen

Internationale Organisation	Befreiung von direkten Steuern	Regelung zur Entlastung von indirekten Steuern	Mindestbetrag für Entlastung laut vertraglicher Regelung (>EUR 25,00 laut BZSt)	Weitere vertragliche Voraussetzungen für das Entlastungsverfahren	Schiedsklausel enthalten (Zuständigkeit)
ADB	JA	JA	>DM 50,00	Nur USt	JA (PCA)
Arabische Liga	NEIN	NEIN	./.	./.	JA
Deutsch-Polnisches Jugendwerk	JA	NEIN	./.	./.	NEIN
Deutsch-Französisches Jugendwerk	JA	NEIN	./.	./.	NEIN
EASA	JA	JA	(>EUR 25,00)	Indirekte Steuern	NEIN
EIOPA	JA	JA	>EUR 25,00	USt und EnergieSt	JA (EuGH)
EMBL	JA	JA	(>EUR 25,00)	k.A.	JA
EPO/EPA	JA	JA	>DM 50,00	USt und EnergieSt	JA
ESA/EAC	JA	JA	(>EUR 25,00)	k.A.	JA
ESA/ESOC	JA	JA	(>EUR 25,00)	k.A.	JA

Internationale Organisation	**Befreiung von direkten Steuern**	**Regelung zur Entlastung von indirekten Steuern**	**Mindestbetrag für Entlastung laut vertraglicher Regelung (>EUR 25,00 laut BZSt)**	**Weitere vertragliche Voraussetzungen für das Entlastungsverfahren**	**Schiedsklausel enthalten (Zuständigkeit)**
ESO	JA	JA	>DM 50,00	USt und EnergieSt	JA
EU-Kommission	JA	JA	(>EUR 25,00)	Indirekte Steuern	JA (EuGH)
EUMETSAT	JA	JA	>EUR 26,00	USt und EnergieSt	JA
EZB	JA	JA	>DM 50,00	USt und EnergieSt	JA (EuGH)
GCDT	JA	JA	(>EUR 25,00)	Nur USt	JA
IOM	JA	NEIN	./.	./.	NEIN
IRENA-IITC	JA	JA	(>EUR 25,00)	k.A.	JA
NETMA-NATO	JA	JA	(>EUR 25,00)	k.A.	NEIN
OCCAR	JA	JA	(>EUR 25,00)	k.A.	NEIN
OECD	JA	JA	(>EUR 25,00)	k.A.	NEIN

Anlage II: Übersicht über die fiskalischen Immunitäten der Mitglieder des Personals samt der Führungskräfte der vorliegend untersuchten internationalen Organisationen

Internationale Organisation	Steuerbefreiung: Gehälter und Bezüge	Interne Steuer	Expliziter Ausschluss der Renten	Vorbehalt i.S.d. § 32b Abs. 1 Nr. 4 EStG	Sonderbehandlung für Führungskräfte	Besonderheiten
ADB	JA	NEIN	NEIN	NEIN	NEIN	Steuerbefreiung von Sachverständigen
Arabische Liga	NEIN	./.	./.	./.	NEIN	./.
Deutsch-Polnisches Jugendwerk	NEIN	./.	./.	./.	NEIN	./.
Deutsch-Französisches Jugendwerk	NEIN	./.	./.	./.	NEIN	Auslandszulagen sind steuerfrei
EASA	JA	JA	NEIN	NEIN	NEIN	./.
EIOPA	JA	JA	NEIN	NEIN	NEIN	./.
EMBL	JA	JA	JA	JA	JA**	./.
EPO/EPA	JA	JA	JA	JA	JA	./.
ESA/EAC	JA	JA	JA	JA	JA	./.

Internationale Organisation	Steuerbefreiung: Gehälter und Bezüge	Interne Steuer	Expliziter Ausschluss der Renten	Vorbehalt i.S.d. § 32b Abs. 1 Nr. 4 EStG	Sonderbehandlung für Führungskräfte	Besonderheiten
ESA/ESOC	JA	JA	JA	JA	JA	./.
ESO	JA	JA	JA	JA	JA	./.
EU-Kommission	JA	JA	NEIN	NEIN	NEIN	./.
EUMETSAT	JA	JA	JA	JA	NEIN	./.
EZB	JA	JA	NEIN	NEIN	JA	./.
GCDT	JA	NEIN	NEIN	NEIN	JA*	./.
IOM	JA	NEIN	NEIN	NEIN	JA**	Inländerdiskriminierung
IRENA-IITC	JA	NEIN	NEIN	NEIN	JA*	./.
NETMA-NATO	JA	NEIN	NEIN	NEIN	NEIN	./.
OCCAR	JA	JA	JA	JA	JA*	./.
OECD	JA	NEIN	NEIN	NEIN	JA*	./.

* = Die Sonderbehandlung wird unabhängig von der Staatsangehörigkeit bzw. der ständigen Ansässigkeit der Führungskräfte in der Bundesrepublik Deutschland gewährt.
** = Es erfolgt keine Sonderbehandlung, wenn die Führungskraft die deutsche Staatsangehörigkeit besitzt. Die ständige Ansässigkeit in der Bundesrepublik Deutschland schadet hingegen nicht.

Anlage III: Übersicht der völkerrechtlichen Vereinbarungen

Internationale Organisation	Völkerrechtliche Vereinbarung (samt Abkürzung)	Fundstelle
ADB	Übereinkommen zur Errichtung der Asiatischen Entwicklungsbank (ADB-Gründungsabkommen)	BGBl. II 1966, 618 ff.
ADB	Abkommen zwischen der Regierung der Bundesrepublik Deutschland und der Asiatischen Entwicklungsbank über das Europabüro der Asiatischen Entwicklungsbank (Sitzstaatabkommen mit ADB)	BGBl. II 1997, 2025 ff.
Arabische Liga	Abkommen zwischen der Regierung der Bundesrepublik Deutschland und der Liga der Arabischen Staaten zur Änderung des Abkommens vom 13.11.2003 über den Sitz des Büros der Liga der Arabischen Staaten in Berlin, BGBl. II 2004, 827 ff. (Sitzstaatabkommen mit der Arabischen Liga)	BGBl. II 2014, 443 ff.
Arabische Liga	Charta der Arabischen Liga vom 22. März 1945	*Hassouna*, The League of Arab States and Regional Disputes S. 407
CERN	Abkommen zwischen dem Schweizerischen Bundesrat und der Europäischen Organisation für Kernforschung	UNTS 1956 Vol. 249, 405 ff.
CERN	Abkommen der Regierung der französischen Republik mit der Europäischen Organisation für Kernforschung	UNTS 1973 Vol. 871, 209 ff.
Deutsch-Französisches Jugendwerk	Abkommen über das Deutsch-Französische Jugendwerk (Abkommen über das Deutsch-Französische Jugendwerk) samt Verordnung über die Gewährung von Steuerbefreiungen an das Deutsch-Französische Jugendwerk	BGBl. II 2005, 773 ff. (Abkommen); BGBl. II 1983, 434 (Verordnung)

Internationale Organisation	**Völkerrechtliche Vereinbarung (samt Abkürzung)**	**Fundstelle**
Deutsch-Polnisches Jugendwerk	Abkommen zwischen der Regierung der Bundesrepublik Deutschland und der Regierung der Republik Polen über das Deutsch-Polnische Jugendwerk (Abkommen über das Deutsch-Polnische Jugendwerk)	BGBl. II 1992, 632 ff.
EASA	Verordnung (EG) Nr. 216/2008 des Europäischen Parlaments und des Rates (EASA-Gründungsverordnung)	ABl. EU L 79/1 ff. vom 19.3.2008
EIOPA	Verordnung EU Nr. 1094/2010 des Europäischen Parlaments und des Rates (EIOPA-Verordnung)	ABl. EU L 331/48 ff. vom 15.12.2010
EIOPA	Abkommen zwischen der Regierung der Bundesrepublik Deutschland und der Europäischen Aufsichtsbehörde für das Versicherungswesen und die betriebliche Altersversorgung über den Sitz der Europäischen Aufsichtsbehörde für das Versicherungswesen und die betriebliche Altersversorgung (Sitzstaatabkommen mit EIOPA)	BGBl. II 2012, 339 ff.
EMBL	Sitzstaatvereinbarung zwischen der Regierung der Bundesrepublik Deutschland und dem Europäischen Laboratorium für Molekularbiologie (Sitzstaatabkommen mit EMBL)	BGBl. II 1975, 934 ff.
EMBL	Übereinkommen zur Errichtung eines Europäischen Laboratoriums für Molekularbiologie (EMBL-Gründungsabkommen)	BGBl. II 1973, 1006 ff.
EPO	Übereinkommen über die Erteilung europäischer Patente (Europäisches Patentübereinkommen)	BGBl. II 1976, 649, 826 ff.; BGBl. II 1993, 242 ff.; BGBl. II 2007, 1082 ff.
EPO	Protokoll über die Vorrechte und Immunitäten der europäischen Patentorganisation (EPO-Protokoll)	BGBl. II 1976, 985 ff.

Internationale Organisation	Völkerrechtliche Vereinbarung (samt Abkürzung)	Fundstelle
EPO	Protokoll über die Zentralisierung des europäischen Patentsystems und seine Einführung (Zentralisierungsprotokoll) in der Fassung der Akte zur Revision des Europäischen Patentübereinkommens	BGBl. II 2004, 1083 (1193 ff.)
EPO	Vereinbarung zur Änderung des Abkommens zwischen der Regierung der Bundesrepublik Deutschland und der Europäischen Patentorganisation über die Errichtung der Dienststelle Berlin des Europäischen Patentamts	BGBl. II 2004, 547
EPO	Abkommen zwischen der Regierung der Bundesrepublik Deutschland und der Europäischen Patentorganisation über den Sitz des Europäischen Patentamts (Sitzstaatabkommen mit EPO)	BGBl. II 1978, 338 ff.
ESA	Übereinkommen zur Gründung einer Europäischen Weltraumorganisation (jetzt: ESA) (EWO-Übereinkommen) samt Anlage I – Vorrechte und Immunitäten – (EWO-Anlage I)	BGBl. II 1976, 1862 ff. (Übereinkommen); BGBl. II 1976, 1882 ff. (Anlage I)
ESO	Sitzstaatabkommen zwischen der Regierung der Bundesrepublik Deutschland und der Europäischen Organisation für Astronomische Forschung in der Südlichen Hemisphäre (Sitzstaatabkommen mit ESO)	BGBl. II 1979, 170 ff.
ESO	Protokoll über die Vorrechte und Immunitäten der Europäischen Organisation für Astronomische Forschung in der Südlichen Hemisphäre (ESO-Protokoll)	BGBl. II 1975, 395 ff.
EU	Protokoll Nr. 7 über die Vorrechte und Befreiungen der Europäischen Union (EU-Protokoll)	ABl. EU C 115/266 ff. vom 9.5.2008
EUMETSAT	Protokoll über die Vorrechte und Immunitäten der EUMETSAT (EUMETSAT-Protokoll)	BGBl. II 2004, 696 ff.

Internationale Organisation	Völkerrechtliche Vereinbarung (samt Abkürzung)	Fundstelle
EUMETSAT	Sitzstaatabkommen zwischen der Regierung der Bundesrepublik Deutschland und der Europäischen Organisation für die Nutzung von meteorologischen Satelliten (Sitzstaatabkommen mit EUMETSAT)	BGBl. II 2003, 489 ff.
EUMETSAT	Übereinkommen zur Gründung einer europäischen Organisation für die Nutzung von meteorologischen Satelliten (EUMETSAT-Gründungsabkommen)	BGBl. II 1987, 257 ff.
EZB	Abkommen zwischen der Regierung der Bundesrepublik Deutschland und der Europäischen Zentralbank über den Sitz der Europäischen Zentralbank (Sitzstaatabkommen mit EZB)	BGBl. II 1998, 2996 ff.
GCDT	Abkommen zwischen der Bundesrepublik Deutschland und dem Globalen Treuhandfonds für Nutzpflanzenvielfalt über den Sitz des Globalen Treuhandfonds für Nutzpflanzenvielfalt (Sitzstaatabkommen mit GCDT)	BGBl. II 2012, 1363 ff.
GCDT	Übereinkommen zur Gründung der Globalen Treuhandfonds für Nutzpflanzenvielfalt	BGBl. II 2012, 897 ff.
Internationaler Rat für Meeresforschung	Übereinkommen über den Internationalen Rat für Meeresforschung	BGBl. II 1969, 1134 ff.
IOM	Satzung der Internationalen Organisation für Wanderung (IOM-Satzung) samt Verordnung über die Gewährung von Vorrechten und Befreiungen an das Zwischenstaatliche Komitee für Europäische Auswanderung ICEM (jetzt: IOM) (IOM-Verordnung)	BGBl. II 1989, 58 ff. (Satzung); BGBl. II 1962, 13 f. (Verordnung)

Internationale Organisation	**Völkerrechtliche Vereinbarung (samt Abkürzung)**	**Fundstelle**
IRENA	Übereinkommen über die Vorrechte und Immunitäten der Internationalen Organisation für erneuerbare Energien (IRENA-Abkommen)	BGBl. II 2013, 1203 ff.
IRENA-IITC	Abkommen zwischen der Bundesrepublik Deutschland und der Internationalen Organisation für erneuerbare Energien über den Sitz des IRENA-Innovations- und Technologiezentrums (Sitzstaatabkommen mit IRENA-IITC)	BGBl. II 2011, 1012 ff.
IWF	Abkommen über den Internationalen Währungsfonds	BGBl. II 1952, 638 ff.
NATO	Übereinkommen über den Status der Nordatlantikvertrags-Organisation, der nationalen Vertreter und des internationalen Personals (Ottawa-Übereinkommen)	BGBl. II 1958, 118 ff.
NATO	Vereinbarung zwischen der Nordatlantikvertrags-Organisation und der Regierung der Bundesrepublik Deutschland über die Durchführung von Teil IV des am 20. September in Ottawa unterzeichneten „Übereinkommens über den Status der Nordatlantikvertrags-Organisation, der nationalen Vertreter und des internationalen Personals“ (NATO-Durchführungsvereinbarung)	BGBl. II 1962, 114 ff.
NATO	Protokoll über die Rechtsstellung der auf Grund des Nordatlantikvertrags errichteten internationalen militärischen Hauptquartiere (Protokoll über die NATO-Hauptquartiere)	BGBl. II 1969, 1997 ff.

Internationale Organisation	Völkerrechtliche Vereinbarung (samt Abkürzung)	Fundstelle
OCCAR	Anlage I (Vorrechte und Privilegien) zu dem Übereinkommen zwischen der Regierung der Bundesrepublik Deutschland, der Regierung der Französischen Republik, der Regierung der Italienischen Republik und der Regierung des Vereinigten Königreichs Großbritannien und Nordirland zur Gründung der Gemeinsamen Organisation für Rüstungskooperation (*Organisation Conjointe de Coopération en Matière d'Armement*) OCCAR, BGBl. II 2000, 415 ff. (OCCAR-Übereinkommen)	BGBl. II 2000, 427 ff.
OECD	Übereinkommen über die Organisation für Wirtschaftliche Zusammenarbeit und Entwicklung samt Zusatzprotokolle (OECD-Abkommen)	BGBl. II 1961, 1151 ff.
UN	Übereinkommen über die Vorrechte und Immunitäten der Vereinten Nationen	BGBl. II 1980, 943 ff.
UN	Charta der Vereinten Nationen	BGBl. II 1973, 431 ff.
UN	Abkommen über die Vorrechte und Befreiungen der Sonderorganisationen der Vereinten Nationen (Abkommen über die UN-Sonderorganisationen)	BGBl. II 1954, 640 ff.
UN	Abkommen zwischen der Bundesrepublik Deutschland und den Vereinten Nationen über den Sitz des Freiwilligenprogramms der Vereinten Nationen	BGBl. II 1996, 905 ff.
Weltorganisation für Tourismus	Abkommen zwischen Spanien und der Weltorganisation für Tourismus	UNTS 1977 Vol. 1047, 69 ff.

Finanz- und Steuerrecht in Deutschland und Europa

Herausgegeben von Klaus-Dieter Drüen, Hanno Kube
und Rainer Wernsmann

Band 1 Gordon Dreher: Das Alterseinkünftegesetz. Systematische Darstellung und verfassungsrechtliche Zweifelsfragen. 2007.

Band 2 Nils Meyer-Sandberg: Die Duale Einkommensteuer als Modell ungleicher Besteuerung von Arbeit und Kapital. 2008.

Band 3 Alexander Pfab: Die Behandlung von Bildungsaufwendungen im deutschen Einkommensteuerrecht. 2008.

Band 4 Christian Johannes Müller: Einnahmeverzicht im Einkommensteuerrecht – insbesondere durch verbilligte Wohnungsüberlassung an nahe Angehörige. 2009.

Band 5 Melanie Falkner: Die Einkunftserzielungsabsicht als subjektives Besteuerungsmerkmal. Eine Analyse subjektiver Tatbestandsmerkmale im Steuerrecht. Zugleich ein Beitrag zur Liebhaberei im Steuerrecht. 2009.

Band 6 Steffen Ott: Die Vertreterbetriebsstätte nach OECD-MA. 2009.

Band 7 Christoph Wagner: Steuergleichheit unter Standortvorbehalt? Verfassungsrechtliche Grenzen einer ungleichen Einkommensbesteuerung von Kapital und Arbeit. 2010.

Band 8 Andreas Goetze: Die Ersetzung der sieben Einkunftsarten des EStG durch eine einzige. Zur Gleichheit aller Erwerbsgrundlagen in einem vereinfachten Steuerrecht. 2010.

Band 9 Hanno Kube: Der bundesstaatliche Finanzausgleich. Verfassungsrechtlicher Rahmen, aktuelle Ausgestaltung, Entwicklungsperspektiven. 2011.

Band 10 Katharina Brauer: Abgrenzung der Lebensmittellieferung von der Restaurationsdienstleistung im Umsatzsteuerrecht. 2011.

Band 11 Marc Schubert: Die Verfassungswidrigkeit der Erbschaft- und Schenkungsteuer und die verfassungsrechtlichen Anforderungen an eine Neuregelung. 2011.

Band 12 Martin Rehberg: Der Zuzug und Wegzug von Kapitalgesellschaften in gesellschafts- und steuerrechtlicher Hinsicht. 2011.

Band 13 Dirk Wünschig: Perspektiven eines europarechtskonformen Gemeinnützigkeits- und Zuwendungsrechts. Eine Untersuchung nach „Stauffer“ und „Persche“ bei gleichzeitiger Kritik an der Neufassung des Gemeinnützigkeitsrechts nach dem Jahressteuergesetz 2009. 2011.

Band 14 Sebastian Grimm: Die negative Konkurrentenklage im Steuerrecht. 2011.

Band 15 Arne von Freeden: Minder- und Mehrabführungen nach § 14 Abs. 4, § 27 Abs. 6 KStG. Ausgleichspostenlösung und Einlagelösung. 2011.

Band 16 Anne Keller: Rechtsschutz gegen Maßnahmen der steuerlichen Außenprüfung. 2011.

Band 17 Larissa Maier-Bledjian: Sondervermögen des Bundes. 2011.

Band 18 Philipp Riedl: Die internationale Doppelbesteuerung im EU-Binnenmarkt. 2012.

Band 19 Anna Schwarz: Die Pensionszusage an den Mitunternehmer der Personengesellschaft im Einkommensteuerrecht. 2012.

Band 20 Carsten Höink: Nichtsteuerbare Vermögensübertragungen im Umsatzsteuerrecht. Eine rechtssystematische Analyse der Entwicklung des Rechtsinstituts der Geschäftsveräußerung im Ganzen. 2013.

Band 21 Christian Kniese: Europarechtlicher Rahmen einer steuerlichen Förderung von Forschung und Entwicklung. 2013.

Band 22 Katarina Günther: Vertrauensschutz bei Angaben Dritter im Umsatzsteuerrecht. 2013.

Band 23 Andreas Königer: Ertragsteuerrechtliche Behandlung grenzüberschreitender Spaltungen von Rechtsträgern. Unter besonderer Beachtung der Vorgaben des Unionsrechts. 2014.

Band 24 Matthias Diete: Das obligatorische Schiedsverfahren in der deutschen DBA-Praxis. Erweiterung des zwischenstaatlichen Rechtsschutzes bei Doppelbesteuerungskonflikten. 2014.

Band 25 Friederike Grube: Der Einfluss des unionsrechtlichen Beihilfenverbots auf das deutsche Steuerrecht. Dargestellt an den Beispielen der sogenannten Sanierungsklausel und der Steuervergünstigungen für gemeinnützige Unternehmen. 2014.

Band 26 Tobias Loscher: Präventive Aufsicht der Europäischen Union über den Bundeshaushalt. 2014.

Band 27 Jochen Lutz Tillmanns: Divergenz und Konvergenz von Umsatzsteuer und Einkommensteuer. Zur problematischen Verwendung ertragsteuerlicher Konzepte und Begriffe im Umsatzsteuerrecht. 2015.

Band 28 Cornelia Zirkl: Die Neutralität der Umsatzsteuer als europäisches Besteuerungsprinzip. Inhalt, Herleitung und der Umgang mit Neutralitätsverletzungen. 2015.

Band 29 Matthias Ernst: Die Dienstleistungsbetriebsstätte im Abkommensrecht. Begriffsbestimmung, Abgrenzung und Analyse eines alternativen Betriebsstättentatbestands. 2015.

Band 30 Michael Brandl: Mehrfachansässigkeit im Ertragsteuerrecht. 2016.

Band 31 Stephanie Krebbers-van Heek: Die mitunternehmerische Besteuerung der Komplementäre der Kommanditgesellschaft auf Aktien. 2016.

Band 32 Felix Klemt: Körperschaftsteuerliche Verluste junger innovativer Unternehmen. Rechtliche und wirtschaftliche Analyse, Alternativen de lege ferenda. 2016.

Band 33 Nina Erm: Personengesellschaften in Steuerverfahren. Verfahrensklarheit trotz Einheit und Vielheit. 2016.

Band 34 Christian Erich Rödel: Der Teilbetriebsbegriff in den Einbringungstatbeständen des Umwandlungssteuergesetzes. 2016.

Band 35 Florian Wenk: Einkünfte aus Leistungen nach § 22 Nr. 3 EStG. Eine Untersuchung zum Belastungsgrund der Einkommensteuer. 2017.

Band 36 Ralf Haendel: Treaty Overriding im Internationalen Steuerrecht als Verfassungsproblem. Insbesondere zur Reichweite der Völkerrechtsfreundlichkeit des Grundgesetzes. 2017.

Band 37 Nadine Schader: Fiskalische Immunität internationaler Organisationen und ihres Personals in der Bundesrepublik Deutschland. 2018.

Band 38 Sebastian Cloppenburg: Eine Finanztransaktionssteuer im „kleinen Kreis“. Unionsrechtliche Zulässigkeit der Durchführung einer Verstärkten Zusammenarbeit im Bereich der Finanztransaktionsbesteuerung. 2018.

Band 39 Volodymyr Izrailevych: Der Begriff der Betriebsstätte im deutschen und im russischen Ertragsteuerrecht und im deutsch-russischen Doppelbesteuerungsabkommen. Ein Rechtsvergleich. 2018.

www.peterlang.com

www.ingramcontent.com/pod-product-compliance
Ingram Content Group UK Ltd.
Pitfield, Milton Keynes, MK11 3LW, UK
UKHW041827290926
8980IPUK00002B/106

9 783631 741047